KB201553

아비달마부파의 성립과 주장

불교연구총서 ⑫

아비달마부파의 성립과 주장

김영석 역주

씨아이알

본 불교연구총서는 사단법인 불교학연구지원사업회에서 추진하는 교육불사의 일환으로 불교학의 학문적 발전을 위한 시도로 기획된 것입니다. 사단법인 불교학연구지원사업회는 불교를 연구하는 소장학자들을 위해 스님들과 신도들이 뜻을 한데 모아 설립한 단체입니다.

책머리에

이 책은 불교 역사상 가장 활발한 논쟁이 펼쳐졌던 아비달마불교시대 불제자들의 진면목을 다룬다. 사람이 아닌 법에 의지하고 말이 아닌 의미에 의지했기에 금구설(金口說)을 분석하고 해석했던 다양한 철학자적 사유의 모습들이다. 그러한 사조가 인도에서 1,000년 넘게 계속되면서 불교의 체계는 공고히 되고 더욱 풍성해졌다. 불교에 내재된 종교성과 철학성이 장구한 세월에도 유지되는 것은 그들이 이룩해놓은 업적 때문이라고 해도 과언이 아닐 것이다.

당시의 역동적인 불교의 모습을 오늘날에 파악하는 것은 쉽지 않다. 수많은 부파의 성립배경은 물론 그들이 쌓아놓은 사유의 결과물도 후대 다른 부파의 문헌들에서 조금 발견될 뿐이다. 이러한 상황에서 그러한 내용들을 종합적으로 정리한 문헌에 3종이 남아있다는 것은 그나마 다행이다. 이 책에서 '아비달마부파 해설서'로 일컬은 와수미뜨라(Vasumitra, 1-2세기경)의 *Samayabhedoparacanacakra*, 바브야(Bhavya, 490-570년경)의 *Nikāyabhedavibhaṅgavyākhyāna*, 위니따데바(Vinītadeva, 645-715년경)의 *Samayabhedoparacanacakre nikāyabhedopadeśanasaṃgrahanāma*가 그것이다. 자기 부파의 목소리로 직접 전해준 것은 아니지만, 이 해설서들은 당시의 제자백가식 사유의 전개를 조망하는 데 최선의 자료가 될 것이다. 그럼에도 국내에서 이에 대한 역주나 연구가 미흡하기에 틈나는 대로 교감과 역주를 진행해 그 결과물을 출판하기에 이르렀다.

책의 제목을 '아비달마부파의 성립과 주장'으로 삼은 이유는 그것이 3종 해설서를 관통하는 주제이기 때문이다. 곧 내용의 광략(廣略)이나 구성의 차이가 있을지라도, 모두 아비달마불교시대에 활동했던 여러 부파들이 어떻게 분열되어 성립했고 그들의 대표적인 주장이 무엇인지를 잘 정리한 문헌들이다. 그런데 이 3종은 저술시점이 광범위하고 저자들이 소속된 부파도 다르며 그들이 기술한 내용도 서로 다른 부파의 전승들이다. 이러한 특징 때문에 어느 한 부파의 주장이 서로 다르게 기술된 부분도 일부 있다. 그렇더라도 설일체유부나 남방상좌부를 제외한 다른 부파들의 위상과 주장을 이해하고, 나아가 그것을 바탕으로 대승불교의 사상적 맹아를 파악하는 데 적지 않은 도움이 될 것으로 생각한다.

제1편에서는 기본적 해제와 함께 관련 정보를 정리하였다. 3종 해설서가 갖는 위상과 가치를 비롯해 저자 정보와 간추린 핵심 내용, 제부파들의 연원과 분열 양상 등에 대한 것이다. 그리고 제2편에서 본격적으로 3종 해설서를 교감·역주하였다. 이 3종은 본래 산스끄리뜨로 쓰였지만 번역본만 현존하기 때문에 그것을 대본으로 삼아 비판교정본(critical edition)을 만들었다. 먼저 한역 3본과 티벳역 1본이 있는 *Samayabhedoparacanacakra*에서는 현장(玄奘, 602-664)이 한역한 『이부종륜론』을 대상으로 삼았다. 이 논은 동아시아불교권에서 가장 많이 인용되는 전거이고 유일하게 주석서도 남아있기 때문에 그 회본(會本)에 의거하였다. 이 책에서는 『이부종륜론』 12종, 『이부종륜론술기』 4종 판본을 대조하였다. *Nikāyabhedavibhaṅgavyākhyāna*와 *Samayabhedoparacanacakre nikāyabhedopadeśanasaṃgrahanāma*도 티벳역본만 전하는데, 각각 4종 판본을 대조해 교감·역주하였다. 이들의 텍스트는 와일리(Wylie) 방식

에 따라 로마나이즈로 바꾸어 입력하고, 문맥상 구분이 필요한 문장은 줄을 바꾸어 배치하였다. 그리고 3종 해설서의 서두에는 역주자가 분류한 세부목차를 배치해 전체 내용을 간략히 파악할 수 있도록 하였다. 또 각 주장별로 3종 해설서 간 상통하는 주장과 상반되는 주장의 출처 정보 및 관련된 주요 문헌의 출처와 관련 내용 등도 각주에 정리하였다.

이 일련의 결과물을 통해 아비달마부파들의 전체상을 온전히 파악한다는 것은 어불성설일 것이다. 3종 해설서가 갖는 태생적 한계도 있고 역주자의 역량 또한 부족하기 때문이다. 과문으로 제대로 옮기지 못한 곳에 대한 지적은 온전히 역주자의 몫이다. 다만 이 책이 독자 제현의 연구에 의미 있는 발판이 되었으면 하는 바람이다.

끝으로 이 역주작업이 완결되고 성과물이 출판되도록 지원해준 사단법인 불교학연구지원사업회 이사장 법상 스님을 비롯한 여러 관계자분들께 감사의 마음을 전한다. 아울러 이 책이 온전한 모양을 갖도록 애써준 도서출판 씨아이알의 관계자분들께도 감사드린다.

2018년 2월
불암산 아래에서
김영석

차 례

약 어

AKbh	*Abhidharmakośabhāṣya*
Bhv(t)	*Dge slong gi dang po'i lo dri ba* (Sk. **Bhikṣuvarṣāgrampṛcchā*)
C	Cone edition of Tibetan Tripitaka.
D	Derge edition of Tibetan Tripitaka.
DV	*Dīpavaṃsa*
KV	*Kathāvatthu*
KVa	*Kathāvatthuppakaraṇa-aṭṭhakathā*
KV(a)	*Kathāvatthu* and *Kathāvatthuppakaraṇa-aṭṭhakathā*
MV	*Mahāvaṃsa*
N	Narthang edition of Tibetan Tripitaka.
NBhsg	**Samayabhedoparacanacakre nikāyabhedopadeśanasaṃgrahanāma*
NBhsg(t)	*Gzhung tha dad pa rim par bklag pa'i 'khor lo las sde pa tha dad pa bstan pa bsdus pa zhes bya ba* (Sk. **Samayabhedoparacanacakre nikāyabhedopadeśanasaṃgrahanāma*)
NBhvy	**Nikāyabhedavibhaṅgavyākhyāna*
NBhvy(t)	*Sde pa tha dad par byed pa dang rnam par bshad pa* (Sk. **Nikāyabhedavibhaṅgavyākhyāna*)
P	Peiking edition of Tibetan Tripitaka.
Śrv(t)	*Dge tshul gyi dang po'i lo dri ba* (Sk. **Śrāmaṇeravarṣāgra*)
SBhu	**Samayabhedoparacanacakra*
SBhu(t)	*Gzhung lugs kyi bye brag bkod pa'i 'khor lo* (Sk. **Samayabhedoparacanacakra*)
T	大正新修大藏經

Tār	*Dam pa'i chos rin po che 'phags pa'i yul du ji ltar dar ba'i tshul gsal bar ston pa dgos 'dod kun 'byung*
X	新纂大日本續藏經
『검유집』	『三論玄義檢幽集』
『구사론』	『阿毘達磨俱舍論』
『대비바사론』	『阿毘達磨大毘婆沙論』
『발지론』	『阿毘達磨發智論』
『법온족론』	『阿毘達磨法蘊足論』
『삼장법사전』	『大唐大慈恩寺三藏法師傳』
『순정리론』	『阿毘達磨順正理論』
『술기』	『異部宗輪論述記』
『유가론』	『瑜伽師地論』
『의림장』	『大乘法苑義林章』
『집론』	『大乘阿毘達磨集論』
『품류족론』	『阿毘達磨品類足論』
『현양론』	『顯揚聖教論』

제1편

아비달마부파 해설서 개관

I

아비달마부파 해설서의 위상과 가치

1. 아비달마 논장과 아비달마부파 해설서

1) 아비달마 논장의 성립

아비달마(abhidharma, 阿毘達磨)라는 말은 '~에 대하여'의 의미를 갖는 'abhi'와 '법(法)'의 의미를 갖는 'dharma'의 복합어로서, 석가모니붓다의 가르침에 대한 연구를 가리키는 대표적 용어이다. 따라서 아비달마불교라 하면, 일반적으로 붓다 입멸 이후 18부파 혹은 20부파로 분열된 성문제자(聲聞弟子)들이 붓다의 말씀을 정리하고 해석하며 수많은 문헌을 지었던 사조(思潮)로서 정의된다.[1] 그 시대의 논사들이 이룬 철학적

---

1   『아함경』 등 초기 경전을 통해 붓다 재세시에도 교법에 대한 학습·연구·토의가 왕성하게 일어나고 있었다는 사실을 알 수 있고(藤田宏達 등, 1992: 208), 『대비바사론』의 서문(T27, 1b5-8)에서도 붓다가 아비달마를 연설했다고 전하며, 또 초기 대승에서도 '아비

사유와 여러 부파들 간에 치열하게 주고받은 논쟁의 결과물로서 많은 문헌들이 찬술되었는데, 그것을 아비달마 논장이라고 통칭한다.[2] 당시의 여러 부파들이 자파의 주장을 확대 발전시키기 위해 수많은 논을 지었을 것으로 추정되지만 현존하는 그들의 문헌은 매우 제한적이다.

현장(玄奘, 602-664)은 인도에서 귀국할 때 대승의 3장뿐만 아니라 많은 양의 아비달마부파들의 3장도 가져왔다. 상좌부 14부, 대중부 15부, 정량부 15부, 화지부 22부, 음광부 17부, 법밀부 42부, 그리고 설일체유부 67부가 그것들이다(『대당서역기』권12, T51, 946c16- 20). 또 의정(義淨, 635-713)이 인도를 유행하던 시기에도 대중부 계통의 7부파와 상좌부 계통의 3부파와 근본설일체유부 계통의 4부파에 각각 10만 송의 3장이 있었고, 정량부 계통의 4부파에는 30만 송의 3장이 있었다고 전한다(『남해기귀내법전』권1, T54, 205a26-b1). 이를 통해 인도에서 7-8세기까지도 여전히 아비달마부파들이 번영했고 여러 부파의 논들도 많이 유통되었음을 추정할 수 있다. 그러나 현재 그 내용을 파악할 수 있는 논들은 대부분 남방불교의 상좌부와 북방불교의 설일체유부에 편중되어 있다.

남방상좌부의 아비달마 논장은 기원전 250-50년 사이에 빨리(pāli)로

달마'라는 단어가 사용된다. 따라서 '아비달마불교'는 특정 불제자들의 전유물이 아니고 그것으로 특징지을 수 있는 집단의 정확한 구분도 쉽지 않다. 다만 본서에서는 불교사상사적 측면에서 한 부분을 차지하는 '부파불교'의 의미로서 그 단어를 사용한다.

2   일반적으로 아비달마불교시대의 문헌은 시기와 성격에 의거해 세 단계의 발전과정으로 설명한다(塚本啓祥 등, 1990: 47ff). 첫 번째는 붓다 자신 또는 제자들 간에 행해진 아비달마적 경향을 띠는 법문을 가리키고, 두 번째는 붓다 교법에 대해 정리하고 해석하며 때로는 자세한 분석도 이루어진 시기이며, 세 번째는 이전 시대의 여러 아비달마를 기초로 하여 체계적으로 교리를 구축하는 시기이다. 그 가운데 첫 번째는 경장에 속하지만 두 번째와 세 번째 시기의 문헌들은 경장이나 율장과 구분해서 논장(論藏) 또는 아비달마장(阿毘達磨藏)이라 한다.

성립된 7부의 논이 대표적이다. 그 가운데 *Dhammasaṅgaṇi* (『法集論』)
에는 논의 논모(論母) 122종과 경의 논모 42종이 있는데, 이것들에 의
거해 다른 논들에서 법상의 분별이 이뤄진다. 또 *Vibhaṅga* (『分別論』)
에서는 경의 분별을 비롯해 여러 내용이 전개되며, *Puggalaññatti* (『人施
設論』) · *Dhātukathā* (『界說論』) · *Yamaka* (『雙對論』) · *Paṭṭhāna* (『發趣論』)
에서는 법들을 여러 가지 방식으로 고찰하는 제문분별(諸門分別)이 상
세하게 이뤄진다. 가장 늦게 성립된 *Kathāvatthu* (『論事』)에서는 상좌부
의 입장에서 각 주장에 대한 여러 부파들의 주장을 비판하고 있다.[3]

　그리고 1-2세기부터 많은 논사들이 배출되어 300년경부터 여러 주석
서가 지어졌는데, 그 가운데 가장 중요한 논사가 5세기의 붓다고사
(Buddhaghosa, 佛音)이다. 그는 인도 마가다국에서 태어나 432년에 스리
랑카로 건너간 뒤 상좌부 교학을 대사파(大寺派, Mahāvihāravāsin)의 입
장에서 정리해 *Visuddhimagga* (『淸淨道論』)을 지었고, 3장에 대한 주석
가들의 성과를 계승해 정리했다. 예컨대 *Samantapāsādikā* (: 비나야 주석)
· *Sumaṅgalavilāsinī* (: 디그하니까야 주석) · *Papañcasūdanī* (: 맛지마니까야
주석) · *Sāratthappakāsinī* (: 상윳따니까야 주석) · *Manorathapūraṇī* (: 앙굿따
라니까야 주석) · *Atthasālinī* (: 담마상가니 주석) 등이다. 특히 *Atthasālinī*
는 *Visuddhimagga*와 함께 상좌부의 교학체계를 알 수 있는 중요한 주석
서이다. 또 그가 지은 *Kathāvatthuppakaraṇa-aṭṭhakathā* (: 까타밧투 주석)
도 아비달마불교시대 여러 부파들의 주장을 알 수 있는 중요한 주석

3　경·율·논 3장이 확정된 이후 1세기경에 성립된 아비달마 경향을 띠는 문헌들도 있다.
　　예컨대 *Milindapañha* (『彌蘭陀王問經』) · *Nettipakaraṇa* (『指導論』) · *Peṭakopadesa* (『藏釋論』) ·
　　Peṭaka (『藏論』) 등이다. *Milindapañha*는 한역되어 『나선비구경(那先比丘經)』으로도 전하
　　며, *Peṭaka*는 현존하지 않는다.

서이다. 그밖에도 아비달마강요서 성격을 갖는 것으로서 붓다닷따 (Buddhadatta, 5세기경)가 지은 *Abhidhammāvatāra* (『入阿毘達磨論』)· *Rūpārupavibhāga* (『色非色別論』)과 아누룻다(Anuruddha, 12세기경)가 지은 *Abhidhammatthasaṅgaha* (『阿毘達磨敎義綱要』) 등이 있다.

한편 한역본의 아비달마 논장도 상당히 많은 양이 현존하는데, 설일체유부의 문헌이 대부분을 차지한다. 설일체유부의 문헌 가운데 '6족발지론'이라 하는 7부가 대표적이다.[4] 그 가운데 초기에 지어진 것으로 평가되는 『아비달마집이문족론(阿毘達磨集異門足論)』과 『아비달마법온족론(阿毘達磨法蘊足論)』은 『아함경』 등에 산설된 술어나 교법을 부연한 것으로서, 경(經)으로부터 독립된 논은 아니다. 그 나머지 논에 이르러 비로소 경으로부터 벗어나 아비달마적 연구방법과 해석이 농후하다. 『아비달마시설족론(阿毘達磨施設足論)』은 세간(世間)·인(因)·업(業)의 3가지 시설 가운데 인시설만 한역된 것이고, 티벳역으로만 그 3가지가 온전히 전한다. 『아비달마식신족론(阿毘達磨識身足論)』에서는 마음 작용에 대한 분석이, 『아비달마계신족론(阿毘達磨界身足論)』에서는 마음과 마음 작용에 대한 해석이 주를 이룬다. 또 『아비달마품류족론(阿毘達磨品類足論)』에는 5위설·심소법의 체계화·3세실유설·유위4상·6인4연설 등

---

4   6족발지론 가운데 산스끄리뜨본 단편으로 발견된 것들이 있다. 『아비달마집이문족론』: 山田龍城(1981), 『梵語佛典の諸文獻』, 京都: 平樂寺書店, pp.110-111; Ernst Waldschmidt(1965), *Sanskrithandschriften aus den Turfanfunden*, Wiesbaden: F. Steiner; Valentina Stache Rosen(1968), *Das Saṅgītisūtra und sein Kommentar Saṅgītiparyāya*, Berlin: Akad.-Verlag. 『아비달마법온족론』: Takaskki Jikido(1965), 'Remarks on the Sanskrit Fragments of the Abhidharmadharmaskandhapādaśāstra', *Journal of Indian and Buddhist Studies* XIII-1, pp.411-403. 『아비달마시설족론』: 松田和信(1982), 「梵文斷片 Loka-prajñaptiについて-高貴寺·玉泉寺·西天王寺·知恩寺見葉·インド所傳寫本の分類と同定」, 『印度學佛敎學硏究』14, pp.1-21. 『아비달마품류족론』: Imanishi Junkichi(ed. tr., 1975), *Fragmente des Abhidharmaprakaraṇabhāṣyam in Text und Übersetzung. NAWG*, Göttingen: Vandenhoeck & Ruprecht 등이 있다.

의 교리가 확실한 형태로 나타난다. 특히 불멸후 300년경 까땨야니뿌뜨라(Kātyāyanīputra, 迦多衍尼子)가 지은『아비달마발지론(阿毘達磨發智論)』은 설일체유부 교리 전반에 대해 체계적으로 논술한 문헌이다.

그 뒤『아비달마발지론』을 주석하며 그들 부파의 교학을 새롭게 발전시킨 논이 바로『아비달마대비바사론(阿毘達磨大毘婆沙論)』[5](이하 모든 문헌의 '아비달마' 생략)이다. 이 논에서는 그들의 주장뿐만 아니라 비유자·분별론자·대중부 등 다른 부파들의 학설도 비판적으로 거론하고 있어서 다른 부파의 주장도 일부 파악할 수 있다.[6] 그런데 이 논은 한역 200권으로 구성된 방대한 주석서이기 때문에 설일체유부 교학의 핵심만 간추린 강요서들이 등장했다. 곧『비바사론(鞞婆沙論)』·『아비담심론(阿毘曇心論)』[7]·『아비담심론경(阿毘曇心論經)』·『잡아비담심론(雜阿毘曇心論)』·『입아비달마론(入阿毘達磨論)』 등이다. 그러한 강요서들 가운데 이후의 불교 교학에 가장 많은 영향을 끼친 것은 와수반두(Vasubandhu, 世親, 320-400)[8]가 지은『구사론(俱舍論)』이다. 이 논은 설일체유부의 주장을 정리함과 동시에 사안에 따라 경량부 입장에

---

5 현장은 이 논이 불멸후 400년 까쉬미라에서 까니쉬까왕이 500명의 아라한을 소집하고 빠르쉬바(Pārśva, 脇尊者로 한역)를 상수로 하여 3장을 결집할 때 지어진 것이라고 설명한다(『삼장법사전』권2, T50, 231b20-c5;『대당서역기』권2, T51, 882a18-21. 등)

6 『대비바사론』에 거론된 부파들로는 법밀부·화지부·경량부·독자부·대중부·음광부·분별설부, 그리고 어떤 무리를 지칭하는 비유자·분별론자·일심상속론자·상사상속사문 등이 있다.

7 다르마쉬레스틴(Dharmaśreṣṭhin, 불멸후 500년대 혹은 700년대)이 지은『아비담심론』은 송에서 요점을 읊고 장항석에서 송을 해석하는 형식을 취해 총10품으로 구성되어 있는데, 그러한 형식 체계는 이후 강요서들의 정형이 되었다.

8 와수반두의 생존연대에 대해서는 여러 주장이 있다. 예컨대 우이 하쿠주(宇井伯壽)는 320-400년, 히카타 류쇼(干潟龍祥)는 400-480년, 그리고 에리히 프라우발너(Erich Frauwallner)는 아상가 동생인 와수반두는 320-380년,『구사론』저자인 와수반두는 400-480년이라고 주장한다(平川彰, 1991b: 94-99). 이외에도 여러 소장학자들이 근거와 가설 등을 조합해 새로운 주장을 제시하고 있다.

의거한 비판적 입장을 견지하는데, 이 논에 대한 주석서들이 많이 남아있다.[9] 그『구사론』에 반발하여 상가바드라(Saṃghabhadra, 衆賢, 5세기경)가 지은 것이『구사박론(倶舍雹論)』곧『순정리론(順正理論)』이다. 또 상가바드라의 주장을 계승하여 후대에 지어진 작자 미상의 Abhidharmadīpa(『阿毘達磨燈論』)가 복원본으로 전한다.[10]

반면 설일체유부를 제외한 다른 부파들에 귀속되는 논은 매우 미미하다. 앞서 언급했듯이 현장은 귀국할 때 아비달마부파들의 3장을 다수 가져왔다지만 그것들이 모두 한역된 것 같지는 않다. 아쉽게도 현재에는 법장부의 논으로 추정되는『사리불아비담론(舍利弗阿毘曇論)』, 정량부의 논인『삼미지부론(三彌底部論)』, 경량부의 논으로 추정되는『성실론(成實論)』, 소속 불명의『사제론(四諦論)』등만 남아있다.

2) 아비달마부파 해설서의 성립

현존하는 아비달마 논장은 그 종류가 적지 않지만 그것들은 남방상좌부와 설일체유부에 편중되어 있고 또한 자파의 주장을 개진하고 확고히 하는 데 초점이 맞추어져 있다. 이러한 사실은 아비달마불교시대에 활약했

9　『구사론』에 대한 주석서 가운데 와수미뜨라(Vasumitra, 1-2세기경)와 구나마띠(Guṇamati, 德慧, 480-540)의 저서는 현존하지 않지만, 스티라마띠(Sthiramati, 安慧, 510-570)의 *Tattvārtha (『倶舍論實義疎』)가 티벳역으로 온전히 있고 야쇼미뜨라(Yaśomitra, 稱友, 6세기경)의 Abhidharmakośavyākhyā (『倶舍釋』)가 산스끄리뜨와 티벳역으로 있으며, 또 티벳역으로 샤마타데바(Śamathadeva, 寂天, 생몰미상)의 *Abhidharmakośopāyikāṭīkā (『倶舍論註』)가 있다. 한역으로는 대표적으로 3대 소(疏)가 있다. 보광(普光, 7세기경)의『구사론기(倶舍論記)』와 법보(法寶, 7세기경)의『구사론소(倶舍論疏)』가 온전히 전하고 신태(神泰, 7세기경)의『구사론소(倶舍論疏)』는 제17권까지만 현존한다.

10　Padmanabh S Jaini(1959), Abhidharmadīpa with Vibhāṣāprabhāṛitti, Patna: Kashi Prasad Jayaswal Research Inst(Tibetan Sanskrit works series IV).

던 여러 부파 가운데 그 두 부파를 제외한 다른 부파들의 주장을 그들의
목소리로 확인할 수 있는 자료에 한계가 있다는 것을 보여준다. 결국 아비
달마불교의 철학적·사학적 측면의 연구에 많은 제약이 따를 수밖에 없다.

그러한 연구에 있어서 제1의 자료는 되지 못하더라도 간접적으로 모든
부파들의 주장을 단편적으로 파악할 수 있는 문헌에 3종이 있다. 곧 와수
미뜨라(Vasumitra, 1-2세기경)가 지은 *Samayabhedoparacanacakra* (이하 SBhu),
바브야(Bhavya, 490-570년경)가 지은 *Nikāyabhedavibhaṅgavyākhyāna* (이하
NBhvy), 위니따데바(Vinītadeva, 645-715년경)가 지은 *Samayabhedoparacanacakre
nikāyabhedopadeśanasaṃgrahanāma* (이하 NBhsg)이다. 이들 문헌에서는
불법(佛法)을 일미로 전승시켜오던 상가(saṃgha, 僧伽)가 무슨 이유로
언제 어떻게 분열되어 18부파 혹은 20부파로 갈라졌고, 각 부파들이
무엇을 주장했는지에 대해 폭넓게 기술한다. 이같이 아비달마부파들
의 성립과 각 주장들을 포괄적으로 담고 있기 때문에 본서에서는 그
문헌들을 '아비달마부파 해설서'로 명명한다.

이 아비달마부파 해설서에는 2가지 특징이 있다. 첫째는 그 문헌들의
저자가 각기 다른 시기에 다른 전승에 의거해 아비달마부파들의 대해
전반적으로 기술하고 있다는 점이다. 저자가 속한 부파나 개인적 견해
를 배제할 수는 없지만 어떠한 비평을 가미하지 않은 채 비슷한 형식에
의거해 모든 부파들의 위상과 주장이 기술되어 있다. 둘째는 모든 부파
들의 주장은 물론 각 부파들의 분열 양상까지도 함께 전한다는 점이다.
부파들의 분열 양상을 전하는 문헌은 남방과 북방에 걸쳐 적지 않게 현
존하지만[11] 그 두 측면을 종합적으로 포괄한 문헌은 이들 3종뿐이다.

___

11   자세한 내용은 제1편 5장 1절 '문헌상의 전승 내용' 참조.

그렇다면 이러한 성격을 갖는 문헌은 불교사 전체에서 오직 3종만 있는데, 그 저자들은 어떠한 의도를 가지고 저술했을까? 3종 해설서 가운데 SBhu에만 저술 의도가 밝혀져 있고 NBhvy와 NBhsg에는 어떠한 언급도 없다. SBhu의 전반부 5송이 모두 저술 의도를 밝힌 것이긴 하지만, 특히 『이부종륜론』상의 제4송에서는 다음과 같이 말한다.

> 모든 세간을 평등하게 관찰하건대,
> 여러 가지 견해가 떠돌아다니며
> 무니(muni)의 말씀을 갈랐네.
> 그런저런 종파를 설명하리라.(T49, 15a13-14)

곧 붓다의 말씀을 각자의 견해에 따라 다르게 해석함으로써 부파들이 발생되었는데, 이제 그 사태를 바르게 관찰해서 설명하겠다는 내용이다. 와수미뜨라의 입장에 의탁해 생각해보면, 모든 상가가 일불제자(一佛弟子)임에도 불멸후 400년에 이르러 석가모니의 말씀을 서로 다르게 이해하며 수장을 다투는 형국은 매우 불합리했을 것이다. 그렇기 때문에 와수미뜨라는 각 부파들의 주장을 정리해서 근본과 지말을 가려낼 필요성이 제기되었을 것이고, 그와 더불어 각 부파의 성립연혁도 밝혀서 그들의 위상을 정리하고자 했을 것이다. NBhvy와 NBhsg에 저술 의도가 없더라도 그 문헌들 역시 저자 자신이 전승받은 내용을 정리하려는 경향이 짙기 때문에 와수미뜨라의 저술 의도와 크게 다르지 않을 것으로 생각된다.

그 3종 해설서 가운데 가장 먼저 저술된 것은 와수미뜨라가 자신이 속한 설일체유부 전승에 의거해 지은 SBhu이다. SBhu는 크게 전반부의

5송과 후반부의 장항석으로 구성되어 있으며, 장항석에서 본격적으로 부파 분열의 시기와 원인 및 각 부파들의 주장을 체계적으로 기술한다. 그 내용이 설일체유부의 관점에 의거한 경향이 있긴 하지만 이후 북방불교권에서 부파분열의 이해에 지대한 영향을 주었다.

이 논의 산스끄리뜨본은 산실되었지만 4종의 번역본이 현존한다. 먼저 한역본으로 꾸마라지바(Kumārajīva, 鳩摩羅什, 344-413)가 번역한 것으로 추정되는 『십팔부론(十八部論)』과 빠라마르타(Paramārtha, 眞諦, 499-569)가 번역한 『부집이론(部執異論)』이 있으며, 또한 현장이 이전 한역본의 미비한 점을 바로 잡아 662년에 중역(重譯)한 『이부종륜론(異部宗輪論)』이 있다. 그리고 티벳역본으로 다르마까라(Dharmakara, 생몰 미상)와 장꽁(Bzang skyong, 생몰 미상)이 9세기경에 번역한 *Gzhung lugs kyi bye brag bkod pa'i 'khor lo* (이하 SBhu(t))가 있다. 이들 4종 번역본의 내용이 완전히 일치하는 것은 아니지만, 그 가운데 『이부종륜론』과 SBhu(t)가 가장 비슷하다.

그 뒤 6세기경에 중관논사인 바브야도 자신의 스승들이 전해준 내용에 의거해 아비달마부파들의 성립과 각 주장들을 정리했다. 이 논도 산스끄리뜨본은 현존하지 않고, 디빵까라쉬리갸나(Dīpaṃkaraśrījñāna, 982-1054)와 츌팀걜와(Tshul khrims rgyal ba, 1011-1064)가 티벳어로 번역한 *Sde pa tha dad par byed pa dang rnam par bshad pa* (이하 NBhvy(t)) 1종만 있다. 이 논에서는 부파 분열, 부파 명칭의 연원, 각 부파들의 주장을 폭넓게 다루고 있다. 특히 다른 2종과 달리 부파분열에 대해 3가지 전승, 곧 상좌부 전승과 대중부 전승과 정량부 전승을 담고 있다. 이는 부파분열에 대한 전승이 여러 가지임을 바브야 자신도 알고 있었고 자신이 전해 받은 내용을 있는 그대로 최대한 기술하려 했다는 의도를 보여준다.

마지막으로 7-8세기경에 저술된 NBhsg도 산스끄리뜨본은 전하지 않고, 역자 미상의 티벳역본 *Gzhung tha dad pa rim par bklag pa'i 'khor lo las sde pa tha dad pa bstan pa bsdus pa zhes bya ba* (이하 NBhsg(t))만 전한다. 이 논은 그 명칭에서 알 수 있듯이 와수미뜨라가 지은 SBhu를 모체로 하며, 내용상 많은 부분이 그것과 일치한다. 하지만 부파분열의 양상에 대해 와수미뜨라나 바브야와 달리 새로운 내용을 전하며, 또 특이하게 인도가 아닌 스리랑카에서 분열된 부파에 대해서도 언급하고 있다.

2. 아비달마부파 해설서의 가치와 한계

아비달마부파의 성립과 소멸, 그리고 그들이 주장한 내용에 대한 파악은 아직도 많은 부분이 미궁 속에 있다. 아비달마부파의 분열에 대한 전승을 기록한 문헌에 많은 종류가 현존하긴 하지만, 사실 그 내용을 살펴보더라도 많은 부분이 상충되고 어느 전승이 옳다고 확정하기 어렵다. 사자상승(師資相承)하는 인도불교의 흐름에서 역사적 사건의 발생 시기는 그 사건이 갖는 내용이나 가치보다 낮게 인식되어 그 시기를 객관적으로 기록하는 개념이 없었기 때문일 것이다. 그렇더라도 각 전승들의 성립배경을 고려해서 그 내용을 살펴보면 아비달마부파의 분열의 전모를 추정하는 데에 충분히 도움이 된다.

아비달마불교의 연구에서 보다 큰 장애는 그 당시 활동한 부파가 무엇을 주장했는가에 대한 전거 확보가 매우 열악하다는 점이다. 앞서 살펴보았듯이 현존하는 아비달마 논장은 설일체유부와 남방상좌부에 편중되어 있기 때문에 문헌상으로 전하는 18부파 또는 20부파의 교학적 특징을 상호 비교해 논의하기는 어렵다. 물론 현존하는 문헌을 통해 아비달마부파들의 주장을 단편적으로 확인하는 것은 가능하다. 예컨대 『대비바사론』에서는 7부파의 주장이 여러 곳에서 거론되고, KV(a)에서는 16부파의 주장이 거론된다. 또 길장(吉藏, 549-623)의 『삼론현의(三論玄義)』와 와수반두의 『대승성업론(大乘成業論)』·『오온론(五蘊論)』·『석궤론(釋軌論)』 등을 통해 일부 부파의 주장을 엿볼 수 있다. 하지만 그러한 문헌들은 해당 부파나 저자의 주장을 선양하기 위한 부분적 인용이고, 그것들마저도 몇몇 부파에 지나지 않다는 한계가 있다.

이러한 상황에 비추어볼 때 3종 아비달마부파 해설서는 중요한 가치를 갖는다. 그 3종 해설서는 형식적 측면에서 아비달마부파의 성립 배경, 다른 부파들과의 관계, 나아가 그 부파들이 주장한 내용을 모두 종합적으로 포괄한다. 아울러 이 문헌들은 어느 한 부파의 주장을 정설(正說)로 두지 않고 객관적으로 모든 부파들의 성립과 그들의 주장을 정리하려는 성향을 띠고 있다. 그러한 특징은 다른 문헌에서 찾아보기 어려운 3종 해설서의 공통된 기술형식이다. 구체적으로는 그 분열에 대한 설명이 다르고 부파들의 명칭과 특정 주장들의 있고 없음에 차이가 있더라도, 부파의 분열과 주장의 변화를 통시적으로 파악할 수 있는 문헌이다. 또한 공시적으로 하나의 불설(佛說)에 대한 해석이 같거나 다른 부파를 대조할 수 있고, 특정 부파의 주장이 문헌들 간에 어떻게 기술되어 있는지도 비교할 수 있다.

이와 더불어 3종 해설서는 저자가 속한 부파와 저술 시기에 의거해 자료적 가치에 한계가 있을 수 있다. 저자가 객관성을 유지한다고 하더라도 그 내용은 자신이 속한 부파의 스승으로부터 전해들은 것이고,

또한 부파분열이 발생한 당시가 아니라 시간적 간격을 두고 수렴된 것이기 때문에 태생적 한계는 불가피하다. 그 3종 해설서 가운데 SBhu 는 북인도 지역의 부파인 설일체유부의 전승에 의거해 1-2세기경에 지어졌고, NBhvy는 중·남인도 지역의 부파인 상좌부·대중부·정량부의 전승에 의거해 6세기경에 지어졌으며, NBhsg는 날란다사의 아짜르야 인 저자가 와수미뜨라의 SBhu를 모체로 하면서 근본설일체유부의 전승에 의거해 7-8세기경에 지어졌다. 이러한 배경은 각 문헌 간 상충된 내용을 파악하는 데 도움이 되기도 하지만, 각 문헌의 정확성을 담보할 수 없다는 방증도 된다.

따라서 3종 아비달마부파 해설서는 현존하는 문헌 가운데 아비달마 불교시대에 활동한 각 부파의 위상을 파악할 수 있는 가장 중요한 자료이면서도, 한편으로는 그 내용을 그대로 역사적 사실로서 수용하기에는 어려움이 있다는 것을 인정하고 접근할 필요가 있다.

3. 아비달마부파 해설서의 선행연구

3종 아비달마부파 해설서에 대한 근현대 연구는 단적으로 많지 않다. 그 3종에서 설명하는 8가지의 부파 분열[12]에 대한 내용은 그들 부파의 성립과 분열 양태를 연구하는 분야에서 부분적으로 연구되지만, 그 주장에 대한 종합적 연구는 미진하다. 그 이유는 그 문헌들의 중요성이 낮다기보다는 그 내용을 규명할 관련 자료가 풍부하지 못하다는

12 자세한 내용은 제1편 5장 1절 '문헌상의 전승 내용' 참조.

점에 있을 것이다.

따라서 그 3종에 대한 연구는 1차적 접근 곧 텍스트 자체에 대한 현대어 번역이 대부분을 차지한다. 먼저 바실리 파브로비치 바실리에프 (Василий Павлович Васильев)[13]가 SBhu(t)를 『이부종륜론』에 대조해 러시아어로 번역했는데, 이 저서는 다시 독일어와 프랑스어로 번역되어 연구 자료로서 많이 사용된다.[14] 또 윌리엄 록힐(William W. Rockhill)[15]은 NBhvy(t)를 영어로 번역했는데, 그 저서는 부파의 분열과 각 부파들의 주장까지만 번역하고 부파에 배대되지 않은 주장들을 모은 '보유편'은 다루지 않았다. 또 키무라 타이켄(木村泰賢)[16]은 『이부종륜론』을 중심으로 하고 『십팔부론』과 『부집이론』을 대조해 일본어로 번역했고, 마스다 지료(增田慈良)[17]는 『이부종륜론』을 온전히 영어로 번역했다. 이 저서들은 모두 주요 내용마다 상세한 설명을 각주로 덧붙이고 있어서, 전후 맥락을 파악하는 데 도움을 받을 수 있다. 후나바시 스이사이(舟橋水哉)[18]도 『이부종륜론』을 저본으로 하고 『십팔부론』과 『부집이론』을 대조해 일본어로 번역하고 각각의 내용을 해설했다. 또 막스 발레

---

13 Василий Павлович Васильев(tr., 1857), *Буддизм, его догматы, история и литература*, Санктцетрбургъ: Императорской Академіи Наукъ, pp.222-264.

14 Franz Anton Schiefner(1860), *Der Buddhismus, seine Dogmen, Geschichte und Literatur*, Petersburg: Kaiserliche Akademie der Wissenschaften, pp.244-284; M. G. A. La Comme(1863), *Le Bouddisme, ses Dogmes, son Histoire et sa Littératuer*, Paris: Auguste Durand, pp.222-261.

15 William W. Rockhill(tr., 1907), *Life of the Buddha and the Early History of His Order*, London: Routledge, pp.182-196.

16 木村泰賢 譯(1928), 『國譯異部宗輪論』(『國譯大藏經』 論部 第13卷), 東京: 國民文庫刊行會, 第一書房. 이 역서의 뒷부분에는 역자가 히카타 류쇼와 함께 결집과 분열에 대해 비평적으로 정리한 「結集史分派史考」가 수록되어 있다.

17 Jiryo Masuda(tr., 1925), *Origin and doctrines of early indian buddhist schools*, Leipzig: Verlag der Asia Major.

18 舟橋水哉(1921), 『異部宗輪論講義』, 京都: 編纂課.

저(Max Walleser)[19]는 SBhu(t)와 NBhvy(t)를 독일어로 번역했다. 또 츠카모토 케이쇼(塚本啓祥)[20]는 『이부종륜론』을 영어로 번역했다. 또 프랑스 불교학연구의 개척자라 할 수 있는 앙드레 바로(André Bareau)[21]는 3종 문헌을 프랑스어로 번역하여 2회에 걸쳐 발표했다. 3종 문헌에 대해 최초로 모두 번역을 완료했지만, 여러 곳에서 의미가 불명료하고 오역된 곳도 일부 있다. 또 테라모토 엔가(寺本婉雅)와 히라마츠 토모츠구(平松友嗣)[22]는 함께 SBhu의 한역 3본과 티벳역 1본을 의미별로 구분해 알기 쉽게 대조했으며, 더불어 NBhvy(t)와 NBhsg(t)까지 포함해 일본어로 번역했다. 이 저서에서는 일단 4종 번역본의 대조와 번역에 치중하기 했지만 『이부종륜론』의 해당 주장이 NBhvy(t)와 NBhsg(t) 그리고 KV의 어느 주장에 관계되는지를 간략히 표시하고 있다. 또 가오용시아오(高永宵)[23]는 『이부종륜론』을 중국어로 번역하고 자세한 해설과 주요 술어의 설명을 덧붙였으며, 말미의 부록에서는 여러 문헌들에 의거해 부파분열과 결집사(結集史)를 정리했다. 국내에서는 현재까지 티벳역본들의 번역 성과는 없지만 『이부종륜론』 등의 한역 3본은 모두 한글로 번역되어 『한글대장경』 제227책에 실려 있다.[24]

---

19 Max Walleser(tr., 1927), *Die Sekten des alten Buddhismus*, Heidelberg: Carl Winter's Universitatsbuchhandlung.

20 Tsukamoto Keisho(tr., 1929), 'The cycle of the formation of the schismatic doctrines', Bukkyo Dendo Kyokai Numata Center for Buddhist Translation and Research, *BDK English Tripitaka* 76(1), Berkeley, Calif.: Numata Center for Buddhist Translation and Research, 2004, pp.79-137.

21 André Bareau(1954), 'Trois traités sur les sectes bouddhiques attribués à Vasumitra, Bhavya et Vinītadeva 1', *Journal Asiatique* CCXLII: pp.229-266; (1956), 'Trois traités sur les sectes bouddhiques attribués à Vasumitra, Bhavya et Vinītadeva 2', *Journal Asiatique* CCXLIV: pp.167-200.

22 寺本婉雅 · 平松友嗣 共編譯註(1974), 『藏漢和三譯對校 異部宗輪論』, 東京: 國書刊行會.

23 談錫永 主編, 高永宵 導讀(2007), 『異部宗輪論 導讀』, 北京: 中國書店出版社.

24 동국역경원 편(1998), 『尊婆須密菩薩所集論 外』, 서울: 東國譯經院.(송성수 역, 『이부종륜

그리고 그 3종 해설서에 대한 연구 성과 가운데 가장 돋보이는 것은 앙드레 바로(André Bareau)의 *Les sectes bouddhiques du Petit Véhicule*[25]이다. 그는 3종 해설서를 번역하면서 그 결과를 바탕으로 남·북방불교권의 문헌을 검토하고 부파의 분열과 정체, 그리고 그들이 주장한 내용까지 충실하게 정리해 단행본으로 출판했다. 이 저서는 다시 사라 보인웹(Sara Boin-Webb)이 영어로 번역하고 앤드루 스킬턴(Andrew Skilton)이 편집해 2013년에 출판되었다.[26] 또 타카이 칸카이(高井觀海)[27]는 『이부종륜론』 등 한역 3본과 『문수사리문경』을 중심으로 부파의 분열 및 각 부파들의 주장을 체계적으로 정리했고, 말미에는 티벳역본인 SBhu(t)·NBhvy(t)·NBhsg(t)의 교정본을 싣고 있다. 그밖에 소논문으로는 카스가이 신야(春日井眞也),[28] 미즈노 고겐(水野弘元),[29] 쿠도 시게키(工藤成樹),[30] 사사키 시즈카(佐々木閑)[31], 리앙 타오웨이(梁道蔚)[32] 등의 연구 성과가 있다.

론』·『십팔부론』; 김철수 역, 『부집이론』)

25 André Bareau(1955), *Les sectes bouddhiques du Petit Véhicule*, Saïgon: l'École française d'Extrême-Orient.

26 André Bareau, Andrew Skilton(ed)·Sara Boin-Webb(tr. 2013), *The Buddhist Schools of the Small Vehicle*, Honolulu: Univ of Hawaii Press.

27 高井觀海(1978), 『(改版增補)小乘佛教概論』, 東京: 山喜房佛書林.

28 春日井眞也(1952), 「異部宗輪論に於ける四衆の試解」, 『宗教研究』131, pp.40-41; (1953), 「異部宗輪論に於ける一二の問題について」, 『佛教學研究』8/9, pp.39-51. 등.

29 水野弘元(1967), 「佛教の分派とその系統」, 『講座 佛教』3, pp.79-118.

30 工藤成樹(1974), 「藏譯異部宗輪論について」, 『四天王寺女子大學紀要』7, pp.19 -36.

31 佐々木閑(1998), 「部派分派圖の表記方法」, 『印度學佛教學研究』47-1, pp.126- 134.

32 Tao-Wei Liang(1972), 'A Study on the I-PU-TSUNG-LUN-LUN', 『中華學術院佛學研究所』2, pp.25-65.

II

3종 아비달마부파 해설서의
저자와 구성

1. *Samayabhedoparacanacakra*

1) 개요

　*Samayabhedoparacanacakra*는 아비달마부파의 분열과 그 부파들의
주장을 정리한 가장 오래된 인도찬술문헌으로서, 3종 아비달마부파
해설서 가운데 내용의 완성도가 가장 높다고 할 수 있다. 설일체유부
논사인 와수미뜨라가 자신이 속한 부파의 교상(敎相)과 전해오는 설명
에 의거해 지었다는 한계가 있긴 하지만, 이 논이 북방불교권에서 아
비달마 각 부파의 위상과 주장을 이해하는 데에 지대한 영향을 끼쳤
다는 점은 틀림없다.

　이 논의 산스끄리뜨본이 현존하지 않기 때문에 논의 명칭은 티벳역본
을 통해 추정되는데, 판본에 따라 철자에 약간의 차이가 있다. 예컨대 북

경판과 나르탕판에서는 '*Samayabedhoparacanacakrana*', 델게판과 초네판에서는 '*Samayabhedovyūhacakraṃ*'이다. 여기서는 『망월대사전』이나 『불광대사전』 등을 비롯해 일반적으로 많이 사용되는 '*Samayabhedoparacanacakra*'를 대표 명칭으로 사용한다. 그것을 분석하면 'samaya'는 '교의·종의' 등의 의미이고, 'bheda'는 '차이·차별' 등의 의미이고, 'uparacana'나 'vyūha'는 모두 '정리·배열' 등의 의미이고, 'cakra'는 '일람표·바퀴' 등의 의미이다. 따라서 이 논의 명칭은 '교의의 차이를 정리한 일람표' 정도의 의미를 갖는다.

　이 논은 현재 4가지 번역본으로만 전한다. 한역본의 『십팔부론(十八部論)』·『부집이론(部執異論)』·『이부종륜론(異部宗輪論)』과 티벳역본의 '*Gzhung lugs kyi bye brag bkod pa'i 'khor lo*'가 그것이다. 그것들의 번역문을 비교해보면 완전히 일치하지는 않는데,[33] 그것은 추정컨대 원본의 차이 또는 역자의 차이 등에 기인할 것이다. 그렇더라도 『이부종륜론』과 티벳역본이 가장 비슷한 내용임을 확인할 수 있다.

2) 저자

　SBhu의 저자에 대해 그 4종 번역본 가운데 『십팔부론』에는 어떠한 언급이 없지만 『이부종륜론』·『부집이론』·SBhu(t)에서는 모두 와수미뜨라(Vasumitra)로 밝히고 있다. 그것에 의거해 와수미뜨라가 SBhu를 지었다는 것에는 이견이 없다.

---

[33]　본서에서는 『이부종륜론』에 의거해 역주하지만, 다른 번역본의 글을 해당되는 곳에 각주로 실어서 4종 번역본의 원문을 비교한다.

그런데 인도불교사에서 와수미뜨라로 불리는 사람이 한두 명이 아니라는 데에 문제점이 있다. 이에 여러 전거를 통해 SBhu의 저자에 대해 논의하고, 그 연장선에서 SBhu의 송과 장항석이 모두 와수미뜨라의 단독저술인지에 대해 살펴본다.

먼저 인도에서 와수미뜨라로 불리는 사람은 불교 내의 많은 문헌에서 다수가 언급되는데, 그 각각의 생존연대와 행적은 구체적이지 않다. 사이구사 미츠요시(三枝充悳, 1987: 35-38)는 일단 문헌의 저자나 그 사람을 거론한 문헌에 의거해 와수미뜨라를 14가지로 구분한다. 곧 ① 『대비바사론』편찬할 때의 상수, ② 비바사사 4대 논사 가운데 한 사람, ③『품류족론』의 저자, ④『계신족론』의 저자,[34] ⑤『문론』의 저자, ⑥『오사론』의 저자, ⑦『구사론』의 주석자, ⑧ 현장이 귀국할 때 까쉬미라국에 살고 있던 설일체유부의 학승, ⑨『존바수밀보살소집론』의 저자, ⑩ SBhu의 저자, ⑪「살바다부기목록」에서의 와수미뜨라, ⑫『달마다라선경』에서의 와수미뜨라, ⑬『유일잡난경』에서의 와수미뜨라, ⑭『사자월불본생경』에서의 와수미뜨라이다.

이 가운데 ⑤·⑧·⑪·⑫는 SBhu의 저자와 너무 소원하기 때문에 일단 배제되며,[35] 그 나머지 사람들이 SBhu의 저자로 직접 언급한 2곳의

---

34 『계신족론』의 저자에 대해 야쇼미뜨라와 티벳 전승에서는 뿐나(Puṇṇa, 富樓那)로 전하기도 한다.

35 『구사론』권5(T29, 25c26-28)와 『대승성업론』(T31, 784a2-4)에서 거론되는 ⑤는 멸진정에도 미세한 심이 있다고 주장하는 와수미뜨라이다. 이 논사에 대해『구사론기』와『성유식론술기』에서는 경량부 논사로서 설명한다. 또『삼장법사전』권2(T50, 231b12-15)에서 거론되는 ⑧은 현장이 귀국할 때 까쉬미라국에 살고 있던 설일체유부의 학승이다. 현장의 생멸연대에 의거해보면 그 와수미뜨라는 7세기 사람이기 때문에 SBhu의 저자보다 후대의 다른 사람임을 알 수 있다. 그리고『출삼장기집』권12(T55, 89a20-c1)의「살바다부기목록」과『달마다라선경』권상(T15, 301c6-10)에서 거론되는 와수미뜨라는 법맥(法脈)상의 논사로서, 설일체유부 논사이기는 하지만 SBhu의 저자로 한정시키기는 어렵다.

내용에 직간접적으로 관련된다. 첫째는 그 저자를 불멸후 400년에 태어난 사람으로 설명한 『이부종륜론술기』(이하 『술기』, X53, 570b3)이다. 그 와수미뜨라를 불멸후 400년 사람으로 본다면 그는 까니쉬까(Kaniṣka)왕의 재위와 관련이 있는데, 그 사람을 『대당서역기』권3(T51, 886c18- 887a17)에서는 『대비바사론』 편찬의 상수[①]로 설명하고[36] Tār에서는 설일체유부 4대 논사 가운데 한 사람[②]으로 설명한다(寺本婉雅 譯, 1977: 104-105). 하지만 Tār에서는 ①과 ②를 다른 사람으로 구분하고(同: 99), 또한 ②가 『품류족론』의 저자[③④⑥] 및 SBhu의 저자[⑩]와 동명이인이라고 기술한다(同: 114).[37] 또 『술기』(X53, 568a24)에서는 그 사람을 미륵(彌勒)의 뒤를 잇는 보처보살(補處菩薩)로도 설명하기 때문에 위의 ⑨⑭와 관련이 있다. 나아가 그것들은 『유일잡난경』의 설명[⑬]을 다시 구체화시킨 것(望月信亨, 1960b: 2905)이기 때문에 같은 범주라고 할 수 있다.

둘째는 『구사석』을 지은 와수미뜨라[⑦]가 SBhu도 지었다고 기술한 Tār이다(寺本婉雅 譯, 1977: 246). 『구사론』의 대학자로서의 와수미뜨라는 야소미뜨라(Yaśomitra)를 잘못 표기한 것으로 설명하기도 하지만(望月信亨, 1960b: 2906), Tār에서 2번이나 언급되고 『구사론기』권2(T41, 37b3-5)에서도 언급된 것을 볼 때 『구사론』의 주석가 가운데 와수미뜨라도 있었던 것으로 추정된다. 그렇더라도 『구사론기』에는 그가 불멸

---

36 ①에 대해 모치즈키 신코(望月信亨, 1960b: 2905)는 『대비바사론』의 권위를 높이기 위해 후대 사람이 그를 그 편찬의 상수로 가탁한 것이라고 설명한다.

37 『구사론기』권1(T41, 8c3-6)에서 『품류족론』과 『계신족론』의 저자를 불멸후 300년 초의 와수미뜨라로 설명하고 비바사사의 와수미뜨라와 동명이인이라 하는 것이 맞다면 Tār의 기술과 일치한다고 볼 수 있다.

후 300년 초『품류족론』과『계신족론』의 저자[③④]와 3세의 위부동설
(位不同說)의 주장자[②]와 어떠한 관계인지에 대한 언급이 없고, 다른
문헌에서도 Tār의 기술을 뒷받침할만한 전거가 확인되지 않는다. 또
그가 SBhu도 지었다고 한다면 SBhu는『구사론』을 지은 와수반두의 출
생 뒤에 저술된 것이 된다. 하지만『십팔부론』으로 한역한 꾸마라지바
는 와수반두보다 앞서거나 거의 동시대 사람이기 때문에 한 사람이『구
사석』과 SBhu를 지었다는 Tār의 기술은 타당성이 있다고 보기 어렵다.

이와 같이 SBhu의 저자와 관련된 여러 문헌의 설명이 상반되고 명
확하지 않으며 누군가로 특정할만한 결정적 증거가 없기 때문에 그에
대한 근현대 학자들의 주장도 아직 추정에 근거할 뿐이다. 예컨대 키
무라 타이켄(1918: 3-4)은 전거의 불확실함 때문에 SBhu의 성립연대를
기원전 1세기-기원후 400년으로, 저자는 와수미뜨라의 이름을 가차한
설일체유부의 후대 사람으로 추정한다. 또 오노 겐묘(小野玄妙, 1926:
88-89)는 불멸후 300년 출생의『품류족론』의 저자인 와수미뜨라와 불
멸후 400년 출생의 와수미뜨라가 실제로는 같은 사람이라고 주장하고,
SBhu도『품류족론』도 모두 그가 지은 것이라고 추정한다. 그와 마찬가
지로 후카우라 세이분(深浦正文, 1958: 134)도 불멸후 300년부터 400년
초에 생존했고『품류족론』등을 지은 것으로 전해오는 와수미뜨라를
SBhu의 저자와 같은 사람으로 추정한다.

그리고 두 번째 살펴볼 문제점은 와수미뜨라가 SBhu의 송과 장항석
을 모두 지었는가하는 것이다. 이 문제의 발단은『이부종륜론』의 제3
송에서 "와수미뜨라 대보살은 대지·대각·대혜를 구족한 석가 종족의
진실한 비구로서, 그 시기를 관찰하여 고찰했네."라고 한 것이다. 이
송은『십팔부론』에만 빠져 있고 다른 3종 번역본에는 실려 있다. 와수

미뜨라가 SBhu를 지었다면 그와 같이 자신을 찬탄하는 문구를 넣지 않았을 것이라는 이치에 의거해, 후대 사람이 지은 뒤에 와수미뜨라의 이름을 가탁했을 것이라는 추정이 가능하기 때문이다.[38] 이 문제에 대해 규기(窺基, 632-682)는 『술기』(X53, 568c3-17)에서 3가지 해석을 제시한다. 첫 번째는 송과 장항석을 모두 와수미뜨라가 지었다는 해석이다. 와수미뜨라 정도의 보살이 자신의 공덕을 칭찬한다는 것에 잘못이 없기 때문이다. 두 번째는 와수미뜨라가 장항석만 지었고 송은 후대 학인이 지었다는 해석이다. 세 번째는 장항석의 '이와 같이 전해 들었다'부터 부파분열의 연대를 서술하고 부파를 나열한 부분까지는 와수미뜨라가 지은 것이고, 전반부의 5송 및 후반부의 근본종파와 지말종파의 주장을 서술한 부분은 모두 후대 사람이 지었다는 해석이다. 이 가운데 규기는 첫 번째 해석에 따른다.

이에 대해 키무라 타이켄(1918: 3-4)은 설일체유부의 학승 가운데 어떤 사람이 그 부파에서 전승된 것을 기초로 하여 정리해 지었다고 추론하고, 이것을 그 부파 가운데 대립자(大立者)인 와수미뜨라의 이름에 의탁해 순서대로 정리 증보하여 오늘날과 같은 것으로 된 것이라고 주장한다.[39]

3) 번역서 및 주석서

(1) 『십팔부론』

---

38 『존바수밀소집론』도 와수미뜨라가 지은 것으로 전해지지만, 그 논의 곳곳에서 와수미뜨라를 '존자'로 존칭한 것에 근거해 후대 사람이 찬집한 것으로 추정되기도 한다(望月信亨, 1960c: 3177).

39 타카이 칸카이(高井觀海)도 SBhu의 저자가 와수미뜨라 본인이 아니라 그보다 후대의 다른 사람일 것이라고 설명한다(佛書解說大辭典編纂會 編, 1968: 100).

SBhu의 4종 번역본들의 내용은 대동소이하다. 서두에 송이 있고 이어서 마하데바의 5사를 비롯해 상좌부와 대중부의 근본·지말분열을 다루며, 각 부파의 주장을 차례대로 서술한다. 그 가운데 『십팔부론』은 한역 3본 가운데 가장 먼저 번역된 것으로서, 『고려대장경』 제29권 (No. 976)과 『대정신수대장경』 제49권(No. 2032) 등에 실려 있다. 이 번역본은 한역 3본 가운데 유일하게 근본분열의 시기를 정확히 불멸후 116년으로 전하며, 또 『이부종륜론』에 의거해볼 때 부파의 분열 양상과 수는 같아도 여러 곳에 결락된 글이 있기 때문에 주의가 필요하다.

그런데 『십팔부론』의 번역자에 대해 약간의 논란이 있다. 『역대삼보기(歷代三寶記)』(T49, 98c22-99a22)를 비롯해 여러 대장경에 입장된 본(本)에는 『십팔부론』의 한역자가 빠라마르타[眞諦]로 되어 있지만 실제로는 꾸마라지바[鳩摩羅什]일 것으로 추정되고 있다. 지승(智昇, 8세기)의 『개원석교록』에서는 이 문제에 대해 다음과 같이 언급한다.

위의 『십팔부론』은 조사해보면 여러 목록에서 다 같이 양대(梁代)의 삼장인 빠라마르타가 번역한 것이라 했다. 이제 자세히 보건대, 빠라마르타삼장이 이미 『십팔부론』을 번역했는데 다시 『부이집론』을 번역했다는 것은 합당하지 않다. 그 『십팔부론』의 첫머리에 『문수사리문경』의 「분별부품」을 인용한 뒤 그다음의 '羅什法師集'이라 한 뒤쪽이 비로소 『십팔부론』[의 글]이다.

만약 꾸마라지바가 번역한 것이라면 진(秦)나라 때에는 아직 『문수사리문경』이 있지 않았기에 [꾸라마라지바가] 그것을 인용해 첫머리에 배치했다는 것은 합당하지 않을 것이다. 혹은 준거할만한 다른 목록에서 『문수사리문경』을 실역(失譯)으로 편찬하고 [그 번역시기를] 진(秦)나라 때로 인증했는데, 이것 역시 의심이 없다. 만약 빠라

마르타가 재역한 것이라면 『십팔부론』의 자주(子註)에 '秦言'이라는
글자가 있는 것은 합당하지 않을 것이다.

　그 글의 이치를 자세히 보건대, 대부분 진(秦)나라 때에 꾸마라지
바가 번역한 것이 여러 목록에 [번역자가] 누락되어서 이런 의심이
있게 된 것이다. 빠라마르타의 『십팔부소(十八部疏)』가 곧 『부이집소
(部異執疏)』이기는 하지만 비록 이러한 이치가 있더라도 지남(指南)
으로 삼을 수는 없다. 후대 견문이 넓은 이들이 진실한 목록을 구하
기 바란다.(T55, 621b27-c5)

　『십팔부론』을 살펴보면 서두에 실려 있는 『문수사리문경』의 내용
은 부파의 명칭과 분열 양상까지인데, 그것은 이역본인 『이부종륜론』
과 『부집이론』과 SBhu(t)에 실려 있지 않다. 따라서 『십팔부론』이 모든
부파의 분열과 그들의 주장을 정리한 논이기 때문에, 후대 사람이 이
논을 편집하는 과정에서 『문수사리문경』의 내용을 일부 끌어와 같이
엮은 것으로 생각된다. 다른 번역본들과 비교해보더라도 『십팔부론』
의 '羅什法師集' 이하가 SBhu의 본 내용임을 알 수 있다. 또 『십팔부론』
의 본문에 있는 스타비라(sthavira, 他鞞羅)에 대해 '秦言上座部也'라 하
는 할주가 있다. 이것을 통해 『십팔부론』의 번역자가 진대(秦代) 사람
임을 알 수 있기 때문에 양대(梁代)의 빠라마르타가 번역했다고 보기
어렵다. 또 지승의 지적처럼 한 사람이 어떠한 언급도 없이 한 문헌을
다른 제목으로 두 번 번역한다는 것도 이해하기 어려운 부분이다. 따
라서 여러 문헌들에 『십팔부론』의 번역자가 빠라마르타로 되어있지
만 실제로는 꾸마라지바가 번역한 것으로 보아야 할 것이다. 길장(吉
藏, 549-623)이 『십팔부론』을 '羅什'이 한역한 『분별부론(分別部論)』이
라 한 것도(『삼론현의』, T45, 10a13) 이러한 사정을 알았기 때문일 것이

다. 이같이 꾸마라지바가 『십팔부론』을 한역한 것이라면 그 시기는 폭넓게 그가 장안(長安)에 들어온 401년에서 그가 입적한 413년 사이일 것이다.

(2) 『부집이론』

『부집이론』은 진(陳)나라 초기 빠라마르타가 557년에서 569년 사이에 광주(廣州)의 제지사(制旨寺)와 왕원사(王園寺)에서 한역한 것으로서, 『고려대장경』 제29권(No. 975)과 『대정신수대장경』 제49권(No. 2033) 등에 실려 있다. 다른 명칭으로 『집부이론(執部異論)』과 『부이집론(部異執論)』과 『부이종론(部異宗論)』이 있고, 약식 명칭으로 『부집론(部執論)』이 있다. 이 번역본에서는 대중부계통에서 8부파, 상좌부계통에서 12부파를 거론하는데, 『이부종륜론』에 의거해볼 때 서산부가 빠져 있고 몇몇 곳에 결락된 글도 있다. 또 본문이 끝난 후 말미에 18부파 명칭의 음역어가 정리되어 있는데, 그것을 첨부한 자가 빠라마르타인지 후대 사람인지는 불분명하다.

그리고 빠라마르타는 이 논을 한역함과 동시에 강설하여 『부집이론소(部執異論疏)』 10권(또는 4권)을 지었다. 이 주석서도 『부이집론소(部異執論疏)』 · 『부집론기(部執論記)』 · 『부집기(部執記)』 등의 다른 명칭들이 있다. 그런데 아쉽게도 이 주석서는 현존하지 않는다. 규기의 『술기에서는 그것의 내용을 '어떤 사람의 풀이[有釋]]', '옛날의 풀이[舊釋]', '어떤 사람의 해석[有解]' 등으로 거론한다. 현존하는 문헌 가운데서는 징선(澄禪, 1227-1307)의 『삼론현의검유집(三論玄義檢幽集)』(T70, No.2300)에 『부집이론소』의 가장 많은 내용이 전한다.

(3)『이부종륜론』

『이부종륜론』은 현장이 662년 7월 14일에 옥화사(玉華寺)에서 한역을 완료한 것으로서, 한역 3본 가운데 내용이 가장 잘 갖추어진 것으로 평가된다. 이 논은『고려대장경』제29권(No. 977)과『대정신수대장경』제49권(No. 2031) 등에 실려 있다. 한국·중국·일본 3국에서 SBhu의 한역본에 3종이 모두 전해오지만 아비달마부파에 대한 정보를 거론할 때는 대부분『이부종륜론』에 의거한다.

『이부종륜론』 말미의 발문(跋文)에서 밝히고 있는 것처럼, 현장은 복수의 산스끄리뜨본을 대조한 것은 물론 이전에 번역되었던『십팔부론』과『부집이론』도 참조해 SBhu를 중역(重譯)한 것으로 보인다. 그리고 현장이 논의 명칭인 '*Samayabhedoparacanacakra*'를 '異部宗輪論'으로 한역한 것에 대해 규기(窺基)는『술기』에서 글자 하나하나에 의미를 부여해 상세하게 정리한다.

> 사람에게 [각각] 다른 길이 있는 것을 '이부(異部)'라 일컫고, 법이 하나의 이치에 어긋난 것을 곧 '종륜(宗輪)'이라 일컫는다. '이(異)'란 다름[別]이고, '부(部)'란 무리[類]이다. 사람이 이해에 따라 정견(情見)이 같지 않아서 별도로 무리가 된 것을 '이부'라 했다. '종(宗)'이란 주장[主]이고, '륜(輪)'이란 굴러감[轉]이다. [각 부파에서] 주장된 법에 서로 취함과 버림이 있는 것을 고정되지 않은 바퀴에 비유하기 때문에 '종륜'이라 했다. 또 '종'이란 숭상해야할 이치이고, '륜'은 꺾어버리는 작용이다. 마치 왕에게 윤보(輪寶)가 있어서 도둑을 죽이고 원수를 제거하고 업적을 세우고 공적을 성취한 것처럼, 능력을 표방하고 공덕을 거론하고 방편을 취해서 후학이 이 [논]을 거울삼아 여러 부류에 대해 미묘한 것을 잘 통달하고 그윽한 이치를 훌륭하게

보위하여 다른 도를 꺾고 다른 종파를 바로잡을 수 있다. 공덕을 심고 명예를 선양하는 것을 가탁하여 '륜'이라 일컬은 것이다. '이부의 종륜'은 의사석(依土釋)이다.(X53, 568b13-21)

산스끄리뜨로 논의 명칭의 의미가 '교의의 차이를 정리한 일람표'이긴 하지만 규기는 이와 같이 현장이 새로 번역한 '이부종륜론'이라는 명칭에 의거해 그 의미를 재해석한다. 곧 불제자들이 서로 갈라진 것을 '이부'로, 불법이 서로 갈라진 것을 '종륜'으로 풀이함으로써 보다 구체적으로 『이부종륜론』의 내용을 부파의 분열과 그들의 주장으로 양분시킨다. 이와 같이 사람과 법으로 구분한 방식은 본문을 주석하는 데에도 일부 적용된다.

(4) *Gzhung lugs kyi bye brag bkod pa'i 'khor lo*

SBhu(t)는 9세기경에 다르마까라와 장꽁이 티벳어로 번역한 것으로서, 현재 티벳대장경의 4가지 판본에 실려 있다.[40] 그 판본들은 같은 번역본이지만 필사의 차이로 인해 서로 다른 부분들도 조금씩 있다. 그리고 내용상 이 번역본은 한역 3본 가운데 현장의 『이부종륜론』에 가장 가깝다.

(5)『이부종륜론술기』

『이부종륜론술기』는 앞서 언급했듯이, 현장이 SBhu를 『이부종륜론』

---

40 P. bstan 'gyur / 'dul ba, U.168b7-176b8; N. bstan 'gyur / 'dul ba, U.157a2-163b3; D. bstan 'gyur / 'dul ba, Su.141a5-147a2; C. bstan 'gyur / 'dul ba, Su.141a5-147a2.

으로 한역하며 강설한 내용을 모아서 규기가 편찬한 주석서로서,[41] 1
권 분량이다. 다른 명칭으로『이부종륜론소』가 있다. 규기 이전에 빠
라마르타가『부집이론』으로 한역한 뒤 10권(또는 4권) 분량의『부집이
론소』를 지어 자세하게 설명했지만, 그것이 현존하지 않기 때문에 이
『술기』가 SBhu의 유일한 주석서이다.

『술기』에서는 빠라마르타의 주석을 '어떤 사람의 풀이[有釋]]', '옛
날의 풀이[舊釋]', '어떤 사람의 해석[有解]' 등이라는 말로 인용하면
서 여러 곳에서 비판적 태도를 보인다. 이와 관련해 규기는 다음과 같
이 말한다.

> 10권으로 만들어진 가의 법사의『부집이론소』에서는 사태들의 의
> 미를 서술하고 사소한 것이라도 곡절을 남김없이 했다. [하지만] 배
> 우는 이는 그 번잡한 글을 두려워하고 어떤 이는 자세한 취지를 버
> 리기도 한다. 지금은 그것의 큰 요지만 자세히 헤아려 그 본문을 풀
> 이하겠다. 오래된 것과 다른 점은 간단하게 [말하고] 자세하게 말한
> 다는 것이며, 오래된 것과 같은 점은 부족하나마 대강령을 진술한다
> 는 것이다.(X53, 568b8-11)

현장이 이전 한역본들을 비판적으로 검토하고 중역했던 것처럼, 규

---

41 『술기』에 대한 연구가 일본에서 많이 이루어졌다. 대표적인 것으로 小山憲榮의『異部宗
輪論述記發軔』3권, 慈光의『異部宗輪論述記聽書』1권, 沖默의『異部宗輪論述記螢燭抄』1
권, 密雲의『異部宗輪論述記甲辰錄』2권, 저자 미상의『異部宗輪論述記講要』2권, 基辨의
『異部宗輪論述記講錄』1권과 異部宗輪論述記導』1권, 寶雲의『異部宗輪論述記講錄』2권,
神識의『異部宗輪論述記講錄』2권, 海應의『異部宗輪論述記私記』3권, 信海의『異部宗輪
論述記私記』3권, 信慧의『異部宗輪論述記別錄』2권, 荣天의『異部宗輪論述記目論』5권,
隆山의『異部宗輪論述記聞錄』1권 등이 있다.

기도 이미 빠라마르타가 지은『부집이론소』를 살펴본 뒤 그 글이 너무 번잡해서 부분적으로 요지만 취한다고 밝히고 있다. 그는 기본적으로 현장의 번역과 강설에 절대적 지위를 부여하고, 빠라마르타의 설명에 대해 때론 "이치들이 들쭉날쭉하다. 번거롭게 하나하나의 차이점을 자세히 서술하지는 않겠다"고 말하며 강하게 비판하기도 한다. 그런데『술기』에서 주석한 내용을 다른 문헌들에서 전하는 내용과 비교해보면 서로 어긋나는 부분이 여러 곳에 나타난다. 이것은 빠라마르타와 현장이 SBhu 상의 같은 사안에 대해 다르게 이해한 것들이 적지 않다는 것을 보여주며, 나아가 현장이 강설한 내용(≒『술기』)이 반드시 옳은 것이 아닐 수도 있다는 것을 시사한다.

4)『이부종륜론·술기』의 구성 내용

본문에 들어가기에 앞서 규기는『이부종륜론』이 지어진 배경을 비롯해 관련 정보를 소개한다. 먼저 붓다의 가르침이 일미(一味)로 전승되다가 마하데바의 5사로 인해 사람들이 다른 부류로 갈라지고 법에는 다른 주장이 생겨나 상가가 20가지 부파로 갈라졌기 때문에, 현겁의 아라한인 와수미뜨라가 20부파의 자취를 기술해 후학에게 전수하게 되었다고 설명한다. 또 SBhu는 이전에 빠라마르타가『부집이론』이라는 명칭으로 한역했지만 본래 의미를 거스르는 부분들이 있어서 그것들을 바로 잡아 현장이 중역하게 되었으며, 현장의 가르침을 받들어『이부종륜론술기』를 편찬하게 되었음을 밝힌다.

본문은 전반부의 5송과 후반부의 장항석으로 구성되어 있고, 각각의 글을 의미별로 구분해 주석을 덧붙인다. 송에서는 불멸후 100여 년

의 근본분열 이후 서로 간의 주장이 달라 여러 부파들이 발생한 것을
잘 관찰하여, 붓다의 말씀을 파괴시킨 여러 종파를 설명하겠다는 것을
밝히고, 아울러 진실을 잘 가려서 취하기를 권장한다.

장항석에서는 부파 발생의 시기와 이유를 진술하고 여러 부파들의
주장을 정리한다. 와수미뜨라에 따르면, 근본분열은 불멸후 100여 년
아쇼까왕 재위 때 마가다국 꾸수마성에서 마하데바의 5사를 계기로
발생되었다. 5사에 대해 규기는 『대비바사론』의 설명을 인용해 부연
한다. 지말분열에 있어서, 대중부에서 4차에 걸쳐 8부파가 분열되었고,
상좌부에서는 7차에 걸쳐 10부파가 분열되었다. 대중부에서 불멸후
200년대에 일설부·설출세부·계윤부를 시작으로 다문부, 그다음에 설
가부, 그리고 제다산부·서산부·북산부가 성립되었다. 또 상좌부에서
는 대중부보다 늦게 불멸후 300년 초에 설일체유부와 근본상좌부로
분열된 후 독자부가 분열되었고 또 법상부·현주부·정량부·밀림산부,
그다음에 화지부, 또 법장부, 또 음광부, 그리고 마지막으로 경량부가
성립되었다. 규기는 『이부종륜론』에 의거해 『문수사리문경』과 『부집
이론』에서 번역한 부파 명칭과 부파의 개수가 잘못되었다고 비판하지
만 그 지적이 모두 타당한 것은 아니다.

그리고 와수미뜨라는 여러 부파의 주장을 근본종파와 지말종파로
구분해 정리하는데,[42] 그 주장들을 의미별로 구분한 종류 및 바브야의
NBhvy(t)와 위니따데바의 NBhsg(t)에 기술된 내용과의 관계는 다음과
같다.

---

[42] 와수미뜨라는 각 부파의 주장을 근본종파의 같은 주장과 지말종파의 다른 주장으로 구
분하지만 바브야와 위니따데바는 그러한 구분을 하지 않는다.

먼저 대중부·일설부·설출세부·계윤부의 주장에서는 근본주장으로 49종을 기술하고 지말주장에는 무량한 문(門)이 있지만 9종만 기술한다. 그 근본주장에서 21종은 바브야가 기술한 일설부의 주장과 같고 1종은 그것과 다르며, 또 29종은 위니따데바가 기술한 설출세부의 주장과 같고 1종은 그것과 다르다. 지말주장에서는 바브야의 기술과 같은 것이 없지만 5종이 위니따데바의 기술과 같다.

다문부의 주장에서는 3종의 근본주장만 기술하며 그 밖의 주장은 대부분 설일체유부와 같다고 설명한다. 그 가운데 1종은 바브야가 기술한 다문부의 주장과 같고 3종 모두는 위니따데바가 기술한 다문부의 주장과 같다. 다만 붓다의 5음에 대해 와수미뜨라가 무상·고·공·무아·열반적정을 거론한 반면 위니따데바는 무상·무아·공지(空智)·도·열반을 거론한 점이 약간 다르다.

설가부의 주장에서는 8종의 근본주장만 기술하며 그 밖의 주장은 대부분 대중부와 같다고 설명한다. 그 가운데 5종은 바브야가 기술한 설가부의 주장과 같으며, 4종은 위니따데바가 기술한 설가부의 주장과 같고 1종은 그것과 다르다.

제다산부·서산부·북산부의 주장에서는 3종의 근본주장만 기술하며 그 밖의 주장은 대부분 대중부와 같다고 설명한다. 그 가운데 2종은 위니따데바가 기술한 동산부·서산부의 주장과 같다. 바브야는 이들 부파의 주장을 별도로 기술하지 않는다.

그리고 상좌부 계통의 설일체유부의 주장에서는 근본주장으로 54종을 기술하며, 지말주장은 그 부류에 한계가 없다고 설명한다. 그 가운데 13종은 바브야가 기술한 설일체유부의 주장과 같고 1종은 그것과 다르며, 또 4종은 위니따데바가 기술한 근본설일체유부의 주장과 같다.

설산부의 주장에서는 5종의 근본주장만 기술하며 그 밖의 주장은 대부분 설일체유부와 같다고 설명한다. 그 가운데 2종은 바브야가 기술한 설산부의 주장과 다르며, 또 2종은 위니따데바가 기술한 설산부의 주장과 같다.

독자부의 주장에서는 근본주장으로 9종을 기술하며, 지말주장의 차이로 인해 법상부·현주부·정량부·밀림산부가 분열되었다고 설명한다. 그 가운데 5종은 바브야가 기술한 독자부의 주장과 같으며, 또 4종은 위니따데바가 기술한 꾸루꿀라까·아반따까·독자부의 주장과 같다.

화지부의 주장의 주장에서는 근본주장으로 24종을 기술하며, 지말주장으로 9종을 기술한다. 그 근본주장에서 10종은 바브야가 기술한 화지부의 주장과 같고 3종은 그것과 다르며, 또 8종은 위니따데바가 기술한 화지부의 주장과 같고 2종은 그것과 다르다. 지말주장에서는 3종이 바브야의 그 기술과 같고 1종은 그것과 다르다.

법장부의 주장에서는 5종의 근본주장만 기술하며 그 밖의 주장은 대부분 대중부와 같다고 설명한다. 그 가운데 1종은 바브야가 기술한 법장부의 주장과 같으며, 또 4종은 위니따데바가 기술한 법호부의 주장과 같다.

음광부의 주장에서는 5종의 근본주장만 기술하며 그 밖의 주장은 대부분 법장부와 같다고 설명한다. 그 가운데 2종은 바브야가 기술한 음광부의 주장과 비슷하고, 3종은 위니따데바가 기술한 음광부의 주장과 비슷하다.

경량부의 주장에서는 5종의 근본주장만 기술하며 그 밖의 주장은 대부분 설일체유부와 같다고 설명한다. 그 가운데 3종은 바브야가 기술한 설전부의 주장과 같고 1종은 그것과 다르며, 또 3종은 위니따데바가 기술한 설전부의 주장과 같다.

그리고『이부종륜론』의 말미에 있는 발문(跋文)에서는, 현장이 다수의 산스끄리뜨본에 의거해 한역했고 이전의 한역본을 참조해 오류를 없앴다는 것을 강조하며, 후학들이 열심히 배워야 한다는 것을 독려한다.

2. *Nikāyabhedavibhaṅgavyākhyāna*

1) 개요

SBhu보다 후기에 저술된 바브야(490-570년경)의 NBhvy는 현재 산스끄리뜨본으로 확인되지 않고 디빵까라쉬리갸나(982-1054)와 츌팀갤와(1011-1064)가 번역한 티벳역본만 티벳대장경 4가지 판본에 온전히 실려 있다.[43] 논의 명칭을 티벳어로 '*Sde pa tha dad par byed pa dang rnam par bshad pa*'로 한 것은 판본들 간 일치하지만 산스끄리뜨 명칭의 표기에는 차이가 있다. 북경판과 나르탕판에는 '*Kāyabhetrovibhaṅgavyakhyāna*'로 되어 있고, 델게판과 초네판에는 '*Kāyabhedovibhaṃgavyākhyāna*'로 되어 있다. 본서에서는『西藏大藏經總目錄索引』(東北帝國大學 法文學部 編)과『(北京版)西藏大藏經 總目錄 附 索引』(大谷大學 西藏大藏經研究會 編)에 의거해 '*Nikāyabhedavibhaṅgavyākhyāna*'로 표기한다. 이것에서 'nikāya'[44]는

---

43 P. bstan 'gyur / 'dul ba, U.177a1-187b3; N. bstan 'gyur / 'dul ba, U.163b3-172a7; D. bstan 'gyur / 'dul ba, Su.147a3-154b2; C. bstan 'gyur / 'dul ba, Su.147a3-154b2.

44 4종 티벳판본에는 'kāya'로 되어 있지만, 일반적 표기방법에 따라 'nikāya'로 표기한다.

'부파·무리' 등을 의미하고 'bheda'는 '분열·차이' 등을 의미하고 'vibhaṅga'는 '구분·부류' 등을 의미하고 'vyākhyāna'는 '해설·설명' 등을 의미한다. 따라서 그 명칭은 '부파의 분열과 부류에 대한 해설'이라는 의미를 갖는다.[45]

또 이 논은 티벳대장경에 독립된 문헌으로 분류되어 있지만 사실 바브야의 또다른 저서인 *Tarkajvālā* (『思擇炎』) 제13품의 일부(D. Dza.148a4-155b6.)에 그대로 포함되어 있다. 따라서 후대에 그 주석서에서 부파의 분열과 주장에 대한 내용만 별도로 유포시켜 독립된 문헌으로 취급된 것일 수도 있다(塚本啓祥 등, 1990: 217).

그리고 NBhvy에서는 SBhu처럼 부파의 분열에 관련된 내용과 부파 명칭의 연원, 그리고 각 부파들의 주장을 다루고 있다. 다만 SBhu가 설일체유부의 전승에 의거해 부파분열을 기술한 반면 NBhvy는 상좌부와 대중부와 정량부의 3가지 전승을 모두 전한다. 특히 근본분열의 시기를 SBhu에서 불멸후 100여 년(또는 116년)으로 기술한 것에 비해, NBhvy에서는 상좌부가 전하는 불멸후 160년과 정량부가 전하는 불멸후 137년이라는 다른 설명도 담고 있다.

2) 저자

모든 티벳역본에서 NBhvy의 저자는 바브야(Bhavya)라고 명확하게

---

45 『망월불교대사전』에는 '敎團分裂詳說'로 되어 있고(望月信亨, 1960a: 169), 델게판을 영인한 일본 東北帝國大學과 북경판을 영인한 일본 大谷大學의 목록집에는 '異部分派解說'로 되어 있다(東北帝國大學 法文學部 編, 1934: 631; 大谷大學 監修; 西藏大藏經研究會 編, 1961: 763).

밝히고 있기 때문에 저자에 대한 이견은 없다. 그런데 그 사람이 바바비베까(Bhāvaviveka)와 같은 사람인지 아니면 전혀 다른 사람인지에 대해 학자들에 따라 견해가 분분하다. 바브야는 발비야(跋毘耶)로 음역하며, 바바비베까는 음역어로 바비폐가(婆毘吠伽)·바비벽가(婆毘薜迦)가 있고 의역어로 청변(淸辯)·분별명(分別明) 등이 있다.[46]

테라모토 엔가(1977: 207, 각주1)는 바브야와 바바비베까가 다른 사람이라고 주장한다. 바브야가 지은 *Madhyamakaratnapradīpa* (『中觀寶燈論』)에서 붓다빨리따(Buddhapālita, 佛護, 4-5세기)와 바바비베까와 짠드라끼르띠(Candrakīrti, 月稱, 7세기)의 순서대로 예경한 것에 근거해 바브야를 바바비베까보다 후대 사람이라고 할 수 있기 때문이다. 이에 반해 으젠느 브르노프(Eugène Burnouf, 1876: 560)와 팔미르 코디어(Palmyr Cordier, 1909: 299)는 그 두 이름을 한 사람에 대한 약어 차이라고 주장한다. 또 오오타케 쇼신(大竹照眞, 1930: 125)과 에지마 야스노리(江島惠教, 1990: 841) 등은 여기서 거론하는 바브야가 *Madhyamakaratnapradīpa*의 저자와 다른 사람이라고 주장한다. 또한 Tār의 제23장 '디그나가 등의 시대'(寺本婉雅 譯, 1977: 191-214)에 기술된 당시 논사들의 전기에 바바비베까가 없는 대신 바브야가 있고, 그곳에서 설명한 바브야의 전기와 『대당서역기』권10(T51, 930c25-931b3)에서 설명한 바바비베까의 전기가 거의 일치한 것을 보더라도 바브야와 바바비베까는 같은 사람으로 판단된다.

---

46 이 사람의 이름은 한역어 외에 티벳어로는 'Legs ldan 'byed', 'Legs ldan', 'Snang bral' 등이 있고, 산스끄리뜨로는 'Bhāvin', 'Bhagavadviveka'도 있지만, 일반적으로 'Bhāvaviveka' 혹은 'Bhavya', 그리고 '淸辯'이라 하는 호칭이 사용된다(塚本啓祥 등, 1990: 215-216, 각주17).

바브야 또는 바바비베까는 남인도 말야라(Malyara)국의 왕족으로 태어
났으며, 다르마빨라(Dharmapāla, 護法, 530-561)와 비슷한 시대인 490-570년
경에 생존한 것으로 추정된다. 그는 출가하여 3장에 정통했고 나중에
중인도로 나아가 상가락쉬따(Saṃgharakṣita, 衆護 또는 僧護)에게서 대
승경전과 나가르주나(Nāgārjuna, 龍樹)의 교설을 배웠다. 다시 남방으
로 돌아와 50여 곳의 가람을 관장하고 공(空)의 이치를 선양했으며 문
도가 1,000여명에 이르렀다. 또 붓다빨리따의 주장에 대해서 나가르주
나의 논의에 의거해 논박하고 주석서를 지었는데, 그것이 『반야등론
석(般若燈論釋)』이다. 또 마가다국의 다르마빨라가 교법을 선양한다는
것을 듣고 그와 직접 대론하고자 빠딸리뿌뜨라성으로 갔지만 다르마
빨라가 만나주지 않아서 결국 본국으로 돌아왔다. 법장(法藏)의 『십이
문론종치의기』권상(T42, 218b22-c11)에서는, 다르마빨라는 진공(盡空)
의 유(有)를 주장했고 바브야는 진유(盡有)의 공(空)을 주장했다고 평
가하기도 한다.

특히 바브야의 사상적 특징은 불교 내부의 성문과 유가행파는 물
론 외부의 상키야·와이쉐시까·웨단따·미맘사 부파들을 비판한 *Ma
dhyamakahṛdayakārikā (『中觀心頌』)에 잘 나타난다. 또 그는 디그나가의
인명(因明)에 영향을 받아 독자적 논증식을 제시해 중관사상을 논증하
고자 시도함으로써 자립논증파의 개조로 일컬어지기도 한다.

그의 저술로는 한역본으로 『반야등론석(般若燈論釋)』·『대승장진론
(大乘掌珍論)』이 전하고, 티벳역본으로 *Prajñāpradīpa (『般若燈論』)·
*Madhyamakahṛdayakārikā (『中觀心頌』)·*Tarkajvālā (『思擇炎』)·
*Madhyamakaratnapradīpa (『中觀寶燈論』)·*Madhyamakārthasaṃgraha (『中觀義
集』), 그리고 아비달마부파 해설서인 *Nikāyabhedavibhaṅgavyākhyāna가

있다.

3) 구성 내용

NBhvy(t)에서는 부파 분열에 대해 3가지 전승을 전한다. 먼저 상좌부의 전승에 의거한 제1전승에서는 근본분열이 불멸후 160년 정법아쇼까왕 재위 때 꾸수마성에서 발생했다고 전한다. 분열 원인을 법(法)에 대한 논쟁으로 설명할 뿐 구체적인 내용은 없다. 그와 같이 대중부와 상좌부로 단절되어 머물다가 다시 지말분열이 발생하여 총 18부파가 되었다고 설명한다. 곧 대중부 계통의 대중부·일설부·설출세부·다문부·설가부·제다산부·동산부·서산부이고, 상좌부 계통의 상좌부·설일체유부·독자부·법상부·현도부·정량부·화지부·법장부·강선법부·무상부이다.

그리고 바브야는 각 부파의 명칭 유래에 대해 스승의 이름이나 주장 내용이나 머무는 장소 등에 의거해 설명하는데, 그것에는 규기 또는 빠라마르타의 설명과 같은 것도 있고 다른 것도 있다.

대중부의 전승에 의거한 제2전승에서는 근본분열의 시기를 제1전승처럼 불멸후 160년으로 말하지만 근본분열의 부파는 상좌부와 대중부와 분별설부 3부파로 전한다. 상좌부 계통에는 설일체유부와 독자부가 분열되었고, 다시 설일체유부에서 설일체유부와 경설부의 2부파가, 독자부에서 정량부와 법상부와 현도부와 육성부의 4부파가 분열되었다. 대중부 계통에서는 대중부와 동산부와 서산부와 왕산부와 설산부와 제다산부와 육제부와 계윤부의 8부파가 분열되었다. 분별설부 계통에서는 화지부와 음광부와 법장부와 홍의부의 4부파가 분열되었다.

정량부 전승인 제3전승에서는 앞의 두 전승과 달리 근본분열이 불멸후 137년 난다왕와 마하빠드마왕 재위 때 빠딸리뿌뜨라성에서 발생했고 지말분열은 불멸후 200년에 발생했다고 전한다. 또한 근본분열의 원인도 5사라고 밝히고 있다.

지말분열에 대한 설명은 각 부파의 주장을 기술하면서 언급된다. 그 주장들을 의미별로 구분한 종류 및 다른 해설서에 기술된 내용과의 관계는 다음과 같다. 먼저 대중부에서 일설부와 계윤부가 분열한다. 일설부의 주장에서는 21종을 기술한다. 그 가운데 20종은 와수미뜨라가 기술한 대중부·일설부·설출세부·계윤부의 근본주장과 같고 1종은 그것과 다르며, 또 13종은 위니따데바가 기술한 설출세부의 주장과 같고 1종은 그것과 다르다.

계윤부에서는 다시 다문부와 설가부가 분열하고 별도로 제다산부가 성립한다. 먼저 다문부의 주장에서는 5종을 기술한다. 그 가운데 1종은 와수미뜨라가 기술한 다문부의 근본주장과 같으며, 또 1종은 위니따데바가 기술한 다문부의 주장과 같다.

설가부의 주장에서는 8종을 기술한다. 그 가운데 6종은 와수미뜨라가 기술한 설가부의 근본주장과 같으며, 또 2종은 위니따데바가 기술한 설가부의 주장과 같다.

제다산부에 대해서는 제다(caitya)가 있는 산에서 수행하던 마하데바가 5사를 다시 주장할 때 성립되었다고 설명하며, 그들의 주장에 대해서는 별도로 기술하지 않는다.

상좌부에서는 먼저 근본상좌부와 설산부가 성립한다. 근본상좌부의 주장에서는 6종을 기술하는데, 와수미뜨라와 위니따데바는 별도로 기술하지 않는다.

　설산부의 주장에서는 5종을 기술한다. 그 가운데 2종은 와수미뜨라가 기술한 설산부의 주장과 다르며, 또 1종은 위니따데바가 기술한 설산부의 주장과 다르다.

　근본상좌부는 다시 설일체유부와 독자부로 분열된다. 설일체유부의 주장에서는 17종을 기술한다. 그 가운데 15종은 와수미뜨라가 기술한 설일체유부의 근본주장과 같고 1종은 그것과 다르며, 또 2종은 위니따데바가 기술한 근본설일체유부의 주장과 같다.

　설일체유부는 다시 분별설부와 설전부로 분열되고, 분별설부에서 화지부·법장부·음광부·홍의부가 분열한다. 그 가운데 화지부의 주장에서는 22종을 기술한다. 그 가운데 11종은 와수미뜨라가 기술한 화지부의 근본주장과 같고 3종은 그것과 다르며, 3종은 와수미뜨라가 기술한 화지부의 지말주장과 같다. 또 5종은 위니따데바가 기술한 화지부의 주장과 같고 2종은 그것과 다르다.

　법장부의 주장에서는 3종을 기술한다. 그 가운데 1종은 와수미뜨라가 기술한 법장부의 근본주장 및 위니따데바가 기술한 법호부의 주장과 같다.

　음광부의 주장에서는 2종을 기술한다. 그 2종은 와수미뜨라가 기술한 음광부의 근본주장과 비슷하며, 또 1종은 위니따데바가 기술한 음광부의 주장과 비슷하다.

　홍의부의 주장에서는 1종만 기술한다. 바브야는 홍의부와 설전부를 구분하지만 위니따데바는 그 둘을 같은 부파로 설명하고 와수미뜨라는 전혀 언급하지 않는다.

　설전부의 주장에서는 5종을 기술한다. 그 가운데 3종은 와수미뜨라가 기술한 경량부의 근본주장과 같고 1종은 그것과 다르며, 또 3종은 위니따데바가 기술한 설전부의 주장과 같다.

그리고 독자부는 다시 정량부와 대산부로 분열되고, 대산부에서 법상부·현도부·육성부가 분열한다. 그 가운데 독자부의 주장에서는 7종을 기술한다. 그 가운데 5종은 와수미뜨라가 기술한 독자부의 근본주장과 같으며, 또 3종은 위니따데바가 기술한 꾸루꿀라까·아반따까·독자부의 주장과 같다.

정량부의 주장에서는 1종만 기술한다. 와수미뜨라와 위니따데바는 정량부의 주장을 별도로 기술하지 않는다.

법상부의 주장에서는 1종만 기술한다. 와수미뜨라는 법상부의 주장을 별도로 기술하지 않으며, 위니따데바는 그 부파를 전혀 언급하지 않는다.

현도부의 주장은 법상부와 마찬가지라고 설명한다. 와수미뜨라는 현도부의 주장을 별도로 기술하지 않으며, 위니따데바는 그 부파를 전혀 언급하지 않는다.

육성부(: 밀림산부)의 성립에 대해서는 대산부라 하는 전승과 정량부라 하는 전승이 있다고 설명한다.

그리고 보유편이 있다. 바브야는 바로 앞까지 모든 부파들의 분열과 주장들을 기술한 뒤, 특정부파에 귀속되지 않는 총 67종의 주장들을 나열한다. 그 주장들은 앞서 기술한 것도 있고 처음 기술한 것도 있으며, 또한 상반되는 주장들이 있어서 어느 한 부파의 주장이라고 단정하기도 어렵다. 그것을 본서에서는 '보유편'으로 분류한다.

마지막으로 말미의 저자와 역자를 소개하는 부분에서는 이 문헌을 바브야가 지었고, 동인도의 디빵까라쉬리갸나와 티벳의 쭐팀걀와가 번역했음을 밝힌다.

3. *Samayabhedoparacanacakre nikāyabhedopadeśanasaṃgrahanāma*

1) 개요

NBhsg는 근본설일체유부의 전승에 의거해 여러 부파의 분열과 그들의 주장을 위니따데바가 정리한 것이다. 앞서 설명한 와수미뜨라와 바브야의 저술보다 늦은 7-8세기경에 저술되었지만 그것들과 함께 아비달마부파들의 위상을 파악할 수 있는 중요한 자료이다. 이 논은 현재 티벳역본으로만 전하는데,[47] 저자만 밝혀 있고 번역자에 대한 언급은 있지 않다.

논의 명칭은 티벳어로 '*Gzhung tha dad pa rim par bklag pa'i 'khor lo las sde pa tha dad pa bstan pa bsdus pa zhes bya ba*'이다. 산스끄리뜨 명칭은 판본에 따라 약간의 차이가 있다.[48] 본서에서는『西藏大藏經總目錄索引』(東北帝國大學 法文學部 編)과『(北京版)西藏大藏經 總目錄 附 索引』(大谷大學 西藏大藏經研究會 編)에 의거해 '*Samayabhedoparacanacakre nikāyabhedopadeśanasaṃgrahanāma*'로 표기한다. 그것의 의미는 'SBhu에서 부파의 분열과 주장을 간추린 것이라 하는 것'이 된다.[49] 곧 NBhsg

---

47   P. bstan 'gyur / 'dul ba, U.187b3-190b4; N. bstan 'gyur / 'dul ba, U.172a7-174b7; D. bstan 'gyur / 'dul ba, Su.154b3-156b4; C. bstan 'gyur / 'dul ba, Su.154b3-156b4.

48   북경판은 '*Samayabhedeparacanacakrasya nakāyabhedepadareśana nnāma saṅgraha*'이고, 나르탕판은 '*Samayabhedoparacanacakrasya nakāyabhedepadariśana nāma saṅgraha*'이고, 델게판은 '*Samayabhedoparavacanacakrasenakāyabhedoparideśanaṃ nāma saṃgraha*'이고, 초네판은 '*Samayabhedoparavacanacakrasenakāyabhedoparideśanāṃ nāma saṃgraha*'이다.

49   『망월불교대사전』에는 '異部宗輪論中敎團分裂異說集錄'으로 되어 있고(望月信亨, 1960a: 169), 델게판을 영인한 일본 東北帝國大學의 목록집에는 '異宗義次第讀誦輪中異部說集'으로(東北帝國大學 法文學部 編, 1934: 631), 북경판을 영인한 일본 大谷大學의 목록집에는 '異宗義次第讀誦輪中, 異部說集と名づくるもの'로 되어 있다(大谷大學 監修; 西藏大藏

가 와수미뜨라의 SBhu를 모체로 한다는 것을 의미한다. 하지만 부파분열에 대한 내용이 SBhu와 전혀 다르고 부파들의 주장에서도 첨삭하거나 일부에 상이한 기술이 있기 때문에, SBhu의 주석서라기보다는 그것에 근거한 요약본이라고 하는 것이 나을 듯하다. 또 인도는 물론 스리랑카에서 분열된 부파에 대해서도 설명한다는 점이 다른 해설서들과 다르다.

2) 저자

NBhsg(t)의 말미에서 위니따데바를 저자로 밝히고 있지만 그의 행적을 명확하게 알려주는 문헌은 거의 없다. Tār에서 그를 날란다사의 아짜르야이고 7부 인명(因明)의 주석을 지은 사람으로 짤막하게 기술되어 있을 뿐이다.

> 그 시대에 성도자인 사하잘랄리따(Sahajalalita)와 쉬리 날란다(nālanda)의 위니따데바가 살고 있었다. 그는 7부 인명(因明)의 주석을 지었다.(寺本婉雅 譯, 1977: 269; Anton Schiefner tr. 1869:197-198)

이를 통해 그가 날란다에서 스승이었고 인명계통의 문헌에 대해 주석을 지을 정도로 그 분야에 조예가 깊었다는 것을 알 수 있다. 또한 그의 다른 저서들을 통해 유식학과 율에 대해서도 박식했다는 것을 유추할 수 있다. 하지만 NBhsg(t)나 다른 문헌을 통해서도 그의 생존연

經硏究會 編, 1961: 763).

대는 쉽게 파악되지 않는다. 그 연대에 대해 사티스 찬드라 비드야부사나(Satis Chandra Vidyabhusana, 1921: 320)는 700년대로 추정하고, 에띠엔 라모트(Etienne Lamotte, 1958: 606)는 대부분의 학자와 달리 그가 설일체유부 논사이고 9세기에 살았다고 주장하기도 한다.

본서에서는 레슬리 카와무라(Leslie S. Kawamura, 1975: 48ff)가 여러 문헌을 참고해 정리한 위니따데바의 생애를 요약한 것으로 대신한다. 그에 따르면, 위니따데바는 *Ālambanaparīkṣāṭikā* (『所緣觀察疏』)에서 인명에 대해 디그나가(480-540)의 견해에 따르고 다르마빨라(530-561)의 견해에 동조하지 않은 점을 볼 때 최소한 그가 그들과 동시대이거나 후대 사람이라는 것을 알 수 있으며, 또 그가 다르마끼르띠(Dharmakīrti, 法稱, 600-660)의 논을 주석했기 때문에 그의 출생은 600년 이후가 된다. 티벳 문헌에서 다르마끼르띠가 위니따데바의 스승이고 나중에는 다르못따라(Dharmottara, 750-810)의 스승이었다고 전하는데, 그것에 따른다면 위니따데바의 생존연대의 범위는 600년과 810년 사이가 될 것이다. 또 위니따데바가 그의 스승인 다르마끼르띠의 업적을 높게 존중했다는 점에서 다르마끼르띠가 위니따데바에게 개인적인 관심을 가졌을 개연성이 높지만, 그것은 시기적으로 다르마끼르띠 생애의 끝에 가까웠을 것이다. 만약 위니따데바가 보통사람들의 이해력보다 높았다고 인정한다면 그는 매우 어린 나이에 스승에게 배웠을 것이다. 그렇다면 다르마끼르띠가 죽었을 때 위니따데바의 적당한 나이는 15세가 될 것이며, 곧 위니따데바가 645년에 태어난 것이 될 것이다. 또한 그가 70년을 살았다고 추정한다면 715년에 죽은 것이 될 것이다. 이 추정은 또한 그가 35세 이내일 때 다르못따라가 태어났다는 것이 된다. 대부분의 근대 학자들이 700년을 위니따데바의 출생연대로 보는 것에 동의함에 따라, 위니따데바의 대략적인 생존연대는 645-715년이 적절할 것이다. 이 추정이 확실한 전거에 기인하지는 않지만 타당한 것으로 보이며, 보다 상세한 연구가 나오기 전까지는 유효하다고 할 수 있다.

그리고 위니따데바의 저술은 모두 티벳대장경에만 실려 있다. 곧 *Prakaraṇaviṃśakaṭīkā* (『唯識二十論註疏』) · *Triṃśikāṭīkā* (『三十註疏』) · *Vinayavibhaṅgapadavyākhyāna* (『律分別語句解說』) · *Triśatakāri kāvyākhyāna* (『三百頌解說』) · *Vinayastotrapadavyākhyāna* (『律讚語句解說』) · *Saṃtānāntarasiddhiṭīkā* (『他相續成就疏』) · *Nyāyabinduṭīkā* (『正理滴廣註』) · *Hetubinduṭīkā* (『因滴廣註』) · *Sambandhaparīkṣāṭīkā* (『相續觀察廣疏』) · *Vādanyāyaṭīkā* (『諍正瑤主』) · *Ālambanaparīkṣāṭīkā* (『所緣觀察疏』), 그리고 아비달마부파 해설서인 *Samayabhedoparacanacakre nikāyabhedopadeśanasaṃgrahanāma*가 있다.

3) 구성 내용

NBhsg(t)에서는 부파분열의 시기와 원인 등에 대한 설명은 하지 않으며, 또한 근본분열의 부파를 대중부와 설일체유부와 상좌부와 정량부의 4부파로 설명한다. 지말분열의 부파 가운데 대중부에서는 동산부·서산부·설산부·설출세부·설가부의 5부파가 분열되었고, 설일체유부에서는 근본설일체유부·음광부·화지부·법호부·다문부·홍의부·분별설부의 7부파가 분열되었으며, 상좌부에서는 기타림사부·무외산주부·대사주부의 3부파가 분열되었고, 정량부에서는 꾸루꿀라까·아반따까·독자부의 3부파가 분열되었다.

NBhsg(t)에 기술된 부파 분열의 특징은 상좌부의 지말분열에서 인

도가 아닌 스리랑카에서 분열된 부파만 언급한다는 점, 설산부를 상좌
부가 아닌 대중부 계통에 분류시키고 다문부를 대중부 계통이 아닌
설일체유부 계통에 분류시킨다는 점이다.

그리고 각 부파의 주장들을 의미별로 구분한 종류 및 다른 해설서
에 기술된 내용과의 관계는 다음과 같다. 먼저 대중부 계통 가운데 설
출세부의 주장에서는 36종을 기술한다. 그 가운데 26종은 와수미뜨라
가 기술한 대중부·일설부·설출세부·계윤부의 근본주장과 같고 1종
은 그것과 다르며, 5종은 그것의 지말주장과 같다. 또 12종은 바브야가
기술한 일설부의 주장과 같고 1종은 그것과 다르다.

설가부의 주장에서는 5종을 기술한다. 그 가운데 4종은 와수미뜨라
가 기술한 설가부의 근본주장과 같고 1종은 그것과 다르며, 2종은 바
브야가 기술한 설가부의 주장과 같다.

동산부와 서산부의 주장에서는 2종을 기술한다. 그 2종 모두는 와수
미뜨라가 기술한 제다산부·서산부·북산부의 근본주장과 같다. 바브
야는 이들 부파의 주장을 별도로 기술하지 않는다.

설산부의 주장에서는 2종을 기술한다. 그 2종 모두는 와수미뜨라가
기술한 설산부의 근본주장과 같으며, 또 1종은 바브야가 기술한 설산
부의 주장과 다르다.

그리고 설일체유부 계통 가운데 근본설일체유부의 주장에서는 8종
을 기술한다. 그 가운데 4종은 와수미뜨라가 기술한 설일체유부의 근본
주장과 같으며, 또 1종은 바브야가 기술한 설일체유부의 주장과 같다.

음광부의 주장에서는 3종을 기술한다. 그 가운데 3종은 와수미뜨라
가 기술한 음광부의 근본주장과 비슷하며, 또 1종은 바브야가 기술한
음광부의 주장과 비슷하다.

화지부의 주장에서는 10종을 기술한다. 그 가운데 8종은 와수미뜨라가 기술한 화지부의 근본주장과 같고 2종은 그것과 다르며, 또 5종은 바브야가 기술한 화지부의 주장과 같고 2종은 그것과 다르다.

법호부의 주장에서는 4종을 기술한다. 그 가운데 4종 모두는 와수미뜨라가 기술한 법장부의 근본주장과 같으며, 또 1종은 바브야가 기술한 법장부의 주장과 같다.

다문부의 주장에서는 3종을 기술한다. 그 가운데 3종 모두는 와수미뜨라가 기술한 다문부의 근본주장과 같으며, 또 1종은 바브야가 기술한 다문부의 주장과 같다.

설전부의 주장에서는 3종을 기술한다. 그 가운데 3종 모두는 와수미뜨라가 기술한 경량부의 근본주장과 같으며, 또 3종은 바브야가 기술한 설전부의 주장과 같다.

분별설부의 주장에서는 4종을 기술한다. 이 부파를 와수미뜨라는 전혀 언급하지 않으며, 바브야는 언급하기는 하지만 그들의 주장을 별도로 기술하지 않는다.

그리고 상좌부 계통의 기타림사부·무외산주부·대사주부의 주장에서는 7종을 기술한다. 스리랑카에서 발생한 이들 부파를 와수미뜨라와 바브야는 언급하지 않는다.

정량부 계통의 꾸루꿀라까·아반따까·독자부의 주장에서는 6종을 기술한다. 그 가운데 5종은 와수미뜨라가 기술한 독자부의 근본주장과 같으며, 또 3종은 바브야가 기술한 독자부의 주장과 같다.

또 문헌 말미의 저자를 소개하는 부분에서는 이 문헌의 저자가 위니따데바라는 것과 더불어 이 문헌이 와수미뜨라의 SBhu에 기반하고 있다는 것을 밝히고 있다.

마지막으로 회향송에서는 붓다가 인과법(因果法)에 의지해 모든 법
이 생멸한다고 설했다는 것에 대해 찬탄한다.

III

아비달마부파 해설서의 문헌 고찰

1. 3종 해설서의 상이한 기술[50]

『이부종륜론』[51]·NBhvy(t)·NBhsg(t)의 3종 해설서를 직접 대조해보면 같은 부파인데도 하나의 사안에 대해 상이하게 기술된 것들이 있어서 그 기술의 진위를 의심케 한다. 필자의 조사에 따르면 그러한 상이한 기술은 14곳이 확인된다. 그런데 각 부파의 주장을 명확히 정리해내는 것은 상당한 난관에 봉착한다. 3종 해설서에는 각 부파의 주장이 대부분 전후맥락이 없이 그 사실만 기술되어 있고, 또 그 주장들이 있었다는 것을 제대로 전하거나 명확히 설명하는 문헌이 많지 않기

---

50 이 절은 졸고 「아비달마학파의 주장에 대한 상이한 기술 고찰」(『불교연구』43, 한국불교연구원, 2015, pp.11-46)을 수정 보완한 것이다.
51 SBhu의 4종 번역본들 간 학파의 주장에 대한 기술은 대동소이하기 때문에 여기서는 『이부종륜론』 하나에만 근거해 논의를 전개한다.

때문이다. 따라서 해당 부파가 견지한 주장은 기술의 타당성 여부에 따라 제한적으로 규명될 수밖에 없다.

상이한 기술들은 각 주장의 기술 배경이나 그렇게 기술된 원인에 의거해 5가지 양태로 분류한다. 곧 전승 내용의 차이, 원본의 필사 오류, 역자의 번역 오류, 상기 가운데 하나이지만 불분명한 것, 전거의 불충분으로 견지된 주장의 판단이 불가능한 것이다. 이 가운데 앞의 4가지는 어느 하나 또는 상이한 양쪽 기술의 타당성이 확보된 경우이고, 나머지 하나는 기술의 전거가 확인되지 않은 경우이다.

1) 전승 내용의 차이

(1) 대중부 등 4부파가 주장한 식견과 근거

상이한 기술이 전승 내용의 차이에 기인한다는 것은 각 저자의 사자상 승이나 생존연대 간격[52]에 따라 전승된 내용의 차이 때문에 상이하게 기술된 것으로 추정되는 경우로서, 4가지가 있다.[53] 그 가운데 첫 번째는 대중부 · 일설부 · 설출세부 · 계윤부[54]가 주장한 안근이 색을 보느냐/보지 못

---

[52] 대중부 등 4부파가 불멸후 200년 안팎에 형성되는데, 와수미뜨라는 그로부터 200여 년 뒤의 사람이고 바브야는 와수미뜨라와 500여 년의 간격이 있으며 또 위니따데바는 바 브야와 200여 년의 간격이 있다.

[53] 필자의 앞의 졸고에서는 전승 내용의 차이에 기인한 상이한 기술로서 5가지를 제시했 는데, 그 가운데 '계윤부가 주장한 5식의 염오와 이염'을 지금은 제외시킨다. 졸고에서 는 테라모토 엔가가 번역한 『藏漢和三譯對校 異部宗輪論 · 異部宗精釋 · 異部說集』(1974: 45)과 『ターラナータ印度佛教史』(1977: 371)에 의거해 NBhsg(t)에 기술된 꾸루꿀라까 (kurukulaka)를 계윤부로 논의했다. 하지만 다시 Tār나 NBhvy(t)의 내용과 해당부파의 주장 그리고 키무라 타이켄(1928: 44<부록>)과 후카우라 세이분(1958: 22<해제>)의 연구 성과 등에 의거해볼 때, 꾸루꿀라까는 계윤부와 무관한 부파이고 정량부와 상당히 밀 접한 부파로 추정되기 때문이다.

[54] 여기서 논의되는 대중부 · 일설부 · 설출세부 · 계윤부 4부파의 주장들은 와수미뜨라가

하느냐에 대한 것이다. 이 주장은 불교 내에서 논의되어왔던 근견(根見)·식
견(識見)·근식상응혜견(根識相應慧見)·근식화합견(根識和合見)의 일부이
기도 하다.[55] 그 주장에 대해 와수미뜨라와 위니따데바는 안근이 색을 보
지 못한다고 기술한 반면 바브야는 안근이 색을 본다고 기술한다.[56]

> 『이부종륜론』: 안근은 색을 보지 못하고 이근은 소리를 듣지 못하며,
> 　　　　　　　비근은 냄새를 맡지 못하고 설근은 맛을 보지 못하며,
> 　　　　　　　신근은 감촉을 지각하지 못한다.[57]
> NBhvy(t) : 눈으로 색들을 본다.[58]
> NBhsg(t) : 근(根)들은 대상을 파악하지 못한다.[59]

와수미뜨라의 기술은 다른 한역본인 『십팔부론』과 『부집이론』은
물론 티벳역본인 SBhu(t)에서도 같다.[60] 그의 기술은 살덩이를 5색근의

구분한 '근본종파의 같은 주장'이기 때문에 그 4부파의 공통된 주장임을 의미한다. 한
편 그 주장들을 바브야는 일설부 주장—설출세부는 부파 분류에 없고 계윤부 주장은
독립적으로 기술되지 않음—으로 기술하고, 위니따데바는 설출세부 주장—일설부와
계윤부는 부파 분류에 없음—으로 기술한다. 그렇더라도 그 두 부파가 각각 대중부에
서 분열된 것으로 설명되고 대부분의 주장도 일치하기 때문에 그 주장들을 대중부 등
4부파와 동일선상에서 비교하는 데에 큰 무리는 없을 것이다.

55　첫 번째는 안근에 있는 정색의 작용을 '본다'라는 의미로 이해한 관점으로서, 설일체유
　　부의 정설이다. 두 번째는 안식이 색을 본다는 관점으로서, 다르마뜨라따(Dharmatrāta,
　　法救)의 주장이다. 세 번째는 근과 식에 상응하는 혜가 색을 본다는 관점으로서, 고샤
　　(Ghoṣa, 妙音)의 주장이다. 네 번째는 안근과 안식이 화합하여 색을 본다는 관점으로서,
　　비유자(譬喻者)의 주장이다(『대비바사론』권13, T27, 61c8-11).

56　3종 해설서에서, 근견 등에 대한 기술은 이들 부파의 주장에만 있다.

57　『이부종륜론』(T49, 15c13-15), "眼不見色; 耳不聞聲; 鼻不嗅香; 舌不嘗味; 身不覺觸。"

58　NBhvy(t)(P. U.180a3; N. U.166a4; D. Su.149a6; C. Su.149a6), "mig gis① gzugs rnams mthong
　　ngo ‖"(① gis》 PN, gis ni DC.)

59　NBhsg(t)(P. U.188a5; N. U.172b7; D. Su.155a2; C. Su.155a2), "dbang po rnams kyis ni yul mi
　　'dzin no ‖"

60　『십팔부론』(T49, 18b23); 『부집이론』(T49, 20c16); SBhu(t)(P. U.171a8; D. Su.143a2-3).

본질로 삼는다는 그들 부파의 주장(T49, 15c13)에 의거해 타당성이 확
보된다. 그 주장은 5색근에 대상을 파악하는 작용이 없다는 것을 의미
하기 때문이다. 5색근을 부진근(扶塵根)과 승의근(勝義根)으로 구분한
설일체유부와 달리, 대중부 등 4부파는 승의근을 인정하지 않고 살덩
이로서만 색근을 이해하며 대상을 파악하는 작용이 식(識)에 있다[61]고
주장한 것이다. 위니따데바도 그것을 설출세부의 주장으로 기술한다.
그의 설명에서 설출세부도 대중부 계통이고 와수미뜨라가 분류한 4부
파에 포함되기 때문에 문헌은 달라도 그것을 주장하는 무리는 대등하
다고 할 수 있다.

바브야가 언급한 일설부도 대중부 계통이고 와수미뜨라가 분류한 4
부파에 포함되지만, 그는 대조적으로 안근이 대상을 본다고 기술한다.
NBhvy(t)에는 그 기술의 전거로 삼을 만한 내용이 없다. 그런데 KV(a)
XVIII.9에 따르면, 대중부[62]는 안근에 의지해 색을 본다고 주장한 반면
남방상좌부는 안식이 색을 본다고 주장한다. 이 전거는 바브야의 기술
이 원본의 필사 오류나 역자의 번역 오류가 아니라는 것을 의미한다.

그러한 기술의 상이가 시간의 경과에 따라 재해석된 것에 기인한다
고 볼 수도 있겠지만, 추이에 대한 전거가 없고 또 와수미뜨라가 분류
한 그들의 지말주장에도 변화된 주장이 없다. 그렇다면 남북의 지역에
따라 다르게 전승되었다는 것을 그 원인으로 제시할 수 있다. 『이부종

---

61 와수미뜨라는 안근이 색을 보지 못한다고 기술할 뿐이고, 안식이 색을 본다는 내용은
    규기(窺基)가 부연한 것이다(『술기』, X53, 580c16-17).
62 와수미뜨라가 분류한 대중부 등 4부파는 DV나 MV의 분류에 대응시키면 대중부·일설
    부·계윤부에 상응한다(설출세부는 분류에 없음). KVa에서 대중부 주장은 27곳에서 거
    론되고 일설부는 거론되지 않으며 계윤부 주장은 1곳에서 거론된 것을 볼 때, 붓다고사
    는 그들의 주장을 대부분 대중부에 귀속시켜 설명한 것으로 보인다.

륜론』은 설일체유부·경량부·독자부 등 북인도 지역의 부파들에 대해 상세히 기술하고, KV는 안다까·북도부·대중부·정량부 등 중·남인도 지역의 부파들을 상세히 소개하기 때문이다(佐籐密雄 등 譯, 1974: 4). 와수미뜨라가 북인도 출신이고 바브야가 남인도 출신이라는 점이 그 추정을 뒷받침한다. 한편 와수미뜨라의 기술을 모체로 삼은 위니따데바는 이 사안에 대해 그의 기술을 그대로 수용한 것으로 보인다.[63] 그렇더라도 대중부 등 4부파가 진정으로 견지한 주장에 대한 판단은 여전히 모호하다. 사토우 미츠오의 설명에 따르면 바브야의 기술이 보다 정확하다고 할 수도 있겠지만 그러한 판단에는 보다 많은 논거가 있어야 할 것이다.

(2) 대중부 등 4부파가 주장한 예류자의 물러남

견도(見道)의 첫 번째 성자위인 예류자에게 물러남이 있느냐/없느냐에 대해서도 부파들 간 해석이 분분하다.[64] 대중부 등 4부파에 한정하면, 아라한에게 물러남이 없다는 주장은 공통되더라도 예류자에 대해서는 그 기술이 상이하다.

　『이부종륜론』: 예류자에게는 물러난다는 의미가 있지만, 아라한에게

---

63 NBhsg(t) 말미에서 "대덕 와수미뜨라가 지은 SBhu에서 부파의 분열과 [주장을] 간추린 것이라 하는 것은 지율(持律) 아짜르야인 위니따데바가 지었다"(P. U.188a5)고 한 것처럼, 위니따데바는 와수미뜨라의 기술을 모체로 한다. 뒤에서 밝혀지겠지만 일부 사안에서는 다르게 기술하기도 한다.

64 3종 해설서에서, 대중부 등 4부파 이외에 예류자에게 물러남이 있다는 주장을 와수미뜨라는 화지부의 근본주장으로 기술하고, 그것이 없다는 주장을 와수미뜨라와 바브야는 설일체유부의 근본주장으로 기술한다.

는 물러난다는 의미가 없다.[65]

NBhvy(t) : <기술 없음>

NBhsg(t) : 예류자와 아라한에게는 물러남이 없다.[66]

예류자에게 물러남이 있다는 와수미뜨라의 기술은 다른 번역본들에서 그대로 확인된다.[67] 이 주장은 예류자가 성자위에 들었다하더라도 아직 성도가 견고하지 않기 때문에 언제든지 물러날 수 있다는 의미이다. 그의 기술은『대비바사론』에서도 확인되는데, 그 논에서는 이들 4부파를 모두 거론하지는 않고 마하승기부(摩訶僧祇部, mahāsaṃghika) 곧 대중부의 주장으로 제시된다(T27, 931b22-23). 그렇더라도 와수미뜨라는 그것을 이들 4부파의 공통된 주장으로 구분하기 때문에 설출세부의 주장으로도 이해 가능하다.

이에 반해 바브야의 기술은 없지만, 위니따데바는 분명히 예류자에게도 아라한처럼 물러남이 없다고 기술한다. 이 주장은 예류자는 선근이 강성하고 3업이 청정하여 악취로 떨어지는 일이 결코 없다는 의미이다. NBhsg(t)에는 그의 기술을 뒷받침할만한 내용이 없지만 KV에서 아라한의 물러남에 대해 설명하면서 예류자에 대한 것도 거론한다(KV(a)I.2). KVa에서는 예류자에게 물러남이 없다는 주장을 정량부, 독자부, 설일체유부, 그리고 대중부 일부(ekacca)의 주장으로 설명한다. 그 전거는 위니따데바의 기술을 뒷받침해준다.

---

65 『이부종륜론』(T49, 15c21-22): "預流者有退義; 阿羅漢無退義。"
66 NBhsg(t)(P. U.188a8; N. U.173a2; D. Su.155a3-4; C. Su.155a3-4), "rgyun tu zhugs pa dang dgra bcom pa las ni nyams pa med do ||"
67 『십팔부론』(T49, 18b28-29);『부집이론』(T49, 20c23-24); SBhu(t)(P. U.171b4-5; D. Su.143a5).

『대비바사론』과 KVa의 설명에 따르면 와수미뜨라와 위니따데바의 기술은 각각 타당성이 확보된다. 붓다고사(Buddhaghosa)가 언급한 그 '일부'의 정체는 불분명하지만 대중부 내에 견해를 달리하는 이들이 있었다는 것이 인정되기 때문이다. 따라서 이 사안에 대한 기술의 상이는 각각 전승받은 내용의 차이에 기인한다고 추정할 수 있다. 특히 위니따데바는 와수미뜨라의 기술 내용을 알고 있었음에도 그와 다르게 기술했다는 것은 별도의 전승 내용에 기반을 두었다는 것을 시사한다. 그러므로 대중부 등 4부파의 대부분은 예류자에게 물러남이 있다고 해석했지만 그것이 없다고 해석하는 무리도 일부 있었다고 판단할 수 있다.

(3) 화지부가 주장한 아라한의 복업 증장

다음은 화지부의 주장 가운데 아라한에게 복업의 증장이 있느냐/없느냐에 대한 것이다. 여기서 복업은 보시하는 것과 계율을 잘 지키는 것과 4무량심으로 수행하는 것에 의지해 적집된 업이다. 이에 대해 와수미뜨라는 아라한에게 복업의 증장이 없다고 기술한 반면 바브야와 위니따데바는 그것이 있다고 기술한다.[68]

『이부종륜론』: 아라한이 복업을 증장시키는 일은 없다.[69]
NBhvy(t) : 아라한도 복업을 적집한다.[70]

---

68 3종 해설서에서는 화지부 이외에 아라한의 복업 증장을 인정하는 설일체유부의 근본 주장만 『이부종륜론』에 기술되어 있다.

69 『이부종륜론』(T49, 17a3), "無阿羅漢增長福業."

70 NBhvy(t)(P. U.182a3; N. U.167b7; D. Su.150b4; C. Su.150b4), "dgra bcom pa yang bsod nams bsog① go ‖"(① bsog》 DC, sog PN.)

NBhsg(t) : 아라한에게도 복업을 발생시키는 일이 있다.[71]

와수미뜨라의 기술은 다른 번역본들과 같다.[72] 그 주장은 이미 번뇌가 끊어진 아라한에게는 유루업을 증장시킬 별도의 세력이 없고 고업(故業)만 받는다는 의미이다. 하지만 바브야와 위니따데바는 명백하게 그러한 일이 있다고 기술한다. 그것은 아라한이 다시 새로운 복을 지어 복분선(福分善)을 성취한다는 의미이다. 그러한 기술들의 전거는 3종 해설서는 물론 다른 문헌들에서도 확인되지 않는다.

그런데 와수미뜨라의 기술은 앞에서와 같이 필사본이 최대 4개라고 볼 수 있기 때문에 필사 오류나 번역 오류 가능성이 일단 배제된다. 한편 와수미뜨라의 기술을 익히 알고 있었을 위니따데바가 복업의 증장이 있다고 한 것은 그렇게 기술할만한 근거가 있었다는 것을 시사한다. 그 시사점은 바브야의 기술도 단순한 오류가 아니라는 것을 의미한다. 따라서 이 사안에 대해서는 각각 전승한 내용의 차이로 말미암아 기술이 상이하게 되었을 가능성이 높다. 그렇더라도 화지부가 진정으로 견지한 주장은 여전히 미궁 속이다.

(4) 화지부가 주장한 이생(異生)의 탐·진에 단멸

마지막은 화지부의 주장 가운데 이생이 욕계의 탐과 진에를 끊느냐/끊지 못하느냐에 대한 것이다. 이 주장에 대해 와수미뜨라는 이생이

---

71   NBhsg(t)(P. U.189b1-2; N. U.173b7; D. Su.155b7; C. Su.155b7), "dgra bcom pa la yang bsod nams skye ba yod do ǁ"

72   『십팔부론』(T49, 19b17); 『부집이론』(T49, 22a22); SBhu(t)(P. U.175b4-5; D. Su.146a3).

욕계의 탐과 진에를 끊지 못한다고 기술한 반면 바브야는 그것들을 끊는다고 기술한다.[73]

  『이부종륜론』 : 이생은 욕계의 탐과 진에를 끊지 못한다.[74]
  NBhvy(t) : 이생도 욕계의 탐이나 진에를 끊는다.[75]
  NBhsg(t) : <기술 없음>

  와수미뜨라의 기술은 다른 번역본들에서도 같다.[76] 여기서 이생이 욕계의 탐과 진에를 끊지 못한다는 것은 유루의 6행관으로 번뇌를 끊을 수 없고 오직 차제증(次第證)만 있다는 의미이다. 이 기술의 전거는 3종 해설서는 물론 다른 문헌들에서도 확인되지 않는다. 규기가 『성유식론요간』에서 그 내용을 거론하지만(X48, 360a3-5) 그것은 와수미뜨라의 기술에만 근거한 것이기 때문에 전거로 삼기 어렵다.
  한편 바브야는 와수미뜨라에 대조적으로 기술하는데, 그 내용은 유루의 6행관으로 번뇌를 끊을 수 있고 초월증(超越證)도 인정한다는 것을 의미한다. 그의 기술은 NBhvy(t)에서 화지부의 주장으로 기술된 '행(行)을 보는 것에 의지해 정성리생에 든다'(P. U.182b1)는 것에 근거해 타당성이 확보된다. 곧 세간도에 의지해 3고(三苦)의 행을 관찰하여 하위 지(地)의 추상(麤相)·고상(苦相)·장상(障相)을 혐오하고 또한 상위

---

73 3종 해설서에는 화지부 주장을 제외하고 설일체유부 주장에만 기술되어 있다. 곧 이생이 욕계의 탐과 진에를 끊는다고 한 와수미뜨라와 바브야의 기술이다.

74 『이부종륜론』(T49, 17a1), "異生不斷欲貪、瞋恚。"

75 NBhvy(t)(P. U.182a4-5; N. U.168a1; D. Su.150b5; C. Su.150b5), "so so'i skye bos kyang 'dod chags sam gnod sems spong ngo ‖"

76 『십팔부론』(T49, 19b16); 『부집이론』(T49, 22a20-21); SBhu(t)(P. U.175b3-4; D. Su.146a3).

지의 정상(靜相)·묘상(妙相)·리상(離相)을 흠모하여 욕계의 6품 또는 9품의 수혹을 끊는다는 의미이기 때문이다.

그렇다면 바브야의 기술은 그 부파의 다른 주장에 의거해 충분히 타당성을 갖기 때문에 그의 기술을 일단 화지부가 견지한 주장으로 판단할 수 있다. 한편 와수미뜨라의 기술은 최대 4개의 필사본이 같다는 점에서 원본의 필사 오류나 역자의 번역 오류 가능성은 낮아진다. 따라서 이 사안에 있어서 기술이 상이한 원인은 전승 내용의 차이일 것으로 추정된다.

2) 원본의 필사 오류

(1) 다문부가 주장한 붓다의 5음(五音)

상이한 기술이 원본의 필사 오류에 기인한다는 것은 전승 내용의 차이와 역자의 번역 오류 가능성이 배제되고 정황상 번역 대본으로 삼은 원본에 오류가 있는 것으로 추정되는 경우로서, 다문부가 주장한 붓다의 5음이 이것에 해당한다. 3종 해설서에서, 5음에 대해서는 와수미뜨라와 위니따데바만 기술한다.[77] 다문부에 대해 와수미뜨라는 대중부에서 분열된 부파로 분류하지만 위니따데바는 설일체유부에서 분열된 부파로 분류한다. 그럼에도 양자가 다문부의 3가지 주장 모두를 거의 비슷한 내용으로 기술한다는 특징이 있다. 곧 다문부가 무엇을 주장했는지에 대해서는 똑같이 인식했음을 의미한다. 다만 그 가운데 그

---

[77] 붓다의 언설이 모두 출세간이냐/아니냐의 대론은 3종 해설서나 KV II.10에서도 다루지만, 5음에 대해 구체적으로 설명한 곳은 없다.

5음에 대한 내용이 상이하다.

> 『이부종륜론』: 붓다의 5음은 출세간의 말씀이다. 첫째 무상, 둘째 고,
> 셋째 공, 넷째 무아, 다섯째 열반적정이다. 이 5가지는
> 출리도를 이끌어내기 때문이다.[78]
> NBhvy(t) : <기술 없음>
> NBhsg(t) : 무상과 무아와 공지(空智)와 도와 열반, 이것들은 무니(muni)
> 의 출세간법이다.[79]

와수미뜨라가 붓다의 5음을 무상·고·공·무아·열반적정으로 기술
한 것은 다른 번역본들에서도 같다.[80] 『아함경』에서도 자주 확인되는
무상·고·공·무아는 일체 유위법이 구비한 4가지 특성이다. 또 그것
을 잘 관찰함으로써 모든 괴로움들부터 해탈한 것이 열반적정이다. 예
컨대 『잡아함경』에서는 "이와 같이 쉬라마나와 브라만은 세간의 좋아
하는 색에 대해 질병과 같고 등창과 같고 살생과 같고 무상하고 괴로
움이고 공이고 무아라고 관찰하여, 태어남·늙음·병듦·죽음·근심·슬
픔·번뇌·괴로움에서 해탈한다"(T2, 82c11-14; SN, XII.66)고 말한다.
그런데 위니따데바는 그 5가지 가운데 '고(苦, sdug bsngal ba)' 대신
'도(道, lam)'를 기술한다. 여기서의 '고'와 '도'가 같은 위상을 갖는다고

---

78 『이부종륜론』(T49, 16a12-14). "謂佛五音是出世教: 一無常、二苦、三空、四無我、五涅槃
寂靜。此五, 能引出離道故。"

79 NBhsg(t)(P. U.189b6-7; N. U.174a4; D. Su.156a3; C. Su.156a3), "mi rtag pa dang | bdag med
pa dang | stong pa'i shes pa dang | lam dang | mya ngan las 'das pa 'di rnams ni thub pa'i
'jig rten las 'das pa'i chos yin no ||"

80 『십팔부론』(T49, 18c14-15); 『부집이론』(T49, 21a14-16); SBhu(t)(P. U.172b2-3; D. Su.143b6-7).

생각되지는 않는다. '도'는 일반적으로 수행의 계위 또는 수행의 방법
을 가리키기 때문이다. 전자에는 견도(見道)나 수도(修道)의 술어 등이
있고 후자에는 도제(道諦)의 술어 등이 있다. 여기서 기술되는 '도'가
출세간도로서 설명되기 때문에 유위무루의 수행을 의미한다고 이해할
수도 있다.

그렇더라도 5음이 일체 유위법의 4가지 특성과 그것을 증득한 결과
를 가리키는 것으로서 여러 곳에 설명되어 있기 때문에 와수미뜨라의
기술이 보다 타당하다고 생각된다. 그렇다면 위니따데바의 기술은 여
러 티벳역본에서 같고 고와 도가 확연히 구분되는 단어라는 점에서
볼 때, 원본의 필사 오류일 가능성이 높다.

3) 역자의 번역 오류

(1) 설가부가 주장한 성도의 수습

상이한 기술이 역자의 번역 오류에 기인한다는 것은 다른 문헌의
유사한 글이나 문맥에 의거해 해당 기술이 번역의 오류로 추정되는
경우로서, 5가지가 있다. 그 가운데 첫 번째는 성도의 수습에 대한 설
가부의 주장이다. 설가부가 주장한 성도에 대해 와수미뜨라는 3가지
로 기술한다. 곧 첫째는 성도가 복업에 의지해 얻어진다는 것이고, 둘
째는 성도를 수습하여 성취할 수 없다는 것이며, 셋째는 성도를 한번
얻은 뒤에는 무루의 성질이 상주하기에 그것을 파괴할 수 없다는 것
이다. 이것들에 대해 바브야는 기술하지 않지만 위니따데바 역시 3가
지를 모두 기술한다. 다만 두 번째인 성도의 수습에 대한 기술이 상이
하다.

『이부종륜론』 : [성]도는 [가행도를] 수습해 [성취할] 수 없다.[81]

NBhvy(t) : <진술 없음>

NBhsg(t) : [성]도는 수습해 [성취해야] 할 것이다.[82]

와수미뜨라의 기술은 다른 번역본들에서도 같다.[83] 그의 기술은 성도가 복업에 의지해 얻어진다고 한 그들 부파의 주장과 관련 지으면 그 타당성이 확보된다. 그들은 과거세에 쌓은 지계와 보시 등의 복업에 의지해 성도를 얻을 뿐 현재세에 도를 수습하는 것을 보더라도 성도를 성취할 수 없다고 주장하기 때문이다. 그런데 위니따데바는 이와 반대로 성도를 수습해 성취할 수 있다고 기술한다. 다른 문헌들에서 그 내용을 뒷받침할만한 전거는 확인되지 않는다. 그 내용을 유이하게 전하는 『이부종륜론』과 NBhsg(t)에 의거해볼 때, 그것은 그가 모체로 삼았을 SBhu의 내용에 상반되고, 또 성도가 복업에 의지해 얻어진다고 자신이 기술한 내용에도 모순된다.

따라서 NBhsg(t)를 일역한 테라모토 엔가와 히라마츠 토모츠구(1974: 40)도 티벳역본에 부정사 'ma'가 탈락되었다고 설명하고 있듯이, 그의 기술은 "성도는 수습해 성취해야 할 것이 아니다(lam ni bsgom par bya ba ma yin no)"로 수정되어야 한다. 곧 위니따데바의 기술은 그 자체에서 타당성을 결여하고 있고 와수미뜨라가 전승한 설가부의 주장에도 상반된다는 점에 의거해볼 때, 번역의 오류일 가능성이 높다는 것이다.

---

81 『이부종륜론』(T49, 16a20), "道不可修."

82 NBhsg(t)(P. U.188b7-8; N. U.173a7; D. Su.155b1; C. Su.155b1), "lam ni bsgom par bya ba yin no ∥"

83 『십팔부론』(T49, 18c21); 『부집이론』(T49, 21a23); SBhu(t).(P. U.172b7; D. Su. 144a3).

(2) 설일체유부가 주장한 요의와 불요의

두 번째는 설일체유부가 주장한 붓다의 말씀이 요의인가/아닌가에
대한 기술이다. 요의(了義)란 직접 그 말씀의 의미를 알 수 있는 '명확
한 의미'이고, 불요의(不了義)란 글자 그대로 '명확하지 않는 의미' 곧
진리를 온전히 드러내지 않는 말씀이다. 그것에 대해 와수미뜨라는 붓
다의 말씀에 요의와 불요의가 있다고 기술한 반면 바브야는 그것이
불요의라고 기술한다.[84]

> 『이부종륜론』: 붓다가 설한 경이 모두 요의인 것은 아니다. 붓다는
> 스스로 불요의경이 있다고 설했다.[85]
>
> NBhvy(t) : 일체의 경은 불요의이다.[86] [87]
>
> NBhsg(t) : <기술 없음>

와수미뜨라의 기술은 다른 번역본들에서도 같다.[88] 그의 기술은 『이
부종륜론』에 있는 '여래의 말씀이 모두 법륜을 굴리는 것은 아니다'(T49,
16c6-7)나 '세존에게도 이익되지 않는 말씀이 있다'(T49, 16c7-8) 등의
기술에 의거해 타당성이 확보된다. 또 『대비바사론』에서 모든 경에 대

---

84 3종 해설서에서 대중부 등 4부파가 주장한 것도 있다. 곧 와수미뜨라는 불설이 모두
    요의라고 기술하고, 위니따데바도 불설에는 불요의가 없다고 기술한다.

85 『이부종륜론』(T49, 16c8-9), "佛所說經非皆了義。佛自說有不了義經。"

86 NBhvy(t)(P. U.181b6; N. U.167b3; D. Su.150b1; C. Su.150b1), "mdo sde thams cad ni drang
    ba'i don yin no ‖"

87 록힐(1907: 191)이 번역한 "All the sūtras have a straight(drang po, ṛichu) sense."나, 테라모
    토 엔가 등(1974: 17)이 번역한 "一切の經(sūtra)は正義(nītārtha, 了義)あり."는 잘못된 것
    이다. 'drang ba'i don'는 'neyārtha(불요의)'이고, 'nītārtha(요의)'는 'nges pa'i don'이기 때문
    이다.

88 『십팔부론』(T49, 19a26-27);『부집이론』(T49, 21c14); SBhu(t)(P. U.174b4-5; D. Su.145a7-b1).

해 요의와 불요의를 잘 분별해야 한다고 설명한 것(T27, 145c14-23)이
나 『순정리론』에서 경에는 표방과 해석이 없더라도 요의경인 것이
있고 그것들이 있더라도 불요의경인 경우가 있다고 설명한 것(T29,
495b19-496b14)도 그 전거가 된다.

그런데 바브야는 일체경이 불요의라고 간략히 기술할 뿐이고, 그 맥
락을 파악할만한 전거는 확인되지 않는다. 또 상식적으로 보더라도 모
든 불설을 의미가 불명확한 말씀으로 규정한다는 것도 이해되지 않는
다. 따라서 바브야의 기술은 정확성이 떨어진다고 생각된다.

이에 하나의 가설을 제시한다면, NBhvy(t)의 번역상 오류의 가능성
이 있다. 와수미뜨라 기술의 티벳역인 '일체의 경이 요의설인 것은 아
니다(mdo sde thams cad nges pa'i don gyis gsungs pa ma yin no)'의 원문
은 'na sarvaṃ nirdeśato nītārthaṃ bhavati' 정도로 환원된다. 바브야의 기
술도 그와 같이 부분부정의 의미였지만 전체부정인 '불요의이다(drang
ba'i don yin no)'로 오역되었을 가능성이 있다는 것이다. 『십팔부론』과
『부집이론』에서도 부분부정으로 한역되어 있는 것에 비추어볼 때, 바
브야 기술의 원문은 부분부정이었던 것으로 추정된다.

(3) 화지부가 주장한 3세의 본질

세 번째는 화지부의 주장 가운데 과거세·현재세·미래세에 본질이
있느냐/없느냐에 대한 것이다. 3종 해설서에 기술된 여러 부파들의 주
장은 서로 일치하지만,[89] 화지부에 있어서는 그 기술이 상이하다.

---

89 화지부를 제외하고, 3세에 본질이 실유라는 주장을 와수미뜨라는 설일체유부의 근본주
　장으로 기술하고, 바브야는 설일체유부와 근본상좌부 주장으로 기술한다. 반면 3세 가

『이부종륜론』: 과거세와 미래세는 없고 현재세와 무위는 있다.[90][91]

NBhvy(t) : 과거세와 미래세는 없다. 현재세의 유위성은 있다.[92]

NBhsg(t) : 미래세는 없다. 과거세는 없다. 미래세는 없다. 현재세는 없다.[93]

와수미뜨라의 기술은 다른 번역본들에서도 같다.[94] 그 주장을 『식신족론』(T26, 536a28-29)에서는 목갈라나(Moggallāna)의 주장으로 제시하며, 또 『대반열반경소』(T38, 184b16-17)에 따르면 다르마굽따(Dharmagupta)가 과거세와 미래세는 없고 오직 현재세만 있다고 주장한다. 목갈라나와 다르마굽따가 법장부에 관련된 사람[95]이고 그 법장부가 화지부로부터 분열되었다는 정황으로 볼 때, 화지부에도 그러한 주장이 견지되었을 개연성이 높다. 또한 3종 해설서에서는 그것을 법장부의 주장이 아닌 화지부의 주장으로 기술한다. 따라서 그 주장을 '다른 주장[他宗]'으로 제시한 『대비바사론』(T27, 65b26-27)의 설명에서, 그 대상은 화지부일 가능성이 있다. 그렇다면 와수미뜨라의 기술은 타당성이 확보된다.

운데 과거세와 미래세에 본질이 없다는 주장을 와수미뜨라는 대중부 등 4부파의 근본 주장으로 기술하고 바브야는 일설부 주장으로 기술하며, 또 위니따데바는 3세가 제한 적으로 없다는 것을 분별설부 주장으로 기술한다.

90 『이부종륜론』(T49, 16c26-27), "謂過去、未來是無; 現在、無爲是有。"

91 화지부의 지말주장에서 '과거세와 미래세가 실유이다'(T49, 17a15-16)고 주장하기도 하지만, 바브야와 위니따데바는 다른 부파에 대해서와 마찬가지로 그들의 주장을 근본과 지말로 구분하지 않는다.

92 NBhvy(t)(P. U.182a1-2; N. U.167b5-6; D. Su.150b3; C. Su.150b3), "'das pa dang ma 'ongs pa ni med do ‖ da ltar byung ba'i 'dus[①] byas nyid ni yod do ‖"(① 'dus》 NDC, dus P.)

93 NBhsg(t)(P. U.189a8-b1; N. U.173b6-7; D. Su.155b6; C. Su.155b6), "ma 'ongs pa med do ‖[①] 'das pa med do ‖ ma 'ongs pa med do ‖ da ltar byung ba med do ‖"(① ma 'ongs pa med do ‖》 PDC, om. N.)

94 『십팔부론』(T49, 19b12-13); 『부집이론』(T49, 22a16-17); SBhu(t)(P. U.175a8-b1; D. Su.146a1).

95 목갈라나는 법장부에서 추종하는 붓다의 10대 제자 가운데 한 사람이고, '법장(法藏)'으로 의역되는 다르마굽따는 법장부의 개조이고 부파 명칭도 그의 이름으로부터 유래되었다.

그리고 바브야의 기술은 와수미뜨라의 기술에 상통하지만, 조금 차이가 있다. 그가 현재세를 유위성으로 기술한 것은 오히려 설일체유부의 해석이기 때문이다. 따라서 그것은 와수미뜨라의 기술과 『대비바사론』에 근거할 때 '현재세의 무위성은 있다(da ltar byung ba'i 'dus ma byas nyid ni yod do ‖)'로 수정되어야 한다. 곧 번역상 부정어 'ma'가 누락된 번역 오류일 가능성이 높다.

그런데 3세 실유를 부정하는 위니따데바의 기술은 와수미뜨라나 바브야의 기술과 명백히 상이하다. '미래세는 없다'가 중복 기술되어 있는 것이 무엇을 의미하는지도 이해되지 않는다.[96] 3세를 부정하는 것은 현재세의 법까지도 가유로 해석하는 가유론자(假有論者)나 일체법이 무자성이라고 주장하는 도무론자(都無論者)의 관점에서는 합당하겠지만, 화지부의 주장으로 거론한 곳은 없다. 따라서 위니따데바의 기술도 '미래세는 없다. 과거세는 없다. 현재세의 무위성은 있다(ma 'ongs pa med do ‖ 'das pa med do ‖ da ltar byung ba'i 'dus ma byas nyid yod do ‖)'로 수정되어야 할 것이다. 이를 통해 위니따데바의 기술 역시 그 역문에 오류가 있다고 추정할 수 있다.

(4) 음광부가 주장한 끊음과 변지

음광부의 주장에서 상이한 기술은 번뇌를 끊는 것과 변지하는 것에 대한 것이다. 이것은 3종 해설서의 여러 부파 가운데 음광부의 주장에서만 기술된다.

---

96 와수미뜨라와 바브야가 기술한 글의 개수와 문맥에 따른다면 무위에 대한 언급이 있어야 한다.

『이부종륜론』: 법이 이미 끊어졌고 이미 변지되었다면 없고, 아직
　　　　　　끊어지지 않았고 아직 변지되지 않았다면 있다.[97]

NBhvy(t) : 이미 끊은 것에 아직 변지하지 못한 것이 있다.[98]

NBhsg(t) : 이미 변지한 것에 아직 끊지 못한 것은 …<중략>… 없다.[99]

와수미뜨라의 기술은 다른 번역본들에서도 유사하다.[100] 그의 기술은 이미 끊어졌고 변지된 번뇌에는 그 결과가 없고 아직 끊지도 변지되지도 못한 번뇌에는 그 결과가 있다는 것을 의미한다. 하지만 음광부의 이 주장도 다른 문헌들에서 직접 확인되지 않는다.

그런데 음광부를 불멸후 300년 말에 설일체유부로부터 직접 분열된 것으로 본다면,[101] 그들의 주장은 설일체유부의 주장과 충분히 친연성을 갖는다고 할 수 있다. 설일체유부의 초기 논장 가운데『집이문족론』(T26, 428b4-6)에서는 "욕계의 탐들을 아직 끊지 못했고 아직 변지하지 못했다면 고수(苦受)를 받을 것이고, 이미 끊었고 이미 변지했다면 고수를 받지 않을 것이다"라고 한다.『법온족론』(T26, 481b16-19)에서도 "이 법들을 아직 끊지 못했고 아직 변지하지 못했고 아직 택멸하지 못했고 아직 버리지 못했다면 후유의 괴로운 결과가 상속해 발생할 것이

---

97 『이부종륜론』(T49, 17a27-28), "謂若法已斷、已遍知, 則無; 未斷、未遍知, 則有。"

98 NBhvy(t)(P. U.182b4; N. U.168a6-7; D. Su.151a3; C. Su.151a3), "spangs la yongs su ma shes pa yod do① ‖"(① do》 DC, de PN.)

99 NBhsg(t)(P. U.189a7; N. U.173b5-6; D. Su.155b5-6; C. Su.156b5), "yongs su shes la ma spangs pa dang ┃ …<중략>… med do ‖"

100 『십팔부론』(T49, 19c7-8);『부집이론』(T49, 22b16-17); SBhu(t)(P. U.176b3; D. Su.146b6).

101 이것은 와수미뜨라의 설명이다. 바브야는 설일체유부에서 분열된 분별설부로부터 음광부가 분열되었다고 설명하며, 위니따데바는 설일체유부로부터 직접 분열된 7부파 가운데 하나로 설명한다.

고, 이미 끊었고 이미 변지했고 이미 택멸했고 이미 버렸다면 후유의 괴로운 결과가 다시는 발생하지 않을 것이다"라고 한다. 이것들은 와수미뜨라의 기술과 상통하는 것이기도 하다.

반면 바브야는 이미 끊은 것에 아직 변지하지 못한 것이 있다고 기술하고, 위니따데바는 이미 변지한 것에 아직 끊지 못한 것이 없다고 기술한다. 이 기술들은 그 전거가 확인되지 않거니와 변지를 지변지(智遍知)와 단변지(斷遍知)로 구분해 이해해보아도 타당하지 않다. 끊어야할 법에 대해 먼저 지변지에 의지해 두루 알고 그 다음에 단변지에 의지해 그것을 끊기 때문이다. 이미 끊은 것은 이미 변지한 것이고 아직 끊지 못한 것에는 이미 변지한 것도 있기 때문에 바브야의 기술이 맞지 않고, 이미 변지한 것에는 아직 끊지 못한 것도 있고 아직 변지하지 못한 것은 아직 끊지 못한 것이기 때문에 위니따데바의 기술도 맞지 않다.

따라서 바브야의 기술은 "이미 끊은 것에 이미 변지한 것이 있다(spangs la yongs su shes pa yod do ‖)"로 수정되어야 한다.[102] 또 위니따데바의 기술도 "이미 변지한 것에 아직 끊지 못한 것은 있다(yongs su shes la ma spangs pa yod do ‖)"로 수정되어야 한다.[103] 그러므로 바브야와 위니따데바의 기술은 번역상의 오류일 가능성이 높다.

---

102 록힐(1907: 193)이 수정해 번역한 "To a person who has cast off is perfect knowledge."는 맞지만, 테라모토 엔가 등(1974: 20)이 수정해 번역한 "既斷は已遍知あり、未斷は已遍知なし。"는 아직 끊지 못한 것에 지변지에 의지해 두루 안 경우도 있기 때문에 정확하다고 할 수 없다.

103 록힐(1907: 193)이 수정해 번역한 "To one who is perfectly wise there is nothing which has not been cast off."나 테라모토 엔가 등(1974: 42)이 수정해 번역한 "既所斷は遍知あり. 未所斷は遍知なし."는 지변지에 의지해 두루 알더라도 아직 끊지 못한 경우도 있기 때문에 맞지 않다.

(5) 설전부가 주장한 승의의 뿌드갈라

설전부[104] 주장에서 상이한 기술은 승의의 뿌드갈라가 있느냐/없느냐에 대한 것이다. 여기서 승의의 뿌드갈라란 생사윤회의 주체로서 상정된 실유의 뿌드갈라를 가리킨다. 이에 대해 와수미뜨라는 승의의 뿌드갈라가 있다고 기술한 반면 바브야는 그것이 없다고 기술한다.[105]

『이부종륜론』: 승의의 뿌드갈라가 있다고 주장한다.[106]

NBhvy(t) : 뿌드갈라는 승의로서 얻어지지 않는다.[107]

NBhsg(t) : <기술 없음>

와수미뜨라의 기술은 다른 번역본들에서도 같다.[108] 그의 기술은 『이부종륜론』에서 이 세에서 다음 세로 이전하는 것이 있고(T49, 17b3-4), 또 무시이래 전전하는 일미온(一味蘊)이 있다(T49, 17b4-5)고 한 내용에 의거해 그 타당성이 확보된다.

이에 반해 바브야는 승의의 뿌드갈라를 인정하지 않는다고 기술한

---

104 본 항에 해당하는 부파를 현장은 '경량부(Sk.: Sautrāntika; Sūtravādin)'로 한역했는데, 그 명칭은 『구사론』 등에서 과미무체(過未無體)나 뿌드갈라의 가유 등을 주장하는 '경량부'와 구분이 필요하기 때문에(권오민, 2012: 13-33), 본서에서는 그 부파의 다른 명칭인 '설전부(Sk.: Saṃkrāntika, Saṃkrāntivādin)'를 사용한다. 이 내용을 다루고 있는 NBhvy(t)의 제3전승과 NBhsg(t)에서는 경량부라는 명칭을 언급하지 않고 설전부를 언급하며 또 『이부종륜론』에서도 설전부라는 다른 명칭을 인정한다.

105 3종 해설서 가운데 NBhsg(t)에서 설전부 이외에 분별설부가 승의의 뿌드갈라가 있다고 주장한다는 것을 기술하지만, NBhsg(t)에서 언급되는 분별설부와 설전부는 설일체유부에서 분열된 별개의 부파이다.

106 『이부종륜론』(T49, 17b5-6), "執有勝義補特伽羅。"

107 NBhvy(t)(P. U.182b7; N. U.168b1-2; D. Su.151a4; C. Su.151a4), "gang zag ni don dam par mi dmigs so ‖"

108 『십팔부론』(T49, 19c12); 『부집이론』(T49, 22b22-23); SBhu(t)(P. U.176b6; D. Su.147a1).

다. 그런데 NBhvy(t)에서도 '온이 이 세에서 다음 세로 이전한다'(P.
U.182b6)고 기술하기 때문에 그의 기술은 그 논의 안에서 명백히 모순
된다. 따라서 그 역문은 '뿌드갈라는 승의로서 얻어진다(gang zag ni
don dam par dmigs so)'로 수정되어야 한다. 곧 설전부의 주장은 승의의
뿌드갈라를 인정하는 것이고, 바브야의 기술은 역자의 번역 오류인 것
으로 추정된다.

4) 상이한 기술의 원인 불분명

(1) 설일체유부가 주장한 5식의 염오

상이한 기술의 원인이 불분명하다는 것은 타당성을 결여한 기술에
대한 판단은 가능하지만 기술이 상이하게 된 원인을 앞선 3가지 가운
데 하나로 추정할 뿐 확정할 수 없는 경우이다. 이것에는 설일체유부
가 주장한 5식에 염오와 이염이 있느냐/없느냐에 대한 것이 해당된다.

5식에 염오와 이염이 있느냐/없느냐의 주장도 부파들 간 첨예한 논
쟁거리이다. 제6의식에는 염오와 이염이 모두 있겠지만, 5식에 그것들
이 있는지 없는지에 따라 끊어야 할 것[所斷]과 끊는 도[能斷道]의 해
석이 달라지기 때문이다.[109] 3종 해설서에는 이것에 대한 여러 부파들
의 주장이 기술되어 있지만[110] 설일체유부 주장에 있어서 와수미뜨라

---

109 끊어야 할 것에 대해, 설일체유부는 염오가 5식에도 있기 때문에 6식 모두라고 주장하
고, 독자부는 염오가 5식에 없기 때문에 오직 제6식이라고 주장한다. 또 끊는 도에 대
해, 설일체유부는 이염이 제6식에만 있기 때문에 오직 제6식이라고 주장하고, 대중부
등 4부파와 화지부는 이염이 5식에도 있기 때문에 6식 모두라고 주장하며, 독자부는
이염이 5식에 없기 때문에 오직 제6식이라고 주장한다(『의림장』권2, T45, 282c7-25).
110 3종 해설서에서 5식의 염오와 이염의 유무에 대한 각 부파들의 주장을 정리하면 다음

는 5식에 염오가 있고 이염이 없다고 기술한 반면 바브야는 그것들이
모두 없다고 기술한다.

> 『이부종륜론』 : 안식 등 5식신에 염오는 있고 이염은 없으며, 다만 자
> 상을 파악하고 분별이 없을 뿐이다.[111]
> NBhvy(t) : 5식신은 염오도 아니고 이염도 아니다.[112]
> NBhsg(t) : <기술 없음>

와수미뜨라의 기술은 다른 번역본들에서도 유사하다.[113] 그의 기술
은 『대비바사론』과 『순정리론』 등에 의거해 타당성이 확보된다. 먼저
『대비바사론』(T27, 387a23-28)에서는 6계 가운데 식계(識界)가 오직 유
루이기 때문에 18계 가운데 5식계 전부 및 의계와 의식계의 유루의 부
분만 포함한다고 설명한다. 그리고 5식은 무분별이지만 사실 심(尋)을
본질로 하는 자성분별에 의지해 1찰나만 대상에 머물더라도 그 상(相)
을 취해 선이나 불선 등에 통한다. 따라서 『순정리론』(T29, 349a13-14)
에서는 안식이 상을 취하기 때문에 역시 염오를 일으킨다고 주장한다.

과 같다.

구분	『이부종륜론』			NBhvy(t)		NBhsg(t)	
	대중부 등 화지부	설일체유부	독자부	일설부 화지부	설일체유부 독자부	설출세부	꾸루꿀라까 등
염오	유	유	무	유	무	(유)	무
이염	유	무	무	유	무	유	무

111 『이부종륜론』(T49, 16b20-21). "眼等五識身有染; 無①離染, 但取自相, 唯無分別." (①『이부
종륜론』에는 '離' 앞에 '無'가 없지만, 이역본들과 설일체유부 문헌에 비교해볼 때 '無'
가 있어야 한다.)

112 NBhvy(t)(P. U.181b7; N. U.167b3-4; D. Su.150b2; C. Su.150b2), "rnam par shes pa'i tshogs lnga
ni 'dod chags dang bcas pa yang ma yin no ‖① 'dod chags dang bral ba yang ma yin no"(①
yin no ‖》 PN, yin | DC.)

113 『십팔부론』(T49, 19a15-16); 『부집이론』(T49, 21b26-27); SBhu(t)(P. U.174a1-2; D. Su.144b7-145a1).

또한 그 논에서는 아라한의 몸이 유루라는 것을 논증하면서 비유자가 5식에 염오가 없다고 주장하는 것을 논파하고 있기도 하다(T29, 331c6-7).

그런데 5식에 염오가 없다는 바브야의 기술은 다른 문헌들에서 전거가 확인되지 않는다. 그는 NBhvy(t)에서 총 17종의 설일체유부 주장을 기술하지만, 그것에도 이 기술을 뒷받침할만한 내용은 없다.[114] 그렇다면 일단 와수미뜨라의 기술의 전거가 확인된 만큼 그것이 설일체유부의 정설이라고 판단할 수 있다. 그리고 바브야의 기술에서 양쪽을 모두 부정하는 관용적 표현인 '… yang ma yin no ||… yang ma yin no ||'로 되어 있어서 번역 오류의 가능성은 낮다. 따라서 그의 기술은 전승 내용의 차이 아니면 원본의 필사 오류로 말미암아 기술이 상이하게 된 것으로 추정된다.

5) 견지한 주장의 판단 불가능

(1) 설산부가 주장한 보살과 이생의 관계

견지한 주장의 판단이 불가능하다는 것은 상이한 기술의 전거가 확인되지 않아서 그 원인을 규명하는 것은 물론 해당 부파가 견지한 주장이 어떤 것인지도 판단 불가능한 경우로서, 3가지가 있다. 그 가운데 첫 번째는 설산부의 주장에서 보살(菩薩)은 여전히 이생(異生)이냐/아니냐에 대한 것이다. 이 사안에 대해 와수미뜨라는 보살이 이생이라고

---

114 NBhvy(t) 전체에서 5식의 염오와 이염에 관한 기술에는 두 부류가 있다. 첫째는 5식에 염오와 이염이 있다는 일설부와 화지부 주장, 둘째는 그것들이 없다는 설일체유부와 독자부 주장이다. 또 67가지 주장을 나열한 일종의 '보유편'에서도 그 2가지 부류만 기술한다. 곧 바브야는 그것들이 모두 있다거나 없다는 것으로 기술할 뿐, 어느 것이 있고 다른 것은 없다는 형식으로 기술하지 않는다.

기술한 반면 바브야는 이생이 아니라고 기술한다.[115]

> 『이부종륜론』: 모든 보살은 여전히 이생이다.[116]
> NBhvy(t) : 보살은 이생이 아니라고 말해야 한다.[117]
> NBhsg(t) : <기술 없음>

　　와수미뜨라의 기술은 다른 번역본들에서도 유사하다.[118] 설일체유부의 주장(『이부종륜론』, T49, 16b28-29)에 따르면, 보살이 여전히 이생이라는 것은 보살이더라도 모든 번뇌가 아직 끊어지지 않았기 때문에 이생이라는 의미이다. 또 규기가 설산부의 주장에 대해 3아승기겁과 100겁이 모두 이생이라고 주장한 설일체유부와 같다고 부연한 것도 같은 맥락이다(『술기』, X53, 586b3-4). 곧 이 주장은 성불(成佛)의 관점에 의거할 때 보살과 이생은 모두 아직 불과(佛果)를 성취하지 못한 상태에 있기 때문에 다르지 않다는 것이다. 그렇더라도 그것은 와수미뜨라의 기술이 설산부의 정설일 때만 이해될 뿐이고, 그것을 뒷받침할 만한 전거는 다른 문헌들에서 확인되지 않는다. 다만 앞서 살펴본 경우처럼 최대 4개의 필사본이 같기 때문에 원본의 필사 오류나 역자의 번역 오류 가능성이 낮다고 할 수 있다.

　　한편 와수미뜨라와 달리 바브야는 설산부가 보살과 이생을 구분 짓는다고 기술한다. 바브야의 기술도 설산부의 정설이라고 전제한다면

---

115 3종 해설서 가운데 설산부를 제외하고 보살이 여전히 이생이라고 하는 설일체유부 주
　　장만 와수미뜨라가 기술하고 있다.
116 『이부종륜론』(T49, 16c10), "諸菩薩猶是異生。"
117 NBhvy(t)(P. U.181a4; N. U.167a3; D. Su.150a2; C. Su.150a2-3), "byang chub sems dpa' ni so
　　so'i skye bo ma yin① zhes bya'o ‖"(① yin》 DC, yin pa PN.)
118 『십팔부론』(T49, 19a28); 『부집이론』(T49, 21c16); SBhu(t)(P. U.174b6; D. Su.145b1).

입태(入胎)의 관점에서 충분히 해석이 가능하다. 모태에 들어갈 때 이
생은 어머니 또는 아버지에 대해 탐애를 갖지만 보살은 유정의 이익을
위해 태어남을 받기 때문에 그러한 탐애를 갖지 않는다(『술기』, X53,
586b5-7). 따라서 모태에 들어갈 때의 마음에 의거해 보살은 이생이 아
닌 것이다. 이러한 점에서 단순하게 티벳역에서 '… ma yin'이라 한 것
이 번역 오류라고 할 수 없다. 그리고 바브야의 기술도 다른 문헌들에
서 전혀 거론되지 않기 때문에 이러한 해석이 타당하다거나 부당하다
거나 또 원본의 필사에 오류가 있다고 확정하기 어렵다.

이와 같이 각각의 기술 내에서는 그 해석이 수긍되지만, 이에 대한
설산부의 관점을 알 수 있는 전거가 확인되지 않기 때문에 그 기술이
상이한 원인은 추정할 수 없다. 또한 어느 기술이 설산부가 진정으로
견지한 주장인지도 판단할 수 없다. 따라서 여기서는 설산부 주장에
이와 같은 상이한 기술이 있다는 것을 밝히는 것에 그친다.

(2) 설산부가 주장한 외도의 5신통

견지한 주장의 판단이 불가능한 양태의 두 번째도 설산부의 주장
가운데 외도에게 5신통이 있느냐/없느냐에 대한 것이다. 5신통이란 누
진통을 제외한 신경통·천안통·천이통·타심통·숙명통이다. 3종 해설
서에 기술된 각 부파의 주장은 서로 간에 일치하지만,[119] 설산부의 주
장에 있어서는 기술이 상이하다. 곧 와수미뜨라와 위니따데바는 외도

---

119 외도에게 5신통이 있다는 주장에 대해, 와수미뜨라는 설일체유부의 근본주장과 독자부
의 근본주장으로서 기술하고, 바브야는 설일체유부 주장으로 기술한다. 반면 외도에게
5신통이 없다는 주장에 대해, 와수미뜨라는 화지부의 근본주장과 법장부의 근본주장으
로서 기술하고, 위니따데바는 화지부와 법호부 주장으로 기술한다.

에게 5신통이 없다고 기술한 반면 바브야는 그들에게도 5신통이 있다고 기술한다.

『이부종륜론』: 5신통을 얻는 외도는 없다.[120]
NBhvy(t) : 외도에게도 5신통이 있다.[121]
NBhsg(t) : 외도에게는 5신통이 없다.[122]

외도에게 5신통이 없다는 것은 그들의 신통이 주술이나 약에 의지한다는 의미이고, 그것이 있다는 것은 그들도 충분히 수습하여 신통을 얻는 일이 있다는 의미이다. 이에 대한 와수미뜨라의 기술은 다른 번역본들에서 역시 같다.[123] 또 설산부를 상좌부 계통으로 분류한 와수미뜨라와 달리 대중부 계통으로 분류한 위니따데바의 기술도 그와 상통한다. 오히려 설산부를 와수미뜨라처럼 분류한 바브야의 기술이 그와 상이하다.

그렇더라도 5신통에 대한 설산부의 관점이나 그 맥락을 파악할 수 있는 전거는 3종 해설서는 물론 다른 문헌들에서도 확인되지 않는다. 『사분율초비』(X42, 631c23)나 『유식론요간』(X48, 359b14-17)이나 『검유집』(T70, 398c8-11) 등에서 거론한 것도 역시 와수미뜨라의 기술에만 근거한 것이기 때문에 전거로 삼기 어렵다.

---

120 『이부종륜론』(T49, 16c11), "無諸外道能得五通。"
121 NBhvy(t)(P. U.181a4; N. U.167a3; D. Su.150a3; C. Su.150a3), "phyi rol pa la yang mngon par shes pa lnga ni yod do ||"
122 NBhsg(t)(P. U.189a1-2; N. U.173b2;D. Su.155b2; C. Su.155b2), "phyi rol pa la ni mngon par shes pa lnga med do ||"
123 『십팔부론』(T49, 19a29); 『부집이론』(T49, 21c17); SBhu(t)(P. U.174b7; D. Su.145b2).

따라서 현존하는 문헌에 의거해서는 이 사안에 대해 설산부가 견지한 주장을 판단하는 것은 불가능하다. 그리고 기술이 상이한 원인을 규명하는 것도 어렵다. 대중부 등 4부파의 주장에서처럼 각 기술의 전거가 확인되는 경우가 아니기 때문에 전승 내용의 차이라고 단정할 수 없다. 또 단순히 양적으로 판단해 바브야의 기술만 원본의 필사 오류라거나 번역 오류라고 판단하는 것도 무리이다. 원본의 필사 오류라고 할만한 근거가 확인되지 않고, 티벳어에서 '있다(yod do)'와 '없다(med do)'는 확연히 구분되는 단어이기 때문이다. 따라서 여기서도 설산부의 주장에 이러한 상이한 기술이 있다는 것만 제시한다.

(3) 화지부가 주장한 천(天)에서의 범행

다음은 화지부의 주장 가운데 범행에 머무는 자가 천취(天趣)에도 있느냐/없느냐에 대한 것이다. 붓다고사는 범행에 머무는 것을 도수(道修, maggabhāvanā)와 출가(出家, pabbajjā) 2가지로 구분해 설명한다(KVa I.3). 출가는 모든 천에 없지만 그 도수가 욕계 제6천인 타화자재천 이상에서도 가능하느냐가 관건이다. 3종 해설서에서 화지부를 제외하고 그것이 있다거나 없다고 주장한 부파에 대한 기술은 서로 일치한다.[124] 그런데 화지부에 있어서, 와수미뜨라와 위니따데바는 천에 범행이 없다고 기술한 반면 바브야는 그곳에 범행이 있다고 기술한다.

---

[124] 3종 해설서에서 천에 범행이 있다는 주장에 대해, 와수미뜨라는 설일체유부의 근본주장으로 기술하고, 바브야도 설일체유부 주장과 법장부 주장으로 기술한다. 또 그것이 없다는 주장에 대해, 와수미뜨라는 설산부의 근본주장으로 기술하고, 위니따데바도 설산부 주장과 상좌부 계통인 기타림사부·무외산주부·대사주부 주장으로 기술한다.

『이부종륜론』: 천에서 범행에 머무는 자도 없다.[125][126]

NBhvy(t) : 천에 머물더라도 범행은 있다.[127]

NBhsg(t) : 천계에는 도[를 수습하는 자]가 없다.[128]

와수미뜨라의 기술은 다른 번역본들에서도 같다.[129] 위니따데바의 기술은 와수미뜨라와 상통하지만 바브야는 대조적인 내용을 기술한다. 천에서의 범행을 인정하지 않는 것은 그곳에 즐거움이 많기 때문이고, 그것을 인정하지 않는 것은 경설(經說)에 근거한다.[130] 그런데 3종 해설서에는 각 기술을 뒷받침할만한 내용이 없고 다른 문헌들에서도 그 전거가 확인되지 않는다.

전거가 없는 이상 화지부가 견지한 주장을 판단하거나 기술이 상이한 원인을 규명하는 것은 어렵다. 앞의 경우처럼 이 사안에 있어서도 전승 내용의 차이라고 단정할 수 없고 어느 한쪽의 필사 오류나 번역 오류라고 판단하기 어렵기 때문이다.

---

125 『이부종륜론』(T49, 17a2), "亦無天中住梵行者。"

126 델게판과 초네판에는 '있다'로 되어 있지만, 여기서는 한역 3본 및 티벳역 다른 판본에 의거해 '없다'로 번역한다.

127 NBhvy(t)(P. U.182a3; N. U.167b6-7; D. Su.150b4; C. Su.150b4), "lha'i gnas na yang tshangs par spyod pa ni yod do ||"

128 NBhsg(t)(P. U.189b1; N. U.173b7; D. Su.155b7; C. Su.155b7), "lha yul pa la ni lam med do ||"

129 『십팔부론』(T49, 19b16-17);『부집이론』(T49, 21c17); SBhu(t)(P. U.175b4; D. Su.146a3).

130 천에 범행이 있다고 인정하는 설일체유부 주장을 규기가 부연하면서, 어떤 비구가 죽어 도리천 환희원에 태어난 뒤 천녀들을 멀리하는 범행을 수행한다고 말한 경을 그 근거로 제시한다(『술기』, X53, 585a17-b9).

2. 주장에 따른 부파 구분

본 절에서는『이부종륜론』과 NBhvy(t)와 NBhsg(t)의 3종 해설서에 기술된 부파들의 주장을 중심으로 부파들과의 관계를 정리한다. 3종 해설서의 기술 체계가 부파별 분류이기 때문에, 해당 주장에 대한 다른 부파와의 횡적 비교를 위해 모든 부파의 주장을 12가지 범주로 구분하여 각 주장의 요지와 그 출처를 밝힌다. 이를 통해 어느 한 주장에 대한 부파들의 교학적 입장 차이를 명확히 비교할 수 있다. 다만 3종 해설서에서 기술되지 않고 생략된 주장이 특정 부파의 주장과 같다고 밝히고 있기 때문에,[131] 여기에서 밝힌 부파만 해당 주장에 관계된 것이 아니라는 것에 유의할 필요가 있다. 여기서 정리하는 내용이 아비달마부파들의 모든 주장을 완전히 포섭한다고 할 수는 없지만 3명의 저자가 그 내용의 가치와 중요성을 충분히 검토했다고 말할 수 있을 것이다.[132]

---

[131] 3종 해설서 가운데『이부종륜론』과 NBhvy(t)에서만 각각 기술된 주장을 제외한 나머지가 특정 부파와 같다고 언급한다.

문헌	부파	내용
『이부종륜론』	다문부	3가지 주장 외는 대부분 설일체유부와 같다.
	설가부	8가지 주장 외는 대부분 대중부의 주장과 같다.
	제다산부·서산부·북산부	3가지 주장 외는 대부분 대중부의 주장과 같다.
	설산부	5가지 주장 외는 대부분 설일체유부와 같다.
	법장부	5가지 주장 외는 대부분 대중부의 주장과 같다.
	음광부	5가지 주장 외는 대부분 법장부의 주장과 같다.
	경량부	5가지 주장 외는 대부분 설일체유부와 같다.
NBhvy(t)	분별설부·화지부·법장부·음광부·홍의부·설전부	각각 설일체유부의 교리들이 남아있다.
	음광부	2가지 주장 외에 법장부의 모든 것도 주장한다.
	현도부	법상부와 마찬가지이다.

[132] 특히 설일체유부의 경우『대비바사론』이나『순정리론』등 그들의 방대한 문헌들에서 수많은 주장들을 확인할 수 있지만, 여기서는 3종 해설서에 기술되지 않은 주장들을 별도로 정리하지 않는다. 또한 NBhvy(t)의 '보유편'에 기술된 내용도 특정 부파로 규명되지 않기 때문에 여기에 포함시키지 않는다.

1) 붓다

주장 내용	『이부종륜론』
①붓다의 색신은 무루	대중부 등 4부파의 근본주장[1]
②붓다의 법신은 무루	대중부 등 4부파의 근본주장[2]
③붓다의 모든 말씀이 법륜 굴림 ⇨ 법륜을 굴리지 않는 말씀도 있음	대중부 등 4부파의 근본주장[3] 설일체유부 근본주장[51]
④일음(一音)으로 일체법 설함 ⇨ 말하는 찰나는 제외됨	대중부 등 4부파의 근본주장[4] 설일체유부 근본주장[52]
⑤붓다의 5음(五音)만 무루, 이외는 유루	다문부 근본주장[1][2]
⑥붓다의 모든 말씀이 이익 됨 ⇨ 이익 되지 않는 말씀도 있음	대중부 등 4부파의 근본주장[5] 설일체유부 근본주장[53]
⑦붓다의 모든 말씀이 요의경 ⇨ 요의경과 불요의경 있음	대중부 등 4부파의 근본주장[41] 설일체유부 근본주장[54]
⑧무니(muni)는 산스끄리뜨 설하지 않음	–
⑨명·구·문 사유 없이 대답함	대중부 등 4부파의 근본주장[11]
⑩명·구·문을 설하지 않음	대중부 등 4부파의 근본주장[12]
⑪붓다의 무기(無記)에 변경할 것 없음	–
⑫유정의 교화에 만족이 없음	대중부 등 4부파의 근본주장[9]
⑬붓다의 색신에 한계 없음	대중부 등 4부파의 근본주장[6]
⑭붓다의 위력에 한계 없음	대중부 등 4부파의 근본주장[7]

〈**표 1**〉 주장에 따른 부파의 구분 — 붓다

NBhvy(t)	NBhsg(t)
일설부 주장①	설출세부 주장①
일설부 주장②	−
일설부 주장③	설출세부 주장⑦
−	
−	설출세부 주장②
−	−
−	다문부 주장①②[133]
일설부 주장④	−
−	−
−	설출세부 주장㉓
설일체유부 주장⑭[134]	−
−	기타림사부 등 3부파의 주장②
−	−
−	설출세부 주장④
−	설출세부 주장㉒
−	−
일설부 주장⑤	설출세부 주장③
−	−

---

133 붓다의 5음에 대해, 『이부종륜론』에서는 무상·고·공·무아·열반적정으로 기술한 반면 NBhsg(t)에서는 그 5가지 가운데 '고(苦, sdug bsngal ba)' 대신 '도(道, lam)'를 기술한다. NBhsg(t)의 원본에 오류가 있는 것으로 추정된다(pp.58-60. 참조).

134 엄밀히 보면, NBhvy(t)에는 "일체의 경은 불요의이다."라고 기술되어 있기 때문에 『이부종륜론』의 내용처럼 요의경과 불요의경을 모두 인정하는 것은 아니다. 하지만 설일체유부의 기본 입장에 의해서나 모든 불설을 의미가 불명확한 말씀으로 규정하는 설명에 의거해볼 때, 그 기술은 '일체의 경이 요의설인 것은 아니다'라는 부분부정의 내용이 전체부정으로 오역된 것으로 추정된다(pp.62-63. 참조).

⑮붓다의 수명에 한계 없음	대중부 등 4부파의 근본주장⑧
⑯무니(muni)는 번뇌 제거의 최상임	−
⑰한 찰나의 심, 반야가 일체법 요별함	대중부 등 4부파의 근본주장⑬⑭
⑱진지와 무생지가 항상 수전함	대중부 등 4부파의 근본주장⑮
⑲붓다의 동시 출현 있음	−
⑳붓다의 자와 비는 법(法)만 반연함	설일체유부 근본주장㊷
㉑붓다에게는 잠과 꿈 없음	대중부 등 4부파의 근본주장⑩
㉒붓다의 설법과 근들에 유색(有色)이 잠깐 동안 있음	−
㉓붓다와 2승은 해탈이 같음	설일체유부 근본주장㊶ 화지부 근본주장㉒ 법장부 근본주장③
㉔붓다와 2승의 성도는 서로 다름 ⇨ 붓다와 2승의 성도는 서로 같음	설일체유부 근본주장㊶ 법장부 근본주장③ 화지부 근본주장㉒

2) 아라한

주장 내용	『이부종륜론』
①아라한에게 5사 있음	대중부 등 4부파의 근본주장㉙ 다문부 근본주장③ 제다산부 등 3부파의 근본주장③ 설산부 근본주장⑤
⇨ 아라한에게 5사 없음	−
☞ 고수(苦受)가 성도를 이끌어냄	대중부 등 4부파의 근본주장㉚
☞ 괴롭다는 말은 성도를 도와줌	대중부 등 4부파의 근본주장㉛
②대상의 차별상을 파악하지 않음	대중부 등 4부파의 근본주장㉗

–	설출세부 주장3
–	설출세부 주장36
–	설출세부 주장5
–	설출세부 주장6
–	설출세부 주장25
–	–
–	–
–	근본설일체유부 주장5
화지부 주장12	화지부 주장10
–	법호부 주장2
–	화지부 주장10

〈표 2〉 주장에 따른 부파의 구분－아라한

NBhvy(t)	NBhsg(t)
일설부 주장13　다문부 주장5	설출세부 주장15　다문부 주장3
근본상좌부 주장1	–
–	–
–	–
–	–

③모든 아라한이 무생지를 증득하지 않음	설일체유부 근본주장13
④모든 아라한이 정려를 현전시키지 않음	설일체유부 근본주장37
⑤아라한에 반열반 있음	–
⑥아라한에 물러남 있음 ⇨ 물러남 없음	설일체유부 근본주장12 대중부 등 4부파의 근본주장36 화지부의 근본주장17
⑦복업을 증장시킴 ⇨ 복업을 증장시키지 않음	설일체유부 근본주장28 화지부 근본주장9 [135]
⑧아라한의 색신은 유루 ⇨ 아라한의 색신은 무루	설일체유부 근본주장36 법장부 근본주장5
⑨연기지(緣起支)가 아라한에 수전함	설일체유부 근본주장27
⑩아라한은 고업(故業)을 받음	설일체유부 근본주장38

3) 보살

주장 내용	『이부종륜론』
①보살은 이생(異生)임 ⇨ 보살은 이생 아님	설일체유부 근본주장43 설산부 근본주장1 –
②보살은 10겁 넘어 30겁 지나야 성취함	–
③입태시 흰 코끼리 형상을 지음	대중부 등 4부파의 근본주장17
④입태시 탐애를 일으키지 않음	설산부의 근본주장2
⑤태내에서 집수하지 않음	대중부 등 4부파의 근본주장16
⑥출태시 오른쪽 옆구리에서 나옴	대중부 등 4부파의 근본주장18
⑦욕상·에상·해상을 일으키지 않음	대중부 등 4부파의 근본주장19
⑧인위(忍位) 전에 악취 벗어나지 못함 ⇨ 의도에 따라 악취에 태어남 ⇨ 악취 배제에는 두 측면의 원함 있음	제다산부 등 3부파의 근본주장1 대중부 등 4부파의 근본주장20 –

---

135 아라한에게 복업의 증장이 있느냐/없느냐에 대한 화지부 주장에서, 바브야와 위니따데 바는 복을 증장시킨다고 기술하지만 와수미뜨라는 복업을 증장시키지 않는다고 기술한다. 그 이유는 불분명하지만 그 기술의 배경을 고려해볼 때, 전승받은 내용의 차이에 기인한 것으로 추정된다(pp.55-56. 참조).

–	–
–	–
근본상좌부 주장④	–
설일체유부 주장⑩	–
–	설출세부 주장⑲
화지부 주장⑥	화지부 주장⑥
–	–
–	법호부 주장④
–	–
–	–

〈표 3〉 주장에 따른 부파의 구분－보살

NBhvy(t)	NBhsg(t)
–	–
설산부 주장①[136]	–
–	기타림사부 등 3부파의 주장③
일설부 주장⑦	–
–	–
일설부 주장⑥	설출세부 주장⑧
일설부 주장⑦	–
일설부 주장⑧	설출세부 주장⑧
일설부 주장⑨	동산부·서산부 주장①
–	근본설일체유부 주장⑦

---

136 보살이 여전히 이생이냐/아니냐에 대한 설산부의 주장을 기술한 『이부종륜론』과 NBhvy(t)의 내용이 서로 다르다. 그 각각의 기술에 대한 전거가 확인되지 않기 때문에 어느 기술이 설산부가 진정으로 견지한 주장인지 판단하기가 어렵다(pp.71-73. 참조).

4) 성자

주장 내용	『이부종륜론』
①제수뿌드갈라(: 有頂地의 不還者) 있음	화지부의 근본주장⑫
②견도의 15심은 행향, 제16심은 주과 ⇨ 12심은 행향, 제13심은 주과	설일체유부 근본주장⑩ 독자부 근본주장⑨
③제8지(: 예류향)에서도 오래 머묾	대중부 등 4부파의 근본주장㉞
④예류자에게 물러남 있음 ⇨ 물러나지 않음	대중부 등 4부파의 근본주장㊱ 화지부의 근본주장⑰ 설일체유부 근본주장⑫
⑤예류자는 불선업을 지음	대중부 등 4부파의 근본주장㊵
⑥예류자는 정려를 얻음	대중부 등 4부파의 근본주장㊾
⑦예류자의 심·심소법은 자성을 요별함	대중부 등 4부파의 근본주장㉘

5) 이생, 외도

주장 내용	『이부종륜론』
①이생이 탐·진에를 끊음 ⇨ 탐·진에를 끊지 못함	설일체유부 근본주장⑭ 화지부 근본주장⑤[137]
②이생은 선심(善心)에서 죽음	설일체유부 근본주장㊴
③이생위에 성법(聖法) 있음	경량부 근본주장④
④세제일법위에 물러남 있음 ⇨ 물러나지 않음	대중부 등 4부파의 근본주장㉟ 설일체유부 근본주장⑪
⑤외도도 5신통 얻음 ⇨ 5신통 얻지 못함	설일체유부 근본주장⑮ 독자부 근본주장⑤ 설산부 근본주장③ 화지부 근본주장⑥ 법장부 근본주장④

---

137 이생이 탐과 진에를 끊을 수 있느냐/없느냐에 대한 화지부 주장의 기술 내용이 『이부종륜론』과 NBhvy(t) 간에 다르다. 그 이유는 전승받은 내용의 차이인 것으로 추정된다 (pp.56-58. 참조).

〈표 4〉 주장에 따른 부파의 구분 - 성자

NBhvy(t)	NBhsg(t)
화지부 주장[8]	–
설일체유부 주장[8] –	– 꾸루꿀라까 등 3부파의 주장[4][5]
–	설출세부 주장[17]
–	–
설일체유부 주장[4]	설출세부 주장[19] [138]
–	설출세부 주장[20]
일설부 주장[21] 설일체유부 주장[9] 화지부 주장[9]	설출세부 주장[34]
–	–

〈표 5〉 주장에 따른 부파의 구분 - 이생, 외도

NBhvy(t)	NBhsg(t)
설일체유부 주장[11] 화지부 주장[10] –	– –
–	–
–	–
– –	설출세부 주장[18] –
설산부 주장[2] [139] 설일체유부 주장[12]	–
–	설산부 주장[1] 화지부 주장[3] 법호부 주장[3]

---

138 예류자의 물러남에 대한 대중부 등 4부파의 주장에서, 와수미뜨라와 위니따데바의 기술이 서로 다른 이유는 각각 전승받은 내용의 차이에 기인한 것으로 추정된다(pp.53-55. 참조).

139 외도가 5신통을 얻을 수 있느냐/없느냐에 대한 설산부 주장의 기술이 서로 다르다. 그 각각의 기술을 뒷받침해주는 전거가 확인되지 않기 때문에 이 사안에 대한 설산부 주장을 판단하는 것은 불가능하다(pp.73-75. 참조).

6) 뿌드갈라

주장 내용	『이부종륜론』
①승의의 뿌드갈라 있음	경량부 근본주장⑤
⇨ 승의의 뿌드갈라 없음	−
②뿌드갈라 있음	−
⇨ 뿌드갈라 없음	−
③온(蘊)과 뿌드갈라는 다름	−
④뿌드갈라는 즉온도 이온도 아님	독자부 근본주장①
⑤뿌드갈라는 보이지 않음	−
⑥근변온(根邊蘊)과 일미온(一味蘊) 있음	경량부 근본주장③
⑦온·처·계에 의지해 아(我)를 시설함	독자부 근본주장②
⑧유정은 현재세 유집수의 가립임	설일체유부 근본주장㊹

7) 일체법

주장 내용	『이부종륜론』
①일체법은 명(名)과 색(色)	설일체유부 근본주장①
②무위법은 9가지ⓘ	대중부 등 4부파의 근본주장㊷
⇨ 9가지ⓘⓘ	화지부 근본주장⑲
⇨ 3가지	설일체유부 근본주장⑤㉖
⇨ 1가지	−
③3제는 유위, 1제는 무위	설일체유부 근본주장⑥

〈표 6〉 주장에 따른 부파의 구분-뿌드갈라

NBhvy(t)	NBhsg(t)
– 설전부 주장④[140]	분별설부 주장① –
근본상좌부 주장② 홍의부 주장①	– –
설산부의 주장③	–
독자부 주장④	꾸루꿀라까 등 3부파의 주장①
화지부 주장⑬	–
설전부 주장③	설전부 주장②
독자부 주장①	–
–	–

〈표 7〉 주장에 따른 부파의 구분-일체법

NBhvy(t)	NBhsg(t)
설일체유부 주장②	근본설일체유부 주장①
–	설출세부 주장㉔
–	화지부 주장⑧
–	근본설일체유부 주장③
–	기타림사부 등 3부파의 주장④
–	–

---

140 승의의 뿌드갈라가 있느냐/없느냐에 대한 경량부(설전부) 주장의 기술이 서로 다른 이유는 역자의 번역 오류인 것으로 추정된다(pp.68-69. 참조).

④유위의 기체는 3가지(과거·현재·미래)	설일체유부 근본주장[5]
⇨3세의 본질은 실유	설일체유부 근본주장[2] 화지부 지말주장[1]
⇨과거세와 미래세 없음	대중부 등 4부파의 근본주장[46] 화지부의 근본주장[1]
⇨3세는 없음	-
⇨3세의 유무(有無)는 분별에 의거함	-
⑤3유위상은 실유함	설일체유부 근본주장[5]
⑥생·노·주·무상은 심불상응행온에 포함	설일체유부 근본주장[4]
⑦일체행은 오직 찰나소멸함	설일체유부 근본주장[45] 화지부 근본주장[23] 음광부 근본주장[4] 독자부 근본주장[3] 화지부 지말주장[6]
⇨잠주와 찰나소멸 있음	
⑧어떤 법도 이전하지 않음	설일체유부 근본주장[46] 화지부 근본주장[24]
⇨심심소법만 이전하지 않음	-
⇨뿌드갈라에 의지해 이전함	독자부 근본주장[4]
⇨5온이 이전함	경량부 근본주장[1]
⑨행(行)은 과거세를 원인으로 삼음	음광부 근본주장[3]
⑩손감되지 않는 법 없음	-
⑪모든 법에 작용 있음	대중부 등 4부파의 지말주장[2]
⑫온·처·계는 항상 현전함(종자상태)	화지부 지말주장[9]
⑬처와 계는 가유임(온은 실유)	설가부 근본주장[2]
⑭법처(法處)는 알아야 할 것도 인지해야 할 것도 아님	대중부 등 4부파의 근본주장[47]
⇨알아야 할 것이고 인지해야 할 것임	설일체유부 근본주장[3] 화지부 지말주장[3]
⑮즈네야(jñeya)는 설명할 수 있는 것과 설명할 수 없는 것	-

–	근본설일체유부 주장[1]
근본상좌부 주장[5] 설일체유부 주장[3]	–
일설부 주장[20] 화지부 주장[1]	–
– –	화지부 주장[1][141] 분별설부 주장[2]
설일체유부 주장[5]	–
–	–
화지부 주장[15][17] 설전부 주장[5]	–
독자부 주장[3]	–
–	–
화지부 주장[14] 독자부 주장[2] 설전부 주장[1]	– 꾸루꿀라까 등 3부파의 주장[2] 설전부 주장[1]
–	음광부 주장[2]
화지부 주장[19]	–
–	–
–	–
설가부 주장[2]	–
–	설출세부 주장[35]
–	근본설일체유부 주장[2]
–	꾸루꿀라까 등 3부파의 주장[6]

---

141 과거세·현재세·미래세에 본질이 있느냐/없느냐에 대한 화지부의 주장에서, 와수미뜨라와 바브야의 기술은 대동소이하지만 위니따데바는 전혀 다르게 기술한다. 그것은 번역문에 오류가 있는 것으로 추정된다(pp.63-65. 참조).

8) 심과 심소

주장 내용	『이부종륜론』
①심의 본성은 청정함	대중부 등 4부파의 근본주장[43]
②심은 구기함	대중부 등 4부파의 지말주장[3]
⇨ 구기하지 않음	설일체유부 근본주장[33]
③색근대종은 전변, 심·심소법은 전변 안 함	대중부 등 4부파의 지말주장[7]
⇨ 2가지 다 전변함	화지부 근본주장[20]
④멸진정에 심 있음	–
⑤심은 몸에 편재함	대중부 등 4부파의 지말주장[8]
⑥5식에 염오와 이염 있음	대중부 등 4부파의 근본주장[22] 화지부의 근본주장[10]
⇨ 염오와 이염 없음	독자부 근본주장[6]
⇨ 염오만 있고 이염 없음	설일체유부 근본주장[30]
⑦색계와 무색계에서 6식을 구족함	대중부 등 4부파의 근본주장[23]
⑧6식은 심·사와 상응함	화지부 근본주장[11]
⑨심의 소의와 소연은 불결정	대중부 등 4부파의 지말주장[9]
⑩심과 심소는 실유함	설일체유부 근본주장[31]
⑪심과 심소는 소연을 갖음	설일체유부 근본주장[32]
⑫수면과 심·심소는 상응하지 않음	대중부 등 4부파의 근본주장[44] 화지부의 근본주장[3]
⇨ 양자 간 상응함	설일체유부 근본주장[24]
⑬수면과 전(纏)은 서로 다름	대중부 등 4부파의 근본주장[45] 화지부의 근본주장[4]

⟨표 8⟩ 주장에 따른 부파의 구분 - 심과 심소

NBhvy(t)	NBhsg(t)
일설부 주장[17]	설출세부 주장[31]
–	설출세부 주장[26]
–	–
–	–
–	기타림사부 등 3부파의 주장[7]
–	설출세부 주장[30]
일설부 주장[11] 화지부 주장[7]	설출세부 주장[10]
설일체유부 주장[17][142] 독자부 주장[7]	꾸루꿀라까 등 3부파의 주장[3]
–	–
–	설출세부 주장[11]
–	–
–	–
–	–
–	–
일설부 주장[18]	화지부 주장[7] 기타림사부 등 3부파의 주장[6]
–	근본설일체유부 주장[4]
일설부 주장[19] 화지부 주장[3]	설출세부 주장[32]

---

142 5식의 염오와 이염에 대한 설일체유부 주장에서, 와수미뜨라와 바브야의 기술이 서로
다르다. 와수미뜨라의 기술은 『대비바사론』과 『순정리론』 등에 의거해 타당성이 확보
되지만, 바브야의 기술은 다른 문헌들에서 그 전거가 확인되지 않는다. 바브야의 기술에
전승받은 내용의 차이 또는 원본 필사의 오류가 있는 것으로 추정된다(pp.69-71. 참조).

⑭수면의 자성은 현재세에 있음	화지부 지말주장⑧
⑮수면은 전에 포함하고, 전은 수면에 포함되지 않음	설일체유부 근본주장㉕
⑯성도와 번뇌가 함께 현전함	대중부 등 4부파의 지말주장④
⑰끊어졌고 변지된 번뇌는 없고, 그렇지 않은 것은 있음	음광부 근본주장①
⑱심(尋)은 유루와 무루에 통함 ⇨ 오직 유루임	설일체유부 근본주장㊽ 화지부 근본주장⑮
⑲심(尋)과 사(伺)는 상응함	화지부 지말주장⑤

9) 수행

주장 내용	『이부종륜론』
①4성제에 대해 돈현관 ⇨ 점현관	대중부 등 4부파의 근본주장㉑ 화지부의 근본주장② 대중부 등 4부파의 지말주장① 설일체유부의 근본주장⑦
②4사문과에 초월증 있음	설일체유부 근본주장㉒
③정성리생에 들고 일체 결(結)을 끊음	대중부 등 4부파의 근본주장㊴
④공과 무원에 의지해 정성리생에 듦	설일체유부 근본주장⑧
⑤고고·괴고·행고를 사유해 정성리생에 듦 ⇨ 행고를 보고서 정성리생에 듦	설일체유부 근본주장 ⑨ —

화지부 주장[21]	−
−	−
−	설출세부 주장[27]
음광부 주장[2][143]	음광부 주장[1]
−	−
−	−
−	−

〈표 9〉 주장에 따른 부파의 구분-수행

NBhvy(t)	NBhsg(t)
일설부 주장[10] 화지부 주장[2]	설출세부 주장[9] 화지부 주장[2]
설일체유부 주장[6]	−
−	−
일설부 주장[15]	−
설일체유부 주장[7]	−
−	−
다문부 주장[3]과 화지부 주장[22]	−

---

143 번뇌의 끊음과 변지에 대한 음광부의 주장에서, 세 논사의 기술은 기본적으로 일치하지만 바브야와 위니따데바의 기술은 약간의 수정이 필요하다. 바브야는 "이미 끊은 것에 아직 변지하지 못한 것이 있다."라고 기술하고, 위니따데바가 "이미 변지한 것에 아직 끊지 못한 것은 없다."라고 기술했는데, 그것들은 번역상의 오류로 추정된다(pp.65-67. 참조).

⑥욕계의 몸에 의지해서만 정성 리생에 들고 아라한과를 증득	설일체유부 근본주장[20]
⑦4선근은 정성리생에 나아가는 것임	독자부 근본주장[8]
⑧정려(靜慮)에 의지하지 않고 정성 리생에 들고 아라한과를 증득함	설일체유부 근본주장[19]
⑨정려(靜慮)는 유루와 무루에 통함 ⇨ 오직 유루임	설일체유부 근본주장[47] 화지부 근본주장[14]
⑩일체의 정려는 4념주에 포함됨	설일체유부 근본주장[18]
⑪4념주가 일체법을 포함함	설일체유부 근본주장[23]
⑫도지(道支)는 상잡념주에 포함됨	화지부 근본주장[18]
⑬7등지에서만 7각지와 8정도를 증득함	설일체유부 근본주장[17]
⑭욕계 수도의 결을 끊은 것은 이 욕(離欲)	독자부 근본주장[7]
⑮복업(福業)에 의지해 성도를 얻음	설가부 근본주장[6]
⑯심소는 성도가 아님	–
⑰성도는 수습 불가함 ⇨ 수습 가능함	설가부 근본주장[7] –
⑱성도는 파괴 불가함	설가부 근본주장[8]
⑲성도를 배제하고 온의 소멸 없음	경량부 근본주장[2]
⑳출리도에 사(伺) 없음	–
㉑북꾸루주에 염오를 배제한 자 없음	설일체유부 근본주장[21]

설일체유부 주장[5]	–
–	–
–	–
–	–
–	–
–	–
–	–
–	–
–	–
–	–
–	설가부 주장[3] 근본설일체유부 주장[8]
설가부 주장[5]	–
–	–
–	설가부 주장[4][144]
–	설가부 주장[5]
설전부 주장[2]	설전부 주장[3]
다문부 주장[2]	–
–	–

---

144 성도의 수습에 대한 설가부 주장에서, 위니따데바와 와수미뜨라의 기술이 서로 다르다. 위니따데바가 기술한 설가부의 다른 주장 및 『이부종륜론』에 의거해볼 때 위니따데바의 기술은 '성도는 수습해 성취해야 할 것이 아니다(lam ni bsgom par bya ba ma yin no)'로 수정되어야 한다(pp.60-61. 참조).

㉒천(天)에 범행(梵行) 있음	설일체유부 근본주장⑯
⇨ 범행 없음	설산부 근본주장④ 화지부 근본주장⑦
㉓세간의 정견과 신근 있음 ⇨둘 다 없음 ⇨정견은 있고 신근은 없음	설일체유부 근본주장㉞ 대중부 등 4부파의 근본주장㊲ 화지부의 근본주장⑬
㉔혜(慧)가 열반보리를 이끎	대중부 등 4부파의 근본주장㉜

10) 업

주장 내용	『이부종륜론』
①사(思)만 업	화지부 지말주장④
②선업은 유(有)의 원인임 ⇨ 원인 아님	설일체유부 근본주장㊾ 화지부 근본주장⑯
③업의 증장을 원인으로 결과를 초감함	설가부 근본주장⑤
④유학법에 이숙과 있음	음광부 근본주장⑤
⑤이숙인과 이숙과가 동시에 전전함 ☞ 씨와 싹이 함께 전전함	대중부 등 4부파의 지말주장⑤ 음광부의 근본주장② 대중부 등 4부파의 지말주장⑥
⑥행(行)이 장양되어 발생함	－

설일체유부 주장⑬ 화지부 주장⑤[145] 법장부 주장② −	− 설산부 주장② 화지부 주장④ 기타림사부 등 3부파의 주장①
설일체유부 주장⑯ 일설부 주장⑯ −	− 설출세부 주장㉑ −
−	−

〈**표 10**〉 주장에 따른 부파의 구분−업

NBhvy(t)	NBhsg(t)
화지부 주장⑱	−
−	−
−	−
설가부 주장⑧	−
−	음광부 주장③
음광부 주장①	설출세부 주장㉘
−	설출세부 주장㉙
화지부 주장⑯	−

---

145 천(天)에서의 범행에 대한 화지부 주장의 기술이 서로 다르다. 와수미뜨라와 위니따데바는 범행이 없다고 기술하고 바브야는 범행이 있다고 기술하는데, 그 기술들을 뒷받침할만한 전거가 확인되지 않기 때문에 화지부가 견지한 주장을 판단하는 것은 불가능하다(pp.75-76. 참조).

11) 공양과 과보

주장 내용	『이부종륜론』
①탑 공양에 큰 과보 없거나 적음	제다산부 등 3부파의 근본주장2 화지부 지말주장7
⇨큰 과보 있음	법장부 근본주장2
②붓다에게 보시해 큰 과보를 얻지만 상가에게는 아님	법장부 근본주장1
⇨상가에게 보시해 큰 과보를 얻지만 붓다에게는 아님	화지부 근본주장21

12) 기타

주장 내용	『이부종륜론』
①5색근은 살덩이	대중부 등 4부파의 근본주장24
☞5근은 대상을 파악 못함	대중부 등 4부파의 근본주장25
⇨대상을 파악함	–
②사마히따에서 말을 함	대중부 등 4부파의 근본주장26
⇨말 없음	설일체유부 근본주장50
☞조복심도 있음	대중부 등 4부파의 근본주장26
③등인위에서 죽지 않음	설일체유부 근본주장40
④고수는 식(食)임	대중부 등 4부파의 근본주장33
⑤무기법은 없음	대중부 등 4부파의 근본주장38
⇨무기법은 있음	설일체유부 근본주장35
⑥중유는 없음	대중부 등 4부파의 근본주장48 화지부의 근본주장8
⇨중유는 있음	설일체유부 근본주장29 화지부 지말주장2

〈**표 11**〉 주장에 따른 부파의 구분 – 공양과 과보

NBhvy(t)	NBhsg(t)
화지부 주장[20]	동산부·서산부 주장[2]
–	근본설일체유부 주장[6]
법장부 주장[1]	법호부 주장[1]
화지부 주장[11]	화지부 주장[9]

〈**표 12**〉 주장에 따른 부파의 구분 – 기타

NBhvy(t)		NBhsg(t)
–		–
–		설출세부 주장[12]
일설부 주장[12] [146]		–
일설부 주장[14]	설산부 주장[4]	설출세부 주장[13]
–		–
–		설출세부 주장[14]
–		–
–		–
–		–
–		–
화지부 주장[4]		설출세부 주장[33] 화지부 주장[5]
근본상좌부 주장[3]		–

---

[146] 5근이 대상을 파악하느냐/하지 못하느냐에 대한 기술이 서로 다르다. 그것은 전승의 차이 때문인 것으로 추정된다(pp.50-53. 참조).

⑦괴로움은 온(蘊)이 아님	설가부 근본주장[1]
☞행(行)이 서로 의지한 것이 괴로움이고 사람의 작용은 없음	설가부 근본주장[3]
☞고(苦)는 승의임	–
☞성도로 괴로움 끊음	–
⑧시기에 맞지 않는 죽음 없음	설가부 근본주장[4]
⑨고제·속제·성제는 진리	–
⑩상가는 출세간임	–
⑪열반에 승의선(勝義善)의 의미 있음	–
☞열반은 모든 법과 같지도 다르지도 않음	–
☞열반은 있지도 없지도 않음	–
⑫법은 등무간연이 되지 않음	–
⑬색에 동류인 없음	–
⑭파괴 있음	–
⑮사지(邪知)와 무지(無知) 없음	–
⑯발생하는 것과 발생 등이 있음	–
⑰발생에 대한 무지와 발생, 소멸에 대한 무지와 소멸	–
⑱세간법 있음	–

설가부 주장① 설가부 주장③⑦	설가부 주장①
설가부 주장④ 설산부 주장⑤	– –
설가부 주장⑥	설가부 주장②
다문부 주장②	–
다문부 주장④	–
근본상좌부 주장⑥	–
독자부 주장⑤	–
독자부 주장⑥	–
–	분별설부 주장③
–	분별설부 주장④
–	설출세부 주장⑯
–	기타림사부 등 3부파의 주장⑤
정량부 주장①	–
법상부 주장①	–
법장부 주장③	–

3. *Kathāvatthu*의 내용과 부파의 귀속관계

남방상좌부의 7부 논장 가운데 하나인 KV는 총 23품 217장으로 구성되어 있는데,[147] 이 문헌에서는 상좌부의 교학체계에 의거해 아비달마불교시대에 활동한 여러 부파들의 주장을 비판하고 있다. 그 각 장에서 비판되는 주장이 어느 부파의 것인지는 붓다고사의 KVa에 잘 나타나 있다. 그의 주석에는 총 16부파가 언급되는데,[148] 그 가운데 안다까가 77회로 가장 많이 언급되고 그다음이 51회 언급되는 북도파이다. 그밖에도 동산부가 31회, 대중부가 27회, 정량부가 23회, 왕산부와 설인부가 각각 10회, 화지부가 9회, 의성부와 방광부가 각각 8회, 서산부가 6회, 설일체유부가 5회, 독자부가 2회, 그리고 음광부와 계윤부와 현주부가 각각 1회 언급된다. 그런데 붓다고사가 해당 부파를 언급할 때 '오직(yeva)'이라고 하여 특정부파만 말하는 것은 아주 적고 대부분은 '예를 들면 ~와 같다(seyyathāpi ~)'는 형식으로 부파의 명칭을 말한다. 그것에 비추어 볼 때 비판되는 주장에 귀속되는 부파는 그가 언급한 것 이외에 다른 부파도 있을 수 있기 때문에 KVa에 언급되는 부파가 반드시 그것에 국한된다고 보기는 어렵다.

본 절에서는 KV 및 KVa에 의거해 각 품과 장의 순서대로 비판되는 주장과 그것의 귀속부파를 정리한다. 그리고 그 부파들의 주장 가운데 어떤 것들은 『이부종륜론』과 NBhvy(t)와 NBhsg(t)의 3종 해설서에 기

---

147 붓다고사에 따르면, KV는 원래 21품 203장으로 구성되었고 제22품과 제23품은 나중에 그가 추가한 부분이다.

148 그가 귀속 부파를 직접 언급하지 않은 18곳 가운데 그 추적이 가능한 곳은 부파 명칭 뒤에 물음표(?)로 표시하고 불분명한 2곳은 물음표만 표시한다.

술된 내용과 밀접한 관계를 갖는다. 그런 곳에는 3종 해설서에 기술된 곳('⇨'로 표시)도 함께 정리하여 붓다고사는 물론 와수미뜨라와 바브야와 위니따데바가 전승받은 내용의 같은 점과 다른 점을 대조해본다.

1) 제I품

(1) **독자부·정량부** : 보편적으로, 어떤 때라도, 일체에 있어서 뿌드갈라는 제의(諦義: 實在)와 승의(勝義: 最上)에 의거해 얻어진다. 뿌드갈라는 이 세로부터 다음 세로, 다음 세로부터 저 세로 전생한다. 5온·12처·18계·22근을 의지처로 삼아 뿌드갈라를 건립한다. 뿌드갈라는 색신과 함께 관찰된다.

⇨ 『이부종륜론』의 독자부 근본주장① ② ④와 경량부의 근본주장①

　　NBhvy(t)의 독자부 주장① ② ④와 설전부 주장①

　　NBhsg(t)의 설전부 주장①과 꾸루꿀라까 등 3부파의 주장① ②

(2) **정량부·독자부·설일체유부·대중부 일부** : 아라한에게는 물러남이 있다. 불환과와 일래과에서 물러나는 일은 있어도 예류과에서 물러나는 일은 없다.

⇨ 『이부종륜론』의 설일체유부 근본주장⑫

　　NBhvy(t)의 설일체유부 주장④ ⑩

　　NBhsg(t)의 설출세부 주장⑲

(3) **정량부** : 타화자재천 이상의 천(天)에는 범행(梵行)이 없다.

⇨ 『이부종륜론』의 설산부 근본주장④와 화지부 근본주장⑦

NBhsg(t)의 설산부 주장2와 화지부 주장4와 기타림사부 등 3부
파 주장1

(4) **정량부** : 4사문과를 증득하는 뿌드갈라는 각각 견고(見苦) · 견집(見
集) · 견멸(見滅) · 견도(見道)에 의지해 조금씩 번뇌를 끊는다.
⇨ 『이부종륜론』의 대중부 등 4부파 지말주장1과 설일체유부 근본
주장7
NBhvy(t)의 설일체유부 주장6

(5) **정량부** : 범부일 때 욕계의 탐과 진에를 제거하여 제현관(諦現觀)과
동시에 불환과가 되는 일이 있다.
⇨ 『이부종륜론』의 설일체유부 근본주장14 22
NBhvy(t)의 설일체유부 주장11과 화지부 주장10

(6) **설일체유부** : 과거 · 현재 · 미래로 분류된 일체의 법은 있다.
⇨ 『이부종륜론』의 설일체유부 근본주장1 2 5와 화지부 지말주장1
NBhvy(t)의 근본상좌부 주장5와 설일체유부 주장3
NBhsg(t)의 근본설일체유부 주장1

(7) **설일체유부(?)**[149] : 과거 · 현재 · 미래는 온(蘊)이고 처(處)이고 계(界)
로서, 온 등의 자성이 있는 때에 그것들의 없음이 인정되지 않기

---

149 이 물음표는 KVa에서 부파를 밝히지 않았지만 정황상 귀속 부파를 추정할 수 있는 경
우를 의미한다.

때문에 3세는 있다.

⇨『이부종륜론』의 설일체유부 근본주장②⑤와 화지부 지말주장①

NBhvy(t)의 근본상좌부 주장⑤와 설일체유부 주장③

NBhsg(t)의 근본설일체유부 주장①

(8) 음광부 : 과거세의 완전하지 않은 이숙은 존재하고 완전한 이숙은 존재하지 않는다. 미래세의 발생할 법은 존재하고 발생하지 않을 법은 존재하지 않는다.

⇨『이부종륜론』의 대중부 등 4부파 지말주장⑤와 음광부 근본주장②

NBhvy(t)의 음광부 주장①

NBhsg(t)의 설출세부 주장㉘

(9) 안다까 : 4념처 수행할 때 신(身)·수(受)·심(心)·법(法)이 염(念)의 소연이기 때문에 일체법은 염처(念處)이다.

⇨『이부종륜론』의 설일체유부 근본주장㉓

(10) 안다까 : 일체는 그 자체의 성질에 의지해서 그와 같이 있고, 다른 성질에 의지해서 그와 같이 없다.

2) 제II품

(1) 동산부·서산부 : 자신의 법에 능숙한 혜해탈(慧解脫)아라한에게는 마중천(魔衆天)에 의거한 부정(不淨)이 있지만, 다른 사람의 법에도 능숙한 구해탈(俱解脫)아라한에게는 그것이 없다.

⇨『이부종륜론』의 대중부 등 4부파 근본주장29와 다문부 근본주장
3과 제다산부 등 3부파 근본주장3과 설산부 근본주장5
NBhvy(t)의 일설부 주장13과 다문부 주장5
NBhsg(t)의 설출세부 주장15

(2) **동산부** : 아라한은 남자와 여자의 명칭과 성별 등에 대해 앎이 전기
하지 않기 때문에 무지(無知)가 있다.
⇨『이부종륜론』의 대중부 등 4부파 근본주장29와 다문부 근본주장
3과 제다산부 등 3부파 근본주장3과 설산부 근본주장5
NBhvy(t)의 일설부 주장13
NBhsg(t)의 설출세부 주장15

(3) **동산부** : 아라한은 그 명칭과 성별 등에 대해 결정이 없기 때문에 유
예(猶豫)가 있다.
⇨『이부종륜론』의 대중부 등 4부파 근본주장29와 다문부 근본주장
3과 제다산부 등 3부파 근본주장3과 설산부 근본주장5
NBhvy(t)의 일설부 주장13
NBhsg(t)의 설출세부 주장15와 다문부 주장3

(4) **동산부** : 그러한 사태를 다른 이가 들게 하고 설명하고 나타내기 때
문에 아라한에게는 다른 이가 들게 함[他令入]이 있다.
⇨『이부종륜론』의 대중부 등 4부파 근본주장29와 다문부 근본주장
3과 제다산부 등 3부파 근본주장3과 설산부 근본주장5
NBhvy(t)의 일설부 주장13과 다문부 주장5

NBhsg(t)의 설출세부 주장⑮

(5) **동산부**: 무색정을 제외하고 오직 초선(初禪)의 출세간정에 든 자에게는 '괴롭구나'라는 발어가 있다.
　⇨ 『이부종륜론』의 대중부 등 4부파 근본주장㉖
　　NBhvy(t)의 일설부 주장⑭와 설산부 주장④
　　NBhsg(t)의 설출세부 주장⑬

(6) **동산부**: '괴롭구나'고 말하는 자는 고(苦)에 대한 지(智)를 초감한다. 그것은 도지(道支)이고 도(道)에 소속된다.
　⇨ 『이부종륜론』의 대중부 등 4부파 근본주장㉙㉚㉛과 다문부 근본주장③과 제다산부 등 3부파 근본주장③과 설산부 근본주장⑤
　　NBhvy(t)의 일설부 주장⑬과 다문부 주장⑤
　　NBhsg(t)의 설출세부 주장⑮

(7) **안다까**: 일심(一心)은 하루도 … 1겁도 … 8만4천 겁도 머물며, 무색계의 유정은 한 번의 수명만큼 머문다.

(8) **계윤부**: 일체의 행(行)은 모두 타고 남은 뜨거운 재이다.

(9) **안다까·설일체유부·정량부·현주부**: 예류과를 증득한 자는 견고와 견집과 견멸과 견도에 의지해 점차적으로 번뇌를 제거하고, 일래과와 불환과와 아라한과를 증득한 자도 그와 같이 점차적으로 번뇌를 제거한다.

⇨ 『이부종륜론』의 대중부 등 4부파 지말주장①과 설일체유부 근본
주장⑦

NBhvy(t)의 설일체유부 주장⑥

(10) **안다까**: 불세존의 말씀은 출세간이다.

⇨ 『이부종륜론』의 대중부 등 4부파 근본주장②③

NBhvy(t)의 일설부 주장②③

NBhsg(t)의 설출세부 주장⑦

(11) **화지부·안다까**: 비택멸의 제행은 궁극적으로 파괴되고 택멸의 제
행도 궁극적으로 파괴되기 때문에 2가지 멸(滅)이고, 그것들은 멸
제(滅諦)이다.

⇨ 『이부종륜론』의 대중부 등 4부파의 근본주장㊷와 설일체유부 근
본주장⑤과 화지부 근본주장⑲

NBhsg(t)의 설출세부 주장㉔와 근본설일체유부 주장③과 화지부
주장⑧

3) 제III품

(1) **안다까**: 여래의 10력은 성문도 공통한다.

(2) **안다까**: 10력 가운데 누진지력뿐만 아니라 나머지 9력도 성스러운
것이다.

(3) **안다까**: 탐(貪)을 갖는 심이 탐을 갖는 상태로부터 해탈한다고 하지 탐을 제거한 심을 해탈의 목적이라 하지 않는다. 진(瞋)과 치(癡)도 마찬가지이다.

　⇨『이부종륜론』의 대중부 등 4부파 근본주장㊸

　　NBhvy(t)의 일설부 주장⑰

　　NBhsg(t)의 설출세부 주장㉛

(4) **안다까(?)** : 초선에 의지한 복해탈(伏解脫)의 해탈심을 출세간도에서의 단해탈(斷解脫)에 의거해 올바른 해탈이라 하기 때문에 이해탈(已解脫)은 정해탈(正解脫)이다.

(5) **안다까 · 정량부** : 제8뿌드갈라(: 예류향)에게서 견전(見纏)과 의전(疑纏) 2가지가 제거되지만 견수면(見隨眠)과 의수면(疑隨眠)은 그렇지 않다.

(6) **안다까** : 제8뿌드갈라에게 출리의 신(信) · 정진(精進) · 염(念) · 정(定) · 혜(慧)는 있어도 무루근의 신근 · 정진근 · 염근 · 정근 · 혜근은 없다.

(7) **안다까 · 정량부** : 제4정려에 의지하는 육안(肉眼)을 천안(天眼)이라 한다.

(8) **안다까(?) · 정량부(?)** : 제4정려에 의지하는 육이(肉耳)를 천이(天耳)라 한다.

(9) ○○○[150] : 업에 맞게 경험하게 될 것을 아는 지(智)는 천안(天眼)이다.

(10) ○○○ : 33천을 포함한 그 이상의 천에는 살생 등의 5악행이 현행하지 않기 때문에 율의가 있다.

(11) **안다까** : 식(識)이 없이 결생(結生)이라 하지 않고, 무상유정도 사생(死生)의 찰나에 상(想)이 있다.

(12) **안다까** : 비상비비상처라는 말 때문에 그곳에는 상(想)의 전전이 없다.

4) 제IV품

(1) **북도파** : 아라한에게는 재가(在家)의 속박이 없으며, 재가아라한이 있다.

(2) **북도파** : 정거천(淨居天)에 태어나는 자는 태어남과 동시에 아라한이 된다.

(3) **북도파** : 아라한의 모든 법은 무루이다.
    ⇨ 『이부종륜론』의 법장부 근본주장⑤

---

150 '○○○'는 KVa에서 부파를 밝히지 않았고 어떤 부파로 특정하기 어려운 경우를 의미한다.

NBhsg(t)의 법호부 주장④

(4) 북도파 : 현재 찰나에 구비하는 구족과 색계 등 가운데 하나의 지(地)
　를 얻는 획득구족 이외에 다른 곳에서 득법(得法)에 의지한 구족이
　있어서, 아라한은 4과를 구족하고 불환은 3과를 구족하고 일래는 2
　과를 구족한다.

(5) 북도파(?) : 아라한은 안근(眼根) 등 6문에서 사(捨)를 발생시킬 수
　있기 때문에 6사(六捨)를 구족한다.

(6) 북도파 : 보리에 의거해 각자(覺者)이다.

(7) 북도파 : 32상을 구족한 대인은 오직 전륜왕(轉輪王)과 정각자(正覺
　者)뿐이라고 말하기 때문에, 그 상을 구족한 이는 보살이다.

(8) 안다까 : 보살은 가섭불(迦葉佛)의 말씀에서 정성결정(正性決定)에
　들고 범행을 수습한다.

(9) 안다까 : 아라한을 증득한 뿌드갈라는 득법(得法)에 의지해 하위의 3
　과인 예류과·일래과·불환과를 구족하고, 불환과와 예류과를 증득
　한 뿌드갈라도 득법에 의지해 각각 하위의 2과와 1과를 구족한다.

(10) 안다까 : 아라한도의 무여단(無餘斷)에 의지해 일체의 결(結)을 끊
　은 것이 아라한과이다.

5) 제V품

(1) 안다까: 해탈지(解脫智)는 해탈된 것이다.

(2) 북도파: 유학에게는 무학을 아는 지(智)가 있다.

(3) 안다까: 지변정(地遍定)에 든 자의 지(智)는 전도된 것이다.

(4) 북도파: 부정(不定)의 이생에게는 정성결정에 드는 지(智)가 있다.
   ➪『이부종륜론』의 설일체유부 근본주장22

(5) 안다까: 성자의 지(智)는 모두 출세간이기 때문에 일체의 지는 무애
   해(無礙解)이다.

(6) 안다까: 세속지는 진리[諦]의 소연일 뿐 다른 것의 소연이 아니다.

(7) 안다까: 심의 차별에 대한 지(智)는 심을 소연으로 삼을 뿐 다른 것
   을 소연으로 삼지 않는다.

(8) 안다까: 미래에 대한 지(智)가 있다.

(9) 안다까: 현재에 대한 지(智)가 있다.

(10) 안다까: 붓다처럼 성문에게도 유정이 결과를 증득하는 것에 대한

지(智)가 있다.

6) 제VI품

(1) **안다까**: 사성결정(邪性決定)은 유위이지만 정성결정(正性決定)은 무위이다.

(2) **동산부·화지부**: 연기는 법주성(法住性)이고 법결정성(法決定性)이기에 무위이다.

    ⇨『이부종륜론』의 대중부 등 4부파 근본주장42 c와 화지부 근본주장19

       NBhsg(t)의 설출세부 주장24와 화지부 주장8

(3) **동산부**: 고·집·도에 대한 사(事)의 제(諦)는 유위이고 상(相)의 제는 무위이며, 멸은 무위뿐이기 때문에 4성제는 무위이다.

    ⇨『이부종륜론』의 설일체유부 근본주장6

(4) **동산부(?)**: 공무변처·식무변처·무소유처·비상비비상처는 부동(不動)이기에 무위이다.

    ⇨『이부종륜론』의 대중부 등 4부파 근본주장42 b

       NBhsg(t)의 설출세부 주장24

(5) **안다까·북도파**: 멸진정은 유위가 아니기 때문에 무위이다.

(6) **북도파·화지부**: 허공은 유위가 아니기 때문에 무위이다.

⇨ 『이부종륜론』의 대중부 등 4부파 근본주장[42][a]와 화지부 근본주
장[19]와 설일체유부 근본주장[5]

NBhsg(t)의 설출세부 주장[24]와 근본설일체유부 주장[3]과 화지부
주장[8]

(7) **안다까**: 일체의 허공은 보이는 것이다.

(8) **안다까**: 4대와 5근과 신업은 보이는 것이다.

7) 제VII품

(1) **왕산부·의성부**: 어떤 법이 어떤 법에 포함되는 일은 없다.

(2) **왕산부·의성부**: 어떤 법이 어떤 법과 상응하는 일은 없다.

(3) **왕산부·의성부**: 촉소(觸所, phassika)라는 것이 없기 때문에 심소(心
所, cetasika)도 있을 수 없고 심소법도 없다.

(4) **왕산부·의성부**: 보시의 3가지 가운데 심소법인 보시하려는 의지[捨
思]와 금지[離]만 보시이고, 보시되는 물건[所施法]은 보시가 아니다.

(5) **왕산부·의성부·정량부**: 향유해서 만들어진 복업(福業: 촉(觸) 등의
선법)은 증가한다.

(6) **왕산부·의성부**: 이곳에서 옷 등을 보시한 것에 의거해 저곳에 태어
난다.

(7) **안다까**: 땅의 자재함과 지배성을 이끄는 업이 있다고 하기 때문에
땅은 공업이숙에 의거해 발생한 이숙이다.

(8) **안다까**: 추악을 이끄는 업과 단명을 이끄는 업이 있기 때문에 노
(老)와 사(死)는 불선업의 이숙이다.

(9) **안다까**: 성도(聖道)가 되는 성법(聖法)의 이숙은 없다. 출세간의 선
(善)도 이숙이 없다.

(10) **안다까**: 이숙은 이숙들의 상호연(相互緣)에 의지해 연(緣)이 되기
때문에 이숙은 이숙법의 법이다.

8) 제VIII품

(1) **안다까·북도파**: 아수라를 포함해 6취이다.

(2) **동산부·정량부**: 중반열반(中般涅槃)하는 뿌드갈라가 있기에 중유는
있다.
⇨ 『이부종륜론』의 설일체유부 근본주장[29]와 화지부 지말주장[2]
NBhvy(t)의 근본상좌부 주장[3]

(3) **동산부** : 색·성·향·미·촉의 5묘욕(五妙欲)의 의미에 의거해서만 욕계(欲界)이다.

(4) **동산부** : 색·성·향·미·촉의 5처만 욕(欲, kāma)이다.

 ⇨『이부종륜론』의 설일체유부 근본주장[30]

(5) **안다까** : 유색법(有色法)은 색계(色界)이다.

 ⇨『이부종륜론』의 대중부 등 4부파 근본주장[23]

 NBhsg(t)의 설출세부 주장[11]

(6) **안다까(?)** : 무색법(無色法)은 무색계(無色界)이다.

(7) **안다까·정량부** : 색계에서는 6내처가 자성이다.

 ⇨『이부종륜론』의 대중부 등 4부파 근본주장[23]

 NBhsg(t)의 설출세부 주장[11]

(8) **안다까** : 무색계에 미세한 색은 있다.

 ⇨『이부종륜론』의 대중부 등 4부파 근본주장[23]

 NBhsg(t)의 설출세부 주장[11]

(9) **화지부·정량부** : 몸과 말의 표색만 신업과 어업이라 하며, 선심에 의지해 등기된 것은 선업(善業)이고 불선심에 의지해 등기된 것은 불선업(不善業)이다.

(10) **동산부·정량부**: 명근(命根)은 심불상응이고 색법이 아니기 때문에 색의 명근은 없다.

(11) **동산부·정량부**: 어떠한 아라한이더라도 전생에 아라한을 비방한 자는 그 업인(業因)에 의거해 아라한과에서 물러난다.
　⇨『이부종륜론』의 설일체유부 근본주장38

9) 제IX품

(1) **안다까**: 제행이 무상하다고 작의하는 것에 의지해 결(結)을 끊는 것이 아니라, 오직 공덕을 보는 것에 의지해서만 결을 끊는다.

(2) **동산부**: 불사(不死)에 의지해 탐·진·치가 발생해도 불사는 탐·진·치를 머물게 하는 것이 아니기 때문에 불사소연(不死所緣)은 결(結)이다.

(3) **북도파**: 식(識)에 연하여 명색(名色)이 있다는 경우처럼 색(色)이 연(緣)을 갖기 때문에 색은 소연(所緣)을 갖는다.

(4) **안다까·일부 북도파**: 수면(隨眠)은 행온에 포함되고 소연이 없다.
　⇨『이부종륜론』의 대중부 등 4부파 근본주장44와 화지부 근본주장3
　　NBhvy(t)의 일설부 주장18
　　NBhsg(t)의 화지부 주장7과 기타림사부 등 3부파 주장6

(5) **안다까**: 지(智)는 행온에 포함되고 소연이 없다.

(6) **북도파**: 과거를 반연하는 심에 소연은 없다.

(7) **북도파**: 미래를 반연하는 심에 소연은 없다.

(8) **북도파**: 일체의 심(心)은 심(尋)을 수반한다.
   ⇨ 『이부종륜론』의 화지부 근본주장[11]

(9) **동산부**: 심(尋)과 사(伺)로부터 심(尋)이 편만된 것만 소리[聲]이다. 그 소리는 귀에 인지되지 않고 들을 수 있는 영역에 포함되지 않는다.

(10) **동산부**: 어떤 것을 말하려고 다른 것을 말하는 일이 있기 때문에 말은 심(心)과 같지 않다.

(11) **동산부**: 어떤 곳으로 가려고 다른 곳으로 가는 일이 있기 때문에 신업은 심(心)과 같지 않다.

(12) **안다까**: 8해탈정에 든 자는 4선정의 낙(樂)을 얻고 4차제주정(四次第住定)을 얻기 때문에 과거와 미래를 현재에 구족한다.

10) 제X품

(1) **안다까**: 다시 태어남을 구하는 5온이 소멸하지 않는 때에 지어야

할 결생(結生)의 5온이 생겨난다.

(2) **화지부·정량부·대중부**: 도(道)를 구족한 자의 색은 도이다. 따라서 정어·정업·정명은 도이다.

(3) **대중부**: 5식을 구족한 자에게 도(道)의 수습이 있다.

(4) **대중부(?)**: 5식은 선이고 또 불선이다.
⇨『이부종륜론』의 대중부 등 4부파 근본주장22와 화지부 근본주장10
NBhvy(t)의 일설부 주장11과 화지부 주장7
NBhsg(t)의 설출세부 주장10

(5) **대중부**: 5식에는 선과 불선에 의지한 관념작용이 있다.
⇨『이부종륜론』의 대중부 등 4부파 근본주장22와 화지부 근본주장10
NBhvy(t)의 일설부 주장11과 화지부 주장7
NBhsg(t)의 설출세부 주장10

(6) **대중부**: 도(道)를 구족한 자는 세간과 출세간의 2가지 계(戒)를 구족한다.

(7) **대중부**: 계(戒)는 심소가 아니며 이숙을 갖는다.

(8) **대중부(?)**: 계(戒)는 심(心)에 수전하지 않는다.

(9) **대중부** : 수계(受戒)를 원인으로 하는 계는 장양한다.

(10) **대중부 · 정량부** : 신표(身表)는 신업이고 어표(語表)는 어업이기 때문에 표(表)는 계(戒)이다.

(11) **대중부** : 심불상응의 비복(非福)의 적집 및 명령에 따른 살인 등의 무표(無表)는 파계(破戒)이다.

11) 제XI품

(1) **대중부 · 정량부** : 수면(隨眠)은 무기(無記)이고 무인(無因)이고 심불상응(心不相應)이다.
   ⇨ 『이부종륜론』의 대중부 등 4부파 근본주장44와 화지부 근본주장3
      NBhvy(t)의 일설부 주장18
      NBhsg(t)의 화지부 주장7과 기타림사부 등 3부파 주장6

(2) **대중부** : 무지(無智)를 제거해도 지(智)에 상응하지 않는 심이 전전하면 지(智)가 있다고 말하지 않는다.

(3) **동산부** : 안식 등을 구족한 아라한이 증득한 도지(道智)에 대해 '지(智)가 있다'고 말하더라도 그 지는 심과 상응하지 않는다.

(4) **안다까** : 출세간도의 찰나에 관행자가 '이것은 고(苦)이다'고 말하는 것으로부터 그에게 '이것은 고이다'고 하는 지(智)가 전기한다.

➪『이부종륜론』의 대중부 등 4부파 근본주장[29][30][31]과 다문부 근본주
장[3]과 제다산부 등 3부파 근본주장[3]과 설산부 근본주장[5]

NBhvy(t)의 일설부 주장[13]과 다문부 주장[5]

NBhsg(t)의 설출세부 주장[15]

(5) **대중부** : 신통력을 구족한 자는 1겁을 머문다.

(6) **설일체유부·북도파** : '7주야에 한결같이 낙을 감수하며 머문다'고 말
하기 때문에 심(心)의 상속이 정(定)이다.

(7) **안다까** : 무명 등 12연기지 외에 별도로 법주성(法住性)이라 하는 것
이 완전하게 있다.

(8) **안다까** : 무상한 색(色) 등의 무상성도 색 등처럼 완전하다.

12) 제XII품

(1) **대중부** : 율의(律儀)도 비율의(非律儀)도 업(業)이다.

(2) **대중부** : 일체의 업은 이숙을 갖는다.
➪『이부종륜론』의 설가부 근본주장[5]

NBhvy(t)의 설가부 주장[8]

(3) **대중부** : 소리는 이숙이다.

(4) 대중부 : 6처는 업에 의지해 만들어진 것으로부터 발생하기 때문에 6처는 이숙이다.

(5) 북도파 : 극칠반유(極七返有)는 극칠반유성에 의거해 최대 7번의 수생(受生)이 결정되어 있다. 무간업에 의거해 무간지옥에 태어나는 것에 대한 결정은 없다.

(6) 북도파(?) : 가가(家家)와 일간(一間)은 각각 가가성과 일간성에 대해 결정되어 있다.

(7) 동산부 : 견구족자(見具足者)는 아직 진(瞋)이 제거되지 않아서 고의로 생물의 생명을 빼앗는다.
   ⇨ 『이부종륜론』의 대중부 등 4부파 근본주장[40]
      NBhsg(t)의 설출세부 주장[20]

(8) 북도파 : 견구족자에게 악취(惡趣)는 끊어졌다.

(9) 북도파(?) : 제7유인 극칠반유뿌드갈라의 악취는 끊어졌다.

13) 제XIII품

(1) 왕산부 : 상가의 화합을 파괴한 자는 1겁 동안 지옥에 머문다고 말했기 때문에 겁주자(劫住者)는 1겁 동안 머문다.

(2) **북도파** : 겁주자(劫住者)는 선심을 얻을 수 없다.

(3) **북도파** : 무간업(無間業)을 기획한 뿌드갈라는 정성결정에 들 수 없다.

(4) **동산부·서산부** : 최후유보살은 태어나는 것에 의지해 법을 현관할 수 있다는 의미에서, 결정자(決定者)는 결정(決定)에 든다.

(5) **북도파** : 청정한 자에게는 정화작용이 남아있지 않아서 개(蓋)에 의 거해 덮이고 장애되며, 번뇌에 의거해 선심이 덮어 가려진 자가 개 (蓋)를 끊는다.

(6) **북도파(?)** : 결(結)이 현전하는 자가 결을 끊는다.

(7) **안다까** : 입정자는 선(禪)에 대한 갈망과 선(禪)의 소연을 즐긴다.

(8) **북도파** : 고수(苦受)에 대해서도 이탐(離貪) 등에 의거한 기뻐함이 있기 때문에 불쾌한 것에 대한 탐(貪)이 있다.

(9) **동산부** : 색·성·향·미·촉·법의 6갈애 가운데 색갈애부터 촉갈애 까지는 불선이고 법갈애는 무기이다.

(10) **동산부** : 6갈애 가운데 색갈애부터 촉갈애까지는 고(苦)의 원인[集] 이고 법갈애는 고의 원인이 아니다.

14) 제XIV품

(1) **대중부** : 선근(善根)은 불선근(不善根)에 결속하고 불선근은 선근에 결속한다.

(2) **동산부 · 서산부** : 6처는 모태에서 결생(結生)의 찰나에 발생한다.

(3) **북도파** : 5식들은 서로 간에 간단없이 발생한다.

(4) **북도파** : 정어 · 정업의 성색(聖色)은 4대종으로 만들어진 색이다.

(5) **안다까** : 수면(隨眠)과 전(纏)은 다르다.
　　⇨ 『이부종륜론』의 대중부 등 4부파 근본주장⑮와 화지부 근본주장④
　　　NBhvy(t)의 일설부 주장⑲와 화지부 주장③
　　　NBhsg(t)의 설출세부 주장㉜

(6) **안다까** : 전(纏)은 심과 상응하지 않는다.

(7) **안다까 · 정량부** : 욕탐(欲貪)이 욕계에서 수증하고 욕계에 소속되기 때문에, 색탐(色貪)은 색계에서 수증하고 색계에 소속되며 무색탐(無色貪)은 무색계에서 수증하고 무색계에 소속된다.

(8) **안다까 · 북도파** : 근거 없는 견해는 무기(無記)이다.

(9) 동산부 : 근거 없는 견해는 3계 중에 소속되지 않는다.

15) 제XV품

(1) 대중부 : 인연(因緣)에 의거해 연(緣)인 것은 인연에 의거한 연일뿐
소연연(所緣緣)·무간연(無間緣)·등무간연(等無間緣)에 의거한 연이
아니고, 소연연에 의거해 연인 것은 무간연과 등무간연에 의거한
연이 아니기 때문에, 연성(緣性)은 고정이다.

(2) 대중부 : 노사(老死)를 연하여 생(生)이 있다거나 생을 연하여 유(有)
가 있다는 말이 없기에, 무명(無明)을 연하여 행(行)이 있어도 행을
연하여 무명이 있는 것이 아니고 애(愛)를 연하여 취(取)가 있어도
취를 연하여 애가 있는 것이 아니다.

(3) 안다까(?) : 과거·현재·미래는 말의 의지처이기 때문에 세(世)는 완
전하다.

(4) 안다까(?) : 찰나와 경각과 수유도 완전하다.

(5) 설인부 : 다른 루(漏)에 의지해 4루(四漏: 욕루·유루·무명루·견루)가
유루로 된다고 말하지 않아야 하기 때문에 4루는 무루(無漏)이다.

(6) 대중부 : 출세간법의 노사(老死)는 세간이라고 말하지 않아야 하기
때문에 그것은 출세간이다.

(7) **설인부**: 상수멸진정(想受滅盡定)은 세간이라고 말하지 않아야 하기 때문에 그것은 출세간이다.

(8) **설인부**: 상수멸진정(想受滅盡定)은 출세간이라고 말하지 않아야 하기 때문에 그것은 세간이다.

(9) **왕산부**: 상수멸진정에 든 자에게는 죽지 않는다는 결정이 없기 때문에 그는 죽는다.

(10) **설인부**: 멸진정에서 무상인 것은 무상정에서도 무상이기 때문에 상수멸진정은 무상유정의 의지처이다.

(11) **안다까·정량부**: 업(業)과 업의 적집[業積集]은 다르다. 업의 적집은 심불상응(心不相應)이고 무기(無記)이고 무소연(無所緣)으로서, 업에 의지해 업적집이 있고 업적집에 의지해 이숙이 나타난다.

16) 제XVI품

(1) **대중부**: 강력함과 자재함이 있는 자는 다른 사람의 마음을 억제한다.

(2) **대중부(?)**: 강력함과 자재함이 있는 자는 다른 사람의 마음을 책려한다.

(3) **설인부**: 세존은 많은 낙법(樂法)을 가져오는 분이고 많은 선법(善法)

을 가져오는 분이다고 말하기 때문에, 다른 이가 다른 이에게 즐거
움을 준다.

(4) **동산부·서산부** : 각각의 법을 초월해 일체의 행(行)을 같이 작의한다.
    ⇨ 『이부종륜론』의 대중부 등 4부파의 근본주장13 14
      NBhsg(t)의 설출세부 주장5

(5) **북도파** : 대종이 만들어진 색의 원인인 것처럼 색은 원인이다.

(6) **북도파(?)** : 대종이 원인을 갖는 것처럼 색은 원인을 갖는다.

(7) **화지부·정량부** : 신업과 어업이 선이고 불선이기에 색은 선이기도
    하고 불선이기도 하다.
    ⇨ 『이부종륜론』의 대중부 등 4부파 근본주장38

(8) **안다까·정량부** : 업이 만든 것으로부터 생겨난 심·심소처럼 업이
    만든 것으로부터 생겨난 색은 이숙이다.

(9) **안다까** : 욕계에 소속된 업이 만든 것에 의지한 색은 욕계의 소속이
    기 때문에, 색계에 소속된 업이 만든 것에 의지한 색은 색계의 소
    속이고 무색계에 소속된 업이 만든 것에 의지한 색은 무색계의 소
    속이다.

(10) **안다까** : 욕탐(欲貪)은 욕계의 소속이기 때문에 색탐(色貪)은 색계

의 소속이고 무색탐(無色貪)은 무색계의 소속이다.

17) 제XVII품

(1) 안다까: 아라한은 보시를 하고 탑묘를 예배하는 업에 의지해 복업
   의 적집이 있다.
   ⇨『이부종륜론』의 설일체유부 근본주장⊠
   　　NBhvy(t)의 화지부 주장⑥
   　　NBhsg(t)의 화지부 주장⑥

(2) 왕산부·의성부: 아라한은 모든 업의 이숙을 받고서 반열반하기 때
   문에 그에게는 시기에 맞지 않는 죽음이 없다.
   ⇨『이부종륜론』의 설가부 근본주장④
   　　NBhvy(t)의 설가부 주장⑥
   　　NBhsg(t)의 설가부 주장②

(3) 왕산부·의성부: 일체의 것은 업의 이숙이 아니라 업에 말미암는다.
   ⇨『이부종륜론』의 설가부 근본주장⑤
   　　NBhvy(t)의 설가부 주장⑧

(4) 설인부: '고(苦)를 변지하기 위해 세존은 범행에 머물렀다'에서, 그
   고는 고의 실체에 의거한 괴로움[根縛苦]일 뿐 생멸핍박의 의미에
   의지해 무상한 것이 고라고 주장한 것에 의거한 괴로움[非根縛苦]
   은 아니다.

(5) **설인부** : 성도(聖道)를 제외한 행(行)들은 고(苦)이다.

(6) **방광부** : 도(道)와 과(果)만 상가이고 도와 과는 어떠한 물건도 받지
　　않기 때문에 상가는 공양물을 받는다고 말하지 않는다.
　　⇨『이부종륜론』의 법장부 근본주장[1]
　　　NBhvy(t)의 법장부 주장[1]
　　　NBhsg(t)의 법호부 주장[1]

(7) **방광부** : 도와 과만 상가이고 도와 과는 물건을 정화하지 않기 때문
　　에 상가는 공양물을 정화한다고 말하지 않는다.
　　⇨『이부종륜론』의 법장부 근본주장[1]
　　　NBhvy(t)의 법장부 주장[1]
　　　NBhsg(t)의 법호부 주장[1]

(8) **방광부** : 도와 과만 상가이고 도와 과는 향유하거나 마시거나 씹거
　　나 맛보지 않기 때문에 상가는 향유하거나 마시거나 씹거나 맛본
　　다고 말하지 않는다.
　　⇨『이부종륜론』의 법장부 근본주장[1]
　　　NBhvy(t)의 법장부 주장[1]
　　　NBhsg(t)의 법호부 주장[1]

(9) **방광부** : 도와 과만 상가이고 도와 과는 어떠한 물건도 받지 않고 정
　　화하지 않고 향유하지 않기 때문에 상가에 보시하여 큰 과보가 있
　　다고 말하지 않는다.

⇨ 『이부종륜론』의 법장부 근본주장[1]

　　NBhvy(t)의 법장부 주장[1]

　　NBhsg(t)의 법호부 주장[1]

(10) **방광부** : 붓다는 어떠한 것도 향유하지 않지만 세간에 순응하기 위해 향유하는 것처럼 보여주기 때문에 붓다에게 보시하여 큰 과보가 있다고 말하지 않는다.

　　⇨ 『이부종륜론』의 화지부 근본주장[21]

　　NBhvy(t)의 화지부 주장[11]

　　NBhsg(t)의 화지부 주장[9]

(11) **북도파** : 공양물은 보시자에 의지해 정화되지, 향유자에 의지하지 않는다.

18) 제XVIII품

(1) **방광부** : 불세존은 도솔천궁에서만 머물고 인계(人界)에 화색(化色)을 보여주기 때문에 인계(人界)에 머문다고 말하지 않는다.

　　⇨ 『이부종륜론』의 대중부 등 4부파 근본주장[1]

　　NBhvy(t)의 일설부 주장[1]

　　NBhsg(t)의 설출세부 주장[1]

(2) **방광부** : 불세존의 말씀을 아난다가 받아서 법을 말하는 것이기에 불세존에 의지해 법을 말한다고 하지 않는다.

⇨『이부종륜론』의 대중부 등 4부파 근본주장⑫

(3) 북도파 : 탐(貪)이 바로 비(悲)라고 하기에 불세존에게는 비(悲)가 없다.

(4) 일부 안다까·북도파 : 불세존의 대소변은 다른 향기보다 월등하다.

(5) 일부 안다까·북도파 : 세존은 하나의 성도(聖道)에 의지해 4사문과를
　　증득하고, 성문은 4가지 성도에 의지해 4사문과를 증득한다.
　　⇨『이부종륜론』의 설일체유부 근본주장㊶과 법장부 근본주장③
　　　NBhsg(t)의 법호부 주장②

(6) 화지부·일부 안다까 : 정려의 근행(近行)이 전전하지 않고 초정려로
　　부터 초정려에 들고 초정려로부터 제2정려에 들고 제2정려로부터
　　제3정려에 들고 제3정려로부터 제4정려에 든다.

(7) 정량부·일부 안다까 : 초정려와 제2정려 사이에 무심유사(無尋唯伺)
　　인 중간정려가 있다.

(8) 동산부 : 입정자는 소리를 듣는다.
　　⇨『이부종륜론』의 대중부 등 4부파 근본주장㉖
　　　NBhvy(t)의 일설부 주장⑭와 설산부 주장④
　　　NBhsg(t)의 설출세부 주장⑬

(9) 대중부 : 정색(淨色, rūpaprasāda)의 눈이 색을 본다.

⇨NBhvy(t)의 일설부 주장⑫

19) 제XIX품

(1) **일부 북도파**: 번뇌를 제거한다란 과거의 번뇌도 미래의 번뇌도 현재의 번뇌도 제거한다는 것이다.

(2) **안다까**: 무상(無相)과 무원(無願)은 행온의 소속이 아니지만 공성(空性)은 행온의 소속이다.

(3) **동산부**: 4사문도는 무위가 아니지만 4사문과는 무위이다.

(4) **동산부**: 5온에는 득(得)이라 할만한 어떠한 법도 없기 때문에 득은 무위이다.

(5) **일부 북도파**: 5온에는 진여라 하는 것이 없기 때문에 진여는 무위이다.

(6) **안다까**: 열반계는 선(善)이다.

(7) **일부 북도파**: 범부에게는 궁극적으로 결정성(決定性)이 있다.

(8) **설인부·화지부**: 세간의 신·정진·염·정·혜는 있어도 신근·정진근·염근·정근·혜근은 없다. 출세간의 신 등은 있고 신근 등도 있다.
   ⇨『이부종륜론』의 화지부 근본주장⑬

20) 제XX품

(1) 일부 북도파 : 고의성이 없이 5역죄를 지어도 무간업이다.

(2) 설인부 : 범부는 고(苦)를 변지하고 집(集)을 제거하고 멸(滅)을 증득하고 도(道)를 수습하지 못하기 때문에 지(智)가 없다.

(3) 안다까 : 지옥에서는 지옥에 떨어진 자의 업이 옥졸의 형태로써 처형하는 것이지 옥졸이라는 유정은 없다.

(4) 안다까 : 천(天)들에는 축생취(畜生趣)가 있다.

(5) 화지부 : 정어 · 정업 · 정명은 도지(道支)이고 도(道)가 아니지만, 나머지 정견 · 정사유 · 정정진 · 정념 · 정정은 도지이며 도이다.

(6) 동산부 · 서산부 : 12행상의 지(智)는 출세간이다.

21) 제XXI품

(1) 일부 북도파 : 여래의 가르침은 새롭게 된다.

(2) 일부 북도파 : 범부는 3계의 업을 변지하지 못하기 때문에 범부는 한 찰나에 3계의 법을 원리하지 못한다.

(3) **대중부**: 아라한이 붓다의 모든 경계를 알지 못해서 무명과 의심을 끊지 못하는 경우가 있기 때문에 어떤 결(結)을 끊지 못하면서 아라한을 증득하는 일이 있다.

(4) **안다까**: 의도의 신통[意趣神通]은 붓다에게도 성문에게도 있다.

(5) **안다까**: 붓다들에게는 붓다들에 의지하는 월등함과 열등함이 있다.

(6) **대중부**: 일체 방위가 붓다들이 나아가는 곳이다.
⇨ NBhsg(t)의 설출세부 주장㉕

(7) **안다까·일부 북도파**: 색 등은 색 등이라는 의미에 의거해 결정되기 때문에 일체법은 결정된다.

(8) **안다까·일부 북도파**: 순현법수 등은 순현법수 등의 의미에 의거해 결정되기 때문에 일체의 업은 결정된다.

22) 제XXII품

(1) **안다까**: 아라한이 붓다의 모든 경계를 아는 것은 아니기 때문에 그는 어떤 결(結)을 끊지 않은 채 반열반한다.
⇨ NBhvy(t)의 근본상좌부 주장④

(2) **안다까**: 아라한은 주의하고 있고 올바르게 심사숙고하면서 반열반

하기 때문에 그는 선심(善心)에서 반열반한다.

⇨NBhvy(t)의 근본상좌부 주장④

(3) **일부 북도파** : 아라한은 부동(不動)에 머물며 반열반한다.

⇨NBhvy(t)의 근본상좌부 주장④

(4) **일부 북도파** : 좋은 모태에서 법을 현관(現觀)하는 일이 있다.

(5) **일부 북도파** : 좋은 모태에서 아라한을 증득하는 일이 있으며, 꿈에
빠진 자가 법을 현관하는 일이 있고, 꿈에 빠진 자가 아라한을 증
득하는 일이 있다.

(6) **일부 북도파** : 일체의 꿈에 빠진 자의 심(心)은 무기(無記)이다.

(7) **일부 북도파** : 일체법은 찰나의 것이고 잠깐이라도 있지 않고 습숙
연(習熟緣)이 연속한다고 하지 않기 때문에 어떠한 습숙연성(習熟
緣性)도 없다.

(8) **동산부 · 서산부** : 일체 유위법은 무상하기 때문에 일체법은 일심찰나
(一心刹那)의 것이다.

⇨『이부종륜론』의 설일체유부 근본주장㊺와 화지부 근본주장㉓과
음광부 근본주장④
NBhvy(t)의 화지부 주장⑮⑰과 설전부 주장⑤

23) 제XXIII품

(1) **안다까·방광부**: 같은 의도에 의지해 음행법(婬行法)이 행해진다.

(2) **일부 북도파**: 아라한의 용모를 한 비인(非人)이 음행법을 행한다.

(3) **안다까**: 보살은 자재한 욕행(欲行)을 원인으로 악취에 가고 모태에
들어가고 고행을 행하며, 다른 고행을 행하고 다른 스승을 따른다.
   ⇨『이부종륜론』의 대중부 등 4부파 근본주장⑳
      NBhvy(t)의 일설부 주장⑨

(4) **안다까**: 자(慈)·비(悲)·희(喜)를 가리키는 비식상사식(非食像似食)
이 있고, 질(嫉)·간(慳)·악작(惡作)을 가리키는 비진상사진(非瞋像
似瞋)이 있으며, 웃음의 발생을 가리키는 비치상사치(非癡像似癡)가
있고, 또 미혹한 자를 절복하고 상냥한 비구를 도와주고 악을 비난
하고 공덕을 칭찬하고 장로 삘린다밧차의 천박한 말과 세존의 '가
래를 먹는 자'라는 말과 '어리석은 사람'이라는 말을 가리키는 비번
뇌상사번뇌(非煩惱像似煩惱)가 있다.

(5) **일부 북도파·설인부**: 오직 고(苦)만 완전하고 그 밖의 온·처·계·근
의 법은 완전하지 않다.
   ⇨『이부종륜론』의 설가부 주장②
      NBhvy(t)의 설가부 주장②④

◈ 참조 : 3종 해설서와 KV(a)의 상응 주장[151]

① 『이부종륜론』과 KV(a)

〈표 13〉『이부종륜론』과 KV(a)의 상응 주장

『이부종륜론』의 부파와 주장	KV(a)의 해당처와 부파
대중부 등 4부파의 근본주장	
① 불세존은 출세간	XVIII.1: 방광부
② 여래에게 유루법 없음	II.10: 안다까
③ 모든 불설은 법륜 굴림	II.10: 안다까
⑫ 붓다는 명·구·문 설하지 않음	XVIII.2: 방광부
⑬ 붓다는 한 찰나 심이 일체법 요별	XVI.4: 동산부·서산부
⑭ 붓다는 한 찰나 반야가 일체법 앎	XVI.4: 동산부·서산부
⑳ 보살은 의도에 따라 악취에 태어남	XXIII.3: 안다까
㉒ 5식에 염오와 이염 있음	X.4-5: 대중부
㉓ 색계와 무색계에서 6식 구족	VIII.5, 8: 안다까 /
	VIII.7: 안다까·정량부
㉖ 등인위에서 말을 함	II.5, XVIII.8: 동산부
㉙ 아라한에 5사 있음	II.1: 동산부·서산부 /
	II.2-4, 6: 동산부 / XI.4: 안다까
㉚ 고수가 성도 이끌어냄	II.6: 동산부 / XI.4: 안다까
㉛ 괴롭다는 말은 성도 도와줌	II.6: 동산부 / XI.4: 안다까
㊳ 무기법 없음	XVI.7: 화지부·정량부
㊵ 예류자는 불선업 지음	XII.7: 동산부
㊷ 무위법은 9가지	9무위의 일부가 II.11: 화지부·안다까 /
	VI.2: 동산부·화지부 / VI.4: 동산부 /
	VI.6: 북도파·화지부
㊸ 심의 본성은 청정	III.3: 안다까
㊹ 수면은 심·심소법 아님	IX.4: 안다까·일부 북도파 /
	XI.1: 대중부·정량부
㊺ 수면과 전은 다름	XIV.5: 안다까

---

151 이 표는 앞의 정리와 반대로 3종 해설서를 기준으로 KV(a)와 관련된 주장만 추려내 정리한 것이다. 제2편 역주의 해당되는 주장의 각주에도 언급되어 있지만 그 관계를 전체적으로 쉽게 파악하기 위함이다.

대중부 등 4부파의 지말주장

① 4성제를 개별적으로 관함   I.4: 정량부 / II.9: 안다까·설일체유부·정량부·현주부

⑤ 업과 이숙과가 동시에 전전   I.8: 음광부

다문부의 근본주장

③ 아라한에 5사 있음   II.1: 동산부·서산부/ II.2-4, 6: 동산부/ XI.4: 안다까

설가부의 근본주장

② 12처는 진실 아님   XXIII.5: 일부 북도파·설인부

④ 시기에 맞지 않는 죽음 없음   XVII.2: 왕산부·의성부

⑤ 업의 증장을 원인으로 결과 초감   XII.2: 대중부/ XVII.3: 왕산부·의성부

제다산부 등 3부파의 근본주장

③ 아라한에 5사 있음   II.1: 동산부·서산부 / II.2-4, 6: 동산부 / XI.4: 안다까

설일체유부의 근본주장

① 일체법은 명(名)과 색(色)   I.6: 설일체유부

② 3세는 실유   I.6-7: 설일체유부

⑤ 유위와 무위의 기체는 3가지   I.6-7: 설일체유부 / II.11: 화지부·안다까 / VI.6: 북도파·화지부

⑥ 3제는 유위, 1제는 무위   VI.3: 동산부

⑦ 4성제는 점현관   I.4: 정량부 / II.9: 안다까·설일체유부·정량부·현주부

⑫ 예류자에 물러남 없고 아라한에 물러남 있음   I.2: 정량부·독자부·설일체유부·대중부 일부

⑭ 이생은 탐·진에를 끊음   I.5: 정량부

㉒ 4사문과에 초월증 있음   I.5: 정량부 / V.4: 북도파

㉓ 4념주가 일체법 포함   I.9: 안다까

㉘ 아라한에 복업 증장 있음   XVII.1: 안다까

㉙ 중유 있음   VIII.2: 동산부·정량부

㉚ 5식에 염오 있고 이염 없음   VIII.4: 동산부

㊳ 아라한은 고업 받음   VIII.11: 동산부·정량부

㊶ 3승의 성도가 다름   XVIII.5: 일부 안다까·북도파

㊺ 일체행은 찰나소멸   XXII.8: 동산부·서산부

설산부의 근본주장

4 천(天)에 범행 없음	I.3: 정량부
5 아라한에 5사 있음	II.1: 동산부·서산부 / II.2-4, 6: 동산부 / XI.4: 안다까

독자부의 근본주장

1 뿌드갈라는 즉온도 이온도 아님	I.1: 독자부·정량부
2 온·처·계에 의지해 아(我) 시설	I.1: 독자부·정량부
4 뿌드갈라에 의해 다음 세(世)로 이전	I.1: 독자부·정량부

화지부의 근본주장

3 수면은 심도 심소도 아님	IX.4: 안다까·일부 북도파 / XI.1: 대중부·정량부
4 수면과 전은 다름	XIV.5: 안다까
7 천(天)에 범행 없음	I.3: 정량부
10 5식에 염오와 이염 있음	X.4-5: 대중부
11 6식은 심·사와 상응	IX.8: 북도파
13 세간의 신근 없음	XIX.8: 설인부·화지부
19 무위법은 9가지	9무위의 일부가 II.11: 화지부·안다까 / VI.2: 동산부·화지부 / VI.6: 북도파·화지부
21 상가에 보시해 큰 과보 얻음	XVII.10: 방광부
23 일체행은 찰나소멸	XXII.8: 동산부·서산부

화지부의 지말주장

1 과거세와 미래세 있음	I.6-7: 설일체유부
2 중유 있음	VIII.2: 동산부·정량부

법장부의 근본주장

1 붓다에게 보시해 큰 과보 얻음	XVII.6-9: 방광부
3 3승의 성도는 다름	XVIII.5: 일부 안다까·북도파
5 아라한의 색신은 무루	IV.3: 북도파

음광부의 근본주장

2 이숙업은 이숙과 성숙한 뒤 소멸	I.8: 음광부
4 일체행은 찰나소멸	XXII.8: 동산부·서산부

경량부의 근본주장

1 다음 세(世)로 이전 있음	I.1: 독자부·정량부

② NBhvy(t)와 KV(a)

〈표 14〉 NBhvy(t)와 KV(a)의 상응 주장

NBhvy(t)의 부파와 주장	KV(a)의 해당처와 부파
일설부의 주장	
① 불세존은 출세간	XVIII.1: 방광부
② 여래에게 세간법 없음	II.10: 안다까
③ 여래의 말씀은 법륜 굴림	II.10: 안다까
⑨ 보살은 의도에 따라 악취에 태어남	XXIII.3: 안다까
⑪ 6식에 염오와 이염 있음	X.4-5: 대중부
⑫ 눈으로 색을 봄	XVIII.9: 대중부
⑬ 아라한에 5사 있음	II.1: 동산부·서산부 / II.2-4, 6: 동산부 / XI.4: 안다까
⑭ 사마히따에서 말을 함	II.5, XVIII.8: 동산부
⑰ 심의 본성은 청정	III.3: 안다까
⑱ 수면은 심과 상응하지 않음	IX.4: 안다까·일부 북도파 / XI.1: 대중부·정량부
⑲ 수면과 전은 다름	XIV.5: 안다까
다문부의 주장	
⑤ 아라한에 5사 있음	II.1: 동산부·서산부 / II.4, 6: 동산부 / XI.4: 안다까
설가부의 주장	
② 12처는 완전하지 않음	XXIII.5: 일부 북도파·설인부
④ 고(苦)는 승의	XXIII.5: 일부 북도파·설인부
⑥ 시기에 맞지 않는 죽음 없음	XVII.2: 왕산부·의성부
⑧ 괴로움은 업으로부터 발생	XII.2: 대중부 / XVII.3: 왕산부·의성부
근본상좌부의 주장	
③ 중유 있음	VIII.2: 동산부·정량부
④ 아라한에 반열반 있음	XXII.1-2: 안다까 / XXII.3: 일부 북도파
⑤ 과거세와 미래세 있음	I.6-7: 설일체유부

설산부의 주장
4 사마히따에서 말을 함   II.5, XVIII.8: 동산부

설일체유부의 주장
3 과거세와 미래세 있음   I.6-7: 설일체유부
4 예류자에 물러남 없음   I.2: 정량부·독자부·설일체유부·대
중부의 일부

6 4성제는 점현관   I.4: 정량부 / II.9: 안다까·설일체
유부·정량부·현주부

10 아라한에 물러남 있음   I.2: 정량부·독자부·설일체유부·대
중부의 일부

11 이생도 탐과 진에를 끊음   I.5: 정량부

화지부의 주장
3 수면과 현전인은 다름   XIV.5: 안다까
6 아라한도 복업 적집   XVII.1: 안다까
7 5식에 염오와 이염 있음   X.4-5: 대중부
10 이생도 탐과 진에를 끊음   I.5: 정량부
11 상가에 보시해 큰 과보 얻음   XVII.10: 방광부
15 일체행은 찰나소멸   XXII.8: 동산부·서산부
17 행(行)은 머물지 않음   XXII.8: 동산부·서산부

법장부의 주장
1 붓다에게 공양해 큰 과보 얻음   XVII.6-9: 방광부

음광부의 주장
1 이숙업과 이숙과가 동시에 전전   I.8: 음광부

설전부의 주장
1 다음 세(世)로 이전 있음   I.1: 독자부·정량부
5 모든 것은 무상   XXII.8: 동산부·서산부

독자부의 주장
1 유집수는 가립   I.1: 독자부·정량부
2 뿌드갈라가 다음 세(世)로 이전함   I.1: 독자부·정량부
4 뿌드갈라는 취온과 같지도 다   I.1: 독자부·정량부
르지도 않음

③ NBhsg(t)와 KV(a)

〈표 15〉 NBhsg(t)와 KV(a)의 상응 주장

NBhsg(t)의 부파와 주장	KV(a)의 해당처와 부파
설출세부의 주장	
① 붓다는 출세간	XVIII.1: 방광부
⑤ 붓다는 찰나에 일체를 앎	XVI.4: 동산부 · 서산부
⑦ 여래의 말씀은 법륜 굴림	II.10: 안다까
⑩ 안식 등에 이염도 있음	X.4-5: 대중부
⑪ 색계와 무색계에 안식 등 있음	VIII.5, 8: 안다까 / VIII.7: 안다까 · 정량부
⑬ 사마히따에서 말을 함	II.5, XVIII.8: 동산부
⑮ 아라한에 5사 있음	II.1: 동산부 · 서산부 / II.2-4, 6: 동산부 주장 / XI.4: 안다까
⑲ 아라한에 물러남 없음	I.2: 정량부 · 독자부 · 설일체유부 · 대중부 일부
⑳ 예류자는 불선업 지음	XII.7: 동산부
㉔ 무위법은 9가지	9무위의 일부가 II.11: 화지부 · 안다까 / VI.2: 동산부 · 화지부 / VI.4: 동산부 / VI.6: 북도파 · 화지부
㉕ 붓다의 동시 출현 있음	XXI.6: 대중부
㉘ 이숙업과 이숙과가 구기	I.8: 음광부
㉛ 심의 본성은 청정	III.3: 안다까
㉜ 수면과 전은 다름	XIV.5: 안다까
설가부의 주장	
② 시기에 맞지 않는 죽음 없음	XVII.2: 왕산부 · 의성부
설산부의 주장	
② 천(天)에 도수(道修) 없음	I.3: 정량부
근본설일체유부의 주장	
① 3세와 명 · 색이 일체 유위법 포함	I.6-7: 설일체유부
③ 무위법은 3가지	II.11: 화지부 · 안다까 / VI.6: 북도파 · 화지부

화지부의 주장

④ 천(天)에 도수(道修) 없음	I.3: 정량부
⑥ 아라한도 복업 발생	XVII.1: 안다까
⑦ 수면은 심과 다름	IX.4: 안다까·일부 북도파 / XI.1: 대중부·정량부
⑧ 무위법은 9가지	9무위의 일부가 II.11: 화지부·안다까 / VI.2: 동산부·화지부 / VI.6: 북도파·화지부
⑨ 상가에 보시해 큰 과보 얻음	XVII.10: 방광부

법호부의 주장

① 붓다에게 보시해 큰 과보 얻음	XVII.6-9: 방광부
② 붓다와 성문의 성도 다름	XVIII.5: 일부 안다까·북도파
④ 아라한의 색신은 무루	IV.3: 북도파

다문부의 주장

③ 아라한에 유예 있음	II.3: 동산부

설전부의 주장

① 유정에 이전 있음	I.1: 독자부·정량부

기타림사부 등 3부파의 주장

① 천(天)에 도수(道修) 없음	I.3: 정량부
⑥ 수면은 심과 다름	IX.4: 안다까·일부 북도파 / XI.1: 대중부·정량부

꾸루꿀라까 등 3부파의 주장

① 뿌드갈라는 즉온도 이온도 아님	I.1: 독자부·정량부
② 온은 견고하게 있음	I.1: 독자부·정량부

IV

아비달마부파의 연원

1. 대중부 계통

1) 대중부

Sk.: mahāsāṃghika, mahāsāṃghikanikāya Pā.: mahāsaṃgītikāraka, mahāsaṃghika Ch.: 大衆部, 摩訶僧祇部, 摩訶僧耆柯部, 莫訶僧祇尼迦耶部 Ti.: dge 'dun phal chen pa'i sde, dge 'dun phal chen sde pa

대중부는 불멸후 100여 년 불교 상가의 최초 분열로 말미암아 성립된 부파이다. 그 분열의 원인에 대해 북방불교에서는 5사로, 남방불교에서는 10사로, 『사리불문경』에서는 율(律)에 대한 논쟁으로 설명한다.

부파의 명칭은 그 상가의 구성원이 많다는 것에서 유래했는데, 그 기원을 제1결집에 두기도 한다. 『문수사리문경』에서는 "마하승기는 한자로 대중(大衆)이라 한다. 노소(老少)가 같이 모여서 함께 율부(律

部)를 결집했다"라고 하고, 『사리불문경』에서는 "옛것을 배우는 이들이 많으므로 그것을 명칭으로 삼아 마하승기라 했다"라고 하고, 바브야는 "상가이기도 하고 대군중이기도 하기 때문에 대상가(大僧伽)인데, 그것을 가까이서 가르치는 자가 바로 대중부이다"라고 하고, 빠라마르타는 "이들은 최초 결집할 때 왓빠(Vappa)가 훈육한 칠엽굴 바깥의 대중으로서, 마침내 이 무리들이 스스로 부파의 본래 명칭을 유지하기 위해 대중부라 칭했다"라고 하고, 길장은 "대중부는 칠엽굴 바깥의 대중으로서, 수가 만 명이었다. 왓빠 아라한이 상수가 되어 칠엽굴 바깥의 대중을 훈육했다"라고 하고, 규기는 "옛날 칠엽굴 바깥의 젊은 상가의 문인과 후예가 함께 대중부라 하는 하나의 붕당이 되었다. 옛날의 [최초 결집 때 칠엽굴 바깥의 무리를 대중이라 했던 일]을 취해 명칭으로 삼은 것이다"라고 설명한다.

이 부파는 기원전 1세기에 마투라(Mathurā)에서 설일체유부와 더불어 유력한 부파로 번영했고 까우샴비(Kauśāmbi)에서도 그 존재의 기록이 있으며, 또 2세기에 간다라 지방에서 꾸샤나(Kuṣāṇa) 왕조의 지지를 받아 번영했고 안다(Andha) 지방은 대중부의 최대 중심지가 되었다. 특히 현장은 대중부의 중심지로서 인도 서북부의 안따랍(Antarab)과 까쉬미라(Kaśmīra), 남인도의 다나까따까(Dhanakaṭaka)를 거론한다. 또 의정은 대중부가 마가다(Magadha)에 있고 남인도와 북인도와 서인도에는 일부만 있으며 날란다에서는 상좌부·설일체유부·정량부와 함께 섞여서 수행한다고 전한다.

2) 근본대중부

Sk.: mūlamahāsāṃghika Pā.: - Ch.: 根本大衆部 Ti.: dge 'dun phal chen pa'i sde pa rtsa ba, phal chen pa dngos

이 명칭은 Tār의 제1 · 2 · 3전승에서만 언급된다. 대중부에서 분열된 지말분열의 대중부를 근본대중부라 한다.[152]

3) 일설부

Sk.: ekavyavahāriha, vyavahāra Pā.: ekabyohāra, ekabyohārika Ch.: 一說部, 執一語言部, 鞞婆訶羅部, 猗柯毘與婆訶利柯部, 維跡部 Ti.: tha snyad gcig pa'i sde

이 부파를 대부분의 문헌에서는 대중부에서 분열된 것으로 설명한다. 한편 NBhvy(t)의 제2전승 · NBhsg(t) · Śrv(t) · Bhv(t) · Tār의 제2전승에서는 이 부파를 언급하지 않는다. 또 Tār에서는 일설부가 대중부의 총체적인 명칭이라고 전하기도 한다(寺本婉雅 譯, 1977: 371).

부파의 명칭은 문헌마다 차이가 있긴 하지만 그들의 주장에서 유래했다. 『문수사리문경』에서는 "주장한 것이 마하상가(mahāsaṅgha)와 같기 때문에 '일(一)'이라 한다"라고 하고, 바브야는 "어떤 이는 '불세존

---

152 부파분열을 전하는 문헌들 가운데 부파 명칭 앞에 '근본(mūla, gzhi, rtsa ba)'이나 '이전 (pūrva, sngar)'을 덧붙인 것들이 있는데, 그런 경우는 상좌부, 대중부, 설일체유부, 독자부의 4가지 명칭에서만 나타난다. 이에 대해 츠카모토 케이쇼(1980: 448)는 나중에 분열된 부파가 자파의 정통성을 주장한 경우에 그 부파의 근간이 된 부파가 '근본'을 부파의 명칭에 앞에 덧붙이거나, 나중에 분열된 부파가 '근본'이라고 자칭하는 두 경우가 있다고 설명한다. 특히 그는 설일체유부의 경우에 까쉬미라지역의 설일체유부에 상대해 그 이전부터 중심지였던 마투라지역의 설일체유부가 그들의 정통성을 주장하기 위해 '근본'을 덧붙인 것으로 추정한다.

은 일체법을 일심(一心)으로 잘 알고 한 찰나를 갖는 지(智)에 의지해 일체법을 두루 안다'고 설명한다. 그러므로 일설부라 한다"라고 하고, 빠라마르타는 "이 부파는 세간법과 출세간법이 모두 가명이라고 주장하기 때문에 일체법에는 실체가 없다고 말한다. 똑같이 하나의 명(名)이고 명이 바로 말씀[說]이기 때문에 일설부라 한다"라고 하고, 길장은 "이 부파는 생사와 열반이 모두 가명이라고 주장하기 때문에 일설부라 한다"라고 하고, 규기는 "이 부파는 '세간법과 출세간법은 모두 실체가 없고 가명만 있으며, 명(名)이 바로 말[說]이다'고 주장했다. [그] 의도는 '모든 법은 오직 하나의 가명일 뿐 얻을 만한 본질이 없다'는 것으로서, 곧 [대중부의] 본래 주장에 어긋난다. 그러므로 별도로 분열하여 일설부라 했다. 건립한 것을 명칭으로 삼은 것이다"라고 설명한다.

이 가운데『문수사리문경』의 설명은 대중부·일설부·설출세부·계윤부를 하나의 무리로 엮어 그들의 주장을 근본주장과 지말주장으로 기술한 와수미뜨라의 분류방식과 같은 맥락이다. 또 바브야의 설명은 한 찰나의 지(智)에 의지해 4성제를 두루 안다고 한 그들 부파의 주장에서도 확인된다. 그리고 빠라마르타·길장·규기의 설명은 그 부파의 교학적 특징을 지적한 것으로 보인다. 곧 세간과 출세간의 모든 법에 실체가 없고 모두 가명일 뿐이라는 것이다. 대중부에서도 과거세와 미래세의 법에 실체가 없다고 주장하지만, 일설부는 더 나아가 현재세의 법까지도 가유로 해석한다.

4) 설출세부

Sk.: lokottaravādin, lokottara Pā.: - Ch.: 說出世部, 出世間說部, 出世間語

言部, 出世說部, 盧迦尉多羅部, 盧俱多羅婆拖部 Ti.: 'jig rten 'das smra'i sde, 'jig rten las 'das par smra ba'i sde pa

이 부파를 대부분의 문헌에서는 대중부에서 분열된 것으로 설명하지만, 『문수사리문경』에서는 집일어언부(: 일설부)에서 분열된 것으로 설명한다. 한편 DV · MV · KVa · NBhvy(t)의 제2 · 3전승 · 『출삼장기집』 · Tār의 제2 · 3전승에서는 이 부파를 언급하지 않는다.

이 부파의 명칭도 그들의 주장에서 유래했다. 『문수사리문경』에서는 "[출세간(出世間)은] 칭찬하는 말이다"라고 하고, 바브야는 "'일체 세간의 세속적인 것으로부터 불세존은 초월했기 때문에 여래는 세간법을 갖지 않는다'고 말하는 자가 바로 설출세부이다"라고 하고, 빠라마르타는 "이 부파는 앞의 일설부가 주장한 것과 차이가 있다. 일설부는 '일체법은 모두 가명이다'고 설명한다. 이 부파는 '세간법은 전도에 의지해 번뇌를 발생시키고 번뇌는 업을 발생시키며 업은 결과를 발생시킨다. 이미 전도에 의지해 발생한 것은 모두 허망한 것이고, 허망하기 때문에 실유가 아니고 모두 가명이다. 출세간법은 전도에 의지해 발생하지 않고 출세간법에는 도(道)와 도과(道果)가 있다. 2공이 도과이고 2공을 통달하는 지혜가 도이다. 2공의 이치가 이미 진실한 것이고 2공의 지혜도 진실한 것이다. 진실한 대상은 진실한 지혜를 순수하게 발생시키고 진실한 지혜는 진실한 대상을 통달하기 때문에 도(道) 역시 진실한 있음이다'고 설명한다. 주장한 것이 이미 다르기 때문에 다른 부파로 성립되었다"라고 하고, 길장은 "이 부파는 '세간법은 전도에 의지해 업을 발생시키고 업은 결과를 발생시키기 때문에 실유가 아니지만, 출세간법은 전도에 의지해 발생하지 않기 때문에 진실하다'고 말한다"라고 하고, 규기는 "이 부파는 '세간의 번뇌는 전도에 의지

해 발생하고 이것이 또 업을 발생시키며, 업으로부터 결과를 발생시킨
다. 세간의 법이 이미 전도하여 발생했고 전도한 것은 실유가 아니기
때문에 세간의 법은 가명만 있고 실체가 전혀 없다. 출세간의 법은 전
도에 [의지해] 발생한 것이 아니고 도(道)와 도과(道果)가 모두 실유이
다. 오직 이것만 실유이고 세간은 모두 가유이다'고 설명한다. 건립한
주장을 명칭으로 삼은 것이다"라고 설명한다. 그 가운데 빠라마르타
이하의 설명은, 일설부가 세간과 출세간을 모두 가유로 이해한 것에
반해 설출세부는 세간은 가유더라도 출세간은 실유로 이해했다는 것
을 보여준다.

한편 Tār는 설출세부와 계윤부가 같은 부파라고 전한다(寺本婉雅 譯,
1977: 371). 키무라 타이켄(1928: 38<부록>)도 설출세부가 계윤부와 원
래 같은 것이고 비교적 장시간동안 같은 부파의 다른 명칭으로서 존
속했다고 주장한다. 또 시즈타니 마사오(1978: 58)는 설출세부와 계윤
부가 'gokulika'로부터 발생한 일란성쌍둥이, 곧 'gokulika'라 하는 부파
의 다른 명칭으로서 설명한다. 또 A. 바로(1955: 75)는 설출세부를 계윤
부로부터 분열된 일파를 가리킨다고 추정하기도 한다. 실제로 DV·
MV·KVa·NBhvy(t)의 제2·3전승·Tār의 제2·3전승에서는 이 부파를
제외하고 계윤부만 언급하며, 반대로 NBhvy(t)의 제1전승·Bhv(t)·Tār
의 제1전승에서는 계윤부가 아닌 설출세부만 언급하고 있기도 하다.

5) 계윤부

Sk.: gokulika, kukkula, kukkuṭika, kukkulika, kaukūlika, kaukkuṭika Pā.:
gokulika Ch.: 雞胤部, 灰山住部, 拘拘羅部, 窟居部, 高拘梨部, 高拘梨柯部,憍矩胝部, 高俱梨柯部, 高俱胝柯部 Ti.: bya gag ris kyi sde, ba lang gnas pa

이 부파를 대부분의 문헌에서는 대중부에서 분열된 것으로 설명하지만, 『문수사리문경』에서는 출세간어언부(: 설출세부)에서 분열된 것으로 설명한다. 한편 NBhvy(t)의 제1전승·NBhsg(t)·『출삼장기집』·Śrv(t)·Bhv(t)·Tār의 제1전승에서는 이 부파를 언급하지 않는다.

부파의 명칭은 문헌에 따라 개조의 이름 또는 그들이 머무는 장소에서 유래한 것으로 설명된다. 『문수사리문경』에서는 "[고구리가(高拘梨柯, gokulika)]는 율주의 성이다"라고 하고, '회산주부'로 한역한 빠라마르타는 "이 부파는 장소에 따라 명칭을 지었다. 이 산의 돌은 모두 태워버려도 견딘다. 이 부파는 회산(灰山)에 머문다"라고 하고, 길장은 "이 [부파는] 머무는 장소를 명칭으로 삼는다<이 산에는 돌이 있는데, 모두 태워버려도 견딘다. 이 부파의 개조가 그 산에서 도를 수습했기 때문에 명칭으로 삼았다>"라고 하고, 규기는 "교구지(憍矩胝, gokulika)는 브라만의 성(姓)으로서, 한자로는 계윤(雞胤)이라 한다. 오랜 옛날에 어떤 선인이 탐욕에 핍박되어 마침내 하나의 닭에 염착하고 그 뒤에 태어난 종족이기 때문에 계윤(: 닭의 후손)이라 했다. [계윤은] 브라만 가운데 선인의 종성이다"라고 설명한다. 이에 반해 키무라 타이켄(1928: 37<부록>)은 KV Ⅱ.8에서 '일체의 행(行)은 모두 타고 남은 뜨거운 재(熱灰, kukkula)이다'고 주장된 것을 붓다고사가 계윤부의 것이라 한 것에 의거해 열회론자의 의미로 꾹꿀리까(kukkulika)라 했을 것으로 추정하기도 한다.

이 부파의 특징은 경과 율을 붓다의 방편교로 구분하고 아비달마만 붓다의 바른 말씀이자 올바른 이치로 인정한다는 점이다. 그 관점은 불교사에 있어서 이 부파가 가장 먼저 제기한 것이다.

6) 다문부

Sk.: bāhuśrutīya, bāhuśrutaka Pā.: bahusuttaka, bahulika Ch.: 多聞部, 得多聞部, 婆收婁多柯部, 婆吼輪底柯部 Ti.: mang du thos pa'i sde, mang du thos par smra ba

이 부파의 성립에 대해서는 4가지 전승이 있다. 첫째는 대중부에서 분열된 것으로 설명하는 『사리불문경』·SBhu의 4종 번역본·NBhvy(t)의 제1전승·『출삼장기집』·Tār의 제1·3전승이다. 둘째는 계윤부에서 분열된 것으로 설명하는 『문수사리문경』·DV·MV·KVa·NBhvy(t)의 제3전승이다. 셋째는 설일체유부에서 분열된 것으로 설명하는 NBhsg(t)이다. 넷째는 정량부에서 분열된 것으로 설명하는 Śrv(t)·Bhv(t)이다. 한편 NBhvy(t)의 제2전승·Tār의 제2전승에서는 이 부파를 언급하지 않는다.

부파의 명칭은 개조의 공덕에서 유래했다. 『문수사리문경』에서는 "많이 듣고 지혜가 있는 율주로부터 유래했다"라고 하고, 바브야는 "많이 들은 아짜르야의 [교의를] 가르치기 때문에 다문부라 한다"라고 하고, 빠라마르타와 길장은 그 개조가 야갸발꺄(Yājñavalkya)라 하는 아라한이라고 하며 "붓다가 열반한 당시 설산에서 좌선하다가 불멸후 200여 년이 지나 내려와서 대중부가 얕은 의미만 펼치는 것을 보고 깊은 의미도 펼쳤는데, 그의 말을 믿는 이들이 별도의 부파로 성립된 것이다"라고 하고, 규기는 "[이 부파의 교주가] 3장을 자세히 배우고 붓다의 말씀을 깊이 깨우쳐서, 그 공덕을 명칭으로 삼아 다문부라 했다. 당시의 율주는 다문의 공덕을 구족했다"라고 설명한다. 그 가운데 빠라마르타가 거론한 야갸발꺄는 우빠니샤드시대에 살았던 선인의 이름이기도 하다. 만약 그들이 같은 사람이라면 그가 펼친 가르침이 우빠

니샤드철학과 어느 정도 연관되었을 것으로 볼 수도 있다.

다문부에 대해 와수미뜨라는 대중부에서 분열되긴 했지만 그가 기술한 3가지 주장 이외는 대부분 설일체유부와 같다고 설명하며, 또 위니따데바는 아예 다문부가 설일체유부로부터 유출되었다고 설명한다. 그리고 규기는 붓다의 말씀이 모두 이익이 되는 것은 아니다는 설일체유부의 주장에 다문부도 포함시키고, 또 법장(法藏, 643-712)도 설일체유부 교학의 특징인 법유아공(法有我空)을 주장하는 무리에 다문부를 포함시킨다. 따라서 다문부는 교학적 측면에서 설일체유부와 밀접한 관계에 있었던 것으로 추정된다.

7) 설가부

Sk.: prajñaptivādin Pā.: paññatti, paññattivāda Ch.: 說假部, 施設論部, 分別說部, 施設部, 假名部, 多聞分別部, 鉢蠟若帝婆耶那部, 波羅若底婆拖部 Ti.: btags par smra ba'i sde pa

이 부파의 성립에 대해서는 2가지 전승이 있다. 첫째는 대중부에서 분열된 것으로 설명하는『사리불문경』·SBhu의 4종 번역본·NBhvy(t)의 제1전승·NBhsg(t)·『출삼장기집』·Śrv(t)·Bhv(t)·Tār의 제1·3전승이다. 둘째는 계윤부에서 분열된 것으로 설명하는 DV·MV·KVa·NBhvy(t)의 제3전승이다. 한편『문수사리문경』·NBhvy(t)의 제2전승·Tār의 제2전승에서는 이 부파를 언급하지 않는다.

빠라마르타는 이 부파의 명칭을 '분별설부(分別說部)'로 한역했는데, 'prajñapti'가 '가설' 또는 '시설' 등의 의미이기 때문에 그 역어는 적절하지 않다. 다른 문헌의 사례에 비추어볼 때 오히려 별개의 부파인

'vibhajyavādin'에 적합한 역어로 판단된다.

　부파의 명칭은 그들의 주장에서 유래했다. 바브야는 "'유위(有爲)들은 서로 가립된 것이기 때문에 고(苦)이다'고 말하기 때문에 설가부이다"라고 하고, 빠라마르타는 "마하깟짜야나(Mahākaccāyana, 大迦旃延)는 붓다 재세시에 『논』(: 『시설족론』?)을 지어 분별하여 해설했다. 불멸후 200년에 마하깟짜야나가 무열지(無熱池, anavatapta)에서 마가다국으로 와서 대중부에서 3장의 성스러운 말씀을 분별하며 '이것은 붓다가 가명으로서 말씀한 것이고 이것은 붓다가 진실로서 말씀한 것이며, 이것은 진제이고 이것은 속제이며, 이것이 원인과 결과이다'고 규명했다. 대중부에는 마하깟짜야나가 설명한 것을 믿는 자들이 있어서 각각 한 무리를 만들어 분별설부(: 설가부)라 했다. 분별설부는 마하깟짜야나의 제자이다"라고 하고, 길장은 "붓다 재세시에 마하깟짜야나가 『논』을 지어 붓다의 『아함경』을 풀이했다. 불멸후 200년에 이르러 마하깟짜야나가 무열지로부터 나와 다시 앞선 다문부의 교학을 분별했다. 그때 그가 말한 것을 믿는 사람들이 있었기 때문에 다문분별부(: 설가부)라 했다"라고 하고, 규기는 "이 부파가 주장한 것은 세간법과 출세간법에 다 조금의 가유가 있다는 것으로서, 아래에 가서 알게 될 것이다. 전적으로 가유가 아니기 때문에 일설부와 같지 않고, 모든 출세간법이 모두 실유가 아니기 때문에 설출세부와 같지 않다. 이미 세간법과 출세간법 모두에 가유도 있고 실유도 있기 때문이다. 건립한 것에 의거해 부파의 명칭을 표방한 것이다"라고 설명한다.

8) 제다산부

Sk.: caityavādin, caitika, caitīya, caityaśāila, mahādevaka Pā.: cetiyavādā Ch.: 制多山部, 支提山部, 支底與世羅部, 摩訶提婆部, 支提加部, 遊迦部, 只底舸部, 支提迦部, 支提由部, 支底部, 毘陀部 Ti.: mchod rten pa'i sde, lha chen po

불멸후 200년에 마하데바(Mahādeva)라 하는 외도가 불교에 귀의한 후 대중부와 5사를 둘러싸고 논의하다가 별도로 다른 일 때문에 다투고 그를 따르는 무리들과 함께 부파가 분열되었다. 그 당시 성립된 부파에 대해 문헌마다 설명이 다르다. 『문수사리문경』에서는 지저가부·동산부·북산부 3부파로 설명하고, 『사리불문경』과 『십팔부론』과 『이부종륜론』과 SBhu(t)와 『출삼장기집』은 제다산부·서산부·북산부 3부파로 설명하며, NBhvy(t)의 제1·2전승 및 Tār의 제1·2전승에서는 제다산부·동산부·서산부 3부파로 설명하고, 『부집이론』에서는 지제산부·북산부 2부파로 설명하며, Śrv(t)는 동산부·북산부 2부파로 설명하고, NBhsg(t)와 Bhv(t)에서는 동산부·서산부 2부파로 설명하며, DV와 MV와 KVa와[153] NBhvy(t)의 제3전승과 Tār의 제3전승에서는 제다산부 하나만 언급한다.

그 가운데 제다산부의 성립에 대해서는 4가지 전승이 있다. 대부분의 문헌에서는 대중부에서 분열된 것으로 설명하지만, 『문수사리문경』

---

153 DV와 MV에서는 동산부와 서산부 등을 언급하긴 하지만 나중에 성립된 부파로만 설명할 뿐 다른 문헌들과 달리 그 분열 계통에 대해서는 언급하지 않는다. 그 문헌들에서는 그 부파들과 더불어 왕산부·서왕산부·의성부를 하나로 묶어서 안다까(Andhaka)라 한다. 이 부파들이 안다 지방에서 발생했기 때문에 그 지방의 명칭을 부파 명칭으로 삼은 것이다.

은 다문부에서 분열된 것으로 설명하고, 『사리불문경』에서는 앞서 분열된 일설부·출세설부·계윤부·다문부·설가부 5부파에서 교학 차이로 인해 마하데바부(: 제다산부)·질다라부(: 서산부)·말다리부(: 북산부)가 분열되었다고 설명하고, NBhvy(t)의 제3전승에서는 계윤부에서 분열된 것으로 설명한다. 한편 NBhsg(t)·Śrv(t)·Bhv(t)에서는 이 부파를 언급하지 않는다.

부파의 명칭은 그들이 머무는 장소에서 유래했다. 『문수사리문경』에서는 "[지저가(只底舸, caitika)]는 산의 명칭이다. [부파의 명칭은] 율주가 그곳에 머무는 것에서 유래했다"라고 하고, 바브야는 "제다(caitya)가 있는 산에 머물고 있는 자가 바로 제다산부이다"라고 하고, 길장은 "대중이 머무는 곳이 제다이고 이 장소가 산에 있기 때문에 제다산부라 한다"라고 하고, 규기는 "이 [제다산]은 마하데바가 거주한 곳을 밝힌 것이다. 오직 거주하는 곳에 의거해서 [부파의] 명칭을 건립했다"라고 설명한다.

9) 서산부

Sk.: aparaśāila, avaraśāila Pā.: aparaselika, aparaseliya Ch.: 西山部, 西山住部, 阿羅說部, 阿婆羅施羅部, 施羅部 Ti.: nub kyi ri bo'i sde, nub kyi ri bo pa, nub kyi ri bo la gnas pa'i sde pa

이 부파를 대부분의 문헌에서는 대중부에서 분열된 것으로 설명하지만, DV·MV·KVa에서는 분열의 계통이 없이 안다까의 한 부파로 설명한다. 한편 『문수사리문경』·『부집이론』·NBhvy(t)의 제3전승·Śrv(t)·Tār의 제3전승에서는 이 부파를 언급하지 않는다.

이 부파의 명칭도 그들이 머무는 장소에서 유래했다. 바브야는 "[제
다산의] 동쪽 산과 서쪽 산에 머무는 자가 바로 동산부와 서산부이다"
라고 하고, 규기는 "제다산 서쪽을 서산(西山)이라 한다. 이미 마하데
바와 화합하지 않았는데, 그것에 의거해 별도로 머물렀다"라고 설명
한다. 그런데 『대당서역기』권10(T51, 930c17-18)에서는 "[다나까따까국
의 도]성 동쪽 산에 근거해 동산(東山, pūrvaśāila)상가라마가 있고, [도]
성의 서쪽 산에 근거해 서산(西山, avaraśāila)상가라마가 있다"라고 설
명하기도 한다. 거기서 언급된 동산이나 서산이 이 부파가 머물던 장
소와 관련 있는지는 불분명하다.

10) 질다라부

Sk.: caitra, cetāla Pā.: - Ch.: 質多羅部 Ti.: -

이 부파는 서산부의 다른 명칭으로서, 『사리불문경』에서만 언급된
다. 그 경에서는 먼저 분열된 일설부·출세설부·계윤부·다문부·설가
부 5부파에서 교학의 이해 차이로 인해 마하데바부(: 제다산부)·말다리
부(: 북산부)와 함께 분열되었다고 설명한다. A. 바로(1955: 17)와 라모뜨
(1958: 588)는 이 부파가 제다산부일 것이라고 추정하지만 그 경에서 언
급한 마하데바부가 제다산부를 가리키기 때문에 그들의 설명은 맞지
않다. 『이부종륜론』에 따른다면 이 부파는 서산부일 가능성이 높다.

11) 동산부

Sk.: pūrvaśāila Pā.: pubbaseliya, pubbaselika Ch.: 東山部, 東山住部 Ti.:

shar gyi ri bo'i sde pa

이 부파를 대부분의 문헌에서는 대중부에서 분열된 것으로 설명하지만,『문수사리문경』에서는 지저가부(: 제다산부)에서 분열된 것으로 설명하고, DV·MV·KVa에서는 안다까의 한 부파로 설명한다. 한편『사리불문경』·SBhu의 4종 번역본·NBhvy(t)의 제3전승·『출삼장기집』·Tār의 제3전승에서는 이 부파를 언급하지 않는다.

규기는『문수사리문경』에 언급된 동산부를 서산부라 해야 한다고 하지만 그의 비판은 옳지 않는 듯하다. NBhvy(t)와 Tār와 DV와 MV 등에서는 모두 동산부와 서산부를 구분해서 언급하기 때문이다. 한편 Tār에서는 제다산부와 동산부가 같은 부파라고 전하기도 한다(寺本婉雅 譯, 1977: 370).

이 부파의 명칭도 그들이 머무는 장소에서 유래했다.『문수사리문경』에서는 "또한 율주가 머물던 [장소에 의거한다]"라고 하고, 바브야는 "[제다산의] 동쪽 산과 서쪽 산에 머무는 자가 바로 동산부와 서산부이다"라고 설명한다.

12) 북산부

Sk.: uttaraśāila, uttarīya, uttariya, Pā.: - Ch.: 北山部, 北山住部, 地山部, 欎多羅施羅部, 欎多羅世羅部, 上施羅部 Ti.: byang gi ri bo'i sde

이 부파를『사리불문경』·SBhu의 4종 번역본·『출삼장기집』에서는 대중부에서 분열된 것으로 설명하고,『문수사리문경』에서는 동산부에서 분열된 것으로 설명한다. 한편 DV·MV·KVa·NBhvy(t)의 제1·2·3전승·NBhsg(t)·Bhv(t)·Tār의 제1·2·3전승에서는 이 부파를 언급하지 않는다.

이 부파의 명칭도 그들이 머무는 장소에서 유래했다. 『문수사리문
경』에서는 "또한 율주가 머물던 [장소에 의거한다]"라고 하고, 길장은
"그 [제다]산의 북쪽에 별도로 산이 있는데 [그곳에 머무는 자를] 북산
부라 한다"라고 하고, 규기는 "북산(北山)도 마찬가지로 제다산 북쪽
[에 있는] 하나의 산이다"라고 설명한다.

13) 말다리부

Sk.: matariya Pā.: - Ch.: 末多利部 Ti.: -

이 부파는 북산부의 다른 명칭으로서, 『사리불문경』에서만 언급된
다. 그 경에서는 먼저 분열된 일설부·출세설부·계윤부·다문부·설가
부 5부파에서 교학의 이해 차이로 인해 마하데바부(: 제다산부)·질다
라부(: 서산부)와 함께 분열되었다고 설명한다. A. 바로(1955: 17)와 라
모뜨(1958: 588)는 이 부파가 북산부일 것이라고 추정한다.

14) 왕산부

Sk.: rājagirika Pā.: rājagiriya, rājagirika Ch.: 王山部 Ti.: rgyal po ri bo

이 부파를 NBhvy(t)의 제2전승·Tār의 제2전승에서는 대중부에서 분
열된 것으로 설명하고, DV·MV·KVa에서는 안다까의 한 부파로 설명
하지만, 그 밖의 SBhu의 4종 번역본 등에서는 언급하지 않는다. 또 Tār
에서는 왕산부와 의성부가 마하데바부에서 분열되었으며 18부에 포함
시키지 않는다고 전하기도 한다(寺本婉雅 譯, 1977: 370-371). 부파의 명
칭은 그들이 머무는 장소에서 유래한 것으로 생각된다.

15) 서왕산부

Sk.: - Pā.: apararājagirika Ch.: 西王山部 Ti.: -

이 부파는 오직 DV에서만 안다까의 한 부파로 언급된다. 이 부파는 MV와 KVa의 설명에 비교해볼 때 'vājiriyā'에 상응되는데, 같은 부파의 다른 명칭인지 별개의 부파인지는 불분명하다. 이 부파의 명칭도 그들이 머무는 장소에서 유래한 것으로 생각된다.

16) 금강부

Sk.: - Pā.: vājiriya Ch.: 金剛部 Ti.: -

이 부파는 MV와 KVa에서만 언급된다. 밀교계통의 부파로 추정된다.

17) 의성부

Sk.: siddhārthika Pā.: siddhattha, siddhatthika Ch.: 義成部, 義所部 Ti.: don grub pa,

이 부파를 Tār의 제2전승에서는 대중부에서 분열된 것으로 설명하고, DV·MV·KVa에서는 안다까의 한 부파로 설명하지만, 그 밖의 SBhu의 4종 번역본 등에서는 언급하지 않는다. 또 Tār에서는 왕산부의 설명에서처럼 이 부파가 마하데바부에서 분열되었으며 18부에 포함시키지 않는다고 전하기도 한다(寺本婉雅 譯, 1977: 370-371).

부파의 명칭에 대해 A. 바로(1955: 109)는 붓다 또는 개조를 가리키는 'siddhārtha'에서 유래했을 것으로 추정하고, 또 KV에 나타난 그들의 주장이 왕산부의 주장과 밀접한 관계를 갖는다고 주장한다.

18) 육제부

Sk.: - Pā.: - Ch.: 六諦部 Ti.: bden drug pa

이 부파는 NBhvy(t)의 제2전승에서만 언급된다. NBhvy(t)의 모든 내용을 그대로 담고 있는 바브야의 또다른 저서 *Tarkajvālā*(D. Dza.149b4)에 그것이 'don grub pa'로 된 것을 볼 때, 의성부의 다른 명칭으로 추정된다.

19) 안다까

Sk.: andhraka Pā.: andhaka Ch.: 安達派 Ti.: -

이 부파는 붓다고사가 남인도 안다라지역에 위치한 부파들을 총칭하는 것으로 언급하는데, 여기에는 동산부·서산부·왕산부·의성부 4부파가 포함된다. KV(a)에서는 이들에게 귀속된 주장으로 77가지를 언급한다.

2. 상좌부 계통

1) 상좌부

Sk.: sthavira, sthavirīya Pā.: theravāda Ch.: 上座部, 上座弟子部, 體毘履部, 他俾羅部, 他毘與部, 他毘梨與部, 梯毘梨部, 悉他陛攞尼迦部 Ti.: gnas brtan pa'i sde, gnas brtan pa

이 부파는 대중부와 더불어 불멸후 100여 년 상가의 최초 분열 후 성립되었다. 부파의 명칭은 그 상가의 구성원의 나이가 많다는 것에서 유래했는데, 그 기원을 제1결집에 두기도 한다. 『문수사리문경』에서는 "[스타비라(sthavira)]는 한자로 노숙(老宿)이라 한다. 순박한 노인네들이 함께 모여 공동으로 율부를 만들었다"라고 하고, 『사리불문경』에서는 "새로운 것을 배우는 이들이 상좌였는데, 상좌를 명칭으로 삼아 타비라라 했다"라고 하고, 바브야는 "'상좌는 성종(聖種)이다'고 말하는 자가 바로 상좌부이다"라고 하고, 빠라마르타는 "[최초] 결집할 때 마하깟사빠가 훈육한 칠엽굴 안의 아라한들이 서로 전하고 익혔으며 마하깟사빠의 제자도 함께했기 때문에 상좌제자부라 했다"라고 하고, 규기는 "옛날 칠엽굴 안의 늙은 승려들은 함께 상좌부라 하는 하나의 무리가 되었다. [최초] 결집하던 때 마하깟사빠[가 상좌가 된 일]을 취한 것이 이것이다"라고 설명한다.

2) 근본상좌부

Sk.: mūlasthavira, pūrvasthavira Pā.: - Ch.: 本上座部, 先上座部 Ti.: sngon gnas brtan pa'i sde, dang po'i gnas brtan pa

상좌부로부터 유출된 지말분열의 상좌부를 근본상좌부라 한다. 이 명칭은 『십팔부론』·『이부종륜론』·SBhu(t)·NBhvy(t)의 제3전승·Tār의 제1전승에서만 언급되고, SBhu의 4종 번역본 가운데 『부집이론』에서는 '근본'을 덧붙이지 않는다. 그 가운데 NBhvy(t)의 제3전승에서는 이 부파와 설산부를 별개 부파로 구분하지만 나머지에서는 그 둘을 같은 부파의 다른 명칭으로 언급한다. 따라서 바브야는 근본상좌부의 주장으로 6종을 기술하고 다시 설산부의 주장으로 5종을 기술한다.

3) 설산부

Sk.: haimavata Pā.: hemavatika, hemavata Ch.: 雪山部, 雪山住部, 醯摩跋
多部 Ti.: gangs ri ba'i sde, gangs ri pa'i sde pa

이 부파의 성립에 대해서는 6가지 전승이 있다. 첫째는 설일체유부
에서 분열된 것으로 설명하는『문수사리문경』이고, 둘째는 분열 계통
의 언급 없이 나중에 성립된 부파로 설명하는 DV · MV · KVa이고, 셋째
는 (근본)상좌부의 다른 명칭으로 설명하는 SBhu의 4종 번역본 ·
NBhvy(t)의 제1전승이고, 넷째는 대중부에서 분열된 것으로 설명하는
NBhvy(t)의 제2전승 · NBhsg(t) · Śrv(t) · Bhv(t) · Tār의 제2전승이고, 다섯
째는 상좌부에서 근본상좌부와 함께 분열된 것으로 설명하는 NBhvy(t)
의 제3전승이고, 여섯째는 최초 분열된 4부파 가운데 하나로 설명하는
Tār의 제3전승이다. 그 가운데 NBhvy(t)의 제2전승 등에서 설산부를 대
중부 계통으로 분류한 것에, 후카우라 세이분(1958: 19<해제>)은 5사를
인정하는 것 등의 주장이 대중부와 상통하기 때문인 것으로 추정하기
도 한다. 한편『사리불문경』·『출삼장기집』· Tār의 제1전승에서는 이
부파를 언급하지 않는다.

분열 원인은, SBhu의 4종 번역본에 따르면 설일체유부가 논장을 널
리 펼친 것에 반해 이들은 경장을 널리 펼쳤기 때문이다.

부파의 명칭은 그들이 머무는 장소에서 유래했다.『문수사리문경』
에서는 "또한 율주가 머물던 곳이다"라고 하고, 바브야는 "[상좌부]를
설산부라고도 한다. 설산(雪山)에 의지해 머물기 때문이다"라고 하고,
빠라마르타는 "이 부파는 이전 분쟁이 제거되지 않음을 보고 같은 장
소에 함께하기를 원하지 않아 결국 서로 설산에 따라 들어가 머물며

그 [설일체유부]를 피했다. 머물던 장소에 의거해 명칭을 지었기 때문에 [설산부라] 한다"라고 하고, 길장은 "상좌부가 설산으로 이동해 그 [설일체유부]를 피했는데, [그것에] 인해 설산주부라 한다"라고 하고, 규기는 "설인부는 옛날의 거주지를 근거했고, 상좌부는 설산으로 옮겨 들어갔다. 거주지에 따라 설산부라 한 것이다. 만약 오래전부터 계승된 것에 따른다면 상좌부라 해야 할 것이다"라고 설명한다.

4) 설일체유부

Sk.: sarvāstivādin Pā.: sabbatthavāda, sabbatthavādin Ch.: 說一切有部, 一切語言部, 薩婆多部, 薩婆阿私底婆拖部, 薩婆悉底婆拖尼迦耶部 Ti.: thams cad yod par smra ba'i sde, thams cad yod par smra ba pa

이 부파의 성립에 대해서는 6가지 전승이 있다. 첫째는 상좌부에서 분열된 것으로 설명하는 『문수사리문경』·『사리불문경』·SBhu의 4종 번역본·NBhvy(t)의 제1·2전승·Tār의 제1·2전승이고, 둘째는 화지부에서 분열된 것으로 설명하는 DV·MV·KVa이고, 셋째는 상좌부에서 근본상좌부와 설산부가 분열된 뒤 근본상좌부에서 분열된 것으로 설명하는 NBhvy(t)의 제3전승이고, 넷째는 최초 분열된 4부파 가운데 하나로 설명하는 NBhsg(t)·Śrv(t)·Bhv(t)이고, 다섯째는 네 번째와 다른 양상의 최초 분열된 4부파 가운데 하나로 설명하는 Tār의 제3전승이고, 여섯째는 최초 분열된 5부파 가운데 하나로 설명하는 『출삼장기집』이다.

분열 원인은, 상좌부가 경만 올바른 것으로 삼고 율과 논은 동등하지 않게 펼친 반면 설일체유부는 논을 가장 월등한 것으로 주장하고 강조해 펼쳤기 때문이다. 규기가 "상좌의 제자는 본래 경교(經敎)를 널리 펼쳤고, 설인부(: 설일체유부)는 발생하고서 대부분 대법(對法)을 널리 펼쳤다"라고 한 것에 의거해서도, 이 부파가 수뜨라보다 아비달마를 중시했다는 것을 알 수 있다.

부파의 명칭은 그들의 주장에서 유래했다. 『문수사리문경』에서는 "율주는 '3세가 실유이기 때문에 일체는 언어에 의지할 수 있다'고 주장한다"라고 하고, 바브야는 "어떤 것이라도 과거세와 미래세와 현재세의 일체가 있다고 말하기 때문에 설일체유부이다"라고 하고, 빠라마르타는 "이 부파는 일체의 즈네야(jñeya)가 6가지를 초과하지 못한다고 말한다. 곧 3유위-3유위는 바로 3세-와 3무위-3무위란 허공·택멸·비택멸-이다. 이 6가지를 논의한 것이 일체이다. 이 6가지는 모두 실유이기 때문에 일체가 있다고 말한다. 그것이 '일체가 있다'고 말하는 것의 의미이기 때문이다. [그들이] 표방하는 것이 부파의 명칭이기 때문에 [설일체유부라] 한다"라고 하고, 규기는 "일체에는 2가지가 있다. 하나는 유위이고 둘은 무위이다. 유위는 3세(三世)이고 무위는 이세(離世)이다. 그 본질이 모두 있기에 '일체가 있다'라 한다"라고 설명한다.

이 부파는 상좌부에서 분열된 이후부터 인도에서 불교가 소멸될 때까지 가장 강력한 부파로 유지되었는데, 그들의 활동은 마투라와 까쉬미라의 2대 중심지 이외에 중인도에서도 그 존재가 확인된다. 현장의 『대당서역기』나 의정의 『남해기귀내법전』에서도 수회에 걸쳐 마가다는 물론 동인도·북인도·남인도의 여러 나라의 소개에서 이 부파의 명칭이 거론된다.

2. 상좌부 계통 · 165

5) 근본설일체유부

Sk.: mūlasarvāstivādin Pā.: - Ch.: 根本說一切有部 Ti.: gzhi thams cad yod par smra ba, gzhi kun pa, gzhi kun yod par smra ba

설일체유부로부터 유출된 지말분열의 설일체유부를 가리키는 명칭으로서, 부파분열을 전하는 문헌 가운데 NBhsg(t)·『남해기귀내법전』·Śrv(t)·Bhv(t)·Tār의 제2·3전승에서만 언급된다. 에리히 프라우발너(1956: 24-42)와 츠카모토 케이쇼(1980: 448)는 2세기경 서북인도에서 설일체유부가 융성할 때 특히 마투라 지역의 설일체유부의 교단이 자신들의 정통성을 주장하기 위해 스스로 'mūla(근본)'라고 일컬은 것으로 추정한다.

3종 해설서에서, 와수미뜨라와 바브야는 '설일체유부의 주장'으로 기술하지만 위니따데바는 '근본설일체유부의 주장'으로 기술한다.

6) 설인부

Sk.: hetuvādin Pā.: hetuvāda Ch.: 說因部, 因論部, 醯兜婆拖部 Ti.: rgyur smra ba'i sde

이 부파는 SBhu의 4종 번역본·NBhvy(t)의 제1전승에서만 설일체유부의 다른 명칭으로 설명될 뿐 다른 문헌에서는 언급되지 않는다. 그런데 붓다고사는 KV를 주석하면서 설인부를 설일체유부와 별개 부파로 이해하기도 한다.[154]

---

154 붓다고사는 KV를 주석하면서 설일체유부의 주장으로 5곳을 언급하고 별도로 설인부의 주장으로 15곳을 언급하며, 일부에서는 두 학파가 상반된 주장을 보이기도 한다.

부파의 명칭은 그들 주장의 특징에서 유래했다. 바브야는 "그들 가운데 '어떤 것이라도 발생한 것과 발생하는 것과 발생할 것의 일체가 원인을 수반한다'고 말하기 때문에 설인부이다"라고 하고, 빠라마르타는 "또 설인부라 한 것은 이 부파가 주장을 건립할 때 근거를 자세히 제시하기 때문이다"라고 하고, 규기는 "[설인부에서] '인(因)'은 이유를 말한다. 이 부파는 주장을 진술할 때 모두 이유를 제시하여 그것을 자세히 분별한다"라고 설명한다.

7) 분별설부

Sk.: vibhajyavādin Pā.: vibhajjavāda Ch.: 分別說部, 毘婆闍縛地部 Ti.: rnam par phye ste smra ba'i sde, rnam par phye ste smra ba

이 부파의 성립에 대해서는 4가지 전승이 있다. 첫째는 설일체유부의 다른 명칭으로 언급하는 NBhvy(t)의 제1전승이고, 둘째는 최초 분열된 3부파 가운데 하나로 설명하는 NBhvy(t)의 제2전승·Tār의 제2전승이고, 셋째는 설일체유부에서 분열된 것으로 설명하는 NBhvy(t)의 제3전승·NBhsg(t)·Tār의 제3전승이고, 넷째는 대중부에서 분열된 것으로 설명하는 Śrv(t)·Bhv(t)이다. 한편 그 밖의 SBhu의 4종 번역본 등에서는 이 부파를 언급하지 않는다. 앞서 설명했듯이 빠라마르타가 '분별설부'라 한 것은 설가부를 지칭하는 것으로서, 이 부파와 무관하다.

이 부파의 명칭도 그들 주장의 특징에서 유래했다. 바브야는 "그[설일체유부] 가운데 '어떤 것은 있는데, 과거세의 업이 결과를 부여하지 않은 것이다. 어떤 것은 없는데, 곧 결과가 향유를 갖는 것과 미래세이다'는 분별에 의거해 말하기 때문에 그들에 대해 분별설부라 한

다"라고 설명한다. 『구사론기』권20(T41, 310b24-25)에서 "궁극의 이치
가 아니라 반은 옳고 반은 그르기에 다시 분별이 필요하다고 말하기
때문에 분별설부라 한다"라고 한 것도 같은 맥락이다.

그런데 이러한 방식으로 주장을 전개하는 분별설부는 그 정체가 모
호하여 후대에 여러 주장이 제시되었다. 그 부파에 대해『구사론기』권
20(T41, 310b27-28)에서는 음광부로 설명하고, 『성유식론술기』권4(T43,
354a25-28)에서는 설가부로 설명하며, 『성유식론요의등』권3(T43, 719c23-26)
에서는 대승의 특별한 논사이거나 화지부 또는 정량부 또는 설가부로
설명한다. 또한 아카누마 치젠(赤沼智善, 1925: 719-725)은 화지부라고
주장하고, 키무라 타이켄(木村泰賢, 1925: 855-863)은 특정한 한 부파의
명칭이 아니라 어떤 문제를 취급할 때의 접근방식에 의거해 명명한
것이고 주로 대중부 계통의 안다까·대중부·북도파이며 음광부·화지
부·정량부도 그것의 한 부류라고 주장한다.

8) 무룬따까

Sk.: muruṇṭaka Pā.: - Ch.: - Ti.: mu-ru-nta-ka pa

이 부파는 NBhvy(t)의 제1전승에서만 설일체유부의 다른 명칭으로
언급된다. 부파의 명칭은 그들이 머무는 장소에서 유래했는데, 바브야
는 "그 [설일체유부] 가운데 어떤 이는 무룬다(muruṇḍa)산에 머물기
때문에 무룬따까라 한다"라고 설명한다.

9) 독자부

Sk.: vātsīputrīya Pā.: vajjiputtaka Ch.: 犢子部, 可住子弟子部, 婆蹉部, 跋私弗底梨與部 Ti.: gnas ma bu'i sde

이 부파의 성립에 대해서는 6가지 전승이 있다. 첫째는 설산부에서 분열된 것으로 설명하는『문수사리문경』이고, 둘째는 상좌부에서 분열된 것으로 설명하는『사리불문경』· DV · MV · KVa · NBhvy(t)의 제1 · 2 전승 · Tār의 제1 · 2전승이고, 셋째는 근본상좌부에서 분열된 것으로 설명하는 NBhvy(t)의 제3전승이고, 넷째는 정량부에서 분열된 것으로 설명하는 NBhsg(t) · Śrv(t) · Bhv(t)이고, 다섯째는 설일체유부에서 분열된 것으로 설명하는 SBhu의 4종 번역본 ·『출삼장기집』이고, 여섯째는 최초 분열된 4부파 가운데 하나로 설명하는 Tār의 제3전승이다.

부파의 명칭은 개조의 이름에서 유래했다.『문수사리문경』에서는 "[독자(犢子)는] 율주의 성(姓)이다"라고 하고, 바브야는 "왓사(Vatsa, 住)라는 종족의 여인이 왓시(Vātsī, 可住)이고, 그녀로부터 태어난 자식이 바로 왓시뿌뜨라(Vātsīputra, 可住子, 犢子)이다. 그의 종족이라고 말하는 자가 바로 독자부이다"라고 하고, 빠라마르타는 "가주란 곧 옛날에 있었던 선인을 가주라 한 것을 말한다. 지금은 이 율주의 어머니가 그 종족이었고 어머니로부터 성을 받아 가주자(可住子)라 한다"라고 하고, 길장은 "가주라 하는 선인이 있었고 이 선인의 종족인 여인이 있었기 때문에 가주자라 한다. 어떤 아라한이 가주라 하는 여인의 자식이기 때문에 가주자라 하고, 이 부파가 그 아라한의 제자이기 때문에 가주자제자부라 한다"라고 하고, 규기는 "'독자(犢子, Vajjiputta, Sk. Vātsīputra)'란 율주의 성이다. 옛날 어떤 선인이 산의 적정한 곳에 거주하면서 탐욕이 일어나자, 그칠 방법을 알지 못하다가 가까운 곳에 있던 어미소에 염착해서 자식을 낳았다. 이후부터 선인의 종족을 모두 독자라 했는데, [독자는] 곧 브라만의 성이다. 붓다가 재세할 때 어떤 독자 외도가 붓다에게 귀의하고 출가했는데, 『열반경』의 설명과 같다. 이 뒤로 문도가 계속 이어져 끊어지지 않다가 이때 이르러 부파가 분열했는데, 오래전부터 계승해온 것을 명칭으로 삼아 독자부라 했다." 라고 설명한다.

독자부 교학의 특징은 5법장-과거장·현재장·미래장·무위장·불가설장-과 더불어 실유로서의 뿌드갈라의 건립이다. 그들은 붓다가 제시한 무아설에 대해 범부가 주장하는 즉온의 아와 외도가 주장하는 이온의 아를 부정하는 의미로 이해하고 비즉비리온(非卽非離蘊)의 아가 실유라고 주장한다. 또한 그것은 말로써 설명할 수 있는 것이 아니기 때문에 불가설장이라 한다.

10) 근본독자부

Sk.: mūlavātsīputrīya Pā.: - Ch.: 根本犢子部 Ti.: gnas ma'i bu'i sde pa rtsa ba

독자부로부터 유출된 지말분열의 독자부를 근본독자부라 하는데, 이 명칭은 Tār의 제3전승에서만 언급된다.

11) 법상부

Sk.: dharmottarika, dharmottarīya Pā.: dhammuttarika Ch.: 法上部, 法勝部, 法尙部, 法盛部, 曇摩尉多別迦部, 達摩欝多梨部, 達謨多梨與部 Ti.: chos mchog pa'i sde

이 부파를 대부분의 문헌에서는 독자부에서 분열된 것으로 설명하지만, NBhvy(t)의 제1전승·Tār의 제1전승에서는 상좌부에서 분열된 것으로 설명하고, NBhvy(t)의 제3전승에서는 독자부에서 분열한 대산부에서 분열된 것으로 설명한다. 한편 NBhsg(t)·Śrv(t)·Bhv(t)에서는 이부파를 언급하지 않는다.

부파의 분열 원인에 대해 빠라마르타와 길장은 "이 [법상부·현주부·정량부·밀림산부] 4부파는 『사리불아비담론』를 해석했는데, 의미상 부족한 것이 있으면 경의 의미를 취해 그것을 보충하고 각각 논을 지었다. 주장한 것이 달랐기 때문에 다른 부파로 분열했다"라고 설명한다. 『이부종륜론』에서는 구체적으로 '이미 해탈하고 다시 떨어지며, 떨어지는 것은 탐에 의지하고 다시 돌아가네. 좋아하는 것을 얻어 즐거워하고, 낙행에 따라 즐거움에 이르네(已解脫更墮 墮由貪復還 獲安喜所樂 隨樂行至樂).'라는 하나의 송을 제시하며, 그 송에 대한 해석이 서로 달랐다고 설명한다.

부파의 명칭은 개조의 이름에서 유래했다. 『문수사리문경』에서는 "[법승(法勝)은] 율주의 이름이다"라고 하고, 바브야는 "아짜르야 법상(法上, Dharmottara)의 [교의를] 가르치는 자가 바로 법상부이다"라고 하고, 길장은 "이 [법상부·현주부·정량부] 셋은 사람에 의거해 [부파] 명칭을 지은 것이다"라고 하고, 규기는 "법상(法上)이란 율주의 이름이다. 어떤 법이 상위라 할 만하면 법상이라 한다. 혹은 어떤 법이 세간을 벗어나 여러 사람의 상위가 되는 것을 법상이라 한다"라고 설명한다. 이들 설명에서 모두 법상 곧 다르못따라를 언급하지만 그에 대한 기록은 명확하지 않다.

12) 현주부

Sk.: bhadrayānika, bhadrāyaṇīya Pā.: bhaddayānika Ch.: 賢冑部, 賢部, 賢乘部, 名賢部, 跋陀羅耶尼部, 跋陀與尼與部 Ti.: bzang po bu'i sde, bzang po'i lam pa, lam bzangs ba

이 부파의 성립에 대해서는 4가지 전승이 있다. 대부분의 문헌에서는 독자부에서 분열된 것으로 설명하지만, 『문수사리문경』에서는 법장부에서 분열된 것으로 설명하고, NBhvy(t)의 제1전승·Tār의 제1전승에서는 상좌부에서 분열된 것으로 설명하고, NBhvy(t)의 제3전승에서는 독자부에서 분열한 대산부에서 분열된 것으로 설명한다. 한편 NBhsg(t)·Śrv(t)·Bhv(t)에서는 이 부파를 언급하지 않는다.

분열 원인은 앞의 법상부에서의 설명과 같다.

이 부파의 명칭도 개조의 이름에서 유래했다. 『문수사리문경』에서는 "[현(賢)은] 율주의 이름이다"라고 하고, 바브야는 "현도(賢道, Bhadrayāna)의 제자가 바로 현도부이다"라고 하고, 길장은 "이 [법상부·현주부·정량부] 셋은 사람에 의거해 [부파의] 명칭을 지은 것이다"라고 하고, 규기는 "현(賢)이란 부파 교주의 이름이고, 주(冑)란 후예의 의미이다. 현(賢, Bhadra) 아라한의 후예이기 때문에 현주라 했다. 계승된 부파 교주를 명칭으로 삼은 것이다"라고 설명한다.

13) 정량부

Sk.: saṃmatīya Pā.: saṃmiti, sammitiya Ch.: 正量部, 正量弟子部, 一切所貴部, 沙摩帝部, 彌離部, 三彌底部, 式摩部, 三摩提部, 三蜜栗底尼迦耶部, 三眉底與部 Ti.: kun gyis bkur ba'i sde, mang pos bkur ba pa, mang bkur ba

이 부파의 성립에 대해서는 5가지 전승이 있다. 대부분의 문헌에서
는 독자부에서 분열된 것으로 설명하지만, 『문수사리문경』에서는 현
부(: 현주부)에서 분열된 것으로 설명하고, NBhvy(t)의 제1전승·Tār의
제1전승에서는 상좌부에서 분열된 것으로 설명하고, NBhsg(t)·『남해
기귀내법전』·Śrv(t)·Bhv(t)에서는 최초 분열된 4부파 가운데 하나로
설명하고, 『출삼장기집』은 최초 분열된 5부파 가운데 하나인 가섭유
부(: 음광부)에서 분열된 것으로 설명한다.

분열 원인은 앞의 법상부에서의 설명과 같다.

부파의 명칭은 개조의 이름 또는 그들 주장의 특징에서 유래했다.
『문수사리문경』에서는 "[일체소귀부(一切所貴部)라 하는데,] 율주를
세상 사람들이 소중히 여겼다"라고 하고, 바브야는 "정량(Saṃmata)이
라는 아짜르야의 교의를 가르치는 자가 바로 정량부이다"라고 하고,
길장은 "위대한 정량(正量) 아라한과 그의 제자들이 있어서 정량제자
부라 한다. 이 [법상부·현주부·정량부] 셋은 사람에 의거해 [부파의]
명칭을 지은 것이다"라고 하고, 규기는 "저울의 눈금을 량(量)이라 하
는데, 량에 착오가 없기 때문에 정(正)이라 한다. 이 부파가 건립한 심
오한 법의(法義)의 눈금에는 착오가 없어서 스스로 정량이라 했다. 건
립한 법의에 따라 부파의 명칭을 나타낸 것이다"라고 설명한다.

『율이십이명료론(律二十二明了論)』(T24, 弗陀多羅多 造, 眞諦 譯)과 『
삼미지부론(三彌底部論)』(T32. 失譯)이 이 부파에 귀속된다.

14) 아반따까

Sk.: avantaka Pā.: - Ch.: 大不可棄部 Ti.: a-van-ta-ka pa, srung ba pa'i sde

이 부파의 성립에는 3가지 전승이 있다. 첫째는 잉산부(: 밀림산부)에서 분열된 것으로 설명하는 『문수사리문경』이고, 둘째는 정량부의 다른 명칭으로 언급하는 NBhvy(t)의 제1전승이고, 셋째는 정량부에서 분열된 것으로 설명하는 NBhsg(t)·Śrv(t)·Bhv(t)이다.

『문수사리문경』에서는 이 부파를 대불가기부(大不可棄部)라 하는데, 규기(『술기』, X53, 577a16-17)와 A. 바로(1955: 20)는 이 명칭이 화지부를 가리킨다고 설명한다. 하지만 키무라 타이켄(1928: 43-44<부록>)은 대불가기부가 정량부와 본래 같은 부파였지만 아반띠(avanti)를 중심으로 활동한 무리들을 나중에 아반따까라 한 것으로 설명하고, 후카우라 세이분(1958: 22<해제>)도 이 부파가 교리적으로는 정량부와 같지만 지리적 관계로 보면 별도의 부파라고 설명한다. 다른 문헌의 부파 분열을 보더라도 정량부와 화지부는 거의 별개의 부파로 설명되고 『대당서역기』권11(T51, 935c5-12)에서도 아반띠 지역의 말라바(Mālava)국을 설명하며 2만여 명이 정량부의 법을 학습한다고 전하기 때문에, 대불가기부는 정량부와 밀접한 관련이 있는 아반따까를 가리킨 것으로 생각된다.

부파의 명칭은 개조의 이름 또는 그들이 머무는 장소에서 유래했다. 『문수사리문경』에서는 "율주가 태어나자 어머니가 우물에 버렸는데, 아버지가 그를 찾아냈다. 비록 떨어졌지만 죽지 않았기 때문에 불가기(不可棄)라 했다. 또는 능사(能射)라 했다"라고 하고, 바브야는 "[정량부] 가운데 아반따(avanta)성에 모여 있는 자들이기 때문에 아반따까이다"라고 설명한다.

15) 꾸루꿀라까

Sk.: kurukul1aka, kaurukullaka Pā.: - Ch.: - Ti.: ku-ru-ku-la pa, sa sgrogs ris kyi sde

이 부파는 일부 문헌에서만 언급된다. 곧 NBhvy(t)의 제1전승에서는 정량부의 다른 명칭으로 언급하고, NBhsg(t)·Śrv(t)·Bhv(t)에서는 정량부에서 분열된 부파로 언급한다. 테라모토 엔가는 'sa sgrogs ris kyi sde'를 계윤부로 번역했지만 그것은 잘못된 것이다.

부파의 명칭은 그들이 머무는 장소에서 유래했는데, 바브야는 "[정량부 가운데] 어떤 이는 꾸루꿀라(kurukula)산에 머물기 때문에 꾸루꿀라까이다"라고 한다.

16) 밀림산부

Sk.: saṇṇagarika, saṇḍagirika, saṇḍagarika Pā.: channagārika, chandagārika, chandāgārika Ch.: 密林山部, 密林山住部, 六城部, 六成部, 苾山部, 沙邪利迦部, 山拖伽梨柯部 Ti.: grong khyer drug pa'i sde

이 부파의 성립에 대해서는 3가지 전승이 있다. 대부분의 문헌에서는 독자부에서 분열된 것으로 설명하지만, 『문수사리문경』에서는 일체소귀부(: 정량부)에서 분열된 것으로 설명하고, NBhvy(t)의 제3전승에서는 정량부 또는 대산부에서 분열된 것으로 설명한다. 한편 NBhvy(t)의 제1전승·NBhsg(t)·Śrv(t)·Bhv(t)·Tār의 제1·3전승에서는 이 부파를 언급하지 않는다.

분열 원인은 앞의 법상부에서의 설명과 같다.

부파의 명칭은 그들이 머무는 장소에서 유래했다. '잉산주부'로 한 역한 『문수사리문경』에서는 "[잉산은] 율주가 머물던 곳이다"라고 하고, 길장은 "머물던 장소에 따라 [부파] 명칭을 지은 것이다"라고 하고, 규기는 "밀림산이란 숲과 나무가 울창하고 **빽빽**한 지근거리의 산이다. 부파의 교주가 이곳에 머물렀기에 밀림산부라 한 것이다. 거주지를 [부파의] 명칭으로 삼은 것이다"라고 설명한다.

17) 화지부

Sk.: mahīśāsaka Pā.: mahiṃsāsaka Ch.: 化地部, 正地部, 彌沙塞部, 彌沙部, 彌嬉捨婆柯部 Ti.: sa ston pa'i sde, mang ston pa, sa ston sde

이 부파의 성립에 대해서는 4가지 전승이 있다. 첫째는 설일체유부에서 분열된 것으로 설명하는 『사리불문경』· SBhu의 4종 번역본· NBhsg(t) · Śrv(t) · Bhv(t) · Tār의 제3전승이고, 둘째는 상좌부에서 분열된 것으로 설명하는 DV · MV · KVa · NBhvy(t)의 제1전승 · Tār의 제1전승이고, 셋째는 분별설부에서 분열된 것으로 설명하는 NBhvy(t)의 제2 · 3전승 · Tār의 제2전승이고, 넷째는 최초 분열된 5부파 가운데 하나로 설명하는 『출삼장기집』이다. 한편 『문수사리문경』에서는 이 부파를 언급하지 않는다. 규기는 『문수사리문경』에서 대불가기부(大不可棄部)라 한 것을 화지부로 설명하지만 그것은 앞서 설명한 것처럼 바르지 않다.

분열 원인에 대해 빠라마르타는 "정지(正地)라 하는 어떤 바라문이 출가해 아라한을 성취한 후 4웨다(*Veda*)와 위야까라나(*Vyākaraṇa*: 문법서)의 좋은 말을 취해 불경을 장엄해서 주장하는 의미가 달랐는데, 그가 말한 것을 믿는 제자들이 있어서 별도로 한 부파가 되었다"라고 설명한다.

부파의 명칭은 그들 주장의 특징 또는 개조의 이름에서 유래했다. 바브야는 "'지(地)'가 무엇인지를 어원부터 가르쳐서 성취하고, 대중에게 후유(後有)의 불발생을 가르치는 자가 바로 화지부이다."라고 하고, 빠라마르타와 길장은 "[정지(正地)라 하는] 이 아라한에 의지해 부파의 명칭을 건립했기 때문에 정지부라 한다"라고 하고, 규기는 "이 부파의 교주는 본래 국왕이었다. 왕이 통치하던 나라의 경계가 '지(地)'이고, 그 땅 위의 백성을 교화했기 때문에 '화지(化地)'라 했다. [그 왕은] 나라를 버리고 출가하여 불법을 널리 펼쳤는데, 본래[의 배경]을 명칭으로 삼아 [그의 문도를] 화지부라 했다"라고 설명한다.

『오분율(五分律)』은 이 부파의 소속 율장이다.

18) 중간견부

Sk.: - Pā.: - Ch.: 中間見部 Ti.: -

이 부파는 『출삼장기집』에서만 화지부에서 분열된 유일한 부파로 언급된다. 다른 연구서들에서는 『출삼장기집』(T55, 20a5-11)의 분열 설명을 논의하면서 이 부파를 언급하지 않지만 그 문헌에서 18부파라고 설명한 것에 따른다면 중간견부까지 포함되어야 된다.

19) 법장부

Sk.: dharmaguptaka Pā.: dhammaguttika dhammagutta Ch.: 法藏部, 法護部, 法密部, 曇無屈多迦部, 曇無德部, 達摩及多部, 達摩毱多部 Ti.: chos sbas pa, chos srung sde

이 부파의 성립에 대해서는 5가지 전승이 있다. 첫째는 화지부에서 분열된 것으로 설명하는 『문수사리문경』·DV·MV·KVa·SBhu의 4종 번역본이고, 둘째는 설일체유부에서 분열된 것으로 설명하는 『사리불문경』·NBhsg(t)·Śrv(t)·Bhv(t)·Tār의 제3전승이고, 셋째는 상좌부에서 분열된 것으로 설명하는 NBhvy(t)의 제1전승·Tār의 제1전승이고, 넷째는 분별설부에서 분열된 것으로 설명하는 NBhvy(t)의 제2·3전승·Tār의 제2전승이고, 다섯째는 최초 분열된 5부파 가운데 하나로 설명하는 『출삼장기집』이다.

분열 원인에 대해 빠라마르타는 "화지부는 아직 스스로 [5장: 經藏·律藏·論藏·咒藏·菩薩藏]을 건립하지 않았는데, 화지부 내에 5장을 건립한 이들이 있었기 때문에 별도로 법호부라 하는 부파로 되었다"라고 설명하고, 규기 역시 "[그들이 건립한 5장이] 이미 화지부의 본래 종지에 어긋나서 결국 부파가 분열되었다. 다른 사람이 그것을 믿지 않으면 마침내 목갈라나(Moggallāna)[의 말]을 인용해 논증했다"라고 설명한다.

부파의 명칭은 개조의 이름에서 유래했다. 『문수사리문경』에서는 "[법호(法護)는] 율주의 이름이다"라고 하고, 바브야는 "아짜르야 법장(法藏, Dharmagupta)에 의지한다고 말하는 자가 바로 법장부이다"라고 하고, 빠라마르타는 "법호는 사람의 이름이다. 이 아라한은 목갈라나의 제자이다"라고 하고, 규기는 "법장이란 부파 교주의 이름으로서, 법밀(法密)이라고도 한다. 밀(密)과 장(藏)은 의미가 크게는 같아서 법장과 법밀 둘의 의미는 모두 가능하다. 이 논사가 받아들인 정법이 감추어둔 비밀과 같기 때문에 법밀이라 했다. 사람에 의거해서 부파의 명칭을 건립했다."라고 설명한다.

키무라 타이켄(1928: 44-45<부록>)은 『사리불문경』(T24, 900c3-4)에서 "목건라우바제사(目揵羅優婆提舍)는 법호부와 선세부를 일으켰다"라고 한 것에 의거해 『이부종륜론』에서 말한 채숙씨(采菽氏, Moggallāna)가 목갈리뿟따팃사(Moggalīputtatissa)일 것이라고 추정하기도 하지만, 여기서 언급한 채숙씨는 붓다의 10대 제자 가운데 한 사람인 목갈라나를 가리킨다. 현장의 역서(『대반야바라밀경』, 『집이문족론』 등)에서 '채숙씨'는 목갈라나의 음역어로 빈번하게 나타나고, 또 법호부의 주장이 『식신족론』이나 『검유집』 등에서 목갈라나의 약칭인 목련(目連)으로 제시되며, 그들 주장 가운데 과거세와 미래세가 없다는 주장이 '목건련'이 지은 『법온족론』에서도 제시되고 그것을 『품류족론』에서 '목련'의 주장으로 거론되기 때문이다.

『사분율(四分律)』은 이 부파의 소속 율장이다.

20) 음광부

Sk.: kāśyapīya Pā.: kassapika, kassapiya Ch.: 飮光部, 飮光弟子部, 迦葉比部, 迦葉維部, 迦葉惟部, 柯尸悲與部 Ti.: 'od srungs pa'i sde, 'od srungs sde

이 부파의 성립에 대해서는 5가지 전승이 있다. 첫째는 법호부에서 분열된 것으로 설명하는 『문수사리문경』이고, 둘째는 상좌부에서 분열된 것으로 설명하는『사리불문경』·NBhvy(t)의 제1전승이고, 셋째는 설일체유부에서 분열된 것으로 설명하는 DV·MV·KVa·SBhu의 4종 번역본·NBhsg(t)·Śrv(t)·Bhv(t)·Tār의 제3전승이고, 넷째는 분별설부에서 분열된 것으로 설명하는 NBhvy(t)의 제2·3전승·Tār의 제2전승이고, 다섯째는 최초 분열된 5부파 가운데 하나로 설명하는『출삼장기집』이다. 한편 Tār의 제1전승에서는 이 부파를 언급하지 않는다.

분열 원인에 대해 길장은 "붓다의 말씀을 모아서 순서대로 대조해서, 외도를 논파하는 것을 한 부류로 하고 중생의 번뇌를 대치하는 것을 한 부류로 했는데, 그 때 그가 말한 것을 믿는 사람들이 있어서 [설일체유부에서] 별도의 부파가 되었다"라고 설명한다.

부파의 명칭은 개조의 이름 또는 그의 공덕에서 유래했다.『문수사리문경』에서는 "[가섭비(迦葉比)는] 율주의 성(姓)이다"라고 하고, 바브야는 "그 아짜르야가 음광(飮光, Kāśyapa)이라고 말하기 때문에 음광부이다"라고 하고, 빠라마르타는 "음광은 성(姓)이다. …<중략>… 성으로써 [부파의] 명칭을 건립했다"라고 하고, 규기는 "음광(飮光, Kāśyapa)이란 브라만의 성으로서, 곧 까샤빠가 성이다. 이 사람은 옛날에 몸에서 금빛이 나는 어떤 선인이었는데, 다른 빛이 옆에 도달하면 모두 다시는 나타나지 않게 하고 다른 빛을 숨겨버리기 때문에 음광이라 했다. 이 부파의 교주가 그의 후손이기 때문에 음광부라 했다. 또는 이 부파 교주의 몸에는 금빛이 있어서 다른 빛을 숨겨버릴 수 있기 때문에 [그 사람의 이름을] 음광이라 했다"라고 설명한다.

음광부는 서북인도에서 크게 번영한 부파로서, 한역된『해탈계경(解脫戒經)』이 그 부파의 계본이다.

21) 선세부

Sk.: suvarṣaka Pā.: - Ch.: 善歲部, 優梨沙部, 蘇婆利師部, 蘇跋梨沙柯部
Ti.: lo bzang ba'i sde

이 부파는 SBhu의 4종 번역본에서 음광부의 다른 명칭으로 언급된다. 그런데『사리불문경』에서는 그 두 부파를 구분 짓는데, 음광부는 상좌부에서 분열되었고 선세부는 설일체유부에서 분열되었다고 설명한다.

부파의 명칭은 개조의 이름에서 유래했다. 빠라마르타는 "어릴 때 착하고 아름다웠고 나이가 어려서도 현명함이 있었기 때문에 선세(善歲)라 했다"라고 하고, 규기는 "이 논사는 어릴 적에 성품이 어질고 덕이 있었는데, 그것에 근거해 이름을 지었기 때문에 선세라 했다. 그 어린 나이에 현명한 행실이 있었다는 것을 기리기 때문이다"라고 설명한다.

22) 강선법부(강선우부)

Sk.: dharmasuvarṣaka Pā.: - Ch.: 降善法部, 降善雨部 Ti.: chos bzang 'bebs, char bzangs 'bebs pa

이 부파는 바브야가 전하는 NBhvy(t)의 제1전승에서만 음광부의 다른 명칭으로 언급되는데, 선세부의 또다른 표기방식으로 생각된다. 바브야는 부파의 명칭이 개조의 공덕에서 유래한 것으로 설명하는데, 곧 "찬탄받는 대상인 법우(法雨)를 내려주기 때문에 강선우부이다"라고 한다.

23) 경량부

Sk.: sūtravādin, sūtrāntavādin, sautrāntika, sautrāntivāda Pā.: suttavāda Ch.: 經量部, 說經部, 修多蘭婆提那部, 修妬路句部, 修多羅論部, 修丹闌多婆拖部 Ti.: mdo sde smra ba'i sde

이 부파의 성립에 대해서는 크게 4가지 전승이 있다.[155] 첫째는 가섭비부(: 음광부)에서 분열된 것으로만 설명하는 『문수사리문경』이고, 둘째는 상좌부에서 분열되었고 설전부와 다른 부파로 설명하는 『사리불문경』이고, 셋째는 설전부와 구분지어 설전부에서 분열된 것으로 설명하는 DV · MV · KVa이고, 넷째는 설일체유부에서 분열되었고 설전부와 같은 부파로 설명하는 SBhu의 4종 번역본과 설일체유부에서 분열되었고 홍의부와 다른 부파로 설명하는 NBhvy(t)의 제2전승 · Tār의 제2전승이다. 한편 NBhvy(t)의 제1 · 3전승 · NBhsg(t) · 『출삼장기집』 · Śrv(t) ·

---

155 본서에서 거론하는 경량부, 설전부, 무상부, 홍의부는 문헌에 따라 같은 부파이기도 하고 다른 부파이기도 하는데, 그 관계를 간략히 정리하면 다음과 같다.(→ : 모파, X : 언급 없음)

문헌	경량부	설전부	무상부	홍의부	동이 여부
『문수사리문경』	음광부→	X	X	X	
『사리불문경』	상좌부→	상좌부→	X	X	다른 부파
DV · MV · KVa	설전부→	음광부→	X	X	다른 부파
SBhu의 4종번역본	설일체유부→	설일체유부→	X	X	같은 부파
NBhvy(t)의 제1전승	X	상좌부→	상좌부→	X	같은 부파
NBhvy(t)의 제2전승 · Tār의 제2전승	설일체유부→	X	X	분별설부→	다른 부파
NBhvy(t)의 제3전승	X	설일체유부→	X	분별설부→	다른 부파
NBhsg(t)	X	설일체유부→	X	설일체유부→	같은 부파
『출삼장기집』	X	음광부→	X	X	
Śrv(t) · Bhv(t)	X	X	X	정량부→	
Tār의 제1전승	X	X	상좌부→	X	
Tār의 제3전승	X	설일체유부→	X	설일체유부→	다른 부파
Tār	설전부와 무상부와 홍의부는 같은 부파				

Bhv(t)·Tār의 제1·3전승에서는 이 부파를 언급하지 않는다.

부파의 명칭은 그들 주장의 특징에서 유래했다. 『문수사리문경』에서는 "율주는 수뜨라가 정의(正義)라고 주장한다"라고 하고, 빠라마르타는 "[3장 가운데] 오직 한 장(藏)의 이치만 건립하여 하나의 경장(經藏)만 있다고 말하기 때문에 이러한 명칭을 지었다"라고 하고, 길장은 "오직 경장만 바른 것으로 삼고 나머지 [논장과 율장] 둘은 모두 경장을 성립시킬 뿐이라고 말한다"라고 하고, 규기는 "이 논사들은 오직 경에 의지한 것을 올바른 인식수단으로 삼을 뿐 율과 대법에는 의지하지 않는다. 무릇 인증해야 할 것에 경을 증거로 삼는 이들이 바로 경량부의 논사이다. 건립한 주장에 의거해 경량부라 한 것이다"라고 설명한다.

『이부종륜론』에는 경량부가 아난다(Ānanda)를 스승으로 삼는다고 되어있지만 다른 번역본인 『부집이론』에는 웃따라(Uttara)로, SBhu(t)에는 다르못따라(Dharmottara)로 되어 있고, 『십팔부론』에는 그러한 내용이 없다. 'Dharmottara'를 'dharma + uttara'로 본다면 『부집이론』과 다르지 않으며, 그것들은 또 NBhvy(t)의 제1전승에서 이 부파의 스승을 웃따라로 기술한 것과 일치한다. 따라서 현장이 아난다를 거론한 것은 이 부파가 경(經)을 올바른 인식수단으로 삼았기 때문에 제1결집 당시 경을 송출한 아난다를 그들의 스승으로 소급해 가탁한 것이라고 볼 수 있다(권오민, 2012: 14-15).

한편 여기서 언급되는 경량부는 『구사론』 등 후대 문헌에서 언급되는 경량부과 그 주장을 비교해볼 때 명칭만 같은 뿐 실질적으로는 별개의 부파이다.[156] 특히 Tār에서 "비유자라고 일컫는 것은 홍의부에서 분열된 경량부로서, 18부에서는 그것을 별도로 나열하지 않는다"(寺本

婉雅 譯, 1977: 371)고 했는데, 그 비유자는 후대 경량부의 선구가 된
『대비바사론』의 비유자를 가리킨다. 그 내용을 보더라도 경량부라는
명칭에는 선대의 '설일체유부(또는 음광부/상좌부/설전부) → 경량부'
와 후대의 '홍의부 → 비유자 → 경량부'라는 두 계통이 있다는 것을 알
수 있다.

24) 설전부

Sk.: saṃkrāntivāda, saṃkrāntika, saṃkrāntivādin Pā.: saṃkantikā Ch.: 說轉
部, 相續部, 說度部, 僧伽蘭提迦部, 僧迦蘭多部, 僧伽提部, 僧千蘭底婆拖部
Ti.: 'pho bar smra ba'i sde, 'pho bar smra ba pa

이 부파의 성립에 대해서는 크게 3가지 전승이 있다. 첫째는 상좌부
에서 분열되었고 경량부와 다른 부파로 설명하는 『사리불문경』, 상좌
부에서 분열되었고 무상부와 같은 부파로 설명하는 NBhvy(t)의 제1전
승이다. 둘째는 음광부에서 분열되었고 경량부와 다른 부파로 설명하
는 DV·MV·KVa, 음광부에서 분열된 것으로만 『출삼장기집』이다. 셋
째는 설일체유부에서 분열되었고 경량부와 같은 부파로 설명하는
SBhu의 4종 번역본, 설일체유부에서 분열되었고 홍의부와 다른 부파
로 설명하는 NBhvy(t)의 제3전승·Tār의 제3전승, 설일체유부에서 분열
되었고 홍의부와 같은 부파로 설명하는 NBhsg(t)이다. 한편 『문수사리

---

156 아비달마의 20부파(혹은 18부파)에서 언급되는 경량부와 후대 『구사론』 등에서 언급되
는 경량부가 무관하다는 것은 카토 준쇼(加藤純章, 1989)와 권오민(2012) 등이 이미 밝
힌 내용이다. 그것에 대한 자세한 내용 및 『대비바사론』에서 언급되는 비유자와 관계
에 대해서는 권오민의 『상좌슈리라타와 경량부』(2012: 3-33)에 잘 정리되어 있다.

『문경』·NBhvy(t)의 제2전승·Śrv(t)·Bhv(t)·Tār의 제1·2전승에서는 이 부파를 언급하지 않는다. 특히 Tār에서는 설전부와 무상부와 홍의부가 모두 같은 부파의 다른 명칭이라고 전한다(寺本婉雅 譯, 1977: 370)

부파의 명칭은 그들의 주장에서 유래했다. 바브야는 "그 [무상부] 가운데 어떤 이는 '이 세에서 다음 세로 뿌드갈라가 이동한다.'고 말하는데, 그가 바로 설전부이다"라고 하고, 빠라마르타는 "이 부파는 5온이 이 세에서 다음 세로 건너가는데, 그 성도를 얻지 못하면 5온은 소멸하지 않는다고 설명하기 때문에 설도부(: 설전부)라 한다"라고 하고, 길장은 "5온이 이 세에서 다음 세에 이르고 대치도를 얻으면 소멸한다고 말한다"라고 하고, 규기는 "이 논사들은 '[모든 법에] 종자(種子, bīja)가 있으며, 오직 하나의 종자가 현재세에 상속하다가 전변하여 다음 세에 이른다'고 주장하기 때문에 설전부라 한 것이다"라고 설명한다.

25) 무상부

Sk.: uttarīyaka Pā.: - Ch.: 無上部, 衆上部, 欝多羅部(?) Ti.: bla ma pa

이 부파의 성립에 대해 NBhvy(t)의 제1전승에서는 상좌부에서 분열되었고 설전부와 같은 부파로 설명하고, Tār의 제1전승에서는 상좌부에서 분열된 것으로만 설명한다.

부파의 명칭은 개조의 이름에서 유래했다. 바브야는 "또한 [아짜르야가] 무상(無上, Uttara)이라고 말하는 자가 바로 무상부이다"라고 설명한다. 이것은 『십팔부론』에서 설전부(혹은 경량부)를 설명하면서 불멸후 400년에 설일체유부로부터 다시 다른 부파가 발생했는데, 그들은 웃따라(Uttara, 欝多羅)대사에 기인한다고 한 내용과 같다.

26) 홍의부

Sk.: tāmraśātīya Pā.: - Ch.: 紅衣部, 紅衣弟子部, 赤銅鍱部, 銅鍱部 Ti.: gos dmar ba, gos dmar gyi sde pa, gos dmar slob ma

이 부파의 성립에 대해서는 크게 3가지 전승이 있다. 첫째는 분별설부에서 분열되었고 경량부와 다른 부파로 설명하는 NBhvy(t)의 제2전승·Tār의 제2전승, 분별설부에서 분열되었고 설전부와 다른 부파로 설명하는 NBhvy(t)의 제3전승이다. 둘째는 설일체유부에서 분열되었고 설전부와 같은 부파로 설명하는 NBhsg(t), 설일체유부에서 분열되었고 설전부와 다른 부파로 설명하는 Tār의 제3전승이다. 셋째는 정량부에서 분열된 것으로만 설명하는 Śrv(t)·Bhv(t)이다. 한편 3종 해설서 가운데 SBhu의 4종 번역본과 NBhvy(t)의 제1전승에서는 홍의부를 언급하지 않는다.

또 이 부파는 스리랑카에 전래된 뒤 그곳의 지명에 따라 적동섭부(赤銅鍱部, Pā.: Tambapaṇṇīya)라 일컬어지기도 했는데, 『일체경음의』권51(T54, 646c16)에서는 붉은 구리조각[赤銅鍱]으로 글자를 새겨서 기록했기 때문에 동섭부(銅鍱部)라 한다고 설명한다. 『대승성업론』(T31, 785a14)에서는 그들이 생사의 근본원인이 되는 식(識)을 유분식(有分識)이라 했다고 거론한다.

27) 대산부

Sk.: mahāgirika Pā.: - Ch.: 大山部 Ti.: ri chen po pa

이 부파는 NBhvy(t)의 제3전승에서만 독자부에서 분열된 부파로 언

급된다. 그 전승에서는 이들로부터 법상부와 현도부가 분열되었다고
하고, 또 어떤 이는 육성부도 이들로부터 분열되었다는 내용도 전한다.

28) 대사주부

Sk.: mahāvihāravāsin Pā.: - Ch.: 大寺住部, 大寺派, 大寺部, 摩訶毘訶羅住
部 Ti.: gtsug lag khang chen gnas pa'i sde

이 부파는 NBhsg(t)·Śrv(t)·Bhv(t)에서만 상좌부(: 남방상좌부)에서 분
열된 부파로 언급된다. 『대당서역기』권11(T51, 934a16-17)에서는 싱할
라국 곧 스리랑카를 설명하면서 대승을 배척하고 소승의 교법을 익히
는 부파로 설명한다.

대사주부의 근거지인 대사(大寺, mahāvihāra)는 스리랑카에 불교를
전한 마힌다 장로를 위해 당시의 데바남삐야띳사(Devānampiyatissa, 기
원전 247-207년 재위)왕이 도읍에 건립한 사원이다. 대사주부가 상좌
부 계통의 분별설부의 입장을 견지한 반면 무외산주부는 인도불교의
새로운 학설을 적극 수용하여 교리를 발전시켰다.

29) 무외산주부

Sk.: abhayagirivāsin Pā.: abhayagirika Ch.: 無畏山住部, 無畏山寺派, 阿跋
耶祇釐住部 Ti.: 'jigs med rir gnas pa'i sde

이 부파의 성립에 대해 MV에서는 스리랑카에서 성립된 부파이자 법희
부와 같은 부파로 설명하고, NBhsg(t)·Śrv(t)·Bhv(t)에서는 상좌부(: 남방상
좌부)에서 분열된 것으로 설명한다. 『대당서역기』권11(T51, 934a17-18)에

서는 2승을 겸하여 배우고 3장을 널리 펴는 부파로 설명한다.

무외산사(無畏山寺, abhayagirivihāra)는 기원전 1세기경 왓따가마니아바야(Vaṭṭagāmaṇiabhaya, 기원전 43-17년 재위)왕이 자이나사원을 개조해 마하띳사(Mahātissa) 장로에게 하사한 사원이다. 대사주부에서 축출된 마하띳사가 그곳에서 무외산주부를 세움으로써 스리랑카불교가 최초 분열되었다.

30) 법희부

Sk.: - Pā.: dhammarūci Ch.: 法喜部 Ti.: -

이 부파는 MV에서만 무외산주부의 다른 명칭으로 언급된다. 자유롭고 진보적 사상을 가졌던 무외산주부에 인도에서 독자부의 다르마루찌(Dharmaruci, 法喜)가 제자들과 함께 들어온 뒤 추앙받았는데, 이것에 의거해 무외산주부를 법희부라 했다.

31) 방광부

Sk.: vaitulyavāda Pā.: vetullaka, vetulya, vedallavāda Ch.: 方廣部, 方廣派 Ti.: -

이 부파는 3세기경 인도에서 들어와 무외산사에 머문 인도 대승계통의 부파로서, KVa에서 초기 대승 혹은 아비달마와 대승의 과도기 사조인 대공종(大空宗)으로 언급된다. 그들의 교학이 대사주부의 반대에 부딪히자 고타바야(Goṭhābhaya, 309-322년 재위)왕이 평정시켰다. 그들은 나중에 기타림사부를 성립시킨다. KVa에서 '현재'의 방광부라고 한 것을 보면 최소한 스리랑카에서 3-5세기에 활동한 부파로 추정된다.

32) 기타림사부

Sk. Pā.: jetavanīya Ch.: 祈多林寺部, 祈多林寺派, 祇園寺派, 勝林部 Ti.: rgyal byed tshal gnas pa'i sde

이 부파의 성립에 대해 MV에서는 스리랑카에서 성립된 부파 가운데 하나로 설명하고, NBhsg(t)·Śrv(t)·Bhv(t)에서는 상좌부(: 남방상좌부)에서 분열된 것으로 설명한다.

기타림사(Jetavanavihāra)는 마하세나(Mahāsena, 334-362년 재위)왕이 무외산사에 머물던 인도 대승 계통의 비구 상가미뜨라(Saṅghamitra)를 위해 대사 인근에 건립한 사원이다. 그가 이곳에 머물면서 기타림사부가 성립되었는데, 이것이 스리랑카불교의 두 번째 분열이다.

33) 남산사부

Sk.: - Pā.: dakkhiṇāgirivihāraka, dakkhiṇavihāraka Ch.: 南山寺部, 南山寺派 Ti.: -

이 부파는 MV에서만 기타림사부의 다른 명칭으로 언급된다. 이 명칭에 의거해보면 기타림사가 대사의 남쪽 산에 위치한 것으로 추정된다.

34) 해부

Sk.: - Pā.: sāgaliya Ch.: 海部 Ti.: -

이 부파는 남산사부의 다른 명칭이다. 남산사에 머물던 상가의 '상갈라(Sāgala, 海)'라는 한 상좌비구의 이름에 의거해 해부라 했다.

35) 북도파

Sk.: - Pā.: uttarāpathaka Ch.: 北道派, 北方地方者 Ti.: -

이 부파는 KVa에서만 상좌부의 일파로서 언급된다. 미즈노 고겐 (1997: 284-286)은 '북도(北道)'가 중인도에서 서북인도로 통하는 도로이 기 때문에 북도파는 서북인도방면에서 활동한 여러 부파의 총칭일 것 으로 설명하기도 한다. KVa에서는 51종의 주장을 그들의 것으로 거론 한다.

V

아비달마부파의 분열 양상

1. 문헌상의 전승 내용

아비달마부파의 분열을 기록한 문헌에는 많은 종류가 있지만 본서에서는 비교적 자세히 그러한 내용들을 전하는 16종 문헌을 선택해 20종의 전승 내용을 정리한다.[157] 각 전승에 나타난 부파 분열의 내용은

---

[157] A. 바로(1955: 16-30)는 부파분열을 전하는 문헌들을 저술 시기에 의거해 6세기 이전을 제1기, 6-7세기를 제2기, 그리고 이전 전승내용이 수정된 것을 제3기로 분류한다.

제1기	남방불교 전승 : DV · MV · KVa
	정량부 전승 : NBhvy(t)의 제3전승
	까쉬미라 전승 :『사리불문경』, SBhu의 4종 번역본,
	『문수사리문경』, NBhvy(t)의 제1전승
제2기	대중부 전승 : NBhvy(t)의 제2전승
	근본설일체유부 전승 :『남해기귀내법전』, NBhsg(t)
제3기	중국의 모든 전승
	Tār의 전승
	티벳의 그밖의 전승 : Śrv(t) 등

제1차 분열 당시의 부파 개수에 의거해 4가지로 구분 지을 수 있다. 첫째는 상좌부와 대중부 2부파가 분열된 것으로 설명하는 『문수사리문경』, 『사리불문경』, DV, MV, KVa, SBhu의 4종 번역본, NBhvy(t)의 제1전승과 제3전승, Tār의 제1전승이다. 둘째는 상좌부·대중부·분별설부 3부파가 분열된 것으로 설명하는 NBhvy(t)의 제2전승, Tār의 제2전승이다. 셋째는 4부파가 분열된 것으로 설명하는 것으로서, 2가지가 있다. 하나는 대중부·설일체유부·상좌부·정량부 4부파의 분열로 설명하는 NBhsg(t), 『남해기귀내법전』, Śrv(t), Bhv(t)이고, 둘은 대중부·설일체유부·독자부·설산부 4부파로 설명하는 Tār의 제3전승이다. 넷째는 설일체유부·화지부·음광부·대중부·법장부 5부파가 분열된 것으로 설명하는 『출삼장기집』이다.

이와 같이 제1차 분열에 대한 전승이 서로 다르지만 총괄적으로 보면 최초의 분열은 상좌부와 대중부 2부파의 분열이 확실한 듯하고, 각 부파의 세력과 영향력의 측면에서 대중부·상좌부·설일체유부·정량부 4부파가 강력했던 것으로 추정된다(平川彰, 1991a: 145). 제1차 분열의 부파가 같다하더라도 지말분열의 부파에 대한 설명은 대부분 서로 다른데, 자세한 내용은 다음과 같다.

1) 『문수사리문경』

『문수사리문경』은 상가바르만(Saṃghavarman, 僧伽婆羅)이 518년에 한역한 것으로서, 문수사리(文殊師利)의 물음에 대해 붓다가 보살계·무아·열반 등의 주제별로 설하는 내용이다. 그 가운데 권하(卷下)의 제15 「분부품(分部品)」(T14, 501a29-b29)에서 '붓다께서 열반에 드신 뒤

미래의 제자에게 있어서 무엇을 부파들의 분열이라 하고 무엇을 근본
부파라 합니까?'라는 문수사리의 물음에 대해, 붓다가 자신의 입멸후
100년에 대중부와 상좌부의 근본분열이 있고 이후 각각 분열하여 20부
파가 불법(佛法)을 머물게 할 것이라고 설한다. 이 경의 글은『십팔부
론』의 모두(冒頭)에 그대로 편입되어 있기도 하다.

　이 경에서 설명한 부파분열은 다른 문헌들과 달리 부파들이 모두
대승의 반야바라밀(般若波羅蜜)로부터 발생했고, 또 지말분열에서 모
든 부파가 바로 앞선 부파로부터 순차적으로 분열되었다고 전하는 점
이 특이하다. 그리고 다른 문헌들에 많이 나타나는 설가부·서산부·설
인부·화지부[158]·설전부·분별설부가 언급되지 않는다.

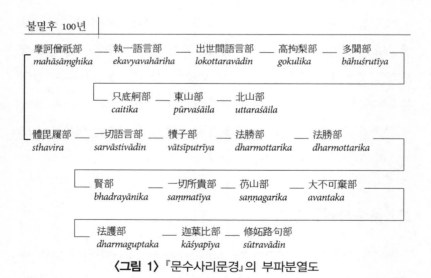

〈그림 1〉『문수사리문경』의 부파분열도

---

158 대불가기부(大不可棄部)를 규기와 A. 바로는 화지부로 설명하지만 그것은 아반따까(avantaka)
　 를 가리킨다.

2) 『사리불문경』

『사리불문경』은 역자 미상의 317-420년 사이에 한역된 것으로서, 불
제자의 행법과 계율의 적용 문제 등이 주된 내용이지만 부파분열에
대한 대중부 전승도 포함하고 있다(T24, 900b20-c10).

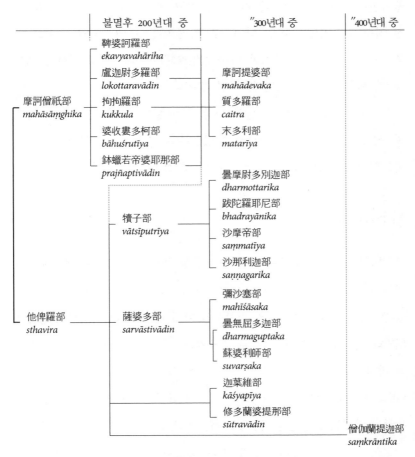

〈그림 2〉『사리불문경』의 부파분열도

이 경에서는 근본분열의 원인을 다른 문헌들에서 5사 또는 10사로 전하는 것과 다르게 설명한다. 곧 어떤 비구가 붓다의 율과 마하깟사빠가 결집한 것을 마음대로 편집해 대중율(大衆律)이라 하고서 별도로 무리를 만들어 서로 옳고 그름을 다투었다. 이에 왕이 그 두 무리를 소집해 '옛날의 율을 좋아한다면 검은 산가지를 가지고 새로운 율을 좋아한다면 하얀 산가지를 가지시오'라고 선포하자, 검은 산가지를 가진 이는 수만이었고 하얀 산가지를 가진 이는 수백뿐이었다. 이로 인해 옛것을 배우려는 무리를 마하승기(摩訶僧祇)라 하고, 새것을 배우려는 무리를 상좌부(上座部)라 한 것이다.

이 전승에서는 동산부·설산부·설인부·분별설부를 언급하지 않으며, 선세부와 음광부를 구분하고 경량부와 설전부도 구분한다. 또 근본분열과 지말분열의 부파를 합하면 총 22부파가 된다.

3) DV와 MV

남방불교 문헌 가운데 부파분열의 내용을 전하고 있는 것은 4세기에 여러 명의 비구들이 편찬한 DV(V.39-54)와 6세기 초 마하나마(Mahānāma) 편찬한 MV(V.1-13)가 있다. 스리랑카 역사서인 이 문헌들은 남방상좌부의 전승에 의거해 불멸후 100년에 이른 뒤 상좌부와 대중부로 분열되고 또 불멸후 200년에 지말분열이 발생하여 모두 18부파가 되었다고 전한다. 또 DV. VII.44-45에서는 정법아쇼까왕이 통치하던 불멸후 236년에 상좌부에서 대분열이 발생했다고 언급하는데, 그것은 상좌부의 제2차 분열로 추정된다.

그리고 이들 문헌에서는 설산부·왕산부·의성부·동산부·서산부·서왕산부를 18부파와 별도로 인도에서 나중에 성립된 6부파로 설명하며, 또 MV에서는 스리랑카에서 성립된 법희부와 해부 2부파까지도 언급한다. 여기에는 대부분의 문헌들에서 언급하는 설출세부·북산부·설인부·분별설부가 거론되지 않는다.

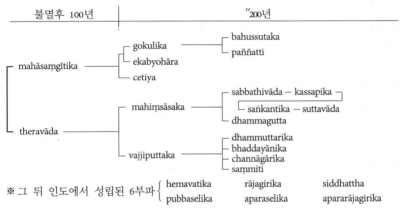

〈그림 3〉 DV의 부파분열도

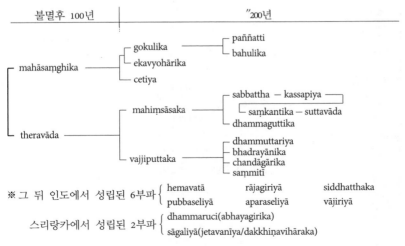

〈그림 4〉 MV의 부파분열도

4) KVa

KVa는 상좌부의 주장을 정설로 하여 다른 부파들의 주장을 대론형식으로 논파하고 있는 KV에 대한 붓다고사(Buddhaghosa, 5세기)의 주석서이다. 그는 그 내용의 주석과 더불어 해당 주장이 어느 부파에 귀속되는지를 구체적으로 언급한다.[159]

그는 KV의 본문을 주석하기에 앞서 부파분열에 대해 간략히 설명하는데(ed. J. Minayeff, 1889: 2-5), 그것은 DV와 MV의 내용과 다르지 않다. 다만 설일체유부와 법장부 및 설일체유부에서 순차적으로 분열된 부파들의 발생이 불멸후 250년이라고 덧붙인다. 여기서도 설출세부·북산부·설인부·분별설부가 언급되지 않는다.

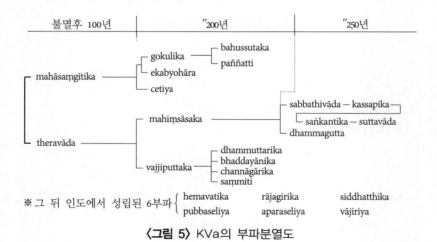

〈그림 5〉 KVa의 부파분열도

그는 주석하는 본문에서 인도에서 나중에 성립된 6부파 가운데 왕산부·의성부·동산부·서산부 4부파를 안다 지방에서 발생한 대중부 계통의 부파이기에 안다까(andhaka, 安達派)라 한다고 정의한다. 또 다른 문헌들에 나타나지 않는 북도파(北道派, uttarāpathaka)나 방광부(方廣部, vetullaka) 등도 거론하는데, 그들에 대한 구체적 설명은 없다.

5) SBhu

(1)『십팔부론』

SBhu의 4종 번역본들을 비교해보면 큰 틀에서는 일치하지만 근본분열의 시기나 대중부계통 가운데 후기 분열에 대한 기록은 조금 차이가 있다. 그 가운데 꾸마라지바가 401-413년 사이에 한역한 것으로 추정되는『십팔부론』은 근본분열이 구체적으로 불멸후 116년에 일어났다고 전하며,『이부종륜론』에 비교해보면 역어에 차이는 있어도 부파의 개수와 대상은 같다. 그런데 다른 문헌들에 많이 나타나는 동산부와 분별설부의 언급은 없다.

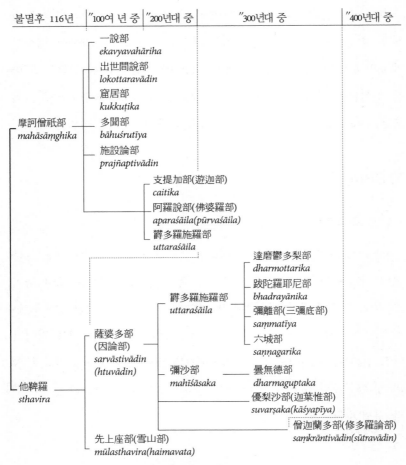

<그림 6> 『십팔부론』의 부파분열도

(2) 『부집이론』

빠라마르타가 557-569년 사이에 한역한 것으로 추정되는 『부집이론』 에서는 근본분열을 불멸후 100여 년으로 전한다. 또 SBhu의 4종 번역본 가운데 유일하게 서산부(aparaśaila)가 누락되어 있고, 동산부와 분별설부가 언급되지 않는다. 따라서 근본과 지말의 부파를 합하면 19부파가 되는데, 규기는 지제산부와 북산부를 하나로 셈하여 18으로 이해한다. 또 여기서는 'prajñaptivādin'를 '分別說部'로 번역했는데, 그것은 보통 설가부로 번역된다. 다른 문헌들에서 언급한 분별설부 곧 'vibhajyavādin' 과 전혀 다른 부파이다.

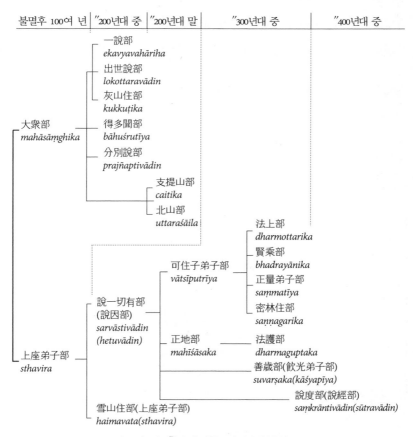

〈그림 7〉『부집이론』의 부파분열도

(3) 『이부종륜론』

『이부종륜론』은 현장이 662년에 한역한 것으로서, 이역본인 『십팔부론』과 『부집이론』을 검토하고 새로 번역한 것이기 때문에 한역 3본 가운데 내용이 가장 잘 갖추어져 있다. 이 문헌에서는 불멸후 100여 년에 근본분열이 발생했고, 지말분열의 시기도 보다 상세히 설명한다. 또 상좌부와 근본상좌부를 같은 부파로 설명하기 때문에 상좌부 계통에서는 11부파가 되며, 이것에 대중부 계통의 9부파를 합하여 총 20부파가 된다. 그런데 다른 문헌들에 많이 나타나는 동산부와 분별설부의 언급은 없다.

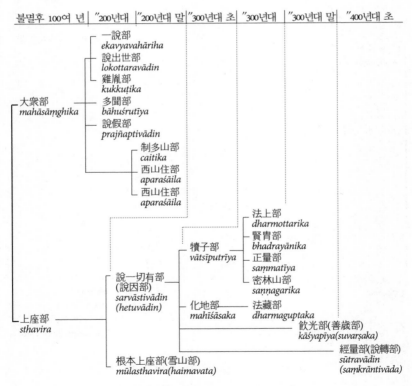

〈그림 8〉 『이부종륜론』의 부파분열도

(4) SBhu(t)

다르마까라와 장꽁이 9세기경에 티벳역한 SBhu(t)에서는 근본분열 시기를 불멸후 100년이라고만 전하며, 그 밖의 내용은 『이부종륜론』과 같다. 여기서도 동산부와 분별설부를 언급하지 않는다.

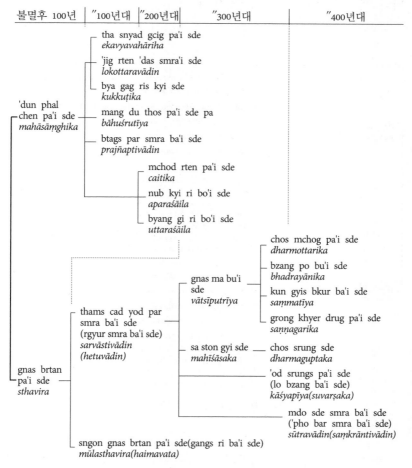

| 불멸후 100년 | ″100년대 | ″200년대 | ″300년대 | ″400년대 |

tha snyad gcig pa'i sde
ekavyavahāriha

'jig rten 'das smra'i sde
lokottaravādin

bya gag ris kyi sde
kukkuṭika

mang du thos pa'i sde pa
bāhuśrutīya

btags par smra ba'i sde
prajñaptivādin

mchod rten pa'i sde
caitika

nub kyi ri bo'i sde
aparaśāila

byang gi ri bo'i sde
uttaraśāila

'dun phal chen pa'i sde
mahāsāṃghika

chos mchog pa'i sde
dharmottarika

bzang po bu'i sde
bhadrayānika

kun gyis bkur ba'i sde
saṃmatīya

grong khyer drug pa'i sde
saṇṇagarika

gnas ma bu'i sde
vātsīputrīya

thams cad yod par smra ba'i sde
(rgyur smra ba'i sde)
sarvāstivādin
(*hetuvādin*)

sa ston gyi sde
mahīśāsaka

chos srung sde
dharmaguptaka

'od srungs pa'i sde
(lo bzang ba'i sde)
kāśyapīya(suvarṣaka)

mdo sde smra ba'i sde
('pho bar smra ba'i sde)
sūtravādin(saṃkrāntivādin)

gnas brtan pa'i sde
sthavira

sngon gnas brtan pa'i sde(gangs ri ba'i sde)
mūlasthavira(haimavata)

⟨그림 9⟩ SBhu(t)의 부파분열도

6) NBhvy(t)

(1) 제1전승

6세기 후반 바브야(490-570년경)가 지은 NBhvy(t)에서는 부파분열에 대해 모두 3가지 전승을 기술한다. 그것들을 편의상 내용전개 순서에 따라 제1전승, 제2전승, 제3전승이라 한다.

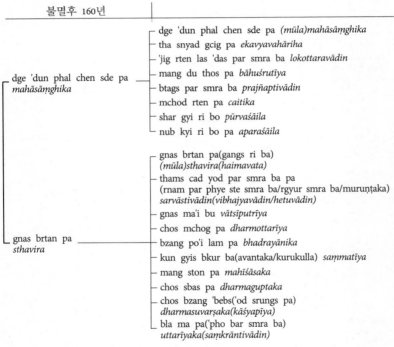

불멸후 160년

dge 'dun phal chen sde pa
mahāsāṃghika
— dge 'dun phal chen sde pa *(mūla)mahāsāṃghika*
— tha snyad gcig pa *ekavyavahāriha*
— 'jig rten las 'das par smra ba *lokottaravādin*
— mang du thos pa *bāhuśrutīya*
— btags par smra ba *prajñaptivādin*
— mchod rten pa *caitika*
— shar gyi ri bo *pūrvaśāila*
— nub kyi ri bo pa *aparaśāila*

gnas brtan pa
sthavira
— gnas brtan pa(gangs ri ba)
  (mūla)sthavira(haimavata)
— thams cad yod par smra ba pa
  (rnam par phye ste smra ba/rgyur smra ba/muruṇṭaka)
  sarvāstivādin(vibhajyavādin/hetuvādin)
— gnas ma'i bu *vātsīputrīya*
— chos mchog pa *dharmottarīya*
— bzang po'i lam pa *bhadrayānika*
— kun gyis bkur ba(avantaka/kurukulla) *saṃmatīya*
— mang ston pa *mahīśāsaka*
— chos sbas pa *dharmaguptaka*
— chos bzang 'bebs('od srungs pa)
  dharmasuvarṣaka(kāśyapīya)
— bla ma pa('pho bar smra ba)
  uttarīyaka(saṃkrāntivādin)

〈그림 10〉 NBhvy(t)의 부파분열도①

제1전승은 상좌부의 전승으로서, Tār의 제1전승과 같다. 이 설명에서는 근본분열이 불멸후 160년에 발생했다고 전하며, 지말의 부파를 일괄

정리한다. 모두 20부파가 언급되더라도 대중부와 (근본)대중부 또 상좌부와 (근본)상좌부가 각각 같은 부파이기에 18부파가 된다. 『이부종륜론』에 비교해보면 대중부 계통에서 북산부가 없는 대신 동산부가 있고 계윤부는 언급되지 않으며, 상좌부 계통에서는 밀림산부와 경량부가 없다.

(2) 제2전승

제2전승은 대중부의 전승으로서, Tār의 제2전승과 같다. 『사리불문경』도 대중부 전승이지만 그 구체적 내용은 이것과 서로 다르다. 이 설명에서는 제1전승처럼 근본분열의 시기를 불멸후 160년으로 전하더라도

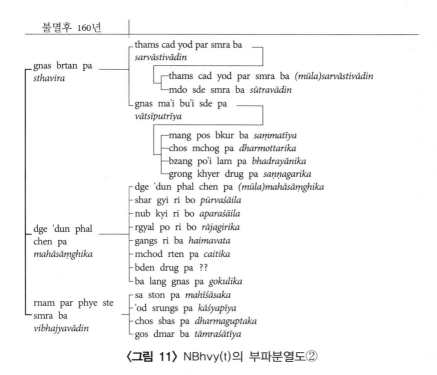

〈그림 11〉 NBhvy(t)의 부파분열도②

근본분열의 부파에 분별설부를 포함시켜 3부파로 설명한다. 그리고 설일체유부와 (근본)설일체유부 또 대중부와 (근본)대중부를 같은 부파로 보면 총 21부파가 된다. 그런데 『이부종륜론』에 비교해보면 일설부·설출세부·다문부·설가부·북산부·설인부·설전부에 대한 언급이 없다. 특히 『이부종륜론』 등에서 설산부를 근본상좌부의 다른 명칭으로 설명한 것과 달리 이 설명에서는 NBhsg(t)나 Śrv(t) 등처럼 그것을 대중부 계통의 지말 부파로 설명한다.

(3) 제3전승

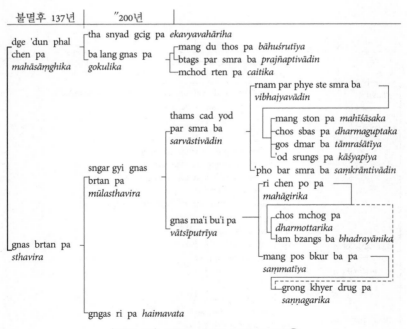

〈그림 12〉 NBhvy(t)의 부파분열도③

제3전승은 정량부의 전승으로서, 근본분열은 불멸후 137년으로 전하고 지말분열은 불멸후 200년으로 전한다. Tār의 제3전승도 정량부 전승이지만 그것과 많이 다르다. 대중부 계통의 분열은 DV·MV 등의 설명과 거의 비슷하지만, 상좌부 계통에서 근본상좌부와 설산부를 별개 부파로 설명하고 다른 문헌들에 나타나지 않는 'ri chen po pa(대산부)'가 언급된다. 따라서 상좌부와 근본상좌부를 같은 부파로 보더라도 총 21부파가 된다. 다른 문헌들에 많이 나타나는 설출세부·서산부·동산부·북산부·설인부·경량부의 언급은 없다.

7) NBhsg(t)

위니따데바가 근본설일체유부의 전승을 기술한 NBhsg(t)에서는 근본분열의 부파에 대해 『남해기귀내법전』이나 Śrv(t) 등처럼 대중부·설일체유부·상좌부·정량부 4부파로 설명한다. 또 상좌부의 지말분열에서는 스리랑카에서 분열된 부파만 언급하며, 설산부를 대중부 계통에 포함시키고 다문부를 설일체유부 계통에 포함시킨다. 따라서 설일체유부와 근본설일체유부를 하나의 부파로 보면 총 21부파가 되고, 거기서 스리랑카의 부파를 제외하면 18부파가 된다. 그런데 『이부종륜론』에 비교해보면 일설부·계윤부·제다산부·북산부·설인부·법상부·현주부·밀림산부·경량부가 언급되지 않는다.

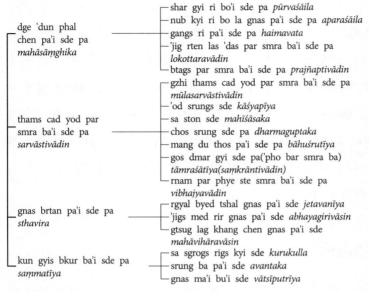

<그림 13> NBhsg(t)의 부파분열도

8)『출삼장기집』

양(梁)대의 승우(僧祐, 445-518)가 한역 불전의 목록을 정리한『출삼장기집』(T55, 20a5-11)에서도 부파분열에 대해 설명한다. 부파 분열을 전하는 문헌 가운데 유일하게 여기서만 근본분열의 부파를 5가지, 곧 설일체유부·화지부·음광부·대중부·법장부로 분류한다.

이 문헌에서는 모든 부파를 18부파로 설명하는데, 화지부에서 분열된 중간견부(中間見部)는 그 정체가 불분명하다. 다른 연구서의 경우[160] 이 부파를 제외하고 설명하지만 승우가 18부파라고 밝혔기 때문

---

160 예컨대 츠카모토 케이쇼(1980: 425)는『출삼장기집』의 해당 내용을 정리하며 '중간견부'

에 '中間見'이라 한 것을 부파의 명칭으로 보아야 한다. 또 대중부의 지말분열 시기를 불멸후 400년으로 설명한 점이 특이하다. 그리고 다른 문헌들에 많이 나타나는 설출세부·계윤부·동산부·설산부·설인부·분별설부·경량부에 대한 언급이 없다.

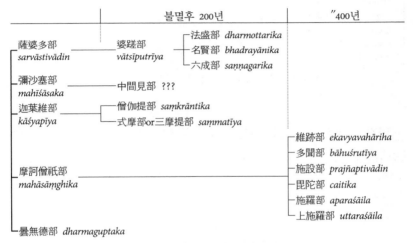

〈그림 14〉『출삼장기집』의 부파분열도

9)『남해기귀내법전』

당(唐)대의 의정(義淨, 635-713)이 찬술한 구법순례기『남해기귀내법전』(T54, 205a25-b1)에서는 근본설일체유부의 전승을 전한다. 이 문헌에서는 근본분열의 부파를 대중부·상좌부·근본설일체유부·화지부의 4부파로 분류하는 것에 그치고 지말분열의 부파에 대해서는 구체적으

___
를 아예 언급하지 않는다.

로 설명하지 않는다. 같은 전승에 의거한 NBhsg(t)에 비교해보면 근본분열의 부파는 같아도 지말분열에 대한 설명은 다르다.

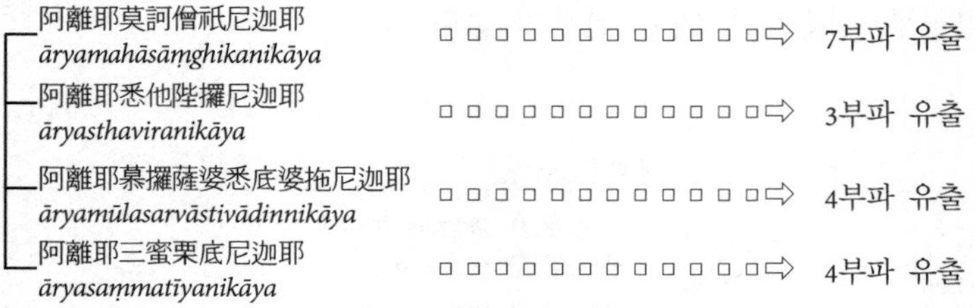

阿離耶莫訶僧祇尼迦耶
āryamahāsāṃghikanikāya □ □ □ □ □ □ □ □ □ □ □ ▷ 7부파 유출

阿離耶悉他陛攞尼迦耶
āryasthaviranikāya □ □ □ □ □ □ □ □ □ □ □ ▷ 3부파 유출

阿離耶慕攞薩婆悉底婆拖尼迦耶
āryamūlasarvāstivādinnikāya □ □ □ □ □ □ □ □ □ □ □ ▷ 4부파 유출

阿離耶三蜜栗底尼迦耶
āryasaṃmatīyanikāya □ □ □ □ □ □ □ □ □ □ □ □ ▷ 4부파 유출

〈그림 15〉 『남해기귀내법전』의 부파분열도

이같이 명시되지 않는 지말분열의 부파에 대해 A. 바로(1955: 24)는 위니따데바의 기술에 의거해 다음과 같이 추정하였다.

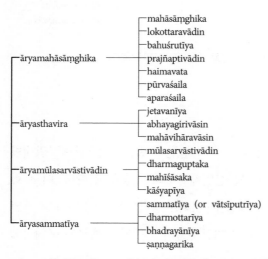

〈그림 16〉 A. 바로가 추정한 『남해기귀내법전』의 부파분열도

10) Śrv(t)

　나라사데바(Narasadeva, 생몰 미상)와 걜왜쎄랍(Rgyal ba'i shes rab, 생
몰 미상)이 티벳역한 Śrv(t)(P. U.79a3-b2)에서는 근본분열의 부파를 4부
파로 설명한다. 또 설산부를 대중부 계통에 포함시키고 다문부를 정량
부 계통에 포함시킨 점이 특이하며, 설일체유부와 근본설일체유부를
같은 부파로 본다면 총 21부파가 된다. 그런데 『이부종륜론』에 비교해
보면　일설부·계윤부·제다산부·서산부·설인부·법상부·현주부·밀림
산부·경량부·설전부가 언급되지 않는다.

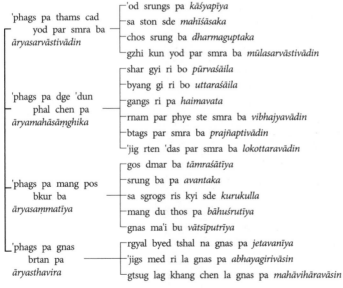

'phags pa thams cad
　yod par smra ba
āryasarvāstivādin
 ┌ 'od srungs pa *kāśyapīya*
 ├ sa ston sde *mahīśāsaka*
 ├ chos srung ba *dharmaguptaka*
 └ gzhi kun yod par smra ba *mūlasarvāstivādin*

'phags pa dge 'dun
　phal chen pa
āryamahāsāṃghika
 ┌ shar gyi ri bo *pūrvaśaila*
 ├ byang gi ri bo *uttaraśaila*
 ├ gangs ri pa *haimavata*
 ├ rnam par phye ste smra ba *vibhajyavādin*
 ├ btags par smra ba *prajñaptivādin*
 └ 'jig rten 'das par smra ba *lokottaravādin*

'phags pa mang pos
　bkur ba
āryasaṃmatīya
 ┌ gos dmar ba *tāmraśātīya*
 ├ srung ba pa *avantaka*
 ├ sa sgrogs ris kyi sde *kurukulla*
 ├ mang du thos pa *bāhuśrutīya*
 └ gnas ma'i bu *vātsīputrīya*

'phags pa gnas
　brtan pa
āryasthavira
 ┌ rgyal byed tshal na gnas pa *jetavanīya*
 ├ 'jigs med ri la gnas pa *abhayagirivāsin*
 └ gtsug lag khang chen la gnas pa *mahāvihāravāsin*

〈그림 17〉 Śrv(t)의 부파분열도

11) Bhv(t)

디빵까라쉬리갸나와 츌팀걀와가 11세기에 티벳역한 Bhv(t)(P. U.318a1-b2)
에서는 근본분열의 부파를 4부파로 설명하는데, 앞의 Śrv(t)와 비슷하
고 역시 총 21부파가 된다. 다만 대중부 계통에서 Śrv(t)의 'byang gi ri
bo(북산부)' 대신 여기서는 'nub kyi ri bo(서산부)'를 언급하는 차이가
있다. 또 일설부·계윤부·제다산부·북산부·설인부·법상부·현주부·
밀림산부·경량부·설전부가 언급되지 않는다. 이것의 전승내용은 11
세기에 티벳어로 번역된 *Varṣāgrapṛcchāsūtra 와 일치한다.[161]

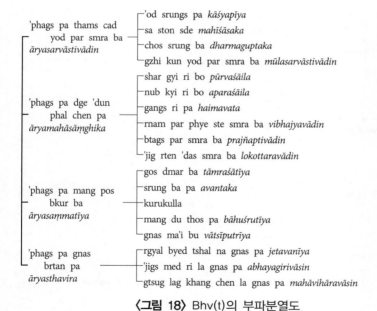

〈그림 18〉 Bhv(t)의 부파분열도

---

161 A. Bareau(1955: 15-16); 塚本啓祥(1980: 430) 등.

12) Tār

(1) 제1전승

따라나타(Tāranātha, 1575-1634)가 1608년에 지은 Tār는 인도 및 티벳 불교와 관련된 수많은 인물과 사건 등을 총망라한 문헌이다. 여기서도 부파분열에 대한 3가지 전승을 기술하는데, 그 전개순서에 따라 제1전 승, 제2전승, 제3전승이라 한다.

상좌부의 전승인 제1전승은 부파의 다른 명칭을 밝히지 않을 뿐 나머지는 앞서 살펴본 NBhvy(t)의 제1전승과 일치하며, 같은 부파를 뺀다면 18부파가 된다. 그런데 다른 문헌들에 많이 나타나는 계윤부·북산부·설산부·설인부·분별설부·밀림산부·음광부·경량부·설전부의 언급은 없다.

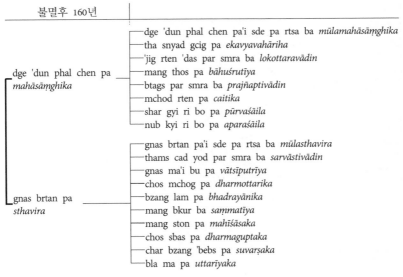

〈그림 19〉 Tār의 부파분열도①

(2) 제2전승

대중부 전승인 제2전승은 NBhvy(t)의 제2전승과 완전히 일치하며, 역
시 총 21부파가 된다. 또한 다른 문헌들에 많이 나타나는 일설부·설출
세부·다문부·설가부·북산부·설인부·설전부의 언급이 없다.

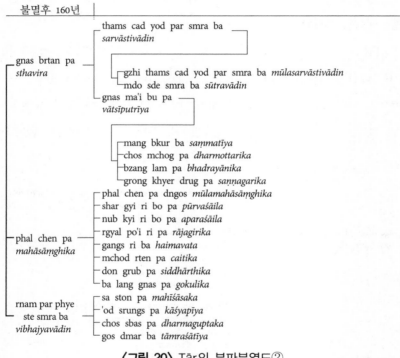

불멸후 160년

thams cad yod par smra ba *sarvāstivādin*

gnas brtan pa *sthavira*

gzhi thams cad yod par smra ba *mūlasarvāstivādin*
mdo sde smra ba *sūtravādin*

gnas ma'i bu pa *vātsīputrīya*

mang bkur ba *saṃmatīya*
chos mchog pa *dharmottarika*
bzang lam pa *bhadrayānika*
grong khyer drug pa *saṇṇagarika*

phal chen pa dngos *mūlamahāsāṃghika*
shar gyi ri bo pa *pūrvaśaila*
nub kyi ri bo pa *aparaśaila*
rgyal po'i ri pa *rājagirika*
gangs ri ba *haimavata*
mchod rten pa *caitika*
don grub pa *siddhārthika*
ba lang gnas pa *gokulika*

phal chen pa *mahāsāṃghika*

rnam par phye ste smra ba *vibhajyavādin*
sa ston pa *mahīśāsaka*
'od srungs pa *kāśyapīya*
chos sbas pa *dharmaguptaka*
gos dmar ba *tāmraśātīya*

〈그림 20〉 Tār의 부파분열도②

(3) 제3전승

정량부 전승인 제3전승에서는 근본분열의 부파를 4부파로 설명하는
다른 문헌과 달리 유일하게 대중부·설일체유부·독자부·설산부로 설

명한다. NBhvy(t)의 제3전승도 정량부 전승이긴 하지만 그것과 많이 다르다. 그리고 부파의 명칭 가운데 대중부와 근본대중부, 또 설일체 유부와 근본설일체유부, 또 독자부와 근본독자부를 각각 같은 부파로 본다면 총 18부파가 된다. 그런데 다른 문헌들에 많이 나타나는 설출 세부·서산부·동산부·북산부·설인부·밀림산부·경량부의 언급은 없다.

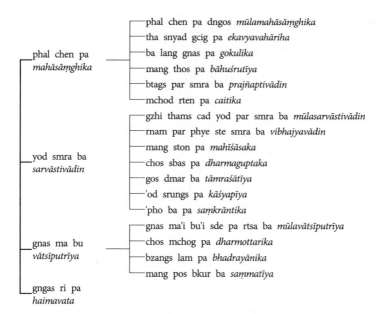

〈그림 21〉 Tār의 부파분열도③

2. 근현대학자들의 추정

1) A. 바로의 추정

지금까지 살펴본 것처럼 부파분열의 양상은 문헌들에 따라 서로 같거나 유사한 설명도 있고 전혀 다른 설명도 있다. 그러한 기록들이 모두 사건의 발생과 상당한 시간적 간격이 있고 그 전승의 경로 또한 제각각이었기 때문에 그 차이는 당연할 것이다. 이에 근현대 학자들은 그러한 설명들을 종합적으로 비교해 각자의 견해에 따라 최대한 사실에 가까울 것으로 추정되는 분열 양상을 제시한다.

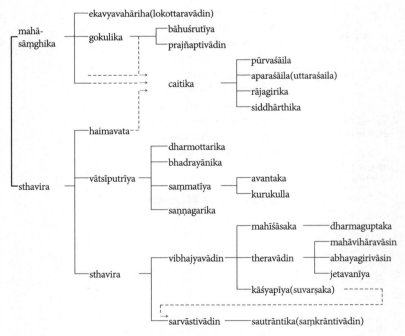

〈그림 22〉 A. 바로의 부파분열도

먼저 A. 바로(1955: 30)는 제다산부가 대중부에서 유출된 일이나 설일체유부가 상좌부에서 유출된 일에 다른 가능성도 일부 수용한다. 또 상좌부와 설산부를 별개 부파로 구분하며, 후대에 인도와 스리랑카에서 발생된 부파도 포함시킨다. 따라서 대중부 계통에 10부파, 상좌부 계통에 19부파가 있다.

2) 시즈타니 마사오의 추정

시즈타니 마사오(靜谷正雄, 1978: 18-29)는 A. 바로의 주장과 달리 본 상좌부와 설산부를 같은 부파로 분류하고 스리랑카의 부파를 제외하지만 왕산부와 의성부를 포함시키는 것은 같다. 따라서 대중부 계통에 11부파, 상좌부 계통에 11부파가 있다.

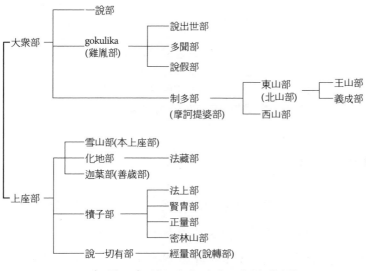

〈그림 23〉 시즈타니 마사오의 부파분열도

3) 츠카모토 케이쇼의 추정

츠카모토 케이쇼(1980: 444)가 제시한 추정은 A. 바로의 추정과 대부분 비슷하지만 설일체유부의 분열에서 조금 다르다.

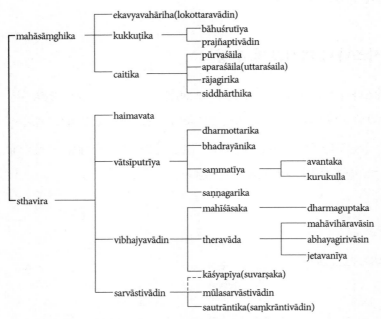

〈그림 24〉 츠카모토 케이쇼의 부파분열도

4) 인슌의 추정

중국의 승려 인슌(印順, 1989: 347-352)은 부파의 분열을 4단계로 구분하고 스리랑카의 부파까지 포함해 설명한다. 그에 따르면 대중부 계통에 10부파, 상좌부 계통에 16부파가 있어서 총 26부파가 된다.

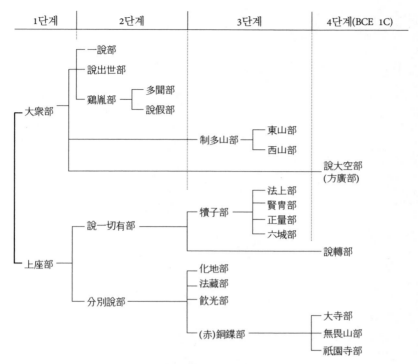

〈그림 25〉 인슌의 부파분열도

제2편

아비달마부파 해설서 교감 및 역주

교감 약호 및 부호

B	『佛藏輯要』본 『이부종륜론술기』
H	『洪武南藏』본 『이부종륜론』
J	江西刻經處본 『이부종륜론술기』
K	『高麗大藏經』본 『이부종륜론』
L	『嘉興大藏經』본 『이부종륜론』
Q	『乾隆大藏經』본 『이부종륜론』
S	『磧砂大藏經』본 『이부종륜론』
T	『大正新修大藏經』본 『이부종륜론』
U	梅村彌右衛門본 『이부종륜론술기』
X	『新纂大日本續藏經』본 『이부종륜론술기』
Y	『永樂北藏』본 『이부종륜론』
Z	『趙城金藏』본 『이부종륜론』
秦	『십팔부론』
陳	『부집이론』
T	*Gzhung lugs kyi bye brag bkod pa'i 'khor lo*
論 논	『이부종륜론』 원문, 번역문
記 기	『이부종륜론술기』 원문, 번역문
< >	원문의 협주를 표시
	예) 二謂他鞞羅<秦言上座部也>
》	교감자가 취한 내용 표시
conj.	conjecture: 교감자가 추정한 문자
om.	omits: 판본에 해당 문자가 없음
lin.	let-in note: 판본 상의 할주

※ 이체자, 약자 등은 정자체로 입력한다.

I

異部宗輪論・述記

와수미뜨라 보살이 짓고

현장이 한역하고

규기가 현장의 강의를 기록하다

세부 목차

I

異部宗輪論·述記

1. 주석서 저술 배경

1) 상가 분열의 개요

記 [U1a5; X568a8; J上1a5; B上1a5] 『異部宗輪論』者, 佛圓寂後, 四百許年, 說一切有部世友菩薩之所作也。

觀, 夫道成機發, 玉景於是騰暉; 化畢緣終, 金軀以之匿影。雖羣生失馭

於四主, 正教陵夷於五天, 而亞聖紹隆, 猶同理解所以, 雙林之後百載以

前, 人無交競之聞, 法未[1]糺紛之說, 皆由飲光、慶喜、近執、滿慈, 內

有五百應眞, 外亦萬餘無學, 博閑三藏之旨, 結集七葉之巖。[J上1b1; B上1b1] 時, 雖兩

處弘宣, 然尚渾一知見。暨斯衆聖息化歸眞, 亦貝葉傳通, 道終未替。

次有尊者耶舍、慶喜門人, 更召七百極果, 於吠舍離國, 再集調伏, 重整

---

1   未》X, 末 UJB.

幽訛, 澆舛雖生, 淳和尚挹。

漸復時移, 解昧, 聖少凡多。大天旣捷辯爭馳, 羣聖亦潛情競發, 人爲異部, 法有殊宗。波混玄源, 星離寶岳, 逐使一味幽致分成二十之宗。慧路自此叅差^{U2a1}, 道跡難爲取捨。雖復如分白氎, 似碎黃金, 封執後乖, 式虧初旨。凡懷偏慮, 情滯邪智; 聖有通規, 形從異部。

2) 저자와 역자, 편찬자 소개

記 菩薩, 隨緣, 利見, 燿影生流^{J上2a1; B上1a1}宲² 賢劫之應眞, 嗣慈尊而補處; 因, 旣圓而德滿, 果, 待機而道成; 縟思^{X568b1}³綺以含章, 玄情鬱而拔萃; 洞該泉祕⁴, 述肇跡而裕後昆; 鑒極幽微, 語殊宗而津來哲。蓋二十之天鏡異部之洪源者矣!

昔, 江表陳代三藏家依, 已譯茲本, 名『部執異論』。詳諸貝葉, 挍⁵彼所翻, 詞或爽於梵文, 理有乖於本義。彼所悟者, 必增演之^{U2b1}; 有所迷者, 迺剪截之。

今, 我親敎三藏法師玄奘, 以大唐龍朔二年七月十四日, 於玉華宮慶福殿, 重譯斯本。

基, 虛篹譯僚, 謬叅資列, 隨翻受旨, 編爲『述記』。家依法師『疏』成十卷, 敘諸事義, 少盡委曲^{J上2b1; B上2b1}, 學者怖其繁文, 或有遺於廣趣。今但詳其大旨, 釋其本文。與舊別者, 巨細而言; 與舊同者, 聊陳梗槩。

---

2   宲》UX, 實去 JB.
3   思》UXJ, 劫 B.
4   祕》UJB, 秘 X.
5   挍》UX, 校 JB.

3) 논의 명칭 설명

📖 異部宗輪[6]者, 舉宏綱以旌稱, 彰一部之都名。復言論者, 提藻鏡以標目, 簡異藏之別號。

人有殊途, 厥稱異部; 法乖一致, 爰號宗輪。異者, 別也; 部者, 類也。人 隨理解, 情見不同, 別而爲類, 名爲異部。宗者, 主也; 輪者, 轉也。所主 之法互有取捨, 喻輪不定, 故曰宗輪。又, 宗者, 所崇之理; 輪者, 能摧 之用。如王之有輪寶, 是以殄寇, 除怨, 建績, 成功, 標能, 舉德, 取方, 來學鏡此, 諸部善達玄微, 玅閑幽致, 可以挫異道制殊宗。樹德, 揚名, 借稱輪矣。異部之宗輪, 依士釋也。激揚宗極, 藻議收[7]歸, 垂範後昆, 名 之爲論。

2. 본문 해석

1) 논의 저술 의도

(1) 부파 분열의 손해와 혐오

① 부파의 분열 시기 및 손해(제1송)

📖 Z787b4; K567a4; S484a3; H272a3; Y23a8; L1a4; Q477a4; T15a7; U3b1; X568b22; J上3a3; B上3a3

佛般涅槃後　　　適滿百餘年

聖教異部興　　　便引不饒益[8]

6　*om.*》JB, 論 UX.

7　收》UXJ, 攸 B.

8　㊮ 正覺涅槃後　始滿百餘歲　於玆異論興　正法漸衰滅
　　㊥ 佛滅百年後　弟子部執異　損如來正教　及衆生利益

가. 과판 해석

記 述曰[9]: 諸論之作軌範不同。然今此論大文有二: 初敘其述意, 即當 ^(X568c1)
教起因緣; 次陳其所明, 即爲聖教正說。後無結釋流通之分。此蓋作
者不同, 未可詳其所以。

判釋有三: 一[10]云: 此論首末咸是世友所爲。雖第三頌中稱己之德,
然無自取[11]之咎。所以然者? 無上法王久入圓寂, 自餘應果多趣涅
槃, 時漸人澆, 皆無慧眼。若不自陳勝德, 或有疑法未眞, 故擧德以 ^(J上3b1; B上3b1)
自彰, 顯所說而可重。且如來契聖, 指天下而稱尊, 況菩薩越凡, 不 ^(U4a1)
自敘其高德! 人由道以成德, 標勝德以彰人; 法在人以弘宣, 敘上人
而顯法。旣稱賢劫之佛, 惑累久亡, 雖復自陳, 亦無高慢之失。爲顯
法勝故也。

第二云: 長行廣敘, 菩薩所爲; 先五頌文, 後學所作。且如自稱菩薩
具大覺、慧, 豈有內蘊三明, 外同九有, 隱處澆末, 陳德自揚? 雖顯
法出勝人, 然有自彰之失。故知前頌後學作也。

第三云: 始從如是傳聞終於敘年列部, 菩薩所作; 其前論意五頌、後述 ^(J上4a1; B上4a1)
本末義宗, 皆是後人所造。前頌中, 自揚其德, 後敘義, 不盡所宗, 故 ^(U4b1)
知初、後非菩薩造。

---

① rdzogs pa'i sangs rgyas mya ngan 'das ‖ lo brgya rdzogs par tshang① nas su ‖ bstan pa
la ni gnod bskyed② pa ‖ gyes pa ji ltar byung ba bzhin ‖ (① tshang》 PDC, tshangs N.
② bskyed》 PN, bgyid DC)

9   述曰》 UX, *om.* JB.(이하 같음)
10   一》 XJB, *om.* U.
11   取》 UX, 負 JB.

나. 제1송 풀이

記　此論首末總有二分: 初之五頌, 敍部異之衰損, 述眞教而令依; 後諸

長行, 陳部起之因由, 論異宗之所執。

就初五頌, 復分爲三: 初有二頌明異部衰損、令生厭怖, 次有二頌顯

造論勝人、思擇、許說, 後之一頌勸觀[12]佛教簡僞留眞。

初二頌中, 復有二段: 初之一頌明部之時、引生衰損, 後之一頌

明隨執部起、令生厭怖。 ^U5a1

此即初也。於中有二: 上之二句明部起之時, 下之兩句明部起衰損。 ^X569a1

佛陀, 梵音, 此云覺者, 隨舊略語, 但稱曰佛。具一切智、一切種智, ^J上4b1; B上4b1

如蓮華開, 如睡夢覺, 能自開覺, 亦覺有情, 覺行旣圓, 目之爲佛。

般涅槃者, 此言圓寂, 即是圓滿、 體, 寂滅義。此即顯示無餘涅槃。

有餘已後, 佛在多時, 取此百年, 便違正理, 故今但取入無餘也。

適者, 未久之義; 滿者, 不減之理[13]。若不言適, 但言滿者, 未滿二百

已來皆是滿百。今顯百年未久, 故言適也, 即舊『論』說: 一百年已, ^U5b1

更十六年。若不言滿, 但言適者, 不滿[14]正滿亦適百年。今顯百年有

餘, 故言滿也。又, 言餘者。顯此非正百年、亦非久滿、復非減少,

故言餘也。

此意[15]總顯: 釋迦如來入無餘後, 纔滿一百餘年, 即顯部起時也。 ^J上5a1; B上5a1

聖者, 正也。與正[16]理合, 目之爲聖; 又, 契理通神, 名之爲聖。此言

所顯, 即佛世尊所說教能引聖, 名聖教。教者, 教示導[17]訓爲義。『大

12　觀》XJB, om. U.

13　理》UX, 辭 JB.

14　不滿》U, 滿不 XJB.

15　意》XJB, 言 U.

16　與正》XJB, 正與 U.

毘婆沙』第一百二十六卷說: 教體即聲。三無數劫所求起故、是業性^{U6a1}
故。聖教言顯非外道教。

如來弟子情見不同, 稱之曰異; 類類別處, 復名爲部, 即人異也。興
者, 起也。

此句總顯: 於佛敎中, 弟子乖競, 有異部起, 非外道中部有異也。

不饒益者, 是衰損義, 即損正敎及利有情。此意總顯: 人無異諍, 聖
敎純和, 覺意不差, 法無虧減^{J上5b1; B上5b1}人有異競, 聖敎澆離, 情見不同, 法成
衰損。理旣邪正難辨, 即令聖敎陵[18]遲, 人無指的可依, 有情迷謬, 更
長失金言之一味, 得水乳之兩和。人法澆浮^{X569b1}, 便引衰損, 由聖敎中異^{U6b1}
部起故, 乃能引此不饒益生。

二句總明部起衰損。

一頌意顯: 佛在之日及涅槃後百年以來, 人無乖競, 法無異說, 佛及
聖弟子之所任持故。佛有五德, 任持故耳: 一不可化者, 皆能化之,
人無異部; 二能斷疑網, 有疑皆決, 法[19]無異執; 三人天崇敬, 衆德所
遵, 寧生別部; 四說法必益, 但所聞法旣出塵勞, 如何別執; 五能伏邪
論, 天魔外道皆悉能伏。故人無異部, 法無別執。^{J上6a1; B上6a1}

佛具五德, 任持法故, 人法無異; 佛滅百年, 大迦葉等諸聖弟子所任^{U7a1}
持故, 人法不別。自佛滅後百有餘年, 於聖敎中, 有異部起, 便能[20]引
生[21]不饒益事。翻顯: 百年已前, 雖佛已滅, 於聖敎中, 無異部起, 一
味和合, 正敎不虧, 衆生純信, 無不饒益。

17　導》XJB, *om.* U.
18　陵》UXJ, 凌 B.
19　法》XJB, 語 U.
20　能》JB, *om.* UX.
21　生》XJB, 攝 U.

② 주장에 따른 부파 성립 및 혐오(제2송)

論 展轉執異故　　　隨有諸部起

^{Y23b1}
依自阿笈摩　　　說彼執令厭[22]

가. 제2송 풀이

記 述曰: 此言正明隨執部起、令生厭怖。初半顯示隨執部起, 後半顯說令生厭離。

展轉者, 不定義。此部所是, ^{J上6b1; B上6b1} 彼部所非, 此部所非, 彼部所是。是非無主 ^{U7b1} 故言展轉。情見不同名爲執異。故者, 由也; 隨者, 逐也; 起者, 部[23]興也。由諸弟子互相是非、展轉取捨、情見各別, 逐自理解, 事義乖張, 無華葶之相扶, 有支離之異趣, 皆自隨情執理, 逐理解生。所解旣自不同, 執人遂分別部。即顯人隨情執, 成異部也。前頌已言於聖教中有異部, 今明起也。

阿笈摩者, 此翻爲傳, ^{X569c1} 展轉傳[24]來之義。或翻爲教。厭者, 怖也、離也。

論師意顯: 今說部起隨自情執, 非我率意妄述, 根本由依[25]自說一切有教相、^{U8a1}傳說也。

何因, 須說?

爲令生厭。

22　㊝ 各各生異見　建立於別衆　危嶮甚可畏　應生厭離心
　　㊞ 於不了義經　如言執故失　起衆生厭怖　今依理教說
　　Ⓣ sde pa rnams ni phan tshun du ‖ blo gros tha dad byung ba bzhin ‖ skyo① bar byed pa de rnams ni ‖ bdag la yod② pa brten③ nas bshad ‖ (① skyo》 PN, skyong DC. ② yod》 DC, spyod PN. ③ brten》 DC, bsten PN)

23　部》 XJB, 無 U.

24　傳》 JB, *om.* UX.

25　根本由依》 UJB, 由根本及依 X.

나. 혐오를 발생시킨 이유

記 如來大悲所逼[J上7a1; B上7a1], 堅固熾然, 三劫長時, 修百千行, 因圓果滿, 證道, 利生; 動智海以自津, 演眞宗而拯物; 欲使情山自殄, 慧日居懷, 渾一理源, 無二覺路。後諸弟子, 遂乃隨情執起, 逐執部興, 紛糺亂於八宏[26], 交競盈於九有; 眞宗邃極, 損諸理外, 妄說浮旨, 實在義先; 慕道者猶豫於兩端, 歸依者惆悵於岐路; 人天失虔[27]敬之道, 神祇罷肅恭之德。可謂智海湛, 而風鼓; 慧日明, 而霧翳。良可悲哉! 良可痛矣!

論師[U8b1], 舟航庶類、梁[28]棟佛法屬此乖張, 深所嗟慨, 所以依敎、傳說, 鏡範後賢, 令知法本無差, 人爲見異, 可欣法而起解[J上7b1; B上7b1], 厭執人而生怖, 勿爲競先, 勿爲諍首。故下半頌令生厭也。

一頌總顯: 由諸弟子各執異, 隨此別見, 有諸部起。我今世友, 依自師敎、傳說, 彼宗能執諍首, 令諸來葉深生厭怖。常爲和合之先, 勿作破法之始。

(2) 저자와 그의 고찰 및 약속

① 저자 소개 및 분열 시기 고찰(제3송)

論 世友大菩薩　　　具大智覺慧
　　釋種眞苾芻[29]　　觀彼時思擇[30]

26　宏》 UX, 紘 JB.
27　虔》 XJB, 處 U.
28　梁》 UXJ, 樑 B.
29　芻》 KYLQTUXJB, 蒭 ZSH.
30　㊥ 없음.
　　㊐ 天友大菩薩　觀苦發弘誓　勝智定悲心　思擇如此義
　　Ⓣ de tshe dbyig bshes blo ldan pa ‖ shā-kya'i dge slong blo chen po ‖ byang chub sems dpa' blo gros che ‖ khyad par sems la brtag bya ste ‖

記 述曰: 自下二頌明造論勝人、思擇、許說。於中有二: 初之一頌明
造論勝人、觀彼思擇, 後之一頌明正觀彼事許可當說。

此即初也。於中有四: 一, 世友者, 能造人名, 論主自顯; 二, 大菩薩
等, 所具勝德; 三, 釋種眞等, 簡擇殊流; 四, 觀彼時等, 正觀思擇。
言世友者, 梵云筏蘇蜜多羅。筏蘇者, 世義; 蜜多羅, 友也。外道所
事毘瑟挐天, 亦名筏蘇。能救世故、世間父故、世導師故、住於世
故。今此論主, 從彼乞得, 彼天之友, 故云世友。友者, 朋友。如言
世親, 世天親也, 世天之友, 故名世友。又, 此天暴惡, 神鬼怖之。菩
薩初生, 父母矜愛, 恐非人所嬈故, 以此爲名。謂此嬰兒, 世天之友,
世天所護, 諸鬼神等勿恐, 怖之。如今此方立名神護, 神所護念, 非
人不近。又, 此菩薩, 大悲救物, 爲世之友, 故名世友。自標名也。
不名天友, 如世親釋。又, 住天之友故名住友。

大菩薩者。因位已圓故言大也。菩提名覺, 薩埵云有情。具智、覺
之有情故言薩埵。能求菩提一切智、覺, 緣諸有情以爲悲境, 故言菩
薩。此如常釋, 即具德假者也。

大智等者。 此顯所具三種別德: 一大智德、二大覺德、三大慧德。
以一大言, 遍智、覺、慧。言大智者, 即利他德; 大覺、慧二是自利
德。能了自相, 目爲大覺; 了法共相, 名爲大慧。又, 聞、思、修慧,
如次配之。 或自相、共相等三種作意, 次第配釋。 又, 大智是總,
覺、慧是別。自、他二利別配覺、慧。

釋種者, 標是佛之種。佛, 刹帝利姓, 即是釋迦, 此翻爲能。古仙姓能,
能導世故、具德能故。言苾芻者, 或名怖魔、或名能破、或名乞士
等。此如常釋。但言苾芻, 義通外道, 今言釋種, 顯非外人; 但言釋種,
或通世俗, 今言苾芻, 顯出家也。然苾芻義, 通聖及凡[31], 今顯非凡, 復

31 　及凡》XJB, 凡及 U.

言眞也。又³²，聖通三乘，今簡非二。顯此但是趣佛之聖，故言眞也。

觀，謂觀察；彼時者，即部異時也。論主四百年生，部在一百年餘。

相去旣遠，但言彼時。思，謂思量說是部執之事；擇，謂簡擇敍其異

競之宗。

論主意言: 我世友具此德，觀彼部起之時，思擇其事，申諸宗義。若

不顯人之德，法或³³可疑，今明法出勝人，理可依之信解。標人以勸

信行，顯法乃以勸隨法。故須擧人以彰法勝。

② 설명의 약속(제4송)

論 　等觀諸世間　　　種種見漂轉

　　　分破牟尼語　　　彼彼宗當說³⁴

記 　述曰: 此頌所明正觀彼事、許可當說。等，謂平等、或是遍義。其

世間者，謂有³⁵二說: 一有情世間、二即器世間。可破壞故云世，沈

沒於中曰間。今此所取有情世間。此非一故，復言諸也。

見，謂³⁶見解。此非唯一故言種種。漂，謂漂浮、亦謂漂涌、或云

漂³⁷溺。轉，謂流轉、或是起義。見即由人起，人逐見流。

32　又》 XJB, *om.* U.

33　或》 JB, 成 UX.

34　㊛ 없음.
　　㊥ 我見諸衆生　隨種種見流　故說眞實義　如佛言所顯
　　㋾ 'jig rten lta ba sna tshogs kyis^① ‖ rnam par sel^② la kun brtag zhing^③ ‖ thub pa'i bka'
　　ni gyes pa bzhin ‖ gzhung lugs de dang de dag bshad ‖ (① kyis》 DC, gyis PN. ② sel》
　　PN, g-yengs DC. ③ zhing》 PN, shing DC)

35　有》 UJB, 明 X.

36　見謂》 XJB, *om.* U.

37　漂》 UXJ, 標 B.

言牟尼者, 此翻爲寂。 寂煩惱故、 寂生死[38]故、 處大涅槃得寂滅故、 寂諸戲論證眞理故。 即佛世尊所說十二分教名牟尼語。

言彼彼者, 是非一義, 謂諸有情爲種種見所漂[39]轉故, 分破世尊根本所說甚深義教, 爲彼彼宗。

此意總顯: 我遍觀察諸有情類, 爲競首者, 爲諸自見之所漂浮; 爲諍末者, 爲諸他見之所流轉。 或翻此說: 首末轉漂因緣力故, 分破世尊所說眞教, 作彼彼宗。 此諸異宗, 我今當說。[U12a1] 此即二十異宗名爲彼[X570c1]彼, 皆由隨自見解所漂轉故, 分破佛語, 非是佛語本末有別。[J上10b1; B上10b1]

(3) 진실에 머물기를 권장함(제5송)

論 應審觀佛敎　　　聖諦說爲依

如採[40]沙中金　　　擇取其眞實[41]

記 述曰: 此頌正明勸觀佛敎去僞留眞。

審, 謂審諦。 聖諦說者, 即佛所說四諦教也, 勸諸有情勿爲自見之所漂轉。 眞者, 無垢; 實, 謂堅固。

應審觀察佛所說敎中, 但四聖諦敎爲眞依處。 生死因果, 苦集二諦; 出世因果, 滅道二諦。 眞實不虛, 諸部無諍[U12b1], 決定, 如是實可依處; 餘傍義理, 諸部互乖, 是非不定。

38　死》 XJB, *om.* U.

39　漂》 XJB, 標 U.

40　採》 ZKTX, 采 SHYLQJB, 來 U.

41　⑧ 今於修多羅　觀察佛正教　依於眞諦說　求於堅固義　猶如砂礫中　求得眞金寶

　　⑥ 若知佛正教　聖諦爲根本　故應取眞實義　猶如沙中金

　　① 'phags pa'i bden pa'i gtam① gyi gnas ‖ sangs rgyas bstan pa kun bstan nas ‖ rdul rnams la ni gser bzhin du ‖ de phyir de las snying po blangs② ‖ (① gtam》 NDC, gtan P. ② blangs》 PN, blang DC)

如採[42]沙中金者, 舉喻說也。猶如採[43]沙中之金, 取金去石。鑄、鑛
[J上11a1; B上11a1]
亦爾。諸部經敎, 旣如金鑛, 應取其金, 去其鑛也。四聖諦理猶似眞
金, 誠實不虛, 應可依取; 所餘義理, 或是、或非, 卒難取捨。不可隨
自見以互有乖諍。便誹諸部並各非眞。其諸部中, 四聖諦敎無異說
故, 可依信解。

一頌總顯: 應審觀察, 雖諸部義隨見解生, 不可誹之。便總是其佛所
說。四聖諦敎是眞、是實, 如採[44][U13a1]沙中所有金寶, 深可依信。不以有
沙便棄金者, 勿以有諍棄聖諦敎。

(4) 5송의 총결

記　五頌總顯: 世尊滅後一百年餘, 於佛敎內有異部起, 便引衰損, 皆由隨
[J上11b1; B上11b1]
自見解, 分破佛敎, 作彼彼宗。我今世友, 觀之當說。勸諸學者, 應觀
佛說四聖諦敎是眞、是實, 如採[45]沙中所有金寶[46], 去非, 留是, 於諸
部敎, 亦復如是。取聖諦敎, 爲所依學, 自餘所諍, 任意去留, 勿以隨
[X571a1]
見分爲諸部, 便總非撥。

此即第一敘部異之衰損、述眞敎而令依, 造論意也。

42　採》 UX, 采 JB.
43　採》 UX, 采 JB.
44　採》 UX, 采 JB.
45　採》 UX, 采 JB.
46　寶》 XJB, 實 U.

2) 부파 분열의 배경 및 각 부파의 주장

(1) 전해 들었음을 밝힘

論 ^(Z788a1; L1b1; U13b1) ^47
如是傳聞。

記 述曰: 自下第二陳部起之因由, 論異宗之所執。文意有五: 一顯己傳
聞, 二明本教主, 三敍部興之年代, 四述因諍部分, 五廣陳部執。
此即初也。如是之義, 依四義轉, 總指一部所明之義。聞, 謂耳根發
識聽受, ^(J上12a1; B上12a1) 耳得聞名。言傳聞者, 顯非親聽, 展轉聞也。親所聽受, 稱
曰我聞; 從他聽受, 名曰傳聞。先云^48 已依自阿笈摩, 顯非妄說。若
初不言傳, 從自教所聞說者, 便有率情妄陳之惑, 故言傳也; ^(U14a1) 爲令生
信, 故稱傳聞。

(2) 근본 말씀의 주체

論 佛薄伽^49 梵,^50

記 述曰: 自下第二明本教主。後諸弟子諍佛之教, 非諸外道, 故稱教主。
佛, 如前釋。薄伽梵者, 能破四魔, 具抱六德, 名薄伽梵。

---

47 ㉠ 我從先聖①聞。(① 聖》 L, 勝 KT)
   ㉡ 如是所聞。
   ㉢ 'di skad ces grag① ste② ‖ (① grag》 DC, grags PN. ② ste》 NDC, te P)
48 云》 XJB, 顯 U.
49 伽》 ZKYLQTUXJB, 如 SH.
50 ㉠ 如來,
   ㉡ 佛世尊,
   ㉢ sangs rgyas bcom ldan 'das

(3) 부파 흥기의 연대

① 대략적인 논쟁 연대

論 般涅槃後, 百有餘年,[51]

記 述曰: 自下第三敘部興年代。於中有五: 一總敘諍年, 二喻嗟時惡,^{J上12b1; B上12b1}
三擧部興所在, 四彰外護人王, 五正陳諍時[52]。
此即初也。如文可解。

② 시기가 좋지 않음

論 ^{U14b1}去聖時淹, 如日久沒。[53]

記 述曰: 此乃第二喻嗟時惡。如來未出已前世間, 稱爲大夜; 佛日旣朗
已後天下, 始得言明。若無開導, 羣盲何以有懷慧目！自鶴林變色,
覺照潛暉, 世亦昏冥, ^{X571b1}年寢[54]滿百。譬如白日西落, 素月東潛, 夜久
更深, 天下昏闇, 故擧嗟時惡。如日久沒也。

梵云頞悉多, 此云沒; 鄔陀延, 此但云出。非日出沒處山名也。即今
西方, 見日西沒, 呼言頞悉多。非別有頞悉多山, 日於中沒。^{J上13a1; B上13a1}又, 梵
本但云百餘年, 更無十六年之語。此相傳人釋, 非本論文。^{U15a1}

---

51 ㊤ 人中日, 佛滅度後, 百一十六年,
　　㊥ 滅後, 滿一百年,
　　Ⓣ yongs su mya ngan las 'das shing rgyal ba'i nyi ma nub nas lo brgya lon te ｜ dus cung
　　zad cig 'das nas shing

52 諍時》JB, 時諍 UX.

53 ㊤ 없음.
　　㊥ 譬如朗日隱頞悉多山。過百年後更十六年。
　　Ⓣ 앞에 포함됨.

54 寢》X, 寢 UJB.

③ 부파가 흥기한 장소

🔲 摩竭⁵⁵陀國, 俱蘇摩城。⁵⁶

가. 간략한 설명

🔲 述曰: 此擧部興所在。中印度國名摩揭陀, 王大都城名俱蘇摩。俱蘇
摩者, 古舊都城。有新都城, 名波吒釐子。阿闍世王先都王舍, 其子
王等, 以王舍地曾起惡逆, 遷都於此。俱蘇摩, 舊爲無憂於此處都,
諸僧諍處。

나. 마가다 풀이

🔲 摩揭陀者, 此云無毒害, 舊⁵⁷云致甘露處, 然義亦得。此即諸天及阿
素洛, 往昔之時, 愛著心重, 爲毒所害, 壽命短促。梵王, 矜⁵⁸之,
以龍爲繩, 以山爲欑⁵⁹, 攪於乳海。于時, 衆生福力, 海變成乳, 後得
甘露, 安置此中。服得長壽, 除諸毒害, 名無毒害⁶⁰。此依彼方俗間
所釋。
又, 摩揭陀者, 今天帝釋往因中名。性好治地, 與三十二人, 於此地
中, 共爲願契, 同修勝業, 現招富樂, 後竝生天。從天帝釋因中爲名,

---

55 竭》SHYLQTUXJB, 揭 ZK.
56 ⓐ 城名巴連弗,
ⓑ 有一大國, 名波吒梨弗多羅,
ⓒ skya nar gyi bu me tog gi grong① bar gyi② rten na③ (① grong》DC, gro PN. ② gyi》
PND, bgyi C. ③ na》P, ma DC, om. N)
57 舊》XJB, om. U.
58 矜》JB, 令 UX.
59 欑》UJB, 攢 X.
60 害》XJB, 國 U.

名摩揭陀也。

다. 꾸수마 풀이

記 　俱蘇摩者，此翻爲華，華十名中，此一名也。若言矩奢揭羅補羅城，
　此云上茅。此處多出吉祥香茅，因此名也。又云名華。此地多有諸
　玅香華，因以名也。

라. 빠딸리뿌뜨라 풀이

記 　又，有波吒釐子城者。與此相連，次在此東。昔有婆羅門，高能博學，
　門人數千。稍因餘暇，相從遊止，至波吒釐林，有一書生，徘徊悵怏。
　同儔謂曰：“何以憂容？”答曰：“覉遊歲月，一業無成，盛色方剛[61]，又
　無妾昵[62]。顧此爲念，寧不增憂？”餘諸學徒進而戲曰：“今將爲子，
　婚接一親。”乃立二人爲男父母，復立二人爲女父母，以玅波吒釐樹
　授以爲妻，酌水獻華以爲醴、饌。陳情契婚姻之禮，命酌，論好合之
　期。書生之心欣然，自得。日云將晏，學侶言歸，唯此書生，懷情眷[63]
　戀不去。書生獨宿，餘友旋來。

　景夕之間，神火燭野，歌鍾滿席。俄見老翁策杖來至。有一少女，彩
　服而前。翁指少女曰：“此君之弱室也。”歡歌奏樂，終七日焉。

　其先學徒咸疑獸害，往而求覓，見坐樹下，如對嘉賓，猶逢上客。諸
　侶請歸，辭不從命。後自入城，拜謁親故，具陳始末，人悉驚嗟。

　暮歲之後生一男子，謂其妻曰：“吾今欲歸，未忍離阻。適欲留止，棲

61　om.》 XJB, 延 U.
62　昵》 XJB, 泥 U.
63　眷》 JB, om. UX.

寄飄露。” 其妻白父翁, 乃言曰: “人生欲樂, 何復必故鄉? 今將築[U17a1]室, 幸無異志。” 遂乃役使靈徒, 功成不日。從此已來, 城遂名也。波吒釐者, 樹名; 子者, 樹之兒也。城因樹兒以立故名波吒釐子焉。然闍王之子, 遷都此處。王宮在西, 多在故俱蘇摩地; 百姓廣大, 悉皆在東, 多在波吒釐地。門向東開故, 家依法師[J上15a1; B上15a1]解波吒釐, 錯其事也。又, 言有一大國, 名波吒釐, 亦爲非也。此是都城之名, 何以云國? 摩揭陀者, 乃國名也。『大毘婆沙』第九十九, 亦敘此事, 云摩揭陀國。若以波吒釐爲國, 摩揭陀是何也?

④ 외호한 국왕

論 [U17b1; X572a1]王號無憂, 統攝贍[64]部, 感一白蓋, 化洽人、神。[65]

記 述曰: 此彰外護人王。初一句列王名, 次三句顯王德。顯王德中有三: 一化境寬狹, 二感瑞成王, 三威通幽顯。

廣釋此王因之所以, 如經。此王是頻婆娑羅王之孫也。無憂, 嗣位之後, 心乖佛法, 擧情卒暴, 乃立地獄, 作害生靈。後, 因阿羅漢, 方始歸信, 遠, 因以沙奉獻, [J上15b1; B上15b1]近, 由聖者, 迴心、乃度其弟。大帝出家具, 如『西域記』說。

此王之父, 未生無憂以前, 恒慮遮那枳來相戮害, 及生無憂之日, [U18a1]此怨自死[66], 怨害旣除, 名無憂也。又, 此王, 容儀絕比, 神彩難方,

---

64 贍》ZKSHYLQJB, 瞻 TUX.

65 ㊎ 時阿育王, 王閻浮提, 匡於天下。
㊐ 王名阿輸柯, 王閻浮提, 有大白蓋, 覆一天下。
Ⓣ rgyal po mya ngan med gdugs gcig pa'i sa skyong zhing rgyal srid mdzad pa'i

66 死》UJB, 怨 X.

悅可父母之懷故, 以無憂爲號。

統攝贍[67]部者, 化境寬狹也。贍[68]部, 樹名, 在此洲北界, 臨水而生。

從樹爲名, 地稱贍[69]部。其子大而且美。因以名焉。

感一[70]白蓋者, 感瑞成王也。王, 初嗣位, 鐵輪飛空, 轂赤輪白, 衆寶

廁錯[71], 顯能摧伏。有白雲蓋覆贍[72]部洲, 明所伏處即一天下。

化洽人[73]神者, 威通幽顯也。 洽者, 潤沾之義。 此王三捨贍[74]

J上16a1; B上16a1

部, 供奉三尊, 使諸人鬼大力神等造八萬四千妙塔。非直威摧人庶
U18b1

信, 亦化及鬼神也。

⑤ 논쟁 시기

論 是時, 佛法大衆初破。[75]

H272b1

記 述曰: 正陳諍時[76]。謂佛涅槃已後, 一百餘年, 於摩揭陀國俱蘇摩城,

當無憂王時, 佛法初破。已前, 猶自佛法和合。

67　贍》 J, 瞻 UXB.

68　贍》 JB, 瞻 UX.

69　贍》 JB, 瞻 UX.

70　一》 XJB, *om.* U.

71　錯》 J, 鈿 UXB.

72　贍》 JB, 瞻 UX.

73　人》 XJB, *om.* U.

74　贍》 JB, 瞻 UX.

75　㊊ 爾時, 大僧別部異法。
　　㊋ 如是時中, 大衆破散。
　　Ⓣ dge 'dun phal chen pa gyes pa byung ste |

76　諍時》 XJB, 時諍 U.

(4) 논쟁에 의거한 부파분열

① 근본분열

가. 논쟁하는 자와 논쟁 대상

🔲 　謂因四衆共議大天五事不同, 分爲兩部。[77]

가) 간략한 풀이

🔳　述曰: 自[78]此下第四述因諍部分。於中有二: 一明根本諍部起之由,

二陳後末諸部別起。

初中有二: 一總擧能諍、所諍分爲二部, 二別顯所分二部、四衆、

五事。

此卽初也。謂因四衆者, 能諍人也; 共議大天五事不同者, 所諍事

也; 分爲兩部者, 所分部也。

나) 마하데바와 5사

(가) 태어남

🔳　自下具出大天五事因緣不同。

昔, 末土羅國有一商主。少聘妻室生一男子, 顏容端正, 字曰大天。

77　⑭ 없음.
　　⑭ 없음.
　　Ⓣ 없음.

78　自》UXB, 目 J.

(나) 3가지 무간업 지음

記 未久之間, 商主持寶, 遠適他國, 展轉貿[79]易, 經久不還。其子長大, 染穢於母, 後聞父還, 心旣怖懼, 與母設計, 遂殺其父。彼旣造一無間業已。

事漸彰露, 便語其母, 展轉逃隱波吒釐城。彼後遇逢本國所供養無學苾芻, 復恐事彰, 遂設方計, 殺彼無學。旣造第二無間業已。

心轉憂感, 後復見母與餘交通, 便憤恚言: "我事此故, 造二重罪, 移流他國, 跉蹎[80]不安, 今復捨我, 更好他者。如是倡穢。誰[81]堪容忍?" 於是, 方便, 後[82]殺其母。彼造第三無間業已。

(다) 출가해 구도함

記 由彼不斷善根力故, 深生憂悔, 寢處不安, 自惟重罪何緣當滅。彼復傳聞沙門釋子有滅罪法, 遂往雞園僧伽藍所, 於其門外, 見一苾芻徐出經行, 誦伽陀曰: "若人造重罪, 修善以滅除, 彼能照世間, 如月出雲翳。" 時, 彼聞已, 歡喜踊躍, 知歸佛敎, 定當罪滅。因即往詣一苾芻所, 慇懃固請, 求度出家。時, 彼苾芻旣見固請, 不審撿問, 遂度出家, 還字大天, 敎授敎誡。

大天聰慧, 出家未久, 便能誦持三藏文義。言詞清巧, 善能化導, 波吒釐城無不歸仰。時, 無憂王聞已。召請, 數入內宮, 恭敬供養而請說法。

---

79 貿》XJ, 賈 UB.

80 跉蹎》J, 路蹎 U, 跉蹍 XB.

81 誰》UJB, 誶 X.

82 後》UXB, 復 J.

(라) 5사의 발생

記　彼後既出, 在僧伽藍, 不正思惟, 夢失不淨。然彼先稱是阿羅漢而
　　令弟子浣所污衣。弟子白言: "阿羅漢者, 諸漏已盡, 師今何容猶有
　　斯事?" 大天告曰: "天魔所嬈, 汝不應恠。然所漏失略有二種: 一者
　　煩惱、二者不淨。煩惱漏失, 阿羅漢無, 猶未能免不淨漏失。所以
　　者何? 諸阿羅漢煩惱雖盡, 豈無便、利、涕、唾等事? 然諸天魔常
　　於佛法而生憎嫉, 見修善者, 便往壞之。縱阿羅漢, 亦爲其嬈, 故
　　我漏失是彼所爲。汝今不應有所疑怪。"『論』是名第一惡見等起。

　　又, 彼大天欲令弟子歡喜親附, 矯設方便, 次第記別四沙門果。時,
　　彼弟子稽首白言: "阿羅漢等應有證智, 如何我等都不知?" 彼
　　遂告言: "諸阿羅漢亦有無知。汝今不應於己[83]不信。謂諸無知略
　　有二種: 一者染汙, 阿羅漢已無; 二者不染汙, 阿羅漢猶有。由此,
　　汝輩不能自知。"『論』是名第二惡見等起。

　　時, 諸弟子復白彼言: "曾聞聖者已[84]度疑惑, 如何我等, 於諦實中,
　　猶懷疑惑?" 彼復告言: "諸阿羅漢亦有疑, 有二種: 一者隨眠性疑,
　　阿羅漢已斷; 二者處、非處疑, 阿羅漢未斷, 獨覺於此而猶成就。況
　　汝聲聞, 於諸諦實, 能無疑惑而自輕耶?"『論』是名第三惡見等起。

　　後, 彼弟子披讀諸經說: 阿羅漢有聖慧眼, 於自解脫, 能自證知, 因
　　白師言: "我等若是阿羅漢者, 應自證知, 如何但由師之令入, 都無
　　現智能自證知?" 彼即答言: "有阿羅漢但由他入[85], 不能自知。如
　　舍利子智慧第一、大目犍連神通第一, 佛若未記, 彼不自知, 況汝

83　己》UXJ, 巳 B.
84　已》UXJ, 己 B.
85　入》UX, 人 JB.

鈍根, 不[86]由他人而能自了? 故汝, 於此, 不應窮詰。"『論』是名第
四惡見等起。

然彼大天雖造衆惡, 而不斷滅諸善根故, 後於中夜, 自惟: '罪重, 當於 ^{J上19a1; B上19a1}
何處, 受諸劇苦?' 憂惶所逼, 數唱苦哉。近住弟子聞之, 驚怪, 晨朝 ^{U22a1}
叅問: "起居安, 不?" 大天答言: "吾甚安樂。" 弟子尋白: "若爾,
昨[87]夜, 何唱苦哉?" 彼遂告言: "我呼聖道, 汝不應怪。謂諸聖道若
不至誠稱苦召[88], 命終, 不現起, 故我昨[89]夜數唱苦哉。"『論』是名
第五惡見等起。

大天, 於後, 集先所說五惡見事而作頌言: "餘所誘、無知、猶豫、
他令入、道因聲故起, 是名眞佛敎。"

(마) 5사로 인한 상가의 다툼

記 於後, 漸次, 雞園寺中上坐苾芻多[90]皆滅沒故[91], 十五日夜, 布灑
陀[92]時, 次當, 大天昇座說戒, 彼便自誦所造伽陀。

爾時, 衆中有學、無學、多聞、持戒、修靜慮者, 聞彼所說, 無 ^{U22b1} ^{J上19b1; B上19b1}
不驚訶: "咄[93]哉! 愚人! 寧作是說? 此, 於三藏, 曾所未聞。"咸即
對之, 翻彼頌曰: "餘所誘、無知、猶豫、他令入、道因聲故起, 汝
言非佛敎。"

---

86 汝鈍根不》XJB, *om.* U.
87 昨》UJB, 作 X.
88 召》UJB, 名 U.
89 昨》UJB, 作 X.
90 *om.*》XJB, 聞 U.
91 故》XJB, *om.* U.
92 陀》XJB, 地 U.
93 咄》UJB, 拙 X.

於是, 竟夜, 鬭諍紛然, 乃至終朝, 朋黨轉盛。城中士庶乃至大臣,
相次來和, 皆不能息。時, 無憂王聞之, 自出, 詣僧伽藍, 於是, 兩朋
各執己[94]誦。時, 王聞已, 亦自生疑, 尋白大天: "孰非, 孰是? 我等,
今者, 當寄何朋?" 大夫白王: "戒經中說: 若欲滅諍, 依多人語。" 王
遂令僧兩朋別住, 賢聖朋內, 耆年雖多, 而僧數少; 大天朋內, 耆年
雖少, 而衆數多。王遂從多, 依大天衆, 訶伏餘衆, 事畢, 還宮。

爾時, 雞園諍猶未息, 後, 隨異見, 遂分二部: 一上座部、二大衆部。
時, 諸賢聖知衆乖違, 便捨雞園, 欲住他處。諸臣聞已, 遂速白王,
王聞既瞋, 便敕臣曰: "宜皆引[95]至殑[96]伽河邊, 載以破般, 中流墜
溺。即驗斯輩是聖是凡。" 臣奉王言, 便將驗試。時, 諸賢聖各起
神通, 猶如鴈王陵虛而往, 復以神力, 攝取船中同捨雞園未得通者,
現諸神變, 作種種形, 相次乘空, 西北而去。

王聞見已, 深生愧悔, 悶絕僻[97]地, 水灑, 乃蘇, 速即遣人, 尋其所
趣。使還, 知在迦溼彌羅, 後固請還, 僧皆辭命。王遂總捨, 迦溼彌
羅國造僧伽藍, 安置賢聖衆, 隨先所變作種種形, 即以標題僧伽藍
號, 謂鴿園寺[98]。數有五百。後遣使人, 多賷珍寶, 營辨什物而供
養之。由是爾來, 此國多有諸賢聖衆, 任持佛法, 相傳制造, 于今猶
盛。波吒釐王既失彼衆, 相率供奉[99]住雞園僧。

---

94 己》UXJ, 已 B.
95 引》JB, 列 U, 別 X.
96 殑》UX, 競 JB.
97 僻》UX, 躄 JB.
98 寺》UJB, 等 X.
99 奉》UJB, 養 X.

(바) 죽음

記 於後, 大天因遊城邑, 有占相者遇[U24a1][100]爾見之, 竊語彼言: "今此釋子, 却後七日, 定當命終。" 弟子聞之, 憂惶, 啟告, 彼便報曰: "吾已[101]久知。" 還至鷄園, 遣諸弟子分散, 遍告波吒釐城王及諸臣、長者、居士, '却後七日, 吾當涅槃。' 王等聞之, [102]無不[103]傷歎。至第七日, 彼遂命終, 王及諸臣、城中士庶, 悲哀戀慕, 各辦[104]香薪并諸蘇油、華、香等物, 積置一處而焚葬之, 持火來燒, 隨至隨滅, 種種方計, 竟不能燃。有占相師謂衆人曰: "彼不能消此殊勝葬具。宜以狗糞而灑穢之。" 便用其言, 火遂炎發, 須臾焚蕩, 俄成灰燼, 暴風卒至, 飄散無遺。

다) 총결

記 此即大天乖諍由序。諸有智者, 應知避之。如『毘婆沙』九十九說。今此五事, 聖衆不許, 所以紛紜各論此事, 遂分二部。二部者何?

나. 분열된 두 부파, 4중, 5사의 개별적 설명

가) 두 부파

論 一大衆部、二上座部。[105]

---

100 遇》 UX, 偶 JB.

101 已》 UXJ, 己 B.

102 om.》 UJB, 皆 X.

103 om.》 XJB, 當 U.

104 辦》 XJB, 辨 U.

105 秦 아래에 포함됨.
　　陳 아래에 포함됨.
　　T 아래에 포함됨.

記 述曰: 自下別顯所分二部等。於中有三: 一列二部, 二陳四衆, 三舉 [J上-21b1; B上-21b1]
五事。

此即初也。佛初入滅, 七葉巖中, 二部結集。界內即有迦葉波, 此
云飲光, 時爲上座; 布刺拏梅怛利曳尼子, 此云滿慈子, 當結集阿 [U25a1]
毘達磨; 鄔波離, 此云近執, 當結集毘奈耶; 阿難陀, 此云慶喜, 當
結集素怛纜。界外亦有萬數無學。界內旣以迦葉爲上座部, 界外
無別標首, 但總言大衆, 皆由未生怨王爲大檀越, 種種供養, 恐界
內、界外[106]人多難可和合所以, 兩處弘宣。時, 雖兩處結集, 人無
異諍, 法無異說。界內耆年至多, 界外年少極多。

乃至大天乖諍, 昔時界外少[107]年之僧門人、苗裔, 共爲一朋, 名大衆部。 [J上-22a1; B上-22a1]
取昔爲名。往昔界內耆舊之僧, 共爲一徒, 名上座部。取結集時迦葉 [U25b1]
是也。此二, 乃根本諍起之先首。依『西域記』及『結集』、『法傳』、
『大智度論』說, 各不同, 如[108]『藏章』說。

나) 4중

論 四衆者何?[109]

記 述曰: 此下第二陳四衆也。此爲問起。

論 一龍象衆、二邊鄙衆、三多聞衆、四大德衆。[110] [Y24a1; Q477b1]

---

106 界外》 X, *om.* UJB.
107 少》 XJB, 小 U.
108 *om.* UX, 諸 JB.
109 ㉥ 時, 有比丘。
　　㉫ 破散大衆, 凡有四種。
　　㉠ 없음.
110 ㉥ 一名能, 二名因緣, 三名多聞。

記 述曰: 龍象衆者, 喻大天之流。龍即是象, 象亦名龍, 此有二義: 一^{X574a1}
威勢叵當, 二欋桜難調。恃國王、大臣之力, 陵侮聖衆, 餘人因此,
乖諍所以, 威勢叵當。^{U26a1}性稟凶頑爲惡滋甚, 聖衆制^{J上22b1; B上22b1}, 而不止, 故名
欋桜¹¹¹難調。即是大天之流, 鬪諍之首。

邊鄙衆者, 大天之門徒等也。心行理外, 因之爲邊; 無德可稱, 名之
爲鄙。此等旣非諍首, 復無威勢叵當所以, 列名, 但言邊鄙。隨順
黨¹¹²援¹¹³大天之徒, 大天門人等也。

多聞衆者, 凡夫學者。隨順聖人, 妙達幽微, 廣閑三藏, 助善朋黨,
稱曰多聞。即是持戒廣學凡夫, 黨援¹¹⁴聖衆者也。

大德衆者, 即聖衆也。契理通神, 戒淸學博, 道高無上, 名爲大德。
四果等聖也。^{U26b1}

此之四衆, 二¹¹⁵惡衆, 二善衆。惡衆¹¹⁶之中有首, 有徒。大天等是
首, 門人等是徒。初二衆是也^{J上23a1; B上23a1}。善衆之內亦有首徒。聖者是首, 隨
順凡夫是徒。後二衆是也。

又, 有釋言: 若凡、若聖, 持戒淸高, 善閑律部, 衆中無畏, 譬如龍
象, 即持律者名龍象衆。尊者近執之學徒也。

毀戒違行, 目之爲邊; 性鈍無知, 名之爲鄙。即實不閑三藏聖教。
唯是凡夫諸破戒者名邊鄙衆。大天之類也。

陳 一大國衆, 二外邊衆, 三多聞衆, 四大德衆。
Ｔ 아래에 포함됨.
111 欋桜》 UXB, 懼憬 J.
112 黨》 XJB, 常 U.
113 援》 XJB, 授 U.
114 援》 XJB, 授 U.
115 二》 XJB, 一 U.
116 惡衆》 JB, om. UX.

若凡、若聖, 廣誦衆經, 善持佛語諸經師等, 名多聞衆。尊者慶喜之學徒也。[U27a1]

若凡、若聖, 玅解玄理, 深悟幽宗, 有道可稱, 名大德衆。即阿毘達摩諸大論師, 尊者滿慈之學徒也。

又, 有解言: 僧中有樂, 爲鬪諍首、爲破戒僧所依、爲惡人援[117]伴, 如龍象可畏, 是龍象衆。[J上-23b1; B上-23b1]

耳不能聽, 口不能說, 心行理外, 名爲鄙衆。

凡夫具戒, 依聞而行, 名多聞衆。[X574b1]

聖者具智, 隨理[118]而證, 名大德衆。

今此四衆, 乖競不同, 破四衆也。

다) 5사

論 其五事者, 如彼頌言:

餘所誘無知　　猶豫他令入

道因聲故起　　是名眞佛教[119][U27b1]

---

117 援》XJB, 授 U.

118 隨理》X, *om.* UJB.

119 ㉊ 說有五處, 以教衆生。所謂: 從他饒益、無知、疑、由觀察、言說得道, 此是佛教①。始生二部: 一謂摩訶僧祇、二謂他鞞羅<秦言上座部也>。(① 教》 *conj.*, 從 KLT)
　　㈲ 此四大衆, 共說外道所立五種因緣。五因緣者, 如彼偈說: 餘人染污衣　無明疑他度　聖道言所顯　是諸佛正教。思擇此五處, 分成兩部: 一大衆部、二上座弟子部。
　　㉾ 'di lta ste | gzhan gyis nye bar bsgrub pa dang | mi shes pa dang | som nyi① dang | gzhan gyis② rnam par spyod pa dang | lam sgra 'byin pa dang bcas pa 'di ni | sangs rgyas kyi bstan pa③ yin no zhes bya ba④ gnas lnga rjes su brjod cing rjes su sgrogs par gnas brtan⑤ klu dang | shar phyogs pa dang | mang⑥ du thos par⑦ byung bar gyur⑧ to || gnas lnga po de dag par rjes su brjod cing rjes su bsgrags nas kyang dge 'dun phal chen pa'i⑨ sde dang | gnas brtan pa'i sde zhes bya ba sde pa gnyis rnam par bzhag⑩ go || (① nyi》 PND, nyid C. ② gyis》 DC, gyi PN. ③ sangs rgyas kyi bstan pa》 PN, sangs rgyas kyi bstan pa dang bcas pa 'di ni sangs rgyas kyi bstan pa DC. ④ zhes bya ba》 PN, *om.* DC. ⑤ brtan》

記 述曰: 此即第三正明五事。如大天頌, 此前已釋。一餘所誘、二無
知、三猶豫、四他令入、五道因聲起, 是爲五事。

上來第一明根本諍部起之由。

② 지말분열

가. 대중부의 분열

가) 분열 연대 및 부파의 개수

(가) 제1차 분열

㉮ 분열 연대 및 소속 부파의 발생

論 ^{J中1a5; B中1a5} 後, 即於此第二百年, 大衆部中流出三部。[120]

記 述曰: 自下第二正陳後末[121]諸部別起。於中有二: 初明從大衆部所
分之[122]部, 後明從上座部所分之部。

初中有二: 初別舉年代、部[123]起之數, 後總結列諸部之名。

初中有四。 四[124]時分別部故。 前[125]三時分別[126]^{U28a1}部之[127]中文各有

DC, bstan PN. ⑥ mang》 PC, nang N, mong D. ⑦ par》 PN, pa DC. ⑧ gyur》 DC, 'gyur
PN. ⑨ pa'i》 PN, po'i DC. ⑩ bzhag》 PN, gzhag DC)

120 ⑧ 即此百餘年中, 摩訶僧祇部更生異部。
　　⑭ 至第二百年中, 從大衆部又出三部。
　　Ⓣ lo brgya de nyid^① la gnas pa'i tshe sde pa dge 'dun phal chen pa'i^② sde las (① nyid》 DC,
　　gnyis PN. ② pa'i》 PN, po'i DC)

121 末》 UJB, 未 X.
122 之》 XJB, 成 U.
123 代部》 XJB, 歲起 U.
124 四》 XJB, om. U.
125 前》 X, 前別 U, 於前 JB.
126 別》 XJB, om. U.
127 部之》 UJB, 之部 X.

二: 初總擧部分之年、所從部起, 二正顯所分部名。[J中1b1; B中1b1]

今此中言後即於此第二百年者, 顯分部年。 於大衆、上座部分之後, 即一百[128]外二百年還, 又更部起。大衆部中流出三部, 所從部起之處, 即於大衆部中起也。如前已說, 大衆部中凡多聖少, 所以二百年內, 猶有乖諍, 諸部先起。

此即擧部分之年、所從部起之處也。

④ 분열된 부파의 명칭

論 一一說部、二說出世部、三雞胤部。[Z788b1; K567b1] [129]

記 述曰: 自下第二[130]正顯所分部名。其大衆部, 本無異諍, 於此時內,[U28b1] 立義不同。一一說部。此部說: 世、出世法皆無實體, 但有假名, 名即是說, 意, 謂諸法唯一假名,[X574c1] 無體可得,[J中2a1; B中2a1] 即乖本旨, 所以別分名一說部。從所立爲名也。眞諦師『論』名與此同。『文殊問經』云執一語言部。名雖相似, 然注解云: 所執, 與僧祇同, 故言一也[131]。此釋非也。二說出世部。此部明: 世間煩惱從顚倒起, 此復生業, 從業生果。世間之法旣顚倒生, 顚倒不實, 故世間法, 但有假名, 都無實體; 出世之法非顚倒起, 道及道果皆是實有。[U29a1] 唯此是實, 世間皆假。從所立爲名。旣乖本旨, 所以別分名說出世部。『文殊問[132]經』注可稱

---

128 *om.* UX, 年 JB.
129 秦 一名一說、二名出世間說、三名窟居。
　　　 陳 一一說部、二出世說部、三灰山住部。
　　　 T tha snyad① gcig pa'i sde dang | 'jig rten 'das smra'i sde dang | bya gag ris kyi sde zhes bya ba sde pa gzhan dag kyang rnam par bkod do ‖ (① snyad》 DC, dad PN)
130 第二》 X, *om.* UJB.
131 也》 X, 說 UJB.
132 問》 JB, *om.* UX.

讚[133]者，此猶非也。眞諦法師云出世說者，隨順梵言，於此便倒。三[134]憍矩胝部。此婆羅門姓也。此云雞胤。上古有仙貪欲所逼，遂染一雞，後所生族，因名雞胤，婆羅門中，仙人種姓。『文殊問經』[135]注云律主姓也，是釋名同。眞諦法師云灰山住部，此言非也。本音及義皆無此說。此從律主之姓以立部名。

此部唯弘[136]對法，不弘*經、律，是佛世尊方便教故。如頌云："隨宜覆身，隨宜住處，隨宜飲食，疾斷煩惱。"有三衣覆身，佛亦開許；無三衣覆身，佛亦許之。僧伽藍內住，佛亦開許；界外，亦許。時食，佛隨許；非時、午前[137]食，佛亦許。故衣、處、食皆名隨宜。唯言疾斷煩惱，故阿毘達磨獨是正說，律爲方便也。又，頌言："出家爲說法，聰敏必憍慢。須捨爲說心，正理正修行。"若爲講經而出家者，講經，必起憍慢，憍慢起故，不得解脫。須捨爲說心，應依正理，正勤[138]修行，斷煩惱也。故知經是方便，不許說故，唯有對法是正理也。故此部師多聞精進，速得出離[139]。

即第一時，大衆部中出三部也。

---

133 讚》XJB, 解 U.

134 三》XJB, om. U.

135 文殊問經》JB, 文殊 U, 文殊經 X.

136 弘》UX, 宏 JB.(이하 *로 표시).

137 午前》UX, om. JB.

138 勤》XJB, 懃 U.

139 離》XJB, 家 U.

(나) 제2차 분열

📖 次後, 於此第二百年, 大衆部中復出[140]一部, 名多聞部。[141]

📝 述曰: 此第二時分. 文亦有二, 準前可解.

廣學三藏, 深悟佛言, 從德爲名, 名多聞部. 當時律主具多聞德也. 又, 有釋言: 佛在世時, 有一[142]無學, 名祀皮衣. 爲仙人時, 恒被樹皮爲衣, 以祀天故. 先住雪山, 佛入涅槃, 其祀皮衣入定, 不覺, 至二百年. 已從雪山來, 於大衆部中, 弘*其三藏. 唯見大衆部弘*其淺義, 不能弘*深, 此師具足, 更誦深義. 時, 有弘*其說者, 有不弘*者, 所以乖競. 所弘*之教深於大衆, 過舊所聞者, 故名多聞也.

(다) 제3차 분열

📖 次後, 於此第二百年, 大衆部[143]中更出一部, 名說假部。[144]

📝 述曰: 此第三時. 文亦有二, 准前可解[145].

此部所說, 世、出世法中皆有少假, 至下當知. 非一向假, 故不同

---

140 出》 ZKSHYLQTUXJ, 嚇 B.

141 ㊂ 없음.
　㊞ 於此第二百年中, 從大衆部又出一部, 名得多聞部.
　Ⓣ lo brgya pa de nyid kyi tshe sde pa dge 'dun phal chen pa'i① sde las mang du thos pa'i sde pa zhes bya ba sde pa gzhan yang rnam par bzhag② go ‖ (①pa'i》 PNC, po'i D. ②bzhag》 PN, gzhag DC)

142 一》 JB, *om.* UX.

143 部》 ZKSHYLQTUJB, *om.* X.

144 ㊂ 又, 於一百餘年中, 摩訶僧祇部中復生異部, 名施設論.
　㊞ 於此第二百年中, 從大衆部又出一部, 名分別說部.
　Ⓣ lo brgya pa de nyid kyi tshe | sde pa dge 'dun phal chen pa'i① sde las btags② par smra ba'i sde zhes bya ba sde pa gzhan yang rnam par bzhag③ go ‖ (①pa'i》 PN, po'i DC. ②btags》 DC, gtags PN. ③bzhag》 PN, gzhag DC)

145 此第三時文亦有二准前可解》 XJB, *om.* U.

一說部; 非出世法一切皆實, 故不同說出世部。旣世、出世法皆有^{Ｊ中4a1; Ｂ中4a1}假有實故。從所立以標部名。眞諦師云分別說部, 『文殊問經』^{U31a1}略無此部。

又, 舊釋言: 大迦旃延先住無熱池側, 佛入滅後二百年時, 方從彼出, 至大衆部中, 於三藏敎, 明此是世尊假名而說; 此是實義而說。大衆部中有不信者, 亦有信者, 逐別分部。此部卽大迦多衍那弟子所弘*通也。

(라) 제4차 분열

㉮ 논쟁하는 자 및 소속 부파

論 第二百年滿時, 有一¹⁴⁶出家外道, 捨邪歸正, 亦名大天。¹⁴⁷大衆部中出家受具, 多聞精進,¹⁴⁸

記 ^{X575b1}述曰: 此敍第四時分部起也。於中有四: 一明能諍人及所從部, 二明所居處, 三明乖違諍事, 四正明部分。

^{Ｊ中4b1; Ｂ中4b1}此卽第一。第二百年滿時。以前諸部但第二百年內分, 未滿二百年, 今此正二百年分部, 故言滿時, 卽大衆部中末¹⁴⁹後諍也。

外道之中有形同俗, 有同出家, 今此出家之人, 故言出家外道。捨外道之邪敎, 歸如來之正法, 亦名大天。

前第一百年時, 有大天比丘, 爲乖諍之首, 今此同前之名, 故稱爲

---

146 一》 KSHYLQTUXJB, *om.* Z.

147 *om.*》 ZKSHYLQTU, 於 XJB.

148 ⓠ 又, 二百年中, 摩訶提婆外道, 出家,
　　ⓟ 此第二百年滿, 有一外道, 名曰大天。於大衆部中出家,
　　Ⓣ lo nyis brgya pa la gnas pa'i tshe kun du^① rgyu lha chen po zhes bya ba rab tu byung ste (① du》 DC, tu PN)

149 末》 XJB, 未 U.

亦。『婆沙』所說是前大天。

於大衆部中出家等者, 顯所從部。 出家受具, 明形入僧流、 受持具戒。 廣學優思, 名曰多聞; 行潔高清, 目爲精進。 此乃談其威德, 明所 從部, 即乖諍之首也。

又, 有釋言: 摩揭陀國有好雲王, 大弘*佛法, 所在供養諸大聖者, 多集其國。 其國貴庶唯事沙門, 不崇外道。 外道之徒貪諸四事, 遂 私剔髮, 賊住出家。 或有聰明受持三藏, 能善說法, 遂使凡聖同流, 僞眞和雜。 王知此事, 沙汰聖凡, 外道賊住多歸本宗。 聖明博達猶 有數百許人, 問其[150]佛法幽玄, 竝能通達。 王問聖者: "賊住外道, 猶自有, 無?" 聖者報曰: "尚有數百, 其彼外道朋黨極盛。 若更剪 除, 恐其破壞佛法。" 王, 遂別造伽藍, 安置彼衆。 其此大天, 即彼 頭首, 多聞, 博學。

⑭ 거주한 곳

📖 居制多山。[151]

📝 述曰: 此明大天所居。 唯因住處以立名也。 制多者, 即先云支提, 訛也。 此云靈廟, 即安置聖靈廟之處也。 此山多有諸制多, 故因此立名。

⑮ 다툰 일

📖 與彼部僧, 重詳五事, 因茲乖諍, 分爲三部。[152]

---

150 問其》 JB, 同共 UX.
151 ⑰ 住支提山。
　　 ⑭ 獨處山間。
　　 ⑦ mchod rten gyi ri la gnas pas
152 ⑰ 於摩訶僧祇部中, 復建立三部。

記 述曰: 此明乖違諍事。大天與彼大衆部[153]僧, 重詳前議大天五事, 有可不可, 因茲乖諍, 分爲三部。下敍宗中, 自[154]明所立。雖計五 事, 與大衆同, 因議此五, 別諍餘事, 故分部也。下敍宗中所立五 事, 同大衆部故也。
^{U33a1}

㉖ 부파의 분열

論 一制多山部、二西山住部、三北山住部。[155]

記 述曰: 此下第四正明分部。大天所住名制多山, 因以立名。義如前 ^{J中6a1; B中6a1}
釋。制多山西稱曰西山。旣與大天不和, 因此別住。北山亦爾, 制 多山北之一山也。此三竝從所住立名。然舊眞諦法師所翻『部執』, 第四時分, 但爲二部: 一支提、二北山。『文殊』亦爾, 仍加東山, ^{U33b1}
略無西山之名。此竝譯家謬也。至下當知。

나) 대중부 분열의 총결

(가) 대중부계통 부파의 총결

論 如是, 大衆部四破、或五破。本末別説, 合成九部。[156]

㉛ 宣說大衆部五種執異, 自分成兩部。
Ⓣ dge 'dun phal chen pa'i① lugs lnga po de dag yang dag par rjes su brjod cing | yang dag par rjes su bsgrags pa② nas (①pa'i》 PN, po'i DC. ②pa》 PN, om. DC)

153 部》 UJB, 都 X.
154 中自》 JB, 自中 UX.
155 ㉛ 一名支提加、二名佛婆羅、三名爵多羅施羅。
㉛ 一支提山部、二北山部。
Ⓣ mchod rten pa'i sde dang | nub kyi ri bo'i sde dang | byang gi ri bo'i sde zhes bya ba sde pa gsum rnam① par bkod do ‖ (①nam》 DC, om. PN)
156 ㉛ 如是, 摩訶僧祇中分爲九部。
㉛ 如是, 大衆部四破、五破。合成七部。
Ⓣ de ltar na dge 'dun phal chen pa'i① sde pa (①pa'i》 PND, po'i C)

記 述曰: 此下第二正列[157]所分部名。於中有二: 初總結四破、五破, 後正列[158]部名。

此即初也。如是, 以前, 從大衆部中, 末[159]有四破。謂一說部以下, 四時分部。并本, 五破。謂從[160]共上座部[161]初分大衆之時。若末、若本, 合說爲九, 但末爲八。^{J中6b1; B中6b1}

『文殊問經』, 若大衆部并根本, 說但有八部; 眞諦法師, 合爲七部, 此皆非也。^{U34a1}

論 一大衆部、二一說部、三說出世部、四鷄胤部、五多聞部、六說假部、七制多山部^{Z789a1}、八西山住部^{Q478a1}、九北山住部。[162]

記 述曰: 正列[163]所分之部名也。

---

157 列》 X, 顯 UJB.

158 列》 X, 顯 UJB.

159 末》 XJB, 未 U.

160 從》 X, *om.* UJB.

161 *om.*》 X, 從 UJB.

162 ㊪ 一名摩訶僧祇、二名一說、三名出世間說、四名窟居、五名多聞、六名施設、七名遊迦、八名阿羅說、九名欝多羅施羅部。

㊐ 一大衆部、二一說部、三出世說部、四灰山住部、五得多聞部、六分別說部、七支提山部、北山部。

㊀ de ni dge 'dun phal chen pa'i sde dang | tha snyad gcig pa'i sde dang | 'jig rten las^① 'das smra'i sde dang | bya gag ris kyi sde dang | mang du thos pa'i sde dang | btags bar smra ba'i sde dang | mchod rten pa'i sde dang | nub gyi ri bo'i sde dang zhes bya ba rnam^② pa bzhi dang | rnam pa lngar rnam par bkod do || (① las》 PN, *om.* DC. ② rnam》 PN, sde DC)

163 列》 XJB, 顯 U.

(나) 다른 설명의 오류 비판 및 정설

㉮ 『문수사리문경』의 설명 비판

記 『文殊問經』, 佛說: 合分, 成二十部。然翻譯家, 大衆部但總爲八, 上座部總爲十二。以何知非? 上座部中, 離[164]上座外, 別說雪山部。 今新、舊『部執』皆言上座亦名雪山。不可離雪山部外別有上座部。 故『文殊問經』, 上座分成十二, 非也。其上座部中, 已言十二; 其 大衆部, 乃總言八。於中, 四分中, 略去一部, 無說假部。又, 新、 舊『部執』皆無東山之名, 但是譯家謬也。應言西山。不悟上座與 雪山同, 分爲二部, 略去大衆部中所分一也。

㉯ 빠라마르타의 설명 비판

記 眞諦法師不悟部之多少, 遂減去二部, 但言十八。今設難言: 若意 欲得有十八部者, 何故, 上座部中, 并本, 合說乃有十一; 大衆部中, 但說末[165]分有七, 不論根本大衆? 若如所欲, 豈大衆部非十八攝? 若言上座亦不入數, 恐離雪山, 別有上座, 何故, 自所翻『論』乃言: "雪山住部亦名上座弟子部。"? 眞諦法師聞相傳說有十八部, 若言 二十, 恐有他非, 遂略大衆, 不言。復, 減西山住部, 以欲成己十八 部故。若取大衆, 便有十九。仍舊『疏』云: "合外道所分二爲一, 故 合有七。" 此義非也。何故須然? 今準新『論』及『文殊問經』, 皆并 根本, 有二十部。即并根本大衆部, 說, 亦數不除。故知眞諦法師 所翻錯也。

---

164 離》 XJB, 雖 U.
165 末》 XJB, 未 U.

㉗ 18부파의 정설

㊞ 但除根本上座、大眾, 故有十八; 若并根本, 即有二十。故佛懸記
云: "十八及本二, 是謂二十部。無是亦無非。我說未來起。" 如是
翻譯, 要善自他言音, 解諸部義, 研窮褒貶, 乃可知矣已。

나. 상좌부의 분열

가) 얼마간 법의 이해가 같음

㊞ 其上座部, 經爾所時, 一味和合,[166]

㊞ 述曰: 自下第二明上座部所分之部。於中有四: 一顯法淳正多載猶
同, 二明至三百年因諍分部, 三時澆部起, 四結列[167]部名。
此即初也。此部根本, 迦葉住持; 後有近執、滿慈、慶喜等, 助揚
其化; 聖者相繼所以, 二百年前, 殊無異諍, 故言經爾所時。一味
者, 顯法無差; 和合者, 明人不諍也。

나) 다툼에 의거한 내부 분열 발생

㊞ 三百年初, 有少乖諍, 分爲兩部。[168]

㊞ 述曰: 此即第二至三百年因諍分部。此中, 或說二百年餘第三百年
之首, 故言三百年初。上座部本弘*經藏以爲上首, 以律、對法爲

---

166 ㊥ 없음.
　　㊞ 上座弟子部, 住世若干年。
　　Ⓣ sde pa gnas brtan pa'i sde dang dus cung zad cig rjes su zhugs nas
167 列》XJB, 別 U.
168 ㊥ 至三百年中, 上座部中因諍論事, 立爲異部。
　　㊞ 至第三百年中, 有小乖緣, 分成兩部。
　　Ⓣ lo gsum① brgya pa la gnas pa'i tshe | rdzod pa 'ga' zhig gi② phyir (① gsum》PN, sum
　　DC, ② gi》NDC, ga P)

後弘[*]宣, 非是不弘[*]律及對法, 然不以爲首。至三百年初, 迦多衍

尼子, 出世, ^{J中8b1; B中8b1}於上座部出家, 先弘[*]對法, 後弘[*]經、律。旣乖上座本

旨所以, 鬪諍紛紜, 名少乖諍, 不同大天大乖諍也。

又解: 未必此時迦多衍尼子生, 但執義不同, ^{U36b1}遂爲乖諍。且如大天

五事, 上座猶行, 此時之中, 有不許者。旣乖本旨所以, 遂分兩部。

兩部者何?

다) 단기간의 부파 분열

(가) 제1차 분열

🔲 **論** 一說一切有部, 亦名說因部; 二卽本上座部, 轉名雪山部。¹⁶⁹

🔲 **記** 述曰: 自下第三時澆部起。七時部分, 分爲七段。

說一切有者。一切有二: 一有爲, 二無爲。有爲三世, 無爲離世。其

體皆有, 名一切有。因言所以。此部說義, ^{J中9a1; B中9a1}皆出所以, 廣分別之。

^{U37a1}從所立爲名稱說一切有部也。其本共大衆部之時, 傳承迦葉之敎。

上座部者, 轉名雪山部。上座弟子本弘[*]經敎; 說因部起, 多弘[*]

^{X576c1}對法。旣閑義理, 能伏上座部僧。說因, 時, 遂大强; 上座, 於斯,

乃弱。說因據舊住處; 上座移入雪山。從所住處爲名稱雪山部。若

從遠所襲, 以¹⁷⁰名上座部。

又, 『西域』之言, 呼冬分時爲雪風。雪山中風。流行於世, 號爲冬

---

169 ㊐ 一名薩婆多, 亦名因論; 先上座部, 二名雪山部。
　　㊞ 一說一切有部, 亦名說因部; 二雪山住部, 亦名上座弟子部。
　　㊉ thams cad yod par smra ba'i gang dag rgyur smra ba'i sde zhes bya ba dang | sngon gnas
　　　brtan pa'i sde gang dag gangs^① ri ba'i^② sde zhes bya ba sde pa gnyis rnam par gzhag^③
　　　go ‖ (①gangs》 DC, gang PN. ②ba'i》 PN, pa'i DC. ③gzhag》 PDC, bzhag N)

170 從遠所襲以》 XJB, 從所受也襲 U.

分, 故言雪風。今此上座, 賢聖漸少, 宗義微弱, 人不流通; 說一切
有, 聖者轉多, 理趣[171]強盛, 人皆學習。上座廢之不行[U37b1], 如雪風相
似, 言其微弱也。

又, 上座既是根本[J中9b1; B中9b1], 應在說因之前, 但以聖少義弱所以, 列之於後。

(나) 제2차 분열

論[L2b1] 後, 即於此第三百年[172], 從說一切有部流出一部, 名犢
子部。[173]

記 述曰: 犢子者, 律主姓也。上古有仙居山靜處, 貪欲起已[174], 不知
所止[175], 近有母牛因染生子。自後仙種皆言犢子, 則婆羅門姓也。
佛在之日, 有犢子外道, 歸佛出家, 如『涅槃經』說。此後門徒相傳
不絕[U38a1], 至此分部, 從遠襲爲名, 言犢子部。

『文殊問經』云犢子部, 注云律主姓, 是也。眞諦法師云可住子弟
子部。謂羅睺羅[J中10a1; B中10a1], 舍利子弟子, 皤雌子是羅睺羅弟子, 弘舍利子所
說。因以部分, 名爲可住。可住, 仍言上古有仙名可住。今此律主
母是彼種, 從母爲姓, 名可住子。此理難解, 幸願詳之。

---

171 趣》 XJB, 起 U.

172 *om.*》 KT, 中 ZSHYLQUXJB.

173 ㊍ 即此三百年中, 於薩婆多部中更生異部, 名犢子。
　　㊑ 於此第三百年中, 從說一切有部又出一部, 名可住子弟子部。
　　㊉ lo sum brgya pa① de nyid kyi tshe sde pa② thams cad yod par smra ba'i sde las gnas
　　ma③ bu'i sde zhes bya ba sde pa gzhan rnam par bzhag④ go ‖ (①pa》 PDC, ba N. ②
　　pa》 PDC, la N. ③ma》 PN, ma'i DC. ④bzhag》 PN, gzhag DC)

174 起已》 UJB, 已起 X.

175 止》 XJB, 立 U.

(다) 제3차 분열

🔲 次後, 於此第三百年, 從犢子部流出四部: 一法上部、 [Y25a1]
二賢胄部、 三正量部、 四密林山部。[176]

🔲 述曰: 法上者, 律主名。 有法可上, 名爲法上。 或有法出世, 衆人 [U38b1 X577a1]
之上, 名爲法上。

賢胄者。 賢者, 部主之名; 胄者, 苗裔之義。 是賢阿羅漢之苗裔, 故
言賢胄。 從所襲部主爲名也。

正量部者。 權衡刊定名之爲量, 量無邪謬, 故言正也。 此部所立甚 [J中10b1; B中10b1]
深法義刊定無邪, 目稱正量。 從所立法, 以彰部名。

密林山者, 近山林木蓊鬱繁密。 部主居此, 名密林山。 從所居爲名
也。 『文殊問經』名苂山部。 此與[177]皤雌執義不同, 遂分別部。

或有解言: 此等四部釋『舍利弗阿毘達磨』, 義有少者, 以義足之。
後各造論, 取經義添著, 既乖大旨, 遂即部分也。 [U39a1]

(라) 제4차 분열

🔲 次後, 於此第三百年, 從說一切有部復出一部, 名化地部。[178] [H273b1]

---

176 ㉠ 即此三百年中, 犢子部復生異部: 一名達摩欝多梨、 二名跋陀羅耶尼、 三名彌離, 亦言三彌
底、 四名六城部。

㉡ 於此第三百年中, 從可住子弟子部又出四部: 一法上部、 二賢乘部、 三正量弟子部、 四密
林住部。

Ⓣ lo sum① brgya pa de nyid la gnas pa'i tshe | sde pa gnas ma bu'i sde las chos mchog pa'i
sde dang | bzang po② bu'i sde dang | kun gyis bkur ba'i sde dang | grong khyer drug③ pa'i
sde dang | zhes bya ba sde pa gzhan dag rnam par bkod do || (① sum》 conj., om. PNDC.
② po》 PN, po'i DC. ③ drug》 PDC, dag N)

177 與》 XJB, 共 U.

178 ㉠ 即此三百年中, 薩婆多中更生異部, 名彌沙部。

㉡ 於此第三百年中, 從說一切有部又出一部, 名正地部。

Ⓣ lo sum① brgya pa de nyid la gnas pa'i tshe | sde pa thams cad yod par smra ba'i sde pa②

記　述曰: 此部之主本是國王。王所統攝國界, 地也, 化地上之人庶, 故[J中11a1; B中11a1]
言化地。捨國出家, 弘＊宣佛法, 從本爲名, 名化地部。

真諦法師云正地部。本是王師, 匡正土境, 捨而弘＊法, 故言正地,
亦稍相近。『文殊問經』言大不可棄, 非也。

(마) 제5차 분열

論　次後, 於此第三百年, 從化地部流出一部, 名法藏部。[U39b1]
自稱我襲采[179]菽氏師。[180]

記　述曰: 法藏者, 部主名, 亦名法密。[181] 密之與藏, 義意大同, 法藏、
法密二義皆得。此師含容正法, 如藏之密, 故言法密。從人以立部
名[182]。此部師說總有五藏: 一經、二律、三阿毘達磨、四呪即明
諸呪等、五菩薩即明菩薩本行事[J中11b1; B中11b1][183]等。既乖化地本旨, 遂乃部分。
他不信之, 遂引目連爲證。[X577b1]

菽者, 豆也。上古有人嗜綠[184]豆子, 采以爲食, 遂得成仙。目連是
彼仙種故言采菽氏也。或言: 仙人食豆, 此是彼種。氏謂族類。此[U40a1]

---

las sa ston gyi sde dang zhes bya ba sde pa gzhan dag rnam par bzhag③ go ‖ (①sum》
conj., om. PNDC. ②pa》 PN, om. DC. ③bzhag》 PN, gzhag DC)

179　采》 SHYLQUXJB, 採 ZKT.
180　秦 彌沙部中復生異部。因師主因執連, 名曇無德。
　　　陳 於此第三百年中, 從正地部又出一部, 名法護部。此部自說勿伽羅是我大師。
　　　① lo sum① brgya pa de nyid la gnas pa'i tshe | sde pa sa ston pa'i sde las de dag las slob
　　　dpon mau-gal② yin par ston pas | chos srung sde zhes bya ba sde pa gzhan rnam par
　　　bzhag③ go ‖ (①sum》 conj., om. PNDC. ②mau-gal》 DC, mou-'gal PN. ③bzhag》 PN,
　　　gzhag DC)
181　亦名法密》 XJB, om. U.
182　部名》 JB, 部主名 X, 論主名 U.
183　菩薩本行事》 XJB, 本菩薩行事 U.
184　綠》 XJB, 掾 U.

部引目連說有五藏, 證也。

(바) 제6차 분열

論 至三百年末, 從說一切有部復出一部, 名飲光部, 亦名
善歲部。[185]

> Z789b1; K567c1

記 述曰: 飲光者, 婆羅門姓也, 則迦葉波姓。是上古有仙, 身有金光,
餘光至側, 皆不復現, 飲蔽餘光, 故言飲光。此部教主是彼苗族, 故
言飲光。又, 此部主身有金光, 能飲餘光, 故言飲光。此師, 少歲,
性賢有德, 因以立名, 故言善歲。嘉[186]其少有賢行故也。從其姓云
飲光, 從其名云善歲。

> J中12a1; B中12a1

或云: 此是佛在之日, 迦留陀夷兒姓, 飲光也。少即歸佛, 出家受
道, 故名善歲。何故, 三百年末, 此人猶有也?

> U40b1

(사) 제7차 분열

論 至第四百年初, 從說一切有部復出一部, 名經量部, 亦
名說轉部。自稱我以慶喜爲師。[187]

---

185 **秦** 即此三百年中, 薩婆多部中更生異部, 名優梨沙, 亦名迦葉惟。
　　 陳 於此第三百年中, 從說一切有部又出一部, 名善歲部, 亦名飲光弟子部。
　　 T lo sum[1] brgya pa de nyid la gnas pa'i tshe | sde pa thams cad yod par smra ba'i sde las |
　　 la lar 'od srungs pa'i[2] sde zhes bya ba byung ste | lo[3] bzang ba'i sde zhes bya ba sde pa
　　 gzhan rnam par bzhag[4] go ‖ (①sum》 *conj.*, *om.* PNDC. ②pa'i》 PN, kyi DC. ③lo》
　　 PDC, la N. ④bzhag》 PN, gzhag DC)

186 嘉》 XJB, 喜 U.

187 **秦** 於四百年中, 薩婆多部中更生異部。因大師爵多羅, 名僧迦蘭多, 亦名修多羅論。
　　 陳 至第四百年中, 從說一切有部又出一部, 名說度部, 亦名說經部。
　　 T yang lo bzhi brgya la gnas pa'i tshe | sde pa thams cad yod par smra ba'i sde las |
　　 de dag slob dpon chos mchog yin par ston pas la lar mdo sde smra ba'i sde zhes bya ba ste | 'pho
　　 bar smra ba'i sde zhes bya ba sde pa gzhan rnam par bzhag[1] go ‖ (①bzhag》 PN, gzhag DC)

記　述曰: 此師, 唯依經爲正量, 不依律及對法。凡所援[188]據, 以經爲證, 即經部師。從所立爲[189]名經量部。亦名說轉部者: 此師說: 有種子, 唯一種子現在相續, 轉至後世, 故言說轉。至下當知。舊云說度[190]部。

然結集時, 尊者慶喜專[191]弘＊經藏。今既以經爲量故, 以慶喜爲師。從所立爲部名。滿慈弘＊宣對法, 近執弘＊毘奈耶, 既不依於對法及律故, 今唯以慶喜爲師也。

라) 상좌부 분열의 총결

論　如是, 上座部七破、或[192]八破。本、末別說, 成十一部。[193]

記　述曰: 此下第四[194]結列部名。於中有二: 初明分破之數, 後正列名。此即初也。若并上座與大衆部破, 即有八破; 若除根本, 但說於末, 從說一切有以下, 即有七破。故合根本數, 成十一部也。[195] 與『文殊問經』別。彼[196], 并根本, 有十二部, 已如前會。

---

188 援》XJB, 授 U.

189 爲》UJB, 以 X.

190 度》XJB, 慶 U.

191 專》XJB, 尊 U.

192 或》ZKTUXJB, 惑 SHYLQ.

193 ⑧ 如是, 上座部中, 分爲十二部。
　　㊥ 如是, 上座弟子部, 合分成十一部。
　　Ⓣ de ltar gnas brtan① pa'i sde② zhes bya ba'i sde pa (① brtan》PDC, bstan N. ② sde》NDC, om. P)

194 四》XJB, 二 U.

195 合根本數成十一部也》XJB, 合成十一部根本數也 U.

196 彼》JB, 破 UX.

論 ^{U41b1; J中13a1; B中13a1}
一說一切有部、二雪山部、三犢子部、四法上部、五
賢胄部、^{L3a1　Y25b1; Q478b1}六正量部、七密林山部、八化地部、九法藏
部、十飮光部、十一經量部。¹⁹⁷

記 述曰: 此正列名。文可知也。

(5) 각 부파의 주장

① 약속한 말을 총체적으로 표방함

論 如是諸部本宗、末宗, 同義、異義, 我今當說。¹⁹⁸

記 述曰: 自下大文第五廣陳部執。於中有二: 初總標許說, 後次第別陳。
此即初也。如是諸部, 牒前諸部也。此中¹⁹⁹, 本宗同義、末宗異義
者。且如大衆、一說、說出世、雞胤四部根本, 初評立義之時, 所
同之義,^{U42a1} 名本宗同義; 別部已後, 於自宗中, 後別立義乖初所立, 與
本宗別,^{J中13b1; B中13b1} 名末宗異義。又, 如多聞部, 從大衆部出, 初分出之時, 所
立之義, 名本宗同義; 別部已後, 更有別立乖其本旨, 名末宗異義。
下一一部, 準此應知。然今此中總起於後。其後部中, 有敘本宗、末

---

197 ㊛ 一名上座部、二名雪山、三名薩婆多、四名犢子、五名達摩欝多梨、六名跋陀羅耶尼、七
名彌離底、八名六城部、九名彌沙塞、十名曇無德、十一名迦葉惟、十二名修多羅論部。
　㊞ 一說一切有部、二雪山住部、三可住子弟子部、四法上部、五賢乘部、六正量弟子部、七
密林住部、八正地部、九法護部、十善歲部、十一說度部。
　Ⓣ de ni thams cad yod par smra ba'i sde dang | gangs ri ba'i sde dang | gnas ma bu'i sde
dang | chos mchog pa'i sde dang | bzang po'i bu'i sde dang | kun gyis bkur ba'i sde dang |
grong khyer drug pa'i sde dang | sa ston pa'i sde dang | chos srung^① sde dang | 'od srungs
pa'i^② sde dang | 'pho bar smra ba'i sde zhes bya ba rnam pa bcu gcig tu rab tu bzhag^③
go || (① srung》 DC, srungs PN. ② pa'i》 PN, kyi DC. ③ bzhag》 PN, rnam par gzhag DC)
198 ㊛ 今當說根本及中間義。
　㊞ 此諸部是執義本、執義有異, 我今當說。
　Ⓣ de dag gi gzhi'i gzhung lugs dang | bar gyi gzhung lugs rnams rnam par bshad par bya'o ||
199 中》 XJB, 等 U.

宗; 有唯敍本, 末指如餘。以義同者, 更不繁述。

今此諸部本宗同義、末宗異義, 我今當說, 許次當說。今者, 此時分, 此論[200]中說。當者, 次, 此言後, 故言當也。

此則第一總標許說。^{U42b1}

② 각 부파 주장의 개별적 진술

가. 대중부 · 일설부 · 설출세부 · 계윤부의 주장

가) 근본종파의 같은 주장

論 此中, 大衆部、一說部、說出世部、雞胤部本宗同義者,^{H274a1} 謂四部同說:^{Z790a1 201}

記 述曰: 自下第二次第別陳也。雖有二十部不同, 合爲十一^{X578a1} ^{J中14a1; B中14a1 202}

段。以一說部、說出世部、雞胤部三部, 共[203]大衆部, 合敍; 西山、北山二部, 共[204]制多山, 合敍; 法上[205]、賢胄、正量、密林四[206]部, 共犢子部,[207] 合敍, 故有十一[208]段也。

於一一段敍義之中, 文皆有二。今此, 初標部敍本宗, 二別陳末所執。

---

200 論》XJB, 部 U.

201 (秦) 彼摩訶僧祇、一說、出世間說、窟居, 此根本, 皆說:
(陳) 是執義本者, 大衆部、一說部、出世說部、灰山住部, 此四部是執義本。此諸部說:
(T) de la dge 'dun phal chen pa'i① sde zhes bya ba tha snyad gcig② pa'i sde dang | 'jig rten 'das smra'i sde dang | bya gag ris kyi sde zhes bya ba rnams kyi gzhi'i gzhung dag yod de | (①pa'i) PN, po'i DC. ②gcig》DC, cig PN)

202 一》XJB, 二 U.

203 共》UXB, 其 J.

204 共》UXB, 其 J.

205 法上》XJB, om. U.

206 四》X, 三 UJB.

207 犢子部》XJB, 法上部 U.

208 一》XJB, 二 U.

此則標部敘本宗也。總舉訖，下別陳。^{U43a1}

【論】 諸佛世尊皆是出世。[209]

【記】 述曰：自下別敘。然與諸部不同處，下因釋文，一一對敘。

此部意說：世尊之身竝是出世。無可過故、唯無漏故。謂諸異生說名爲世，可毀壞故、劣諸聖故；二乘有學下過異生，劣無學故；二乘無學下過有學，劣於佛故，非超彼之身唯無漏故，非不可壞，猶立世名；唯佛世尊下過一切，無所劣故，不可毀壞，超過毀壞，皆是出世。

約人爲論。無漏身故。薩婆多等其義不然。^{U43b1}

【論】 一切如來無有漏法。[210]

【記】 述曰：約法爲論。十八界等在佛身時，皆名無漏。非漏相應、非漏所縛，故名無漏。佛所有三業皆亦是無漏，故諸如來無有漏法。除此四部，所餘諸部，佛皆不然。

【論】 諸如來語皆轉法輪。[211]

---

209 ㊛ 佛世尊一切，出世間。
　　㊞ 一切佛世尊，出世。
　　Ⓣ de dag sangs rgyas bcom ldan 'das 'jig rten thams cad las 'das pa'i
210 ㊛ 無有如來是世間法。
　　㊞ 無有如來一法而是有漏。
　　Ⓣ de bzhin gshegs pa'i 'jig rten gyi^① chos mi mnga'o ‖ (① 'jig rten gyi》 conj., om. PNDC)
211 ㊛ 如來一切說，皆是轉法輪。
　　㊞ 如來所出語，皆爲轉法輪。
　　Ⓣ de bzhin gshegs pa'i gsung thams cad ni chos kyi 'khor lo rjes su bskor ba'o ‖

記　述曰: 佛所說語皆爲法輪, 故佛法輪非唯八道。薩婆多說: "八聖道^{J中15a1; B中15a1}
支是正法輪, 見道稱輪, 亦非佛語皆爲轉法輪。"今此部說: "非唯^{U44a1　X578b1}
見道獨名爲輪。佛所說語無非利益, 故佛所說皆是法輪。摧伏、
轉動說名爲輪。佛語轉動, 在他身已, 摧伏他身無知、惑等, 故稱
爲輪。"

問: 佛問阿難²¹²: "天雨, 不?"; 問諸比丘: "汝調適, 不?"是何利益,
名爲法輪?

答: 此皆利益。爲令阿難審諦事故, 佛無不知, 尚問天雨, 況未²¹³圓
智, 不審諦耶! 欲除餘人增上慢故, 佛知, 尚問, 況不知者, 於餘未
知諸法性相, 不審諦耶! 如是多義, 問諸比丘汝調適不。顯慈悲故。^{J中15b1; B中15b1}
若不問者, 謂佛無慈悲, 不知弟子安危之事, 故發問耳。爲令比丘^{U44b1}
歡喜修道。佛問說我生大歡喜而修學道故, 亦令未來行此事故。由
如是等種種因緣故, 佛所語皆轉法輪。

此法輪體, 即佛所有名、句、聲等教法爲體。

論　佛, 以一音說一切法。²¹⁴

記　述曰: 佛, 經多時, 修習圓滿功德神力, 非所思議。以一音聲說一名
字²¹⁵, 令一切有情聞法別解, 除自塵勞。即由一音中能說一切法
故, 令諸聞者皆別領解麤細義故。薩婆多等即不許然。至下當知。^{U45a1}

212　問佛問阿難》 JB, 問阿難看 U, 佛問阿難 X.

213　未》 XJB, 天 U.

214　⑳ 盡說一切事、一切相。
　　　⑪ 如來一音, 能說一切法。
　　　Ⓣ thams cad rdzas su mngon par gsungs① pa'o ‖ (① gsungs》 DC, bsrungs PN)

215　字》 XJB, 音 U.

論 ^{J中16a1; B中16a1} 世尊所說無不如義。[216]

記 述曰: 佛所說語令他利益, 無有虛言不利益者。義, 謂義利, 皆饒益故。薩婆多等說: 佛世尊亦有不如義言, 對之故也。又, 佛所說[217]皆無過失, 稱可道理, 不可立難, 名爲如義。又, 佛所言無四種失: 一無非處、二無非時、三無非器、四無非法。處, 謂處所, 應利益^{X578c1}處; 時, 謂時分, 利益之時; 器, 謂機宜; ^{U45b1}法, 謂敎法, 戒、定、慧等。應利益法必不錯說。

論 如來色身實無邊際。[218]

記 述曰: 此部意說: 佛, 經多劫, 修得報身, 圓極法界, 無有邊^{J中16b1; B中16b1}際。所見丈六非實佛身。隨機化故。

眞諦法師云佛身有三無邊: 一量無邊。隨其所宜, 現大小身故。有小無大, 有大無小, 可說有邊, 不可定說身量唯大唯小[219]故言無邊。二數無邊。若有多眾生, 於一時中, 各宜見佛, 佛能現多身。身數不定故言無邊。^{U46a1}三因無邊。佛身諸法一一皆以無量善根爲因起故名因無邊。

此理不然。 薩婆多等諸部許亦有此三無邊, 有何差別而今敘之?

---

216 ㉠ 一切, 義說。
　　 ㉣ 如來語, 無不如義。
　　 ㉤ thams cad don ci^① lta ba bzhin nyid du gsungs pa nyid do ‖ (① ci》 PND, ji C)
217 說》XJB, 語 U.
218 ㉠ 如來色, 無邊。
　　 ㉣ 如來色身, 無邊。
　　 ㉤ de bzhin gshegs pa rnams^① la gzugs^② kyi mtha' mi mnga'o ‖ (① rnams》 PN, nyid DC. ② gzugs》 PDC, zugs N)
219 唯小》 JB, om. UX.

今此意說: 佛之報身無有邊際, 異於諸部, 故別敘之。驗此一理, 諸理參差。不繁廣敘一一差殊。

🔲 [論] ^{J中17a1; B中17a1 T15c1}
如來威力亦無邊際。[220]

🔲 [記] 述曰: 此部說: "佛所有神通名為威力, 威德神力故名威力。" 說: "佛不作意, 一刹那中, 能遍十方一切世界。" 諸部說[221]: "不作意, 但及三千大千世界; 若作意時, 能遍十方。" 今說佛不作意, 亦能遍十方故。眞諦法師已有廣引。

🔲 [論] ^{U46b1}
諸佛壽量亦無邊際。[222]

🔲 [記] 述曰: 報身無限, 多劫修得, 故實壽命亦無窮盡。爲利有情, 多劫修道, 有情界不盡, 壽命亦無窮。利益有情, 無息日故。若隨宜化, 亦隱雙林。
^{X579a1 J中17b1; B中17b1}
若由神足, 引令壽長, 諸部何別?
今說實命, 故無邊際。異諸部也。

🔲 [論] **佛化有情, 令生淨信, 無厭足心。**[223]

---

220 ㉚ 光明, 無量。
　　㉛ 如來威德、勢力, 無減。
　　Ⓣ sangs rgyas bcom ldan 'das rnams gyi mthu mtha' yas pa'o ||
221 名威力說佛不作意一刹那中能遍十方一切世界諸部說》 JB, 世界諸佛若 U, 名威力說不作意一刹那中能遍十方一切世界諸部說佛 X.
222 ㉚ 壽命, 無量。
　　㉛ 如來壽量, 無邊。
　　Ⓣ sku tshe dpag tu med pa'o ||
223 ㉚ 令①信樂生, 無有厭足。(① 令》 conj., 念 KLT)
　　㉛ 如來敎化衆生, 令生樂信, 無厭足心。

記 述曰: 佛化有情, 令彼有情深生信樂, 佛無厭足之心。此部意說: 佛利益心無厭足, 故不入涅槃, 慈悲無限, 壽命無際。若有有情宜佛顯現利益安樂, 王宮等生, 成佛化導; 宜顯現緣息, 便化入涅槃。由心無厭足, 故留報身, 窮未來際, 化作隨類形, 方便教化。言無厭足。不同餘部: 顯現化緣既畢, 眞實報身永入寂滅。心有厭也。

論 佛無睡、夢。[224]

記 述曰: 睡心昧略。唯居散位故。佛無不定心故無有睡。夢, 由思想欲等所起。佛無此事, 故亦無夢。
　　薩婆多師許佛有眠而無有夢。以無妄思欲念起故。不染無知能引夢起, 佛無不染無知障故, 其夢逐無。亦有諸部許佛有夢。故合而言佛無睡、夢。

論 如來答問, 不待思惟。[225]

記 述曰: 此部意說: 佛無加行, 不思惟所說名、句、字等, 方爲他說, 任運能答。諸部所說, 佛雖無作意加行方答, 然緣所說名、句、字等, 方答他難。今此, 任運, 不假思惟。

　Ⓣ rab tu dad par mdzad pa'o || chog par mi 'dzin pa'o ||

224 Ⓠ 佛不睡眠。
　Ⓒ 如來, 常無睡眠。
　Ⓣ mnal bar yang mi mdzad do ||

225 Ⓠ 無問思答。
　Ⓒ 如來答問, 無思惟。
　Ⓣ zhus① na dgongs par yang mi② mdzad do || (① zhus》 PDC, zhus pa N. ② mi》 *conj.*, *om.* PNDC)

論 佛，一切時， 不說名等。常在定故。 然諸有情謂說名等，歡喜踊躍。[226]

記 述曰: 此部意說: 諸佛說法、任運宣說, 不須思惟名、句、文等。任運自成應理言教、勝名句等, 常在定故不思 名等。然聽法者謂: 佛爲其思惟名等而宣說法。有此應理言教現在前, 深生歡喜, 踊躍無量, 依教奉行。即是無思, 自成[227]事義。謂佛不思名、句、文等, 任運自成勝名、句、文; 有情謂佛思名等故, 方始爲說, 歡喜自慶, 踊躍進修。

諸部不然, 即佛雖無加行、思慮, 實亦思惟所說名等, 編次如法, 方爲他說。故此所言異諸部也。

論 一剎那心了一切法。[228]

記 述曰: 除佛, 餘心, 雖緣共相, 一剎那心, 亦緣自性, 能了一切法。然不能證了其差別。佛, 經多劫, 陶練其心, 了一切心[229], 無過佛者, 故佛一剎那心能了一切法差別、自性而能證知。

餘部, 佛心, 一念, 不能了一切法, 除其自性、相應、共有。今此,

---

226 ㉔ 無所言說, 常一其心, 群生, 無種種無數, 皆從如來聞說解。
　　㉺ 如來所出語, 皆令衆生生愛樂心, 如來心, 恒在觀, 寂靜不動。
　　Ⓣ ming① ces kyang mi gsung ste | rtag tu mnyam par bzhag② pa nyid kyi phyir ro || 'on③ kyang sems can gyi tshogs rnams la ming dang nges pa'i tshig④ gis yang dag par gsung ngo || (① ming》 DC, med PN. ② bzhag》 PN, gzhag DC. ③ 'on》 DC, 'o na PN. ④ tshig》 NDC, tshe ga P)

227 自成》 XJB, 成自 U.

228 ㉔ 如來一心知一切法。
　　㉺ 如來一心能通一切境界。
　　Ⓣ sems gcig gis chos thams cad rnam par mkhyen to ||

229 了一切心》 XJB, 一切了心 U.

一念, 亦了自性、相應、共有等法差別、自性, 故異餘宗。

🔲 **論** 一刹那心相應般若知一切法。[230]

🔲 **記** 述曰: 此明佛慧。一刹那時, 與心相應, 亦能解知諸法皆盡, 圓滿慧故; 至解脫道, 金剛道後, 一念之間, 即能解知諸法自性, 不假相續, 方知法盡, 皆亦解知, 慧自性故。

前明心王了別法盡, 今明智慧解知法盡。作用無異。

🔲 **論** 諸佛世尊盡智、無生智, 恒常隨轉, 乃至般涅槃。[231]

🔲 **記** 述曰: 此等部說: "佛十八界皆是無漏。佛無漏智恒常現前於一一刹那, 乃至般涅槃[232]。"宗有二智: 謂盡智、無生智。[233]即觀現苦滅名爲盡智, 觀未來苦不生名無生智。於一切時, 一體二用恒相隨轉。即說二用爲二智現前。薩婆多等: 佛尚有無記心, 何況二智許恒現起?

或無漏智, 佛恒現前, 漏盡身中恒現前故名爲盡智; 無生身中恒現前故名無生智。薩婆多等, 身即可然, 智即不爾。故是異義。

問: 前明無邊, 言佛報身無窮盡日, 何故, 此言二智現起, 至般涅

---

230 ㊂ 一念相應慧, 覺一切法。
　　㊥ 如來, 一刹那相應般若, 能解一切法。
　　Ⓣ sems kyi skad cig gcig dang mtshungs par ldan pa'i shes rab kyis① chos thams cad yongs su mkhyen to ‖ (①kyis》 PN, kyi DC)

231 ㊂ 如來, 一切時, 盡智、無生智, 常現在前, 乃至涅槃。
　　㊥ 如來盡智、無生智, 恒平等隨心而行, 乃至無餘涅槃。
　　Ⓣ rtag par rgyun du yongs su mya ngan las 'das pa'i bar du sangs rgyas bcom ldan 'das rnams kyis zad pa dang mi skye ba'i ye shes dag rjes su 'jug go ‖

232 乃至般涅槃》 XJB, om. U.

233 om.》 XJB, 乃至般涅槃 U.

槃？化身有般涅槃，報身不爾故。

答：雖實報身無入涅槃之日，設有情界盡，於未來際，有涅槃時，盡、無生智恒常隨轉。意顯：二智無間斷時，非顯報身有涅槃日。

論 一切菩薩，入母胎中，皆不執受羯剌藍、頞部曇、閉尸、鍵南爲自體。[234]

記 述曰：羯剌藍者，此云雜穢。父母不淨。言雜、染：可厭惡故名穢。頞部曇，此云疱，其漸稠繄，猶如瘡疱。閉尸，此云凝結，彼呼熟血，亦言閉戶。日積漸長，乃爲凝結。鍵南，此云厚，漸凝厚也。『五王經』說：“一七日成雜穢。二七日如疱，三七日已凝結，四七日漸凝厚。”菩薩入胎，不資不淨，亦不有此漸漸增長。謂若入胎，即具根、大，既皆頓圓滿，至盎羅奢佉。盎羅奢佉，此名具根，至五七日即名此位。即顯菩薩別有清淨造色大種，諸根頓具以爲自體。不用不淨故非漸長。資不淨者有此漸長，在前四位，漸長之時，受逼迫故。

問：此菩薩爲最後身？爲是一切？

答：今說一切後身菩薩，不論已前。已前位中，未必如此。

論 一切菩薩，入母胎時，作白象形。[235]

---

234 (秦) 菩薩，不愛母胎。

(陳) 一切菩薩，入胎中，無有柯羅邏、頞浮陀、卑尸、伽訶那捨佉、波羅捨伽、雞捨、盧摩、那佉等。

(T) byang chub sems dpa' rnams yum gyi lhums① su nur nur po dang | mer mer po dang | nar nar po dang | ② gor gor po'i dngos po len par mi③ mdzad do ‖ (①lhums》 NDC, lhum P. ②nar nar po dang |》 PDC, nar nar po dang | gar gar po dang | N. ③mi》 PDC, *om.* N)

235 (秦) 白象形，降神母胎。

(陳) 菩薩，欲入胎時，皆作白象相貌。

記 述曰: 此部中說: "都無中有。" 其白象形是何事物, 故今意顯: 白象^{U51a1}
形是入胎之相, 非中有身, 非謂菩薩、聖人中有翻作傍生。以象, 調
順性, 無傷暴, 有大威力, 如善住龍, 故現此儀。意表: 菩薩性善柔
和, 有大勢力。師子王等, 雖有威力, 然多傷殺, 故聖不現師子之形。
家依法師, 雖有廣義釋白象形, 然說此是菩薩中有。恐乖宗旨。此
部本宗無中有, 故尋者, 自知。

論 ^{J中21b1; B中21b1}一切菩薩, 出母胎時, 皆從右脇^{S484c1; H274b1} 236 237。

記 述曰: 頂生, 人中勝福, 從人首生; 餘類, 下業所招, 從下門出。菩^{U51b1}
薩, 位超物表, 道出塵外, 情無偏執, 恒履中道。爲表於此, 從脇而
生。處胎之母無含孕之憂, 出腋。又無部腹²³⁸之痛, 從脇而生。理
越恒品。

問: 脇有左右, 何不從左?

答: 諸方所重, 左右不定。此方貴左, 西土重右。右²³⁹是吉祥故從
右出。

問: 菩薩, 腹中亦有迫迮、瞑闇、臭穢諸惡事也?

答: 無。一處寬大, 二恒光明, 三極清淨。表生已後亦離三緣: 一輪
王, 喻於迫迮; 二生死, 譬若闇瞑; 三旣證菩提, 天魔等嬈, 如於臭

Ⓣ byang chub sems dpa' rnams glang po cher gyur pa^① nas yum gyi lhums^② su 'jug go ‖
(①pa》 PN, *om.* DC. ②lhums》 NDC, lhum P)

236 *om.*》 ZKT, 生 SHYLQUXJB.

237 Ⓟ 一切菩薩, 從右脇生。
ⓒ 菩薩, 出胎, 皆從母右脇而生。
Ⓣ byang chub sems dpa' rnams yum gyi lhums brtol nas 'byung bar mdzad do ‖

238 部腹》 UX, 腹部 JB.

239 右》 JB, *om.* UX.

穢。是故菩薩都無迫迮、瞑闇等事。

（論）一切菩薩不起欲想、恚想、害想。[240]

（記）述曰：此部中說："入第二阿僧祇，即名聖者。"從此已後乃至百劫，更亦不起此三種想，況最後身復起三想？不同諸部猶許佛起。

（論）菩薩，爲欲饒益有情，願生惡趣，隨意，能往。[241]

（記）述曰：諸部所說，得忍已去，不生惡道；今此部說："得聖已去，願生惡趣，猶能生彼。"一如輪[242]王生，衆生皆樂，菩薩生惡趣，彼生皆苦少；二爲增厭怖心、若數經苦，增厭心故；三爲平等救濟，不救惡趣，唯救善道，救拔之心不平等故；四堅固忍辱，若無苦時，如何忍辱？菩薩，大悲神通自在，隨願即往。此適名往，彼趣名生。住、終亦爾。皆自在故。

菩薩有三位：一不定位，即初劫；二定位，即第二劫；三受記位，即第三劫。初雖有願，未得生彼；後二位中，隨意能往。

---

240 ㊊ 菩薩，無有愛想、恚、害想。
　　㊥ 一切菩薩，無貪欲想、無瞋恚想、無逼惱他想。
　　㊩ byang chub sems dpa' rnams la 'dod pa'i 'du shes mi 'byung ngo || gnod sems kyi 'du shes mi 'byung ngo || rnam par 'tshe ba'i 'du shes mi 'byung ngo ||
241 ㊊ 爲衆生故，願生惡趣，成就一切煩惱衆生。
　　㊥ 若菩薩有願欲生惡道，以願力故，即得往生。菩薩，爲教化成就衆生故，入惡道。不爲煩惱業繫縛，故受此生。
　　㊩ byang chub sems dpa' rnams bzhed na sems can yongs su smin par bya ba'i phyir ngan song rnams su skye bar① mdzad do || (① bar》 PND, par C)
242 輪》 UJB, 論 X.

論 以一刹那現觀邊智, 遍知四諦諸相差別。[243]

記 述曰: 謂見道後邊, 更別起智, 一刹那頃, 能知四諦諸相差別。其
見道中, 雖亦一刹那能知四諦, 然但總了, 未能別知意斷惑, 故未
正分別, 未能取四諦差別之相。
若即說此知差別智是見道者, 何故, 名邊? 若不言邊[244], 本宗、
末宗二, 復何異? 俱眞現觀差別智故。

論 眼等五識身有染, 有離染。[245]

記 述曰: 此有二說: 一說[246]: 爲加行, 引生聖道。如見道時, 聖道便起,
故名離染, 非能斷染。二說: 旣許五識體通無漏, 說能離染。其理
無疑。即見佛識, 能斷煩惱故。然修道中起此五識。

論 色、無色界具六識身。[247]

記 述曰: 三界之中, 許皆有色。微細根、大, 於彼得有。故無色界具
六識身。

---

243 秦 一切聞知, 觀生聖諦。
　　陳 一心, 正對觀四聖諦, 一智, 通四聖諦及四聖諦相。
　　T mngon par rtogs[①] par[②] mtha' las byung ba'i ye shes gcig gis 'phags pa'i bden pa bzhi mtshan nyid mi 'dra ba rnams mkhyen to ‖ (① rtogs》PDC, rtags N. ② par》PN, pa'i DC)
244 若不言邊》XJB, om. U.
245 秦 說有欲, 有離欲。
　　陳 五識中有染、淨。
　　T rnam par shes pa'i tshogs lngas kun du[①] 'dod chags pa dang ∣ 'dod chags dang bral bar 'gyur ro[②] ‖ (① du》DC, tu PN. ② gyur ro》DC, gyur to PN)
246 說》UXJ, 觀 B.
247 秦 色、無色界具六識身。
　　陳 色、無色界亦有六識聚。
　　T gzugs dang gzugs med pa'i khams rnam par shes pa'i tshogs drug dmigs so ‖

以義準知, 上界亦有香、味二境, 但小異故略而不舉。既爾, 彼緣
自香、味境。此雖不說, ^(J中23b1; B中23b1)上界亦有香、味境故。即有無色界具十
八界。此中略不言, 亦有根等故。

問: 無色既有色, 何名無色界?

答: 有細, 無麤色, 故名無色界。

問: 色界色非麤, 應名無色界。

答: 色色雖勝欲界, ^(U54a1)然劣無色色, 但可名色界, 不得無色名。

問: 無漏之色勝無色色, 應名無色。

答: 由非業果, 復非墮界, 故彼雖極細, 不可言無色。故墮界中, 有
極細色, 無麤色者, 名無色界, 非無表等得無色名。

論 ^(Y26b1)五種色根, 肉團爲體。[248]

記 述曰: 契經中說: "眼, 謂大種所造, 乃至, 各別堅性、堅類。" 故
知眼等五色根皆肉團爲體, ^(J中24a1; B中24a1)無別淨色。非淨色故根不得境。 故次
說言。

論 眼不見色, 耳不聞聲, 鼻不齅香, 舌不嘗味, 身不覺觸。^(U54b1)[249]

記 述曰: 根體非淨色, 如何見色等? 故識能了, 非根有能。

---

248 ㊐ 五根, 肉段。
　　㊙ 五根, 即是肉團。
　　㊉ dbang po lnga ril po
249 ㊐ 眼不見色, 乃至, 身不覺觸。
　　㊙ 眼不見色, 乃至, 身不覺觸。
　　㊉ sha'i mig gis gzugs ril po rnams mi mthong ngo zhes bya ba nas lus kyi reg pa rnams
　　la mi reg go zhes bya ba'i bar du'o ‖

論 在等引位有發語言, 亦有調伏心, 亦有諍[250]作意。[251]

記 述曰: 在等引位之心, 不唯緣定境, 故一心內得有多緣, 亦緣語業。
許發言故。未見定中許發身業。身是定依。依動之時, 心隨動故便
應住散。調伏心者, 謂緣定境心。其心柔順故名調伏。此顯發語亦
住定心, 非謂住散心方能起語業, 即此調伏定心之內亦有諍作意。
散境, 剛強, 非極調順, 故名有諍。諍是過失之異名也。緣散境心
名諍作意。

此中意顯: 一定心中亦有發語, 一心二境; 一定心內亦取散境, 一
心二緣。此, 加行時, 唯緣定境, 後多相續, 在等引心, 設更異緣,
不失舊境, 雖亦緣散, 仍名定心。又, 不可解言一定心中許亦起染
識名諍作意。若即染[252]心, 染、淨乖故; 若更別識, 本計諸[253]識不
竝生[254]故。不爾, 便違本[255]宗所說。末宗, 方說諸識俱故。

論 所作已辦, 無容受法。[256]

記 述曰: 所作已辦, 謂諸無學。無容受法, 不取於境差別相故。若緣
境時, 但知因緣所生之法, 不執、不取境差別相。無容受者, 不

---

250 諍》 SHYLQUXJB, 淨 ZKT.

251 ㊦ 禪定中間亦有言說, 亦調伏心、亦攝受思惟。
ㄷ 若心在定, 亦得有語, 折伏心恒有, 相壞心恒有。是故凡夫有上、下。
ㄸ mnyam par bzhag① pa'i tshig brjod pa yod do ‖ sems la yang lus yod do ‖ yid la byed
pa la yang lus yod do ‖ (① bzhag》 PN, gzhag DC)

252 染》 XJB, 定 U.

253 諸》 JB, 識 UX.

254 生》 UX, 立 JB.

255 本》 XJB, 末 U.

256 ㊦ 一切作法, 無有處所。
ㄷ 已成就法, 無處所。
ㄸ chos bzhin du byas pa rnams la skabs med do ‖

執、取義。薩婆多等, 無學亦取境差別相, 別。

舊解云無二處所。一所著處, 二受生處。前因, 後果。其義未詳。

論 諸預流者心、心所法, 能了自性。[257] [Z791a1 L4a1]

記 述曰: 一切預流皆知自得預流果證, 不待尋教他言方了。又, 說彼心等一刹那頃能了自性, 異餘部宗。雖諸異生能了自性[258], 後三果等皆悉如此, 異生未明了, 舉初聖果故。 [U56a1]

論 有阿羅漢爲餘所誘、猶有無知、亦有猶豫、他令悟入、道因聲起。[259] [J中25b1; B中25b1]

記 述曰: 大天分部大衆, 承其苗裔。今陳五事旨。意同前文, 證成宗義。不煩述。

論 苦能引道。[260]

記 述曰: 苦即苦受, 能爲無間引生聖道。

---

257 ㉠ 須陀洹心數心、知其自。
　　㉣ 須㲲多阿半<方晏反>那心及心法, 知有自性。
　　㉵ rgyun du zhugs pa'i sems dang sems las byung ba rnams kyi ngo bo nyid shes so ‖

258 能了自性》 XJB, *om.* U.

259 ㉠ 阿羅漢有從他饒益、無知、有疑、由他觀察、言說得道。
　　㉣ 有阿羅漢多他以不淨染污其衣、阿羅漢多有無知、有疑惑、有他度、聖道亦爲言所顯。
　　㉵ dgra bcom pa la gzhan gyis① nye bar bsgrub② pa dang | mi shes pa dang | yid gnyis dang |③ gzhan gyis④ rnam par spyod pa dang | lam sgra 'byin pa dang bcas pa'o ‖ (①gyis》 *conj., om.* PNDC. ②bsgrub》 DC, bsgrubs PN. ③mi shes pa dang | yid gnyis dang |》 *conj., om.* PNDC. ④gyis》 DC, gyi PN)

260 ㉠ 없음.
　　㉣ 說苦, 亦是道。
　　㉵ lam ni① sdug bsngal byed pa'o ‖ (①ni》 DC, gyi PN)

問: 爲引何道?

X581b1
答: 引生修道。見道之前, 不可起故。違四善根, 理必應爾也。 ^{U56b1}

論 苦言能助。²⁶¹

記 述曰: 謂數言苦, 厭離世間, 亦能助滿聖道所作。

論 慧爲加行, 能滅衆苦, 亦能引樂。²⁶²

記 述曰: 謂戒、定等不能爲加行, 能滅衆苦, 又, 亦不能引得涅槃菩 ^{J中26a1; B中26a1}
提勝果樂。唯慧能故。

論 苦亦是食。²⁶³

記 述曰: 地獄有情得熱鐵團, 亦持壽命, 故苦是食。如是, 總許三受名食。

論 第八地中亦得久²⁶⁴住。²⁶⁵ ^{U57a1}

---

261 ㊥ 없음.
　　㊞ 說苦, 亦是因。
　　Ⓣ phan gdags① pa ni sdug bsngal brjod pa'o ‖ (① gdags》 DC, bdags PN)
262 ㊥ 智慧方便, 得離生死, 亦得安樂。
　　㊞ 般若相應, 滅苦。
　　Ⓣ sdug bsngal spangs pa'i phyir shes rab kyi sbyor ba dang | bde ba'i yo① byad do ‖ (① yo》
　　　NDC, yod P)
263 ㊥ 없음.
　　㊞ 苦受, 亦是食。
　　Ⓣ 없음.
264 久》 ZKYLQTUXJB, 名 SH.
265 ㊥ 從第八, 退。
　　㊞ 第八, 亦久住。
　　Ⓣ brgyad pa yun ring① du gnas par yang byed do zhes bya ba nas (① ring》 DC, rings PN)

記 述曰: 從阿羅漢爲第一數, 至預流向, 正當第八。此部意說: 如須達
長者, 一時, 施食, 供養僧時, 於空中有天語曰: '此, 預流向; 此, 預
流果。乃至廣說。' 既許初向受施食飯, 明知亦得出見道觀。雖知一
心觀四諦理,[J中26b1; B中26b1] 斷惑未盡, 亦得出觀。如先觀欲界四眞諦理, 斷欲界
惑而且出觀, 受須達施, 後時復入, 方雙斷上。故預流向亦住多時。
不言經生得住向理。舊說初果但有七生, 據欲界說。[U57b1] 然上界處處
各有一生。此向亦爾故得經生。未詳此理。不言初向經[266]幾生故。

論 乃至性地法, 皆可說有退。[267]

記 述曰: 性[268]地法者, 即世第一法, 如『毘婆沙』第三卷說。此說從發
心乃至第一法皆說有退。[X581c1] 以世第一法多念相續故便有退。非退初
果時, 其亦隨退。今名爲退, 未至初果, 住性[269]地時, 便有退故。

論 [J中27a1; B中27a1] [H275a1] 預流者有退義, 阿羅漢無退義。[270]

記 述曰: 初果, 但以一見無漏, 斷諸煩惱, 而未兼修。又, 其身中, 猶
惑[271]未盡, 所修聖法尚未圓滿。[U58a1] 所得聖道既未堅牢故可有退。其

---

266 經》XJB, 名 U.
267 ㊙ 乃至種性法, 亦說有退。
　　㊙ 乃至性法, 退。
　　㋣ rigs kyi chos kyi bar las kyang yongs su nyams par 'gyur ro ǁ zhes brjod par bya'o ǁ
268 性》X, 姓 UJB.
269 性》XJB, 姓 U.
270 ㊙ 須陀洹退法, 阿羅漢不有①退法。(① 不有 conj., 有 KLT)
　　㊙ 須黏多阿半那退法, 阿羅漢多不退法。
　　㋣ rgyun du zhugs pa ni yongs su nyams pa'i chos can no ǁ dgra bcom pa ni yongs su mi
　　nyams pa'i chos can no ǁ
271 猶惑》UX, 惑猶 JB.

第四果, 理即相違, 如何有退?

問: 第二、三果有退, 無退?

答: 但如初果亦有退者, 其理不疑, 故『論』不說。

🈚 無世間正見, 無世間信根。²⁷²

🈚 述曰: 世間, 雖有慧及信, 體無勝用故不說爲根。但無漏慧, 斷惑證滅; 無漏信根、於戒、三寶, 皆得證淨。有殊勝用, 故得名根。

問: 世間道品亦有五根, 不?

答: 無。^{J中27b1; B中27b1}要無漏時, 方名根故。然無漏位, 約義別, ^{U58b1}說爲根、力等, 於理無違。

🈚 無無記法。²⁷³

🈚 述曰: 隨一一境, 所望不同。善、惡業感各有異故。善感名善, 惡感名惡, 故無無記。

問: 旣無無記²⁷⁴, 上二界惑, 其性是何?

答: 唯不善。

問²⁷⁵: 二通、變化心、其性是何攝?

答: 是善性攝。

---

272 🈂 無世俗正見, 無^①世俗信根。(①『無』 *conj.*, 有 KLT)
　　🈐 世間無正見, 世間無信根。
　　Ⓣ 'jig rten pa'i yang dag pa'i lta ba med do ‖ 'jig rten pa'i dad pa'i dbang po med do ‖
273 🈂 無無^①記法。(①『無』 *conj.*, 有 KLT)
　　🈐 無無記法。
　　Ⓣ lung du mi ston pa'i chos rnams med do ‖
274 問旣無無記』 JB, *om.* UX.
275 問』 JB, *om.* UX.

論 入正性離生時, 可說斷一切結。[276]

記 述曰: 結與煩惱, 一體異名。結是繫縛義, 聖人已無; 煩惱擾亂義, 入聖, 猶有。故入見道, 可名斷一切結。永不繫縛在生死故, 其諸 煩惱, 理可說有。

論 諸預流者造一切惡, 唯除無間。[277]

記 述曰: 十惡業道, 預流猶造, 唯除五無間。以極重故。以此, 凡聖難 可分別。

問: 如何初果得不壞信? 造十惡業, 猶有壞戒。

答: 入觀證淨, 出觀行惡。亦不相違。

問: 若爾, 應入觀不疑三寶, 出觀便疑。

答: 疑但迷理, 初果總無。十惡業道, 其事微細, 初果猶有。

論 佛所說經皆是了義。[278]

記 述曰: 佛所出語皆轉法輪, 契當正法, 故名了義。勸依了義經, 謂 佛所說; 不依不了義, 外道教等。故佛說經皆是了義。

---

276 ㉠ 超昇離生, 不一斷一切結。
　　㉡ 若人入正定, 一切結滅。
　　㉣ yang dag pa nyid skyon med par 'jug pas kun du[①] sbyor ba thams cad ma spangs par brjod par bya'o ‖ (①du》DC, tu PN)
277 ㉠ 須陀洹能作一切惡行, 唯除無間罪。
　　㉡ 須氈多阿半那能作一切惡, 唯不作五逆。
　　㉣ rgyun du zhugs pa la ni mtshams med pa rnams ma gtogs bar sdig pa thams cad byed do ‖
278 ㉠ 一切修多羅, 皆依了義。
　　㉡ 一切諸經無不了義。
　　㉣ mdo sde thams cad nges pa'i don yin no ‖

問: 如經中說: "殺害於父母至是人說淸淨." 此密語經, 有何了義?

答: 有情, 長因恚愛生, 故說二結以²⁷⁹爲父、母, 皆契正理, 寧非

了義!

🔲 無爲法有九種。²⁸⁰

🔲 述曰: 種, 謂種類。無爲不同, 有九種也。

🔲 一擇滅、二非擇滅、三虛空、²⁸¹

🔲 ^{U60a1} 述曰: 此前三種體皆一物。顯有分位, 非體成多。餘釋名等, 不異

諸部。

🔲 四空無邊處、五識無邊處、六無所有處、七非想
非非想處、^{Z791b1; K568b1} ²⁸²

🔲 ^{J中29a1; B中29a1} 述曰: 此四, 無色所依之處, 別有無爲, 是滅所攝。要得此滅, 依之

生彼。能依細五蘊, 自是無常; 所依四無色, 自是常住。然四靜慮,

以》XJB, 說 U.

280 ㊛ 九種無爲法、
㊞ 無爲法有九種。
Ⓣ 아래에 포함됨.

281 ㊛ 謂數滅、非數滅、虛空、
㊞ 一思擇滅、二非思擇滅、三虛空、
Ⓣ so sor brtags pa'i 'gog pa dang | so sor brtags pa ma yin pas 'gog pa dang | ① nam mkha'
dang | (① so sor brtags pa ma yin pas 'gog pa dang |》 conj., om. PNDC)

282 ㊛ 虛空處、識處、無所有處、非想非非想處、
㊞ 四空處、五識處、六無所有處、七非想非非想處、
Ⓣ nam mkha' mtha' yas skye① mched dang | rnam shes mtha' yas skye mched dang | ci yang
med pa'i skye mched dang | 'du shes med 'du shes med min skye mched dang | (① sky
e》 NDC, skyed P)

無別所依無爲所攝。以蘊, 非極細; 界, 非極勝; 能依心等, 能緣上下, 無隔礙故。無色不然。心不緣下, 旣有隔礙。別有無爲爲所依處, 故²⁸³不爲例。然空作空觀, 空無纗色。非全空色說名爲空。釋餘名等, 皆準常釋。所依隨蘊, 以立其名。

論 八緣起支性、九聖道支性。²⁸⁴

記 述曰: 緣起支性, 謂生死法, 定無明後方生行等, 定行等前有無明等。此理是一, 性常決定。其無明等十二支分是有爲攝, 理是無爲。一切聖道, 性能離染, 理是常一。其八差別, 自是生滅, 理是無爲。此, 由生死及於聖道各別有理爲疑²⁸⁵覈故, 性相決定。生死, 必先無明等起, 聖道, 必能出離苦等。一切聖道, 理雖定然, 此中, 舉勝, 且舉八道。

論 心性本淨, 客²⁸⁶隨煩惱之所雜染, 說爲不淨。²⁸⁷

記 述曰: 無始以來, 心體自淨。由起煩惱染故名染煩惱, 非心無始本性故立客名。

---

283 處故》XJB, 故處 U.

284 ⑧ 十二緣起支、道支。
　 ⑩ 八十二因緣生分、九八聖道分。
　 ⑪ rten cing 'brel par^① 'byung ba rnams^② dang | lam^③ …… ni 'dus ma byas kyi dngos po dgu'o ‖(※ 뒷문장과 뒤섞인 것을 조정함) (① par》 PN, bar DC. ② rnams》 PND, nas sa C. ③ lam》 conj., om. PNDC)

285 疑》X, 礙 UJB.

286 客》KT, 客塵 ZSHYLQUXJB.

287 ⑧ 心性, 自淨淸^①爲客煩惱所染。(① 淸》 conj., 佛 KLT)
　 ⑩ 心者, 自性清淨, 客塵所污。
　 ⑪ glo bur du 'ongs pa'i nye ba'i nyon mongs pas sems rang bzhin gyis 'od gsal ba

問: 有情無始有心, 稱本性淨, 心性本無染, 寧非本是聖?

答: 有情無始心性, 亦然, 有心即染, 故非是聖。

問: 有心即染, 何故, 今言心性本淨, 說染爲客? 客主齊故。^{J中30a1; B中30a1}

答: 後修道時, 染乃離滅。唯性淨在, 故染稱客。

論 ^{U61b1　L4b1}隨眠非心, 非心所法, 亦無所緣。²⁸⁸

記 述曰: 隨眠即是貪等。隨眠亦有十種。在無心位、起善等時, 名異生等, 但由隨眠恒在身故。若是心所, 無心等位應是聖人。無煩惱故。非心、心所, 故無所緣。有所緣者, 必彼心所。

論 ^{T16a1}隨眠異纏, 纏異隨眠。應說隨眠與心不相應, 纏與心相應。²⁸⁹

記 述曰: 纏 謂現起諸煩惱等。隨眠與彼, 其性各異。纏是心所, 與心相^{X582c1 J中30b1; B中30b1}應。隨眠既非現, 無相應義。即十隨眠不相應攝。^{U62a1}

論 過去、未來非實有體。²⁹⁰

記 述曰: 現有體、用, 可名實有; 去、來體、用無故垃非實有。曾

---

288 ㊥ 諸使, 非心並心法, 無緣。

　　㊥ 一隨眠煩惱、二倒起煩惱。隨眠煩惱, 非心、非心法, 無所緣。

　　Ⓣ bag la nyal dag^① ni sems ma yin | sems las byung ba ma yin par brjod par bya'o || dmigs pa med par brjod par bya'o || (①dag》 NDC, dge P)

289 ㊥ 使異纏, 纏異使。心不相應。

　　㊥ 隨眠煩惱異, 倒起煩惱異。隨眠煩惱與心相離, 倒起煩惱與心相應。

　　Ⓣ bag la nyal dag gzhan la kun nas dkris pa dag gzhan yin par brjod par bya'o || bag la^① nyal rnams ni sems dang mi ldan pa yin par brjod par bya'o || kun nas dkris pa dag ni sems dang mtshungs par ldan pa dag go || (①la》 DC, las PN)

290 ㊥ 無有過去、未來世。

　　㊥ 過去、未來是無, 現在是有。

　　Ⓣ 'das pa dang | ma 'ongs pa med do ||

有、當有名去、來故。

論 一切法處, 非所知, 非所識, 是[291]所通達。[292]

記 述曰: 法處即是意所對觀。此非汎爾世俗智所[293]知, 亦非有漏散識所識。 要於六通隨分得者及見眞理者之所通達。 三無爲等, 要窮斷結道等所知、識; 心所法等, 他心智等所知、識故。

問: 法處無表[U62b1]非所知、識, 誰知, 誰識[J中31a1; B中31a1]?

答: 其體微細, 要得眞理, 等方能知、識, 故亦非知、識。

問: 意處既亦他心智知, 應非所知, 亦非所識, 何不說耶?

答: 心體是麤, 亦所知、識; 心所性細, 不同於心, 離心, 有體。此爲難故非所知、識。

問: 世俗智緣三無爲等, 散識緣他心、心所等, 此境是何?

答: 此但比量心緣法處。似法處, 非實法處。

問: 即非實是何處攝?

答: 如緣過、未, 體何處攝, 今緣心所等, 雖亦法處攝, 非實法處。非所知、識故。

論 [U63a1]都無中有。[294]

---

291 是》 ZSHYLQUXJB, 量非 KT.

292 ㊰ 法入, 非智知, 非無有治。
  ㊐ 法入, 非所知, 非所識。
  ㊉ chos kyi skye mched ni shes par bya ba ma yin | rnam par shes par[①] bya ba ma yin no ||
  (① par》 DC, pa'i PN)

293 所》 XJB, *om.* U.

294 ㊰ 없음.
  ㊐ 中陰是無。

記 述曰: 設遠時²⁹⁵處, 死此生彼。 既無中間隔, 前滅後即生。 故今
_{J中31b1; B中31b1}
不說別有中有。

問: 『七有經』等中有是何?

答: 如『俱舍』解。

論 諸預流者²⁹⁶亦得靜慮。²⁹⁷

記 述曰: 無漏道方能斷結, 故伏煩惱, 亦得靜慮。 既不斷結, 亦不得果。^{X583a1}

論 如是等是本宗同義。²⁹⁸

記 述曰: 總結上義, 四部本宗之同義也。

나) 지말종파의 다른 주장

論 ^{U63b1; J下1a5; B下1a5} 此四部末宗異義者。²⁹⁹

記 述曰: 此生下文, 是前四部之末執也。

Ⓣ bar ma do'i srid pa med do ‖

295 時》 UX, *om.* JB.

296 者》 KSHYLQTUXJB, *om.* Z.

297 Ⓠ 須陀洹得禪定。
Ⓒ 須㲜多阿半那得定。
Ⓣ rgyun du zhugs pa la ni bsam gtan thob pa^① yin no zhes bya ba zer te (①pa》 DC, par PN)

298 Ⓠ 如是等名根本所見。
Ⓒ 此四部, 是執義本。
Ⓣ de dag ni gzhi'i^① gzhung lugs dag go ‖ (①gzhi'i》 PDC, gzhi yi N)

299 Ⓠ 中間見者。
Ⓒ 執義異者, 大衆部執義, 異餘三部。
Ⓣ de dag gi bar gyi gzhung lugs ni 'di dag yin te ∣

論 如如聖諦諸相差別，如是如是有別現觀。³⁰⁰

記 述曰：前之二句顯四諦相各有差別；後之二句顯四諦智各各別觀。
相，謂相狀，即四諦相。如如者指理非一義。如是如是略³⁰¹名也。
但所觀境，說如如言；能觀智中，置如是如是。前本宗義，真現觀
中一刹那智知四諦理；今顯真觀諦各別觀。

問：此既別觀，為四心觀，將十六心觀³⁰²耶？

答：此見道所修故所緣四諦也。今此末宗中，以現觀智觀差別相，
故可云十六心觀。若本宗者³⁰³，可云四心觀。既言以邊智知諸相
差別故。³⁰⁴ ³⁰⁵

論 有少法是自所作，有少法是他所作，有少法是俱所作，
有少法從眾緣生。³⁰⁶

記 述曰：總顯諸法亦有作用。於諸法內，有少法是自作用所作；有少
法是他作用所作，非自作用名他作用，非謂他身；有少法自他俱作
用之所作也；有少法無實作用從眾緣生。諸部皆說："雖無作用緣，

---

300 ㊝ 隨其，別觀察。
　　㊞ 四聖諦悉真實，有如如對可讚行。
　　Ⓣ ji lta ji ltar bden pa rnams phye ba de lta de ltar mngon par rtogs pa 'byung ngo ‖
301 略》 XJB, 異 U.
302 將十六心觀》 XJB, 十六觀心 U.
303 者》 X, om. JB.
304 此見道所⋯相差別故》 XJB, om. U.
305 lin. '答下兩行半文係基辨加' JB.
306 ㊝ 少有自作，少有他作，少有因緣起。
　　㊞ 有苦是自所作，有苦是他所作，有苦是兩所作，有苦非兩所作，有苦依因緣生，有不依因緣生。
　　Ⓣ cung zad ni rang gis byas pa'o ‖ cung zad ni gzhan gyis byas pa'o ‖ cung zad ni gnyis①
　　byas pa'o ‖ cung zad ni rten cing 'brel par 'byung bas byas pa'o ‖ (① gnyis》 D, gnyi gas
　　PNC)

而有功能緣。” 今此末執有實作用, 自作法等。此顯少法唯自作用
所作等[307], 非顯此法少作用所作。

論 ^U64b1^ 有於一時二心俱起。[308]

記 ^X583b1^ 述曰: 本計諸識各別念生; 末執一時二心俱起。根、境、作意力齊
起故。

論 道[309]與煩惱, 容[310]俱現前。[311]

記 述曰: 本計雖許別有隨眠, 然道起[312], 不言同念; 今說隨眠既許恒有,
故聖道起, 容[313]俱現前。如煩惱得與道俱。^J下2b1; B下2b1^ 故今言煩惱即是隨眠。

論 業與異熟有俱時轉。[314]

記 述曰: 旣無過去, 業果異時業, 未盡時, 恒有現在, 果旣現熟, 故與 ^U65a1^
業俱。受果若盡, 未必同世。不同餘宗定不同世。

---

307 等》XJB, *om.* U.
308 ㊉ 一時有二心俱生。
   ㊢ 一時中有多心和合。
   Ⓣ dus gcig tu sems gnyis phrad do ‖
309 道》ZKTUXJB, 逾 SHYLQ..
310 容》ZKSHTJ, 客 YLQ, 各 UXB.
311 ㊉ 道即煩惱。
   ㊢ 道與煩惱, 並起。
   Ⓣ nyon mongs pa dang lam phrad do ‖
312 起》JB, 時 UX
313 容》J, 各 UXB.
314 ㊉ 業, 果①。(① 果》 *conj.*, 想 KLT)
   ㊢ 業與果並起。
   Ⓣ las dang rnam par smin pa phrad do ‖

論 種即爲芽。[315]

記 述曰: 許色長時方有生滅。故種子體即轉爲芽。非種滅時方有芽起。
餘宗種滅其芽乃生, 故此不同, 今敘之也。

論 色根大種有轉變義, 心、心所法無轉變義。[316]

記 述曰: 色法長時乃有起盡, 故許乳體轉變爲酪; 心、心所法刹那生 [J下3a1; B下3a1]
滅。故不轉前以爲後法。此部計根即肉團性, 故乃[317]大種皆有轉 [U65b1]
變, 心等不然。

論 心遍於身。[318] [Q480a1]

記 述曰: 即細意識遍依身住。觸手、刺足, 俱能覺受, 故知細意識遍
住於
身。非一刹那能次第覺, 定知細意遍住身中。

論 心, 隨依、境 卷、舒可得。[319]

---

315 ㊥ 種子即是取。
　　㊪ 種子即是芽。
　　Ⓣ sa bon nyid myu gur 'gyur ro ‖
316 ㊥ 諸根四大轉變相續, 非心、心法。
　　㊪ 六根四大轉異, 心、心法不轉異。
　　Ⓣ dbang po'i 'byung ba chen po rnams ni 'gyur ba'o ‖ sems dang sems las byung ba rnams
　　ni mi 'gyur ro ‖
317 乃》 UX, 及 JB.
318 ㊥ 心滿身中。
　　㊪ 心遍滿身。
　　Ⓣ sems kyis ni lus la khyab pa dang
319 ㊥ 皆可得。
　　㊪ 心、增長。

記 述曰: 諸部識等所依、所緣皆先已定。大境、小境、大根、小根、
其識、無始、皆已定屬。不可依小根識亦依大根[320]、依大根識亦
依小根。其境亦爾。故先皆定。謂緣青等別、總識等皆先定故。
此部不然。無先所依、所緣定、識定、屬此根、此所緣境。若依大
根、又緣大境、心隨根、境、便即言舒。舒者、展義、即成大也。若
依小根、又緣小境、心隨根、境、便即言卷。卷者、縮義、即成小也。
此中言依即所依根﹔又、言境者、即所緣境。識既無定屬、故異諸宗。

論 諸如是等、末宗所執、展轉差別、有無量門。[321]

記 述曰: 此總結指更有多門不能廣引。

나. 다문부의 주장

論 其多聞部本宗同義。[322]

記 述曰: 次第二段敘多聞部、於中有二: 初標部敘本宗、後略指餘同執。
此即初[323]標部敘本宗[324]。其解部名、釋本宗義、皆如上釋。下不重解。

Ⓣ sems 'dug pa yang dmigs① so ‖ (① dmigs》 NDC, dmig P)

320 依大根》 XJB, *om.* U.

321 ㊗ 如是、皆攝受欲、是名中間所見也。
　　㊞ 應知有如是諸義、諸部信樂不同、各有所執、是名執義異。
　　Ⓣ de ltar de la sogs pa① gzhan dag dmigs pa can dag 'dod de ｜ de ltar de dag ni bar gyi gzhung lugs dag yin ｜ (① de la sogs pa》 PN, de la sogs pa gzhan dang DC)

322 ㊗ 彼多聞根本見者。
　　㊞ 多聞部是執義本。
　　Ⓣ de la mang du thos pa'i sde rnams gzhi'i gzhung lugs dag yod de ｜

323 初》 XJB, *om.* U.

324 宗》 XJB, 次當述宗 U.

論 謂佛五音是出世教: 一無常、二苦、三空、四無我、五涅槃寂靜。此五能引出離道故。[325]

記 述曰: 音, 謂音聲, 即是教體。此音聲教能超世間, 亦能引他出離道起, 故名出世。謂詮無常、苦、空、無我、涅槃寂靜。此五教聲必是出世。若離此五, 雖八道支、七覺等教, 皆非出世。其八道等作此行[U67a1]相, 亦是出世。餘皆準知。謂此五教聞皆利益, 稱可法體, 既非不[J下4b1; B下4b1]了義, 亦非方便說, 定是出世。『論』文, 但以一實義解, 此五能引出離道故是出世教。餘教, 設能引出離道, 不決定故, 亦非出世。

論 [X584a1]如來餘音是世間教。[326]

記 述曰: 既不決定引出離道, 故今總說是世間教。

論 有阿羅漢[Y28a1]爲餘所誘、猶有無知、亦有猶豫、他令悟入、道因聲起。[327]

記 述曰: 五事既爲諸部[328]諍首。今猶計有。義意同前。

---

325 ㊍ 佛說五種出世間法, 無常、苦、空、無我、寂滅涅槃, 出道。
㊐ 如來五鳴, 應說出世。五鳴者, 謂無常、苦、空、無我、寂靜涅槃。此五鳴, 是正出世道。
Ⓣ de bzhin gshegs pa'i dbyangs lnga po mi rtag① pa dang | sdug bsngal ba dang | stong pa dang | bdag② med pa dang | mya ngan las 'das pa ni zhi ba | lam ni nges par 'byin pa 'jig rten las 'das pa dag yin par brjod par bya'o || (①rtag》 PDC, rtags N. ②bdag》 NDC, bag P)

326 ㊍ 餘者世俗。
㊐ 如來餘鳴是世間道。
Ⓣ lhag ma rnams ni 'jig rten pa dag yin no ||

327 ㊍ 阿羅漢有從他饒益、有無知、有疑、由他觀察、言說得道。
㊐ 有阿羅漢多他以不淨染污其衣、阿羅漢多有無知、有疑惑、有他度、聖道亦爲言所顯。
Ⓣ dgra bcom pa la gzhan gyi① nyes par bsgrub pa dang | mi shes pa dang | som nyi dang | gzhan gyi rnam par spyod pa dang | lam sgra 'byin pa dang bcas ba yod do || (①gyi》 DC, gyis PN)

328 部》 XJB, 法 U.

論 　餘所執多同說^329一切有部。^330

U67b1

記 　述曰: 自下第二略指餘同執。雖引大眾, 後起多聞所執殊輪^331 同
說有部。次當廣解故不敘之。

J下5a1; B下5a1

다. 설가부의 주장

論 　其說假部本宗同義。^332

H276a1

記 　述曰: 次第三段文別有二, 如上所釋。此亦標部敘本宗也^333。

論 　謂苦非蘊。^334

Z792b1; K568c1

記 　述曰: 苦者, 逼迫義。蘊體非逼迫故非是苦。次下論云: 諸行相待,
假立苦故。色等諸法, 有義, 名苦, 其實非苦。如無間果體實非苦。
所感諸蘊有苦相合說名苦蘊, 其體非苦。生滅等法竝非行苦, 其蘊等
上業皆實有。

U68a1

論 　十二處非眞實。^335

---

329 同說》 ZKTUXJB, 說同 SHYLQ.

330 㤅 諸餘一切, 薩婆多見同也。
　　 㒙 餘所執與說一切有部所執相似。
　　 Ⓣ lhag ma rnams ni thams cad yod par^① smra pa'i lugs dag yin no ‖ (①par》 DC, pa PN)

331 輪》 UX, 論 JB.

332 㤅 彼施設根本見者。
　　 㒙 分別說部是執義本。
　　 Ⓣ de btags par smra ba rnams kyi^① gzhi'i lugs dag ni (②kyi》 DC, kyis PN)

333 也》 UX, *om.* JB.

334 㤅 諸陰, 即非業。
　　 㒙 苦, 非是陰。
　　 Ⓣ bsdu ba^① lnga ni phung po med ba'o ‖ (①ba》 NDC, ba na P)

335 㤅 諸處^①不成。(① 處》 *conj., om.* KLT)

記 述曰: 以依積聚, 緣亦積聚, 積聚之法皆是假故。雖積聚假義釋於蘊, ^{丁下5b1; B下5b1}

蘊體非假。無依、緣故。現在世之識不名爲意, 入過去時, 方名意處。

依止義成, 體非現在, 亦非實有。

問: 十八界等, 若爲假、實³³⁶?

答³³⁷: 亦有依、緣積聚假義, 故此亦非實³³⁸³³⁹。

論 諸行相待, 展轉和合, 假名爲苦。無士夫用。³⁴⁰ ^{U68b1}

記 述曰: 此釋苦者。現在之緣二種行法相待名苦, 非由現在士夫³⁴¹作 ^{X584b1}

用, 方有苦也。或有解言: "欲界劣上界, 欲界名苦³⁴², 乃至, 有頂劣

無漏, 有頂名苦。" 故言相待, 無由士夫乃有苦也。

問: 如人打等, 見苦是何苦?

答: 此亦諸行相待名苦。義准應知³⁴³³⁴⁴。 ^{丁下6a1; B下6a1}

論 無非時死, 先業所得。³⁴⁵

陳 一切入不成就。

T skye mched dag ni yongs su ma reg pa dag go ||

336 若爲假實》 XJB, 假實若爲 U.

337 答》 XJB, om. U.

338 此亦非實》 XJB, 答 U.

339 lin. '亦有依緣等十三字係基辨加' JB.

340 秦 諸行, 展轉施設者。無智士夫事。
　　陳 一切有爲法相待假, 故立名苦。無人功力。
　　T 'du byed rnams phan tshun btags pa'i sgo nas sdug bsngal ba'o || skyes bu'i byed pa med do ||

341 士夫》 X, 士用 U, 士夫用 JB.

342 苦》 XJB, om. U.

343 此亦諸行…義准應知》 XJB, om. U.

344 lin. '此亦諸行等十二字係基辨加' JB.

345 秦 無橫死, 由本業所得。
　　陳 無非時節死, 一切所得, 先業造。

記 述曰: 諸非時死皆先業得。無由橫緣有非時死。過去曾行此橫緣故,
今方橫死。非無先業, 今橫有果。其轉壽業, 作福業故, 而便短壽者,
舊有先業, 今由現緣。

論 業增長爲因, 有異熟果轉。[346]

記 述曰: 唯業殊勝, 方能感果。得[347]等餘法不招異熟。要業功能得果
時, 其相、用增長爲異熟因, 方感果故。餘即不爾。

論 由福故, 得聖道。[348]

論 道不可修。[349]

記 述曰: 現見修道, 不能得聖, 故知聖道不可修成。但由持戒、布施等
福, 得聖時, 其便成聖果, 故不可修慧力得聖。
問: 現見修道, 不得聖, 即說由福得, 現見布施, 不成聖, 應說道由修。

――――――

Ⓣ dus ma yin pa'i 'chi ba med do ‖ sngon gyi las kyis 'thob bo[①] ‖ (① 'thob bo》 DC, thob
po PN)

346 ㊥ 長養業根生。一切苦, 從業生。
㊢ 增長因果, 能生業。一切諸苦, 從業生。
Ⓣ rnam par smin pa mngon par grub pa ni las 'phel[①] pa'i rgyu las 'byung[②] ba'o ‖ (① 'phel》
PN, 'phen DC. ② 'byung》 PN, byung DC)

347 得》 XJB, 待 U.

348 ㊥ 福德生聖道。
㊢ 聖道, 由福德得。
Ⓣ bsod nams dag gis kun chub par byas nas lam 'thob bo ‖

349 ㊥ 道, 不修,
㊢ 聖道, 非修得。
Ⓣ lam bsgom par bya ba ma yin no ‖

🔲論　道不可壞。[350]

🔲記　述曰: 一得以去, 性相常住, 無刹那滅。故不可壞。

🔲論　餘義多同大衆部執。[351]

🔲記　述曰: 略明指同餘部也。

라. 제다산부·서산부·북산부의 주장

🔲論　其[352]制多山部、西山住部、北山住部，　如是三部本宗同
　　　　　L5b1; X584c1　[353]
　　　義。

🔲記　述曰: 其第四段文別有二, 亦準前知。此即標部敍[354]本宗也。
　　　　　　　I下7a1; B下7a1　　　　　　　　　　　　　　　　U70a1

🔲論　謂諸菩薩不脫惡趣。[355]

🔲記　述曰: 未得忍位, 猶是異生。此諸菩薩不能脫離生惡趣故, 猶生於彼。

---

350 ㊛ 亦不失。
　　㊝ 없음.
　　Ⓣ lam ni 'jig① par mi 'gyur ro② ‖ (①'jig》PN, 'jigs DC. ②ro》PN, ba'o DC)
351 ㊛ 餘一切與摩訶僧祇見同也。
　　㊝ 餘所執與大衆部所執相似。
　　Ⓣ lhag ma rnams ni dge 'dun phal chen sde'i lugs dag yin no ‖
352 其》SHYLQUXJB, om. ZKT.
353 ㊛ 彼支提羅、阿婆、爵多羅施羅根本見者。
　　㊝ 支提山部、北山部, 此二部是執義本。
　　Ⓣ 없음.
354 敍》JB, 序 UX.
355 ㊛ 菩薩離惡趣。
　　㊝ 菩薩不脫惡道。
　　Ⓣ 없음.

論 於窣堵波興供養業, 不得大果。[356]

記 述曰: 以無情法不能受施利益施主、生歡喜心、故無大果, 少福可成。

由此, 準知以物施法亦無大果是此宗義。

窣堵波者, 此云高勝處, 即安舍利, 高勝處也。

論 有阿羅漢爲餘所誘, 此等五事。[357]
<small>U70b1　　　　　　　Y28b1; Q480b1</small>

論 及餘義門所執多同大衆部說。[358]
<small>J下7b1; B下7b1</small>

記 述曰: 此下第二略指同他執。其文可知, 故不煩述。

마. 설일체유부의 주장

가) 근본종파의 같은 주장

論 其[359]說一切有部本宗同義者。[360]

---

356 ㊨ 供養偸婆, 無大果報。
　　㊞ 藪斗陂①中恭敬事, 得報②少。(① 藪斗陂》KT, 斗藪波 L, ② 報》L, 執 KT)
　　Ⓣ 없음.
357 ㊨ 阿羅漢有他饒益、無知、有疑、由他觀察、言說得道。
　　㊞ 有阿羅漢多他以不淨染污其衣、阿羅漢多有無知、有疑惑、有他度、聖道亦爲言所顯。
　　Ⓣ 없음.
358 ㊨ 餘者一切與摩訶僧祇同見。
　　㊞ 餘所執與大衆部所執相似。
　　Ⓣ 없음.
359 其》SHYLQUXJB, om. ZKT.
360 ㊨ 彼薩婆多根本見者。
　　㊞ 說一切有部是執義本。
　　Ⓣ de la thams cad yod par smra ba'i sde pa rnams kyi① gzhung lugs ni (① kyi》DC, kyis PN)

論 謂一切有部諸是³⁶¹有者皆二所攝：一名、二色。^{Z793a1}³⁶²

記 說一切有等，謂一切有者有二：一法一切，謂五法，即心、心所、^{U71a1}
色、不相應行、無爲。二時一切，謂去、來、今。各對諸部。名、
色攝一切法。色相麤著，易知其體，稱之爲色；四蘊、無爲，其體
細隱，難知相貌，以名顯之故稱爲名。^{J下8a1；B下8a1}

論 過去、未來體亦實有。³⁶³

論 一切法處皆是所知，亦是所識及所通達。^{H276b1}³⁶⁴

記 一切法處，所知、所識、所達者。此部意謂：心、心所等體相相似。
心旣許知、識，即心所，何不說爲法處，皆許世俗智知、有漏識^{X585a1}
識、得六通達眞理者之所通達。

論 生、老、住、無常相³⁶⁵心不相應³⁶⁶行蘊所攝。³⁶⁷

---

361 是》ZKSHYLQTU，法 XJB.

362 (奘) 說一切有性，二種，攝一切法。謂名及色。
(陳) 一切有，如有，如是兩法攝一切。
(T) thams cad yod do ǁ gang ji ltar yod pa de de bzhin du yod do ǁ ming dang gzugs gnyis
kyis 'dus byas thams cad bsdus so ǁ

363 (奘) 有過去^①、未來世。(① 過去》conj.，道共 KLT)
(陳) 過去、現在、未來，是有。一依正說，二依二法，三依有境界，四依有果。
(T) 'das pa dang ma 'ongs pa yod do ǁ

364 (奘) 有法入。知法、識、明法。
(陳) 法入有三：所識、所知、所通。
(T) chos kyi skye mched ni shes par bya ba dang ǀ rnam par shes par bya ba dang ǀ mngon
par shes par bya ba yin no ǁ

365 相》ZKTJB，想 SHYLQUX.

366 心不相應》KSHYLQTUXJB，不相應心 Z.

367 (奘) 生、住、滅。

記 生、老、住、無常行法蘊所攝, 對經部等無不相應者。非行蘊故。

論 有爲事有三種; 無爲事亦有三種, 三有爲相別有實體。^{U71b1} ³⁶⁸

記 有爲事有三等者。^{丁下8b1; B下8b1} 有爲, 謂三世; 無爲, 謂擇、非擇及虛空。

論 三諦是有爲, 一諦是無爲。^{T16b1} ³⁶⁹

論 四聖諦漸現觀。³⁷⁰

論 依空、無願二三摩地, 俱容得入正性離生。³⁷¹

記 空、無願, 入正性離生者。此二在苦諦四行相, 故得入正性。空攝

陳 生、老、住、無常, 是行, 與心不相應, 行陰所攝。

T skye ba dang | 'gags① pa dang | gnas pa② dang | mi rtag pa nyid dang | sems dang mi ldan pa'i 'du byed rnams ni 'du byed kyi phung pos bsdus pa dag go ‖ (① 'gags》 PN, 'gag DC. ② pa》 DC, om. PN)

368 秦 有爲相三, 無爲三。

陳 有爲種類三, 無爲種類三, 有爲相三, 無爲相三。

T bsdu ba'i dngos po dag gsum mo ‖ 'dus ma byas kyi dngos po dag gsum mo ‖ 'dus byas kyi mtshan nyid dag gsum mo ‖

369 秦 三①諦有爲相, 一諦無爲相。(① 三》 conj,. om. KLT)

陳 四諦中, 三諦有爲, 一諦無爲。

T bden pa 'dus byas dag gsum mo ‖ 'dus ma byas gcig go ‖

370 秦 四諦, 次第無間等。

陳 四諦, 次第觀。

T 'phags pa'i bden pa bzhi mthar gyis① mngon par rdzogs pa yin no ‖ (① gyis》 DC, phyin pa PN)

371 秦 空、無相、無願、超昇離生。

陳 若人欲入正定, 必緣空解脫門、無願解脫門, 得入正定。

T stong① pa nyid dang smon pa med pas yang dag pa nyid skyon med par 'jug go ‖ (① stong》 PDC, spong N)

空、無我; 無願攝苦、無常, 故見行依空; 愛行依無願。見行有二:
一我見增上、二我所見增上。我見增上, 依無我空三摩地; 我所見
增上, 依空空三摩地。愛行亦二: 一懈怠增, 依苦。生死多苦, 勿著
懈怠、放逸樂故。二我慢增, 依無常無願三摩地。以皆是無我, 勿
起我慢故。

論 思惟欲界行[372], 入正性離生。[373]

論 若已得入正性離生, 十五心頃說名行向, 第十六心說名
住果。[374]

論 世第一法一心, 三品。世第一法定不可退。[375]

記 世第一法三品, 謂三乘人成三品。就聲聞中, 退、思二是下, 護、住、
堪達三人是中, 不動是上。然是下唯成現分, 下不成中。中、上亦爾。

---

372 界行》ZKT, 得 SHYLQUXJB.
373 ㊥ 思惟欲界繫, 超昇。
　　㊥ 若觀欲界相應諸行, 得入正定。
　　㊦ 'dod pa dang ldan pa'i 'du byed pa① rnams yid la byed pas yang dag par skyon med do② ||
　　(① pa》 PN, om. DC. ② do》 PN, par 'jug go DC)
374 ㊥ 超昇離生, 十五心爲向, 第十六心名爲住果。
　　㊥ 若人已入正定, 在十五心中名須㲸多阿㝮那向, 若至第十六心名須㲸多阿㝮那。
　　㊦ yang dag pa nyid skyon med par zhugs pas sems bskyed pa bco lnga la rgyun du① zhugs
　　pa zhes brjod par bya'o || bcu drug pa la rgyun du zhugs pa'o || (① du》 NDC, tu P)
375 ㊥ 世間第一法, 一心。前方便有退, 世間第一不退。
　　㊥ 世第一法, 一刹那心。三方便有退義, 世第一法無退義。
　　㊦ 'jig rten pa'i chos kyi mchog rnams ni sems gcig par① rnam pa gzum mo || 'jig rten pa'i
　　chos kyi② mchog rnams las③ yongs su nyams par mi 'gyur ro || (① par》 PN, pa DC.
　　② kyi》 NDC , kyis P. ③ las》 DC, rnam pa las so PN)

[論] 預流者無退義，阿羅漢有退義。[376]

[論] 非諸阿羅漢皆得無生智。[377]

[論] ^{J下9a1; B下9a1.Z793b1; K569a1} 異生能斷欲貪、瞋恚。[378]

[論] 有諸外道能得五通。[379]

[論] 亦有天中住梵行者。[380]

[記] 天中亦有梵行。行婬、近女名非梵行。住天中，有性離此事。如經
說：“一比丘精進持戒，至夜，洗足，洗足盆中有承足臺。有蛇繞住，^{X585b1}
比丘不見，引足於中，遂被嗽殺，生忉利天歡喜園中。凡諸天生，皆
天男、或天女膝，此既生園，已異常天。眾天女前皆欲收抱，其新

---

376 (秦) 須陀洹果是不退法，阿羅漢有退法。
  (陳) 須氈多阿半那無退義，阿羅漢多有退義。
  (T) rgyun du zhugs pa ni① yongs su mi nyams pa can no ‖ dgra bcom pa ni yongs su nyams
    pa'i chos can no ‖ (①pa ni》 DC, pa'i PN)

377 (秦) 非一切阿羅漢得無生智。
  (陳) 一切阿羅漢多不盡得無生智。
  (T) dgra bcom pa thams cad kyis mi skye bar shes pa mi 'thob bo ‖

378 (秦) 凡夫得離欲、瞋恚。
  (陳) 凡夫，亦能捨欲及瞋。
  (T) so so'i skye bos 'dod pa'i 'dod chags dang gnod sems gnyis spong ngo ‖

379 (秦) 外道有五通。
  (陳) 外道得五通。
  (T) phyi rol pa'i mngon par shes pa lnga yod do ‖

380 (秦) 諸天亦得修梵行。
  (陳) 天亦有夫嵐摩。
  (T) lha rnams la tshangs par spyod pa la gnas pa la dmigs so ‖

生天手擲言曰:'皆勿近我。' 彼天女怪, 白天帝釋。天帝釋乃令以^{J下9b1; B下9b1}
鏡照之, 新生之天見已身影, 頭有天冠, 身具瓔珞。非是昔日出家^{U73a1}
之儀, 深生自悔, 更增厭欲。天女以此具白天帝, 天帝聞之, 躬自禮
敬。知昔人間出家持戒, 遂送安處天仙之園。" 故知天中有梵行。

論 七等至中, 覺支可得, 非餘等至。³⁸¹

記 七等至有覺支, 謂四禪定、三無色。略不言未至、中間。但別諸^{J下10a1; B下10a1}
部非想、欲界有覺支故。

論 一切靜慮皆念住攝。³⁸²

論 不依靜慮, 得入正性離生, 亦得阿羅漢果。^{Q481a1} ^{Y29b1} ³⁸³

論 ³⁸⁴若依色界、無色界身, 雖^{S485b1; H277a1} ³⁸⁵能證得阿羅漢果, 而不能

---

381 秦 於七正得覺支, 非餘。
　　陳 於七定有覺分, 餘定則無。
　　T snyoms① par zhugs pa bdun② la byang chub kyi yan lag rnams dmigs kyi gzhan rnams
　　la ma yin no ‖ (① snyoms》 DC, snyom PN. ② bdun》 PN, 'dun DC)
382 秦 禪攝念處。
　　陳 一切諸定, 無不是四念處所攝。
　　T bsam gtan rnams ni dran pa nye bar gzhag① pa rnams kyis② bsdus so ‖ (① gzhag》 DC,
　　bzhag PN. ② kyis》 PN, kyi DC)
383 秦 不依禪, 得超昇離生, 得阿羅漢果。
　　陳 若不依定, 得入正定, 亦得阿羅漢多。
　　T bsam gtan la mi① brten nas ni yang dag pa nyid skyon med pa nyid du 'jug go ‖ dgra
　　bcom pa nyid kyang 'thob bo ‖ (① mi》 conj., om. PNDC)
384 om.》 ZKTXJB, 若依色界無色界身離能證得阿羅漢果而不能入正性離生亦得阿羅漢果 SHYLQU.
385 雖》 ZKSHYLQUTJB, 離 X.

入正性離生。依欲界身, 非但能入正性離生, 亦能證得
阿羅漢果。[386]

^{U73b1}

論 北俱盧洲無離染者。聖[387]不生彼及無想天。[388]

記 北拘盧洲無離染者, 以純樂無苦可厭。其六天中猶有苦故, 故能離染。

論 四沙門果[389]非定漸得。 若先已入正性離生, 依世俗道,
有證一來及不還果。[390]

^{L6b1}
^{Z794a1}

論 可說四念住能攝一切法。[391]

---

386 ㊍ 色界得阿羅漢果, 而不得超昇離生。
　　㊗ 依色界、無色界心, 得阿羅漢多, 不得入正定。欲界中, 得入正定, 亦得阿羅漢多。
　　Ⓣ gzugs dang gzugs med pa'i khams dag la brten nas dgra bcom pa nyid rjes su 'thob kyi yang dag pa nyid skyon med par mi 'jug go || 'dod khams su yang dag pa nyid skyon med par 'jug go || dgra bcom pa nyid kyang 'thob bo || gzugs kyi khams su dgra bcom pa nyid 'thob kyi yang dag pa nyid skyon med par mi 'jug go ||

387 聖》KSHYLQTUXJB, om. Z.

388 ㊍ 無有北欝單越人得離欲。彼亦不得聖道。無想天亦。
　　㊗ 欝多羅鳩婁無離欲人。聖人, 不生彼處; 聖人, 亦不生無想天。
　　Ⓣ byang gi sgra mi snyan dag na 'dod chags dang bral ba med do || der 'phags pa rnams skye bar mi 'gyur ro || 'du shes med pa'i sems can ^① rnams kyi nang du mi skye'o || (①sems can》 PN, sems can lha DC)

389 果》KSHYLQTUXJB, om. Z.

390 ㊍ 不必次第得四沙門果。超昇離生, 以世俗得斯陀含、阿那含果。
　　㊗ 不必定次第得聖道四果。若人已入正定依世道, 得至婆凡里陀如㖿<彌履反>、阿邪伽㖿<彌履反>。
　　Ⓣ mthar gyis dge sbyong gi tshul gyis^① 'bras bu bzhi thob par nges pa med do || skyon med par zhugs pa 'jig rten pa'i lam gyis 'dod pa'i 'dod chags dang bral bas lan cig phyir 'ong ba'i 'bras bu dang^② || phyir mi 'ong ba'i 'bras bu^③ 'thob^④ par byed do || (①gyis》 PN, gyi DC. ②dang》 DC, 'thob bo PN. ③bu》 NDC, ba P. ④'thob》 DC, thob PN)

391 ㊍ 四念處, 一切法。
　　㊗ 四念處, 可說一切法。
　　Ⓣ dran pa nye bar bzhag^① pa bzhi ni chos thams cad yin par brjod par bya'o || (①bzhag》 PN, gzhag DC)

記　念住有三: 一自性, 即慧; 二所緣, 一切法; 三眷屬, 五蘊。

X585c1; J下10b1; B下10b1

論　一切隨眠皆是心所, 與心相應, 有所緣境。[392]

U74a1

論　一切隨眠皆纏所攝, 非一切纏皆隨眠攝。[393]

記　性, 纏有, 非隨眠。隨眠但有七, 纏通一切惑。三世煩惱皆是纏, 非如十、八纏等。

論　緣起支性定是有爲,[394]

論　亦有緣起支隨阿羅漢轉。[395]

記　亦有緣起隨阿羅漢者, 幾支隨轉耶?

答: 無明、愛、取是, 或生、老死, 在未來, 定無。若中有中得阿羅漢果是生支方便, 容許有生。若於識支, 不得果者, 以一念故。

U74b1

---

392 秦 諸使心相應。

陳 隨眠煩惱是心法, 與①心相應。(① 與》 conj., 不與 KLT)

T phra rgyas rnams ni sems las byung① ba'i sems dang mtshungs② par ldan pa rnams so ∥ (① byung》 DC, 'byung PN. ② mtshungs》 PDC, tshungs N)

393 秦 一切使是有纏, 而非使。

陳 一切隨眠煩惱可立倒起名; 一切倒起煩惱可立倒起名, 不可立隨眠名。

T phra rgyas thams cad ni kun nas dkris pa dag ni phra rgyas dag ma yin no ∥

394 秦 緣起支是有爲。

陳 十二緣生是有爲。

T rten cing 'brel par 'byung ba dag 'dus byas so ∥

395 秦 說阿羅漢有緣起支。

陳 十二緣生分亦有隨阿羅漢多行。

T dgra bcom pa la rten cing 'byung① ba'i yan lag kha cig rjes su 'jug go ∥ (① 'byung》 PDC, byung N)

其受支中, 亦得果, 定不³⁹⁶隨轉。 名色、六處、觸三支中, 有說:
"亦得果, 先生已修習, 今至名色, 識容起聖道故。 若作此說, 名
色、六處、觸中入涅槃名生般; 受中分有行、無行。" 有說: "名
色、六處、觸三支猶根未明。 即非但不能起聖道, 無得果理。 唯在
受愛支之中, 分三種般。" 若依前釋, 即四支隨阿羅漢; 後釋, 即一
支。 其業已得果, 行分攝; 未得果, 有分攝。 更無異有支隨無學轉。

📖 有阿羅漢增長福業。³⁹⁷

📝 有阿羅漢增長福業, 更造新福, 成福分善故。

📖 唯欲、色界定有中有。³⁹⁸

📖 眼等五識身有染, 無離染,³⁹⁹ 但取自相, 唯無分別。⁴⁰⁰

📝 五識但取自性, 唯無分別, 約處爲論。『五事毘婆』不許此事, 亦無
定量。唯無分別, 無計度、隨念。

---

396 不》 X, *om.* UJB.
397 ㊊ 阿羅漢有功德增長。
　　㊊ 阿羅漢多亦有福德增長。
　　Ⓣ dgra bcom pa la bsod nams 'phel ba yod do ‖
398 ㊊ 欲界、色界有中陰。
　　㊊ 欲、色界中有中陰。
　　Ⓣ 'dod pa'i khams dang | gzugs kyi khams na bar ma do'i srid pa dmigs so ‖
399 無離染》 XJB, 離染 KT, 無雜染 ZSHYLQU.
400 ㊊ 五識身是有欲。五識身, 還自相, 應非思惟。
　　㊊ 五識現起時, 得生欲, 不得離欲。五識執別相, 無分別。
　　Ⓣ rnam par shes pa'i tshogs lngas kun tu^① 'dod chags par 'gyur gyi kun tu^② 'dod chags bral
　　bar^③ mi 'gyur ro ‖ rnam par shes pa'i tshogs lnga ni rang gi mtshan nyid 'dzin pa dang |
　　rnam par mi rtog^④ pa yin no ‖ (① kun tu》 DC, *om.* PN. ② tu》 PN, *om.* DC. ③ bar》
　　PN, bar ni DC. ④ rtog》 DC, rtogs PN)

論 心、心所法體各實有。[401]

論 心及心所定有所緣。[402]

論 ^{J下11b1; B下11b1}自性不與自性相應，心不與心相應。[403]

論 ^{Y30a1; Q481b1}有世間正見，有世間信根。[404]

論 有無記法。[405]

論 諸阿羅漢亦有非學非無學法。[406]

---

401 Ⓐ 心①心數法。(①心》 *conj.*, 非 KLT)
　Ⓒ 有心及助心法。
　Ⓣ sems① dang sems las byung ba'i chos rnams yod do ‖ (①sems》 PND, gams C)

402 Ⓐ 心、心是緣。
　Ⓒ 心及助心法，定有境界。
　Ⓣ sems dang sems las byung ba'i chos rnams kyi dmigs pa yod do ‖

403 Ⓐ 自性、自性不相應，心不相應。
　Ⓒ 自性與自性不相應，心與心不相應。
　Ⓣ ngo bo nyid ni ngo bo nyid dang mi ldan pa'o ‖ sems ni sems dang mi ldan pa'o ‖

404 Ⓐ 有世俗正見，有世俗信根。
　Ⓒ 世間有正見，世間有信根。
　Ⓣ 'jig rten pa'i yang dag pa'i lta ba yod do ‖ 'jig rten pa'i dad pa'i dbang po yod do ‖

405 Ⓐ 有無願。
　Ⓒ 有無記法。
　Ⓣ lung du mi ston pa'i chos rnams yod do ‖

406 Ⓐ 阿羅漢無有學法。
　Ⓒ 阿羅漢多無有學法。
　Ⓣ dgra bcom pa la slob pa yang ma yin mi slob pa yang ma yin pa'i chos rnams yod do ‖

論 諸阿羅漢皆得靜慮, 非皆能起靜慮現前。[Z794b1][K569b1][407]

記 諸無學得靜慮, 離欲界欲, 法爾皆成熟。故中間與根本同一時得。

論 有阿羅漢猶受故業。[L7a1][408]

論 有諸異生住善心死。[409]

論 在等引位, 必不命終。[410]

論 佛與二乘解脫無異; 三乘聖道各有差別。[X586a1][U75b1][411]

記 解脫, 三[412]乘無別。唯斷染無知得, 不染無知無得解脫理。[J下12a1; B下12a1]

---

407 ㉎ 一切阿羅漢得禪, 而不必現前。
　ㄸ 一切阿羅漢多皆得定, 一切阿羅漢多不皆證定。
　Ⓣ dgra bcom pa thams cad bsam gtan 'thob① pa yin kyang thams cad du bsam gtan mngon du mi byed do ‖ (①'thob》 PN, thob DC)

408 ㉎ 阿羅漢有宿業, 受報。
　ㄸ 阿羅漢多有宿業, 猶得報。
　Ⓣ dgra bcom pa la sngon① gyi las yang dag par myong bar 'gyur ba yod do ‖ (① sngon》 DC, mngon PN)

409 ㉎ 有凡夫, 不善心, 命終。
　ㄸ 一切凡夫亦有在善心死。
　Ⓣ so so'i skye bo la 'chi ba'i mtha' las byung ba'i sems mi dge ba yod do ‖

410 ㉎ 正定①中無命終。(①定》 conj., 受 KLT)
　ㄸ 若人正在定, 必定不死。
　Ⓣ mnyam par bzhag① de'i tshe 'chi ba'i dus② byed pa med do③ ‖ (① bzhag》 PN, gzhag DC. ② dus》 DC, dus na PN. ③ med do》 DC, ma dogs PN)

411 ㉎ 없음.
　ㄸ 如來與弟子, 惑滅無異。
　Ⓣ 없음.

412 三》 JB, 二 UX.

論　佛慈、悲等不緣有情。執有有情, 不得解脫。[413]

記　佛慈、悲不緣有情, 有情實無。唯緣法故。

論　應言菩薩猶是異生, 諸結未斷。若未已入正性離生, 於
異生地, 未名超越。[414]

記　有情, 但依現有執受相續, 假立。[415]

論　說一切行皆剎那滅。[416]

論　定無少法能從前世轉至後世。但有世俗補特伽羅, 說有
移轉。活時行攝[417], 卽無餘滅。無轉變諸蘊。[418]

413　㊚ 없음.
　　㊐ 如來慈、悲不取衆生作境界。若人執衆生相, 解脫竟[①]不得成就。(① 竟》conj., 意 KLT)
　　Ⓣ 없음.
414　㊚ 菩薩是凡夫, 有結使。未超昇離生, 未超凡夫地。
　　㊐ 一切菩薩定是凡夫, 具九結。若菩薩未[①]入正定者, 未度凡夫地。(① 未》conj., 已 KLT)
　　Ⓣ byang chub sems dpa' la ni so so'i skye bo dang kun du[①] sbyor ba dang bcas pa dang |
　　yang dag pa nyid skyon med par ma[②] zhugs pa dang | so so'i skye bo'i sar[③] zhugs pa
　　yin par brjod par bya'o ‖ (① du》DC, tu PN. ② ma》PDC, om. N. ③ sar》DC, bar PN)
415　㊚ 受身衆生數施設。
　　㊐ 是所取相續假名衆生。
　　Ⓣ sems can du gdags pa rnams la zin pa'i rgyud yin par brjod bar bya'o ‖
416　㊚ 一切行, 磨滅。
　　㊐ 一切行, 剎尼柯。
　　Ⓣ 'du byed thams cad ni skad cig ma dag go ‖
417　攝》ZSHYLQUXJB, 聚 KT.
418　㊚ 無法從此世至他世。俗數說言有此世至他世。命未終諸行取, 已盡, 無有法轉變。
　　㊐ 無有法從此世至後世。依世假名, 說弗伽羅度人。正法時, 行聚, 滅無餘, 諸陰無變異。
　　Ⓣ 'jig rten 'di nas 'jig rten pha rol du[①] chos gang yang 'pho ba med kyang gang zag 'pho

記 定無少法能從先世至後世等, 以我無故。若說假我, 可有移轉。隨
活時行攝, 無餘滅。法即滅故不移至後世。無一實法轉變至後世。
前實我無轉、今法實無轉, 皆破實我、法。

論 有出世靜慮。[419]

論 尋亦有無漏。[420]

論 有善是有因。[421]

論 等引位中無發語者。[422]

論 八支聖道是正法輪[423], 非如來語皆爲轉法輪。[424]

---

zhes brdar[②] brjod par bya'o || 'chi bzhin du 'du byed kyi phung po lhag ma med par 'gags
kyang phung po rnams la 'gyur ba ni[③] med do || (①du》 DC, tu PN. ②brdar》 DC, bya
ba rngar PN. ③ni》 DC, *om.* PN)

419 秦 有出世間禪。
陳 有出世定。
T 'jig rten las 'das pa'i bsam gtan yod do ||

420 秦 有覺有觀, 無漏。
陳 有諸覺是無漏。
T rnam par rtog pa zag pa med pa yod do ||

421 秦 有善是因。
陳 有善是有因。
T rnam par rtog pa srid pa'i dge ba yod do ||

422 秦 禪定中無言說。
陳 若人正在定, 則無語。
T mnyam par bzhag[①] pa la tshig brjod pa med do || (①bzhag》 PN, gzhag DC)

423 輪》 ZKTXJB, 轉 SHYLQU.

424 秦 八聖道是法輪, 非如來一切說是轉法輪。

論 ^{U76b1; J下12b1; B下12b1} 非佛一音能說一切法。[425]

記 非佛一音說一切法，雖說諸法無我，不能說一念名[426]為無我故。如無我觀。此宗自體，不緣自體以[427]名自體故。

論 世尊亦有不如義言。[428]

記 佛有不如義言立有二：一義利，謂說正問天雨，不，有何義利？二義，謂道理，即實法體. ^{U77a1 X586b1} 謂方便說不稱實法，謂殺父、母等.

論 ^{L7b1} 佛所說經非皆了義。佛自說有不了義經。[429]

論 ^{Q482a1} 此等皆[430]為本宗同義。[431]

陳 八分聖道是名法輪，世尊一切語，不皆是轉法輪。
T chos kyi 'khor lo ni 'phags pa'i lam yan lag brgyad pa'o ‖ de bzhin gshegs pa'i gsung thams cad ni chos kyi 'khor lo rjes su bskor ba ma① yin no ‖ (①ma》 conj., om. PNDC)
425 秦 佛不說一切事。
陳 一音，不具說一切法。
T thams cad rdzas su mngon par gsungs pa ma yin no ‖
426 名》 U, ☐ X, om. JB.
427 以》 XJB, 不 U.
428 秦 非一切說如義。
陳 一切語，不皆如義。
T thams cad don ji lta ba bzhin gsungs pa ma yin no ‖
429 秦 非一切契經是了義。
陳 一切經，不盡是了義。有經不了義。
T mdo sde thams cad nges pa'i don gyis gsungs pa ma yin no ‖ mdo sde thams cad nges pa'i don ma yin te │ nges pa'i don gyi① mdo sde yod do ‖ (①gyi》 DC, gyis PN)
430 皆》 SHYLQUXJB, 名 ZKT.
431 秦 없음.
陳 說一切有部是執此義本。
T de ltar de dag gi① gzhi'i gzhung lugs dag go ‖ (①gi》 DC, gis PN)

나) 지말종파의 다른 주장

[論] 末宗異義, 其類無邊。[432]

바. 설산부의 주장

[論] ^{S485c1} 其雪山部本宗同義。[433]

[論] 謂諸菩薩猶是異生。[434]

[記] ^{J下13a1; B下13a1} 其雪山部謂菩薩是異生, 即同薩婆多三劫、百劫俱是異生。

[論] 菩薩入胎, 不起貪愛。[435]

[記] 不起貪愛即異說一切有。爲利益故, 知生[436], 受生, 故無貪愛。

[論] 無諸外道能得五通。[437]

---

432 ㉧ 有如是等無量中間見也。
　　㉠ 更有執異, 則無窮。
　　Ⓣ bar gyi gzhung lugs dag ni mtha' yas so ‖
433 ㉧ 彼雪山部根本見者。
　　㉠ 雪山部是執義本。
　　Ⓣ de la gangs ri ba'i gzhi'i gzhung lugs dag ni
434 ㉧ 菩薩, 凡夫。
　　㉠ 菩薩是凡夫。
　　Ⓣ byang chub sems dpa' so so'i skye bo dag
435 ㉧ 離無明, 淨佛國土, 降神母胎。
　　㉠ 無有貪, 受生, 不爲胎等所裹。
　　Ⓣ brnab sems med bar brjod par bya'o ‖ byang chub^① sems dpa' dgongs bzhin du yum gyi^② lhums^③ su 'jug go ‖ 《①chub》 PNC, *om.* D. ②gyi》 PDC, gyis N. ③lhums》 NDC, lhum P）
436 知生》 XJB, 生知故 U.
437 ㉧ 外道無五通。
　　㉠ 外道無五通。

記　無外道得五通。以邪教故無得通理。若內異生, 依內教故[438]U77b1, 有得通理。

論　亦無天中住梵行者。[439]

記　亦無天中住梵行。以天女樂具悉皆增勝, 若生彼者, 無住梵行。J下13b1; B下13b1

論　有阿羅漢爲餘所誘[440]、猶有無知、亦有猶豫、他令悟入、道因聲起。[441]

記　有阿羅漢爲餘所誘等五事。本上座部, 爲此五事, 與大衆諍所以分出, 今復許立。何乖本旨? 初, 與大衆乖諍之時, 尚未立此, 至三百年滿, 與說一切有諍。U78a1說一切有得本宗, 故無五事。舊上座弟子失本所宗, 乃立五事, 是知。年淹日久, 聖隱凡生, 新與舊殊, 復何怪也。

論　餘所執多Y31a1同說一切有部。[442]

　　Ⓣ phyi rol pa la mngon par shes pa lnga med do ‖
438　依內教故》XJ, 依內教故有內教故 U.
439　㊥ 諸天不得修梵行。
　　㊥ 天無夫嵐摩。
　　Ⓣ lha rnams la tshangs par spyod pa la gnas pa mi dmigs so ‖
440　誘》KT, 引 ZSHYLQUXJB.
441　㊥ 有阿羅漢從他饒益、無知、疑、由他觀察、言說得道。
　　㊥ 有阿羅漢多他以不淨染污其衣、阿羅漢多有無知、有疑惑、有他度、聖道亦爲言所顯。
　　Ⓣ dgra bcom pa la gzhan gyi nye bar bsgrub pa dang | mi shes pa dang | som nyi dang | gzhan gyis① rnam par spyod pa dang | lam sgra 'byin pa dang bcas pa yod do ‖ (① gyis》 DC, gyi PN)
442　㊥ 諸餘, 一切有薩婆多見同。
　　㊥ 餘所執, 與說一切有部所執相似。
　　Ⓣ lhag ma rnams ni thams cad yod par smra ba'i sde pa'i lugs dag yin no ‖

사. 독자부의 주장

가) 근본종파의 같은 주장

論 其犢子部本宗同義。 ^{Z795b1; K569c1} **443**

論 謂補特伽羅非即蘊、離蘊。 ^{H278b1} **444**

記 ^{J下14a1; B下14a1} 其犢子部謂補特伽羅非即蘊、離蘊, 謂實有我, 非有爲、無爲。然與蘊不即、不離。佛說無我, 但無即蘊、離蘊, 如外道等所計之我^{X586c1} 悉皆是無, 非無不可說非即蘊、離蘊我。旣不可說, 亦不可言形量大小等。乃至成佛, 此我常在。

論 依蘊、處、界, 假施設名。 ^{U78b1} **445**

記 依蘊、處、界, 假施設名者, 謂我非即、離蘊, 處、界亦爾。然世說言:"色是我, 乃至, 法亦是我。"但依蘊等, 假施設此我名, 我, 實非蘊等。

論 諸行有暫住, 亦有刹那滅。 **446**

---

443 ㉤ 彼犢子部根本見者。
　　㉠ 可住子部是執義本。
　　㉣ de la gnas ma bu'i sde rnams kyi gzhi'i gzhung lugs dag ni
444 ㉤ 非即是人, 亦非離陰界入。
　　㉠ 非即五陰是人, 非異五陰是人。
　　㉣ phung po rnams gang zag ma yin no ‖ phung po rnams las gud na yang med do ‖
445 ㉤ 和合施設故。
　　㉠ 攝陰、界、入, 故立人等假名。有三種假: 一攝一切假、二攝一分假、三攝滅度假。
　　㉣ phung po dang khams dang | skye mched la brten te gdags① so② ‖ (① gdags》DC, bdag P, bdags N. ② so》NDC, gi P)
446 ㉤ 一切陰, 刹那不住。

記 諸行有暫住，亦有剎那滅者，即正量部計，從此流出。 心、心所
法、燈焰、鈴聲念念滅。色法中，如大地經劫，命根等皆隨一生長，
猶有生滅等。

論 諸法，若離補特伽羅，無從前世轉至後世。依補特伽羅，
可說有移轉。⁴⁴⁷

記 諸法若離等者。此中意說: 法無移轉，可說命根滅時，法亦隨滅。然
由我不滅故，能從前世至後世。法不離我，亦可說有移轉。

論 亦有外道能得五通。⁴⁴⁸

記 亦有外道得通。現見有修得故。

論 五識無染，亦非離染。⁴⁴⁹

記 五識無染，亦無離染，但有無記。都無善、惡。無分別故。有分別

陳 一切有爲法，剎那剎那滅。

T 'du byed thams cad ni dus gzhan la skad cig dag go ‖

447 秦 離人，無有法從此世至他世。當說人至彼。

陳 離色，無有一法從此世至後世。可說人有移。

T gang zag ma gtogs① pa 'jig rten 'di nas 'jig rten pha rol du② gang 'pho ba'i chos gang
yang med do ‖ gang zag 'pho'o zhes brjod par bya'o ‖ (① gtogs》 DC, rtogs PN. ② du》
DC, tu PN)

448 秦 外道有五通。

陳 外道有五通。

T phyi rol pa'i mngon par shes pa lnga yod do ‖

449 秦 五識身非有欲，亦非離欲。

陳 若人正生五識，無欲，無離欲。

T rnam par shes pa'i tshogs lngas kun du① 'dod chags ba med do ‖ 'dod chags dang bral
ba ma yin no ‖ (① du》 DC, tu PN)

者, 有善、惡故。

論 若斷欲界修所斷結, 名爲離欲, 非見所斷。[450]

記 若斷欲界修所斷惑等者。以修惑唯迷事, 有不障理[451], 有漏六行旣
非證理, 故唯伏修, 非見所斷。 見所斷法, 迷理起故, 要見理時,
方能永斷。凡、聖六行皆爾。離色界等亦爾。此中, 且擧欲界。

論 卽忍、名、相、世第一法名能趣入正性離生。[452]

記 卽忍、名、相、世第一法。初觀四諦, 但總忍可名忍; 亦觀四諦名
名; 次觀四諦所詮體名相; 世第一法, 可知。此根本所誦, 但說此四
而爲善根。

論 若已得入正性[453]離生, 十二心頃[454] 說名行向, 第十三心
說名住果。[455][456]

---

450 ㉤ 欲界繫結使修道斷, 得離欲, 非見諦斷。
　　㉥ 欲界相應諸結修道所破, 若人能斷, 則得離欲; 欲界見道所破, 則不如是。
　　㉠ 'dod chags dang ldan pa'i kun du[①] sbyor ba spang bar[②] bya ba rnams spangs pas 'dod
　　pa'i 'dod chags dang bral bar 'gyur ro ‖ (① du》 DC, tu PN. ② spang bar》 DC, spangs
　　par PN)
451 *om.*》 UX, 有 JB.
452 ㉤ 忍、名、相、世間第一法, 超昇離生。
　　㉥ 忍、名、相、世第一法, 此四位名正定。
　　㉠ bzod pa dang | ming dang mtshan dang | chos kyi mchog rnams la yang dag par zhugs nas
453 性》 ZSHYLQUXJB, 生 KT.
454 頃》 ZKSHYLQUXJB, 須 T.
455 ㉤ 十二心起名向, 第十三心名爲住果。
　　㉥ 若人已入正定, 在十二心中是名須氀多阿半那向, 至第十三心名須氀多阿半那。
　　㉠ kun du[①] sbyor ba mthong bas spang bar bya pa rnams spangs bas sems bskyed[②] pa bcu
　　gnyis pa ni 'jug pa yin no ‖ bcu gsum pa la[③] ni 'bras bu la gnas pa yin no ‖ (① du》 DC,

記 若已入正性離生十二心等者。此中諦別有三心: 一苦法智, 即觀欲界苦。二苦法忍, 復[457]觀欲界苦諦惑斷、未斷[458]。以猶有上界惑故, 重觀斷等。三苦類智, 即合觀色、無色界苦。以苦諦三界盡故, 不復重觀。故合十二[459]心。第十三心, 或說即道類智第二念相續心, 或總觀四諦心。

次第、超越得果皆爾。次第, 得第二、三果, 如常。 ^(J下16a1; B下16a1)

論 有如是等多差別義。[460]

---

tu PN, ② bskyed》 PN, skyed DC. ③ la》 PN, om. DC)

456 『부집이론』(T49, 22a1-11)에는 이 원문 뒤에 별도로 6가지 주장이 실려 있다(秦陳T본에는 없음).

① 一切衆生有二種失: 一意失、二事失。 (일체 중생에게는 2가지 과실이 있다. 첫째 의도의 과실, 둘째 일의 과실이다.)

② 生死有二種因最上: 一煩惱、二業。 (생사에는 최상의 2가지 원인이 있다. 첫째 번뇌, 둘째 업이다.)

③ 二種法是解脫最上因: 謂毘鉢舍那、奢摩他。若不依自體增上緣, 慚羞正法, 則不屬此人。 (2가지 법이 해탈하는 데 최상의 원인이다. 위빠샤나와 샤마타이다. 만약 자체의 증상연에 의지하지 않고 정법을 부끄러워한다면 이런 사람에게 속하지 않는다.)

④ 煩惱根本有二種, 恒隨一切衆生行: 謂無明、有愛。 (번뇌의 근본에는 2가지가 있어서 항상 일체 중생을 따라서 작용한다. 무명과 유애이다.)

⑤ 有七種清淨處。佛智, 於戒等不相應諸境, 以依止所了緣, 能通達一切法。若以滅攝之, 凡有六種。色、無色界無入正定。菩薩, 於中恒生。若已生盡智、無生智, 得名爲佛。 (7가지 청정한 곳이 있다. 붓다의 지혜는 계(戒) 등 상응하지 않는 대상들에 대해 요지해야 할 소연에 의지해 일체법을 통달한다. 만약 멸제로써 그것을 포함한다면 무릇 6가지가 있다. 색계와 무색계에는 정정(正定)에 드는 일이 없다. 보살은 여기에 항상 태어난다. 만약 진지와 무생지가 이미 생겨났다면 붓다라는 명칭을 얻는다.)

⑥ 如來說經有三義: 一顯生死過失、二顯解脫功德、三無所顯。 (여래는 경(經)에 3가지 의미가 있다고 설했다. 첫째 생사의 과실을 드러내는 것, 둘째 해탈의 공덕을 드러내는 것, 셋째 드러낼 것이 없는 것이다.)

457 復》 J, 後 UXB.

458 斷》 UXB, 盡 J.

459 二》 XJB, 三 U.

460 秦 없음.
　　陳 可住子部是執此義本.
　　T 없음.

나) 독자부의 분열 : 법상부 · 현주부 · 정량부 · 밀림산부

論 因釋一頌, 執義不同, 從此部[Y31b1; Q482b1]中流出四部。謂[Z796a1]法上部、賢胄部、正量部、密林山部。所釋頌言:

[U80b1]已解脫更墮　　墮由貪復還

獲安喜所樂　　隨樂行至樂[461]

記 法上等四部執義別[462], 四釋一頌。以舊四釋。

一, 阿羅漢中有退、住、進。初二句釋退; 次一釋住; 後一釋進。

二, 三乘無學。初二句釋阿羅漢; 次一釋獨覺; 後一釋佛。

三, 四果有六種人。一解脫人, 即預流, 初得解脫故; [X587b1; J下16b1; B下16b1]二家家人, 即第二果向; 三一來果[U81a1]人; 四一間人; 五不還人; 六阿羅漢。已解脫一, 更墮二, 墮由貪第四人, 復還者第三人, 第三句第五人, 第四句第六人。

四, 六種無學, 退、思、護、住、堪達、不動。已解脫是第二人, 更墮是第一人, 墮由貪是第三人, 復還是第四人, 第三句第五人, 第四句第六人。

---

461 ㊫ 與見者, 多梨、羅耶尼、三彌底、六城, 有諸有別。說偈分別: 得脫①而復墮　墮已深貪著　從業而得樂②。(① 脫》 *conj.*, 說 KLT. ② 樂》 *conj.*, 業 KLT)

㊐ 從本因一偈, 故此部分成四部。謂法上部、賢乘部、正量弟子部、密林住部。偈言: 已得解脫更退墮　墮由貪著而復還　已至安處遊可愛　隨樂行故至樂所。

Ⓣ de dang khyad par med pa'i① chos mchog pa'i sde dang | bzang po'i bu'i sde dang | kun gyis bkur ba'i sde dang | grong khyer drug pa'i sde rnams ni grol② ba rnams ni brdeg pos 'gyur | yongs su chums③ pa'ng slar lhags shing | dga' bya'i dga' ba de thob bya | bde dang ldan pa rnams ni bde④ | zhes bya ba'i tha⑤ tshigs su bcad pa⑥ de la rtsod par gyur to || (① pa'i》 DC, pa PN. ② grol》 *conj.*, glol PNDC. ③ chums》 PN, 'chums DC. ④ bde》 PN, sde DC. ⑤ tha》 PN, *om.* DC. ⑥ pa》 DC, *om.* PN)

462 執義別》 XJB, *om.* U.

아. 화지부의 주장

가) 근본종파의 같은 주장

論 ^{H279a1} 其化地部本宗同義。[463]

論 謂過去、未來是無, 現在、無爲是有。[464]

論 於[465]四聖諦, 一時現觀。見苦諦時, 能見諸諦。要已見者能如是見。[466]

記 ^{U81b1} 化地部, 於四聖諦, 一時現觀。此是見道。作共相空無我觀, 入空無我。 ^{J下17a1; B下17a1} 遍觀四諦。見苦諦時至能如是見, 此是修道。若別觀四諦相, 於修道中, 見苦諦時, 能觀餘三諦。如一意識總緣五蘊, 十種色。一時之中, 能差別知。此非見道。要已總觀見諦理者, 方能如是, 故修道中, 能如是見。

論 隨眠非心, 亦非心所, 亦[467]無所緣[468]。[469]

---

463 ㊥ 彼彌沙塞部根本見者。
　　 ㊞ 正地部是執義本。
　　 ㊀ de la sa ston gyi sde pa rnams kyi gzhi'i gzhung lugs dag ni

464 ㊥ 無過去、未來世, 唯有現在及無爲。
　　 ㊞ 過去、未來是無, 現在及無爲是有。
　　 ㊀ 'das pa dang | ma 'ongs pa med do || da ltar byung ba dang 'dus ma byas yod do ||

465 於》ZKSHYLQUXJB, 彌 T.

466 ㊥ 於四眞諦, 一無間等。見苦, 即名見諦。苦者, 即名見眞諦。
　　 ㊞ 四聖諦, 一時觀。若見苦諦, 即見一切諦。見已曾見諸諦。
　　 ㊀ 'phags pa'i bden pa bzhi mngon par rtogs pa cig[①] yin no || sdug bsngal ma mthong bas bden pa rnams ma mthong ngo || mthong ba ni mthong ba dag yin no || (① cig》P, gicg N, *om.* DC)

467 亦》KTJB, 一 ZSHYLQUX.

468 緣》ZSHYLQUXJB, 入 KT.

469 ㊥ 諸使非心、心所[①], 諸非有緣。(① 所》*conj.*, *om.* KLT)

記 隨眠非心等，如常釋。 ^{U82a1}

論 眠⁴⁷⁰ 與纏異。^{L8b1}隨眠自性心不相應，^{T17a1}纏自性心相應。⁴⁷¹

論 異生不斷欲貪、瞋恚。⁴⁷²

記 異生不斷欲貪等者，意說：六行不斷煩惱，但伏而已。如經部相似。
一切煩惱，上二界亦爾。^{J下17b1; B下17b1}此中，且舉欲貪等。要無漏道方能斷故。

論 無諸外道能得五通。⁴⁷³

記 五通外道不得，以邪教故。

能飛等是何？

是呪、藥、神鬼等知宿住等，俱非通也。不能無壅⁴⁷⁴故。

陳 隨眠煩惱非心、非助心法，無有境界。

T phra rgyas rnams ni sems ma yin | sems las byung ba rnams ma yin no^① || dmigs pa med pa dag go || (① no》 DC, *om.* PN)

470 眠》 KT, *om.* ZSHYLQUXJB.

471 秦 使異纏，纏亦異使。心不相應，纏與心相應。

陳 隨眠煩惱與^①倒起煩惱異。隨眠煩惱與心不相應，倒起煩惱與心相應。(① 與》 conj., 異 KLT)

T phra rgyas dag gzhan la | kun nas dkris pa dag^① gzhan yin no || phra rgyas rnams ni sems dang mi ldan pa dag yin no || kun nas dkris pa rnams mtshungs par ldan pa dag yin no || (① dag》 PN, *om.* DC)

472 秦 凡夫不欲瞋恚。

陳 凡夫不捨欲界欲及瞋。

T so so'i skye bo 'dod pa'i 'dod chags dang gnod sems gnyis mi spong ngo ||

473 秦 外道無五通。

陳 外道無五通。

T phyi rol pa'i mngon par shes pa lnga med do ||

474 壅》 JB, 擁 UX.

論 亦無天中住梵行者。[475]

記 ^{X587c1} 亦無天中住梵行，以多樂故。

論 定無中有。[476]

記 實無中有。乾闥婆等是作樂神。引『七有經』，如『俱舍』說。

論 ^{Y32a1; U82b1} 無阿羅漢增長福業。[477]

記 無阿羅漢增長福業，以無煩惱可長有漏業故，轉福分等是故業故。

論 五識有染，亦有離染。[478]

記 ^{J下18a1; B下18a1} 五識有離染，以見佛等為近無間，引生聖道。非如薩婆多，遠無間亦不得。又言：“五識亦在修道位，如見佛即得聖，亦能斷結，離染，非無分別。”

---

475 ㊛ 諸天不得修梵行。
　　㊣ 天無夫嵐摩。
　　Ⓣ lha rnams la tshangs par spyod pa gnas pa mi^① dmigs so ‖ (①mi》 PN, *om.* DC)

476 ㊛ 無中陰。
　　㊣ 無中陰。
　　Ⓣ bar ma do'i srid pa med do ‖

477 ㊛ 阿羅漢無有功德增益。
　　㊣ 阿羅漢多福德，無增長。
　　Ⓣ dgra bcom pa la bsod nams 'phel ba med do ‖

478 ㊛ 五識身有欲，亦離欲。
　　㊣ 五識聚有染、離。
　　Ⓣ rnam par shes pa'i tshogs lngas kun du^① 'dod chags pa^② dang 'dod chags dang bral ba dag tu 'gyur ro ‖ (①du》 DC, tu PN. ②pa》 DC, *om.* PN)

論 六識皆與尋、伺相應。[479]

記 六識有尋,思勘何部。

論 ^{U83a1} 亦有齊首補特伽羅。^{Z796b1; K570a1} [480]

記 有齊首補特伽羅即不還者。生有頂地,不能起下無漏聖道取無學果,至命欲終,其結自盡,得阿羅漢,乃般涅槃,名爲齊首。謂生死之首即有頂地。以至極處更無生處,雖不起聖道,亦成無學。

論 ^{J下18b1; B下18b1} 有世間正見,無世間信根。[481]

記 有世間正見,不邪推求故;^{U83b1} 無世間信根,世間信等不堅固,易轉改。非增上不名根。

論 無出世靜慮。[482]

記 無出世靜慮者。靜慮者是慮。外道、異生多皆能得,故唯有漏。此通色界六地。無色界如何?^{X588a1} 如靜慮亦有漏。別有無漏九地不名

---

479 秦 六識身,覺、觀相應。
　　陳 六識聚與覺、觀相應。
　　T rnam par shes pa'i tshogs drug ni rtog① pa dang bcas② dpyod③ pa dang mtshungs par④ ldan pa dag go ‖ (① rtog》 DC, rtogs PN. ② bcas》 DC, *om.* PN. ③ dpyod》 DC, spyod PN. ④ par》 DC, pa PN)

480 秦 없음.
　　陳 有時頭衆生。
　　T gang zag① mgo mnyam pa yod do ‖ (① zag》 DC, zag pa PN)

481 秦 無有世俗正見,無世俗信根。
　　陳 世間無正見,世間無信根。
　　T 'jig rten pa'i yang dag pa'i lta ba yod do ‖

482 秦 無有出世間禪。
　　陳 無出世定。
　　T 'jig rten las 'das pa'i bsam gtan med do ‖

靜慮。無漏故。此且舉色界爲定。然聖者別起六地無漏, 入見道
等, 不名靜慮, 但名爲定。 ^{J下19a1; B下19a1}

論 亦無無漏尋^{483 484}。

記 無無漏尋。尋是麤^{U84a1}故唯有漏; 伺是細, 通無漏。八道支正思惟唯有

漏。助道支名道支, 實非是道。

論 善⁴⁸⁵非有因⁴⁸⁶。

記 善非有因, 不爲生死正因感故。若助不善業, 令感人天, 亦有此理,

今非正因能感三有。 若爾, 色、無色業性類是何? 是微不善業。

感, 由善資助, 故得如是。即不善業通色、無色。

論 預流有退, 諸阿羅漢定無退者。^{J下19b1; B下19b1} ⁴⁸⁷

記 預流有退, 初得道, 有修惑故; 阿羅漢無退, 道滿故。言退等者, 但 ^{U84b1}

退禪定現法樂住。中二果實退。如初得果故。

---

483 *om.*》 SHYLQUXJB, 伺 ZKT.

484 ㊥ 無覺出世間法。

ㄔ 覺、觀無無漏。

Ⓣ rnam par rtog^① pa zag pa med pa nyid^② med do ‖ (① rtog》 DC, shes PN. ② nyid》 DC, dag PN)

485 善》 UXJB, 若 ZKSHYLQT.

486 ㊥ 無有善爲因。

ㄔ 有因無善。

Ⓣ srid pa'i rgyun^① dge ba med do ‖ (① rgyun》 PN, rgyud DC)

487 ㊥ 須陀洹有退法, 阿羅漢亦無^①退法。(① 無 *conj.*, 有 KLT)

ㄔ 須氈多阿半那有退法, 阿羅漢多無退法。

Ⓣ rgyun du^① zhugs pa ni yongs su nyams pa'i chos can no ‖ dgra bcom pa ni yongs su mi nyams pa'i chos can no ‖ (① u》 DC, tu PN)

論 道支皆是念住所攝。[488]

記 道支皆念住攝。念住，謂[489]取慧相應心所，竝名念住，故攝道支。

論 無爲法有九種：一擇滅、二非擇滅、三虛空、四不動、五善法眞如、六不善法眞如、七無記法眞如、八道支眞如、九緣起眞如。[490]

記 擇、非擇、空三體各一。得緣同餘部。不動，但是斷定障，得。定障名動，是散動故。今斷得此，故名不動。善、惡、無記如三體各一。但名一理，性皆是善。道支、緣起義同大衆。然各一理，今據勝者，但言道支、緣起。

論 入胎爲初，命終爲後[491]，色根大種皆有轉變，心、心所法亦有轉變。[492]

---

488 ㉛ 道支是念處攝。
　　㉟ 道分是四念處所攝。
　　Ⓣ lam yan lag rnams ni dran pa nye bar gzhag pa rnams kyis gsungs so ‖
489 謂》 XJB, 不 U.
490 ㉛ 有九無爲事。謂數滅、非數滅、虛空、善法如①、不善法如、無記法如、道、緣起如。(①如》 conj., 也 KLT)
　　㉟ 無爲法有九種：一思擇滅、二非思擇滅、三虛空、四無我、五善如、六惡如、七無記如、八道如、九緣生如。
　　Ⓣ 'dus ma byas kyi dngos po dgu ste ǀ so sor brtags pa ma yin pa'i 'gog① pa dang ǀ nam mkha'② dang ǀ mi g-yo ba dang ǀ dge ba'i chos rnams kyi de bzhin nyid③ dang④ ǀ mi dge ba'i chos rnams kyi de bzhin nyid dang ǀ lung du mi ston pa'i chos rnams kyi de bzhin nyid dang ǀ lam kyi de bzhin nyid dang ǀ rten cing 'brel par 'byung ba'i de bzhin nyid do ‖ (① 'gog》 PNC, 'grog D. ②mkha'》 NDC, kha' P. ③nyid》 DC, gshegs PN. ④dang》 DC, pa PN)
491 爲後》 ZKTUXJB, 後爲 SHYLQ.
492 ㉛ 如從胎乃至死，諸根、四大轉變自滅。心、心數法亦轉變自滅。
　　㉟ 受生是始，死墮爲終，四大、五根、心及助心法，皆有變異。
　　Ⓣ mi la thog ma dang tha ma'i dbang po 'byung ba rnams ni 'gyur ba'o ‖ sems dang sems las byung ba'i chos rnams ni 'gyur ba'o ‖

記　入胎爲初至心心所法亦有轉變。此中意說: 一期初、後之中, 色等有轉變。如乳變爲酪等性, 非刹那生滅。故有轉變。心、心所法亦爾。然即, 非一切行皆刹那滅。又解: 色等, 雖性亦念念滅。然無去、來世。不同薩婆多: 前法滅已後, 於未來, 法生, 至現在。今言: 前法, 於現在, 滅已, 無別有法從未來來。但由前法爲因力故, 引後法起。後法, 即是前法爲因, 轉作。雖刹那滅。轉變義成。

U85b1
J下20b1；B下20b1

論　僧中有佛故施僧者, 便獲大果, 非別施佛。[493]

L9a1

記　僧中有佛, 佛入僧數故也。

論　佛與二乘皆同一道、同一解脫。[494]

Y32b1

記　佛與二乘同一道、一解脫者。此部意說: 非佛與二乘一切種[495]智作用亦同, 然道是一。即聲聞乃至爲佛時, 即舊道體不改, 性類是同。轉下, 成中, 轉中, 成上, 故言一物, 了境作用, 如是不同。然非得果捨向, 得勝捨劣等事。

U86a1
J下21a1；B下21a1

解脫, 唯擇滅。斷染無知, 得。

493 秦) 佛, 僧中可得, 施僧, 得大果報, 非佛。
　　 陳) 大眾中有佛, 若施大眾, 得報則大, 若別施佛, 功德則不及。
　　 T) sangs rgyas ni dge 'dun la dmigs so ‖ dge 'dun la phul ba ni① 'bras bu che'o ‖ sangs rgyas la ni ma yin no ‖ (①ni》 DC, *om.* PN)

494 秦) 佛與聲聞, 同一道、一解脫。
　　 陳) 一切佛及一切聲聞, 同一道、同一解脫。
　　 T) sangs rgyas rnams dang nyan thos rnams① ni lam gcig go ‖ rnam par grol ba gcig go ‖② (①rnams》 DC, *om.* PN。 ②rnam par grol ba gcig go ‖》 DC, *om.* PN)

495 種) UXJ, 稱 B.

🔲 說一切行皆剎那滅。[496]

🔲 一切剎那滅二解, 同前。

🔲 定無少法能從前世轉至後世。[497] ^{Z797a1}

🔲 定無少法從前至後, 剎那滅故, 無一實法從前至後。^{X588c1}

🔲 此等是彼本宗同義。[498]

나) 지말종파의 다른 주장

🔲 其末宗異義者。[499]

🔲 謂說實有過去、未來。[500]

---

496 秦 一切行剎那。
　　陳 一切行剎尼柯。
　　T 'du byed thams cad skad cig ma dag go ||

497 秦 佛無有法從此世至他世。
　　陳 無有一法從此世度後世。
　　T 'jig rten 'di dang pha rol du① 'pho ba'i chos gang yang med do || (① du》 DC, tu PN)

498 秦 如是等, 根本見同。
　　陳 正地部是執此義本。
　　T de ltar de dag gi gzhi'i gzhung lugs dag go ||

499 秦 此等諸中間見者。
　　陳 此部復執異義。
　　T de dag gi bar gyi gzhung lugs dag ni 'di yin te |

500 秦 有過去、未來世。
　　陳 過去、未來有。
　　T 'das pa dang | ma 'ongs pa yod do ||

論 亦有中有。[501]

論 一切法處皆是所知, 亦是所識。[502]

論 業實是思, 無身、語業。[U86b1] [503]

論 尋、伺相應。[504]

記 尋、伺相應, 同薩婆多解。

論 大地劫住。[505]

記 [J下21b1; B下21b1] 大地劫住, 非剎那滅。同正量部等解。

---

501 秦 有中陰。
　　陳 有中陰。
　　Ⓣ bar ma do'i srid pa yod do ||
502 秦 法入知法、識法。
　　陳 法入有二種: 所知及所識。
　　Ⓣ chos kyi skye mched ni shes par bya ba dang | rnam par shes par bya ba yin no ||
503 秦 思, 業, 無有身業、口業。
　　陳 作意是正業, 無身、口二業。
　　Ⓣ sems pa① ni las yin no || lus dang ngag gi las ni med do || (①pa》 PN, pa la DC)
504 秦 覺、觀心相應。
　　陳 覺、觀是相應法。
　　Ⓣ rtog pa dang dpyod① pa dag ni mtshungs par ldan pa dag yin no || (①dpyod》 DC, spyod PN)
505 秦 大地, 住劫。
　　陳 大地, 則劫住。
　　Ⓣ sa ni bskal pas gnas pa yin no ||

論 於窣堵波⁵⁰⁶與⁵⁰⁷供養業, 所獲果⁵⁰⁸少。⁵⁰⁹

記 供養窣堵波, 果少, 不同。有舍利、無舍利, 皆爾。無攝受、歡 喜、利益故。乃至, 佛像、法等, 竝然。

論 隨眠自性, 恒居現在。⁵¹⁰

記 隨眠恒現在, 恒居現爲因, 生諸法故。雖有過、未, 現在不斷。

論 諸蘊、處、界⁵¹¹亦恒現在。⁵¹²

記 諸蘊、處、界亦恒現在者, 云即種子。三科, 恒現在, 唯能生諸法。

論 此部末宗, 因釋一頌, 執義有異。如彼頌言:

五法定能縛　　諸苦從之⁵¹³生

謂無明貪愛　　五見及諸業⁵¹⁴

---

506 波》 ZKSHYQTUXJB, 坡 L.
507 興》 KSHYLQTUXJB, 與 Z.
508 果》 ZTUXJB, 界 KSHYLQ..
509 ㉫ 供養偸婆, 少果報。
　　㉭ 依藪斗陂, 恭敬事, 無有報。
　　Ⓣ mchod rten la mchod pa'i las ni 'bras bu chung ba'o ‖
510 ㉫ 法現在前, 名使。
　　㉭ 一切隨眠煩惱, 恒在現世。
　　Ⓣ phra rgyas rnams ni rtag tu da^① ltar byung ba^② dag^③ yin no ‖ (① da》 PN, de DC. ② ba》 PDC, ba ni N. ③ dag》 PN, *om*. DC)
511 處界》 KSHYLQTUXJB, 界處 Z.
512 ㉫ 陰、界、入, 現在前。已法種子。
　　㉭ 陰、界、入三法, 恒在現世。
　　Ⓣ 없음.
513 之》 ZKSHYLQT, 此 UXJB.
514 ㉫ 能生諸苦。謂無明、渴、愛、見、業。是名中間見法也。

記 五法定能縛, 繫縛有情, 不出生死。諸苦從此生, 從五法起。謂無
明等者, 列五法名。一無明, 三界無明也; 二欲貪; 三色、無色愛;
四五見, 有身見等; 五諸業, 謂[515]三業。所以唯說此五。

又, 諸業有幾? 前說善非有因。無福、不動業故。見道用勝, 五見
障理爲首; 修道用勝, 貪、愛緣事爲首。五見緣內理, 諸界行相同,
但總言五見。 貪、愛緣事, 行相各別。 欲界緣外門, 上二
界緣內, 故分貪、愛。然此二種, 見、修用異。然通二道, 用勝爲
根本者, 所謂無明。故略餘惑, 此中不敍。

又, 無明即無明支; 貪、愛即愛支; 五見即取支。以用增故; 業即行、
有。故此五法常能縛, 得令識等七生。又, 上二界, 但不善業, 生。由
微薄不善業, 善法資助, 令感上生。亦非上二界有善業感故。言諸
業, 謂身、語、意。

자. 법장부의 주장

論 其法藏部本宗同義。[516]

陳 離法, 偈言: 五法是決定 諸苦從之生 無明心貪愛 五見及諸業。諸部義本, 皆同, 爲執有
異, 故成別部。

T 'chi① bar byed pa'i chos lnga po ma rig② pa dang | nga rgyal dang | sred③ pa dang | lta
ba dang | lnga pa las kyi lam ni rtag tu mtshan ma yin te | de las sdug bsngal rab tu
'byung ba yin no || de ltar de dag ni bar gyi gzhung lugs dag yin no || (① 'chi》 PDC,
'ching N, ② rig》 DC, rigs PN, ③ sred》 DC, srid PN)

515 五見有身見等五諸業謂》 XJB, 四諦五見五身見等 U.

516 秦 彼曇無德根本見者。
陳 法護部是執義本。
T de la chos srung sde rnams kyi① gzhi'i gzhung lugs dag ni (① kyi》 DC, kyis PN)

論 謂佛雖在僧中所攝，然別施佛，果大，非僧。[517]

記 法密部，謂佛雖在僧攝等者。以別施佛，其心無簡別，但爲施世尊極上、極勝，一心平等恭敬無差，故得福多。若佛在僧，亦兼施者，即心寬慢，又復大慢。又，起簡別，佛爲無上，僧爲有上，故普施僧，果少，別福。

論 於窣堵波興供養業，獲廣大果。[518]

記 於窣堵波供養，得大果者。以佛舍利安在其中，見此處時，如見於佛，其心既重故得大果。以佛亦許供養舍利如佛無異故果極大。法等亦然。不爲無攝受，便無大果。佛自開許攝受施故。

論 佛與二乘解脫雖一，而聖道異。[519]

記 佛與二乘解脫同等者，如文可知。

論 無諸外道能得五通。[520]

---

517 ㊥ 佛，非僧中可得。施佛，得大果報，非僧。
　　㊞ 僧中有佛世尊。
　　Ⓣ sangs rgyas ni dge 'dun la dmigs so ‖ sangs rgyas la phul ba ni 'bras bu che ba'o ‖ dge 'dun la ni ma yin no ‖

518 ㊥ 없음.
　　㊞ 依藪斗陂，起恭敬，有勝報，恭敬大衆，則不及。
　　Ⓣ 없음.

519 ㊥ 佛道異聲聞道。
　　㊞ 佛道異聲聞道異。
　　Ⓣ nyan thos rnams kyi lam gzhan yin la | sangs rgyas kyi gzhan yin no ‖

520 ㊥ 外道無有五通。
　　㊞ 外道無五通。
　　Ⓣ phyi rol pa'i mngon par shes pa lnga med do ‖

記 無外道得五通者, 以教邪故。通者, 運轉無壅[521]。故諸異生非佛弟子。
汎爾坐禪亦不得通。 不能無壅[522]故。 有能飛騰如住[523]劫等事皆是
呪、 藥 或鬼神等力之所加, 非實通也。
X589b1

論 阿羅漢身皆是無漏。[524]

記 阿羅漢身皆無漏者。此有二義: 一非漏依故, 無學蘊不起漏故; 二非
漏境故, 雖生他漏不增長故。如滅、 道諦, 煩惱雖生, 不增長故。然
U89b1
無學蘊別有一類, 異有學等, 得無學時, 方起現前。故設退無學, 住
J下24a1; B下24a1
有學位, 起煩惱時, 此有學蘊, 依緣得起。煩惱等者, 此非無學身之
五蘊。無學蘊滅, 學蘊生故。然今此宗無學未必許有退義, 然作此解,
於理無違。

論 餘義多同大衆部執。[525]

차. 음광부의 주장

論 其飲光部本宗同義。[526]

---

521 壅》JB, 擁 UX.
522 壅》JB, 擁 UX.
523 如住》UX, 知往 JB.
524 ⓦ 羅漢身是無漏。
　　ⓒ 阿羅漢多身無漏。
　　ⓣ dgra bcom pa'i lus ni zag pa med do ||
525 ⓦ 餘一切與摩訶僧祇部同見也。
　　ⓒ 餘所執與大衆部所執相似。
　　ⓣ lhag ma rnams ni dge 'dun phal chen sde'i lugs dag yin no ||
526 ⓦ 彼迦葉惟部根本見者。
　　ⓒ 善歲部是執義本。

論 謂若法已斷、已遍知, 則無; 未斷、未遍知, 則有。[527]

記 飲光部, 若法已斷遍知即無等者。法, 謂煩惱。未斷之時, 過去有體, 名有煩惱。若爲無間已斷, 解脫遍知, 過去煩惱體即非有。不同薩婆多等其體獨有。

論 若業果已熟, 則無; 業[528]果未熟, 則有。[529]

記 若業果已熟則無等者。既唯辨果名業[530]。若果未熟, 過去有體; 若果已熟, 業, 於過去, 其體即無。然唯果法生已念念滅。不待已斷、遍知等。故解云: 此中, 唯於過、現, 不說未來。以無體故。今準文意, 無法以未來爲因。以未來無故。然因後, 果前故, 無以未來爲因。又, 法已斷、知言, 不簡別故, 許通未來, 於理無爽。

論 有諸行以過去爲因, 無諸行以未來爲因。[531]

Ⓣ de la 'od srungs pa'i① sde rnams kyi gzhung lugs ni (①pa'i》 PN, kyi DC)

527 ⓒ 有斷法, 斷知; 無有不斷法而斷知。

　　　ⓒ 法, 已是所滅、已是所離, 則無; 未滅、未離, 則有。

　　　Ⓣ spangs pa yongs su shes pa yod do ‖ ma spangs pa yongs su shes① pa med do ‖ (① shes》 DC, spang zhes PN)

528 業》 KT, *om.* ZSHYLQUXJB.

529 ⓠ 業熟而受報; 不熟, 不受報。

　　　ⓒ 若業果已熟, 則無; 未熟, 則有。

　　　Ⓣ rnam par smin pa rnam par smin par 'gyur ba'i las yod do ‖ rnam par smin par mi 'gyur ba med do ‖

530 辨果名業》 JB, 辨業業名 U, 辨業業謂 X.

531 ⓠ 有過去因果, 無有未來因果。

　　　ⓒ 有爲法以①過去法爲因, 不以②現在及未來法爲因。(① 以》 *conj.*, 不以 KLT, ② 不以》 *conj.*, 以 KLT)

　　　Ⓣ 'du byed rnams 'das pa'i rgyu las byung ba dag yod do ‖ 'du byed thams cad ma 'ongs pa'i rgyu las byung ba dag ni med do ‖

記　有諸行以過去爲因等者。此簡薩婆多: 現在以未來爲能作因, 未來以
　　未來爲異熟。後相應位有能作因故。 ^{X589c1}

論　一切行皆刹那滅。⁵³² ^{J下25a1; B下25a1}

記　一切行皆刹那滅者, 異犢子等。

論　諸有學法有異熟果。⁵³³

記　諸有學法有異熟果者。此有二解: 一: 即無漏不招有漏果。但前引後
　　等流果等, 變異而熟, 名有異熟果。此異熟果體實無漏。薩婆多等不
　　許名異熟故。二云: 即感有果。如初二果, 未離欲界, 所有無漏感欲
　　界果, 不還感上界。類此應知。以煩惱未盡, 無漏未圓故。

論　餘義多同法藏部執^{534 535}。

카. 경량부의 주장

論　其經量部本宗同義。⁵³⁶ ^{H280b1; Y33b1}

532　㊋ 有一切法刹那。
　　　㊞ 一切諸行刹尼柯。
　　　㋟ 없음.
533　㊋ 有學^①法有報。(① 學》 conj., 覺 KLT)
　　　㊞ 有學法有果報。
　　　㋟ slob pa'i chos rnams ni rnam par smin pa dang bcas pa'i chos dag go ∥
534　執》 ZKSHYQTUXJB, om. L.
535　㊋ 餘一切與曇無德部同見。
　　　㊞ 餘所執與法護部所執相似。
　　　㋟ lhag ma rnams ni chos srung^① sde'i lugs dag yin no ∥ (① srung》 DC, srungs PN)
536　㊋ 彼相續部根本見者。

論 謂說諸蘊有從前世轉至後世，立說轉名。[537]

記 經量部說: 諸蘊從前世轉至後。有實法、我能從前世轉至後世。問: 此爲常故轉? 爲體無常多相續住名轉? 內法? 外法耶?

論 非離聖道有蘊永滅。[538]

記 非離聖道有蘊永滅。有漏六行不能[539]斷煩惱，但名伏故。

論 有根邊蘊，有一味蘊。[540]

記 有根邊蘊，有一味蘊。一味者，即無始來，展轉和合，一味而轉。即細意識曾不間斷。此具四蘊。有根邊蘊者。根，謂向前細意識，住生死根本，故說爲根。由此根故，有五蘊起。即同諸宗所說五蘊。然一味蘊是根本故，不說言邊，其餘間斷五蘊之法是末[541]起故，名根邊蘊。

論 異生位中亦有聖法。[542]

_____

陳 說度部是執義本。
T de la 'pho bar smra ba'i sde rnams kyi gzhi'i gzhung lugs ni
537 秦 陰，從此世至他世。
陳 陰，從前世至後世。
T 'jig rten 'di nas 'jig rten pha rol du[①] phung po 'pho'o zhes zer ro ‖ (①du》 DC, tu PN)
538 秦 非離聖道得滅陰。
陳 若離聖道，諸陰不滅。
T 'phags pa'i las med par phung po rnams mi[①] 'gag go ‖ (①mi》 conj., om. PNDC)
539 能》 UXB, 永 J.
540 秦 陰有約、根本。
陳 陰有本、末。
T gzhi'i mtha' las byung ba'i phung po rnams yod do ‖ phung po ro gcig pa rnams yod do ‖
541 末》 XJB, 未 U.
542 秦 없음.
陳 凡夫位中有聖法。

記　異生位中亦有聖法, 即無漏種法爾成就。

論　執有勝義補特伽羅。[543]

記　U92b1
執有勝義補特伽羅, 但是微細, 難可施設, 即實我也。 不同正量等：

非即蘊、 離蘊, 蘊外調然有別體故也。

論　L10a1
餘所執多同說一切有部。[544]

3. 발문

論　J下26b1；B下26b1
三藏法師翻此『論』竟, 述重[545]譯意, 乃說頌言[Q484a1][546]：

備詳衆梵本　再譯宗輪論

文愜義無謬　S486b1
智者應勤學[547]

『異部宗輪論述記』畢。

ⓣ 없음.

543　㊍ 有第一人。
　　ⓒ 有眞實人。
　　ⓣ don dam par gang zag yod do ||
544　㊍ 餘一切與薩婆多部見同。
　　ⓒ 餘所執與說一切有部所執相似。
　　ⓣ lhag ma rnams ni thams cad yod par smra ba'i sde pa'i[①] lugs dag yin no zhes zer ro ||
　　　(① pa'i) NDC, gyi P)
545　重》 ZKSHYLQUTX, 量 JB.
546　言》 ZSHYLQUXJB, 曰 KT.
547　이 단락은 현장과 그 제자들이 『이부종륜론』의 번역을 마친 뒤 현장의 번역 의도를
　　송으로 밝힌 것으로서, 당연히 현장의 번역본에만 들어 있다.

1. 주석서 저술 배경

1) 상가 분열의 개요

⑦ 『이부종륜론』은 붓다 원적 후 400년쯤 설일체유부의 와수미뜨라 (Vasumitra, 世友) 보살이 지은 것이다. 보건대, 무릇 도(道)가 성립하면 근기가 발흥해 옥경(玉景)¹이 바로 광채를 내며, 교화를 마치면 인연이 다하여 금구(金軀)는 이로 인해 모습을 숨겨버린다. 비록 무리들이 4주 (四主)²에서 마부³를 잃어버리고 올바른 말씀이 5천축(五天竺: 인도 전역)에서 쇠퇴했더라도 아성(亞聖)이 연이어 융성해서 오히려 똑같이 [불법을] 이해했다. 따라서 샬라(śāla)쌍수[에서의 대사건⁴] 뒤 100년 이 전에는 사람들 간에 서로 다투었다는 소문이 없고 법(法)에는 분규가 일어났다는 말이 없다. 그것은 모두 마하깟사빠(Mahākassapa, 飮光)와 아난다(Ānanda, 慶喜)와 우빨리(Upāli, 近執)와 뿐나(Puṇṇa, 滿慈)⁵[를 비 롯해 칠엽굴] 안에 500명의 응진(應眞)⁶이 있었고 바깥에도 만여 명의

---

1   붓다의 백호(白毫)를 다른 말로 옥경(玉景) 또는 옥호(玉毫)라 한다. 또 뒤의 나오는 금 구(金軀)도 석가모니를 가리키며, 금언(金言)은 석가모니의 말씀을 가리킨다.
2   4주란 전륜성왕이 출현하기 전에 잠부주를 통치하는 네 구역의 수장과 그 영토를 말한 다. 곧 설산(雪山)을 기준으로 동쪽의 인주(人主, narapati), 서쪽의 보주(寶主, ratnapati), 남쪽의 상주(象主, gajapati), 북쪽의 마주(馬主, aśvapati)이다.
3   유정을 깨달음의 세계로 인도한 붓다를 가리킨다.
4   이것은 붓다의 원적(圓寂)을 가리킨다. 붓다는 꾸쉬나가라(Kuśinagara)성 외곽에서 열반 했는데, 그곳에는 같은 뿌리의 샬라수가 동서남북 4방에 한 쌍씩 있었다고 전한다.
5   뿐나는 모두 갖추어 말하면 뿐나만따니뿟따(Puṇṇamantāniputta, 滿慈子)이다. 규기가 마 하깟사빠 등을 거론한 것은 최초 결집할 때 마하깟사빠를 상수로 하여 아난다가 경(經) 을, 우빨리가 계(戒)를, 뿐나가 논(論)을 송출했다는 것에 의거하기 때문이다. 3장의 송 출자에 대해서는 다른 설명들도 있다(아래 제1장 역문 각주105 참조).
6   응진은 아라한을 가리키는 말이다. 응공(應供)·응인(應人)·응과(應果)·극과(極果)도 같 은 의미이다.

무학이 있어서, 3장(三藏)의 종지를 널리 보위하며 칠엽의 바위[7]에서 결집한 것에 말미암는다. 그때 비록 두 곳[8]에서 [불법을] 널리 폈지만 오히려 통일된 지견(知見)이었다. 이러한 성인들의 식화(息化)와 귀진 (歸眞)[9]에 이르렀어도 패엽(貝葉)이 전승되어[10] 도(道)는 끝까지 쇠퇴하지 않았다. 이어서 존자 야사(Yasa)[11]와 아난다의 문하생이 다시 700명의 극과(極果)를 소집해 웨살리(Vesālī)국에서 조복(調伏: vinaya)을 재차 결집하고 숨어있는 거짓을 거듭 정리한 일[12]이 있었는데, 가벼운 어그

---

7 불설의 최초 결집이 행해졌던 칠엽굴(七葉窟, saptapaṇaguhā)을 가리킨다. 왕사성 부근의 웨바라(vebhāra)산에 있는 석굴이며, 왕사성의 다섯 정사 가운데 하나이다.

8 『삼장법사전』권3(T50, 238a3-b9)에 따르면, 붓다 입멸후 두 곳에서 결집이 봉행되었다. 마하깟사빠를 상좌로 한 1,000명이 왕사성 북문의 서쪽에 있는 웨바라산의 칠엽굴에서 경·율·논 3장을 결집했으며, 동시에 그곳으로부터 서쪽으로 20리 떨어진 곳에서도 수백 수천의 사람들이 왓빠(Vappa)를 상수로 삼아 별도로 경·율·논·잡집(雜集)·금주(禁呪) 5장을 결집했다. 전자를 굴내결집(窟內結集) 또는 상좌부결집(上座部結集)이라 하고, 후자를 굴외결집(窟外結集) 또는 대중부결집(大衆部結集)이라 한다.

9 여기서 식화(息化)와 귀진(歸眞)은 모두 열반을 가리키는 말이다. 식화는 유정의 교화를 그치고 열반에 든다는 의미이고, 귀진은 진여 또는 진리로 돌아간다는 의미이다. 특히 귀진은 불교에서 죽음을 가리키는 말 가운데 하나로서, 그밖에도 열반(涅槃)·원적(圓寂)·귀적(歸寂)·시적(示寂)·입적(入寂)·멸도(滅度)·천화(遷化)·순세(順世) 등이 있다.

10 제1결집과 제2결집에서는 모두 3장을 암송으로 전승했고, 제3결집에 이르러 비로소 문자로 기록되었다. 따라서 여기서 패엽이 전승되었다는 것도 제3결집 이후 빠뜨라(pāttra)잎에 문자로 기록된 3장이 전승되어 불법이 끊어지지 않았다는 것을 말한다.

11 웨살리결집을 소집한 장로는 각 부파의 전승에 따라 다르다. 곧 근본설일체유부·설산부·대중부는 야사(Yasa)로, 분별설부·화지부는 레바따(Revata)로, 법장부는 사르바가민(Sarvagāmin)으로, 설일체유부는 삼보가(Sambhoga, Sambhūta)로 설명한다.

12 이것은 붓다 입멸후 100년경 웨살리국에서 왓지뿟따(Vajjiputta) 등이 제기한 10사정법(十事淨法)에 대해 야사(Yasa)와 레바따(Revata) 등의 장로가 700비구를 회합해 그 10사를 비법(非法)으로 결정한 일을 가리킨다. 남방불교에서는 이때 율장의 정리뿐만 아니라 경장의 결집도 봉행되었기 때문에 그것을 제2결집이라 하며, 그로 인해 근본분열이 발생했다고 전한다. 이때 장로들로부터 추방된 비구들도 경장과 율장을 재결집했는데, 그들을 DV에서는 대결집파(大結集派, mahāsaṃgītika)라 하고 MV에서는 대중부(大衆部, mahāsaṃghika)라 한다. 이에 반해 북방불교에서는 그 10사 논쟁이 아니라 그 뒤에 발생한 마하데바의 5사에 의거해 상가가 상좌부와 대중부로 분열되었다고 전한다. 규기는 북방불교의 전승에 의거하기 때문에 웨살리결집을 근본분열의 원인으로 이해하지 않으며, 그러한 일이 있었어도 여전히 상가가 분열되지 않은 채 화목하게 불법을 받들었다고 설명하고 있다.

러짐이 발생하긴 했어도 화목하게 [불법을] 높이 받들었다.

　점차 시간이 지남에 따라 이해가 떨어져서 성인은 적어진 반면 범부는 많아졌다. 마하데바(Mahādeva, 大天)가 이윽고 첩질변(捷疾辯)[13]에 질주하자 성인들도 깊은 정의(情意)을 다투어 일으켜서, 사람들은 다른 부류로 되었고 법에는 다른 주장이 있게 되었다. 파도가 깊은 근원을 흐리게 하고 별이 보배산을 갈라놓는 [것처럼][14] 마침내 일미(一味)의 그윽한 풍취를 20가지 종파로 갈라 세운 것이다. 지혜의 길[慧路]은 이때부터 들쭉날쭉했고 성도의 자취[道跡]는 취사선택하기가 어렵게 되었다. 비록 하얀 천을 나누는 것과 같고 황금을 쪼개는 것과 비슷하더라도,[15] 봉토(封土)의 경계를 고집하여[16] 나중에 어그러졌고 법식은 처음의 종지를 저버렸다. 범부는 치우친 생각을 품어서 정의(情意)가 삿된 지혜로 빠졌고, 성인은 막힘없이 통하는 규범이 있어서 형세가 다른 부류[17]로 나아갔다.

13　첩질변(捷疾辯)은 7가지 변재 가운데 하나로서, 모든 것에 대해 무애자재한 말솜씨를 말한다. 여기서는 구체적으로 마하데바가 주장한 5사(五事)를 가리킨다.

14　사람들이 다른 부류로 갈라지고 법에 대한 주장이 제각각 되는 것이 마치 파도가 일어 물의 근원을 보지 못하게 하고 별빛이 보배산에 반사되어 보배산이 여러 갈래로 갈라지는 것과 같다는 것을 말한다.

15　이 비유는 『남해기귀내법전』권1(T54, 205, c6-8)에서도 확인된다. 곧, 빔비사라(Bimbisāra) 왕이 꿈속에서 하나의 천이 18조각으로 찢어지고 하나의 금지팡이가 18단으로 끊어지는 것을 보고 두려워서 붓다에게 여쭈자, 붓다가 '내가 멸도 후 100여 년 아쇼까왕 때에 비구들의 교법이 18가지로 나누어져 해탈문으로 나아가지만 그 이치는 같다'고 한 것이다.

16　각각 자기 무리의 주장을 굳게 고집하는 것을 의미한다.

17　마하데바의 5사에 반대하고 설산으로 떠나 형성된 상좌부를 가리킨다.

2) 저자와 역자, 편찬자 소개

가 인연에 따라 [유정의] 이익을 드러내려고 자태를 생사유전에 비춘 [와수미뜨라] 보살은 진실로 현겁의 응진이자 자존(慈尊: Maitreya)을 잇는 보처보살(補處菩薩)이며,[18] 인행(因行)에서는 이미 완전하여 공덕을 충만했고 과덕(果德)에서는 시기를 기다려 [위없는] 도를 성취했다. [또 보살은] 욕사(縟思)[19]의 비단으로 글을 감싸서 정의(情意)의 무성함을 통달해 요점을 가려 뽑았고, 모든 샘[泉]의 신비를 꿰뚫어서 기원의 자취를 서술해 후예를 풍요롭게 했으며, 매우 미묘한 것을 살펴서 [서로 간의] 다른 주장을 설명해 미래의 철인(哲人)에게 전했다. 어찌 20가지 달그림자인 다른 부류들의 홍원(洪源)이 아니겠는가!

옛날 강표(江表)[20]의 진(陳)대 삼장가의(三藏家依, 499-569)[21]가 이미 이 [산스끄리뜨]본을 번역하여 『부집이론(部執異論)』이라 했다.[지금] 패엽들을 자세히 헤아려 그가 번역한 것에 견주어보면 번역문이 산스끄리뜨 문장에 어긋나기도 하고 이치상 본래 의미에 어그러진 것이 있다. 그가 알게 해준 것은 반드시 그것을 더욱 부연할 것이고, 그르친

---

18 『불설사자월불본생경』(T3, 445a21-b3)에서는 와수미뜨라 보살의 최후신이 미륵의 뒤를 이어 사자월여래(師子月如來)라는 명호를 갖는 붓다가 된다고 하고, 『존바수밀보살소집론』 서문(T28, 721a5-6)에서도 와수미뜨라 보살이 미륵의 뒤를 위어 사자여래(師子如來)라는 명호를 갖는 붓다가 된다고 언급한다.

19 욕(縟)은 붙이고 잘라서 제자리에 맞게 잘 구분한 장식을 말한다. 3장(三藏)에서 이해된 여러 경론의 의미들이 그 욕과 같기 때문에 욕사(縟思)라 한다.

20 장강(長江: 揚子江) 이남을 가리키는 지명이지만, 빠라마르타가 남북조시대에 남경(南京)에 머물렀던 것에 의거해 그와 같이 말한 것이다.

21 중국의 남북조시대에 불법을 전파하기 위해 서북인도에서 양(梁)나라로 건너온 빠라마르타(Paramārtha, 眞諦)를 가리킨다. 가의(家依)는 그의 또다른 이름인 꿀라나타(Kulanātha)의 의역어로서, 친의(親依)라 하기도 한다. 그는 꾸마라지바·현장·의정과 더불어 중국의 4대 역경승으로서, 양(梁)의 무제(武帝) 말기부터 진(陳)의 태건(太建) 원년까지 64부 278권을 한역했다.

것이 있다면 곧 그것을 잘라낼 것이다.

이제 나의 친교사인 삼장법사 현장(玄奘, 602-664)이 대당(大唐) 용삭 (龍朔) 2년(662) 7월 14일 옥화궁(玉華宮) 경복전(景福殿)에서 이 [산스 끄리뜨]본을 다시 다른 글²²로 번역했다.

[나] 규기(窺基, 632-682)는 역경하는 무리에 준비 없이 섞이고 조력 하는 반열에 가당찮게 참여해서, 번역에 따라 요지를 받들어『이부종 륜론술기』를 편찬한다. 10권으로 만들어진 가의 법사의『부집이론소 (部執異論疏)』²³에서는 사태들의 의미를 서술하고 사소한 것이라도 곡 절을 남김없이 했다. [하지만] 배우는 이는 그 번잡한 글을 두려워하고 어떤 이는 자세한 취지를 버리기도 한다. 지금은 그것의 큰 요지만 자 세히 헤아려 그 본문을 풀이하겠다. 오래된 것²⁴과 다른 점은 간단하 게 [말하고] 자세하게 말한다는 것이며, 오래된 것과 같은 점은 부족하 나마 대강령을 진술한다는 것이다.

3) 논의 명칭 설명

⑦ '이부종륜(異部宗輪)'이란 큰 요점에 근거해 명칭을 나타낸 것으

22 현장의 한역 이전에 꾸마라지바가 401-413년 사이에 한역한 것으로 추정되는『십팔부 론』과 빠라마르타가 557-569년 사이에 광주(廣州)의 제지사(制旨寺)와 왕원사(王園寺)에 서 한역한『부집이론』이 있다. 현장의『이부종륜론』은 같은 문헌에 대한 3번째 한역이 지만, 산스끄리뜨 저본이 같은지는 불문명하다. 그 한역 3본 간에는 다른 내용이 여러 곳에 나타나는데, 본서에서는 해당 원문에서 각주로 이역본의 내용을 대비시킨다.
23 빠라마르타가『부집이론』을 한역한 후 강설한 내용을 모아서 지은 것으로서, 10권이라 하기도 하고 4권이라 하기도 한다. 현재 전하지는 않지만『술기에서 '어떤 사람의 풀이 [釋]]', '옛날의 풀이[舊釋]', '어떤 사람의 해석[有解]' 등이라는 말로 그 내용을 거론한 다. 특히 징선(澄禪, 1227-1307)의『삼론현의검유집』에 많은 내용이 전한다.
24 빠라마르타가 지은『부집이론소』를 가리킨다.

352 · I. 異部宗輪論·述記

로서, 한 부(部)의 전체명칭을 드러낸다. 또 '논(論)'이라 한 것은 조경(藻鏡)²⁵을 제시해 [논장이라는] 조목을 표방한 것으로서, 다른 장(藏)을 간별하는 별도의 명칭이다.

사람에게 [각각] 다른 길이 있는 것을 '이부(異部)'라 일컫고, 법이 하나의 이치에 어긋난 것을 곧 '종륜(宗輪)'이라 일컫는다. '이(異)'란 다름[別]이고, '부(部)'란 무리[類]이다. 사람이 이해에 따라 정견(情見)이 같지 않아서 별도로 무리가 된 것을 '이부'라 했다. '종(宗)'이란 주장[主]이고, '륜(輪)'²⁶이란 굴러감[轉]이다. [각 부파에서] 주장된 법에 서로 취함과 버림이 있는 것을 고정되지 않은 바퀴에 비유하기 때문에 '종륜'이라 했다. 또 '종'이란 숭상해야할 이치이고, '륜'은 꺾어버리는 작용이다. 마치 왕에게 윤보(輪寶)²⁷가 있어서 도둑을 죽이고 원수를 제거하고 업적을 세우고 공적을 성취한 것처럼, 능력을 표방하고 공덕을 거론하고 방편을 취해서 후학이 이 [논]을 거울삼아 여러 부류에 대해 미묘한 것을 잘 통달하고 그윽한 이치를 훌륭하게 보위하여 다른 도를 꺾고 다른 종파를 바로잡을 수 있다. 공덕을 심고 명예를 선양

---

25 조경(藻鏡)은 거울 뒷면의 아름다운 무늬를 뜻한다. 아비달마문헌의 여러 글들이 나타내는 의미가 거울 뒷면의 무늬와 같고 혜학(慧學)이 밝게 비치는 것이 거울 면에 비치는 것과 같기 때문에 논장(論藏)에 비유한 것이다. 또는 그것을 조감(藻鑑)이라고도 하는데, 품평(品評)하고 감별한다는 의미이다. 논장이 경장과 율장의 진실을 판별하고 옳고 그름을 가려내기 때문이다.

26 『대비바사론』권182(T27, 911b27-29)에서는 '륜(輪)'에 3가지 의미가 있다고 설명한다. 곧 움직이면서 머물지 않는다는 의미, 여기를 버리고 저기로 나아간다는 의미, 원수를 항복시킨다는 의미이다.

27 윤보(cakra-ratna)는 전륜성왕의 7보 가운데 하나로서, 이것으로 사방의 적을 굴복시키고 온 세계를 통일시킨다. 윤보에는 왕이 통치하는 범위에 따라 4가지가 있다. 금륜보(金輪寶)를 초감한 왕은 4주(四洲)를 통치하고, 은륜보(銀輪寶)를 초감한 왕은 3주를 통치하고, 동륜보(銅輪寶)를 초감한 왕은 2주를 통치하고, 철륜보(鐵輪寶)를 초감한 왕은 1주를 통치한다.

하는 것을 가탁하여 '륜'이라 일컬은 것이다. '이부의 종륜'은 의사석 (依士釋)²⁸이다. 종파들의 궁극적 이치를 격양시키고 수렴해 돌아갈 곳을 논의하여 후예에게 궤범을 물려주는 것, 그것을 '논(論)'이라 한다.

2. 본문 해석

1) 논의 저술 의도

(1) 부파 분열의 손해와 혐오

① 부파의 분열 시기 및 손해(제1송)

논 붓다가 반열반한 뒤

100여 년을 채운 때에 이르러

성스러운 말씀에 다른 부류가 일어나

바로 불이익을 이끌었네.

---

28 이것은 산스끄리뜨 복합어를 풀이하는 방법인 6합석(六合釋) 가운데 하나인 의주석을 말하는 것으로서, 6합석은 다음과 같다. ①상위석(相違釋, dvandva): A＋B에 있어서 A와 B가 동등한 지위에 있다. 'A와 B', 'A 혹은 B' 등으로 해석된다. ②의주석(依主釋, tatpuruṣa): A＋B에 있어서 A가 B를 한정해 A와 B와의 사이에 격관계가 인정되는 것이다. 'A를 B하다', 'A의 B', 'A에 대한 B' 등으로 해석된다. ③지업석(持業釋, karmadhāraya): A＋B에 있어서 A가 B를 한정하지만 A와 B와의 사이에 격관계가 없는 경우이다. 'A한 B', 'A인 B' 등으로 해석된다. ④대수석(帶數釋, dvigu): A＋B에 있어서 A가 수사인 경우로서, 파생적 의미가 보태지는 경우와 전체를 집합적으로 취한 경우가 있다. ⑤유재석 (有財釋, bahuvrīhi): A＋B에 있어서 소유의 의미가 첨가된 것으로서, 다른 명사를 수식하는 경우와 명사화되어 사용하는 경우 등이 있다. ⑥인근석(隣近釋, avyayībhāva): A＋B에 있어서 A는 anu, adhi, upa, prati, adhas, yathā 등의 불변화사이고 B는 명사로서, 부사로 해석된다.

가. 과판 해석

⑦　논(論)을 짓는 법도들²⁹은 같지 않다. 그런데 지금 이 논의 본문에는 2가지가 있다. 첫째는 그 저술 의도를 서술하는 것으로서, 곧 교기인연분(敎起因緣分)에 해당한다. 둘째는 그 설명해야 할 것을 진술하는 것으로서, 곧 성교정설분(聖敎正說分)이다. [이 논의] 뒷부분에는 풀이를 매듭짓고 유통시키는 부분이 없다. 이것은 대개 작자가 같지 않기 때문이지만, 아직 그 이유를 자세히 알지 못하겠다.

[이 논을] 분류하고 해석하는 것에는 3가지가 있다.³⁰ 첫 번째는 다음과 같다. 이 논 전체는 모두 와수미뜨라가 지은 것이다. 비록 세 번째 송에서 자신의 공덕을 칭송하긴 하지만 [공덕의 칭송을] 스스로 취하는 것에 대한 잘못은 없다. 왜인가? ㉮ 무상법왕(無上法王: 붓다)은 오래전에 원적에 들었고 자신 이외의 응과도 대부분 열반에 들었으며, 시간이 흐르면서 사람들이 경박해져 모두 혜안이 없어졌다. 만약 월등한 공덕을 스스로 진술하지 않으면 어떤 이는 법이 진

29　일반적으로 한역 불전의 과목은 동진(東晉)의 도안(道安, 312-385)이 제시한 3분과경(三分科經)에 따른다. 곧 서분(序分)·정종분(正宗分)·유통분(流通分)이다. 서분은 서설(序說) 또는 교기인연분(敎起因緣分)이라 하고, 정종분은 정종설(正宗說) 또는 성교정설분(聖敎正說分)이라 하며, 유통분은 유통설(流通說)이라 한다. 불전에 따라 그 세 부분이 모두 있기도 하고 어느 한 부분이 없기도 하는데,『이부종륜론』에는 세 번째의 유통분이 없다.

30　이 논 전체가 와수미뜨라 단독의 저술인지 아니면 후대 학인이 덧붙인 것인지에 대한 3가지 분석으로서, 정리하면 다음과 같다.

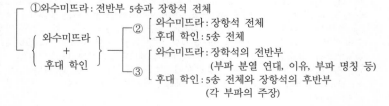

실하지 않다고 의심할 것이다. 그러므로 공덕을 거론해 스스로 밝히고, 설명해야 할 것을 드러내서 소중히 한다. ㉯또 성심(聖心)에 계합하는 여래(如來)를 천상천하라고 가리켜서 존(尊)이라 칭송하거늘, 하물며 범부를 초월한 보살이 그 높은 공덕을 스스로 서술하지 않으랴! ㉰사람이 도(道)에 의지해 공덕을 성취하면 월등한 공덕을 표방하여 사람을 드러내며, 법이 사람에게 있어서 널리 펼쳐지면 상인(上人)³¹을 서술하여 법을 드러낸다. ㉱이미 현겁의 붓다라 칭송되고 혹루(惑累)가 오랫동안 없어서, 비록 [자신의 공덕을] 스스로 진술하더라도 건방지다는 잘못도 없다. 법의 월등함을 드러내기 위한 것이기 때문이다.

두 번째는 다음과 같다. 장항석의 자세한 서술은 [와수미뜨라] 보살이 지은 것이고, 그 앞의 5송의 글은 후대 학인이 지은 것이다. 만약 [와수미뜨라 보살] 자신이 '보살은 대각(大覺)과 대혜(大慧)를 구족한'이라고 칭송한 것이라면, 안으로 3명(三明)³²을 감추고 밖으로 9유정거(九有情居)³³에 같이하며 요계말법(澆季末法)시대에 숨어 사는데, 공덕을 진술해 스스로 선양하는 일이 어찌 있겠는가? 비록 법이 월등한 사람에게서 나타난다는 것을 드러내더라도 스스로 밝힌다는 잘못은 있다. 그러므로 앞의 송은 후대 학인이 지은 것임을 안다.

세 번째는 다음과 같다. [장항석의] '이와 같이 전해 들었다'부터

---

31 'puruṣarṣabha'. 지(智)와 덕(德)을 겸비해 출가자와 재가자의 스승이 될 수 있는 고승의 존칭이다.
32 3가지 사태에 대해 통달하여 장애가 없는 지명(智明)으로서, 곧 숙명지증명(宿命智證明)과 생사지증명(生死智證明)과 누진지증명(漏盡智證明)이다.
33 유정이 거주하는 9곳을 가리킨다. 욕계의 인(人) · 천(天), 색계의 범중천 · 극광천 · 변정천 · 무상천, 무색계의 공무변처 · 식무변처 · 공무변처 · 비상비비상처이다.

[부파의 분열] 연대를 서술하고 부파를 나열한 것까지는 보살이 지은 것이고, 그 앞의 논의 [저술] 의도인 5송 및 뒤에 서술한 근본종파와 지말종파의 주장은 모두 후대 사람이 지은 것이다. 앞의 송에서는 그 공덕을 스스로 선양했고 주장을 서술한 후반부에서는 높이 받들어야 할 것에 진력하지 않았기 때문에, [중반부를 제외하고] 초반부와 후반부는 보살의 저술이 아니라는 것을 안다.

나. 제1송 풀이

㋒   이 논 전체에는 모두 2부분이 있다. 초반부의 5송에서는 부파 분열의 손해를 서술하고 진실한 말씀을 진술하여 의지하게 하며, 후반부의 모든 장항석에서는 부파 발생의 배경을 진술하고 다른 부파 간에 주장된 것을 논의한다.

초반부의 5송에서는 다시 3부분으로 나뉜다. 처음에 있는 2송에서는 다른 부파로 되는 것의 손해 및 혐오해서 두려워하게 했다는 것을 밝히고, 그다음에 있는 2송에서는 논을 지은 월등한 사람과 [그의] 고찰과 설명하겠다는 약속을 드러내며, 마지막 1송에서는 붓다의 말씀을 관찰하여 거짓을 가려내고 진실에 머물기를 권장한다.

처음의 2송에 다시 2단락이 있다. 처음의 1송에서는 부파가 발생한 시기와 손해를 이끌어냈다는 것을 밝히고, 나중의 1송에서는 주장에 따라 부파가 발생했다는 것과 혐오해서 두려워하게 했다는 것을 밝힌다.

이것은 첫 번째이다. 그것에 2부분이 있다. 앞의 2구에서는 부파 발생의 시기를 밝히고, 뒤의 2구에서는 부파 발생의 손해를 밝힌다.

'붓다(佛陀, buddha)'는 산스끄리뜨 음역으로서, 한자로는 각자(覺者)라 한다. 구역의 약어에 따라 다만 불(佛)이라 일컫는다. 일체지(一切智)[34]와 일체종지(一切種智)를 구족하여 연꽃이 피어나고 꿈속에서 깨어나듯이 스스로 열어서 깨닫고 또 유정을 깨우쳐서 자각각타(自覺覺他)의 행법이 이미 완전한 분, 그를 붓다라 지칭한다.[35]

'반열반(般涅槃: parinirvāṇa)'은 한자로 원적(圓寂)이라 한다. 곧 완전하다는 것으로서, 근본은 적멸(寂滅)의 의미이다. 이것은 곧 무여열반을 보여준다. 유여열반 이후 붓다는 많은 시간동안 재세했는데, 이 [유여열반으로부터] '100년'을 취한다면 바른 이치에 어긋날 것이다. 그러므로 지금은 무여열반에 든 [시점]만 취한다.[36]

'이르러[適]'는 오래되지 않았다는 의미이고, '채우는 때[滿]'는 덜어내지 않는다는 이치이다.[37] 만약 '이르러'를 말하지 않고 '채우는

---

34 일체지(一切智, sarvajñāna)는 일체 세계·유정계·유위·무위·3세·인과와 3계로 나아가는 것의 차별 등 일체 법상(法相)을 여실하게 아는 진지(眞智)이다. 그리고 일체종지(一切種智, sarvathājñāna)는 오직 붓다만 증득하는 지로서, 일체 도법(道法)과 일체 유정의 종성을 알고 또한 모든 법의 적멸상(寂滅相)과 그것의 행류(行類)의 차별을 아는 후득지(後得智)이다. 이 2가지 지는 총상의 관점에서 모두 불지(佛智)이지만 별상의 관점에서 일체지는 평등계(平等界)와 공성(空性)을 보는 지이고 일체종지는 차별계(差別界)와 사상(事相)을 보는 지이다. 따라서 붓다는 일체지와 일체종지를 구족하여 염오무지뿐만 아니라 불염오무지도 끊었지만, 성문과 독각은 아직 일체종지를 구족하지 못했기 때문에 그들에게는 불염오무지가 현전한다.

35 이 설명은 6세기경 인도 유가행파논사인 반두쁘라바(Bandhuprabha, 親光) 등이 지은 『불지경론』권1(T26, 291b11-14)에서도 언급된다. 곧 "일체지와 일체종지를 구족하고 번뇌장과 소지장을 제거하여, 일체법과 일체종류의 상(相)에 대해 스스로 열어서 깨닫고 또 일체 유정을 열어 깨우친 것이 꿈속에서 깨어나는 것과 같고 연꽃이 피어나는 것과 같기 때문에 불지(佛地)라 한다."라고 했다. 이외에 『유가론』권83(T30, 765b3-5)이나 『묘법연화경현찬』권2(T34, 690a22-24) 등에서는 "붓다는 일체번뇌와 알아야할 것과 습기를 완전히 끊었고 현등정각(現等正覺)하고 아눗따라삼약상보디를 증득했기 때문이다. 곧 2가지 지(智)와 자각각타를 구족한 분이다."라고 설명한다.

36 불기(佛紀)가 '불멸기원(佛滅紀元)'의 줄임말이듯이, 불교 내의 역법은 모두 붓다의 무여열반을 기점으로 한다.

37 '이르러'는 기준점에서 오차범위가 크지 않다는 의미이고, '채우는 때'는 기준점의 이하

때'라고만 한다면 200미만까지는 모두 100을 채우는 때가 될 것이다. 지금은 100년 [이후] 오래되지 않았다는 것을 드러내기 때문에 '이르러'라 했다. 곧 구역의 『십팔부론』에서 '100년 이후 다시 16년'[38]이라 한 것이다. 만약 '채우는 때'를 말하지 않고 '이르러'라고만 한다면 정확히 채운 때에 차지 않아도 100년에 이른 것이 될 것이다. 지금은 100년에 여분이 있다는 것을 드러내기 때문에 '채우는 때'라 했다. 또 '여(餘)'라 한 것에 대해 말하겠다. 이것이 정확한 100년도 아니고 [100년을] 오래전에 채운 것도 아니며 또 [100년에] 부족한 것도 아니라는 것을 드러내기 때문에 '여'라 했다.

이 [제1구와 제2구]의 의도는 석가여래(釋迦如來)가 무여열반에 든 뒤 100여 년을 조금 채운다는 것을 총괄적으로 드러내는 것이다. 곧 부파 발생의 시기를 드러낸다.

[성스러운 말씀에서] '성스러운[聖]'이란 올바름[正]이다. 올바른 이치에 부합한 것을 '성'이라 지칭하며, 또 도리에 들어맞고 신이(神異)에 통달한 것을 '성'이라 말한다. 이 말로 드러난 것은 불세존(佛世尊)이 설한 말씀이 성스러움을 이끌어내기에 성스러운 말씀이라 한다는 것이다. '말씀[敎]'이란 가르치고 인도한다는 의미이다. 『대비바사론』권126[39]에서는 말씀의 본질이 바로 음성[聲]이라고 했다.

가 아니라 반드시 이상이라는 의미이다. 그리고 바로 아래의 '여'는 기준점에 들어맞는 것이 아니라는 의미이다.

38 『십팔부론』에 따르면, 송(T49, 18a1)에서는 '백여 년을 채울 때(始滿百餘歲)'라 옮고 바로 이어지는 장항석(T49, 18a9-10)에서는 구체적으로 '붓다 멸도 후 116년(佛滅度後百一十六年)'으로 설명한다.

39 『대비바사론』권126(T27, 659a17-b11)에 따르면, 붓다의 말씀은 음성을 본질로 하며 또한 명신·구신·문신을 순서대로 나열하고 배포하고 연이어 합친 것은 붓다 말씀의 작용이다. 그리고 그 말씀은 오직 어표업(語表業)일뿐 무표업(無表業)은 아니다. 왜냐하면 다

[세존이] 3무수겁 동안 갈구했던 것이기 때문이며, [표]업의 성질이기 때문이다. [그리고] 성스러운 말씀이라는 말은 외도의 말이 아니라는 것을 드러낸다.

여래 제자의 정견(情見)이 같지 않는 것을 '다른[異]'이라 일컬었고, 무리와 무리가 별도로 머무는 것을 다시 '부류[部]'라 했다. 곧 사람의 다름이다. '일어나[興]'란 발생한다는 것이다.

이 [제3]구는 붓다의 말씀에 대해 제자들이 다투어서 다른 부류의 발생이 있었다는 것이지, 외도의 부류와 다름이 있었다는 것이 아님을 총괄적으로 드러낸다.

'불이익[不饒益]'이란 손해의 의미로서, 곧 올바른 말씀 및 유정을 이익 되게 하는 것을 손감시킨다. 이것의 의도가 총괄적으로 드러내는 것은 다음과 같다. 곧 사람에게 갈라져 다투는 일이 없다면 성스러운 말씀에 돈독하게 화합하여 깨달으려는 마음이 다르지 않고 법에는 감소가 없을 것이며, 사람에게 갈라져 다투는 일이 있다면 성스러운 말씀에 경박하게 갈라져서 정견(情見)이 같지 않고 법은 손해나게 될 것이다. 이치상 이미 삿된 것과 올바른 것을 변별하기 어려워서 바로 성스러운 말씀을 쇠퇴하게 했으며, 사람에게는 의지할만한 지향목표가 없어서 유정은 헷갈려 그르치고 또 금언(金言)의 일미를 오랫동안 잃어버려 물과 우유가 섞인 것을 얻게 되었다. 사람과 법이 경박하게 떠다니며 문득 손해를 이끌었고 성스러운 말씀에 대해 다른 부류가

른 이에게 바른 이해가 일어나는 것은 표업뿐이기 때문이며, 무표업은 이식(耳識)으로 파악할 수 없기 때문이며, 그 말씀은 2가지 식으로 파악되는데 무표업은 한 가지 식으로만 파악되기 때문이며, 세존이 3무수겁동안 정진하며 붓다의 어표업을 구해서 금생에 성불했는데 무표업은 그런 것이 아니기 때문이다.

발생했기 때문에, 비로소 이러한 불이익의 발생을 이끌었다.

[제3구와 제4구] 2구는 부파 발생의 손해를 총괄적으로 밝혔다.

[이] 1송의 의도는, 붓다가 재세하던 시기 및 [무여]열반한 뒤 100년까지 사람에게 다투는 일이 없었고 법에 다른 설명이 없었던 것은, 붓다 및 성제자[40]가 [불법을] 유지시켰기 때문임을 드러내는 것

---

40 여러 문헌에서 붓다의 입멸후 법과 율을 전승시킨 제자들에 대한 계보를 전하지만 완전히 일치하지는 않는다. 츠카모토 케이쇼(1980: 97-99)는 다음과 같이 정리한다.

① 율의 전승

DV	Upāli → Dāsaka → Soṇaka → Siggava, Caṇḍavajjī → Moggali-puttatissa → Mahinda ……
『선견율비바사』『역대삼보기』『불조역대통재』	優波離(Upāli) → 陀寫俱(Dāsaka) → 須俱(Soṇaka) → 悉伽婆(Siggava) → 目揵連子帝須(Maudgaliputratiśya) → 旃陀跋闍(Caṇḍavajji)
『마하승기율』	優波離(Upāli) → 陀娑婆羅(Daśabala) → 樹提陀婆(Jyotidarśa?) → 耆哆(Jita?) → 根護(Indriyarakṣita?) ……

② 법의 전승

『분별공덕론』	阿難(Ānanda) ┬ 摩呻提(Mahendra) └ 摩禪提(Madhyāntika)
『사리불문경』	迦葉(Mahākāśyapa) → 阿難(Ānanda) → 末田地(Madhyāntika) → 舍那婆私(Śāṇavāsin) → 優波笈多(Upagupta)
Divyāvadāna	Mahākāśyapa → Ānanda → Śāṇavāsa → Upagupta → Dhītika
『아육왕전』『아육왕경』	摩訶迦葉(Mahākāśyapa) → 阿難(Ānanda) → 摩田提(Madhyā ntika) → 商那和修(Śāṇavāsin) → 優波毱多(Upagupta) → 提多迦(Dhītika)
『근본유부잡사』	大迦攝波(Mahākāśyapa) → 阿難陀(Ānanda) → 日中(Madhyā ntika) → 奢搦迦(Śāṇavāsin) → 鄔波笈多(Upagupta) → 地底迦(Dhītika) → 黑色(Kṛṣṇa) → 善見(Sudarśana)
『부법장인연전』	摩訶迦葉(Mahākāśyapa) → 阿難(Ānanda) → 摩田提(Madhyā ntika) → 商那和修(Śāṇavāsin) → 憂波毛匊多(Upagupta) → 提多迦(Dhītika) → 彌遮迦(Micchaka?) → 佛陀難提(Buddhanandi)
『살바다부기승우율사』	大迦葉(Mahākāśyapa) → 阿難(Ānanda) → 末田地(Madhyān tika) → 舍那婆斯(Śāṇavāsin) → 優波掘(Upagupta) → 慈世子(?) → 迦旃延(kātyāyana) → 婆須蜜(Vasumitrā) ……
『살바다부기불대발타라』	阿難(Ānanda) → 末田地(Madhyāntika) → 舍那婆斯(Śāṇavā sin) → 優波掘(Upagupta) → 迦旃延(kātyāyana) → 婆須蜜(Vasumitrā) ……
『달마다라선경』	大迦葉(Mahākāśyapa) → 阿難(Ānanda) → 末田地(Madhyānti ka) → 舍那婆斯(Śāṇavāsin) → 優波掘(Upagupta) → 婆須蜜(Vasumitrā) → 僧伽羅叉(Saṃgharakṣa) → 達磨多羅(Dharma trāta) → 不若蜜多羅(Puṇyamitra) ……
『삼론현의』	迦葉(Mahākāśyapa) → 阿難(Ānanda) → 末田地(Madhyāntika) → 舍那婆斯(Śāṇavāsin) → 優婆掘多(Upagupta) → 富樓那(Pūrṇa) → 寂者柯(Dhītika) → 迦旃延尼子(Kātyāyanīputra)
Tār	Mahākāśyapa → Ānanda → Madhyāntika → Śāṇavāsika → Upagupta → Dhītika ……

이다. 붓다에게는 5가지 위덕이 있어서 [정법을] 유지시킨다.[41] 첫째
는 교화할 수 없는 자를 모두 교화하는 것이다. [이로 인해] 사람에
게는 다른 부류가 없었다. 둘째는 의혹의 그물을 끊어서 의혹이 있
는 것을 모두 확정짓는 것이다. [이로 인해] 법에는 다른 주장이 없
었다. 셋째는 인(人)과 천(天)이 숭배하고 여러 대덕이 따라다니는
것이다. [이로 인해] 어찌 별도의 부류가 발생했겠는가. 넷째는 반드
시 이익 되는 법을 설하는 것이다. 들었던 법만으로도 이미 진로(塵
勞: 번뇌)를 벗어났는데 어찌 별도로 주장했겠는가. 다섯째는 삿된
논의를 굴복시키는 것이다. [이로 인해] 천마와 외도가 모두 다 항
복했다. 그러므로 사람에게는 다른 부류가 없었고 법에는 별도의 주
장이 없었다.

붓다가 5가지 위덕을 구족해 법을 유지시켰기 때문에 사람과 법
에는 [각각] 다름이 없었으며, 붓다 입멸후 100년 [동안]에는 마하깟
사빠 등의 성제자들이 유지시켰기 때문에 사람과 법은 [각각] 달라
지지 않았다. 붓다 입멸후 100여 년부터 성스러운 말씀에 대해 다른
부류의 발생이 있었고, 곧바로 이익 되지 않는 일을 이끌어냈다. 반
대로 [보면] 100년 이전에는 비록 붓다가 입멸했었어도 성스러운 말
씀에 대해 다른 부류의 발생이 없었고, 일미로 화합하여 바른 말씀
이 이지러지지 않고 중생이 돈독하게 믿어서 불이익이 없었다는 것
을 드러낸다.

---

41 『증일아함경』권27(T2, 699a4-10)에서는 여래가 세간에 출현할 때 반드시 5가지 일을 한
다고 설한다. 곧 법륜을 굴리는 것, 부모를 제도하는 것, 믿음이 없는 사람에게 믿음의
땅에 세우는 것, 아직 보살심을 일으키지 못한 자에게 보살심을 일으키는 것, 미래의
붓다로 수기하는 것이다.

② 주장에 따른 부파 성립 및 혐오(제2송)

논 　서로 간에 주장이 달랐기 때문에
　　뒤를 좇아 부파들이 발생했네.
　　자신의 아가마에 의지해[42]
　　그들의 주장을 말해서 혐오하게 되었네.

가. 제2송 풀이

기 　여기서 읊은 것은 주장에 따라 부파가 발생했다는 것과 혐오해서 두려워하게 했다는 것을 바르게 밝히는 것이다. 초반은 주장에 따라 부파가 발생했다는 것을 드러내 보이고, 후반은 혐오해서 갈라지게 했다는 것을 드러내 설명한다.

　'서로 간에[展轉]'는 확정되지 않았다는 의미이다. 곧 이 부파에서 옳은 것이 저 부파에서는 그릇된 것이고, 이 부파에서 그릇된 것이 저 부파에서는 옳은 것이다. 옳고 그름에 주체가 없기 때문에 '서로 간에'라 했다. 정견(情見)이 같지 않은 것은 '주장이 달랐기[執異]'라 했다. '때문에[故]'란 이유이고, '뒤를 좇아[隨]'란 뒤따라간다는 것이며, '발생[起]'이란 부파가 흥기한다는 것이다.

　제자들 상호간의 옳고 그름과 서로 간의 취하고 버림과 정견(情見)이 각각 달랐기 때문에 자신의 이해를 좇아 대상의 의미가 어그러졌으며, 꽃과 꽃받침[같은] 서로의 도움은 없고 지리멸렬한 다른 취지가 있어서 모두 각자 정의(情意)에 따라 이치를 주장하고 그 이

42　한역본에서는 와수미뜨라 자신이 따르는 아가마에 의지한다는 의미이지만, 티벳역본에서는 그와 달리 그들(: 20부파) 각자의 아가마에 의지한다는 의미이다.

치를 좇아 이해가 발생했다. 이해한 것이 이미 각자 같지 않아서 [다르게] 주장한 사람은 결국 별도의 부류로 떨어져 나갔다. [이것은] 곧 사람이 정의(情意)와 주장에 따라 다른 부파를 성립시켰다는 것을 드러낸다. 앞 송에서는 성스러운 말씀에 대해 다른 부류가 있었다는 것을 말했고, 지금은 [부파들이] 발생했다는 것을 밝힌다.

'아가마[阿笈摩, āgama]'란 한자로 전(傳)으로 번역한다. 계속해서 전래한다는 의미이다. 혹은 교(敎)로 번역하기도 한다. '혐오[厭]'는 두려움이고 갈라짐이다.

논사의 의도는, 지금 부파의 발생이 각자의 정의(情意)와 주장에 따른 것이라고 설명한 것은 내가 마음대로 망령되게 서술한 것이 아니라, 본디 자신이 [속한] 설일체유부의 교상(敎相)과 전해오는 설명에 의지한 것임을 드러내는 것이다.

🈩 무엇 때문에 설명이 필요한가?

🈫 혐오를 발생시키기 위해서이다.

나. 혐오를 발생시킨 이유

㉠ 여래의 대비(大悲)에 가까운 [때에는] 견고하고 치연해서 3무수겁의 오랜 시간 동안 [수]백 [수]천의 행을 수습하여 인행이 완전하고 과덕이 충만했으며, [성]도를 증득해 삶을 이롭게 했다. [또] 지혜의 바다를 움직여서 나루터로 썼고 진실한 종파를 펴서 무리를 구조했다. [또] 정의(情意)의 산이 스스로 끊어져 지혜의 해가 품에 놓이게 하고자 했고 이치의 근원을 통일하여 2가지의 깨닫는 길이 없게 하고자 했다. [그러나] 후대의 제자들은 결국 정의(情意)에 따라 주장이 발생되고 그 주장을 좇아 부파가 흥기하여 분규가 8방을

어지럽혔고 다툼이 9유정거를 가득 채웠다. 진실한 종파는 아득히 멀어지며 이치들을 손상시켜 벗어났고, 망령된 말은 떠다니며 실재하는 이치에 앞섰다. 도를 그리워하는 자는 양극단에서 망설였고 귀의하는 자는 갈림길에서 슬퍼했다. 인(人)과 천(天)은 공경의 도를 잃어버렸고 천신(天神)과 지기(地祇)는 존중의 덕을 내쳐버렸다. 지혜의 바다가 맑아도 바람이 부추기고 지혜의 해가 밝아도 안개가 끼었다고 말할 만하다. 참으로 슬퍼할만 하도다! 참으로 괴로워할 만하도다!

[와수미뜨라] 논사는 배 타고 건너는 것인 많은 부류와 용마루인 불법(佛法)이 이런 어그러진 확장에 매이자 매우 개탄했다. 따라서 [자신의] 교상과 전해오는 설명에 의지해 후대 현인에게 규범을 비추어서 법의 근본에는 차이가 없어도 사람들 간 견해가 달라졌으므로 법을 흠모해서 이해를 내고 주장한 사람을 혐오해서 두려워하게 하고, 선두를 다투지 말아야 하고 수장을 다투지 말아야 한다는 것을 알게 했다. 그러므로 후반의 송에서 혐오를 발생하게 한 것이다.

[이] 1송이 총괄적으로 드러낸 것은 다음과 같다. 제자들 각각의 주장이 달랐기 때문에 이런 다른 견해에 따라 부파들이 발생했다. 이제 나, 와수미뜨라는 우리 스승의 교상과 전해오는 설명에 의지해 그 종파가 수장을 다투는 것에 집착했기에 후세인들이 혐오해서 두려워하게 했다. 항상 화합을 우선으로 삼고 법을 파괴하는 시초를 짓지 마라.

(2) 저자와 그의 고찰 및 약속

① 저자 소개 및 분열 시기 고찰(제3송)

논 와수미뜨라 대보살은

대지·대각·대혜를 구족한

석가 종족의 진실한 비구로서,

그 시기를 관찰하고 고찰했네.

⑦ 이하의 2송에서는 논을 지은 월등한 사람과 [그의] 고찰과 설명하겠다는 약속을 밝힌다. 그것에 2부분이 있다. 처음의 1송에서는 논을 지은 월등한 사람 및 그 [시기]를 관찰하고 [그 사태를] 고찰했다는 것을 밝히고, 나중의 1송에서는 그 사태를 바르게 관찰하여 설명하겠다고 약속한 것을 밝힌다.

이것은 첫 번째이다. 그것에 4부분이 있다. 첫째 '와수미뜨라[世友]'는 [논을] 지은 사람의 이름으로서, 논주 스스로 드러낸 것이다. 둘째 '대보살(大菩薩)' 등은 구족된 수승한 공덕이다. 셋째 '석가 종족의 진실한[釋種眞]' 등은 다른 부류를 간별한 것이다. 넷째 '그 시기를 관찰하여[觀彼時]' 등은 바르게 관찰하고 고찰한다는 것이다.

'세우(世友)'란 산스끄리뜨로 와수미뜨라(Vasumitra)라 한다. '와수'는 세간의 의미이고, '미뜨라'는 친구[의 의미]이다. 외도가 섬기는 비슈누(Viṣṇu)천도 와수라 한다. 세간을 구제하기 때문이고, 세간의 아버지이기 때문이고, 세간의 인도자이기 때문이고, 세간에 머물기 때문이다. ㉮ 지금 이 논주[의 이름]은 그것에 의거해 얻은 것으로서, 그 천의 친구이기 때문에 세우라 했다. '우(友)'는 벗이다. 세친(世親, Vasubandhu)이라 하는 것이 세간 천의 친족인 것처럼,[43] 세간

---

43 『구사론기』권1(T41, 1a9-10)에 따르면, "와수(Vasu)는 세(世)라 하고 반두(bandhu)는 친(親)이라 한다. 인도에서는 하늘을 와수반두라 부르는 풍습이 있는데, 세상 사람들이 친근히 여겨 공양하기 때문에 그렇게 부른 것이다. 보살의 부모는 [아들이 태어나기를

천의 친구이기 때문에 세우라 했다. ㉯또 이 천은 포악하여 귀신이 그를 두려워한다. 보살이 처음 태어날 때 부모가 소중히 여겨서 [어린 애가] 비인(非人)에게 희롱될까 걱정했기 때문에 이것을 이름으로 삼은 것이다. 말하자면 이 어린애는 세간 천의 친구이고 세간 천에게 보호되기에 여러 귀신 등이 위협하지 않고 그를 두려워하는 것이다. 마치 지금 이 지방에서 신호(神護)라는 이름을 지어서 신에게 보호되고 비인이 접근하지 못하게 하는 것과 같다. ㉰또 이 보살은 대비(大悲)로 무리를 구제하여 세간의 친구가 되기 때문에 세우라 했다. [이것은] 스스로 이름을 표방한 것이다. 천우(天友)라 하지 않는 것은 세친(世親)의 풀이와 같다.[44] ㉱또 [세간에] 머무는 천의 친구이기 때문에 주우(住友)라 했다.

'대보살(大菩薩)'에 대해 말하겠다. 인위(因位)가 이미 완전하기 때문에 대(大)라 한다. 보리[bodhi]는 각(覺)이라 하고 살타[sattva]는 유정(有情)이라 한다. 지(智)와 각(覺)을 구족한 유정이기 때문에 살타라 한다. 보리의 모든 지와 각을 희구하고 유정들을 반연해 비(悲)의 대상으로 삼기 때문에 보살이라 한다. 이것은 일반적인 풀이와 같다. 곧 구족한 공덕에 가차한 것이다.

'대지(大智)' 등에 대해 말하겠다.[45] 이것은 구족한 3가지의 다른 공덕을 드러낸다. 첫째는 대지덕(大智德), 둘째는 대각덕(大覺德), 셋

하늘에] 간절히 바라던 장소를 이름으로 삼았다."라고 설명되어 있다.

[44] 'Vasumitra'를 '天友'가 아닌 '世友'로 번역한 것이 'Vasubandu'를 '天親'이 아닌 '世親'으로 번역한 이유와 같다는 의미이다. 곧 『구사론기』권1(T41, 1a10)에서 "만약 [vasu를 의역하여] 천(天)이라 한다면 데바(deva)라 불러야 할 것이다."라고 풀이한 것처럼, 와수(vasu)를 세(世)로 번역해야 하고 데바(deva)는 천(天)으로 번역해야 한다는 말이다.

[45] 와수미뜨라가 구족한 3가지 공덕에 대한 해석을 정리하면 다음과 같다.

째는 대혜덕(大慧德)이다. 한 번의 '대'라는 말로써 지와 각과 혜에 두루 미친다. 대지는 이타(利他)의 공덕이고, 대각과 대혜 둘은 자리(自利)의 공덕이다. 자상을 요별하는 것을 대각이라 지칭하고, 법의 공상을 요별하는 것을 대혜라 말한다. 또 문혜·사혜·수혜는 순서대로 그것에 대응된다. 혹은 자상과 공상 등의 3가지 작의[46]를 순서대로 대응해 풀이한다. 또 대지는 총체적인 것이고, 각과 혜는 개별적인 것이다. 자리와 이타 2가지가 개별적으로 각과 혜에 대응된다.

'석가 종족[釋種]'이란 붓다의 종족임을 표방한 것이다. 붓다는 챠뜨리야(kṣatriya)의 성(姓) 곧 석가(釋迦, Śākya)로서, 한자로는 '능(能)'으로 번역한다. 옛날 선인의 성이 '능(能, Śākti)'이었는데, 능히 세간을 인도했기 때문이고 공덕과 능력을 구족했기 때문이다. '비구(苾芻, bhikṣu)'란 포마(怖魔)라고도 하고 능파(能破)라고도 하며 걸사(乞士) 등[47]이라고 한다. 이것은 일반적인 풀이와 같다. '비구'라고만 하면 의미가 외도에도 통하므로, 바로 '석가 종족'을 말하여 외도 사람이 아니라는 것을 드러냈다. '석가 종족'이라고만 하면 때론 세속에

구분	대지	대각	대혜
해석①	이타	자리	
		자상 요별	공상 요별
해석②	문혜	사혜	수혜
	자상작의	공상작의	승해작의
해석③	총체적	개별적	
		자리	이타

46 정위(定位)의 작의심소인 3종작의를 가리킨다. 곧 자상관에 상응해 발생한 작의인 자상작의(自相作意), 고·공·무상·무아 등 16행상에 상응해 발생한 작의인 공상작의(共相作意), 부정관·4무량심·유색해탈·8승처·10변처 등의 관법에 상응해 발생한 작의인 승해작의(勝解作意)이다.

47 비구의 의역어로는 이밖에도 제사(除士)·훈사(薰士)·파번뇌(破煩惱)·제근(除饉) 등이 있다.

도 통하므로, 바로 '비구'를 말하여 출가자라는 것을 드러냈다. 그런
데 비구의 의미는 성인과 범부에 통하므로, 바로 범부가 아니라는
것을 드러내려고 다시 '진실한[眞]'이라 했다. 또 성인은 3승에 통하
므로, 바로 [불승과 독각승] 2승이 아니라는 것을 간별하고 이 사람
이 다만 불승으로 나아가는 성인이라는 것을 드러내려고 '진실한'이
라 했다.

　'관(觀)'이란 관찰을 말하며, '그 시기[彼時]'란 곧 부파가 갈라진
시기이다. 논주는 [불멸후] 400년에 태어났고, 부파 [분열은 불멸
후] 100여 년에 있었다. [시간적] 거리가 이미 멀어서 다만 '그 시기'
라 했다. [고찰[思擇]에서] '사(思)'란 '이것이 부파가 주장한 일들이
다'는 설명을 사량한다는 것이며, '택(擇)'이란 '그것이 따로 떨어져
다툰 종파들이다'는 서술을 간택한다는 것이다.

　논주의 의도는, 이런 공덕을 구족한 나 와수미뜨라가 부파가 발
생한 그 시기를 관찰하고 그 사태를 고찰하여 모든 종파의 주장을
알리겠다고 말하는 것이다. 만약 사람의 공덕을 드러내지 않으면 법
이 때론 의심될 수 있으므로, 바로 법이 월등한 사람에게서 나왔고
이치상 그것에 의지해 신해할 만하다는 것을 밝힌다. 사람을 표방하
여 신행(信行)을 권장하고, 법을 드러내어 수법(隨法)을 권장하는 것
이다. 그러므로 사람을 거론해 법의 월등함을 드러낼 필요가 있다.

② 설명의 약속(제4송)

🔲 모든 세간을 평등하게 관찰하건대,
　　여러 가지 견해가 떠돌아다니며

무니(muni)의 말씀을 갈랐네.

그런저런 종파를 설명하리라.

[가] 이 송에서 밝힌 것은 그 사태를 바르게 관찰하고 설명하겠다고 약속한 것이다. '평등하게[等]'란 평등 혹은 보편의 의미이다. 그 '세간(世間)'에는 2가지 설명이 있다. 하나는 유정세간(有情世間), 둘은 기세간(器世間)이다.[48] 파괴될 수 있기 때문에 세(世)라 하고,[49] 그 속에 침몰되기 때문에 간(間)이라 한다. 지금 여기서 취한 것은 유정세간이다. 이것이 하나가 아니기 때문에 '모든[諸]'이라 거듭 말했다.

'견(見)'이란 견해를 말한다. 이것이 오직 하나가 아니기 때문에 '여러 가지[種種]'라 했다. '떠[漂]'란 떠다니는 것[漂浮] 또는 떠오르는 것[漂涌] 또는 떠다니다 가라앉는 것[漂溺]을 말한다. '돌아다니며[轉]'란 유전(流轉) 또는 발생[起]의 의미이다. 견해는 사람에 말미암아 발생되고, 사람은 견해에 따라 유전한다.

'무니(muni, 牟尼)'란 한자로 적(寂)으로 번역한다. 번뇌를 고요하게 하기 때문이고, 생사를 고요하게 하기 때문이고, 대열반에 머물러 적멸을 얻기 때문이고, 모든 희론을 고요하게 해 진리를 증득하기 때문이다. 곧 불세존이 설한 12분교[50]를 '무니의 말씀[牟尼語]'이

---

48 유정세간(有情世間, sattva-loka)은 5온의 가합으로 형성된 모든 유정을 가리키는 정보(正報)이고, 기세간(器世間, bhājana-loka)은 일체 유정이 거주하는 국토세계를 가리키는 의보(依報)이다. 기세간의 성립에 대해 설일체유부에서는 유정의 공업(共業)에 의거해 초감된다고 설명한 반면, 유가행파에서는 알라야식이 일순간에 전변한 것이라고 설명한다.

49 세(世)에는 파괴의 의미 이외에, 멸진할 수 있기 때문에 대치(對治), 찰나찰나 생멸하여 머물지 않기 때문에 부정주(不靜住), 허망하기 때문에 유도견(有倒見)의 3가지 의미로도 설명한다(『불성론』권2, T31, 796b16-22).

50 석가모니가 설한 법문을 그 서술형식과 내용에 따라 12가지로 구분한 것이다. 곧 ①계

라 했다.

'그런저런[彼彼]'이란 하나가 아니라는 의미이다. 말하자면 유정들이 여러 가지 견해에 떠돌아다니기 때문에 세존이 본래 설한 심오한 의미의 말씀을 갈라서 그런저런 종파가 되었다는 것이다.

이 [송]의 의도는, 내가 유정의 부류들을 두루 관찰하건대 수장을 다투는 자는 자신의 견해들에 떠다니게 되고, 지말을 다투는 자는 다른 사람의 견해들에 유전하게 된다는 것을 총괄적으로 드러내는 것이다. 혹은 이것과 반대로, 시작부터 끝까지 나부끼는 인연의 힘 때문에 세존이 설한 진실한 말씀을 갈라서 그런저런 종파를 만들었다고 설명하기도 한다. 이렇게 따로 떨어진 종파들을 내가 이제 설명하겠다. 여기서는 20가지의 따로 떨어진 종파를 '그런저런'이라 했다. [그것들은] 모두 자신의 견해에 따라 떠돌아다닌 것이기 때문에 붓다의 말씀을 가른 것이지만, [원래] 붓다 말씀의 근본과 지말에 구분이 있는 것은 아니다.

경(契經, sūtra)은 산문 형태의 붓다의 말씀, ②응송(應頌, geya)은 계경에서 설한 교법을 운문으로 다시 밝힌 것, ③기별(記別, vyākaraṇa)은 교의를 해설한 것 또는 미래에 제자들이 할 것을 증명한 말, ④풍송(諷頌, gāthā)은 운문으로만 교의를 송출한 것, ⑤자설(自說, udāna)은 다른 사람의 질문이 없어도 붓다가 스스로 행한 말씀, ⑥인연(因緣, nidāna)은 붓다가 법을 설해 교화하는 인연, ⑦비유(譬喩, avadāna)는 비유로써 법의 의미를 설한 것, ⑧본사(本事, itivṛttaka)는 붓다와 제자의 전생 인연, ⑨본생(本生, jātaka)은 붓다 자신의 전생의 여러 가지 자비행, ⑩방광(方廣, vaipulya)은 광대하고 심오한 교의에 대한 설명, ⑪희법(希法, adbhuta-dharma)은 붓다와 제자들의 희유한 법, ⑫논의(論議, upadeśa)은 붓다가 제법의 본질을 논의 결택하고 그 의미를 분별해 밝힌 것이다. 이 12부는 대승과 소승에 공통되지만, 방광이 오직 대승의 경이라고도 하고 혹은 기별·자설·방광을 제외한 9부가 소승의 경이라고도 하고 혹은 인연·비유·논의를 제외한 9부가 대승의 경이라고도 한다. 또 이 12부 가운데 일부만을 취해 9분교라 하는데, 그것에 대해서도 비유·본생·논의가 제외된다는 주장과 자설·비유·논의가 제외된다는 주장이 있다. 또한 이 12분교가 경·율·논 3장 가운데 어디에 포함되는지에 대해서도 여러 이설이 있다.

(3) 진실에 머물기를 권장함(제5송)

논 붓다의 말씀을 주의 깊게 관찰하고
성제(聖諦)의 설명을 의지처로 삼아
모래에서 금을 채취하는 것처럼
그 진실(眞實)을 가려 취해야 하네.

기 이 송에서는 붓다의 말씀을 관찰하여 거짓을 제거하고 진실에
머물기를 권장한다는 것을 바르게 밝힌다.

'주의 깊게[審]'란 자세히 살핀다는 것을 말한다. '성제의 설명[聖
諦說]'이란 곧 붓다가 설한 4성제의 말씀이다. [이것은] 유정들이 자
신의 견해에 떠돌아다니지 말기를 권장한 것이다. [진실에서] '진
(眞)'은 때[垢]가 없다는 것이며, '실(實)'은 견고하다는 것이다.

붓다가 설한 말씀을 주의 깊게 관찰할 때에는 4성제의 말씀만 진
리의 의지처로 삼는다. 생사의 원인과 결과는 고제(苦諦)와 집제(集
諦) 둘이며, 출세간의 원인과 결과는 멸제(滅諦)와 도제(道諦) 둘이
다. [4성제는] 진실하고 공허하지 않아 부파들 간 논쟁이 없고 확정
적이어서 이와 같이 실제로 의지할 만하다. [하지만] 그 밖의 지엽
적인 이치는 부파들 간 서로 어그러지고 옳고 그름이 확정적이지
않다.

'모래에서 금을 채취하는 것처럼[如採沙中金]'이란 비유를 들어
설명한 것이다. 비유컨대 모래에서 금을 채취할 때 금은 취하고 돌
은 버린다. 녹과 쇳돌도 마찬가지이다. 부파들의 경교(經敎)도 이미
금광에서 그 금을 취하고 그 쇳돌을 버려야 하는 것과 같다. 4성제
의 이치는 순금과 비슷해서 참되고 공허하지 않아 마땅히 의지해

취할 만하지만, 그 밖의 이치는 때론 옳고 때론 글러서 끝끝내 취사하기 어렵다. 자신의 견해에 따라 서로 간에 다투는 일이 있어서는 안 된다.[옳고 그름이 확정적이지 않는 이치에 대해] 곧바로 부파들이 모두 진실한 것이 아니라고 비방할 것이기 때문이다. [하지만] 그 부파들에서 4성제의 말씀에 대해서는 다른 설명이 없기 때문에 의지해 신해할 만하다.

[이] 1송이 총괄적으로 드러낸 것은 다음과 같다. 주의 깊게 관찰해야 하는데, 비록 부파들의 주장이 견해에 따라 발생했더라도 그것을 비방해서는 안 된다. 총체적으로 보면 그것도 붓다가 설한 것이기 때문이다. 4성제의 말씀은 진이고 실이기에 모래 속에 있는 금보석을 채취하는 것처럼 깊이 의지해 신해할 만하다. 모래가 있다고 해서 바로 금을 버리지 않는 것[처럼] 논쟁이 있다고 해서 성제의 말씀을 버리지 마라.

(4) 5송의 총결

[가] [지금까지의] 5송이 총괄적으로 드러낸 것은 다음과 같다. 세존이 입멸한 후 100여 년에 붓다의 말씀에 대해 다른 부류의 발생이 있었고 곧바로 손해를 이끌어낸 것은, 모두 자신의 견해에 따라 붓다의 말씀을 가르고 그런저런 종파를 만든 것에 말미암는다. 이제 나, 와수미뜨라가 그것을 관찰해서 설명하겠다. 배우는 이들에게 권장하노라. 붓다가 설한 4성제의 말씀은 진이고 실이므로 모래 속에 있는 금보석을 채취하는 것처럼 그른 것을 버리고 옳은 것을 머물게 해야 하고, 부파들의 교법에 대해서도 역시 이와 같다고 관찰해

야 한다. 성제의 말씀을 취해서 의지해 배워야 할 것으로 삼고, 자신
과 그 밖의 [부류]가 논쟁한 것은 의도에 맡겨 버리거나 머물며, 견
해에 따라 여러 부류로 분열했다고 해서 곧바로 총체적으로 비방하
거나 제거하지 마라.

　이것이 첫 번째로 부파 분열의 손해를 서술하고 진실한 말씀을
진술해 의지하게 한 것이며, 논을 지은 의도이다.

2) 부파 분열의 배경 및 각 부파의 주장

(1) 전해 들었음을 밝힘

논　이와 같이 전해 들었다.

기　이하부터는 두 번째로 부파 발생의 배경을 진술하고 다른 부
파 간에 주장된 것을 논의한다. 글의 의도에 5가지가 있다. 첫째 자
신이 전해 들었음을 드러내고, 둘째 근본 말씀의 주체를 밝히며, 셋
째 부파가 흥기한 연대를 서술하고, 넷째 논쟁에 의거해 부파가 분
열되었음을 진술하며, 다섯째 [각] 부파의 주장을 자세히 진술한다.

　이것은 첫 번째이다. '이와 같이[如是]'의 의미는 4가지 의미⁵¹에
의지해 굴려서 한 문헌에서 설명해야 할 의미를 총체적으로 가리킨

51　'이와 같이'가 갖는 4가지 의미에 대해 『불지경론』 권1(T26, 291c10-16)에서는 다음과 같
　이 설명한다. 첫째는 비유(譬喩)에 의지하는 의미로서, 예컨대 '이와 같은 부귀는 와이
　쉬라바나(Vaiśravaṇa)와 같다'고 하는 것이다. 둘째는 가르침[教誨]에 의지하는 의미로
　서, 예컨대 '그대는 이와 같이 경론을 독송해야 한다'고 하는 것이다. 셋째는 문답(問答)
　에 의지하는 의미로서, 예컨대 '이와 같이 나는 이러한 말씀을 들었다'고 하는 것이다.
　넷째는 허가(許可)에 의지하는 의미로서, 예컨대 '나는 그대를 위해 이와 같이 생각하
　고 이와 같이 짓고 이와 같이 말한다'거나 '이 일은 이와 같다'고 하는 것이다.

다. '들었다[聞]'란 이근(耳根)이 식(識)을 일으켜 들어서 받아들인다
는 것으로서, 이근은 명(名)[·구(句)·문(文)]을 들을 수 있다. '전해
들었다[傳聞]'란 직접 들은 것이 아니라 간접적으로 들었다는 것을
드러낸다. 직접 들어서 받아들인 것은 '나는 들었다[我聞]'라 일컫고,
다른 사람으로부터 들어서 받아들인 것은 '전해 들었다'라 한다. 앞
서 이미 '자신의 아가마에 의지해'라고 말했기에 망령된 설명이 아
니라는 것을 드러낸다. 만약 처음에 '전해[傳]'를 말하지 않고 자[파]
의 교상에서 들은 것에 의거해 말한다면 정의(情意)를 좇아 망령되
게 진술한다는 의혹이 있을 것이기 때문에 '전해'를 말했고, 신해(信
解)를 내게 하기 위해 '전해 들었다'고 일컬었다.

(2) 근본 말씀의 주체

📖 붓다 바가반(Buddhabhagavān)이

📄 이하부터는 두 번째로 근본 말씀의 주체를 밝힌다. [불멸후 100년
에] 후대의 제자들이 붓다의 말씀을 논쟁하지만, [그들도] 외도가 아
니기 때문에 '말씀의 주체[教主]'라 일컬었다. 붓다는 앞의 풀이와
같다. 바가반이란, 4마(四魔)[52]를 파괴하고 6덕(六德)[53]을 구족하고

---

52 4마(四魔)란 사람의 신명(身命)과 혜명(慧命)을 탈취하는 4가지 마귀이다. 곧 5온이 적집
하여 생사의 고과(苦果)를 성취하게 하는 온마(蘊魔, skandhamāra), 유정의 심신을 뇌란
시키는 번뇌마(煩惱魔, kleśamāra), 유정의 지·수·화·풍 4대를 분산시켜 한창 때에 죽게
하는 사마(死魔, mṛtyumāra), 인간의 선행을 방해하고 여러 가지 근심스러운 일을 짓게
하는 천자마(天子魔, devaputramāra)이다. 그 가운데 온마는 정진의 혜력(慧力)에 의지해
파괴하고, 번뇌마는 공(空)사마디에 의지해 파괴하며, 사마는 신족(神足)의 수습에 의지
해 파괴하고, 천자마는 자(慈)·비(悲)·희(喜)·사(捨)의 유지에 의지해 파괴한다.
53 6덕(六德)이란 세존이 구족한 6가지 위덕이다. 곧 모든 번뇌에 영원히 구속되지 않기
때문에 자재(自在)의 의미를 갖추고, 맹렬한 지혜의 불이 타오르기 때문에 치성(熾盛)의

있는 이를 바가반이라 한다.[54]

(3) 부파 흥기의 연대

① 대략적인 논쟁 연대

논 반열반한 뒤 100여 년[55]에

의미를 갖추며, 미묘한 32상 등으로 장엄되기 때문에 단엄(端嚴)의 의미를 갖추고, 일체의 수승한 공덕이 완전하여 알지 못하는 것이 없기 때문에 명칭(名稱)의 의미를 갖추며, 일체 세간이 친근하게 공양하고 모두 칭찬하기 때문에 길상(吉祥)의 의미를 갖추고, 모든 공덕을 갖추어 항상 이익 되는 방편을 일으켜서 모든 유정을 안락하게 하는 데에 게으름과 포기가 없기 때문에 존귀(尊貴)의 의미를 갖춘다.

54 붓다와 바가반 가운데 어느 하나만 취하거나 또는 그 둘을 모두 언급한 경우 등에 대해 빠라마르타는 다음과 같이 설명한다. 곧『열반경』처럼 붓다의 명호만 두는 것은 성문과 2승을 가리키는 것으로서, 4성제를 현관하고 무여열반을 증득하여 그 자신의 지위에서는 붓다라는 명호를 얻지만 공덕행을 수습하지 않아서 바가반이라 하지 않는 경우이다. 또『대품반야경』처럼 바가반의 명호만 두는 것은 보살을 가리키는 것으로서, 공덕행이 완전하기에 바가반이라 하지만 아직 인위에 있어서 지혜가 완전하지 않아서 붓다라 하지 못하는 경우이다.『무상의경』처럼 붓다와 바가반 두 명호를 두는 것은 불세존을 가리키는 것으로서, 지혜가 완전하기에 붓다라 하고 공덕행을 구족했기에 바가반이라 하는 경우이다.『상속해탈경』처럼 두 명호가 모두 없는 것은 범부를 가리키는 것으로서, 지혜를 수습하지 않기에 붓다라 하지 않고 공덕을 수습하지 않기에 바가반이라 하지 않는 경우이다. 또한『해심밀경소』권1(X21, 183c17-184a19)에서는 붓다라고만 하면 2승에 남용될 우려가 있고 바가반이라고만 하면 대보살과 전륜성왕에 남용될 우려가 있어서, 그 붓다와 바가반을 합쳐서 말한 것이 여래임을 안다고 설명한다.

55 여기서는 근본분열이 발생한 시기를 불멸후 100여 년 아쇼까(Aśoka)왕대로 기술하지만, 여러 이설들도 있다. 각 문헌에 나타난 근본분열의 시기를 정리하면 다음과 같다.

문헌	근본분열 시기	재위 왕
『이부종륜론』	불멸후 100여 년	아쇼까[無憂]
『십팔부론』	불멸후 116년	아쇼까(阿育)
『부집이론』	불멸후 116년 * ㊿㊸본은 160년	아쇼까(阿輸柯)
SBhu(t)	불멸후 100년 조금 뒤	아쇼까[無憂, mya ngan med]
NBhvy(t)의 제1전승, 제2전승	불멸후 160년	다르마쇼까(Dharmāśoka)
NBhvy(t)의 제3전승	불멸후 137년	난다와 마하빠드마 (dga' bo dang padma chen po)
DV · MV	불멸후 100년	깔라소까(Kālāsoka)
Tār	불멸후 110년	아쇼까

그런데 근본분열 당시의 왕에 대해 와수미뜨라는 아쇼까로 하고 DV·MV에서는 깔라소

⑦ 이하부터는 세 번째로 부파가 흥기한 연대를 서술한다. 그것에 5부분이 있다. 첫째 논쟁 연대를 대략적으로 서술하고, 둘째 비유하여 시기가 나쁘다는 것을 탄식하며, 셋째 부파의 흥기가 있었던 곳을 거론하고, 넷째 외호한 국왕을 드러내며, 다섯째 논쟁 시기를 바로 진술한다.

이것은 첫 번째이다. 글은 그대로 이해하면 된다.

② 시기가 좋지 않음

🔲 성인이 가신 때가 오래되어, 마치 해가 오랫동안 떨어져있는 것과 같았다.

⑦ 이것은 두 번째로 비유하여 시기가 나쁘다고 탄식한 것이다. 여래가 출현하기 이전의 세간을 '극심한 밤[大夜]'이라 일컫는다면 불일(佛日)이 이미 환한 이후의 천하는 비로소 '낮[明]'이라 할 수 있다. 만약 깨우쳐 인도하는 이가 없다면 눈 먼 무리는 어떻게 지혜의 눈을 품을 수 있으리오! 학림(鶴林)⁵⁶이 색깔을 바꾸고 각조(覺照)가 광채를 숨긴 이래 세간도 어두워져 [불일이 사라진] 햇수가 차츰 100년을 채웠다. 비유컨대 밝은 해는 서쪽으로 떨어지고 흰 달은 동

까로 한다. 또『대비바사론』에는 단순히 '왕'으로 되어 있지만『술기』나『부집이론소』에서는 무우왕 또는 아쇼까왕으로 설명한다. 따라서 이 아쇼까를 마우리야의 아쇼까로 추정할지, 아니면 샤이슈나가의 깔라소까로 추정해야 할지가 문제로 남는다. 이에 대해 A. 바로는 근본분열이 불멸후 100여 년이라 한다면 당시의 왕인 아쇼까는 마우리야 왕조의 아쇼까가 아니라 샤이슈나가왕조의 깔라소까일 가능성이 높다고 주장한다(塚本啓祥, 1980: 154-155).

56 학림은 곧 붓다가 입멸한 곳의 샬라쌍수를 가리킨다. 붓다가 그곳에서 입멸할 때 그 숲의 색이 하얀색으로 변했는데, 그것이 마치 백학(白鶴)의 무리가 둥지를 틀고 있는 것과 같았기 때문에 학림이라 했다.

쪽에서 잠잠하여 밤이 오랫동안 더욱 깊어져 천하가 어두운 것과 같았다. 그러므로 시기가 나쁘다고 탄식하는 것을 거론한 것이다. 마치 해가 오랫동안 떨어져있는 것과 같다.

산스끄리뜨로 아스따(asta)라 한 것을 한자로는 '몰(沒)'이라 하며, 웃타야(utthāya)를 한자로는 다만 '출(出)'이라 한다. [아스따는] 해가 출몰하는 산의 명칭이 아니다. 곧 지금의 서방에서는 해가 서쪽으로 떨어지는 것을 보고 '아스따'라 외친다. 별도로 아스따라는 산이 있어서 해가 그곳으로 떨어지는 것이 아니다. 또 산스끄리뜨본에는 '100여 년'이라고만 하고 다시 16년이라는 말은 없다. 이 [16년이란 말]은 대대로 전하는 사람의 풀이이지 본래 논의 글은 아니다.[57]

③ 부파가 흥기한 장소

🔲 마가다(Magadha)국 꾸수마(Kusuma)성[58]의

가. 간략한 설명

⑦ 이것은 부파의 흥기가 있었던 곳을 거론한 것이다. 중인도의

---

57 규기의 이 설명은, 동본이역본인 『십팔부론』과 『부집이론』에서 116년이라 한 내용이 산스끄리뜨 원본에 의거한 것이 아니라 그 역자들의 전승내용에 의거해 임의적으로 추가된 것이라고 지적한 것이다.

58 현장 역본에서는 '꾸수마성'으로 되어 있지만 그밖의 3종 이역본에서는 모두 '빠딸리뿌뜨라성'으로 되어 있는데, 그것이 현장의 의도적인 번역인지 아니면 판본의 차이인지는 불분명하다. 다만 빠딸리뿌뜨라성은 근본분열이 발생한 당시 왕(: 남전에서는 Kālāsoka, 북전에서는 Aśoka)의 도성이고, 꾸수마성은 그 이전 왕(: Bimbisāra)의 도성이자 마하데바가 주창한 5사에 의거해 상가 분열이 발생했던 성이다. 또 라자그리하성은 빔비사라 왕 때에 천도한 이후 아자따샷뚜왕 때까지 도성이었고, 다시 그다음 왕 때에 빠딸리뿌뜨라성으로 천도했다.

나라를 마가다라 하고,[59] [이전] 왕의 큰 도성을 꾸수마라 한다. 꾸수마란 옛날 도성이고, 빠딸리뿌뜨라(Pāṭaliputra)라 하는 새로운 도성이 있다. 아자따삿뚜(Ajātasattu)왕[60] 이전에는 라자그리하(Rājagṛha)를 도읍으로 했지만, 그의 자왕(子王) 등은 라자그리하 지역에서 일찍이 극악한 일[61]이 발생했기 때문에 이곳 [빠딸리뿌뜨라]로 천도했다.[62] 꾸수마는 무우(無憂)가 이곳으로 도읍한 지 오래되고서 [마하데바 등의] 승려들이 논쟁하던 곳이다.

나. 마가다 풀이

⑦ '마가다'는 한자로 무독해(無毒害)라 한다. 구역에서는 치감로처(致甘露處)라 했는데, 그 의미도 가능하다. 이 [의미]는 천신들과

---

59 붓다 재세시 마가다국은 고대인도의 16대국 가운데 한 국가로서, 갠지스강 중류에 위치하며 그 중심에는 도읍인 빠딸리뿌뜨라와 붓다가야가 있다. 고대 16국은 앙가(Aṅga)·마가다(Magadha)·까쉬(Kāśi)·꼬살라(Kośala)·브리지(Vṛji)·말라(Malla)·쩨디(Cedi)·왓사(Vatsa)·꾸루(Kuru)·빤짤라(Pañcāla)·아쉬바까(Aśvaka)·아반띠(Avanti)·맛샤(Matsya)·슈라제나(Śūrasena)·간다라(Gandhāra)·깜보자(Kamboja)이다.

60 DV와 MV에 따르면 아자따삿뚜왕은 하르양까(Haryaṅka)왕조의 2세로서 32년 동안 재위했다. 그는 아버지인 빔비사라왕을 감옥에서 죽게 하여 왕위를 찬탈하기도 했지만, 마하깟사빠 등이 제1차 결집을 봉행할 때 그 자신이 대시주가 되어 불법을 외호했다. 한편 빔비사라왕은 불교 최초의 외호자로서, 고따마(Gotama)가 성도하기 이전 그에게 성도 후 가장 먼저 라자그리하성에서 공양 받아주기를 간청한 왕이다.

61 아자따삿뚜왕이 부왕인 빔비사라왕을 감옥에서 죽게 하고 왕위를 찬탈한 일이다.

62 빠딸리뿌뜨라의 천도에 대해, DV와 MV에서는 깔라소까(Kālāsoka)로, 『대당서역기』에서는 빔비사라왕의 증손자인 아쇼까(Aśoka)로, *Pariśiṣṭaparvan*에서는 빔비사라왕의 손자인 우다인(Udāyin)으로, *Purāṇas*에서는 빔비사라왕의 증손자인 우다인으로, *Aśokāvadāna*에서는 깔라소까의 다른 이름인 깔까바르닌(Kākavarṇin)으로 설명한다. 그 가운데 『대당서역기』에서 언급한 '아쇼까'는 마우리야왕조의 왕인데, 그를 샤이슈나가 왕조의 '깔라소까'로 이해하면 남북 양전의 내용이 비슷해진다. 그렇다면 북방불교에서 그 '아쇼까'를 빔비사라왕의 손자나 증손자로 설명한 것은 빔비사라왕과 빈두사라왕의 혼동이라기보다는 깔라소까를 아쇼까로 잘못 이해했거나 잘못 표기했을 가능성이 높다. 현장이나 규기는 그 인물을 아쇼까로 고정해놓고 설명하기 때문에 여러 곳에서 혼란이 발생한다.

아수라들이 옛날에 애착하는 마음이 깊어서 독에 해를 입어 수명이
단축되었다는 것에 기인한다. 브라흐마나가 그들을 불쌍히 여겨서
용으로 [경계]줄을 치고 산으로 쌓아놓고 유해(乳海)⁶³를 한 곳에 모
이게 했다. 이때 [천신과 아수라] 중생의 복력(福力)으로 바다가 우
유로 바뀌었는데, 나중에 [장수의] 감로(甘露)를 얻어 이곳에 안치되
었다. 음복하여 오래도록 살며 모든 독의 피해를 치료했기 때문에
무독해라 했다.⁶⁴ 이것은 그 지방의 민간에서 풀이한 것에 의거한다.

또 마가다란, 오늘날 제석천의 과거 인위(因位)⁶⁵에 대한 명칭이
다. [브라만이었던 그는] 품성이 사람을 다스리는 지역을 좋아하여
32인과 더불어 이 지역에서 함께 서원하고 함께 월등한 업을 수습
하여 현세에 부귀를 초감했고 나중에는 모두 [도리]천에 태어났다.
[곧] 제석천의 [과거] 인위에 의거해 [이 지역의] 명칭을 마가다라
한 것이다.

---

63 유해(乳海, kṣīra sāgara)는 *Rāmāyana*나 몇몇 *Purāṇa*에서 비슈누(Viṣṇu)와 관련된 이야기
    로 거론된다. 천신들의 힘이 약하고 아수라들의 힘이 강한 때에 천신들이 세계 지배의
    주도권을 되찾고자 비슈누의 제안대로 아수라들과 조약을 맺고 불멸의 감로(甘露)인
    아므리따(amṛta)를 얻기 위해 태초의 바다인 유해를 휘저었다. 그러자 우주를 감싸고
    있는 깊은 곳에서 매우 강한 독이 유출되었는데, 쉬바(Śiva)가 그 독을 삼켜서 목에 담
    아두자 목의 색깔이 파랑색으로 바뀌었다. 마침내 아므리따가 여러 귀중한 것들과 나
    타나자 아수라들이 그것을 잡아채갔다. 천신들이 절망에 빠지자 비슈누가 여자마법사
    인 모히니(Mohinī)의 모습으로 나타나 아수라들의 주의를 분산시키고 아므리따를 되찾
    아 천신들의 목에 부어주었다. 그리고 천신들이 다시 강력해져 아수라들을 물리쳤다.
64 둔린(遁麟, 7-8세기경)은 '무독해'에 대해, 왕이 백성을 다스릴 때 혹독한 형벌로 고통을
    주는 피해가 없다는 의미로 해석하기도 한다(『구사론송소기』권1, X53, 380a10-11). 마가다
    의 다른 의역어로는 무해(無害)·불악처(不惡處)·선숭(善勝)·무뇌해(無惱害) 등도 있다.
65 제석천(帝釋天, Śakra Devānām-Indra)은 고대 인도의 인드라를 불교에서 불법의 수호신
    으로 수용한 자이다. 그는 본래 마가다국의 브라만으로서, 보시 등의 복덕을 쌓아 도리
    천에 태어난 뒤 33천의 천주(天主)가 되었다.

다. 꾸수마 풀이

⑦ '꾸수마'는 한자로 화(華)로 번역한다.[66] 꽃의 10가지 명칭 가운데 이것이 하나의 명칭이다. 만약 꾸샤그라뿌라(Kuśāgrapura)[67]라고 말한다면 한자로는 상모(上茅)라 한다. 이곳의 대부분에서는 좋은 징조의 향기 나는 띠를 생산했는데, 이것에 근거해 명명한 것이다. 또 명화(名華)라 한다. 이 지역의 대부분에는 오묘한 향기의 꽃들이 있었는데, [그것을] 근거로 명명한 것이다.

라. 빠딸리뿌뜨라 풀이

⑦ 또 [새로운 도성인] 빠딸리뿌뜨라성이 있다는 것에 대해 말하겠다. [이 성은] 이곳 [꾸수마성]에 인접해서 이곳의 동쪽에 있다.[68] 옛날 뛰어나고 박학하여 문인이 수천인 브라만이 있었다. 얼마간 여유가 있어서 서로 어울려 유희하며 빠딸리숲에 이르렀는데, 어떤 한 서생이 배회하며 슬퍼했다. 동행한 누군가가 "왜 근심스러운 얼굴

---

66 『일체경음의』권22(T54, 443a4-5)에 따르면, 꾸수마에는 모든 초목의 꽃을 가리키는 통칭의 의미와 꾸수마꽃 하나만을 가리키는 별칭의 의미가 있다.

67 『대당서역기』권9(T51, 923a16-b8)에서는 꾸샤그라뿌라을 빔비사라왕 재위 당시의 본래 도읍으로 설명한다. 이 성에서 화재가 자주 일어나서 왕이 근심하자 군신들이 이제부터 불이 처음 난 곳을 조사해 방화자를 시체를 버리는 곳인 한림(寒林)으로 내쫓아 스스로 조심하게 하자고 하여 그렇게 하도록 했다. 그런데 궁중에서 제일 먼저 불이 나자 왕은 태자에게 국정을 맡기고 국법을 지키기 위해 스스로 그 한림으로 거처를 옮겼다. 그때 와이샬리의 왕이 그 소식을 듣고 빔비사라왕을 기습하고자 했는데, 그 첩보를 듣고 그곳에 성을 세우고 왕(王: rāja)이 먼저 집[舍: grha]을 지었기 때문에 왕사성(王舍城: Rājagrha)이라 했다. 그 뒤에 관리나 백성들도 모두 이곳으로 이주해 살게 되었다. 혹은 아자따삿뚜왕에 이르러서 이 성을 쌓았고 그의 태자가 왕위에 오른 뒤에 이곳을 도읍으로 삼았다고도 말한다.

68 여기서는 꾸수마성과 빠딸리뿌뜨라성을 인접해 있는 다른 장소의 성으로 설명하지만, 『대당서역기』권8(T51, 910c15-18)에서는 그것들을 장소로 구분 짓지 않고 다만 사람의 수명이 무량할 때에 꾸수마성이라 불렀고 수명이 수천세일 때에는 빠딸리뿌뜨라성이라 불렀다고 설명한다.

이오?"라고 말하자, "타향살이한 세월에 하나의 일도 성취한 것이
없고 고운 얼굴은 바야흐로 억세졌으며 친숙한 여자도 없소. 이것을
돌이켜 생각해보면 어찌 더욱 근심스럽지 않겠소?"라고 대답했다.
다른 학도들이 나아가 놀리며 "이제 장차 공자(公子)가 되어 부인을
혼인해 맞이할 것이오."라고 했다. 이에 두 사람을 세워 남자의 부모
로 삼았고 다시 두 사람을 세워 여자의 부모로 삼았으며, 오묘한 빠
딸리나무를 주어 아내로 삼았고 물을 따르고 꽃을 바쳐서는 술과
반찬으로 삼았다. 정성스럽게 맺은 혼인의 예법을 벌여 놓고 술 따
를 것을 알리고 합방하기 좋은 시기를 논의했다. 서생의 마음은 기
뻤고 스스로 만족해했다. 해가 막 저물어가는 때에 다다르자 학우가
돌아갈 것을 말했지만 오직 이 서생만 연정을 품고 떠나지 않았다.
서생 혼자만 머물고 나머지 벗들은 돌아갔다.

　저녁 즈음에 도깨비불이 들을 비추고 노래와 북소리가 자리에 가
득했다. [서생은] 잠시 후 지팡이를 짚고 다가오는 노인을 보았다.
한 소녀가 있었는데, 고운빛깔의 옷을 입고 앞섰다. 노인이 소녀를
가리키며 "이 사람이 그대의 부인이오."라고 했다. 기쁘게 노래하고
음악을 연주하는 것이 7일 만에 그쳤다.

　그 이전의 학도들은 모두 [서생이] 짐승에게 해를 입었을까 의심
하고 가서 찾아보았는데, [그 서생이] 나무아래에 앉아서 귀한 손님
을 대하는 것처럼 오히려 손위 손님을 맞이하고 있는 것을 보았다.
학우들이 [서생에게] 돌아갈 것을 간청했지만 사양하고 말을 따르
지 않았다. 나중에 스스로 성(城)에 들어와 친척들을 배알하고 [그간
일의] 자초지종을 자세히 말하자 사람들이 모두 경악했다.

　한 해가 저물 무렵 [부인이] 한 남자애를 낳자, [서생은] 그 부인

에게 "나는 이제 돌아가고자 해도 [그대와] 떨어지는 것을 견딜 수 없소. 마땅히 머물고자 하지만 회오리바람과 이슬에 깃들어 살 뿐이오."라고 말했다. 그 부인이 아버지에게 알리자, 곧 "인생의 즐거움이 어찌 고향에만 있겠느냐? 이제 집을 지어주면 좋아하며 다른 마음이 없을 것이다."라고 했다. 이에 신선들을 부리자 일이 하루도 되지 않아 완성되었다. 이 이후부터 성(城)이 널리 유명해졌다.

빠딸리(pāṭali)란 나무의 명칭이고, 뿌뜨라(putra)란 나무의 아이[라는 의미]이다. 성(城)이 나무의 아이에 기인해 건립되었기 때문에 빠딸리뿌뜨라라 한 것이다.[69]

그런데 아자따샷뚜왕의 아들이 이곳으로 천도했다. 왕궁은 서쪽에 있었는데 대부분이 이전의 꾸수마 지역에 있었으며, 많아진 백성은 모두 동쪽에 있었는데 대부분이 빠딸리 지역에 있었다. 성문이 동쪽을 향해 개방되기 때문에 가의 법사는 빠딸리를 풀이하면서 그런 사정에 착각한 것이다. 또 [그는] 빠딸리라 하는 한 대국이 있었다고 말했는데,[70] 그것도 옳지 않다. 이 [빠딸리]는 도성의 명칭인데 어떻게 나라의 [명칭]이라 하겠는가? 마가다가 바로 나라의 명칭이다. 『대비바사론』권99에서도 이런 일을 서술하고서 마가다국이라 했다.[71] 만약 빠딸리가 나라라면 마가다는 무엇이란 말인가?

---

69 『대당서역기』권8(T51, 910c18-911a17)에서 보다 자세히 설명하고 있다.
70 빠라마르타가 "100년 뒤 다시 16년을 경과해 빠딸리뿌뜨라라 하는 한 대국이 있었고…"라고 풀이한 것을 가리킨다(『검유집』권5, T70, 455a12).
71 『대비바사론』권99(T27, 510c24-512a19)에서 마하데바의 5가지 악견의 유래를 설명하는 가운데 빠딸리'성'이라 했지 빠딸리'국'이라 하지 않았다는 것을 말한다.

④ 외호한 국왕

논 　무우(無憂, Aśoka)[72]라 불리는 왕이 잠부주를 통치했는데, [즉위할 때] 일단의 하얀 운개(雲蓋)를 초감했고 교화가 사람과 귀신을 넉넉하게 했다.

기 　이것은 외호한 국왕을 밝힌 것이다. 첫 번째 구문은 왕의 이름을 늘어놓은 것이고, 그다음의 세 구문은 왕의 공덕을 드러낸 것이다. 왕의 공덕을 드러낸 것에 3가지가 있다. 첫째는 통치 경계의 범위이고, 둘째는 상서로움을 초감해 왕이 되었다는 것이며, 셋째는 위엄이 사후세계와 현실세계에 통했다는 것이다.

이 사람이 왕이 된 배경을 자세하게 풀이한 것은 경(經)에서와 같다.[73] 이 왕은 빔비사라왕의 손자이다.[74] 무우는 왕위를 계승한 뒤에 마음이 불법(佛法)과 달리 감정을 일으켜 갑작스럽게 바로 지옥을 건

72 　아쇼까를 의역하여 '무우'(無[a]＋憂[śoka])라 한다. 『불소행찬』권5(T4, 54b3-8)에서는 아쇼까왕은 마우리야 왕조의 후손으로서, 원래는 강(强)무우였으나 지금은 법(法)무우라 한다고 설명한다. 여기서의 설명처럼 북전에서는 불멸후 100여 년 아쇼까왕 재위기간에 근본분열이 발생했다고 전하지만, 이때의 왕은 마우리야왕조가 아닌 샤이슈나가 왕조의 깔라소까(Kālāśoka, 黑無憂)로 이해해야 한다. 곧 DV 등에서 제2결집인 웨살리의 결집을 깔라소까 즉위 10년(불멸후 100년)으로 설명하고 제3결집인 빠딸리뿌뜨라의 결집을 불멸후 236년 아쇼까왕 재위 때로 설명한 것이 보다 정확하다고 할 수 있다.

73 　예컨대 『아육왕경』권1(T50, 131b7-133c2)에서 아쇼까가 태어나 성장하고 왕이 된 과정을 자세히 설명하고 있다.

74 　여기서 설명한 왕은 아쇼까를 가리키기 때문에 그를 빔비사라왕의 손자로 설명한 것은 맞지 않다. DV와 MV에 따르면 아쇼까는 마우리야왕조의 창시자인 짠드라굽따(Candragupta)의 손자이자 빈두사라(Bindusāra)의 아들이기 때문이다. 또 빔비사라왕은 마우리야왕조가 아닌 하르양까왕조의 개조이며, 그의 손자는 우다야바드라(Udayabhadra 또는 Udāyin)이다. 『대당서역기』권8(T51, 911a19-21)에서는 아쇼까를 빔비사라왕의 증손자로 설명하고 있는데(… 有阿輸迦王者, 頻毘婆羅王之曾孫也。), 이것도 타당하지 않는 설명이다. 이와 같은 현장과 규기의 설명은 아쇼까와 깔라소까의 혼동에 기인한 것으로 추정된다. 야코비(Jacobi)에 따르면, 그 깔라소까가 바로 빔비사라왕의 손자인 우다인이다(塚本啓祥, 1980: 80).

립해 [백성의] 생명을 해쳤다. 나중에 아라한[75]에 의지해 비로소 처음으로 믿음에 귀의하여 멀게는 사미를 봉헌하는 것에 의지하고 가깝게는 성인에 의지해 마음을 돌이켰으며, 또 그 아우를 제도했다. 대제(大帝)가 출가한 자세한 사정은 『대당서역기』의 설명과 같다.[76]

이 왕의 아버지는 무우가 태어나기 이전에 항상 짜나꺄(Cāṇakya)[77]가 와서 서로 죽이고 해치는 것을 근심했는데, 무우가 태어나는 날에 이르러 이 원수가 스스로 죽자 원한과 해침이 이윽고 제거되어서 [갓 태어난 아들의 이름을] 무우라 했다. 또는, 이 왕은 [아들의] 용모가 견줄 데가 없고 뛰어난 풍채는 비교하기 어려워서 부모의 마음을 기쁘게 했기 때문에 무우를 이름으로 삼았다.[78]

'잠부주를 통치했는데'란 통치 경계의 범위이다. 잠부(jambu, 瞻部)는 나무의 명칭으로서, 이 땅의 북쪽 경계에 있으며 물 가까이에 산다. 나무를 명칭으로 삼아 국토를 잠부[주]라 일컬었다. 그것의 열매는 크고 또한 맛있다. [곧 잠부주라는 명칭은] 원인으로써 명명한 것이다.

---

75 『아육왕경』권1(T50, 134a11-135a2)에서는 그 아라한을 '해(海)'라는 사람으로 설명한다. 그는 아무것도 모른 채 걸식하기 위해 빠딸리뿟뜨라성에 왔다가 아쇼까왕이 만든 지옥에 붙잡혀 죽을 위기에 처했을 때 그곳에서 부지런히 사유해 아라한과를 얻었는데, 아쇼까왕이 붓다의 말씀을 받아들이고 감당할 수 있음을 보고 그를 제도했다. 『대당서역기』권8(T51, 911b1)에서는 그를 '어떤 쉬라마나[有沙門]'로만 언급한다.

76 『대당서역기』권8(T51, 911c28-912a25). 대제(大帝)는 산스끄리뜨 'Mahendra'의 한역어로서, 그를 『대당서역기』에서는 아쇼까왕의 친동생으로 설명한다.

77 짠드라굽따 재위 기간에 나라의 정초를 다진 대신으로서, 까우띨리야(Kauṭiliya)라고도 한다. 그는 Arthaśāstra(『實利論』)를 지어 정치·외교·군사에 관한 체계를 다졌다. 하지만 그는 빈두사라왕이 재위할 때 수반두(Subandhu)라는 대신에 말미암아 빈두사라왕의 어머니의 죽음에 책임이 있다는 모함을 받고서 달아났다.

78 『아육왕경』권1(T50, 132b22-c2)에 또다른 배경이 실려 있다. 곧 빈두사라왕이 어느 날 왕궁의 여자이발사에게 이발하는 중에 잠이 들었다 깨어나 그 이발사를 보고 기쁜 마음이 일어났다. 왕은 그녀의 아버지인 브라만이 왕의 부인이 되게 하려고 궁으로 보낸 것을 알고 그녀를 부인으로 맞이했으며, 그 부인이 아들을 낳자 "나는 이제 근심이 없으니, 이 아이를 아쇼까[無憂]라 하겠다."라고 한 것이다.

  '일단의 하얀 운개를 초감했고'란 상서로움을 초감해 왕이 되었
다는 것이다. 왕이 처음 왕위를 계승할 때 철륜보(鐵輪寶)가 공중에
높이 솟았는데,[79] [그 윤보의] 바퀴통은 적색이고 바퀴는 백색이었
으며 여러 보배가 섞여 상감되어 있었다. [윤보는] 굴복시킨다는 것
을 드러낸다. [또] 하얀 운개가 잠부주를 덮는 일이 있었는데, [이것
은] 굴복된 곳이 바로 [잠부주의] 온 천하라는 것을 밝힌다.

  '교화가 사람과 귀신을 넉넉하게 했다'란 위엄이 사후세계와 현
실세계에 통했다는 것이다. '넉넉하다'란 윤택하다는 의미이다. 이
왕은 세 번 잠부주를 희사하여 3존(三尊: 불·법·승)을 받들었으며,[80]
사람과 귀신들의 큰 신력 등을 부려서 8만4천의 묘탑을 조성했다.
직접적인 위엄이 서민의 믿음에 이르렀을 뿐만 아니라, 또한 교화가
귀신에게도 도달했다.

⑤ 논쟁 시기

🔲 이때 불법의 대중이 최초로 갈라졌다.

🔲 [이것은] 논쟁 시기를 바로 진술한 것이다. 말하자면 붓다가
열반한 뒤 100여 년에 마가다국 꾸수마성에서 무우왕 때에 불법이

---

79 전륜성왕이 부리는 윤보에 4가지가 있는데, 그 각각에 따라 통치하는 범위에 차이가 있
    다. 곧 금륜보는 4주를, 은륜보는 3주를, 동륜보는 2주를, 철륜보는 1주를 다스리는 왕이
    되는 것을 의미한다(『대비바사론』권30, T27, 156c3-8; 『대당서역기』권1, T51, 869b1-7. 등).
    지금은 아쇼까왕이 잠부주 하나를 통치한다고 말하기 때문에 철륜보가 거론되었다.
80 이와 관련해 『대당서역기』권8(T51, 911c24-27)에 "무우왕의 신근은 곧고 단단하여 세 번
    이나 잠부주를 불·법·승에게 보시했고, 세 번이나 온갖 진귀한 보배로 거듭해 스스로
    보상하고 바꾸었다."는 내용이 있다. 곧 아쇼까왕이 잠부주 값만큼의 보배를 3보에 세
    번 보시했다는 의미이다.

최초로 갈라졌다. 이전에는 오히려 불법이 화합해 있었다.

(4) 논쟁에 의거한 부파분열

① 근본분열

가. 논쟁하는 자와 논쟁 대상

🔲 말하자면 4중이 마하데바(Mahādeva, 大天)[81]의 5사(五事)[82]를 함께 논의한 것이 같지 않아서 두 부파로 분열되었다.[83]

---

81 『이부종륜론』과 『술기』와 『부집이론소』에서는 2명의 마하데바를 거론한다. 곧 근본분열의 원인인 5사를 제창한 마하데바, 그리고 대중부의 지말분열 가운데 제다산부·서산부·북산 부의 분열을 발생시킨 적주비구로서의 마하데바이다. 그런데 『삼론현의』에서는 3명의 마하데바를 거론한다. 그 가운데 2명은 이들 문헌과 같고, 나머지 한 명은 불멸후 200년 대에 왕사성 북쪽의 앙굴다라국에서 화엄과 반야 등의 대승경을 3장에 섞어서 설명한 대중부의 마하데바이다. 그 때 그것을 믿는 자와 믿지 않는 자가 있었고 다시 믿는 자도 그 인연에 따라 3부류로 갈라져 일설부·출세설부·회산주부로 분열되었다(T45, 8c16-9a8). 한편 『삼론현의』(T45, 8b19-25)에서는 이 마하데바와 관련해 2가지 사건이 있었다고 설명한다. 첫째는 마하데바가 대승경들을 취해 3장에 포함시켜서 그것을 풀이했지만 아라한들이 법장을 결집할 때는 이런 주장을 제외시켰으며, 그럴더라도 대중부에서는 이런 주장을 이용했고 상좌부에서는 그것을 이용하지 않았기 때문에 논쟁이 발생하여 결국 두 부파로 분열된 일이다. 둘째는 여기서 논의하는 것과 같은 5사를 주장한 일이다.

82 근본분열의 원인에 대해서는 3가지 설이 있다. 첫째는 북방불교 문헌에서 전하는 마하데바의 5사(五事)로서, 불멸후 100여 년 아쇼까왕대에 발생한 사건이다. 이에 대한 구체적 내용은 아래에서 다룬다. 둘째는 남방불교 문헌에서 전하는 웨살리성의 왓지족 비구의 10사(十事)로서, 불멸후 100여 년 초 깔라소까왕대에 발생한 사건이다. 그 내용은 『오분율』·『사분율』·『비니모경』·『십송율』·『근본유부잡사』·『마하승기율』·DV·MV·Tār 등에서 언급된다. 10사란 뿔로 만든 용기에 소금을 비축하는 것·정오를 지나 그림자가 손가락의 두 마디 이내일 때 식사하는 것·한 마을에서 탁발한 뒤 다른 마을에 들어가 또 탁발하는 것·같은 구역 안의 다른 주처에서 별도로 포살을 행하는 것·갈마를 행할 때 정족수에 미달되어도 곧 도착할 비구의 동의를 예상하여 의결하는 것·계율에 위배되는 스승의 습관적인 행위에 따르는 것·오후에 우유를 마시는 것·술이 되기 전의 야자즙을 마시는 것·일정 형식을 벗어난 좌구를 사용하는 것·금이나 은 등을 받는 것이다. 이것을 인정하는 무리는 대중부이고 인정하지 않은 무리는 상좌부이다. 셋째는 『사리불문경』에서 전하는 내용으로서, 이전의 율을 폭넓게 개편하는 것에 대해 옛 것을 지지하려는 대중부와 새롭게 개편하려는 상좌부로 분열된 것이다.

83 길장은 최초로 분열된 대중부와 상좌부가 제1결집 당시 굴내와 굴외의 두 군데에서 결집한 것을 계기로 명칭 상으로 이미 존재했었고, 불멸후 116년에 이르러 마하데바의 5사를 계기로 그들의 주장까지도 달라져서 실질적으로 분열되었다고 설명한다(『삼론현의』, T45, 8b16-17).

가) 간략한 풀이

7 여기부터는 네 번째로 논쟁에 의거해 부파가 분열되었다는 것을 서술한다. 그것에 2부분이 있다. 첫째 근본 논쟁이 부파 발생의 배경임을 밝히고, 둘째 지말의 부파들이 별도로 발생했다는 것을 진술한다.

첫 번째에 2부분이 있다. 첫째 논쟁하는 자와 논쟁 대상이 갈라져 두 부파로 되었다는 것을 총체적으로 거론하고, 둘째 분열된 두 부파와 4중과 5사를 개별적으로 드러낸다.

이것은 첫 번째이다. '4중이'란 논쟁하는 자이고, '마하데바의 5사를 함께 논의한 것이 같지 않아서'란 논쟁 대상이며, '두 부파로 분열되었다'란 분열된 부파이다.

나) 마하데바와 5사

(가) 태어남

7 이하부터는 마하데바의 5사의 배경이 같지 않다는 것을 자세히 제시한다.[84]

옛날 마투라(Mathurā)국에 한 상인[85]이 있었다. 젊어서 부인을 맞이해 한 사내아이를 낳았는데, 얼굴이 단정하여 이름을 마하데바라 했다.[86]

---

84 이하에서 전개되는 규기의 설명은 『대비바사론』권99(T27, 510c24-512a18)에서 전하는 내용을 인용한 것이다. 다만 『대비바사론』에서는 당시의 왕을 '빠딸리뿌뜨라성의 왕'으로 설명하지만, 규기는 『이부종륜론』에 의거해 '무우왕' 곧 아쇼까왕으로 설명하고 빠라마르타도 아쇼까왕으로 설명하는 차이가 있다.
85 『삼론현의』(T45, 8b17-18)에서는 '큰 배의 주인[舶主]'으로 설명한다.
86 빠라마르타는 마하데바의 성(姓)이 까우쉬까(Kauśika)라는 설명도 덧붙인다(『검유집』권5, T70, 455b7-8).

(나) 3가지 무간업 지음

⑦ 오래지 않아 상인은 보배를 가지고 멀리 타국에 가서 교역을 펼치면서 오래 지나도록 돌아오지 않았다. 그 아들이 장대해지고 어머니와 정을 통했는데,[87] 나중에 아버지가 돌아왔다는 것을 듣고 마음이 벌써 두려운 나머지 어머니와 계획을 짜서 결국 그 아버지를 살해했다. 그가 이미 첫 번째 무간업을 지은 것이다.

그 일이 점점 드러나자 곧바로 그의 어머니에게 말하고 전전해 빠딸리뿌뜨라성에 숨었다. 그는 나중에 본국에서 공양했었던 무학의 비구를 우연히 만났는데, 다시 그 일이 드러나는 것을 두려워하여 결국 계획을 짜서 그 무학을 살해했다. 이미 두 번째 무간업을 지은 것이다.

마음속으로 더욱더 근심하다가 나중에 다시 어머니가 다른 사람과 사통하는 것을 보고서 곧바로 분개하여 "나는 이 [여인]을 섬기기 때문에 2가지 중죄를 짓고 타국으로 이주해 평온하지 못하고 불안한데, 이제 다시 나를 버리고 다른 사람을 좋아하구나. 이러한 창녀를 누가 감히 용인하겠는가?"라고 말했다. 이에 방편을 [내어] 나중에 그 어머니를 살해했다. 그가 세 번째 무간업을 지은 것이다.

(다) 출가해 구도함

⑦ 그는 선근(善根)의 힘을 끊지 않았기 때문에 깊이 근심하고 후

---

87 빠라마르타는 마하데바가 20살이 되었을 때 그의 어머니가 애염을 품고 몰래 방편을 내어 아이와 사통했다고 설명한다(『검유집』권5, T70, 455b8-10).

회하고 잠자리가 불안했으며, 중죄를 어떤 계기로 소멸시킬 것인가
를 스스로 생각했다. 그는 다시 쉬라마나 석자(釋子)에게 죄를 소멸
하는 법이 있다는 것을 전해 듣고 마침내 계원사(雞園寺, Kukkuṭārāma)
에 갔다. 그 문 밖에서 한 비구가 천천히 나와 경행(經行)하며 "사람
이 중죄를 지어도 선(善)을 수습함으로써 소멸되어 그는 세간을 비출
것이니, 달이 구름 낀 데서 나타나는 것과 같네."라고 가타(gāthā) 읊
은 것을 보았다. 그때 그는 듣고서 환희하고 신명이 나서 붓다의 말
씀에 귀의하면 반드시 죄가 소멸될 것이라는 것을 알았다. 그리하여
곧바로 한 비구에게 나아가 정중하고 굳건하게 청하며 제도해 출가
하기를 구했다. 그때 그 비구는 이미 굳건하게 청하는 것을 보고 자
세히 조사하거나 물어보지도 않고[88] 드디어 제도해 출가시켰으며 또
마하데바를 법명으로 하여 훈육하고 훈계했다.

마하데바는 총명하여 출가한 지 오래지않아 곧바로 3장의 글과
의미를 암송해 수지했고 말하는 재주가 뛰어나 잘 교화해 인도했
기에, 빠딸리뿌뜨라성에는 [그에게] 귀의해 우러르지 않는 이가
없었다. 그때 무우왕이 [소문을] 듣고서 초청하여 자주 내궁(內宮)

---

[88] 구족계를 줄 때에는 교수사(教授師)가 수계자의 근기를 간별하기 위해 13난(十三難)과
10차(十遮)를 통해 수계자에게 질문을 한다. 13난은 본성이 악하여 결코 구족계를 받을
수 없는 사람인지를 알아보는 질문으로서, 13가지 경우는 출가가 허락되지 않는다. 곧
이전에 4바라이죄를 저질러 파계된 자, 비구니를 범한 자, 생계 유지나 법을 훔치기 위
해 출가하려는 자, 외도로서 구족계를 받고서 다시 외도로 갔다가 출가하려는 자, 성불
구자, 아버지를 죽인 자, 어머니를 죽인 자, 아라한을 죽인 자, 상가를 파괴하거나 법륜
을 파괴한 자, 붓다의 몸에 피를 내게 한 자, 천룡8부의 귀신이 사람의 형태로 변화된
자, 제사를 위해 희생된 축생이 사람으로 태어난 자, 남녀의 성기를 다 갖춘 자이다.
또 10차는 본성이 악하지는 않더라도 구족계를 받기에 적절한 사람인지를 알아보는 10
가지 질문이다. 곧 그대의 이름이 무엇인가, 화상의 이름이 무엇인가, 20살이 되었는가,
의발은 갖추었는가, 부모가 허락했는가, 빚이 있는가, 노비인가, 관청 사람인가, 장부인
가, 문둥병·종기병·백나병·조갈병·지랄병이 있는가이다.

에 들게 해 공경하고 공양하며 설법을 청했다.[89]

(라) 5사의 발생

⑦ ㉮ 그가 나중에 출궁하여 상가라마(saṃghārāma, 僧伽藍)[90]에 있으면서 바르지 않게 사유하여 꿈에서 부정물(不淨物)을 누실했다. 그런데 그는 이전부터 아라한이라고 자칭한 터라 제자에게 오염된 옷을 세탁하게 했다. 제자가 "아라한이라면 모든 번뇌[漏]가 이미 멸진했을 것인데, 스승님에게 지금 왜 오히려 이런 일이 있습니까?"라고 여쭈었다. 마하데바는 "천마(天魔)에게 희롱당한 것이니, 너는 이상하게 여기지 말아야 한다. 그러므로 누실된 것에는 간략히 2가지가 있다. 첫째는 번뇌이고, 둘째는 부정물이다. 번뇌의 누실은 아라한에게 없지만 여전히 부정물의 누실을 면할 수는 없다. 왜인가? 모든 아라한은 번뇌가 멸진하긴 했지만 어찌 대소변을 보거나 눈물을 흘리거나 침을 뱉는 등의 일이 없겠느냐? 그런데 천마들은 항상 불법에 대해 미워하고 시기하여 선법(善法)을 수습하는 자를 보면 가서 그를 무너뜨린다. 비록 아라한이라 하더라도 그러한 희롱 때문에 내가 누실한 것은 그가 저지른 것이다. 너는 지금 의심되는 것이 있지 않아야 한다."라고 타일렀다. [곧] 『대비바사론』에서 첫 번째 악견의 드러냄이라 한 것이다.[91]

---

89 빠라마르타는 그때 무우왕의 왕비가 마침내 마하데바와 사통했다는 내용도 전한다(『겸유집』권5, T70, 455b22).

90 3보 가운데 하나인 상가(saṃgha)는 불법을 믿고 그 도를 봉행하여 성불하기 위해 수행하는 출가자들의 집단을 가리키며, 상가라마는 그들이 머물며 수행하는 정사를 가리킨다.

91 이것에 대해 『대비바사론』권99에서는 '부정물이 번뇌로부터 발생하는데도 천마에게 희롱당해 발생한다고 그 원인을 계탁한 것으로서, 원인이 아닌 것을 원인이라고 계탁

㉯ 또 그 마하데바는 제자가 환희하고 친근하게 의지하게 하고 자 속여서 방편을 세워 순서대로 4사문과를 기별했다. 그때 그 제자는 머리 숙여 예를 갖추며 "아라한 등은 증득한 [무루정]지(無漏正智)가 있어야 할 것인데, 어째서 저희들은 모두 스스로 [그 증득을] 알지 못합니까?"라고 여쭈었다. 그는 망설이다 "모든 아라한에게도 무지(無知)가 있다. 너는 지금 자신에 대해 불신하지 말아야 한다. 말하자면 무지에는 간략히 2가지가 있다. 첫째는 염오무지로서, 아라한에게는 이미 없다. 둘째는 불염오무지로서, 아라한에게 여전히 있다. 이것 때문에 너희들은 스스로 알지 못한다."라고 타일렀다. [곧] 『대비바사론』에서 두 번째 악견의 드러냄이라 한 것이다.[92]

㉰ 그때 제자들이 다시 그에게 "이전에 성자는 이미 의혹을 넘어섰다고 들었는데, 어찌 저희들은 진리에 대해 여전히 의혹을 품습니까?"라고 여쭈었다. 그는 다시 "모든 아라한에게도 의혹이 있는데, 2가지가 있다. 첫째는 수면성(隨眠性)의 의혹으로서, 아라한이 이미 끊은 것이다. 둘째는 처(處)와 비처(非處)의 의혹으로서, 아라한은 아직 끊지 못했고 독각(獨覺)이 이것을 오히려 성취한다. 하물며 너희 성문(聲聞)이 모든 진리에 대해 의혹하며 스스로 업신여기는 것이 없겠느냐?"라고 타일렀다. [곧] 『대비바사론』

하는 계금취견(戒禁取見)'이라고 비판한다. 반면 빠라마르타는 '마왕의 천녀가 실제로 부정물로 아라한의 옷을 오염시킨다'고 설명한다(『검유집』권5, T70, 456b26).

92 이것에 대해 『대비바사론』권99에서는 '아라한은 자신의 해탈에 대해 무루의 지견에 의지해 이미 무지를 배제했는데도 여전히 무지가 있다고 말하는 것은 그 무루의 지견을 부정하는 사견(邪見)'이라고 비판한다. 반면 빠라마르타는 '아라한은 습기를 끊지 못했고 일체지를 구족하지 못했기에 곧바로 무지에 덮힌다'고 설명한다(『검유집』권5, T70, 456b27-28).

에서 세 번째 악견의 드러냄이라 한 것이다.[93]

㉠ 나중에 그 제자는 여러 경(經)에서 '아라한에게는 성스러운 혜안이 있어서 자신의 해탈에 대해 스스로 증지한다'고 설한 것을 들추어 읽고, 그리하여 스승에게 "저희들이 만약 아라한이라면 스스로 증지해야 할 것인데, 어찌 스승님이 증입(證入)하게 하는 것에 의지할 뿐 현전하는 지(智)로써 스스로 증지하는 것이 전혀 없습니까?"라고 여쭈었다. 그는 바로 "어떤 아라한은 다른 이에 의지해 증입할 뿐 스스로 알지 못한다. 예컨대 샤리뿌뜨라(Śāriputra, 舍利子)가 지혜제일이고 마하마웃갈야야나(Mahāmaudgalyāyana, 大目犍連)가 신통제일이지만, 붓다가 만약 기별하지 않았다면 그들은 스스로 알지 못했을 것이다. 하물며 너희 둔근(鈍根)들이 다른 사람에 의지해 증입하지 않고 스스로 알겠느냐? 그러므로 너희들은 이것에 대해 추문하지 말아야 한다."라고 대답했다. [곧]『대비바사론』에서 네 번째 악견의 드러냄이라 한 것이다.[94]

㉤ 그러나 그 마하데바가 비록 여러 악행을 저질렀더라도 모든 선근을 끊지 않았기 때문에, 그 뒤 한밤중에 '죄가 무거운데, 어디에서

---

93 『대비바사론』권99에서는 '아라한은 자신의 해탈에 대해 무루도에 의지해 이미 의혹을 끊었는데도 여전히 의혹이 있다고 말하는 것은 그 무루도를 부정하는 사견(邪見)'이라고 비판한다. 반면 빠라마르타는 예류자를 거론하여 '예류자는 3해탈문에 대해 자증하지 않는 일이 없어서 의심을 되풀이하는 일이 없지만 그밖의 일에 대해서는 여전히 의혹이 있다'고 설명한다(『검유집』권5, T70, 456b28-29).

94 이것에 대해 『대비바사론』권99에서는 '아라한은 장애가 없고 물러남이 없는 현량의 혜안과 신증과 자재함을 실제로 스스로 증득하기에 다른 사람에 의지해 해탈을 증득하는 것이 아닌데도 다른 사람에 의지해서만 해탈을 증득한다고 말하는 것은 성도를 부정하는 사견(邪見)'이라고 비판한다. 반면 빠라마르타는 둔근기의 예류과를 거론하여 '둔근기의 초과(初果)는 증득했는지 증득하지 않았는지를 스스로 아는 것이 일정하지 않아서 선지식에게 묻고서 자신에게 사상(事相)의 지식과 불괴정(不壞淨)이 있다는 것을 안다'고 설명한다(『검유집』권5, T70, 456b29-c5).

극심한 괴로움들을 받게 될 것인가?'라고 스스로 생각하다가 근심과 두려움에 핍박당하며 '괴롭구나'라고 자주 외쳤다. 가까이에서 머무는 제자가 그것을 듣고 기이하게 여겨 새벽에 뵙고 "기침하는 것이 편안하십니까, 편안하지 않으십니까?"라고 문안드렸다. 마하데바가 "나는 매우 편안하구나."라고 대답했다. 제자는 생각하다가 "그렇다면 어젯밤에는 왜 '괴롭구나'라고 외치셨습니까?"라고 여쭈었다. 그는 망설이다가 "나는 성도(聖道)를 외친 것이니, 너는 기이하게 여기지 말아야 한다. 말하자면 모든 성도는 만약 지극정성으로 '괴롭구나'라고 부르지 않는다면 목숨을 마칠 때에 현기(現起)하지 않기 때문에, 내가 어젯밤에 '괴롭구나'라고 자주 외친 것이다."라고 타일렀다. [곧]『대비바사론』에서 다섯 번째 악견의 드러냄이라 한 것이다.[95]

마하데바는 나중에 앞서 말한 5가지 악견의 사태를 모아서 송을 지어 "다른 이에게 유도되는 것과 무지한 것과 유예하는 것과 다른 이가 증입하게 하는 것과 도가 말소리에 의지해 발생한다는 것, 이것을 진정한 붓다의 말씀[96]이라 하네."라고 읊었다.[97]

---

95 이것에 대해『대비바사론』권99에서는 '성도는 반드시 수행에 의지해 증득되는데 괴롭다라는 말로 성도를 일으킨다고 원인을 계탁하는 것으로서, 원인이 아닌 것을 원인이라고 계탁하는 계금취견(戒禁取見)'이라고 비판한다. 반면 빠라마르타는 '샤리뿌뜨라 등이 송을 암송할 때 바로 성도를 얻는 것과 같다'고 설명한다(『검유집』권5, T70, 456c5-6).
96 빠라마르타는 마하데바가 지은 경에서 5사를 붓다가 말씀한 것이라 했다고 설명한다. 곧 마하데바 자신이 지은 경에서 "붓다는 '비구들이여, 마왕의 천녀가 무학의 사람을 무너뜨리기 위해 부정물로써 그 옷을 오염시켰느니라'고 말씀하셨다. … 붓다는 '비구들이여, 아라한에게는 여전히 무명에 덮힌 마음이 있어서 자신의 증득을 알지 못하느니라'고 말씀하셨다. … 붓다는 '비구들이여, 수다원의 사람은 4성제에 대해 여전히 의심이 있는 자이다'고 말씀하셨다. … 붓다는 '비구들이여, 성인도 다른 사람에 의지해 의심을 끊는다'고 말씀하셨다. … 붓다는 '비구들이여, 성도에도 말로 드러난 것이 있다'고 말씀하셨다"라고 한 것이다(『검유집』권5, T70, 455c1-456a6).
97 마하데바가 5사를 제창한 사건은 여러 문헌들에서도 확인되지만, 그가 경(經)을 지었고 당시에 결집이 봉행되었다는 내용은 빠라마르타와 길장만 설명한다. 곧 "마하데바는 뿌

(마) 5사로 인한 상가의 다툼

⑦ 나중에 점차 계원사의 상좌 비구가 대부분 입적했기 때문에 15일 밤 뽀샤다(poṣadha, 布薩)⁹⁸ 때에 차례가 된 마하데바가 자리에 올라 계(戒)를 설했는데, 그는 곧바로 [이전에] 지었던 가타를 스스로 읊었다.

그때 대중 가운데 유학·무학·다문·지계·수정려자는 그가 말한 것을 듣고서 놀라 책망하지 않은 이가 없었다. "한심하도다! 어리석은 사람이여, 어찌 이런 말을 제시한단 말인가? 이것은 3장에서 일찍이 들어본 적이 없다."[고 그들이 말했다.] 모두 그에 대해 그 송에 반대로 "다른 이에게 유도되는 것과 무지한 것과 유예하는 것과 다른 이가 증입하게 하는 것과 도가 말소리에 의지해 발생한다는 그대의 말은 붓다의 말씀이 아니네."라고 했다.

이에 밤이 끝나도록 다투고 뒤섞여 어지럽다가 아침녘에 이르러서는 붕당이 더욱 강해졌다. 성 안의 일반 백성에서 대신에 이르기까지 순서대로 와서 화해시키려했지만 모두 그치게 할 수 없었다. 그때 무우왕이 그것을 듣고 자신이 출행하여 상가라마에 도착했는데, 이에 양 붕당은 각각 자신이 암송한 것을 주장했다.

샤다 때에 이미 이런 송을 읊고, 다시 제자들에게 '붓다가 옛날 재세할 때 모든 천(天)과 4부중의 제자가 말한 것을 붓다는 모두 인가하고, 아난다에게 수지하게 하여 모두 경(經)이라 일컬었다. 붓다가 입멸하고서 만약 총명한 사람이 있어서 설법한다면 또한 경을 지을 수 있다. 너희들이 만약 경을 짓는다면 의도에 따라 그것을 짓도록 하라'고 말했다."는 설명이 그것이다. 『삼론현의』, T45, 8b19-22; 『검유집』권5, T70, 456a26-b1. 참조.

98 『구사론기』권16(T41, 261b19-20)에서는 "뽀샤다를 한자로는 장양(長養)으로 번역하는데, 계(戒)를 듣고 말해서 선근을 장양한다는 말이다. 구역에서 포살(布薩)이라 한 것은 잘못되었다."고 설명한다. 또 『남해기귀내법전』권2(T54, 217c12-13)에서도 "뽀샤(poṣa)는 장양의 의미이고 다(dha)는 청정의 의미이다. 의미 상 청정을 장양하고 계를 파괴하는 잘못을 제거하는 것이다. 옛날에 포살(布薩)이라 한 것은 잘못되었다."고 설명한다.

이때 왕은 듣고서 그도 스스로 의심이 생겨 생각하다가 마하데바에게 "누가 그른 것이고 누가 옳은 것입니까? 우리들은 이제 어느 붕당에 의지해야 하는 것입니까?"라고 여쭈었다. 마하데바가 왕에게 "계경(戒經)⁹⁹에서 다툼을 없애고자 한다면 많은 사람의 말에 의지하라고 설했습니다."라고 아뢰었다. 왕이 드디어 승려의 양 붕당을 별도로 머물게 했더니, 현성(賢聖: 上座)의 붕당에는 노인이 많았지만 [전체적으로] 승려의 수가 적었고 마하데바의 붕당에는 노인이 적었지만 대중의 수가 많았다. 왕은 결국 많은 [수]를 좇아 마하데바의 대중에 의거해 다른 대중을 꾸짖어 굴복시키고, 사태가 단락되자 궁으로 돌아왔다.

그때 계원사의 다툼은 여전히 그치지 않다가 나중에 다른 견해에 따라 결국 두 부파로 분열되었다. 하나는 상좌부이고 둘은 대중부이다. 그때 현성들은 대중의 어그러짐을 알고, 곧바로 계원사를 버리고 다른 곳으로 가고자 했다. 신하들이 듣고서 재빨리 왕에게 아뢰자, 왕은 듣고서 성을 내며 곧바로 신하에게 조칙을 내려 "마땅히 모두 갠지스강가에 끌고 가서 파손된 배에 태워 강 중간에 빠지게 하라. 곧 그들이 성인인지 범부인지 시험하겠다."라고 했다.¹⁰⁰ 신하는 왕의 말을 받들어 곧바로 시험했다. 이때 현성

---

99 『사분율』권47(T22, 915a28-b2)에 "그때 붓다가 비구들에게 '죄를 찾을 때는 법을 아는 많은 사람의 말을 이용해야 한다. 지금부터 비구들을 위해 많은 사람의 말을 이용해 다툼을 없애는 법을 제정하니, 말씀하셨다."여러 가지 허물을 찾아낼 때에는 법을 아는 여러 사람의 말을 들으라. 지금부터 비구들에게 여러 사람의 말을 듣는 법을 제정해 주노니, 이와 같이 말하여 많은 사람의 말을 이용해야 한다'고 설했다."는 내용이 있다.
100 빠라마르타는 당시 왕이 아니라 왕비에게 현성들의 조짐을 아뢰자 왕비가 그러한 조칙을 내렸다고 설명한다. 또 왕비는 나중에 자신의 잘못을 후회하다가 불법(佛法)을 받아 수다원과를 증득했다고 설명한다(『검유집』권5, T70, 456b7-13).

들은 각각 신통을 일으켜 기러기처럼 허공을 올라 건넜다. 또 신통력으로써 계원사를 함께 버렸지만 아직 신통을 얻지 못한 배안의 사람을 거두었다. 신변들을 나타내어 여러 가지 형태를 지으면서 순서대로 허공을 타고 서북쪽으로 가버렸다.

왕은 [신하가] 본 것을 듣고서 깊이 후회하고 혼절해 땅에 쓰러졌다가 물을 뿌리자 바로 소생하여 재빨리 사람을 보내 그들이 간 곳을 찾게 했다. 사인(使人)이 돌아오자 까쉬미라(Kaśmīra)에 있다는 것을 알고는 그 뒤 돌아오기를 완곡하게 청했지만 승려들은 모두 명(命)을 사양했다. 왕은 마침내 모두 희사해 까쉬미라국에 상가라마를 지어 현성의 무리가 편안히 머물게 했고, 앞서 신변으로 지었던 여러 가지 형태를 따라 상가라마의 호칭으로 표명했는데 곧 합원사(鴿園寺, Kapotikasaṃghārāma)[101]이다. 그 수가 500명이었다. [왕은] 나중에 사인을 보내면서 진귀한 보배를 많이 보내주고 생활물품을 마련해 그들을 공양했다. 이로부터 이 나라에는 현성들의 대중이 많이 있으면서 불법을 보존했고, 대대로 서로 전하여 [여러 논 등을] 저술하는 것은 지금까지 왕성하다. 빠딸리뿌뜨라성의 왕은 이미 그 대중을 잃어버렸지만 계속해서 계원사에 머무는 승려를 공양하며 받들었다.

(바) 죽음

⑦ 나중에 마하데바가 성읍을 유행할 때 어떤 관상쟁이가 우연히

---

101 빠라마르타는 그 상가라마를 '부구사(浮鳩寺)'로 언급한다(『검유집』권5, T70, 456b10)

그를 보고 슬며시 그에 대해 속삭이는 말로 "이제 이 석자(釋子)는 7일 이후에 반드시 죽을 것이다."라고 했다. 제자가 그것을 듣고 근심하고 두려워 [마하데바에게] 알리자, 그는 곧바로 "나는 이미 오래 전에 알고 있었다."라고 대답했다. 계원사에 돌아와서 제자들을 분산시켜 보내어 빠딸리뿌뜨라성의 왕과 신하들과 장자와 거사에게 '7일 후에 내가 열반할 것이다'는 것을 두루 고지시켰다. 왕 등은 그것을 듣고 슬퍼하지 않은 이가 없었다. 7일째에 이르러 그가 마침내 목숨을 마치자 왕과 신하들과 성안의 백성들은 슬퍼하고 사모하여 각각 향나무 및 소유(蘇油)와 꽃과 향 등의 물건을 준비해 한 곳에 쌓아놓고 그를 화장하려 했다. 불을 가져와 태우려는데, [불을] 붙이는 것마다 꺼져버렸다. 여러 가지 방법으로도 끝내 태울 수가 없었다. 어떤 관상쟁이가 대중들에게 "그는 이러한 월등한 장례용품으로는 사를 수 없습니다. 마땅히 개똥을 그에게 뿌려야 합니다."라고 말했다. 곧바로 그의 말대로 하자 불이 이윽고 불꽃을 일으키며 잠깐 동안에 다 불타고, 잠시 재와 깜부기불이 되었다가 폭풍이 갑자기 불어와 남은 것 없이 나부껴 흩어졌다.

다) 총결

[7] 이것이 바로 마하데바가 다투게 된 배경이다. 지혜 있는 사람들은 그것을 벗어날 줄 알아야 한다. [이 내용은] 『대비바사론』 권99의 설명과 같다.[102] 지금의 이 5사를 [까쉬미라의] 성중(聖衆)

---

102 『대비바사론』 권99(T27, 510c24-512a19).

은 인정하지 않았기 때문에 분열하여 각각 이 사태를 논의하다가 결국 두 부파로 분열된 것이다.[103] 두 부파는 무엇인가?

나. 분열된 두 부파, 4중, 5사의 개별적 설명
가) 두 부파

🔲 첫째 대중부(mahāsaṃghika), 둘째 상좌부(sthaviravāda)이다.[104]

🗂 이하부터는 분열된 두 부파 등을 개별적으로 드러낸다. 그것에 3부분이 있다. 첫째 두 부파를 나열하고, 둘째 4중을 진술하며, 셋째 5사를 거론한다.

이것은 첫 번째이다. 붓다가 옛날에 입멸하고 칠엽의 바위에서 두 부류가 결집했다.[105] 굴 안에서는 바로 마하깟사빠(Mahākassapa)─한자로는 음광(飲光)이라 함─가 있었는데 이때 상좌가 되었고, 뿐나만따니뿟따(Puṇṇamantāniputta)─한자로는 만자자(滿慈子)라 함─

---

103 빠라마르타의 설명은 규기와 차이가 있다. 곧 마하데바가 늙어서 죽은 뒤에 아쇼까왕이 그 아라한들을 찾아가서 극진히 공양했고, 그 아라한들이 돌아와서 본래의 경교(經教)를 다시 모아 3장을 암송했으며, 이때에 주장이 서로 달라서 대중부와 상좌부로 분열되었다고 설명한다. 또 이때에 송출한 3장은 첫 번째의 칠엽굴에서 송출한 것과 두 번째의 와이샬리에서 송출한 것에 이은 세 번째 송출이라고 설명한다. 곧 제3결집이다 (『검유집』권5, T70, 456b14-23).

104 최초 분열한 부파의 개수는 문헌에 따라 설명이 다르다. 첫째는 상좌부와 대중부 2부파가 분열된 것으로 설명하는 『문수사리문경』, 『사리불문경』, DV, MV, KVa, SBhu의 4종 번역본, NBhvy(t)의 제1전승과 제3전승, Tār의 제1전승이다. 둘째는 상좌부·대중부·분별설부 3부파가 분열된 것으로 설명하는 NBhvy(t)의 제2전승, Tār의 제2전승이다. 셋째는 4부파가 분열된 것으로 설명하는 것으로서, 2가지가 있다. 하나는 대중부·설일체유부·상좌부·정량부 4부파의 분열로 설명하는 NBhsg(t), 『남해기귀내법전』, Śrv(t), Bhv(t)이고, 둘은 대중부·설일체유부·독자부·설산부 4부파로 설명하는 Tār의 제3전승이다. 넷째는 설일체유부·화지부·음광부·대중부·법장부 5부파로 분열된 것으로 설명하는 『출삼장기집』이다.

105 제1결집 당시 결집한 내용은 전승된 문헌에 따라 2장 또는 3장 또는 4장 또는 5장이고, 또 송출한 자에 대해서도 차이가 있다.

가 아비달마를 결집해냈고, 우빨리(Upāli) — 한자로는 근집(近執)이
라 함 — 가 비나야를 결집해냈으며, 아난다(Ānanda) — 한자로는 경
희(慶喜)라 함 — 가 수뜨라를 결집해냈다. 굴 바깥에도 수만의 무
학이 있었다. 굴 안은 이미 마하깟사빠를 상좌로 하는 부류가 되
었지만, 굴 바깥은 별도의 수장이 없어서[106] 다만 총괄해서 대중
이라 했다. 그 모두를 아자따삿뚜왕이 대시주가 되어 여러 가지
로 공양했다. 굴 안과 굴 바깥의 사람들이 많아서 화합하기 어려
울 것이라고 염려했기 때문에 두 곳에서 널리 베풀었다. 이때 비

구분	수뜨라장	비나야장	아비달마장 (마뜨리까장)	잡장	보살장
『불반니원경』 『반니원경』	아난다	아난다	×	×	×
『마하승기율』 『오분율』	아난다	우빨리	×	×	×
『근본유부비나야잡사』 『아육왕경』 『아육왕전』 『삼장법사전』	아난다	우빨리	마하깟사빠	×	×
『비니모경』	아난다	아난다	아난다	×	×
『사분율』 『선견율비바사』 『십송율』	아난다	우빨리	아난다	×	×
『가섭결경』	아난다	아난다(?)	아난다(?)	×	×
DV, MV 『부집이론소』 『이부종륜론술기』	아난다	우빨리	뿐나	×	×
『대당서역기』 『부법장인연전』	아난다	우빨리	마하깟사빠	×	아난다·문수 등 대보살
『대지도론』	아난다	우빨리	아난다	×	미륵·문수· 아난다
『찬집삼장급잡장전』	아난다	미 상	마하까탸야나(?)	미 상	×
『분별공덕론』	아난다	아난다	아난다	아난다	미 상

106 길장과 혜소는 그 굴 바깥의 결집이 왓빠(Vappa)의 주도에 따라 행해졌다고 설명한다(『삼
론현의』, T45, 8b8-11; 『성유식론요의등』권1, T43, 659a23-24). 그것에 참여한 자들은 마
하깟사빠가 주도한 결집에 참여하지 못한 유학위와 무학위의 수백수천의 사람들로서,
굴 안에서 결집한 3장과 별도로 수뜨라장·비나야장·아비달마장·잡집장·금주장의 5
장을 결집했다.

록 두 곳에서 결집했더라도 사람에게는 다른 다툼이 없었고 법에는 다른 설명이 없었다. 굴 안에는 노인이 매우 많았고 굴 바깥에는 젊은이가 매우 많았다.

　　마하데바가 다툴 때에 이르러, 옛날 굴 바깥의 젊은 승려의 문인과 후예가 함께 해 대중부(大衆部)라 하는 하나의 붕당이 되었다. 옛날의 [최초 결집 때 굴 바깥의 무리를 대중이라 했던 일]을 취해 명칭으로 삼은 것이다.[107] [또] 옛날 굴 안의 늙은 승려들은 함께 상좌부(上座部)라 하는 하나의 무리가 되었다. [최초] 결집하던 때 마하깟사빠[가 상좌가 된 일]을 취한 것이 이것이다.[108] 이 2가지가 바로 근본논쟁 발생의 앞선 수장이다. 『대당서역기(大唐西域記)』 및 『결집삼장전(結集三藏傳)』·『부법장인연전(付法藏因緣傳)』·『대지도론(大智度論)』의 설명에 따르면 각각 같지 않은데, [자세한 내용은] 『장장(藏章)』[109]의 설명과 같다.

---

107 『문수사리문경』권하(T14, 501b1)에서는 "마하승기는 한자로 대중(大衆)이라 한다. 노소(老少)가 같이 모여서 함께 율부(律部)를 결집했다"라고 하고, 『사리불문경』(T24, 900b26-27)에서는 "옛것을 배우는 이들이 많으므로 그것을 명칭으로 삼아 마하승기라 했다"라고 하며, 바브야는 "상가이기도 하고 대군중이기도 하기 때문에 대상가(大僧伽)인데, 그들을 가까이서 가르치는 자가 바로 대중부이다"라고 하고(NBhvy(t), P. U.177b3), 빠라마르타는 "이들은 최초 결집할 때 왓빠가 훈육한 칠엽굴 바깥의 대중으로서, 마침내 이 무리들이 스스로 부파의 본래 명칭을 유지하기 위해 대중부라 일컬었다"라고 하며(『검유집』권5, T70, 456c10-12), 길장은 "대중부는 칠엽굴 바깥의 대중으로서, 그 수가 만 명이었다. 왓빠 아라한이 상수가 되어 칠엽굴 바깥의 대중을 훈육했다"라고 설명한다(『삼론현의』, T45, 8b8-11).

108 『문수사리문경』권하(T14, 501b2)에서는 "[스타비라(sthavira)]는 한자로 노숙(老宿)이라 한다. 순박한 노인네들이 함께 모여 공동으로 율부를 만들었다"라고 하고, 『사리불문경』(T24, 900b27-28)에서는 "새로운 것을 배우는 이들이 상좌였는데, 상좌를 명칭으로 삼아 타비라라 했다"라고 하며, 바브야는 "'상좌는 성종(聖種)이다'고 말하는 자가 바로 상좌부이다"라고 하고(NBhvy(t), P. U. 177b8), 빠라마르타는 "[최초] 결집할 때 마하깟사빠가 훈육한 굴 안의 아라한들이 서로 전하고 익혔으며 마하깟사빠의 제자도 함께했기 때문에 상좌제자부라 했다"라고 설명한다(『검유집』권5, T70, 456c13-15).

109 『의림장』권2(T45, 268a13-271a7). 그것에서는 『대당서역기』·『결집삼장전』·『부법장인연

나) 4중

🔲 4중이란 무엇인가?

🔲 이하는 두 번째로 4중을 진술한 것이다. 이것은 물음을 제기한 것이다.

🔲 첫째 용상중, 둘째 변비중, 셋째 다문중, 넷째 대덕중이다.[110]

🔲 ㉮ 용상중이란 마하데바의 유파에 비유한 것이다.[111] 용이 바

전』·『대지도론』·『부집이론소』·『사분율』 등에서 설명한 것을 종합하여, 결집할 당시의 ①재위 왕, ②장소, ③인원, ④3장 송출자 등에 대해 비교 설명하고 있다.

110 SBhu의 4종 번역본을 비교해볼 때,『이부종륜론』과『부집이론』은 4중을 들고『십팔부론』과 SBhu(t)에서는 대덕중을 제외한 3중만 든다. 이들 번역본에서는 그 3중 또는 4중이 5사에 대해 서로 다투었다고 설명하지만, NBhvy(t)와 Tār에서는 5사를 찬탄한 사람만 거론한다. 곧 NBhvy(t)의 제3전승에서는 '장로 나가(Nāga, 龍)라는 이와 스티따마띠(Sthitamati, 堅意)라 하는 다문들에 말미암아 5사가 찬탄되었다'고 하며, Tār(寺本婉雅 譯, 1977: 87)에서는 '난다왕의 치세에 비구 나가라 하는 다문이 5사를 자주 찬탄하여 상가의 다툼을 발생시켜서 4부파로 분열되었다'고 하고, 또 다른 곳(寺本婉雅 譯, 1977: 93)에서는 '난다왕의 아들 마하빠드마가 일체의 상가에 공양할 때, 장로 나가를 따르던 비구 스티따마띠가 근본5사를 널리 전하고 다툼을 크게 확장시켜 4부파가 순서대로 18부파로 분열되는 근원을 개시했다'고 한다. 그리고 그 4중의 정체에 대한 여러 견해들이 있지만 원문이 일치하지 않고 전승도 서로 달라서 어느 것도 확정적이지 않다. 따라서 츠카모토 케이쇼(1980: 279)는 그 그룹의 지역적 특성이나 실천적 특징이나 그룹의 수장이나 그 지지자의 성격 등에 의거해 그와 같이 명칭된 것으로 추정한다.

111 4중에 대해 규기는 다음과 같은 3가지 해석을 제시한다.

해석㉮ : 마하데바와 반(反)마하데바의 구도

- 용상중 —— 마하데바의 유파(다툼의 수장) ———┐
- 변비중 —— 마하데바의 문인 ——————————┴── 악중(惡衆)
- 다문중 —— 성중을 도와주는 자 ————————┐
- 대덕중 —— 4사문과 등의 성자 ——————————┴── 선중(善衆)

해석㉯ : 3장 수지자와 마하데바의 구도

- 용상중 —— 계를 수지하는 범부나 성자 ——————우빨리의 학도
- 변비중 —— 범부와 계를 파괴한 자 ————————마하데바의 무리
- 다문중 —— 경을 수지하는 범부나 성자 ——————아난다의 학도
- 대덕중 —— 칭송할만한 범부나 성자 ————————뿐나만따니뿟따의 학도

로 코끼리이고, 코끼리 역시 용이라 한다. 이것에 2가지 의미가 있다. 하나는 위세가 대적하기 어렵다는 것이고, 둘은 우리에 가두어 길들이기 어렵다는 것이다. [그들이] 국왕과 대신의 힘을 믿고 성중을 업신여기고 다른 사람들이 이것에 말미암아 다투기 때문에 위세가 대적하기 어렵다. [또] 성품이 무지막지하여 악덕(惡德)이 두터워지고 성중이 제지해도 그치지 않기 때문에 우리에 가두어 길들이기 어렵다고 한다. 곧 마하데바의 유파로서, 다툼의 수장이다.

변비중이란 마하데바의 문도 등이다. 마음이 이치 밖에서 작용하기에 그것에 의거해 변(邊)이며, 칭송할만한 공덕이 없어서 그들을 비(鄙)라 한다. 이들은 이미 다툼의 수장이 아니고 또 대적하기 어려운 위세가 없기 때문에 명칭을 나열할 때 변비[중]이라고만 한다. [곧] 마하데바를 따르고 도와주는 무리로서, 마하데바의 문인 등이다.

다문중이란 범부 가운데 배우는 자이다. 성인을 따르고 정묘한 것을 훌륭하게 통달하며, 3장을 널리 보위하고 선(善)을 기리는 붕당을 다문[중]이라 일컫는다. 곧 계를 수지하고 널리 배우는 범

해석㉱
- 용상중 —— 다툼의 수장이 되고 파계승의 의지처가 되는 대중
- 변비중 —— 마음이 이치 밖에서 작용하는 대중
- 다문중 —— 계를 구족하고 들은 것에 의지해 실천하는 범부
- 대덕중 —— 지(智)를 구족하고 이치에 수순해 증득하는 성자

한편, 당(唐)대의 정빈(定賓)은 용상중을 율사중(律師衆)으로, 변비중을 대천중(大天衆)으로, 다문중을 경사중(經師衆)으로, 대덕중을 논사중(論師衆)으로 분류했는데(『사분율소식종의기』권3, X42, 39a13-14), 그것은 규기의 두 번째 해석에 해당한다.

부로서, 성중을 도와주는 자이다.

대덕중이란 곧 성중이다. 이치에 계합하고 신이에 통달하며, 계가 청정하고 배움이 넓고 도가 높아서 위가 없는 이를 대덕[중]이라 한다. 4[사문]과 등의 성인이다.

이러한 4중에서 2가지는 악중(惡衆)이고 2가지는 선중(善衆)이다. 악중 가운데 수장이 있고 무리가 있다. 마하데바 등이 수장이고 문인 등이 무리이다. 처음의 2중이 이것이다. 선중 안에도 수장과 무리가 있다. 성자가 수장이고 [그들을] 따르는 범부가 무리이다. 나중의 2중이 이것이다.

㉰ 또 어떤 이는 다음과 같이 풀이한다. 범부든지 성인이든지 청정하고 고결한 계를 수지하고 율부(律部)를 잘 보위하여 용과 코끼리처럼 대중 가운데서 두려움이 없는 자, 곧 율을 수지하는 자를 용상중이라 한다. 존자 우빨리의 학도가 [그들이다].

계를 비방하고 어긋나게 행동하는 것을 변(邊)이라 지칭하며, 근성이 둔하고 무지한 것을 비(鄙)라 한다. 곧 실제로 3장의 성스러운 말씀을 보위하지 않는다. 오직 범부와 파계자들만 변비중이라 한다. 마하데바의 부류가 [그들이다].

범부든지 성인이든지 여러 경을 널리 암송하고 붓다가 말씀한 경들을 잘 수지하는 스승 등을 다문중이라 한다. 존자 아난다의 학도가 [그들이다].

범부든지 성인이든지 깊은 이치를 훌륭하게 이해했고 그윽한 종지를 깊이 깨달았으며, 칭송할만한 도(道)가 있는 자를 대덕중이라 한다. 곧 아비달마 대논사들로서, 존자 뿐나만따니뿟따의 학도이다.

㉣ 또 어떤 이는 다음과 같이 풀이한다. 상가에 애락(愛樂)이 있어서 다툼의 수장이 되는 자와 파계승의 의지처가 되는 자와 악인을 도와주는 동반자는 두려워할만한 용과 코끼리와 같아서 용상중이다.

[정법을] 귀로 듣지 못하고 입으로 말하지 못하며, 마음이 이치 밖에서 작용하는 자를 변비중이라 한다.

계를 구족하고 들은 것에 의지해 실천하는 범부를 다문중이라 한다.

지(智)를 구족하고 이치에 수순해 증득하는 성자를 대덕중이라 한다.

지금 이러한 4중은 다투고 서로 화합하지 않아서, [결국] 4중을 파괴시켰다.

다) 5사

논 그 5사는 [마하데바]가 송으로 읊은 것과 같다.

다른 이에게 유도되는 것과 무지한 것과

유예하는 것과 다른 이가 증입하게 하는 것과

도가 말소리에 의지해 발생하는 것,

이것을 진정한 붓다의 말씀이라 하네.

기 이것은 세 번째로 5사를 바르게 밝힌 것이다. 마하데바의 송과 같은데, 이것은 앞에서 풀이했다. 첫째 다른 이에게 유도되는 것, 둘째 무지한 것, 셋째 유예하는 것, 넷째 다른 이가 증입하게 하는 것, 다섯째 도가 말소리에 의지해 발생하는 것, 이것이 5사이다.

지금까지 첫 번째로 근본 논쟁이 부파 발생의 배경임을 밝혔다.

② 지말분열

가. 대중부의 분열

가) 분열 연대 및 부파의 개수

(가) 제1차 분열

㉮ 분열 연대 및 소속 부파의 발생

🔲 그 뒤 [불멸후][112] 200년에 대중부에서 3부파가 유출되었다.

㉠ 이하부터는 두 번째로 나중에 부파들이 별도로 발생했다는 것을 바르게 진술한다. 그것에 2부분이 있다. 먼저 대중부로부터 분열된 부파를 밝히고, 나중에 상좌부로부터 분열된 부파를 밝힌다.

첫 번째 것에 2부분이 있다. 먼저 연대와 부파 발생의 횟수를 나눠서 거론하고, 나중에 부파들의 명칭을 총결하여 나열한다.

첫 번째 것에 4부분이 있다. 4번의 시기에 분열된 부파이기 때문이다. 앞의 3번의 시기에 분열된 부파에 대한 글에는 각각 2부분이 있다. 첫째 부파가 분열된 연대와 소속 부파의 발생을 총괄

---

112 원문의 '차(此)'는 앞서 언급했던 '붓다 바가반이 반열반한 뒤'를 가리키는 대명사이다. 이하의 대중부와 상좌부의 지말분열에서도 마찬가지이다. 그런데 대중부의 4번에 걸친 분열 시기는 번역본에 따라 내용이 다르다.

구분	제1차 분열	제2차 분열	제3차 분열	제4차 분열
『이부종륜론』	200년 이전	200년 이전	200년 이전	200년
『십팔부론』	100여 년	언급 없음	100여 년대	200년대
『부집이론』	200년대	200년대	200년대	200년 말
SBhu(t)	100년	100년	100년	200년

대체적으로 『이부종륜론』과 『부집이론』의 설명이 비슷하고 『십팔부론』과 SBhu(t)의 설명이 비슷하긴 하지만, 그 두 부류에 100년의 차이가 있다.

해서 거론하고, 둘째 분열된 부파의 명칭을 바르게 드러낸다.

지금 여기서 '그 뒤 [불멸후] 200년에'라 한 것은 부파가 분열된 연대를 드러낸다. 대중부와 상좌부가 분열된 뒤, 곧 [불멸] 100년 이후 [불멸] 200년 이내에 또다시 부파가 발생한 것이다. '대중부에서 3부파가 유출되었다'란 소속 부파가 발생한 곳, 곧 대중부에서 발생했다는 것이다. 앞서 설명한 것처럼 대중부에는 범부가 많고 성자는 적었다. 따라서 [불멸후] 200년 안에 여전히 다툼이 있어서 [상좌부보다] 먼저 부파들이 발생했다.

이상이 부파가 분열된 연대와 소속 부파가 발생한 곳을 거론한 것이다.

㉰ 분열된 부파의 명칭

논 첫째 일설부(ekavyavahārika),[113] 둘째 설출세부(lokottaravādin),[114] 셋째 계윤부(gokulika)[115]이다.

기 이하부터는 두 번째로 분열된 부파의 명칭을 바르게 드러낸다. 그 대중부에는 본래 특별한 논쟁이 없었지만 이 무렵에는 건립한 주장이 같지 않았다. 첫째는 일설부이다. 이 부파는 '세간법과 출세간법은 모두 실체가 없고 가명만 있으며, 명(名)이 바로 말씀[說]이다'고 주장했다. [그] 의도는 '모든 법은 오직 하나의 가명일 뿐 얻을 만한 본질이 없다'는 것으로서, 곧 [대중부의] 본래

---

113 3종 해설서 가운데 NBhvy(t)의 제2전승과 NBhsg(t)에서는 일설부를 언급하지 않는다.
114 3종 해설서 가운데 NBhvy(t)의 제2·3전승에서는 설출세부를 언급하지 않는다.
115 3종 해설서 가운데 NBhvy(t)의 제1전승과 NBhsg(t)에서는 계윤부를 언급하지 않는다.

종지에 어긋난다.[116] 따라서 별도로 분열하여 일설부라 했다. 건립한 주장을 명칭으로 삼은 것이다. 빠라마르타 법사가 [번역한] 『부집이론』[117]에서의 명칭은 이것과 같다. 『문수사리문경』[118]에서는 집일어언부(執一語言部)라 했다. 명칭이 비록 비슷하지만 주해(注解)에서는 "주장한 것이 마하상가(mahāsaṅgha)와 같기 때문에 '일(一)'이라 한다."라고 했다.[119] 이 풀이는 옳지 않다.

둘째는 설출세부이다. 이 부파는 '세간의 번뇌는 전도에 의지해 발생하고 이것이 또 업을 발생시키며, 업으로부터 결과를 발생시킨다. 세간의 법이 이미 전도하여 발생했고 전도한 것은 실유가 아니기 때문에 세간의 법은 가명만 있고 실체가 전혀 없다. 출세간의 법은 전도에 [의지해] 발생한 것이 아니고 도(道)와 도과(道果)가 모두 실유이다. 오직 이것만 실유이고 세간은 모두 가유이다'고 설명했다. 건립한 주장을 명칭으로 삼은 것이다. 이미 [대중부의] 본래 종지에 어긋나기 때문에[120] 별도로 분열하여 설출세부라 했다. 『문수사리문경』에서 '칭찬할만한 것'이라고 주해

---

116 대중부는 법에 실체가 있다고 주장한다.

117 『부집이론』(T49, 20a27-28).

118 『문수사리문경』 권하(T14, 501b3-4).

119 『문수사리문경』 권하(T14, 501b4)에서는 "주장한 것이 마하상가(mahāsaṅgha)와 같기 때문에 '일(一)'이라 한다"라고 하고, 바브야는 "어떤 이는 '불세존은 일체법을 일심(一心)으로 잘 알고 한 찰나를 갖는 지(智)에 의지해 일체법을 두루 안다'고 설명한다. 그러므로 일설부라 한다"라고 하며(NBhvy(t), P. U.177b3-5), 빠라마르타는 "이 부파는 세간법과 출세간법이 모두 가명이라고 주장하기 때문에 일체법에는 실체가 없다고 말한다. 똑같이 하나의 명(名)이고 명이 바로 말씀[說]이기 때문에 일설부라 한다"라고 하고(『검유집』 권5, T70, 459b29-c2), 길장은 "이 부파는 생사와 열반이 모두 가명이라고 주장하기 때문에 일설부라 한다"라고 설명한다(『삼론현의』, T45, 8c26-27).

120 대중부는 세간법과 출세간법이 모두 실유라고 주장한다.

했지만,[121] 이것도 여전히 옳지 않다. 빠라마르타 법사가 출세설부 (出世說部)라 한 것[122]은 산스끄리뜨에 따른 것인데, 이 [신역]에서 는 ['출세'와 '설'을] 뒤집는다.

셋째는 고꿀리까(gokulika)[123]이다. 이것은 브라만의 성(姓)으로 서, 한자로는 계윤(雞胤)이라 한다. 오랜 옛날에 어떤 선인이 탐욕 에 핍박되어 마침내 하나의 닭에 염착하고 그 뒤에 태어난 종족 이기 때문에 계윤(: 닭의 후손)이라 했다. [계윤은] 브라만 가운데 선인의 종성이다. 『문수사리문경』의 주해에서는 율주(律主)의 성 이라 했는데,[124] 명칭을 풀이하는 것이 [여기서와] 같다. 빠라마르

---

121 『문수사리문경』권하(T14, 501b4-5)에서는 그 명칭을 '출세간어언부(出世間語言部)'라 하 고 '[출세간(出世間)은] 칭찬하는 말이다"라고 주해하며, 바브야는 "'일체 세간의 세속 적인 것으로부터 불세존은 초월했기 때문에 여래는 세간법을 갖지 않는다'고 말하는 자가 바로 설출세부이다"라고 하고(NBhvy(t), P. U.177b5-6), 빠라마르타는 "이 부파는 앞의 일설부가 주장한 것과 차이가 있다. 일설부는 '일체법은 모두 가명이다'고 설명한 다. 이 부파는 '세간법은 전도에 의지해 번뇌를 발생시키고 번뇌는 업을 발생시키며 업 은 결과를 발생시킨다. 이미 전도에 의지해 발생한 것은 모두 허망한 것이고, 허망하기 때문에 실유가 아니고 모두 가명이다. 출세간법은 전도에 의지해 발생하지 않고 출세 간법에는 도(道)와 도과(道果)가 있다. 2공이 도과이고 2공을 통달하는 지혜가 도이다. 2공의 이치가 이미 진실한 것이고 2공의 지혜도 진실한 것이다. 진실한 대상은 진실한 지혜를 순수하게 발생시키고 진실한 지혜는 진실한 대상을 통달하기 때문에 도(道) 역 시 진실한 있음이다'고 설명한다. 주장한 것이 이미 다르기 때문에 다른 부파로 성립되 었다"라고 하며(『검유집』권5, T70, 459c5-13), 길장은 "이 부파는 '세간법은 전도에 의지 해 업을 발생시키고 업은 결과를 발생시키기 때문에 실유가 아니지만, 출세간법은 전도 에 의지해 발생하지 않기 때문에 진실하다'고 말한다"라고 설명한다(『삼론현의』, T45, 8c27-29).

122 『부집이론』(T49, 20a28). 이 부파의 산스끄리뜨 명칭은 'lokottaravādin'으로서, 곧 'lokauttara' [世出] + 'vādin'[說部]이다.

123 이외에 'kurkutika'·'kurukulakā'·'kukkulika'·'kaukkuṭika'·'gaukulika'라고도 한다.

124 『문수사리문경』권하(T14, 501b6-7)에서는 "[고구리가(高拘梨柯, gokulika)]는 율주의 성이 다"라고 하고, '회산주부'로 번역한 빠라마르타는 "이 부파는 장소에 따라 명칭을 지었 다. 이 산의 돌은 모두 태워버려도 견딘다. 이 부파는 회산(灰山)에 머문다"라고 하며(『 검유집』권5, T70, 459c14-15), 길장은 "이 [부파는] 머무는 장소를 명칭으로 삼는다<이 산에는 돌이 있는데, 모두 태워버려도 견딘다. 이 부파의 개조가 그 산에서 도를 수습했기 때문에 명칭으로 삼았다>"라고 설명한다(『삼론현의』, T45, 9a1-2).

타 법사는 회산주부(灰山住部)라 했는데,[125] 이 말은 옳지 않다. 본
래 발음과 의미 모두에 이런 설명이 없다.[126] 이것은 율주의 성에
의거해 부파의 명칭을 건립한 것이다.

이 부파는 오직 대법(對法: 아비달마)만 널리 폈고 경과 율은 널
리 펴지 않았다. 이 [경과 율]은 불세존의 방편교(方便敎)이기 때문
이다. 예컨대 송에서 "형편에 따라 몸을 싸고 형편에 따라 장소에
머물며 형편에 따라 식사하여 번뇌를 신속히 끊네."라고 하는 것
과 같다.[127] 세 벌의 옷[128]으로 몸을 싸는 일이 있어도 붓다는 허락
했고 세 벌의 옷으로 몸을 싸는 일이 없어도 붓다는 그것을 허락
했다. 상가라마 안에 머물러도 붓다는 허락했고 경계 바깥이더라
고 또한 허락했다. 때에 맞는 식사도 붓다는 허락했고 때에 맞지
않는 식사[129]와 오전의 식사도 붓다는 허락했다. 그러므로 옷과 장
소와 식사를 모두 형편에 따른다고 말한 것이다. 오직 '번뇌를 신
속히 끊는다'는 것을 말할 뿐이기 때문에 아비달마만 바른 말씀이
고 율은 방편이다. 또 송에서 "출가하여 설법하면 총민해지지만
반드시 교만해지네. 반드시 설법한다는 마음을 버리고 올바른 이

---

125 『부집이론』(T49, 20a28).
126 『검유집』권5(T70, 459c13-15)에 따르면, 빠라마르타는 이 부파의 명칭이 장소 또는 개조
   에 기인한다고 설명한다. 첫째는 그 부파가 회산(灰山)에 머문다는 것이고, 둘째는 규기
   가 설명한 것처럼 계윤이 옛날에 닭에 염착한 선인의 종족이라는 것이다. 규기는 그
   가운데 첫 번째 해석의 근거가 없다고 비판한다.
127 이 송과 바로 이어지는 송을 『삼론현의초』(T70, 519b18)에서는 『희유인연경(希有因緣
   經)』의 글이라고 설명한다.
128 상가 구성원이 소유할 수 있는 3가지 옷을 가리킨다. 곧 탁발하러 갈 때나 왕궁에 들어
   갈 때 입는 상가띠(saṃghāti: 九條衣), 예배나 청강할 때 입는 웃따라상가(uttarāsaṅga: 七
   條衣), 일상생활하며 입는 안따르바사(antarvāsa: 五條衣)이다.
129 곧 정오를 지나 식사하는 것을 가리킨다.

치로 바르게 수행해야 하네."라고 했다. 만약 경을 강설하기 위해 출가한다면 경을 강설할 때 반드시 교만을 발생시킬 것이고, 교만이 발생하기 때문에 해탈할 수 없다. 반드시 설법한다는 마음을 버리고 올바른 이치에 의지해 부지런히 수행하여 번뇌를 끊어야 한다. 그러므로 경이 방편이고 설법하는 것을 인정하지 않기 때문에 오직 대법을 갖는 것만 올바른 이치라는 것을 안다. 그러므로 이 부파의 논사는 많이 듣고 정진하여 출리(出離)를 신속히 증득했다.

[이상이] 첫 번째 시기에 대중부에서 3부파가 유출된 것이다.[130]

(나) 제2차 분열

논 그 뒤 [불멸후] 200년에 대중부에서 다시 다문부(bahuśrutīya)[131]라는 한 부파가 유출되었다.[132]

기 이것은 두 번째 시기의 분열이다. 글에 역시 2부분이 있는데, 앞에 준하여 이해하면 된다.[133]

---

130 대중부와 이 3부파의 주장에 대해, 와수미뜨라는 그들의 공통된 주장이라는 의미에서 '근본종파의 같은 주장'과 '지말종파의 다른 주장'의 형식으로 기술하고, 바브야와 위니따데바는 각각 일설부와 설출세부 한 부파만으로 그 부파들의 주장을 대변한다. 그것은 곧 그들 3부파가 대중부로부터 분열될 때 세간법과 출세간법이 모두 가명(假名)이라거나 불세존은 모두 세간을 초월한다거나 경과 율을 방편교로 이해한다는 차이가 있지만, 대부분의 주장이 본래의 대중부와 크게 다르지 않다는 것을 의미한다. 또한 비문(碑文) 자료에 따르면 대중부·일설부·설출세부·계윤부를 한 무리로 하는 경우의 대중부는 근본분열의 대중부보다는 이미 내부에 일설부·설출세부·계윤부를 포함하는 대중부이며, 이때의 대중부는 그 3부파가 대외적으로 사용한 교단의 명칭이기도 하다(靜谷正雄, 1978: 53-54).

131 3종 해설서 가운데 NBhvy(t)의 제2전승에서는 다문부를 언급하지 않는다. 특히 NBhsg(t)에서는 다문부를 대중부계통이 아닌 설일체유부에서 분열된 것으로 설명한다.

132 『십팔부론』에는 이 내용이 빠져있다. 하지만 그 뒷부분의 대중부의 부파들을 총결하는 곳과 각 부파의 주장을 기술한 곳에서는 다른 역본들처럼 다문부를 언급한다.

133 분열 연대 및 소속 부파가 발생한 곳은 불멸후 200년 및 대중부이고, 분열된 부파의

　　[이 부파의 교주가] 3장을 자세히 배우고 붓다의 말씀을 깊이 깨우쳐서, 그 공덕을 명칭으로 삼아 다문부라 했다.[134] 당시의 율주는 다문의 공덕을 구족했다.

　　또 어떤 이[135]는 다음과 같이 풀이한다. 붓다 재세시에 야갸발꺄(Yājñavalkya)라 하는 한 무학이 있었다. 선인이었을 때에 항상 나무껍질을 둘러 옷으로 삼고 하늘에 제사지냈기 때문이다.[136] 옛날 설산에 머물렀는데, 붓다가 열반에 들었어도 그 야갸발꺄는 정(定)에 들어서 200년이 넘도록 [붓다의 열반을] 알지 못했다. 조금 있다가 설산에서 나와 대중부에서 그 3장을 널리 펼쳤다. 대중부가 그 [3장]의 얕은 의미만 널리 펼치고 깊은 [의미를] 널리 펼치지 못하는 것을 보고, 이 스승은 [그 2가지 의미를] 구족했기에 더욱더 깊은 의미를 해설했다. 이때 그 설명을 널리 펼치는 자가 있었고 널리 펼치지 않는 자가 있었기 때문에 다투었다. 널리 펼친 교법이 대중부보다 깊었고 옛날에 들었던 것을 뛰어넘었기 때문에 다문부라 했다.

명칭은 다문부이다.

134 『문수사리문경』권하(T14, 501b8)에서는 "많이 듣고 지혜가 있는 율주로부터 유래했다"라고 하고, 바브야는 "많이 들은 아짜르야의 [교의를] 가르치기 때문에 다문부라 한다"라고 하며(NBhvy(t), P. U.177b6), 빠라마르타와 길장은 그 개조가 야갸발꺄(Yājñavalkya)라 하는 아라한이라고 하며 "붓다가 열반한 당시 설산에서 좌선하다가 불멸후 200여 년이 지나 내려와서 대중부가 얕은 의미만 펼치는 것을 보고 깊은 의미도 펼쳤는데, 그의 말을 믿는 이들이 별도의 부파로 성립된 것이다.(『검유집』권5, T70, 460c8-22; 『삼론현의』, T45, 9a9-17)

135 빠라마르타의 설명이다(『검유집』권5, T70, 460c8-22. 참조). 그는 『성실론(成實論)』이 이 다문부로부터 나왔다고 덧붙인다.

136 그러한 이름을 갖게 된 이유를 밝히고 있다. 곧 Yājñavalkya에서 'yājña'는 '제식에 관한'의 뜻이고, 'valkya'는 나무껍질이라는 뜻의 'valka' 또는 나무껍질로 만든 옷이라는 뜻의 'valkala'에서 파생된 단어이다. 고대 인도철학사에서 Bṛhadāraṇyaka Upaniṣad의 저자로 알려진 야갸발꺄와 동명이지만 다른 사람으로 추정된다.

(다) 제3차 분열

🔲 그 뒤 [불멸후] 200년에 대중부에서 다시 설가부(prajñāptivādin)[137]라는 한 부파가 유출되었다.

🔲 이것은 세 번째 시기의 [분열이다.] 글에 역시 2부분이 있는데, 앞에 준하여 이해하면 된다.[138]

이 부파가 주장한 것은 세간법과 출세간법에 다 조금의 가유가 있다는 것으로서, 아래[139]에 가서 알게 될 것이다. 전적으로 가유가 아니기 때문에 일설부와 같지 않고, 모든 출세간법이 모두 실유가 아니기 때문에 설출세부와 같지 않다. 이미 세간법과 출세간법 모두에 가유도 있고 실유도 있기 때문이다. 건립한 것에 의거해 부파의 명칭을 표방한 것이다.[140] 빠라마르타 법사는 분별설부(分別說部)라 했고,[141] 『문수사리문경』에서는 생략하여 이 부파가 없다.

---

137 3종 해설서 가운데 NBhvy(t)의 제2전승에서는 설가부를 언급하지 않는다.

138 분열 연대 및 소속 부파가 발생한 곳은 불멸후 200년 및 대중부이고, 분열된 부파의 명칭은 설가부이다.

139 아래의 각 부파의 주장을 설명하는 곳 가운데 설가부 주장이 전개되는 곳을 가리킨다.

140 바브야는 "'유위(有爲)들은 서로 가립된 것이기 때문에 고(苦)이다'고 말하기 때문에 설가부이다"라고 하고(NBhvy(t), P. U.177b6-7), 빠라마르타는 "마하깟짜야나(Mahākaccāyana)는 붓다 재세시에 『논』(:『시설족론』?)을 지어 분별하여 해설했다. 불멸후 200년에 마하깟짜야나가 무열지(無熱池, anavatapta)에서 마가다국에 와서 대중부에서 3장의 성스러운 말씀을 분별하며 '이것은 붓다가 가명으로서 말씀한 것이고 이것은 붓다가 진실로서 말씀한 것이며, 이것은 진제이고 이것은 속제이며, 이것이 원인과 결과이다'고 규명했다. 대중부에는 마하깟짜야나가 설명한 것을 믿는 자들이 있어서 각각 한 무리를 만들어 분별설부(: 설가부)라 했다. 분별설부는 마하깟짜야나의 제자이다"라고 하며(『검유집』권5, T70, 461a19-25), 길장은 "붓다 재세시에 마하깟짜야나가 『논』을 지어 붓다의 『아함경』을 풀이했다. 불멸후 200년에 이르러 마하깟짜야나가 무열지로부터 나와 다시 앞선 다문부의 교학을 분별했다. 그때 그가 말한 것을 믿는 사람들이 있었기 때문에 다문분별부라 했다"라고 설명한다(『삼론현의』, T45, 9a18-21).

141 『부집이론』(T49, 20b1-2).

또 옛날에는 다음과 같이 풀이했다.[142] 마하깟짜야나(Mahākaccāyana, 摩訶迦旃延)가 옛날에 무열지(無熱池, anavatapta) 주변에 머물렀는데, 붓다가 입멸한 뒤 200년 때에 비로소 거기에서 나와 대중부에 이르러 3장의 말씀에 대해 '이것은 세존이 가명(假名)으로 말씀한 것이고 이것은 실의(實義)로서 말씀한 것이다'고 규명했다. 대중부 가운데 믿지 않는 자도 있었고 믿는 자도 있어서, 결국 부파를 별도로 나누었다. 이 부파는 마하깟짜야나의 제자가 널리 유통시켰다.

(라) 제4차 분열
㉮ 논쟁하는 자 및 소속 부파

🔹 [불멸후] 200년이 찰 때 사교(邪敎)를 버리고 정법(正法)에 귀의한 한 출가외도가 있었는데, [그도] 역시 마하데바라 했다. 대중부에 출가해 구족계를 수지했고[143] 많이 듣고 정진했으며,

🗹 이것은 네 번째 시기에 분열된 부파의 발생을 서술한 것이다. 그것에 4부분이 있다. 첫째 논쟁하는 자 및 소속 부파를 밝히고, 둘째 거처하는 곳을 밝히고, 셋째 다툰 일을 밝히고, 넷째 부파의 분열을 바르게 밝힌다.

이것은 첫 번째이다. '200년이 찰 때'에 대해 말하겠다. 이전의

---

142 빠라마르타의 설명이다(『검유집』권5, T70, 461a18-27. 참조).
143 현장은 마하데바가 출가해 구족계를 수지했다고 번역했지만, 다른 3가지 번역본에서는 그가 출가했다고 할뿐 구족계를 수지했다는 것은 언급하지 않는다. 또 길장도 마하데바 자신은 출가만 했을 뿐이고 그가 제도한 제자들은 그 마하데바의 무리에 의지해 수계했다고 설명한다(『삼론현의』, T45, 9a24-25).

414 · I. 異部宗輪論·述記

부파들은 다만 200년 안에 분열했기에 아직 200년에 차지 않았지만, 지금 이것은 정확히 200년에 분열한 부파이기 때문에 '찰 때'라 했다. 곧 대중부에서 마지막 논쟁이다.

[또] 외도 중에는 겉모습이 세속인과 같은 사람도 있었고 출가자와 같은 사람도 있었지만, 지금 이 사람은 출가한 사람이었기 때문에 '출가외도'라 했다. [그는] 외도의 사교를 버리고 여래의 정법에 귀의했으며, 역시 마하데바라 했다.

[또] 이전 [불멸후] 100년 때에 다툼의 수장이었던 마하데바비구가 있었는데, 지금 이 사람이 앞선 [그의] 이름과 똑같기 때문에 '역시'라 일컬었다. 『대비바사론』에서 설명한 것은 앞선 마하데바이다.[144]

'대중부에 출가해' 등은 소속 부파를 보여준 것이다. '출가해 구족계를 수지했고'란 겉모습이 승려의 무리에 속했고 구족계를 수지했다는 것을 설명한 것이다.

[또] 자세히 배우고 뛰어나게 고찰하는 것을 '많이 듣고[多聞]'라 했고, 행위가 고결하고 청정한 것을 '정진'이라 지칭했다. 이것은 그의 위덕을 이야기하고 소속 부파를 밝힌 것으로서, [그는] 다툼의 수장이었다.

또 어떤 이는 다음과 같이 풀이한다.[145] 마가다국에 있는 호운

---

144 『대비바사론』권99(T27, 510c24-512a19)에서 설명한 마하데바는 5사를 제창한 사람으로서, 그것에 대한 논쟁으로 인해 상가의 근본분열이 발생했다. 그 논에서는 대중부의 지말분열에 대한 내용을 다루지 않는다.

145 빠라마르타의 설명이다(『검유집』권5, T70, 461c25-462a18. 참조). 빠라마르타의 설명을 규기는 하나로 정리했지만 그는 2가지로 설명한다. 요약하자면, ①그때 왕은 어리석은 적주들을 외국으로 축출했지만 총명한 자가 여전히 300명이 있었다. 그들에게 불법을

왕(好雲王)¹⁴⁶이 불법을 크게 펼치고 머무는 곳에서 대성자들을
공양하자, 많은 자가 그 나라에 모였다. 그 나라의 귀족과 서민들
은 오직 쉬라마나만 섬기고 외도를 숭상하지 않았다. 외도의 무
리는 4사(四事)¹⁴⁷에 곤궁해지자, 결국 개인적으로 머리를 깎고 적
주출가(賊住出家)¹⁴⁸했다. [그들 가운데] 총명하여 3장을 수지하고
설법에 능숙한 자도 있었지만, 결국 범부와 성자를 동류가 되게
했고 거짓과 참이 서로 섞이게 했다. 왕은 이러한 사태를 알고 성
자와 범부를 떨어냈고 적주한 외도는 대부분 본래의 종파로 돌려
보냈다. 성스러운 지명(智明)을 널리 통달한 자가 여전히 수백 사
람 정도 있었는데, 그 불법의 그윽한 이치를 물으면 모두 통달했
다. 왕이 성자에게 "적주한 외도가 여전히 있습니까, 없습니까?"

물으면 모두 통달하여 굴복하지 않자 한 곳에 별도로 안치해 청정한 대중과 섞이지
않게 했다. 또 3장의 의미에 대해 물으면 모두 해석에 능통하여 왕은 어찌하지 못했다.
이때 무리들이 스스로 다툼을 일으켰는데, 어떤 자는 스승이 계를 파괴하더라도 제자
는 계를 얻는다고 말하고 어떤 자는 제자가 계를 얻지 못한다고 말하고 어떤 자는 스
승과 제자가 계를 얻는 일이 없다고 말하고 어떤 자는 그들이 계를 얻지 못하는 일이
없다고 말했다. 왕은 적주대중을 한 곳에 별도로 머물게 했다. 마하데바는 적주대중의
우두머리로서, 대중부가 인정하지 않았기 때문에 홀로 산 속에 머물렀다. ②왕은 여전히
수백 명의 총혜한 비구들이 남아있어서 사람을 시켜 두 번 세 번 그에게 제자가 있느냐
고 추문해보니 무리에 의지해 출가한 자이고 그 스승을 추문해보니 곧 적주였다. 이로
인해 논쟁이 일어났다. 어떤 자는 스승이 계를 파괴하거나 계가 없는 경우 나머지 승려
는 청정하여 저절로 계를 얻는다고 말했는데, 그것은 사르바스띠바딘(sarvāstivādin) 등의
이해와 같은 것이다. 어떤 자는 스승이 계를 파괴하거나 계가 없는 경우 제자도 계가
없다고 말했는데, 그것은 대중부 주장이다. 마하데바는 적주비구의 우두머리로서, 대중
부가 인정하지 않아서 부파를 나누었다. 이와 같은 설명에 따른다면, 마하데바가 대중
부와 갈라선 이유는 적주비구의 정통성에 대한 논쟁에 기인한 것이 된다.

146 규기가 '호운왕'이라 한 사람을 빠라마르타는 다만 '왕'으로 언급하고(『검우집』권5, T70,
     461c26), 길장은 '우바새'로 언급한다(『삼론현의』, T45, 9a22).
147 출가자의 일상생활에 필요한 최소한의 4가지 물품, 곧 거주처·의복·음식·의약이다.
148 이때 상가가 왕과 귀족 등의 지지에 힘입어 경제적으로 풍족하게 되자, 불법이 아닌 편안한
     생활을 추구하고자 출가한 비구들을 적주비구(賊住比丘, steyasaṃvāsika)라 한다. 불교의 율
     (律)에서는 생계 유지를 위해 출가하려는 자의 출가를 허락하지 않는다(13난 가운데 하나).

라고 묻자, 성자가 "아직도 수백 명이 있습니다. 그러한 외도의
붕당이 매우 왕성합니다. 만약 더욱더 없애버린다면 그들이 불법
을 파괴할까 걱정됩니다."라고 대답했다. 왕은 결국 상가라마를
별도로 지어 그 대중을 안치했다. 이 마하데바가 바로 그들의 수
장으로서, 많이 듣고 박학했다.

㉯ 거주한 곳

논 제다산에 거주했다.

기 이것은 마하데바가 거주한 곳을 밝힌 것이다. 오직 거주하는 곳
에 의거해 [부파의] 명칭을 건립했다. 제다(制多, caitya)란 예전에 지
제(支提)라 한 것[149]인데, [지제는] 잘못된 것이다. 한자로는 영묘(靈
廟)[150]라 하는데, 곧 성스러운 영묘를 안치한 곳이다. 이 산에 제다들
이 많이 있기 때문에 이것에 의거해 [산의] 명칭을 건립한 것이다.

㉰ 다툰 일

논 [마하데바는] 그 무리의 승려와 5사를 또다시 상론했는데, 이로
말미암아 다투고 3부파로 분열되었다.

---

149 『십팔부론』과 『부집이론』에서는 '지제(支提)'로 음역한다.

150 'caitya'는 석가모니 붓다의 다비를 거행할 때 향과 나무 등을 모아서 크게 적집해놓은
것에서 유래한 말이지만, 그 뒤 붓다의 자취가 있는 곳에 벽돌과 흙을 쌓아 조성한 것
도 제다라고 했다. 빠라마르타가 '붓다가 처음 태어난 곳과 성도한 곳과 법륜을 굴린
곳과 열반한 곳의 4곳에는 모두 영묘가 있어서 공양하는데, 마하데바가 거주한 그 산이
바로 영묘이다'고 설명한 것도 그러한 맥락이다(『검유집』권5, T70, 462a18-19). 이 제다
는 스뚜빠(stūpa, 塔)와 차이가 있다. 『마하승기율』권33(T22, 498b20-21)에 따르면, 사리
가 있는 것은 스뚜빠이고 사리가 없는 것은 제다이다.

⑦ 이것은 다툰 일을 밝힌 것이다. 마하데바는 그 대중부의 승려와 이전에 논의되었던 마하데바의 5사를 또다시 상론했는데, 수긍되는 것과 수긍 안 되는 것이 있어서 이것에 말미암아 다투고 3부파로 분열되었다. 아래의 종파를 서술하는 곳에서 [그들이] 건립한 것을 자연스럽게 설명한다.[151] 비록 5사를 헤아리는 것이 대중부와 같더라도 이 5가지를 논의하는 것에 말미암아 별도로 다른 일을 다투었기 때문에 부파를 나눴다. 아래의 종파를 서술하는 곳에 건립된 5사는 대중부와 같기 때문이다.[152]

㉯ 부파의 분열

☰ 첫째 제다산부(caitika),[153] 둘째 서산부(aparaśāila),[154] 셋째 북산부(uttaraśāila)[155]이다.

⑦ 이 이하는 네 번째로 분열된 부파를 바르게 밝힌 것이다. 마하데바가 머무는 곳을 제다산이라 하는데, 이로 인해 [부파의] 명칭을 건립했다.[156] [제다의] 의미는 앞의 풀이와 같다. 제다산 서쪽

---

151 아래에서 설명하는 제다산부·서산부·북산부 주장에서는 그들의 3가지 주장이 제시된다. 곧 보살은 악취를 벗어나지 못한다는 것, 탑 공양에 큰 과보가 없다는 것, 아라한에 5사가 있다는 것이다. 하지만 그들 3부파의 개별적 주장이 거론되지 않기 때문에 그들 간에 서로 수긍하지 않는 주장이 무엇인지는 알기 어렵다. 또 규기는 그들 3부파의 분열 원인에 대해 5사를 논의하는 것에 말미암아 파생된 '다른 일'이라고 말할 뿐, 구체적인 내용은 언급하지 않는다.
152 아라한에게 5사가 있다는 주장은 이들 부파와 대중부 등 4부파의 공통된 주장이다.
153 3종 해설서 가운데 NBhsg(t)에서는 제다산부를 언급하지 않는다.
154 3종 해설서 가운데 『부집이론』과 NBhvy(t)의 제3전승에서는 서산부를 언급하지 않는다.
155 3종 해설서 가운데 NBhvy(t)의 제1·2·3전승과 NBhsg(t)에서는 북산부를 언급하지 않는다.
156 『문수사리문경』권하(T14, 501b9)에서는 "[지저가(只底舸, caitika)는 산의 명칭이다. [부파의 명칭은] 율주가 그곳에 머무는 것에서 유래했다"라고 하고, 바브야는 "제다가 있는 산에 머물고 있는 자가 바로 제다산부이다"라고 하며(NBhvy(t), P. U.177b7), 길장은

을 서산(西山)이라 한다.[157] 이미 마하데바와 화합하지 않았는데, 그것에 의거해 별도로 머물렀다. 북산(北山)도 마찬가지로 제다산 북쪽[에 있는] 하나의 산이다.[158] 이 3[부파]는 모두 거주지에 의거해 명칭을 건립했다. 그런데 옛날 빠라마르타 법사가 번역한『부집이론』[159]에서는 네 번째 시기의 분열에서 두 부파뿐이다. 하나는 지제산부이고 둘은 북산부이다.[160] 『문수사리문경』[161]도 마찬가지이지만, 오히려 동산부를 더하고 서산부라는 명칭은 생략해서 없다. 이것은 모두 역자의 오류이다. 아래[162]에 가서 알게 될 것이다.

"대중이 머무는 곳이 제다이고 이 장소가 산에 있기 때문에 제다산부라 한다"라고 설명한다(『삼론현의』, T45, 9b6-7).

157 바브야도 "서쪽 산에 머무는 이가 바로 … 서산부이다"라고 설명한다(NBhvy(t), P. U.177b8). 그런데 여기서 그 방향의 중심을 규기는 제다산으로 설명하지만, 『대당서역기』권 10(T51, 930c17-18)의 설명은 조금 다르다. 곧 다나까까국의 도성 동쪽의 산에 근거해 동산(東山, pūrvaśaila)상가라마가 있고, 성의 서쪽의 산에 근거해 서산(西山, avaraśaila)상 가라마가 있다고 한다.

158 『문수사리문경』권하(T14, 501b11)에서는 "또한 율주가 머물던 [장소에 의거한다]"라고 하고, 길장은 "그 [제다]산의 북쪽에 별도로 산이 있는데 [그곳에 머무는 자를] 북산부라 한다"라고 설명한다(『삼론현의』, T45, 9b7-8).

159 이 시기에 발생된 부파들의 개수와 명칭들은 문헌마다 차이가 있다.

출처 문헌	부파
『문수사리문경』	지저가부·동산부·북산부 3부파
『사리불문경』, 『십팔부론』, 『이부종륜론』, SBhu(t), 『출삼장기집』	제다산부·서산부·북산부 3부파
NBhvy(t)의 제1·2전승, Tār의 제1·2전승	제다산부·동산부·서산부 3부파
『부집이론』	지제산부·북산부 2부파
Śrv(t)	동산부·북산부 2부파
NBhsg(t), Bhv(t)	동산부·서산부 2부파
DV, MV, KVa, NBhvy(t)의 제3전승, Tār의 제3전승	제다산부 1부파

160 『부집이론』(T49, 20b2-4).

161 『문수사리문경』권하(T14, 501b9-11)에서는 "100년 안에 제다산부로부터 동산부라 하는 한 부파가 유출되었다. 100년 안에 동산부로부터 북산부라 하는 한 부파가 유출되었다."라고 설명한다.

162 바로 이어지는 '대중부 분열의 총결'에서 설명한다.

나) 대중부 분열의 총결

(가) 대중부계통 부파의 총결

🔊 이와 같이 대중부는 4번 갈라졌고 혹은 5번 갈라졌다. 근본과 지말을 개별적으로 말하면 합하여 9부파를 이룬다.

7️⃣ 이 이하는 두 번째로 분열된 부파의 명칭을 정렬한 것이다. 그것에 2부분이 있다. 첫째 4번 갈라진 것과 5번 갈라진 것을 총괄적으로 매듭짓고, 둘째 부파의 명칭을 정렬한다.

이것은 첫 번째이다. 이와 같이 이전에 대중부로부터 지말에는 4번의 갈라짐이 있었다. 말하자면 일설부 이하에서 4번의 시기로 부파를 나눈 것이다. 근본을 아우르면 5번의 갈라짐이다. 말하자면 상좌부와 함께 최초에 대중부로 분열된 때부터이다. 지말이든지 근본이든지 합하여 말하면 9부파이고, 지말은 8부파뿐이다.

『문수사리문경』에서는 대중부의 경우 근본을 아울러 8부파가 있을 뿐이라고 설명했고,[163] 빠라마르타 법사는 [근본까지] 합하여 7부파이다.[164] 이것은 모두 옳지 않다.

---

163 『문수사리문경』권하(T14, 501b11-12). 그 8부파는 마하승기부(摩訶僧祇部)·집일어언부(執一語言部)·출세간어언부(出世間語言部)·고구리부(高拘梨部)·다문부(多聞部)·지저가부(只底舸部)·동산부(東山部)·북산부(北山部)이다. 『이부종륜론』에 비교해보면, 서산부 대신 동산부가 있으며 설가부에 해당하는 부파는 아예 없다. 한편 『십팔부론』(T49, 18a13-20)의 설명은 『이부종륜론』과 일치한다.

164 『부집이론』(T49, 20b5-7)에서는 대중부계통의 부파를 총결하면서 나열할 때 마지막으로 분열된 지제산부와 북산부를 묶어서 설명하기 때문에 7가지로 분류한 것일 뿐, 부파의 개수는 8부파이다. 곧 대중부(大衆部)·일설부(一說部)·출세설부(出世說部)·회산주부(灰山住部)·득다문부(得多聞部)·분별설부(分別說部)·지제산부(支提山部)·북산부(北山部)이다. 지제산부와 북산부를 묶어서 언급한 이유는, 앞의 6부파는 상가 내에서 주장의 차이에 의거해 발생한 것이지만 그 2부파는 상가 바깥의 외도에 의거해 발생한 것이기 때문이다. 따라서 『이부종륜론』에 비교해보면 『부집이론』에는 서산부가 없다는 차이점이 있을 뿐이기 때문에, 규기가 7부파라고 비판한 것은 맞지 않다.

🔲 첫째 대중부, 둘째 일설부, 셋째 설출세부, 넷째 계윤부, 다섯째 다문부, 여섯째 설가부, 일곱째 제다산부, 여덟째 서산부, 아홉째 북산부이다.

⑦ [이것은] 분열된 부파의 명칭을 정렬한 것이다.

(나) 다른 설명의 오류 비판 및 정설

㉮『문수사리문경』의 설명 비판

⑦ 『문수사리문경』에서 붓다는 분열된 것을 합하면 20부파를 이룬다고 설했다.[165] 그러므로 역자[166]가 대중부를 8부파로만 총괄했고 상좌부는 12부파로 총괄했다. [그것이] 옳지 않다는 것을 어떻게 아는가? [그 경에서는] 상좌부 [계통]에서 상좌부를 제외하고 별도로 설산부(雪山部)를 말한다. 지금의 신역과 구역의 『부집이론』은 모두 상좌부를 설산부라고도 말한다. 설산부를 제외하고 별도로 상좌부가 있을 수 없다.[167] 그러므로 『문수사리문경』에서

---

165 『문수사리문경』권하(T14, 501a29-b25). 마하승기부에는 그로부터 한 부파씩 연쇄적으로 유출되어 집일어언부·출세간어언부·고구리부·다문부·지저가부·동산부·북산부의 총 8부파가 있고, 또 체비리부에서도 그로부터 한 부파씩 연쇄적으로 유출되어 일체어언부·설산부·독자부·법승부·현부·일체소귀부·잉산부·대불가기부·법호부·가섭비부·수투로구부의 총 12부파가 있다.

166 『문수사리문경』의 한역자 상가빨라(Saṅghapāla, 460-524)를 말한다.

167 상좌부와 설산부를 같은 부파의 다른 명칭으로 이해하는 규기의 관점은 SBhu의 4종 번역본뿐만 아니라 NBhvy(t)의 제1전승에서도 확인된다. 하지만 그것과 달리 상좌부와 설산부를 별개의 부파로 구분하는 설명들도 있다. 곧 설산부에 대해, 『문수사리문경』에서는 상좌부와 별개로 설일체유부에서 분열된 것으로 설명하고, DV·MV·KVa에서는 분열 계통의 언급 없이 대중부와 상좌부의 지말분열 뒤에 성립된 부파로서 설명하며, NBhvy(t)의 제2전승·NBhsg(t)·Śrv(t)·Bhv(t)·Tār의 제2전승에서는 대중부에서 분열된 것으로 설명하고, NBhvy(t)의 제3전승에서는 상좌부에서 근본상좌부와 함께 분열되었지만 상좌부와 별개 부파로 설명하고, Tār의 제3전승에서는 최초분열된 4부파 가운데 하나로 설명한다. 한편 『사리불문경』·『출삼장기집』·Tār의 제1전승에서는 설산부를 아예 언급하지 않는다.

상좌부가 분열하여 12부파를 이룬다고 한 것은 옳지 않다.[168] 그 [경에서는] 상좌부에 대해 이미 12부파라고 말했고, 대중부는 8부파로 총괄해 말했다. 그 가운데 [대중부의] 4번의 분열에서 한 부파를 생략했는데, 설가부(說假部)가 없다.[169] 또 신역과 구역인 『부집이론』에 모두 동산부라는 명칭이 없기 때문에 [『문수사리문경』에 서산부가 없고 동산부가 있는 것은] 다만 역자의 오류이다.[170] [그 경에서 언급한 동산부는] 서산부라고 해야 한다. [결국 그 경의 역자는] 상좌부와 설산부가 같다는 것을 알지 못하여 두 부파로 구분한 것이고, 대중부에서 분열된 한 부파를 생략해서 없앤 것이다.[171]

---

168 상좌부와 설산부를 같은 부파로 이해하면 상좌부는 총 11부파만 성립한 것이 되고, 『이부종륜론』에서 설명하는 상좌부 계통의 부파와 일치하게 된다.

169 규기의 관점상 다문부 다음에 설가부가 성립되어야 하겠지만, 『문수사리문경』에서는 설가부를 아예 거론하지 않는다.

170 규기의 지적처럼 동산부라는 명칭은 SBhu의 4종 번역본 외에 『사리불문경』·NBhvy(t)의 제3전승·『출삼장기집』·Tār의 제3전승에서도 언급되지 않는다. 하지만 NBhvy(t)의 제2전승과 NBhsg(t)에서 분명히 동산부(shar gyi ri bo)라고 언급하고 있고 DV·MV에서도 안다까의 한 부파로 설명하며 안다 지방의 비문에서 동산부의 존재가 확인되기 때문에 단순히 역자의 오류로 단정하기는 어렵다.

171 『문수사리문경』의 설명에 대해 규기가 비판한 내용은 다른 문헌들과 비교해보면 그 타당성이 떨어진다. 규기의 비판 및 그것에 대한 반론을 정리하면 다음과 같다.

규기가 비판한 내용	반론
상좌부와 설산부를 별개 부파로 설명한다.	『문수사리문경』에서는 설산부를 상좌부와 별개로 설일체유부에서 분열된 것으로 설명한다. 또 다른 문헌의 경우, DV·MV에서는 분열 계통의 언급 없이 지말분열 뒤에 성립된 부파로서 설명하고, NBhvy(t)의 제2전승·NBhsg(t)·Bhv(t)·Tār의 제2전승에서는 대중부에서 분열된 것으로 설명하며, NBhvy(t)의 제3전승에서는 상좌부에서 근본상좌부와 함께 분열된 것으로 설명한다.
설가부를 언급하지 않는다.	NBhvy(t)의 제2전승과 Tār의 제2전승에서도 설가부를 언급하지 않는다.
동산부를 서산부라고 해야 한다.	NBhvy(t)와 Tār와 DV와 MV 등에서는 모두 동산부와 서산부를 구분해 언급한다.

ⓘ 빠라마르타의 설명 비판

[가] 빠라마르타 법사는 부파의 많고 적음을 알지 못하여 결국 2부파를 없애고 18부파만 말했다.[172] 이제 힐난을 말하겠다. 만약 의도한 것이 18부파가 있다는 것을 얻는 것이라면, 왜 상좌부에 대해서는 근본을 아울러서 이에 11부파가 있다고 합하여 말했고, 대중부에 대해서는 다만 지말분열에 7부파가 있다고 말하여 근본대중부를 논하지 않은 것인가?[173] 만약 [그것이] 의도한 것과 같다면 어찌 대중부는 18부파에 포함되지 않은 것인가?[174] 만약 상좌부도 [11부파라는] 수에 들어가지 않는다고 한다면 아마도 설산부를 배제하고 별도로 상좌부가 있을 것인데,[175] 왜 자신이 번역한 『부집이론』에서는 "설산주부는 또한 상좌제자부라고도 한

---

172 규기의 이 비판은 빠라마르타가 대중부와 상좌부의 분열을 총결하면서 대중부는 합하여 7부파를 이루고 상좌부는 합하여 11부파를 이룬다고 한 번역문에 의거한다. 이에 반해 『이부종륜론』에서는 순서대로 9부파를 이루고 11부파를 이룬다. 그런데 『부집이론』(T49, 20a27-b24)에서는 대중부에 대해 규기의 이해처럼 대중부를 포함해 총 8부파를 언급하고, 상좌부에서 분열된 부파에 대해서는 규기의 이해처럼 상좌부를 제외하고 총 11부파를 언급한다. 대중부에 대해 빠라마르타가 7부파라고 한 것은 지제산부와 북산부를 하나로 묶어서 설명한 것이기 때문에, 사실 빠라마르타는 그 앞의 제4차 분열을 설명하면서 지제산부와 북산부를 '양부(兩部)' 곧 두 부파로 설명하기 때문에 8부파가 된다. 이것을 『이부종륜론』과 비교해보면, 서산부만 없을 뿐 나머지는 그대로 일치한다. 따라서 빠라마르타는 2부파를 없애고 18부파로 규정한 것이 아니라, 1부파를 빼고 19부파로 번역한 것이라고 해야 한다.

173 규기의 이 비판은 『부집이론』의 내용에 완전히 상반된다. 빠라마르타는 상좌부의 11부파를 나열할 때 상좌부의 다른 명칭인 설산부를 포함하기 때문에 근본상좌부를 빼며, 또 대중부의 7부파를 나열할 때 근본대중부를 포함시키기 때문이다.

174 근본상좌부를 부파의 개수에 포함시킨다면 근본대중부도 역시 포함시켜야 한다는 힐난이다.

175 이 글은 조건과 그 결과가 일치하지 않는다. 상좌부를 그 부파의 개수에 포함시키지 않는다는 것은 설산부와 상좌부를 별개의 부파로 구분하는 것이 아니라 오히려 그 둘을 같은 부파의 다른 명칭으로 이해하는 것이기 때문이다. 『이부종륜론』과 『부집이론』에서 설산부를 상좌부의 다른 명칭으로 이해하는 것과 근본상좌부를 빼고 11부파를 나열하는 것은 공통되기 때문에 규기의 비판은 성립하지 않는다.

다."[176]고 했는가? 빠라마르타 법사는 전승되는 말에 18부파가 있다는 것을 듣고, 만약 20부파라 한다면 다른 사람의 비난이 있을 것을 염려하여 마침내 대중부를 생략하고 말하지 않은 것이다.[177] 또 서산부를 뺀 것은 자신이 [설명한] 18부파를 성립시키고자 했기 때문이다. 만약 대중부를 취한다면 19부파가 있게 될 것이다. 이에 구역의 『부집이론소』에서는 "외도가 분열시킨 둘[178]을 합하여 하나로 삼기 때문에 합해서 7부파가 있다."라고 했다. 이 주장은 옳은 것이 아니다. 왜 그런가? 지금 신역의 『이부종륜론』 및 『문수사리문경』에 준해보면 모두 근본을 아울러 20부파가 있다.[179] 곧 근본대중부를 아울러서 설명하고, 또한 [전체 부파의] 수(數)에서 제외하지 않는다. 그러므로 빠라마르타 법사가 번역한 것이 잘못된 것임을 안다.[180]

㉴ 18부파의 정설

[가] 다만 근본의 상좌부와 대중부를 제외하기 때문에 18부파가

---

176 『부집이론』(T49, 20b10).
177 앞서 설명한 것처럼 빠라마르타는 대중부를 생략하지 않는다.
178 마하데바에 말미암아 분열된 지제산부와 북산부이다.
179 『이부종륜론』과 『문수사리문경』에서 모두 20부파라고 하지만, 그것들의 내용은 서로 다르다. 『이부종륜론』에서 대중부는 근본대중부를 포함해 9부파이고 상좌부는 근본상좌부를 빼고 11부파이지만, 『문수사리문경』에서 대중부는 근본대중부를 포함해 8부파이고 상좌부는 근본상좌부를 포함해 12부파이다. 『문수사리문경』의 설명에는 대중부 가운데 설가부가 없고 상좌부 가운데 상좌부와 설산부를 별개의 부파로 구분하기 때문이다. 이에 반해 『부집이론』에서는 19부파로 설명하는데, 대중부는 근본대중부를 포함해 8부파이고 상좌부는 근본상좌부를 빼고 11부파이다. 따라서 규기의 설명은 타당하다고 할 수 없다.
180 『부집이론』에 대해 규기가 비판한 내용은 『부집이론』의 내용 및 다른 문헌들과 비교해보면 타당성이 떨어진다.

있으며, 근본[의 부파들]을 아우르면 20부파가 있다. 그러므로 붓다는 "열여덟 및 근본의 둘, 이것을 20부파라 하네. 옳은 것도 없고 그른 것도 없네. 나는 미래의 일어날 것을 말하네."[181]라고 기별한 것이다. 이와 같은 번역은 반드시 자신과 다른 사람의 말[182]에 능숙하여 부파들의 주장을 이해하고 연구하며 시비를 평정해야 비로소 알 수 있을 뿐이다.

나. 상좌부의 분열

가) 얼마간 법의 이해가 같음

📖 상좌부는 그러한 때[183]를 지나는 동안 일미로 화합하다가

7️⃣ 이하부터는 두 번째로 상좌부에서 분열된 부파를 밝힌다. 그것에 4부분이 있다. 첫째 법이 순일하여 다년간 오히려 같았음을

규기가 비판한 내용	반론
2부파를 없애고 18부파만 말한다.	대중부는 7부파를 이루고 상좌부는 11부파를 이룬다고 했지만, 그것은 빠라마르타가 지제산부와 북산부를 하나로 묶어서 설명한 것이기 때문에 사실상 서산부만 없을 뿐 나머지는 『이부종륜론』의 설명과 일치한다. 따라서 1부파를 빼고 19부파로 말한 것이다.
상좌부에 대해서는 근본을 포함해 11부파가 있다고 말하고, 대중부에 대해서는 지말분열에 7부파가 있다고 말하여 근본대중부를 논하지 않는다.	상좌부의 11부파를 나열할 때 상좌부의 다른 명칭인 설산부를 포함시키기 때문에 근본상좌부를 포함시키지 않았고, 또 대중부의 7부파를 나열할 때 근본대중부를 포함시키고 지제산부와 북산부를 하나로 묶어서 설명했다.
서산부를 뺀 것은 자신이 [설명한] 18부파를 성립시키고자 한 것이다.	『부집이론』 뿐만 아니라 『문수사리문경』・『부집이론』・NBhvy(t)의 제3전승・Śrv(t)・Tār의 제3전승에서도 서산부를 언급하지 않는다.

181 『문수사리문경』권하(T14, 501b26-29).
182 한문과 산스끄리뜨를 가리킨다.
183 대중부가 4번의 시기에 걸쳐 분열된 때를 가리킨다. 상좌부의 분열은 대중부의 지말분열이 완료된 뒤에 시작되었다.

드러내고, 둘째 [불멸후] 300년에 이르러 다툼에 의거해 부파가 분열했음을 밝히며, 셋째 단기간에 부파가 발생했음을 [밝히고], 넷째 부파의 명칭을 매듭지어 나열한다.

이것은 첫 번째이다. 이 부파의 근본은 마하깟사빠가 유지시켰고 그 뒤에 우빨리·뿐나·아난다 등이 있어서 그 교화를 도와 선양했으며, 성자가 서로 계승했기 때문에 [근본분열 이후] 200년 이전에는 다른 논쟁이 특별하게 없었다.[184] 그러므로 '그러한 때를 지나는 동안[經爾所時]'이라 했다. '일미(一味)'란 법에 차이가 없다는 것을 드러내며, '화합(和合)'이란 사람들이 논쟁하지 않았다는 것을 나타낸다.

나) 다툼에 의거한 내부 분열 발생

🔲 [불멸후] 300년 초에 약간의 다툼이 있어서 두 부파로 분열되었다.

🔲 이것은 두 번째로 [불멸후] 300년에 이르러 다툼에 의거해 부파가 분열했다는 것이다. 이것에 대해, 혹은 [불멸후] 200년 후반 300년 초반이라 말하기도 한다. 그러므로 '300년 초'라 했다. 상좌부는 본래 경장(經藏)을 널리 펼치는 것을 우선으로 삼았고 율과 대법은 나중에 널리 펼쳤다. 율장(律藏)과 대법장(對法藏)을 널리 펼치지 않은 것은 아니지만 우선으로 삼지 않았다. [불멸후] 300년 초에 이르러 까땨야니뿌뜨라(Kātyāyanīputra, 迦多衍尼子)[185]

---

184 『삼론현의』(T45, 9b15-21)에서도 불멸 이후 마하깟사빠(Mahākāśyapa)로부터 디띠까(Dhītika)까지의 200년 동안 다른 부파가 없었다고 설명한다. 법맥과 율맥에 대한 자세한 내용은 앞의 역문 각주40) 참조.

185 까땨야니뿌뜨라는 서북인도에서 불교를 선양시킨 설일체유부의 대논사로서, 설일체유

가 세속을 떠나 상좌부에 출가하여, 우선적으로 대법을 널리 펼쳤고 나중에 경과 율을 널리 펼쳤다. 이미 상좌부의 본래 종지에 어긋난 것이었기 때문에 싸우고 어지러웠는데, [이것을] '약간의 다툼'이라 했다. 마하데바의 큰 다툼과 같지 않다.

또는 다음과 같이 풀이한다. 반드시 이 시기가 까땨야니뿌뜨라의 출생시기는 아니다. 다만 집착한 주장이 같지 않아서 결국 다투게 된 것이다. 가령 마하데바의 5사가 상좌부에서 오히려 유행했고, 이때에 [그 5사를] 인정하지 않는 자도 있었다.[186] 이미 본래 종지에 어긋났기 때문에 결국 두 부파로 분열된 것이다. 두 부파란 무엇인가?

다) 단기간의 부파 분열

(가) 제1차 분열

🔲 첫째 설일체유부(sarvāstivādin)—설인부(hetuvādin)[187]라고도 함, 둘째 근본상좌부(mūlasthaviravādin)—바꿔서 설산부(haimavata)[188]라

부의 근본 논인 『아비달마발지론』의 저자이기도 하다. 그의 생존 연대는 불확실하다. 여기서는 불멸후 300년 초로 언급하지만, 『대당서역기』(T51, 889c3-4)와 법보(法寶)의 『구사론소』(T41, 468b24-25) 등에서는 불멸후 300년 중반으로 말하고 보광(普光)의 『구사론기』(T41, 8c6-9)에서는 불멸후 300년 말로 말하고 『바수반두법사전』(T50, 189a1-6)에서는 불멸후 500년 중반으로 말한다.

186 설산부는 선대의 주장을 저버리고 5사를 건립했고, 오히려 설일체유부는 선대의 주장을 계승해 5사를 인정하지 않았다. 아래의 설산부 주장⑤ 참조.

187 설인부라는 명칭은 SBhu의 4종 번역본과 NBhvy(t)의 제1전승에서만 설일체유부의 다른 명칭으로 언급될 뿐 다른 문헌에서는 보이지 않는다. 그런데 붓다고사는 KV를 주석하면서 설일체유부와 설인부를 별개 부파로 구분지어 5곳을 설일체유부의 주장으로, 15곳을 설인부의 주장으로 설명하는데, 일부에는 상반된 주장도 있다.

188 3종 해설서 가운데 SBhu의 4종 번역본과 NBhvy(t)의 제1전승에서는 설산부를 근본상좌부의 다른 명칭으로 설명하지만, NBhvy(t)의 제3전승에서는 근본상좌부의 다른 명칭이 아니라 상좌부에서 근본상좌부와 함께 분열된 부파로 설명한다. 이에 반해 NBhvy(t)의

함—이다.

7️⃣ 이하부터는 세 번째로 단기간에 부파가 발생했다는 것이다. 7번의 시기에 부파가 분열했기 때문에 7단락으로 구분한다.

[설일체유부에서] 일체가 있다고 주장한 것에 대해 말하겠다. 일체에는 2가지가 있다. 하나는 유위이고 둘은 무위이다. 유위는 3세(三世)이고 무위는 이세(離世)이다. 그 본질이 모두 있기에 '일체가 있다[一切有]'라 했다.[189] [설인부에서] 인(因)은 이유를 말한다. 이 부파는 주장을 진술할 때 모두 이유를 제시해 그것을 자세히 분별한다.[190] 건립한 주장에 의거해 설일체유부라 한 것이다.[191] 그 근본종파는 [부파 분열하기 이전] 대중부와 함께하던 때의 마

제2전승과 NBhsg(t)에서는 설산부가 상좌부계통이 아니라 대중부에서 분열되었다고 설명한다.

189 『문수사리문경』권하(T14, 501b13-14)에서는 "율주는 '3세가 실유이기 때문에 일체는 언어에 의지할 수 있다'고 주장한다"라고 하고, 바브야는 "어떤 것이라도 과거세와 미래세와 현재세의 일체가 있다고 말하기 때문에 설일체유부이다"라고 하며(NBhvy(t), P. U.178a1-2), 빠라마르타는 "이 부파는 일체의 즈녜야(jñeya)가 6가지를 초과하지 못한다고 말한다. 곧 3유위-3유위는 바로 3세-와 3무위-3무위란 허공·택멸·비택멸-이다. 이 6가지를 논의한 것이 일체이다. 이 6가지는 모두 실유이기 때문에 일체가 있다고 말한다. 그것이 '일체가 있다'고 말하는 것의 의미이기 때문에. [그들이] 표방하는 것이 부파의 명칭이기 때문에 [설일체유부라] 한다"라고 설명한다(『검유집』권6, T70, 463b20-25).

190 바브야는 "그들 가운데 '어떤 것이라도 발생한 것과 발생하는 것과 발생할 것의 일체가 원인을 수반한다'고 말하기 때문에 설인부이다"라고 하고(NBhvy(t), P. U.178a3-4), 빠라마르타는 "또 설인부라 한 것은 이 부파가 주장을 건립할 때 근거를 자세히 제시하기 때문이다"라고 설명한다(『검유집』권6, T70, 463b25-26).

191 바브야는 설일체유부에 대해 "어떤 것이라도 과거세와 미래세와 현재세의 일체가 있다고 말하기 때문에 설일체유부이다. 그들 가운데 '어떤 것은 있는데, 과거세의 업이 결과를 부여하지 않은 것이다. 어떤 것은 없는데, 결과가 향유를 갖는 것과 미래세이다'는 분별에 의거해 말하기 때문에 그를 분별설부라 한다. 그들 가운데 '어떤 것이라도 발생한 것과 발생하는 것과 발생할 것의 일체가 원인을 수반한다'고 말하기 때문에 설인부이다. 그들 가운데 어떤 이는 무룬다(muruṇḍa)산에 머물기 때문에 무룬따까라 한다"라고 설명한다(NBhvy(t), P. U.178a1-4). 그 설명에 따르면 설인부는 설일체유부 가운데 일부 무리에 대한 명칭이지 단순히 설일체유부의 다른 명칭은 아니다.

하깟사빠의 교법을 전승했다.[192]

상좌부는 바꾸어서 설산부라 한다. 상좌부의 제자는 본래 경교(經敎)를 널리 펼쳤고, 설인부는 성립하고서 대부분 대법(對法)을 널리 펼쳤다. [설인부가] 이미 이치[義理]를 보위하고 상좌부의 상가를 조복했다. 설인부는 이때 드디어 강성해졌고, 상좌부는 이때 의외로 쇠약해졌다. 설인부는 옛날의 거주지에 근거했고, 상좌부는 설산으로 옮겨 들어갔다. 거주지에 의거해 설산부라 한 것이다.[193] 만약 오래전부터 계승된 것에 따른다면 상좌부라 해야 할 것이다.[194]

또 『서역기』의 언급에서는 동분(冬分)의 시기를 설풍(雪風)이라 부른다.[195] 설산의 바람이 세간으로 부는 것을 동분이라 하기 때문에 설풍이라 한 것이다. 지금 이 상좌부는 현성이 점점 적어지고 종의는 미약하여 사람들이 유통하지 않으며, 설일체유부는 성자가 점점 많아지고 이치에 나아가는 것이 강성하여 사람들이 모두 배우고 익힌다. 상좌부가 [종의를] 쇠퇴시키고 [사람들 간] 유

---

192 규기는 근본분열 이전 제1차 결집을 주도했던 마하깟사빠의 교법이 설산부가 아닌 설일체유부에 의지해 계승된 것으로 설명한다.

193 『문수사리문경』권하(T14, 501b15)에서는 "또한 율주가 머물던 곳이다"라고 하고, 바브야는 "[상좌부]를 설산부라고도 한다. 설산(雪山)에 의지해 머물기 때문이다"라고 하며(NBhvy(t), P. U.177b8-178a1), 빠라마르타는 "이 부파는 이전 분쟁이 제거되지 않음을 보고 같은 장소에 함께하기를 원하지 않아 결국 서로 설산에 따라 들어가 머물며 그 [설일체유부]를 피했다. 머물던 장소에 의거해 명칭을 지었기 때문에 [설산부라] 한다"라고 하며(『검유집』권6, T70, 463b28-c1), 길장은 "상좌부가 설산으로 이동해 그 [설일체유부]를 피했는데, [그것에] 인해 설산주부라 한다"라고 설명한다(『삼론현의』, T45, 9b30-c1).

194 빠라마르타도 "경에서 스타비라(sthavira: 상좌부) 이외에 다시 설산부를 부파의 개수에 셈하는 것은 오류라고 한다"[『검유집』권6, T70, 463c1-2]고 설명한다.

195 『대당서역기』권12(T51, 942a27)에서, 카반다(Khabandha)국 도성의 동남쪽 300여리에 있는 거대한 암벽에서 다시 동북쪽으로 200여리에 있는 뿐야샬라(puṇyaśālā, 福捨)를 설명하면서 간략히 언급된다.

행되지 않은 것이 마치 설풍과 비슷하다는 것은 그 미약함을 말한다.

또 상좌부는 이미 근본이기에 [부파 명칭의 정렬에서] 설인부 앞에 있어야 하지만, 다만 성인이 적고 종의가 미약하기 때문에 뒤에 그것을 정렬했다.

(나) 제2차 분열

論 그 뒤 [불멸후] 300년에 설일체유부로부터 독자부(vātsīputrīya)라는 한 부파가 유출되었다.

기 '독자(犢子, Vajjiputta, Sk. Vātsīputra)'란 율주의 성이다.[196] 옛날 어떤 선인이 산의 적정한 곳에 거주하면서 탐욕이 일어나자, 그칠 방법을 알지 못하다가 가까운 곳에 있던 어미소에 염착해서 자식을 낳았다. 이후부터 선인의 종족을 모두 독자라 했는데, [독자는] 곧 브라만의 성이다. 붓다가 재세할 때 어떤 독자 외도가 붓다에게 귀의하고 출가했는데, 『열반경』의 설명과 같다.[197] 이 뒤로 문도가 계속 이어져 끊어지지 않다가 이때 이르러 부파가 분열했

---

196 『문수사리문경』권하(T14, 501b16)에서는 "[독자(犢子)는] 율주의 성(姓)이다"라고 하고, 바브야는 "왓사(Vatsa, 住)라는 종족의 여인이 왓시(Vātsī, 可住)이고, 그녀로부터 태어난 자식이 바로 왓시뿌뜨라(Vātsīputra, 可住子, 犢子)이다. 그의 종족이라고 말하는 자가 바로 독자부(vātsīputrīya: 可住子部)이다"라고 하며(NBhvy(t), P. U.178a4-5), 빠라마르타는 "가주란 곧 옛날에 있었던 선인을 가주라 한 것을 말한다. 지금은 이 율주의 어머니가 그 종족이었고 어머니로부터 성을 받아 가주자(可住子)라 한다"라고 하고(『섬유집』권6, T70, 464b9-11), 길장은 "가주라 하는 선인이 있었고 이 선인의 종족인 여인이 있었기 때문에 가주자라 한다. 어떤 아라한이 가주라 하는 여인의 자식이기 때문에 가주자라 하고, 이 부파가 그 아라한의 제자이기 때문에 가주자제자부라 한다"라고 설명한다(『삼론현의』, T45, 9c2-6).

197 『대반열반경』권36(T12, 845c6-846a29). 『별역잡아함경』권10(T2, 443a9-447b12)에서 더 많이 언급하고 있다.

는데, 오래전부터 계승해온 것을 명칭으로 삼아 독자부라 했다.

『문수사리문경』에서 독자부라 하고 그 주해에서 율주의 성이라
한 것198이 이것이다. 빠라마르타 법사는 가주자제자부(可住子弟子
部)라 했다.199 말하자면 라룰라(Rālula)는 샤리뿌뜨라(Śāriputra)의
제자이고, 왓지뿟따(Vajjiputta)는 라룰라의 제자로서 샤리뿌뜨라
가 말한 것을 널리 펼쳤다.200 그리하여 부파가 분열되어 가주(可
住)라 했다. 가주란 곧 옛날에 있었던 선인을 가주라 한 것을 말
한다. 지금은 이 율주의 어머니가 그 종족이었고 어머니로부터
성을 받아 가주자(可住子)라 했다는 것이다. 이것의 이치는 이해
하기 어렵지만 운 좋게 그것을 자세히 알기 바란다.

(다) 제3차 분열

📖 그 뒤 [불멸후] 300년에 독자부로부터 4부파가 유출되었다. 첫째
법상부(dharmottarīya),201 둘째 현주부(bhadrayānika),202 셋째 정량부
(saṃmatīya), 넷째 밀림산부(saṇṇagirika)203이다.

[카] '법상(法上, Dharmottara)'이란 율주의 이름이다.204 어떤 법이

<hr/>

198 『문수사리문경』권하(T14, 501b15-16).
199 부집이론』(T49, 20b10-12).
200 길장은 샤리뿌뜨라가 풀이한 붓다의 9분교의 아비달마를 법상비담(法相毘曇)이라 한다
고 하고, 라룰라가 샤리뿌뜨라의 아비달마를 널리 펼쳤고 가주자는 라룰라가 말한 것
을 널리 펼쳤으며 이 부파는 다시 가주자가 말한 것을 널리 펼쳤다고 설명한다(『삼론
현의』, T45, 9c8-10).
201 3종 해설서 가운데 NBhsg(t)에서는 법상부를 언급하지 않는다.
202 3종 해설서 가운데 NBhsg(t)에서는 현주부를 언급하지 않는다.
203 3종 해설서 가운데 NBhvy(t)의 제1전승과 NBhsg(t)에서는 밀림산부를 언급하지 않는다.
204 『문수사리문경』권하(T14, 501b17)에서는 "[법승(法勝)은] 율주의 이름이다"라고 하고,
바브야는 "아짜르야 법상(法上, Dharmottara)의 [교의를] 가르치는 자가 바로 법상부이

상위라 할 만하면 법상이라 한다. 혹은 어떤 법이 세간을 벗어나
여러 사람의 상위가 되는 것을 법상이라 한다.

　'현주(賢胄, Bhadrayāna)'에 대해 말하겠다. 현(賢)이란 부파 교주
의 이름이고,[205] 주(胄)란 후예의 의미이다. 현(賢) 아라한의 후예
이기 때문에 현주라 했다. 계승된 부파 교주를 명칭으로 삼은 것
이다.

　정량부에 대해 말하겠다. 저울의 눈금을 량(量)이라 하는데, 량
에 착오가 없기 때문에 정(正)이라 한다.[206] 이 부파가 건립한 심
오한 법의(法義)의 눈금에는 착오가 없어서 스스로 정량이라 했
다. 건립한 법의에 따라 부파의 명칭을 나타낸 것이다.

　밀림산이란 숲의 나무가 울창하고 빽빽한 지근거리의 산이다.
부파의 교주가 이곳에 머물렀기에 밀림산부라 했다.[207] 거주지를

다"라고 하며(NBhvy(t), P. U.178a5-6), 길장은 "이 [법상부·현주부·정량부] 셋은 사람에
　　의거해 [부파의] 명칭을 지은 것이다"라고 설명한다(『삼론현의』, T45, 9c15).
205 『문수사리문경』권하(T14, 501b17)에서는 "[현(賢)은] 율주의 이름이다"라고 하고, 바브야
　　는 "현도(賢道, Bhadrayāna)의 제자가 바로 현도부이다"라고 하며(NBhvy(t), P. U.178a6),
　　길장은 "이 [법상부·현주부·정량부] 셋은 사람에 의거해 [부파의] 명칭을 지은 것이
　　다"라고 설명한다(『삼론현의』, T45, 9c15).
206 『문수사리문경』권하(T14, 501b18)에서는 "[일체소귀부(一切所貴部)라 하는데,] 율주를 세
　　상 사람들이 소중히 여겼다"라고 하고, 바브야는 "정량(Sammata)이라는 아짜르야의 교
　　의를 가르치는 자가 바로 정량부이다"라고 하며(NBhvy(t), P. U.178a6), 길장은 "위대한
　　정량(正量) 아라한과 그의 제자들이 있어서 정량제자부라 한다. 이 [법상부·현주부·정
　　량부] 셋은 사람에 의거해 [부파의] 명칭을 지은 것이다"라고 설명한다(『삼론현의』,
　　T45, 9c14-15). 그런데 바브야(NBhvy(t), P. U.178a6-7)는 정량부의 다른 명칭으로 2가지를
　　더 설명한다. 곧 "그들 가운데 아반따성(avanta)에 모여 있기 때문에 아반따까(avantaka)
　　이다. 어떤 이는 꾸루꿀라(kurukula)산에 머물기 때문에 꾸루꿀라까(kurukulaka)이다"라
　　고 한 것이다.
207 『문수사리문경』권하(T14, 501b19)에서는 "[잉산은] 율주가 머물던 곳이다"라고 설명한다.
　　바브야의 설명 가운데 제1전승에서는 거론되지 않고 제2전승과 제3전승에서만 육성부
　　(六城部, grong khyer drug pa'i sde)라는 명칭으로 거론한다. 제2전승(NBhvy(t), P. U.179a1-2)
　　에서는 독자부에서 분열된 것으로 설명하고, 제3전승(NBhvy(t), P. U.183b1-2)에서는 독
　　자부에서 분열된 정량부 또는 대산부에서 분열된 것으로 설명한다. 여기서는 밀림산부

[부파의] 명칭으로 삼은 것이다.『문수사리문경』에서는 잉산부(芿山部)라 했다.[208] 이 [부파]와 왓지뿟따(Vajjiputta)는 주장이 같지 않아서 결국 다른 부파로 분열되었다.

어떤 이[209]는 다음과 같이 말한다. 이들 4부파는『사리불아비담론(舍利弗阿毘曇論)』을 해석했는데, 의미상 부족한 것이 있으면 [경의] 의미로 그것을 보충했다. 나중에 각각 논을 짓고 경의 의미를 취해 덧붙였는데, 이미 [독자부의] 큰 종지[210]에 어긋나서 결국 부파가 분열되었다.

(라) 제4차 분열

🗒 그 뒤 [불멸후] 300년에 설일체유부로부터 다시 화지부(mahīśāsaka)라는 한 부파가 유출되었다.

🗝 이 부파의 교주는 본래 국왕이었다. 왕이 통치하던 나라의 경계가 '지(地)'이고, 그 땅 위의 백성을 교화했기 때문에 '화지(化地)'라 했다. [그 왕은] 나라를 버리고 출가하여 불법을 널리 펼쳤는데, 본래[의 배경]을 명칭으로 삼아 [그의 문도를] 화지부라 했다.[211]

가 독자부에서 분열된 것으로 설명하기 때문에 NBhvy(t)의 제2전승과 비슷하다. 또 길장은 "머물던 장소에 따라 [부파] 명칭을 지은 것이다"라고 설명한다.
208 『문수사리문경』권하(T14, 501b18-19).
209 빠라마르타의 설명이다(『검유집』권6, T70, 464c6-8. 참조).
210 독자부의 근본주장을 가리킨다.
211 바브야는 "지(地)가 무엇인지를 어원부터 가르쳐서 성취하고, 대중에게 후유(後有)의 불발생을 가르치는 자가 바로 화지부이다"라고 하며(NBhvy(t), P. U.178a7-8), 빠라마르타와 길장은 "[정지(正地)라 하는] 이 아라한에 의지해 부파의 명칭을 건립했기 때문에 정지부라 한다"라고 설명한다(『검유집』권6, T70, 465a17-18;『삼론현의』, T45, 9c16-20).

빠라마르타 법사는 정지부(正地部)라 했다.[212] 본래 왕사로서, 국토의 경계를 바로잡아 베풀고 법을 널리 펼쳤기 때문에 정지(正地)라 한 것은 [나의 풀이와] 역시 조금 비슷하다. 『문수사리문경』에서 대불가기부(大不可棄部)라 한 것[213]은 옳지 않다.

(마) 제5차 분열

🈯 그 뒤 [불멸후] 300년에 화지부로부터 법장부(dharmaguptaka)라 하는 한 부파가 유출되었다. [그들은] 스스로 '우리는 목갈라나(Moggallāna, 目犍連)대사를 계승한다'고 말했다.

🈂 법장(法藏, Dharmagupta)이란 부파 교주의 이름으로서, 법밀(法密)이라고도 한다.[214] 밀(密)과 장(藏)은 의미가 크게는 같아서 법장과 법밀 둘의 의미는 모두 가능하다. 이 논사가 받아들인 정법이 감추어둔 비밀과 같기 때문에 법밀이라 했다. 사람에 의거해서 부파의 명칭을 건립했다. 이 부파의 논사는 총체적으로 5장

---

212 빠라마르타의 설명은 다음과 같다. 정지(正地)라 하는 브라만이 있었는데, 그는 4웨다와 외도의 주장들을 풀이하여 국사가 되었으며 나중에는 세간을 혐오하고 출가하여 아라한과를 증득했다. 불교의 경전을 읽고 결락된 곳이 있으면 모두 웨다(Veda)와 위야까라나(Vyākaraṇa)로써 그것을 확고히 하여 붓다가 말씀한 의미대로 모두 구족했다. 그 제자들 가운데 그가 말한 것을 믿는 자들이 별도로 한 부파가 되었고, 이 아라한에 의지해 명칭을 건립했기 때문에 정지부라 했다. [그가] 재가자였을 때 국사로서 국토의 경계를 바로 잡았기 때문에 정지라 한 것이다. 또 불법(佛法)을 지(地)에 비유하는데, 불법에 들어와서는 불법을 바로잡았기 때문이다. [그와 같이] 도(道)와 속(俗)에 모두 '정지'의 의미가 있기 때문에 정지부라 했다(『검유집』권6, T70, 465a13-21).

213 『문수사리문경』권하(T14, 501b19-21). 불가기부에 대해 바브야의 제1전승(NBhvy(t), P. U.178a6-7)에서는 정량부 가운데 아반따성(avanta)에 모여 있는 자들을 불가기부(avantaka)라 한다고 설명한다.

214 『문수사리문경』권하(T14, 501b22)에서는 "[법호(法護)는] 율주의 이름이다"라고 하고, 바브야는 "아짜르야 법장(法藏, Dharmagupta)에 의지한다고 말하는 자가 바로 법장부이다"라고 하며(NBhvy(t), P. U.178a8-b1), 빠라마르타는 "법호(法護)는 사람의 이름이다. 이 아라한은 목갈라나의 제자이다"라고 설명한다(『검유집』권6, T70, 465b17).

이 있다고 말했다. 첫째는 경장(經藏), 둘째는 율장(律藏), 셋째는 아비달마장(阿毘達磨藏), 넷째는 주장(呪藏)－곧 주술 등을 밝히는 것, 다섯째는 보살장(菩薩藏)－곧 보살의 본행사[215] 등을 밝히는 것이다.[216] [5장이] 이미 화지부의 본래 종지에 어긋나서 결국 부파가 분열되었다. 다른 사람이 그것을 믿지 않으면 마침내 목갈라나[의 말]을 인용해 논증했다.

[목갈라나의 의역어인 채숙씨(采菽氏)에서] '숙(菽)'이란 콩이다. 옛날 어떤 사람이 녹색콩을 좋아하여 채취해 먹고 드디어 선인이 될 수 있었다. 목갈라나가 그 선인의 종족이기 때문에 '채숙씨'라 한 것이다. 혹은 콩을 먹는 선인이었고 이 사람이 그의 종족이라고도 말한다. '씨(氏)'는 종족의 부류를 말한다. 이 부파는 목갈라나가 5장이 있다고 말한 것을 인용해 논증했다.

(바) 제6차 분열

논 [불멸후] 300년 말에 이르러 설일체유부로부터 다시 음광부(kāśyapīya)－선세부(suvarṣaka)[217]라고도 함－라는 한 부파가 유출되었다.

기 음광(飮光, Kāśyapa)이란 브라만의 성으로서, 곧 꺄샤빠가 성

---

215 석가보살이 성불하기 이전 인위(因位)에 있을 때 행한 일 등을 가리킨다.
216 이와 같이 법장부에서 말하는 5장은 경장·율장·논장·주장·보살장이지만, 이외에 대중부에서는 경장·율장·논장·잡집장·금주장을, 설일체유부에서는 경장·율장·논장을, 독자부에서는 과거장·현재장·미래장·무위장·불가설장을, 경량부는 경장·율장을, 『성실론』에서는 경장·율장·논장·잡장·보살장을, 대승에서는 경장·율장·논장·반야바라밀다장·다라니장을 주장한다.
217 『사리불문경』에서는 음광부와 선세부를 구분 짓고, 음광부는 상좌부에서 분열되었고 선세부는 설일체유부에서 분열되었다고 설명한다.

이다.²¹⁸ 이 사람은 옛날에 몸에서 금빛이 나는 어떤 선인이었는데, 다른 빛이 옆에 도달하면 모두 다시는 나타나지 않게 하고 다른 빛을 숨겨버리기 때문에 음광이라 했다. 이 부파의 교주가 그의 후손이기 때문에 음광부라 했다. 또는 이 부파 교주의 몸에는 금빛이 있어서 다른 빛을 숨겨버릴 수 있기 때문에 [그 사람의 이름을] 음광이라 했다. [또] 이 논사는 어릴 적에 성품이 어질고 덕이 있었는데, 그것에 근거해 이름을 지었기 때문에 선세라 했다. 그 어린 나이에 현명한 행실이 있었다는 것을 기리기 때문이다. 그 성에 따라서는 음광부라 하고, 그 이름에 따라서는 선세부라 한다.

혹은 다음과 같이 말한다.²¹⁹ 이것은 붓다가 재세할 때 [살았던] 깔루다인(Kāludāyin)²²⁰의 아이의 성으로서, 음광이다. [그가] 어렸을 때 바로 붓다에 귀의하고 출가하여 도를 수지했기 때문에 선세라 했다. [그것이 맞는다면] 어떻게 [불멸후] 300년 말에 이 사람이 여전히 살아있었을까?²²¹

---

218 『문수사리문경』권하(T14, 501b23)에서는 "[가섭비(迦葉比)는] 율주의 성(姓)이다"라고 하고, 바브야는 "그 아짜르야가 음광(飮光, Kāśyapa)이라고 말하기 때문에 음광부이다"라고 하며(NBhvy(t), P. U.178b1-2), 빠라마르타는 "음광은 성(姓)이다. … 성으로써 [부파의] 명칭을 건립했다"라고 설명한다(『검유집』권6, T70, 466a3-60).

219 이것은 길장의 설명이다(『삼론현의』T45, 9c24-29). 곧 선세는 깔루다인이 아버지이고 많은 비구니가 어머니로서 7세에 아라한을 증득했으며, 붓다를 만나 법을 듣고 모두 외워서 간직했고 붓다의 말씀을 순서대로 대조하여 외도를 논파한 것을 한 부류로 하고 유정의 번뇌를 대치한 것을 다른 한 부류로 하여 찬집했다. 그 때 그가 말한 것을 믿는 자들이 있었기 때문에 별도로 하나의 부파가 되었다.

220 깔루다인은 붓다 재세시 악행을 저지른 6군비구(六群比丘) 가운데 한 사람으로서, 붓다가 오후불식의 계를 제정하게 된 계기를 제공한 비구이다.

221 길장의 설명을 수용하기 어렵다는 규기의 힐난이다.

(사) 제7차 분열

논 [불멸후] 400년 초에 이르러 설일체유부로부터 다시 경량부(sautrāntika)[222]―설전부(saṃkrāntika)[223]라고도 함[224]―라는 한 부파가 유출되었다. [그들은] 스스로 '우리는 아난다[225]를 스승으로 삼는다'고 말했다.

기 이 논사들은 오직 경에 의지한 것을 올바른 인식수단으로 삼을 뿐 율과 대법에는 의지하지 않는다. 무릇 인증해야 할 것에 경을 증거로 삼는 이들이 바로 경량부의 논사이다. 건립한 주장에 의거해 경량부라 한 것이다.[226] '설전부라고도 함'에 대해 말하겠다. 이 논사들은 '[모든 법에] 종자(種子, bīja)가 있으며, 오직 하나의 종자가 현재세에 상속하다가 전변하여 다음 세에 이른다'고 주장하기 때문에 설전부라 한 것이다.[227] 아래[228]에 가서 알게 될

---

222 3종 해설서 가운데 NBhvy(t)의 제1·3전승과 NBhsg(t)에서는 경량부를 언급하지 않는다.

223 3종 해설서 가운데 NBhvy(t)의 제2전승에서는 설전부를 언급하지 않는다.

224 경량부와 설전부와 무상부와 홍의부는 문헌에 따라 같은 부파로 설명하기도 하고 다른 부파로 설명하기도 한다(제I편 각주155 참조).

225 『이부종륜론』에는 경량부가 아난다를 스승으로 삼는다고 되어있지만 다른 번역본인 『부집이론』에는 웃따라(Uttara)로, SBhu(t)에는 다르못따라(Dharmottara)로 되어 있고, 『십팔부론』에는 그 글이 없다. 'Dharmottara'를 'Uttara'에 'dharma'가 덧붙여져 번역된 것으로 본다면 『부집이론』과 다르지 않으며, 그것들은 또 NBhvy(t)의 제1전승에서 이 부파의 스승을 웃따라로 기술한 것과 일치한다.

226 『문수사리문경』 권하(T14, 501b24)에서는 "율주는 수뜨라가 정의(正義)라고 주장한다"라고 하고, 빠라마르타는 "[3장 가운데] 오직 한 장(藏)의 이치만 건립하여 하나의 경장(經藏)만 있다고 말하기 때문에 이러한 명칭을 지었다"라고 하며(『검유집』 권6, T70, 466c2-3), 길장은 "오직 경장만 바른 것으로 삼고 나머지 [논장과 율장] 둘은 모두 경장을 성립시킬 뿐이라고 말한다"라고 설명한다(『삼론현의』, T45, 10a3).

227 바브야는 "그 [무상부] 가운데 어떤 이는 '이 세에서 다음 세로 뿌드갈라가 이동한다'고 말하는데, 그가 바로 설전부이다"라고 하고(NBhvy(t), P. U.178b2-3), 빠라마르타는 "이 부파는 5온이 이 세에서 다음 세로 건너가는데, 그 성도를 얻지 못하면 5온은 소멸하지 않는다고 설명하기 때문에 설도부라 한다"라고 하며(『검유집』 권6, T70, 466b29-c1), 길장은 "5온이 이 세에서 다음 세에 이르고 대치도를 얻으면 소멸한다고 말한다"라고 설명한다(『삼론현의』, T45, 10a1-2).

228 아래에서 각 부파의 주장을 설명하는 가운데 경량부 주장으로 5가지가 제시된다. 곧

것이다. 구역에서는 설도부(說度部)라 했다.²²⁹

그런데 결집할 때 존자 아난다는 오로지 경장만 널리 펼쳤다. 지금은 이미 경을 인식수단으로 삼기 때문에 아난다를 스승으로 삼는다. [곧] 건립한 주장에 의거해 부파의 명칭으로 삼은 것이다. 뿐나는 대법을 널리 펼쳤고 우빨리는 비나야를 널리 펼쳤는데, [이 부파는] 이미 대법과 율에 의지하지 않기 때문에 지금은 오직 아난다만 스승으로 삼은 것이다.

라) 상좌부 분열의 총결

🔳 이와 같이 상좌부는 7번 갈라졌고 혹은 8번 갈라졌다. 근본과 지말을 개별적으로 말하면 11부파를 이룬다.

⑦ 이하는 네 번째로 부파의 명칭을 매듭지어 나열한 것이다. 그것에 2부분이 있다. 첫째 갈라진 [부파의] 수를 밝히고, 둘째 명칭을 정렬한다.

이것은 첫 번째이다. 만약 상좌부와 대중부로 갈라진 것을 아우르면 8번 갈라짐이 있었고, 만약 근본을 제외하고 지말만 말한다면 설일체유부 이하부터 7번 갈라짐이 있었다. 그러므로 근본을 합하여 셈하면 11부파를 이룬다. [이것은] 『문수사리문경』과 다르다. 거기서는 근본을 아울러 12부파가 있는데,²³⁰ 이미 앞에서

다음 세(世)로 이전 있음, 성도를 배제하고 온의 소멸 없음, 근변온과 일미온 있음, 이생위에 성법 있음, 승의의 뿌드갈라 있음이다.

229 『부집이론』(T49, 20b18-20)에서는 설전부 대신에 설도부(說度部), 경량부 대신에 설경부(說經部)라는 명칭을 사용한다.

230 『문수사리문경』권하(T14, 501b24-25). 그 경에서는 상좌부와 설산부를 별개의 부파로 설명하기 때문이다.

비교한 것과 같다.

▣ 첫째 설일체유부, 둘째 설산부, 셋째 독자부, 넷째 법상부, 다섯째 현주부, 여섯째 정량부, 일곱째 밀림산부, 여덟째 화지부, 아홉째 법장부, 열째 음광부, 열한째 경량부이다.

▣ 이것은 명칭을 정렬한 것이다. 글은 그대로 알면 된다.

(5) 각 부파의 주장

① 약속한 말을 총체적으로 표방함

▣ 이와 같은 부파들의 근본종파와 지말종파의 같은 주장과 다른 주장을 내가 이제 설명하겠다.

▣ 이하부터는 본문의 다섯 번째로 부파의 주장을 자세히 진술한다. 그것에 2부분이 있다. 첫째 설명하겠다는 약속을 총체적으로 표방하고, 둘째 순서에 맞게 개별적으로 진술한다.

이것은 첫 번째이다. '이와 같은 부파들의[如是諸部]'란 앞선 부파들을 다시 거론한 것이다. 이 가운데 근본종파의 같은 주장과 지말종파의 다른 주장[의 의미]에 대해 말하겠다. 가령 대중부·일설부·설출세부·계윤부 4부파의 근본이 처음 쟁론하며 주장을 건립할 때에 같았던 주장을 근본종파의 같은 주장이라 하고, 별도의 부파[로 성립된] 이후 자신의 종파에서 나중에 별도로 건립한 주장이 처음 건립된 것에 어긋나서 근본종파와 달라진 것을 지말종파의 다른 주장이라 한다. 또 예컨대 다문부는 대중부로부터 유출되었는데, 처음

분열되던 때 건립된 주장을 근본종파의 같은 주장이라 하고, 별도의
부파[로 성립된] 이후 다시 별도로 건립한 것이 그 본래 종지에 어
긋난 것을 지말종파의 다른 주장이라 한다. 이하의 하나하나의 부파
는 이것에 준해 알아야 한다. 그러므로 지금 여기서는 후대 [부파의
주장까지] 총괄적으로 일으킨다. 그 후대 부파에는 근본종파와 지말
종파를 [모두] 서술한 것이 있고, 오직 근본종파만 서술하고 지말종
파에 대해서는 '그 밖의 것과 같다'고 가리킨 것도 있다. 주장이 같
은 것은 다시 번거롭게 서술하지 않기 때문이다.

지금 이 부파들의 근본종파의 같은 주장과 지말종파의 다른 주장
을 내가 이제 설명하겠다는 것은 순서대로 설명하겠다고 약속한 것
이다. '이제[今]'란 [저자가 논을 짓는] 그 시기에 이 논에서 설명한
다는 것이다. '하겠다[當]'란 '다음'이다. 이것은 '나중'을 말하기 때
문에 '하겠다'라고 했다.

이것이 첫 번째로 설명하겠다는 약속을 총체적으로 표방한 것이다.

② 각 부파 주장의 개별적 진술

가. 대중부· 일설부· 설출세부· 계윤부의 주장

가) 근본종파의 같은 주장

論 이 가운데 대중부· 일설부· 설출세부· 계윤부의 근본종파의 같
은 주장에 대해 말하겠다. 말하자면 4부파는 똑같이 [다음과 같이] 주
장한다.

記 이하부터는 두 번째로 순서에 맞게 개별적으로 진술한다. 비
록 20부파의 같지 않음이 있긴 하지만 합하여 11단락이 된다. 일

설부·설출세부·계윤부 3부파는 대중부와 함께 합해서 서술하고,
서산부와 북산부 2부파는 제다산부와 함께 합해서 서술하며, 법
상부·현주부·정량부·밀림산부 4부파는 독자부와 함께 합해서
서술하기 때문에 11단락이 있다.

하나하나의 단락에서 주장을 서술하는 글에는 모두 2부분이 있
다. 이제 첫째 부파를 표방하여 근본종파를 서술하고, 둘째 지말
종파가 주장한 것을 개별적으로 진술한다.

이것은 부파를 표방하여 근본종파를 서술한 것이다. 총체적으
로 거론하는 것을 마치고 이하에서는 개별적으로 진술한다.

① 🕮 모든 불세존은 다 출세간이다.[231]

㉮ 이하부터는 개별적으로 서술한다. 그러므로 [다른] 부파들과
같지 않는 경우는 아래에서 글을 풀이하는 것에 근거해 하나하나
대조해 서술할 것이다.

이 부파의 의도는 '세존의 몸은 모두 출세간[232]이다. 결점이 될
만한 것이 없기 때문이고 오직 무루이기 때문이다'고 말하는 것이
다. 말하자면 모든 이생을 세간이라 한 것은 부서질 수 있기 때문
이고 성자들(: 유학·무학)보다 열등하기 때문이다. [또] 2승의 유학
은 아래로는 이생을 넘어서지만 무학보다 열등하기 때문이다. [또]

---

231 이 주장을 바브야는 일설부 주장①로 기술하고, 위니따데바는 설출세부 주장①로 기술
하며, 또 『대비바사론』권173(T27, 871c2-17)에서는 분별론자와 대중부 주장으로 거론하
고, KV(a), XVIII.1에서는 방광부 주장으로 거론한다.
232 여기서 '출세간'은 무루(無漏)를, '세간'은 유루(有漏)를 의미하는 것으로서, 이들 4부파
의 근본주장에서는 붓다의 색신(色身)이 무루라고 주장한다.

2승의 무학은 아래로는 유학을 넘어서지만 붓다보다 열등하기 때문에, 그의 몸을 초월해서 오직 무루인 것이 아니기 때문에[233] 부서질 수 없는 것이 아니어도 여전히 세간이란 명칭을 건립한다. 오직 불세존만 아래로는 일체를 넘어서서 열등하게 되는 것이 없기 때문에 부서질 수 없고, 부서지는 것을 초월하기에 다 출세간이다.

[이것은] 사람에 의거해 [붓다의 속성을] 논의한 것이다. [붓다의 색신은] 무루의 몸이기 때문이다. 사르바스띠바딘(sarvāstivādin) 등은 그 주장이 그렇지 않다.[234]

② 🗲 일체의 여래에게는 유루법이 없다.[235]

⑦ [이것은] 법에 의거해 [붓다의 속성을] 논의한 것이다. 18계 등이 불신(佛身)에 있을 때에 모두 무루라 한다. 누(漏)에 상응하는 것이 아니고 누에 계박된 것이 아니기 때문에 무루라 한다. 붓다에게 있는 3업도 모두 무루이기 때문에 모든 여래에게는 유루법이 없다. 이 4부파를 제외한 그 밖의 부파들이 [주장하는] 붓다는 모두 그렇지 않다.[236]

---

233 여기서는 무학의 색신에 유루와 무루가 모두 있기 때문에 오직 무루인 붓다의 색신보다 열등하다고 설명하고 있다. 와수반두는 무학의 색신이 유루이면서 무루라는 주장을 비유논사의 주장으로 거론하기도 한다(『구사론』권13, T29, 69b6-9).

234 설일체유부는 붓다의 색신이 유루법이라고 주장한다. 붓다의 색신은 무명결(無明結)과 애결(愛結)의 결과이고 10처와 나머지 2처의 일부가 유루이며, 또 붓다의 색신이 다른 사람의 탐·진·치를 발생하게 하기 때문이다(『대비바사론』권44, T27, 229a16-b24; 권76, T27, 391c26-392b17. 등).

235 이것은 붓다의 법신(法身)이 모두 무루라는 주장이다. 이 주장을 바브야는 일설부 주장 ②로 기술한다.

236 이들 4부파는 붓다의 색신과 법신을 모두 무루로서 인정하지만, 설일체유부의 경우에 색신은 유루이고 법신만 무루이다. 법보(法寶)는 "대중부 등이 붓다에게 유루가 없다

③ 🔘 모든 여래의 말씀은 다 법륜을 굴린다.[237]

🔳 붓다가 설한 말씀이 다 법륜이기 때문에 붓다의 법륜은 오직 8정도만이 아니다. 사르바스띠바딘은 "8성도지가 올바른 법륜이고 견도를 륜(輪)이라 일컬으며, 또한 붓다의 말씀이 모두 법륜을 굴리는 것은 아니다."[238]고 설명한다. 지금 이 부파는 "오직 견도 하나만을 륜이라 하는 것이 아니다. 붓다가 설한 말씀에 이익 안 되는 것이 없기 때문에 붓다가 설한 것이 다 법륜이다. 굴복시키는 것과 전전하는 것을 륜이라 한다.[239] 붓다의 말씀이 전전하여 다른 사람의 몸에 있고 다른 사람 몸의 무지(無知)와 혹(惑) 등을 굴복시키기 때문에 륜이라 일컫는다."라고 설명한다.

🔳 붓다가 아난다에게 "하늘에서 비가 오느냐, 오지 않느냐?"라고 묻고, 비구들에게 "그대들은 적당하느냐, 하지 않느냐?"

[고 주장한 것은] 대승과 같다"라고 비평하기도 한다(『구사론소』권14, T41, 648c29-649a1). 이 주장을 KV(a), II.10에서는 안다까 주장으로 거론한다.

237 이 주장을 바브야는 일설부 주장③으로 기술하고, 위니따데바는 설출세부 주장⑦로 기술하며, 또 『대비바사론』권182(T27, 912b7-16)에서는 마하승기부 주장으로 거론하고, KV(a), II.10에서는 안다까 주장으로 거론한다. 반면 와수미뜨라가 기술한 설일체유부 근본주장団에 상반된다.

238 설일체유부는 견도(見道)만 법륜이고 8정도가 그 법륜의 본질이라고 주장한다. 그들은 말씀이 아닌 성도를 법륜의 본질로 삼기 때문에 붓다가 보리수 옆에서 장사꾼들에게 설법한 것은 법륜을 굴린 것이 되지 못하고 그 뒤 므리가다바(Mrgadāva)에서 꼰단냐(Koṇḍañña, 憍陳如) 등에게 설법해서 그들이 법을 보게 한 것이 법륜을 굴린 것이라고 설명한다. 예컨대 『대비바사론』권183(T27, 916b13-17)에서는 "🔳 붓다가 설한 법은 남김없이 법륜이라 하는가? 🔳 아니다. 오직 견도에 들게 하는 것이라야 비로소 법륜이라 한다. 🔳 만약 그렇다면 붓다가 설한 법을 듣고 견도에 드는 자가 많은데 왜 모두를 법륜이라 하지 않는가? 🔳 그 일체가 비록 법륜이긴 하지만 최초와 최후에 바른 이해를 얻는 자[에게 설한 것]을 법륜이라 한다. 최초는 꼰단냐 등이고 최후는 수밧다(Subhadda)이다."라고 말한다.

239 『대비바사론』권182(T27, 911b27-29)에서는 '륜(輪)'에 3가지 의미가 있다고 설명한다. 곧 움직이면서 머물지 않는다는 의미, 여기를 버리고 저기로 나아간다는 의미, 원수를 항복시킨다는 의미이다.

라고 묻는 것²⁴⁰은 무슨 이익이기에 법륜이라 하는가?

🈷 이것은 모두 이익이다. 아난다가 사태를 자세히 살피게 하기 위해 붓다는 알지 못하는 것이 없어도 오히려 하늘에서 비가 오는가를 물은 것이다. 하물며 아직 완전한 지(智)를 [증득]하지 못해서 자세히 살피지 않은 자랴! [또] 다른 사람의 증상만(增上慢)을 없애고자 붓다는 알아도 오히려 물은 것이다. 하물며 알지 못하는 자가 그 밖의 아직 알지 못하는 법들의 성상(性相)에 대해 자세히 살피지 않는 것이랴! 이와 같은 많은 의미에서 비구들에게 그대는 적당하느냐, 하지 않느냐를 물은 것이다. [그러한 물음은] 자비를 드러내는 것이기 때문이다. 만약 묻지 않는다면 붓다에게는 자비가 없어서 제자의 안위에 대한 일을 알지 못한다고 말할 것이기 때문에 물음을 던진 것이다. [또] 비구가 환희하여 도를 수습하게 하기 위해서이다. 붓다가 나에게 묻는다면 큰 환희를 내어 도를 수습하고 배우기 때문이며, 또한 미래[의 사람이] 이런 일을 행하게 하기 때문이다. 이와 같은 여러 가지 인연에 의지해 붓다의 말씀은 모두 법륜을 굴린다.

이것은 법륜의 본질로서, 곧 붓다의 명(名)과 구(句)와 음성[聲] 등의 교법(敎法)을 본질로 한다.

④ 🈷 붓다는 일음(一音)으로 일체법을 설한다.²⁴¹

---

240 설일체유부는 이러한 부류의 붓다 말씀에는 이익과 불이익이 모두 없기 때문에 무기(無記)라고 설명한다(『대비바사론』 권126, T27, 659b19-27).

241 이 주장을 위니따데바는 설출세부 주장②로 기술한다. 반면 와수미뜨라가 기술한 설일체유부 근본주장52에 상반된다.

⑦ 붓다가 많은 시간동안 완전한 공덕과 신통력을 수습한 것은 생각해 헤아려지는 것이 아니다. 하나의 음성으로 하나의 명자(名字)를 설하여 일체유정이 법을 듣고 개별적으로 이해하여 자신의 진로(塵勞: 번뇌)를 제거하게 한다.[242] 곧 일음으로 일체법을 설하기 때문이고, 듣는 자들이 모두 개별적으로 추대한 의미와 미세한 의미를 깨닫게 하기 때문이다. 사르바스띠바딘 등은 그렇다고 인정하지 않는다.[243] 아래[244]에 가서 알게 될 것이다.

⑤ 🅝 세존이 설한 것에는 이익에 맞지 않는 것이 없다.[245]

⑦ 붓다가 설한 말씀은 다른 이를 이익 되게 하고 이익 되지 않는 허언이 없다. '이익[義, artha]'이란 의리(義利)이다. 모두 요익하기 때문이다. 사르바스띠바딘 등[246]이 '불세존에게도 이익에 맞지

---

242 전 세계의 수많은 언어권의 사람을 한 자리에 모아놓고 붓다가 하나의 언어로 설하더라도 각 언어권의 사람들은 자기의 언어로 설한다고 여기고 각자 알아듣는다는 의미이다.

243 붓다의 말씀이 일음인지 아닌지에 대한 논의는 『대비바사론』권79(T27, 410a12-c9)에서 자세히 다루고 있다. 그것을 요약하면, 대중부 등에서는 붓다의 말씀을 일음으로 인정하는 반면 설일체유부는 그것을 인정하지 않는다. 전자의 근거는, 일음으로 모두 다 이해시킬 수 있어도 다르게 설한 것은 교화를 받는 자가 듣고자 하는 언어로 설하기 위해서이고, 모든 언어를 다 잘 안다는 것을 나타내기 위해서이며, 또 붓다의 변형되지 않은 언어로 교화를 받아야 하는 이와 변형된 언어로 교화를 받아야 하는 이에게 모두 이익을 주기 위해서라는 것이다. 반면 후자의 근거는 귀로 색을 보게 하거나 눈으로 소리를 듣게 할 수 없는 것처럼 세존의 자재한 신통력으로도 대상을 바꿀 수 없다는 것이다.

244 설일체유부 근본주장🔢 참조.

245 이 주장을 바브야는 일설부 주장④로 기술한다. 반면 와수미뜨라가 기술한 설일체유부 근본주장🔢에 상반된다.

246 붓다의 말씀이 모두 이익 되는 것이 아니라는 주장은 설일체유부뿐만 아니라 다문부·설전부·독자부·법상부·현주부·정량부·밀림산부·화지부·경량부 등 10부파에서 주장하는 것이기도 하다. 반면에 붓다의 모든 말씀이 다 이익 된다고 주장하는 부파로는 대중부 등 4부파 이외에 설가부·제다산부·서산부·북산부·법장부·음광부 등 10부파가 있다(『의림장』권1, T45, 245a12-b17).

않는 말씀이 있다'고 주장한 것²⁴⁷에 대립되는 이유이다. 또 붓다
가 설한 것은 모두 잘못이 없고 도리에 칭합하며 힐난을 건립할
수 없기에 '이익에 맞는[如義]'이라 한다. 또 붓다가 말씀한 것에
는 4가지 잘못이 없다.²⁴⁸ 첫째 비처(非處)가 없고, 둘째 비시(非時)
가 없고, 셋째 비기(非器)가 없고, 넷째 비법(非法)이 없다. 처(處)
란 처소로서, 이익에 상응하는 곳이다. 시(時)란 시기로서, 이익
되는 시기이다. 기(器)란 근기이다. 법(法)이란 교법으로서, 계·정·혜
등이다.²⁴⁹ 이익에 상응하는 법은 결코 잘못된 말씀이 아니다.

⑥ 🔲 여래의 색신은 실제로 한계가 없다.²⁵⁰

⑦ 이 부파의 의도는 '붓다가 [3아승기의] 많은 겁 동안 수습하
여 증득한 보신(報身)²⁵¹은 완전무결한 법계²⁵²이기에 한계가 없다.

---

247 설일체유부 근본주장⑬ 참조.
248 이 4가지 잘못은 『대승본생심지관경』권2(T3, 296c8-10)에서 모든 여래가 4가지 잘못을
원리하고 상응하는 법을 설한다고 하는 곳과 같다.
249 비처가 없다란 교화하는 자와 교화되는 자가 이익이 될 만한 곳에 있어서 반드시 이곳
에서 이익을 내기 때문이며, 비시가 없다란 이 생과 이 장소와 이 때에 이익에 상응하
여 때에 맞게 말하는 것은 반드시 잘못이 없기 때문이며, 비기가 없다란 근기에 맞게
말하는 것에 오류가 없기 때문이며, 비법이 없다란 이익이 될 만한 계·정·혜 등은 반
드시 근기에 맞아서 성기거나 어지럽히는 것이 없기 때문이다.
250 이 주장을 바브야는 일설부 주장⑤로 기술하고, 위니따데바는 설출세부 주장③으로 기
술한다. 여기서는 붓다의 색신에 이어 위력과 수명에 한계가 없다는 것을 설명하는데,
그 내용은 KV(a), XXI.5에서도 확인된다. 그곳에서는 붓다들 간에 몸(sarīra)의 차이와 수
명(āyu)의 차이와 광명(pabhā)의 차이를 제외한 그 밖의 것들에 대해 열등하다거나 월
등하다고 하지 않는다는 것을 자파(自派)의 주장으로 하고, 그러한 구분을 하지 않고
열등함과 월등함이 있다고 주장하는 것을 안다까 주장으로 거론한다.
251 규기는 여기서의 색신(色身)을 보신(報身)으로 확대해 해석하지만, 빠라마르타는 색신
으로 해석했고 또 바브야와 위니따데의 기술에도 'gzugs'와 'sku'로 되어 있다.
252 여기서 법(法)은 공덕을 의미하고 신(身)은 진리의 본질을 의미하는데, 법의 신이기 때
문에 법신이라 한다(『대승기신론광석』권4, T85, 1152a28-29).

눈에 보이는 1장6척은 실제의 불신(佛身)이 아니다. [유정의] 근기에 맞게 교화하기 때문이다'고 말하는 것이다.

　빠라마르타 법사는 불신에 3가지 한계 없음이 있다고 했다. 첫째는 신장[量]의 한계 없음이다. 그 근기에 맞게 크거나 작은 몸을 나타내기 때문이다. 작은 것만 있고 큰 것이 없거나 큰 것만 있고 작은 것이 없다면 한계가 있다고 말할 수 있지만, 신장이 오직 클 뿐이라거나 오직 작을 뿐이라고 확정지어 말할 수 없기 때문에 한계가 없다고 말한다. 둘째는 수(數)의 한계 없음이다. 만약 많은 중생이 같은 때에 각각 붓다를 알맞게 보는 일이 있다면 붓다는 많은 몸을 나타낸다. 몸의 개수가 확정되지 않기 때문에 한계가 없다고 말한다. 셋째는 원인[因]의 한계 없음이다. 불신의 모든 법은 하나하나가 모두 무량한 선근을 원인으로 발생한 것이기 때문에 원인의 한계 없음이라 한다.

　이 이치는 타당하지 않다. 사르바스띠바딘 등의 부파들도 이 3가지 한계 없음이 있다고 인정하는데,[253] 어떤 차이가 있어서 지금 그것을 서술하겠는가? 여기서의 의도는 '붓다의 보신에 한계가 없다는 것이 여러 부파들과 다르기 때문에 그것을 별도로 서술한다'고 말하는 것이다. 이 하나의 이치를 검사해도 [『부집이론소』의] 이치들이 들쭉날쭉하다. 번거롭게 하나하나의 차이점을 자세히 서술하지는 않겠다.

---

253 설일체유부는 여래의 법신에 쇠퇴함이 없더라도 모든 이숙과에 쇠퇴함이 있기 때문에 색신에는 쇠퇴함이 있다고 주장한다(『대비바사론』권30, T27, 156b9-12).

⑦ 🔵 여래의 위력에도 한계가 없다.

⑦ 이 부파는 "붓다에게 있는 신통을 위력이라 하고, 위덕과 신통력이기 때문에 위력이라 한다."라고 주장한다. [또] " 붓다는 작의하지 않아도 한 찰나에 시방 일체세계에 편재한다."라고 주장한다. [반면에] 여러 부파들은 "붓다는 작의하지 않으면 3천대천세계에만 미치고, 작의할 때에는 시방에 편재한다."라고 주장한다.[254] 지금은 붓다가 작의하지 않아도 시방에 편재한다는 것을 설명하기 때문이다. 빠라마르타 법사가 자세히 인용한 것이 이미 있다.

⑧ 🔵 모든 붓다의 수명에도 한계가 없다.[255]

⑦ 보신에 한계가 없고 많은 겁 동안 수습해 증득했기 때문에 실제로 수명도 무궁무진하다. 유정을 이익 되게 하기 위해 많은 겁 동안 도(道)를 수습했기에 유정계가 다하지 않는다면 [붓다의] 수명도 다함이 없다. 유정을 이익 되게 하는 것에 쉬는 날이 없기 때문이다. 만약 시기나 형편의 알맞음에 따라 교화했다면 역시 쌍림(雙林)에서 숨어버렸을 것이다.

🔵 만약 신족(神足)에 의지해 늘여서 수명을 길게 한 것[256]이라

254 예컨대 설일체유부는 '성문은 작의하지 않을 때는 소천세계까지 이르고 작의할 때는 중천세계까지 이르며, 독각은 작의하지 않을 때는 중천세계까지이고 작의할 때는 대천세계까지이며, 붓다는 작의하지 않을 때는 대천세계까지이고 작의할 때는 끝없는 세계에 이른다'고 주장한다(『대비바사론』권186, T27, 935a1-4).
255 이 주장을 위니따데바는 설출세부 주장③으로 기술한다.
256 『장아함경』권2(T1, 15b19-24)에서, 붓다는 4신족을 잘 수습했기 때문에 1겁 혹은 1겁 이상이라도 머물고자 하기만 하면 마음이 바라는 대로 바로 머물 수 있다고 설하고 있고,

면 여러 부파들과 무엇이 다르겠는가?

답 지금은 실제의 수명을 말하기 때문에 한계가 없는 것이다. 여러 부파들과 다르다.

⑨ 논 붓다는 유정을 교화하여 청정한 믿음을 내게 하지만, 만족하는 마음이 없다.

기 붓다는 유정을 교화하여 그 유정이 믿음을 깊이 내게 하지만 붓다에게는 만족하는 마음이 없다. 이 부파의 의도는 '붓다가 [유정을] 이익 되게 하는 마음에 만족이 없기 때문에 열반에 들지 않으며, 자비에 한계가 없고 수명에 한계가 없다'고 말하는 것이다. 만약 유정에게 붓다가 현현하여 이익 되고 안락하게 해야 한다면 왕궁 등에서 태어나 붓다를 성취하고 교화해 이끌 것이며, 현현하는 조건이 그치게 해야 한다면 변화하여 열반에 들 것이다. [그러나] 마음에 만족이 없기 때문에 보신으로 머물러 미래에까지 다하며, 부류의 형태에 따라 변화하여 방편으로 교화한다. [이것을] 만족이 없다고 말한다. 다른 부파257의 '현현과 교화의 조건이 이미 다하여 진실한 보신이 적멸에 영원히 들며 마음에는 만족이 있다'는 것과 같지 않다.

또 『대비바사론』권141(T27, 725c29-726a7)에서도 4신족이 바로 수명이라고 설명하고 있는 것처럼, 아라한 등은 4신족에 의지해 자신의 수명을 연장시켜 머물 수 있다[留多壽行]. 여기서는 대중부 등 4부파가 다른 부파들과 달리 신통이 아닌 실제의 수명에 한계가 없다고 주장한다는 것에 차이가 있다.

257 설일체유부는 붓다의 색신에 한계가 있다고 주장하기 때문에 붓다가 반열반에 드는 것을 교화의 조건이 다하여 적멸에 든다고 말한다. 예컨대 『대비바사론』권30(T27, 156a11-12)에서 "불세존이 교화의 조건을 마치고 적멸에 들고자 꾸시나라성 빠빠읍에 머물 때…"라고 말하고 있다.

⑩ 🔵 **논** 붓다에게는 잠과 꿈²⁵⁸이 없다.

㉠ 잠은 마음이 흐리멍텅한 것이다. 오직 산위(散位)에서만 머물기 때문이다. 붓다에게는 정(定)이 아닌 마음이 없기 때문에 잠이 없다. 꿈은 생각하고 바라는 것 등에 의지해 발생한다. 붓다에게는 이런 일이 없기 때문에 꿈도 없다.²⁵⁹

사르바스띠바딘 논사는 붓다에게 잠이 있어도 꿈은 없다고 인정한다.²⁶⁰ 망령된 생각과 하고자 하는 욕망의 발생이 없기 때문이다. 불염오무지가 꿈의 발생을 이끄는데, 붓다에게는 불염오무지의 장애가 없기 때문에 그 꿈이 두루 없다는 것이다. 또한 붓다에게 꿈이 있다고 인정하는 부파들도 있다. 그러므로 [붓다에게 잠만 있다고 주장하는 부파와 꿈도 있다고 주장하는 부파들에 대한 비판을] 모아서 붓다에게는 잠과 꿈이 없다고 말했다.

⑪ 🔵 **논** 여래는 물음에 대답할 때 사유에 의지하지 않는다.

㉠ 이 부파의 의도는 '붓다에게는 가행이 없어서 말해야 할 명·구·문 등을 사유하지 않고 비로소 다른 이를 위해 말하고 저절로 대답한다'고 말하는 것이다. 여러 부파들이 주장한 것은 '붓

---

258 ⑱본과 ⑳본은 모두 '잠'만 언급하고, ⑪본에서도 '잠' 또는 '꿈'을 의미하는 'mnal ba'라는 하나의 단어만 언급하지만, 현장역에서는 '잠'과 '꿈'을 모두 언급하고 있고 또 규기는 그것에 의지해 2가지로 나누어 풀이하고 있다.
259 꿈이 실유가 아니라는 것을 『대비바사론』권37(T27, 193b4-5)에서는 비유자 주장으로 거론하고, 붓다에게 잠이 없다는 것을 『대비바사론』권79(T27, 410b26-28)에서는 분별론자 주장으로 거론하고 있다.
260 설일체유부는 몸을 조절하기 위한 불염오(不染汚)의 잠은 붓다에게도 있으며, 꿈은 아라한이나 독각에게 있어도 붓다에게는 없다고 주장한다(『대비바사론』권37, T27, 194a9-28).

다에게는 비록 작의하고 가행하여 비로소 대답하는 것이 없긴 하
지만 [후득지가] 말해야할 명·구·문 등을 반연하고 비로소 다른
이의 힐난에 대답한다'²⁶¹는 것이다. 지금 여기서의 [주장은] 저절
로 [대답하고] 사유를 빌리지 않는다는 것이다.

⑫ 🔲 붓다는 모든 때에 명 등을 설하지 않는다. 항상 정(定)에 있
기 때문이다. 그러나 모든 유정은 [붓다가] 명 등을 설한다고 말하면
서 환희하고 신명을 낸다.²⁶²

⑦ 이 부파의 의도는 '모든 붓다는 설법할 때 저절로 설하지 반
드시 명·구·문 등을 사유하는 것이 아니다'고 말하는 것이다.
[붓다는] 저절로 이치에 상응하는 말씀과 수승한 명·구[·문] 등
을 스스로 성취하며, 항상 정(定)에 있기²⁶³ 때문에 명 등을 사유
하지 않는다. 그런데 법을 듣는 자는 붓다가 그를 위해 명 등을
사유해 법을 설한다고 말한다. 이러한 이치에 상응하는 말씀이
현전하는 일이 있어서 환희를 깊이 내고 신명이 한량없으며 교법
에 의지해 봉행한다. 곧 사유가 없어도 스스로 [다른 이를 교화하
는] 일의 의미를 성취하는 것이다. 말하자면 붓다는 명·구·문 등
을 사유하지 않고 저절로 수승한 명·구·문을 스스로 성취하며,

---

261 설일체유부에 따르면, 붓다는 반드시 명·구·문에 능숙하기 때문에 다른 이를 위해 온·처·계
   등을 설해 열반을 얻게 하고, 또 순서대로의 명·구·문에 의지해 다른 이들에게 연설한
   다(『대비바사론』권14, T27, 70a10-19; 권126, T27, 659a3-8).
262 이 주장을 KV(a), XVIII.2에서는 방광부 주장으로 거론한다. 그 가운데 '붓다가 항상 정
   에 있다'는 것을 위니따데바는 설출세부 주장④로 기술하며, 또 『대비바사론』권79(T27,
   410b26-27)에서는 분별론자 주장으로 거론한다.
263 이에 대해 설일체유부는 붓다가 정념(正念)과 정지(正知)에 잘 안주하기 때문에 그렇게
   찬탄한 것일 뿐이라고 주장한다.

유정은 붓다가 명 등을 사유하기 때문에 바야흐로 [자신을] 위해 설한다고 말하며 환희해 스스로 기뻐하고 신명내어 수습에 나아간다.

여러 부파들은 그렇지 않다. 곧 붓다에게는 비록 가행과 사려가 없지만 실제로는 말해야 할 명 등도 사유하여 법에 맞게 조합해 바야흐로 다른 이를 위해 설한다고 한다. 그러므로 여기서 설명한 것은 여러 부파들과 다르다.[264]

⑬ 🈁 한 찰나의 심이 일체법을 요별한다.[265]

⑺ 붓다를 제외하고 다른 [자의] 심(心)이 비록 공상을 반연하지만 [붓다는] 한 찰나의 심이 자성도 반연하여 일체법을 요별한다. 그러나 그 차이를 증명할 수는 없다. 붓다는 많은 겁 동안 그 심을 단련했기 때문에 일체를 요별하는 심이 붓다를 넘어서는 자는 없다. 그러므로 붓다의 한 찰나의 심은 일체법의 차별과 자성을 요별해 증지한다.

다른 부파[에 따르면], 붓다의 심은 한 찰나에 일체법을 요별하지 못하며 그 자성과 상응과 공유의 법을 제외한다.[266] 여기서는

---

264 이들 4부파는 붓다가 명 등을 사유하지 않는 것은 물론 항상 정에 있기 때문에 명 등을 설하지도 않는다고 주장하지만, 설일체유부 등에 있어서는 '항상 정에 있다'는 것이 부정되기 때문에 명 등을 설하지 않는다는 것도 당연히 부정된다.

265 이 주장을 위니따데바는 설출세부 주장⑤로 기술하며, 또 『대비바사론』 권9(T27, 42c11-14)에서는 대중부 주장으로 거론하고, KV(a), XVI.4에서는 동산부와 서산부 주장으로 거론한다.

266 대중부는 지(智) 등이 요별하는 것을 본질로 삼기 때문에 자신과 다른 이를 요별하듯이 심·심소법이 자성을 요별한다고 주장한다. 그런데 법밀부는 혜(慧) 등이 상응하는 수(受) 등을 요별하는 것처럼, 심·심소법이 상응하는 법을 요별한다고 주장한다. 또 화지

한 찰나에도 자성과 상응과 공유 등 법의 차별과 자성을 요별한
다는 것이기 때문에 다른 부파와 다르다.

⑭ 🔵 한 찰나의 심(心)에 상응하는 반야(般若)가 일체법을 안다.[267]

⑦ 이것은 붓다의 혜(慧)를 밝힌 것이다. 한 찰나에 마음과 상응
하고 또한 모든 법을 다 이해하는 것은 완전한 혜이기 때문이며,
해탈도에 이르고서 금강도[268] 뒤의 한 찰나의 순간에 바로 모든
법의 자성을 이해하고 [찰나]상속을 빌리지 않은 채 바야흐로 법
을 남김없이 알아서 모두 이해하는 것도 혜의 자성이기 때문이다.
 앞 [단락]에서는 심왕(心王)이 법을 남김없이 요별한다는 것을
밝혔고, 지금은 지혜(智慧)가 법을 남김없이 이해한다는 것을 밝
힌다. [그 둘의] 작용에는 차이가 없다.

부는 혜(慧)에는 상응하는 것과 상응하지 않는 것이 있고 그것들이 동시에 발생해서
상응한 혜는 상응하지 않는 것을 알고 상응하지 않는 혜는 상응한 것을 아는 것처럼
공유하는 법을 요별한다고 주장한다. 또 독자부는 뿌드갈라가 일체법을 요별하는 것이
지 지(智)가 요별하는 것이 아니라고 주장한다. 또 설일체유부는 자체가 자체를 반연하
지 못하고 서로 상응하지 않는다고 이해하기 때문에 그 자성과 상응과 공유의 법을
제외한 나머지들을 요별하며, 뿌드갈라성도 얻을 수 없다고 주장한다. 자성이 자성을
알지 못하는 것은 자성이 대상이 아니기 때문이며(와수미뜨라 주장), 자성이 자성을 안
다면 타성을 알지 못해야 하기 때문이다(어떤 대덕의 주장). 또 상응하는 법들을 알지
못하는 것은 동시에 하나의 대상에 대해 전전하기에 자성과 상응 간에 반연한다는 의
미가 없기 때문이다. 또한 심에 수전하는 색이나 불상응행 등 구유하는 법들은 너무
근접해 있기 때문에 알지 못하고, 뿌드갈라는 토끼의 뿔처럼 얻을 수 없기 때문에 뿌드
갈라는 일체법을 알지 못한다고 주장한다(『대비바사론』 권9, T27, 42c10-44a27).
267 이 주장을 위니따데바는 설출세부 주장⑤로 기술하며, 또 『대비바사론』 권9(T27, 42c11-14)
 에서는 대중부 주장으로 거론하고, KV(a), XVI.4에서는 동산부와 서산부 주장으로 거론
 한다.
268 여기서 해탈도는 무간도(無間道)에서 번뇌의 현행을 끊은 뒤에 발생한 한 찰나의 정지
 (正智)로서, 이것에 의지해 진리를 증득한다. 그것에서 더 나아가서 발생시킨 금강유정
 (金剛喩定)은 무간도에 해당하고 그것으로 인해 증득한 아라한과나 불과는 해탈도에
 해당하기 때문에 그 무간도를 금강도 또는 금강무간도라 한다.

⑮ 🔊 모든 불세존의 진지(盡智)와 무생지(無生智)는 반열반에 이를 때까지 항상 수전한다.²⁶⁹

⑦ 이들 부파는 "붓다의 18계는 모두 무루이다. 붓다의 무루지는 반열반에 이를 때까지 항상 하나하나의 찰나에 현전한다."라고 설명한다. [그들] 종파에는 2가지 지(智)가 있다. 말하자면 진지와 무생지이다. 곧 현재세에 속한 괴로움의 소멸을 관하는 것을 진지라 하고, 미래세에 속한 괴로움의 불발생을 관하는 것을 무생지라 한다. 일체의 시기에 하나의 본질인 2가지 작용이 항상 서로 수전한다. 곧 2가지 작용을 2가지 지의 현전이라 한다. 사르바스띠바딘 등은 '붓다에게 오히려 무기심이 있는데²⁷⁰ 어떻게 2가지 지가 항상 현기한다고 인정하겠는가?'[라고 말한다.]

혹은, 무루지가 붓다에게 항상 현전하는데, [그것이] 누진신(漏盡身)에서 항상 현전하기 때문에 진지라 하고, 무생신(無生身)에서 항상 현전하기 때문에 무생지라 한다.²⁷¹ 사르바스띠바딘 등은 몸이 바로 그러할 수 있지만 지(智)는 그렇지 않다는 것이다.²⁷² 그러므로 다른 주장이다.

🔊 앞에서 한계 없음을 설명하면서 붓다의 보신은 다하여 없어

---

269 이 주장을 위니따데바는 설출세부 주장⑥으로 기술한다.
270 대중부 등은 붓다에게 무기심이 없다고 주장하지만, 설일체유부는 붓다에게 4무기심 가운데 공교무기(工巧無記)를 제외한 위의무기(威儀無記)·이숙무기(異熟無記)·통과무기(通果無記)가 있다고 주장한다(『구사론』권13, T29, 72a6-13). 그와 같이 무기심이 있는 경우도 있기 때문에 진지와 무생지가 항상 수전한다는 것은 인정되지 않는다.
271 앞의 해석은 하나의 본질에 있는 2가지 작용에 의거했고, 지금은 하나의 본질에 있는 2가지 의미에 의거한다.
272 붓다의 몸에 대해 누진신과 무생신이라 할 수는 있지만 그것들에 의거해서 진지와 무생지라 할 수 없다는 의미이다.

지는 날이 없다고 했는데, 왜 여기서는 2가지 지가 반열반에 이를 때까지 현기한다고 하는가? 화신(化身)에는 반열반이 있어도 보신은 그렇지 않기 때문이다.

🔳 비록 실제로 보신에게는 열반에 드는 날이 없고 설령 유정계가 다하여 미래세에 열반하는 때가 있더라도 진지와 무생지는 항상 수전한다. [이 주장의] 의도는 2가지 지에 간단있는 때가 없다는 것을 드러내는 것이지, 보신에 열반하는 날이 있다는 것을 드러내는 것이 아니다.

16 🔳 일체 보살은 모태에 들어가서 모두 깔랄라(kalala)·아르부다(arbuda)·뻬쉬(peśī)·가나(ghana)[273]를 집수하지 않는 것을 자신의 본질로 한다.[274]

7️⃣ 깔랄라는 한자로 잡예(雜穢)라 하는데, 아버지와 어머니의 부정(不淨)이다. 잡(雜)이란 염오이고, 혐오할 만하기 때문에 예(穢)라 한다. 아르부다는 한자로 포(疱)라 하는데, 그것이 점점 세포분열하는 것이 부스럼과 같다. 뻬쉬는 한자로 응결(凝結)이라 하는데, 그것을 숙혈(熟血)이라 부르고 또한 뻬쉬라 한다. 날이 갈수록 점점 성장하고 바로 응결한다. 가나는 한자로 후(厚)라 하는데, 점

---

273 모체에 수태 후 출생까지의 266일간을 구분하는 것에 대해 여러 학설이 있다. 대중부나 설일체유부 등은 5위를, 화지부나 정량부는 6위를, 유가행파는 8위를, 그리고 상캬부파는 4위를 주장한다. 그 가운데 여기서 설명하는 태내5위설에 따르면, 깔랄라·아르부다·뻬쉬·가나는 수태 후 각각 1주일까지 총 4주의 단계이고 그 뒤부터 출생할 때까지는 쁘라샤카(praśākhā)이다.

274 이 주장을 바브야는 일설부 주장6으로 기술하고, 위니따데바는 설출세부 주장8로 기술한다.

점 응결이 두터워진다. 『오왕경』에서 "첫 번째 7일에 잡예가 성립
하고, 두 번째 7일에는 부스럼 같으며, 세 번째 7일에는 이미 응결
했고 네 번째 7일에는 점점 응결이 두터워진다."²⁷⁵고 했다.

보살이 태에 들어가는 것은 부정(不淨)에 도움 받지 않으며 또
한 이것이 점점 증장하는 일도 없다.²⁷⁶ 말하자면 만약 태에 들어
가면 근과 대종을 갖추고, 이미 모두가 한순간에 완전해져 쁘라
샤카(praśākhā, 鉢羅賖佉位)에 이른다. 쁘라샤카는 한자로 구근(具
根)이라 한다. 다섯 번째 7일에 이른 것을 바로 이 분위라 한다.
곧 보살에게는 별도로 청정하게 물질을 만드는 대종이 있어서 모
든 근이 한순간에 구족되는 것을 자신의 본질로 삼는다는 것을
드러낸다. 부정한 것을 이용하지 않기 때문에 점점 증장하는 것
이 아니다. 부정한 것에 도움 받은 자에게는 이렇게 점점 증장하
는 일이 있고, 앞의 4가지 분위에서 점점 증장하는 때에 핍박을
받기 때문이다.

🔲 이 보살은 최후신[보살](最後身菩薩)인가? 일체[의 보살]인가?²⁷⁷

🔲 지금은 일체의 최후신보살을 말하며, [최후신보살] 이전은 논
의하지 않았다. 이전의 분위에서는 반드시 이와 같지는 않다.

---

275 『불설오왕경』(T14, 796a28-b4).
276 설일체유부는 보살이 모태에 들어갈 때 아버지와 어머니에 대해 전도한 생각이 없지만
   염오가 없는 것은 아니라고 주장하지만(『대비바사론』권171, T27, 864a2-12), 이들 4부파
   는 보살이 태내4위를 뛰어넘어 바로 제5위에 이른다고 주장한다.
277 보살에는 10가지가 있는데, 곧 종성(種性, gotrastha)·입(入, avatīrṇa)·미정(未淨, aśuddhāśaya)·
   정(淨, śuddhāśaya)·미숙(未熟, aparipakva)·숙(熟, paripakva)·미정(未定, aniyatipatita)·정
   (定, niyatipatita)·일생(一生, ekajātipratibaddha)·최후신(最後身, caramabhavika)이다. 여기
   서는 그러한 10가지 보살 가운데 오직 최후신보살만 입태하자마자 바로 쁘라샤카에 이
   른다고 설명하고 있다.

17 **논** 일체 보살은 모태에 들어갈 때 흰 코끼리의 형상을 짓는다.[278]

7 이 부파에서는 "중유(中有)는 전혀 없다."[279]고 말한다. 그 흰 코끼리의 형상은 어떠한 사물이다. 그러므로 지금의 의도는 흰 코끼리의 형상이 모태에 들어갈 때의 모양이고 중유의 몸이 아니라는 것을 드러내는 것이지, 보살과 성인의 중유가 도리어 방생(傍生)을 짓는다는 것을 말하는 것이 아니다. 코끼리가 유순한 성품이고 해치는 일이 없으며 선주용왕(善住龍王)[280]처럼 큰 위력이 있기 때문에 이러한 위의를 나타낸다. 의도는 보살의 성품이 매우 온화하고 큰 세력이 있다는 것을 나타내는 것이다. 사자왕(師子王) 등은 비록 위력이 있지만 대부분 해치고 죽이기 때문에 성자는 사자의 형상을 나타내지 않는다.[281]

가의 법사에게는 비록 자세한 의미로 흰 코끼리의 형상을 풀이한 것이 있지만 이것이 보살의 중유라고 설명했다. [이들 부파의] 종지에 어긋날까 염려된다. 이 부파의 근본종파에서는 중유가 없기 때문에 탐구해보면 저절로 알게 된다.

---

278 이 주장을 바브야는 일설부 주장7로 기술한다.

279 이들 4부파의 근본주장48에서 기술한다.

280 5대용왕 가운데 하나이다. 5대용왕이란 선주용왕(善住龍王, Susaṃsthitanāgarājā)을 비롯해 난타바난타용왕(難陀婆難陀龍王, Nandopanandanāgarājā)·아누달용왕(阿耨達龍王, Anavataptanāgarājā)·바루나용왕(婆樓那龍王, Varuṇanāgarājā)·마나소바제용왕(摩那蘇婆帝龍王, Manasvīṅgarājā)이다. 이들은 순서대로 상룡(象龍)과 사룡(蛇龍)와 마룡(馬龍)과 어룡(魚龍)과 하마룡(蝦蟆龍)의 우두머리로서, 붓다의 위신력에 귀의해 부지런히 수행하고 유정을 해치지 않는다.

281 설일체유부는 보살이 모태에 들어갈 때 코끼리의 형상을 짓는 일은 없다고 주장한다. 다만 그러한 말이 있는 것은 보살의 어머니의 꿈에 이런 모습이 나타난 것에 따른 것이라고 설명한다(『대비바사론』권70, T27, 361b28-c11).

⑱ 🔲 일체 보살은 모태에서 나올 때 모두 오른쪽 옆구리에서 나
온다.²⁸²

㉠ 정생(頂生)은 사람 가운데 월등한 복[에 의거해] 사람의 머리
에서 나오고,²⁸³ 그 밖의 부류는 하열한 업으로 초감되어 [머리보
다] 아래에서 나온다. ㉮ 보살은 지위가 세속 밖으로 초월하고 도
(道)는 홍진(紅塵) 밖으로 벗어나며 정의(情意)에는 편협한 집착이
없고 항상 중도를 밟는다. 이것을 나타내기 위해 옆구리에서 나
온다[고 말한다].²⁸⁴ ㉯ 태아를 맡고 있는 어머니에게 임신하고 있
다는 근심이 없다면 겨드랑이에서 나온다. ㉰ 또 배를 가른다는
고통이 없다면 옆구리에서 나온다. ㉱ [보살의 출태는] 이치상 보
통의 부류를 초월한다.

🔲 옆구리에는 왼쪽과 오른쪽이 있는데, 왜 왼쪽에서는 아닌가?

🔲 여러 지방에서 중요하게 여기는 곳은 왼쪽과 오른쪽이 일정
하지 않다. 이 지방(: 중국)에서는 왼쪽을 귀하게 여기고 서쪽
지방에서는 오른쪽을 중요하게 여긴다. [오른쪽이] 길상이기
때문에 오른쪽에서 나온다[고 말한다].

🔲 보살은 복중에서 비좁음·어둠·구린내의 나쁜 일들도 있는가?

---

282 이 주장을 바브야는 일설부 주장⑦로 기술한다.
283 예컨대 『보살종도솔천강신모태설광보경』권2(T12, 1025c16-17)에서는 붓다가 미륵에게
"나는 오른쪽 옆구리에서 태어나고 그대 미륵은 이마에서 태어날 것이다."라고 설하고
있다. 또 인도 태고시대의 전륜성왕인 무르다가따(mūrdhagata)왕을 정생왕(頂生王)이라
하는데, 그 명칭은 그가 전륜왕인 우뽀사타(Uposatha)왕의 이마에서 태어난 것에 의거
한다.
284 보살이 어머니의 오른쪽 옆구리로 태어난다는 말은 『아함경』에서도 확인된다. 예컨대
『장아함경』권2(T1, 16a6-8)에서 "또 아난아, 보살이 처음으로 모태에서 나올 때 오른쪽
옆구리에서 나오는데, 전념하고 산란하지 않으면 두루 땅이 진동한다."라고 설한다.

⑤ 없다. 첫째 장소가 넓고, 둘째 항상 환하며, 셋째 매우 청정하다. 태어난 이후에도 3가지 조건을 배제한다는 것을 나타낸다. 첫째 전륜왕은 비좁음에 비유하고, 둘째 생사는 어둠에 비유하며, 셋째 이미 보리를 증득한 뒤 천마 등이 희롱하는 것은 구린내에 비유한다. 그러므로 보살에게는 모두 비좁음과 어둠 등의 일이 없다.

⑲ 🌑 일체 보살은 욕상·에상·해상을 일으키지 않는다.[285]

㉠ 이 부파에서는 "두 번째 아승기에 들어가면 바로 성자라 한다."라고 말한다. 이 이후부터 100겁[286]에 이를 때까지는 다시 이 3가지 상(想)도 일으키지 않는데, 하물며 최후신에서 다시 3가지 상을 일으키겠는가? 여러 부파들이 오히려 붓다[287]가 [3가지 상을] 일으킨다고 인정하는 것과 같지 않다.[288]

⑳ 🌑 보살은 유정을 요익하게하기 위해 악취에 태어나기를 원하면 의도에 따라 [그곳으로] 갈 수 있다.[289]

---

285 이 주장을 바브야는 일설부 주장⑧로 기술하고, 위니따데바는 설출세부 주장⑧로 기술한다.

286 보살은 3아승기겁 동안의 수행을 뒤에 다시 100겁에 걸쳐 32상 80종호를 초감할만한 복덕행[妙相業]을 닦아야 비로소 최후신보살로 태어난다.

287 붓다가 이 3가지 불선상(不善想)을 일으키지 않는다는 것이 불교 전반의 같은 입장이기 때문에, 이 '佛'은 다른 글자의 오식으로 추정되지만, 일단 글자 그대로 번역한다. 그 '佛'가 '得'의 오자일 것이라고 보는 곳도 있다(憲榮 編撰, 1891: 27右; 深浦正文 譯, 1959: 59, 각주53)

288 설일체유부는 보살도 3불선상(三不善想)을 일으키지만 범부와 달리 방일하지 않는다고 설명한다(『대비바사론』권44, T27, 227b7-c22)

289 이 주장을 바브야는 일설부 주장⑨로 기술하며, 또 KV(a), XXIII.3에서는 안다까 주장으

[7] 여러 부파들이 주장한 것이 인위(忍位)를 증득한 이후에는 악도(惡道)에 태어나지 않는다는 것²⁹⁰인 반면, 지금 이 부파는 "성자위를 증득한 이후에 악취에 태어나기를 원하면 오히려 그곳에 태어날 수 있다."라고 말한다. [왜냐하면, 4가지 인연 때문이다.]²⁹¹ 첫째는 [악취에 존재하는 유정의 괴로움이 미약해지게 하기 위해서이다.] 전륜왕이 [세간에] 태어나면 중생이 모두 좋아하는 것처럼, 보살이 악취에 태어나면 그곳의 [중]생은 모두 괴로움이 적어진다. 둘째는 싫어하는 마음을 증가시키기 위해서이다. 만약 자주 괴로움을 겪으면 싫어하는 마음이 증가하기 때문이다. 셋째는 평등하게 구제하기 위해서이다. 악취를 구제하지 않고 오직 선도(善道: 선취)만 구제한다면 구제하는 마음이 평등하지 않기 때문이다. 넷째는 인욕(忍辱)을 견고하게 하기 위해서이다. 만약 괴로운 시기가 없다면 어떻게 인욕하겠는가? 보살은 대비(大悲)와 신통력이 자재하여 서원에 따라 곧바로 [악취로] 간다. 여기에 도달하는 것을 '가다[往]'라 하고, 그곳에 나아가는 것을 '태어나다[生]'라 한다. [악취에서] 머물고[住] 죽는 것[終]도 마찬가지이다. 모두 자재하기 때문이다.

보살에게는 3가지 분위가 있다.²⁹² 첫째는 부정위(不定位)로서

290 설일체유부는 인위(忍位) 이후에는 악취에 태어나지 않는다고 주장한다(『대비바사론』 권6, T27, 30c11-13).
291 규기가 지은 『성유식론요간』권상(X48, 356c10-20)에 의거해 4가지 인연의 내용을 보충한다.
292 7아승기겁 가운데 첫 번째인 부정아승기(不定阿僧祇)는 흑법과 백법이 서로 섞여서 범부와 다르지 않는 시기이고, 두 번째인 정아승기(定阿僧祇)는 무루법을 이미 증득했지만 유루법과 섞여 있어서 아직 수기할 수 없는 시기이며, 세 번째인 수기아승기(授記阿

곧 첫 번째 겁이고, 둘째는 결정위(決定位)로서 곧 두 번째 겁이 며, 셋째는 수기위(受記位)로서 곧 세 번째 겁이다. 첫 번째에는 비록 서원이 있지만 아직 그곳에 태어나는 것을 얻지 못하고, 뒤 의 2가지 분위에서는 의도에 따라 [악취로] 갈 수 있다.

21 **논** 한 찰나의 현관변지로써 4성제의 모든 상의 차별을 두루 안다.293

가 말하자면 견도의 최후에서 다시 별도로 지(智)를 발생시켜 한 찰나경에 4성제의 모든 상의 차별을 안다. 그 견도에서는 비록 한 찰나에 4성제도 알지만 다만 총체적으로 요별할 뿐 아직 마음이 혹(惑)을 끊는 것을 개별적으로 알지 못한다. 그러므로 아직 바르 게 분별하지 못하고 아직 4성제의 차별상을 파악하지 못한다.

만약 여기서 차별을 아는 지가 견도라고 한다면 왜 [논에서] 변 (邊)이라 했겠는가?294 만약 변(邊)을 말하지 않는다면 근본종파와 지말종파 둘에 다시 무엇이 다르겠는가?295 둘 다 진현관(眞現觀)

僧祇)는 무루법뿐이고 다른 법과 섞이지 않았기 때문에 수기할 수 있는 시기이다(『섭 대승론석』권11, T31, 230c6-12). 규기는 그 3가지 겁 가운데 정아승기겁과 수기아승기겁 에서 의도에 따라 악취로 갈 수 있다고 풀이하고 있다. 나머지 아승기는 의실제아승기 (依實諦阿僧祇), 의사아승기(依捨阿僧祇), 의정려아승기(依寂靜阿僧祇), 의지혜아승기(依 智慧阿僧祇)이다.

293 이 주장을 와수미뜨라는 화지부 근본주장②로 기술하고, 바브야는 일설부 주장⑩과 화 지부 주장②로 기술하고, 위니따데바는 설출세부 주장⑨와 화지부 주장②로 기술하며, 또 『대비바사론』권103(T27, 533a22-23)에서는 분별론자 주장으로 거론한다. 반면 와수미 뜨라가 기술한 대중부·일설부·설출세부·계윤부 지말 주장①과 설일체유부 근본주장 ⑦에 상반되고, 바브야가 기술한 설일체유부 주장⑥에 상반된다.

294 빠라마르타의 풀이에 대한 비판이다. 그는 이 지를 진현관으로 풀이하기 때문이다.

295 근본주장에서는 돈현관(頓現觀)을 주장하고, 지말 주장에서는 점현관(漸現觀)을 주장한다.

의 차별지이기 때문이다.

22 🔳 안식 등 5식신에는 염오가 있고 이염이 있다.[296]

7 이 [이염]에는 2가지 설명이 있다. 첫 번째는 가행이 되어 성도(聖道)를 이끌어낸다는 설명이다. 예컨대 견도일 때 성도가 곧바로 일어나기 때문에 이염이라 하지, 염오를 끊는 것은 아니다. 두 번째는 이미 5식의 본질이 무루에 통한다는 것을 인정하기에 염오를 끊는다고 말한다는 설명이다. 그것의 이치에는 의심이 없다. 곧 붓다를 보는 식은 번뇌를 끊기 때문이다. 그러므로 수도에서 이 5식을 일으킨다.

23 🔳 색계와 무색계에서 6식신을 구족한다.[297]

7 3계에 대해 모두 색이 있다고 인정한다. 미세한 근과 대종이 그곳에서 얻어진다. 그러므로 무색계에서[도] 6식신을 구족한다.

---

296 이 주장을 와수미뜨라는 화지부 근본주장10으로 기술하고, 바브야는 일설부 주장11과 화지부 주장7로 기술하고, 위니따데바는 설출세부 주장10으로 기술하며, 또 KV(a), X.4-5에서는 대중부 주장으로 거론한다. 반면 와수미뜨라가 기술한 설일체유부 근본주장30과 독자부 근본주장6에 상반되고, 바브야가 기술한 설일체유부 주장17과 독자부 주장7에 상반되고, 위니따데바가 기술한 꾸루꿀라까·아반따까·독자부 주장3에 상반된다. 각 부파의 주장을 정리하면 다음과 같다(여기서는 '5식'으로, 바브야는 '6식'으로, 위니따데바는 '안식 등'으로 기술함).

구분	와수미뜨라			바브야		위니따데바	
	대중부 등 화지부	설일체유부	독자부	일설부 화지부	설일체유부 독자부	설출세부	꾸루꿀라까 등
염오	유	유	무	유	무	(유)	무
이염	유	무	무	유	무	유	무

297 이 주장을 위니따데바는 설출세부 주장11로 기술하며, 또 KV(a), VIII.5와 8에서는 안다까 주장으로, VIII.7에서는 안다까와 정량부 주장으로 거론한다.

의미로써 준하여 알건대, 상위 계에도 향경(香境)과 미경(味境)
두 대상이 있다. 다만 조금 다르기 때문에 생략하여 거론하지 않
은 것이다. 이미 그렇다면 그곳에서 자기 [계의] 향경과 미경을
반연할 것이다. 여기서 비록 말하지 않더라도 상위 계에도 향경
과 미경이 있기 때문이다. [그러한 설명은] 곧 무색계에서 18계를
구족하는 일이 있다[는 것을 의미한다]. 여기서는 생략하여 말하
지 않지만 역시 [각 대상에 상응하는] 근 등이 있기 때문이다.[298]

🔘 무색계에 이미 색이 있다면 어찌 무색계라 하는가?

🔘 미세한 색은 있고 추대한 색이 없기 때문에 무색계라 한다.

🔘 색계의 색도 추대한 것이 아니기에 무색계라 해야 할 것이다.

🔘 색계의 색은 비록 욕계보다 월등하지만 무색계의 색보다 열
등하기에 다만 색계라 할 수 있고 무색계라는 명칭을 얻을
수 없다.

🔘 무루의 색[299]은 무색계의 색보다 월등하기에 무색계라 해야
할 것이다.

🔘 [무루의 색은] 업의 결과가 아니고 또 [무색]계에 떨어지는
것이 아니기 때문에 그것이 매우 미세하더라도 무색계라 할
수 없다. 그러므로 [무색]계에 떨어지고 매우 미세한 색이 있

---

298 설일체유부의 경우, 색계에는 향경과 미경이 없고 아울러 비식과 설식도 없다고 주장하
고 무색계에는 법경과 의식을 제외한 5경과 5식이 없다고 주장한다. 따라서 비식·설식
은 1계 1지이고 안식·이식·신식은 2계 2지이며 색계 제2정려 이상에서는 5식이 모두
없다고 주장한다. 하지만 대중부 등은 색계는 물론 무색계에도 근·경·식의 18계가 모
두 있다고 주장한다.
299 무루의 도공계(道共戒)를 가리킨다. 무루정에 들어가 획득한 율의는 무표이긴 하지만
계(界)에 들어가지 않기 때문에 무색계라 하지는 않는다.

고 추대한 색이 없는 것을 무색계라 하는 것이지, 무표색(無
表色) 등이 무색계라는 명칭을 얻는 것은 아니다.

24 📖 5가지 색근은 살덩이를 본질로 한다.

7 경에서 "안[근]이란 대종으로 만들어진 것으로서 …… 각각 별
도로 견성이고 견성의 부류이다."³⁰⁰고 설한다. 그러므로 안근 등 5
색근은 모두 살덩이를 본질로 하고 별도의 정색(淨色, rūpaprasāda)
이 없다는 것을 안다.³⁰¹ 정색이 아니기 때문에 근은 대상을 얻지
못한다. 그러므로 이어서 [다음을] 설명한다.

25 📖 안근은 색을 보지 못하고, 이근은 소리를 듣지 못하며, 비근
은 냄새를 맡지 못하고 설근은 맛을 보지 못하며, 신근은 감촉을 지
각하지 못한다.³⁰²

---

300 『잡아함경』권11(T2, 72c2-8)의 내용이다. 곧 "비구여, 그 안근이란 살덩이의 형태이고
내적인 것이며 인연이고 견성이며 감각하는 것, 이것을 안근의 살덩이 형태의 내적인
지계(地界)라 한다. 비구여, 만약 안근이 살덩이 형태이고 내적인 것이며 인연이고 윤택
한 것이며 감각하는 것이라면 이것을 안근의 살덩이 형태의 내적인 수계(水界)라 한다.
비구여, 만약 그 안근이 살덩이 형태이고 내적인 것이며 인연이고 밝고 따뜻한 것이며
감각하는 것이라면 이것을 안근의 살덩이 형태의 내적인 화계(火界)라 한다. 비구여 만
약 그 안근이 살덩이 형태이고 내적인 것이며 인연이고 가볍게 움직이는 것이며 감각하
는 것이라면 이것을 안근의 살덩이 형태의 내적인 풍계(風界)라 한다."라고 한 것이다.
301 설일체유부는 5근의 본질을 살덩이인 부진근(扶塵根)과 그 작용인 승의근(勝義根)으로
구분하여 설명한다. 곧 안식 등 5식의 의지처인 정색(淨色, rūpaprasāda)을 안근 등의 본
질로 설명하는데, 그 정색이 바로 안근 등의 승의근이다. 설일체유부가 이 주장의 경증
으로 삼고 있는 것은 『잡아함경』권13(T2, 91c5-6)이다. 곧 "붓다가 그 비구에게 말하기
를 '안[근]은 내부의 6처로서, 4대종으로 만들어진 정색이며, 볼 수 없고 질애가 있다.
이[근]·비[근]·설[근]·신[근]의 내부의 6처도 이와 같이 말한다'고 했다"라고 한 것이
다. 따라서 설일체유부는 대상을 파악해 식을 발생시키는 작용이 근(根)에 있다는 근견
(根見)을 주장한 반면, 대중부 등은 그 작용이 식(識)에 있다는 식견(識見)을 주장한다.
302 이 주장을 위니따데바는 설출세부 주장12로 기술한다. 반면 바브야가 기술한 일설부
주장12에 상반된다. 그 가운데 와수미뜨라와 위니따데바의 기술이 바브야의 기술과 상

7 근의 본질이 정색이 아닌데, 어떻게 색 등을 보겠는가? 그러므로 식이 요별하는 것이지 근에 능력이 있는 것이 아니다.[303]

26 **논** 등인위(samāhita)에 있으면서 말을 일으키는 일이 있으며, 조복심도 있고 다툼의 작의도 있다.[304]

7 등인위에 있을 때의 마음은 오직 정(定)의 대상만 반연하는 것이 아니기 때문에 하나의 마음 안에 많은 소연이 있을 수 있고 어업도 반연한다.[305] [정위(定位)에서] 말을 일으킨다고 인정하기 때문이다. 아직 정위에서 신업을 발생한다고 인정하는 것을 보지 못했다. 몸[身]은 정의 의지처이다. 의지처가 움직이는 때 마음이 [그 몸의] 움직임에 따르기 때문에 곧바로 산위(散位)에 머물러야 한다. 조복심이란 정위의 대상을 반연하는 마음을 말한다. 그 마음이 유순하기 때문에 조복이라 한다. 이것은 말을 일으켜도 정심(定心)에 머문다는 것을 드러내는 것이지 산심(散心)에 머물러야 비로소 어업을 일으킨다는 것을 말하는 것이 아니다. 곧 이 조

반된 이유는, 와수미뜨라와 위니따데바가 북인도지역의 전승에 기반을 둔 반면 바브야는 중·남인도 지역의 전승에 기반을 두었기 때문인 것으로 추정된다. 자세한 내용은 pp.50-53. 참조.

303 이들 부파에서는 5근의 본질을 단순히 살덩이로만 이해하기 때문에 그 근들에 어떠한 작용도 없다고 주장하지만, 설일체유부는 정색을 5근의 본질로 삼고 대상을 파악해 식을 발생시키는 작용이 그 정색에 있다고 주장한다.

304 이 주장을 바브야는 일설부 주장14와 설산부 주장4로 기술하고, 위니따데바는 설출세부 주장1314로 기술하며, 또 KV(a), II.5와 XVIII.8에서는 동산부 주장으로 거론한다. 반면 와수미뜨라가 기술한 설일체유부 근본주장50에 상반된다.

305 설일체유부는 소리를 듣는 것은 정위에가 아니라 정위에서 나온 뒤라고 주장하지만, 대중부 등은 정심이 산위의 대상도 파악한다고 인정하기 때문에 정위에서 소리를 듣는다고 주장한다.

복인 정심 안에는 다툼의 작의도 있다. 산위의 대상은 굳센 것이지 매우 유순한 것이 아니기 때문에 다툼이 있다고 한다. 다툼은 '잘못[過失]'의 다른 명칭이다. 산위의 대상을 반연하는 마음을 다툼의 작의라 한다.

여기서의 의도는 '하나의 정심에서 말을 일으키는 일도 있다는 것은 1심2경(一心二境)[306]이며, 하나의 정심에서 산위의 대상을 파악하기도 한다는 것은 1심2연(一心二緣)임을 드러내는 것'이다. 이것은 가행할 때에 오직 정위의 대상만 반연하고 나중에 많이 상속하여 등인의 마음에 있게 되는데, 설령 다시 소연이 달라져도 이전 [가행에서의] 대상을 잃지 않아서 산위의 [대상]을 반연하더라도 여전히 정심이라 한다는 것이다. 또 하나의 정심에서 염오식(染汚識)을 발생시키기도 한다고 인정하는 것을 다툼의 작의라 한다고 이해해 말할 수는 없다. 만약 [정심이] 곧 염오심이라면 염오와 청정이 어그러지기 때문이고, 만약 [정심을 제외하고] 다시 별도의 식이라면 근본종파에서는 식들이 아울러 발생하지 않는다고 주장하기 때문이다. 그렇지 않다면 곧 근본종파가 설명한 것에 위배될 것이다. 지말종파에서 비로소 식들이 구기한다고 설명하기 때문이다.[307]

27 논 해야 할 일이 이미 성취되었다면 법을 받아들이는 일이 없다.

---

306 1심2경은 하나의 정심이 정위의 대상과 산위의 대상을 반연한다는 것이고, 1심2연은 그 정심에 정위의 대상을 파악하는 능연심과 산위의 대상을 파악하는 능연심이 있다는 것이다.
307 이들 4부파의 지말주장3에서 2가지 심(心)이 구기한다고 주장한다.

⑦ '해야 할 일이 이미 성취되었다면'이란 모든 무학(無學)을 말한다.[308] '법을 받아들이는 일이 없다'란 대상의 차별상을 파악하지 않기 때문이다. 대상을 반연할 때 다만 인연으로 발생한 법이라는 것을 알 뿐 대상의 차별상을 집착하지도 않고 파악하지도 않는다. 받아들이는 일이 없다란 집착하지도 파악하지도 않는다는 의미이다.[309] 사르바스띠바딘 등은 무학도 대상의 차별상을 파악한다는 것이기에 [이들 4부파와] 다르다.

옛날 해석[310]에서는 [무학에게] 2가지 처(處)가 없다고 했다. 첫째는 집착되는 것이고, 둘째는 태어남을 받는 곳이다. 전자는 원인이고 후자는 결과이다. [빠라마르타가 설명한] 그 의미는 아직 자세히 알지 못하겠다.

㉘ 🈸 모든 예류자의 심법과 심소법은 자성을 요별한다.[311]

⑦ 일체 예류자는 모두 자신이 예류의 과증(果證)을 얻었다는

---

308 유학은 후유(後有)의 생을 맺지만 무학은 설령 물러나 번뇌를 일으키더라도 그것으로 인해 후유의 생을 맺는 일이 없기 때문에 해야 할 일이 이미 성취되었다고 말한다. 해야 할 일이 이미 성취되었다는 것은 구체적으로 일체 번뇌가 모두 끊어졌고 일체의 해야 할 일을 마쳤으며 일체의 길이 차단되어버렸고 모든 계생(界生)과 취생(趣生)의 생로병사가 완전히 다했다는 것을 의미한다(『대비바사론』 권102, T27, 528a29-b3).

309 이들 4부파는 불환과에 물러남이 있다고 주장하지만 아라한을 증득하면 물러남이 없고 또 그 이전 단계의 성자와 구별되는 절대적 지위를 부여한다.

310 이것은 빠라마르타가 '法'을 '處'의 의미로 해석한 것이다. 이것은 색이다, 이것은 심이다 하는 것은 집착하는 것이고, 그 색과 심이 바로 집착되는 것이다. 또 무학은 다시 태어나는 일이 없기 때문에 태어남을 받는 곳이 별도로 없다.

311 이 주장을 『대비바사론』 권9(T27, 42c11-14)에서도 대중부 주장으로 거론한다. 곧 "어떤 이는 심법과 심소법이 자성을 요별한다고 주장하는데, 예컨대 대중부이다. 그들은 '지(智) 등은 요별하는 것을 자성으로 삼기 때문에 자신과 다른 이를 요별한다. 마치 등불이 비추는 것을 자성으로 삼기 때문에 자신과 다른 이를 비추는 것과 같다'고 주장한다"라고 한 것이다.

것을 알며, 교법을 탐구하고 다른 사람의 말로 비로소 알게 되는 것에 의지하지 않는다. 또 그들의 심법 등이 한 찰나경에 자성을 요별한다고 설명하는 것은 다른 부파의 종지와 다르다.³¹² 비록 모든 이생이 자성을 요별하고 [예류과] 뒤의 3과 등이 모두 다 이와 같더라도, 이생은 아직 명료하지 않고 [뒤의 3과는] 최초의 성과(聖果)에 근거하기 때문에 [여기서 거론하지 않는다].

㉙ 🔲논 아라한에게는 다른 이에게 유도되고 오히려 무지가 있으며 유예도 있고 다른 이가 깨달음에 들어가게 하며 성도가 소리에 의지해 발생하는 일이 있다.³¹³

㉚ 🔲기 마하데바의 분파인 대중부는 그의 후예를 계승한다. 지금은 5사의 요지를 진술한 것이다.³¹⁴ 의도는 앞의 글³¹⁵에서와 같이 [전승받은] 종의를 성립시키는 것이다. 번거롭게 서술하지 않겠다.

㉚ 🔲논 고(苦)는 [성]도를 이끌어낸다.³¹⁶

---

312 설일체유부는 심법과 심소법이 일체법을 요별하더라도 그 찰나의 자성과 상응과 구기의 법은 제외된다고 주장한다.

313 이 주장을 와수미뜨라는 다문부 근본주장③과 제다산부·서산부·북산부 근본주장③과 설산부 근본주장⑤로 기술하고, 바브야는 일설부 주장⑬과 다문부 주장⑤로 기술하고, 위니따데바는 설출세부 주장⑮와 다문부 주장③으로 기술하며, 또 KV(a), II.1에서는 동산부와 서산부 주장으로, II.2-4와 6에서는 동산부 주장으로, XI.4에서는 안다까 주장으로 거론한다. 반면 바브야가 기술한 근본상좌부 주장①에 상반된다.

314 설일체유부는 이 5사를 부정한다. 『대비바사론』권99(T27, 510b13-c22)에서는 5사 각각을 악견에 대응시키고 그것의 대치를 설명한다. 곧 다른 이에게 유도되는 것과 도가 소리에 의지해 발생하는 것은 계금취(戒禁取)에 포함되고 견도의 고제(苦諦)로 끊어야 할 것이며, 무지가 있는 것과 유예가 있는 것과 다른 이가 깨달음에 들어가게 하는 것은 사견(邪見)에 포함되고 견도의 도제(道諦)로 끊어야 할 것이다.

315 앞서 마하데바가 제기한 5사의 배경과 그 의미들을 설명한 곳을 가리킨다. pp.380-383. 참조.

⑦ 고는 곧 고수(苦受)로서, 간단없이 [무루의] 성도를 이끌어낸다.³¹⁷

몬 어떠한 성도를 이끌어내는가?

답 수도(修道)를 이끌어낸다. 견도 앞에서는 [고수를] 발생시킬 수 없기 때문이다. [고수가] 4선근에 위배된다는 것은 이치상 반드시 그러해야 한다.³¹⁸

③¹ 논 괴롭다는 말은 [성도에서 해야 할 것을] 도와준다.³¹⁹

⑦ 괴롭다고 자주 말하여 세간을 혐오하는 것도 성도에서 해야 할 것을 도와 완전하게 한다.³²⁰

③² 논 혜가 가행이 되어 여러 괴로움을 소멸하고 또한 즐거움을 이끈다.

⑦ 계(戒)와 정(定) 등은 가행이 되어 여러 괴로움을 소멸할 수 없고, 또한 열반보리의 수승한 결과의 즐거움을 이끌어 증득할 수도 없다. [괴로움을 소멸하고 즐거움을 이끄는 것은] 오직 혜(慧)의 능력이기 때문이다.³²¹

---

316 이 주장을 KV(a), II.6에서는 동산부 주장으로, XI.4에서는 안다까 주장으로 거론한다.
317 바로 앞에서 설명한 5사의 다섯 번째에 준한다. 설일체유부는 그것에 대해 원인이 아닌데도 원인이라고 계탁하는 계금취견이라고 비판한다.
318 4선근은 반드시 6지에 의지해 발생하는데(『구사론』권23, T29, 120a27-28), 미지정과 중간정려와 제4정려에 의지한다면 사수(捨受)에 속하고, 제1정려와 제2정려에 의지한다면 희수(喜受)에 속하고, 제3정려에 의지한다면 낙수(樂受)에 속한다. 따라서 고수는 4선근과 상응하지 않고 수도의 무루와 상응할 뿐이다.
319 이 주장을 KV(a), II.6에서는 동산부 주장으로, XI.4에서는 안다까 주장으로 거론한다.
320 앞에서 설명한 5사의 다섯 번째에 준한다.
321 계(戒)는 그릇된 것을 막고 악을 그치게 하고, 정(定)은 사려분별을 멈추고 대상에 적정하게 하며, 혜(慧)는 번뇌를 깨뜨리고 진리를 증득하게 한다(『번역명의집』권4, T54, 1114a19-20).

③③ 🔵 고[수](苦受)는 식(食, āhāra)이기도 하다.

🔷 지옥의 유정은 뜨거운 쇳덩이를 얻어도 수명을 유지하기 때문에 고[수]는 식이다.³²² 이와 같이 3수를 식이라 하는 것을 총체적으로 인정한다.

③④ 🔵 여덟 번째 지위³²³에서도 오래 머물 수 있다.³²⁴

🔷 아라한을 첫 번째의 숫자로 삼은 것에 따라 예류향에 이르면 바로 여덟 번째에 해당한다. 이 부파의 의도는 수닷따(Sudatta) 장자가 한때에 음식을 보시하여 상가를 공양할 때 허공에 있던 천신(天神)이 '이 분은 예류향이고 이 분은 예류과이다. 운운'이라 했던 것과 같이, 이미 최초의 향(向)이 보시를 받아 음식을 먹었다는 것을 인정하기에 견도에서 출관할 수도 있다는 것을 명확하게 안다고 말하는 것이다. [예류향은] 비록 하나의 마음이 4성제의 이치를 관한다는 것을 알긴 하지만 혹(惑)을 끊는 것이 아직 완전하지 않아 출관할 수도 있다. 예컨대 앞서 욕계의 4가지 참된 진리를 관하여 욕계의 혹을 끊고서 또한 출관하여 수닷따의 보시를 받고, 나중에 다시 들어가서 비로소 상위 [계의 혹]을 서로 짝

---

322 지옥의 유정에게는 4식이 모두 있다. 그 가운데 녹인 구리즙을 마시고 뜨거운 쇠구슬을 삼킴으로써 잠시 동안 목마름과 배고픔을 없애주기 때문에, 그것들이 모두 단식(段食)이 된다(『대비바사론』권130, T27, 676a24-29).

323 여기서 여덟 번째 지위란 4향4과 가운데 둔근자인 수신행(隨信行)과 이근자인 수법행(隨法行)의 예류향을 가리킨다. 이들이 견혹을 모두 끊고 예류과를 증득하면 수신행은 신근에 의지해 승해가 나타나 신해(信解)가 되고, 수법행은 혜근에 의지해 정견이 나타나 견지(見至)가 된다.

324 이 주장을 위니따데바는 설출세부 주장[17]로 기술한다.

지어 끊는다. 그러므로 예류향에서도 많은 시간동안 머문다.[325]

　[빠라마르타는] 태어남을 경험하며 향(向)에 머물 수 있는 이치를 말하지 않았다. 옛날 설명에서 최초의 과위(: 예류과)에 7번의 태어남만 있다고 한 것[326]은 욕계에 근거한 설명이다. 그러므로 상위 계의 곳곳에는 각각 한 번씩 태어남이 있다. 이 [예류]향도 마찬가지이기 때문에 [여러 번의] 태어남을 경험한다. [그러나] 아직 이 이치를 자세히 알지 못하겠다. 최초의 향이 몇 번의 생을 경험하는지 말하지 않기 때문이다.

　35 **논** 성지법(性地法)에 이를 때까지는 모두 물러남이 있다고 말할 수 있다.[327]

　7 성지법이란 곧 [4선근위 가운데] 세제일법(世第一法)으로서, 『대비바사론』권3의 설명과 같다.[328] 이것은 발심에서부터 세제일

325　수신행과 수법행이 출관할 수 있다고 주장하는 것은 『순정리론』권62(T29, 686a9-b26)에서 상좌(上座)의 주장으로도 거론된다. 그 상좌는 견도위에서 인위(因位)의 조건을 결여할 때 잠시 출관하여 다른 일을 짓는 경우도 있다고 주장한다. 경에서 붓다는 수신행과 수법행을 견도위의 다른 성자나 다른 예류향과 구분해서 말하기 때문에 다른 성자들과 달리 그들에게는 출관하는 일이 있다는 것이다. 이에 대해 상가바드라는 경에서 견도위의 수신행과 수법행에게 별도의 가행이 있다고 하지 않았고 또 견도에서 예류과에 이르기까지 중간에 목숨을 마치는 일이 없다고 했기 때문에 그들이 출관하는 일이 없다고 반박한다.

326　『대비바사론』권61(T27, 318a12-18)과 『구사론』권23(T29, 123a24-b12) 등의 설명이다. 곧 예류과는 욕계의 7번의 태어남 및 색계와 무색계의 곳곳에서 한 번씩 태어남이 있고, 일래과는 욕계의 2번의 태어남 및 색계와 무색계의 곳곳에서 한 번씩 태어남이 있고, 불환과는 색계와 무색계의 곳곳에서 한 번씩 태어남이 있고, 아라한과는 태어남을 받지 않는다.

327　이 주장을 위니따데바는 설출세부 주장18로 기술한다. 반면 와수미뜨라가 기술한 설일체유부 근본주장11에 상반된다.

328　『대비바사론』권3(T27, 11b3-12a12). 세제일법이라 한 것은 세간의 법 가운데 으뜸이고 월등하며 우두머리이고 우러러보며 위이고 미묘하기 때문이다.

법까지 모두 물러남이 있다고 주장한다는 설명이다.[329] 세제일법
이 많은 찰나에 상속하기 때문에 곧 물러남이 있다. 최초의 과위
에서 물러날 때 그 [세제일법]도 따라서 물러나는 것은 아니다.
지금 물러난다고 한 것은 아직 최초의 과위에 이르지 않고 성지
(性地)에 머물 때 물러남이 있기 때문이다.

36 🈁 예류자에게는 물러난다는 의미가 있지만,[330] 아라한에게는
물러난다는 의미가 없다.[331]

7 최초의 과위는 무루를 한번만 보고 모든 번뇌를 끊지만 아직
수도를 겸하지는 않는다. 또 그 몸에서 여전히 혹(惑)이 멸진되지
않았고 수습한 성법이 아직 완전하지 않다. 증득한 성도가 아직 튼
튼하지 못하기 때문에 물러남이 있을 수 있다. 그 4번째 과위는 이
치상 [최초의 과위에] 곧 상반되는데, 어떻게 물러남이 있겠는가?

🈁 2번째 과위와 3번째 과위에는 물러남이 있는가, 물러남이 없
는가?

---

329 설일체유부는 발심 이후 3현위와 4선근위 가운데 인위(忍位) 이상에서는 결코 물러남
이 없고 세제일법이 한 찰나일 뿐이라고 주장한다(『대비바사론』권5, T27, 21a14-c28).

330 이 주장을 와수미뜨라는 화지부 근본주장17로 기술하며, 또 『대비바사론』권186(T27,
931b22-23)에서는 마하승기부(摩訶僧祇部, mahāsaṃghika) 곧 대중부 주장으로 거론한다.
반면 와수미뜨라가 기술한 설일체유부 근본주장12에 상반되고, 바브야가 기술한 설일
체유부 주장4에 상반되고, 위니따데바가 기술한 설출세부 주장19에 상반된다. 그 가
운데 위니따데바는 예류자에게 물러남이 없다고 기술하는데, 그것은 KV(a), I.2에서 대
중부 일부의 주장으로 설명되는 것에 의거해 뒷받침된다. 따라서 이 사안에 대한 와수
미뜨라와 위니따데바의 기술 상이는 각각 전승한 내용의 차이에 기인한다고 추정할 수
있다. 자세한 내용은 pp.53-55. 참조.

331 이 주장을 와수미뜨라는 화지부 근본주장17로 기술하고, 위니따데바는 설출세부 주장
19로 기술하며, 또 『대비바사론』권60(T27, 312b8-14)에서는 분별론자 주장으로 거론한
다. 반면 와수미뜨라가 기술한 설일체유부 근본주장12에 상반되고, 바브야가 기술한
설일체유부 주장10에 상반된다.

🈯 다만 최초의 과위처럼 또한 물러남이 있다는 것은 그것의 이치상 의심되지 않기 때문에 『이부종륜론』에서 말하지 않은 것이다.[332]

③⑦ 🈑 세간의 정견이 없고, 세간의 신근이 없다.[333]

🈁 세간에 비록 혜(慧)[334]와 신(信)이 있더라도 본질에 월등한 작용[335]이 없기 때문에 근(根)[336]이라 말하지 않는다. 다만 무루의 혜는 혹을 끊고 적멸을 증득하며, 무루의 신근은 계(戒)와 3보(三寶)에 대해 모두 증정(證淨)[337]을 얻는다. [무루에는] 월등한 작용이 있기 때문에 근이라 할 수 있다.

🈂 세간도의 품류에는 5근[338]도 있는가, 없는가?

🈯 없다. 반드시 무루일 때 비로소 근이라 하기 때문이다. 그러므로 무루위에서 의미의 구별[339]에 의거해 근(根)과 력(力) 등

---

332 설일체유부는 예류자만 물러나지 않을 뿐 나머지 3가지 과위에서는 물러날 수 있다고 주장한다(『대비바사론』권61, T27, 316c14-317b6).

333 이 주장을 바브야는 일설부 주장[16]으로 기술하고, 위니따데바는 설출세부 주장[21]로 기술하며, 또 『대비바사론』권97(T27, 502a5-16)에서는 비유자 주장으로 거론한다. 반면 와수미뜨라가 기술한 설일체유부 근본주장[34]에 상반되고, 바브야가 기술한 설일체유부 주장[16]에 상반된다. 한편 와수미뜨라가 기술한 화지부 근본주장[13]에서는 세간의 정견은 있어도 근은 없다고 주장한다.

334 정견은 혜(慧)를 본질로 하고, 신근은 신(信)을 본질로 한다.

335 번뇌를 조복하고 성도에 들어가게 할 수 있는 뛰어난 작용을 가리킨다.

336 근(根, indriya)은 증상(增上, ādhipatya) 곧 뛰어난 힘의 의미에 의거한 용어이다. 근의 어근에 대해 상가바드라는 '가장 뛰어나게 자재하다'는 의미의 √idi와 '밝고 명료하다'는 의미의 √indh 또는 √ind 2가지를 제시하고 후자를 취한다(『순정리론』권9, T29, 377b1-5).

337 곧 불증정(佛證淨)·법증정(法證淨)·승증정(僧證淨)·성계증정(聖戒證淨)의 4증정을 말한다.

338 37조도품 가운데 5무루근을 말한다. 곧 신근(信根, śraddhendriya)·근근(勤根, vīyendriya)·염근(念根, smṛtīndriya)·정근(定根, samādhīndriya)·혜근(慧根, prajñendriya)이다. 설일체유부 등은 이 5근이 무루는 물론 유루에도 통한다고 주장한다.

339 5근은 일체 선법의 근본이고 무루의 성도를 내는 힘이 특히 강하며 순서대로 불신·해태·방일·도거·무명번뇌를 대치하는 작용이 있다. 그리고 불선을 파괴하는 힘이 있기

이라 말하는 것은 이치상 모순이 없다.

38 【논】 무기법은 없다.³⁴⁰

【기】 하나하나의 대상에 따라 관계된 것이 같지 않다. 선업과 불선업이 초감한 것에 각각 차이가 있기 때문이다. 선이 초감한 것은 선이라 하고 불선이 초감한 것은 불선이라 하기 때문에 무기는 없다.

【문】 이미 무기가 없다면 상위 두 계의 혹(惑)은 그 성류가 무엇인가?

【답】 오직 불선이다.³⁴¹

【문】 2가지 신통과 변화심은 그 성류가 어디에 포함되는가?

【답】 선성에 포함된다.³⁴²

39 【논】 정성리생에 들 때 일체의 결(結)을 끊는다³⁴³고 말할 수 있다.³⁴⁴

【기】 결(結)과 번뇌(煩惱)는 같은 본질의 다른 명칭이다. 결은 속박하다는 의미로서³⁴⁵ 성인에게는 이미 없는 것이며, 번뇌는 어지

때문에 5력이라 하는데, 그것은 5근의 증장으로 발생되어 수행을 유지시키고 해탈에 도달하게 하는 역량이다. 5근은 둔근자가 수습해야할 것이고 5력은 이근자가 수습해야 할 것이다.

340 이 주장을 KV(a), XVI.7에서는 화지부와 정량부 주장으로 거론한다. 반면 와수미뜨라가 기술한 설일체유부 근본주장㉟에 상반된다.

341 설일체유부는 그것을 유부무기로서 인정한다.

342 설일체유부는 그것들을 무부무기로서 인정한다.

343 ⓐ본과 ⓜ본에는 '결을 끊는다'로 번역되어 있고, ⓣ본과 ⓣ본에는 '결을 끊지 못한다'로 번역되어 있다. 여기서는 ⓐ본과 ⓜ본에 따른다.

344 이 주장을 바브야는 일설부 주장⑮로 기술한다.

345 『대비바사론』권46(T27, 237c10-12)에서는 결(結)을 3가지 의미로 풀이한다. 곧 속박함[繫縛]과 괴로움에 합함[合苦]과 독에 섞임[雜毒]이다.

럽힌다는 의미로서 성자위에 들어가도 여전히 있다. 그러므로 견도에 들어가면 일체의 결을 끊는다고 말할 수 있다. 생사가 존재하는 것에 영원히 속박되지 않기 때문에 그 번뇌들은 이치상 있다고 말할 수 있다.

⑩ 논 모든 예류자는 일체의 불선업을 짓지만 무간업만 제외한다.[346]

[기] 10불선업도는 예류자가 여전히 짓지만[347] 5무간업만 제외한다. [그것은] 매우 중죄이기 때문이다. 이것으로써 범부와 성자를 구분하기는 어렵다.

[문] 어떻게 최초의 과위가 불괴신(不壞信)[348]을 얻는가? 10불선업을 지으면 오히려 계를 파괴시키는 일이 있다.

[답] 입관(入觀)해서는 청정을 증득하지만 출관해서는 불선을 행한다. 역시 모순되지 않는다.

[문] 만약 그렇다면 입관해서는 3보를 의심하지 않아야 하고, 출관해서는 곧바로 의심해야 할 것이다.

[답] 의심은 다만 이치에 미혹한 것이기에, 최초의 과위에는 모두 없다. 10불선업도는 그 기체(基體)가 미세해서 최초의 과위에

---

346 이 주장을 위니따데바는 설출세부 주장⑳으로 기술하며, 또 KV(a), XII.7에서는 동산부 주장으로 거론한다.

347 설일체유부는 예류향 등의 성자가 정성정취(正性定聚)이고 이미 무루도가 생겨나서 모든 불선법을 원리하기 때문에 예류자는 10불선업을 짓지 않는다고 주장하지만, 대중부 등은 예류자도 불선업을 짓고 그것에 의거해 물러남이 있다고 주장한다.

348 불괴신은 견신(堅信)이라고도 하는데, 4가지가 있다. 곧 불(佛)·법(法)·승(僧)·계(戒)에 귀의함으로써 근(根)과 력(力)을 갖추어 신심이 견고해진다. 이것에 의해 4증정(四證淨)이 발생된다.

여전히 있다.[349]

[41] 🔲 붓다가 설한 경은 모두 요의(了義, nītārtha)이다.[350]

[기] 붓다에게서 나온 말씀은 모두 법륜을 굴리고 정법에 계합하기 때문에 요의라 한다. 요의경에 의지할 것을 권장한 것은 붓다가 설한 것을 가리키고, 불요의경에 의지하지 않을 것을 [권장한] 것은 외도의 교법 등[을 가리킨다.][351] 그러므로 붓다가 설한 경은 모두 요의이다.[352]

🔲 예컨대 경에서 "아버지와 어머니와 …… 이 사람을 청정하다고 하네."[353]라고 설한 이것은 밀어(密語)의 경인데, 무슨 요의가 있는가?

🔲 유정은 오랫동안 진에(瞋恚)와 탐애(貪愛)에 말미암아 태어나기 때문에 [에결과 애결] 2가지 결을 아버지와 어머니라고 한 것은 모두 올바른 이치에 계합하거늘, 어찌 요의가 아니겠는가!

---

349 미리혹(迷理惑)은 견혹이고 미사혹(迷事惑)은 수혹이기 때문에, 그 최초의 사문과에서 견혹은 점차 없어져도 수혹은 있다.

350 이 주장을 위니따데바는 설출세부 주장[23]으로 기술한다. 반면 와수미뜨라가 기술한 설일체유부 근본주장[54]에 상반되고, 바브야가 기술한 설일체유부 주장[14]에 상반된다.

351 예컨대 비구가 의지해야할 4가지 법은, ①법에 의지하고 사람에 의지하지 않는 것, ②의미에 의지하고 말에 의지하지 않는 것, ③지혜에 의지하고 인식에 의지하지 않는 것, ④요의경에 의지하고 불요의경에 의지하지 않는 것이다.

352 설일체유부는 경과 아비달마의 구분을 떠나서 정리(正理)에 부합하는 것이 요의경이고 정리에 어긋나는 것이 불요의경이라고 해석한다(『순정리론』권1, T29, 330a22-24).

353 『발지론』권20(T26, 1030a1-7)에서도 세존이 설한 것으로 설명하고 있다. 그 송은 곧 "아버지와 어머니와 왕, 그리고 두 다문을 해치고 호랑이와 다섯 번째 원수를 제거한 사람, 이 사람을 청정하다고 하네."이다.

☒ 논 무위법에는 9가지가 있다.[354]

⑦ '가지[種]'란 종류이다. 무위가 같지 않아서 9가지가 있다.[355]

☒ⓐ 논 첫째 택멸, 둘째 비택멸, 셋째 허공,

⑦ 이 앞의 3가지는 본질이 모두 같은 기체이다. 드러난 것에 분위가 있는 것이지, 본질이 다수인 것은 아니다.[356] 그 밖의 명칭 등을 풀이하는 것 등은 여러 부파들과 다르지 않다.[357]

---

354 이 주장을 위니따데바는 설출세부 주장☒로 기술하며, 또 9무위 가운데 일부가 KV(a), II.11에서는 화지부와 안다까 주장으로, VI.2에서 동산부와 화지부 주장으로, VI.4에서 동산부 주장으로, VI.6에서 북도파와 화지부 주장으로 거론된다. 반면 와수미뜨라가 기술한 설일체유부 근본주장☒☒과 화지부 근본주장☒에 상반되고, 위니따데바가 기술한 근본설일체유부 주장☒과 화지부 주장☒과 기타림사부·무외산주부·대사주부 주장☒에 상반된다.

355 무위법의 종류에 대한 각 부파의 주장을 정리하면 다음과 같다(『성유식론술기』 권2, T43, 291c28-292a13).

학파		무위법의 종류
대중부 등		택멸·비택멸·허공·공무변처·식무변처·무소유처·비상비비상처·연기지성·성도지성 ─ (9종)
화지부		택멸·비택멸·허공·부동·선법진여·불선법진여·무기법진여·도지진여·연기진여 ─ (9종)
정량부·비유사		택멸·비택멸·무상멸(3종에 본질 없음) ─ (3종)
분별론자		택멸·비택멸·무상멸 ─ (3종)
설일체유부		택멸·비택멸·허공 ─ (3종)
기타림사부 등		해탈 ─ (1종)
유가행파	『성유식론』, 『대승백법명문론』	허공·택멸·비택멸·부동·상수멸·진여 ─ (6종)
	『유가론』	허공·비택멸 ─ (2종)
	『대승오온론』	공·비택멸·택멸·진여 ─ (4종)
	『유가론』, 『집론』, 『현양론』	허공·비택멸·택멸·선법진여·불선법진여·무기법진여·부동·상수멸 ─ (8종)

356 설일체유부는 비택멸의 개수가 유위법의 개수와 같고 택멸의 개수는 유루법의 개수와 같다고 주장하지만, 대중부 등은 택멸·비택멸·허공을 일원론적 기체의 다른 명칭으로 이해한다는 의미이다.

357 택멸(pratisaṃkhyānirodha)은 간택력으로 얻은 멸[擇力所得滅]을 의미한다. 곧 혜(慧)로써 4성제의 이치를 간택하여 번뇌를 제거할 때 모든 유루법이 바로 속박에서 벗어나는데,

42b 🈴 넷째 공무변처, 다섯째 식무변처, 여섯째 무소유처, 일곱째 비상비비상처,

7 이 4가지는 무색[계의 유정]이 의지하는 곳으로서, 별도로 무위(無爲)가 있고 멸제(滅諦)에 포함된다. 요컨대 이 멸제를 증득하면 이것에 의지해 그곳에 태어난다. 의지하는 것인 미세한 5온은 자체가 무상하고, 의지되는 것인 4무색처는 자체가 상주한다. 그러나 [색계의] 4정려는 별도의 의지처인 무위에 포함되는 것이 없다. [4정려의] 온(蘊)은 매우 미세한 것이 아니고 계(界)는 매우 수승한 것이 아니며, 의지하는 것인 심(心) 등은 상위와 하위를 반연해서 [3계] 사이에 걸림이 없기 때문이다. 무색처는 그렇지 않다. 심이 하위를 반연하지 않아서 이미 사이에 걸림이 있다. 별도로 있는 무위가 의지처이기 때문에 예시가 되지 않는다. 그러므로 공[무변처]는 공관을 짓지만 추대한 색이 없다. 색을 온전히 비우기에 공이라 하는 것이 아니다.³⁵⁸ [그] 나머지의 명칭을 풀이하는 것 등은 모두 일반적인 풀이에 준한다.³⁵⁹ [무위의] 의지처는

그 이계(離繫)를 본질로 하는 것이 바로 택멸이다. 또 비택멸(apratisaṃkhyānirodha)은 간택력이 아닌 것으로 얻은 멸을 의미한다. 곧 발생의 조건을 결여시켜 미래세의 법이 영원히 발생하지 않게 하는 것이다. 또 허공(ākāśa)은 장애가 없는 것을 본질로 한다.

358 설일체유부는 무색계에 색이 없다고 주장하지만 대중부 등은 그곳에 미세한 색이 있다고 주장한다. 그들의 근거는『증일아함경』권18(T2, 640c17-20)에서 "그때 샤리뿌뜨라가 멸도에 들자 천(天)들이 모두 공중에서 슬피 울면서 어찌할 줄을 몰랐고, 허공의 욕천·색천·무색천도 모두 함께 눈물을 흘렸다. 마치 봄날 가랑비가 내리는 것과 같았다"라고 한 것이다.

359 공무변처(ākāśānantyāyatana)가 형색의 몸을 혐오하여 허공무변을 원하는 가행에 의지해 공무변처정에 들어가는 원인으로 하는 것처럼, 식무변처(vijñānānantyāyatana)는 공무변처를 혐오하여 식무변정에 의지해 초감된 이숙과이고, 무소유처(ākiñcanyāyatana)는 식무변처를 혐오하여 무소유처정을 수습해 초감한 이숙과이고, 비상비비상처(naivasaṃjñānāsaṃjñāyatana)는 무소유처를 혐오하여 비상비비상처정을 수습해 초감한 이숙과이다. 특히 이 비상비비상처의 명칭에 대해,『대비바사론』권84(T27, 433c1-10)에서는, 색계의 4선 및 무색계

[의지하는 것인] 온(蘊)에 따라 그 명칭을 건립한다.

42 C 논 여덟째 연기지성, 아홉째 성도지성이다.

기 연기지성이란 생사의 법은 반드시 무명 뒤에 바야흐로 행 등을 발생시키고 반드시 행 등의 앞에 무명 등이 있다는 것을 말한다. 이것의 이치는 같고 성상(性相)은 항상 확정적이다. 그 무명 등의 12지분은 유위에 포함되지만 이치는 무위이다.360 [그리고] 일체의 성도는 성상이 염오를 배제하는 것이고 이치는 항상 같다. 그 8가지의 분화는 자체가 생멸하는 것이지만 이치는 무위이다.

여기서는 [연기]생사와 성도에 각각 별도로 이치가 있다는 것을 의심하여 파헤쳐보기 때문에 성상(性相)이 확정적이다. 생사에서는 반드시 먼저 무명 등이 발생하고, 성도는 반드시 고(苦) 등을 출리시킨다. 일체의 성도는 이치가 반드시 그러하지만 여기서는 월등함에 근거해 우선 8정도를 거론한 것이다.

43 논 심성(心性)은 본래 청정하지만 객진인 수번뇌(隨煩惱)에 잡염되어 청정하지 않다고 말한다.361

의 앞 3가지 정의 상과 같지 않아서 비상이고 무상정 및 멸진정과 같지 않아서 비비상이며, 이 지의 상(想)이 어둡고 무디고 약하고 열등하며 명확하지 않고 결정되어 있지 않아서 비상비비상처라 한다고 설명한다.

360 이 주장을 『대비바사론』권23(T27, 116c4-5)에서는 분별론자 주장으로도 거론하는데, 설일체유부는 연기를 유위법으로서 인정한다.

361 이 주장을 바브야는 일설부 주장17로 기술하고, 위니따데바는 설출세부 주장31로 기술하며, 또 『대비바사론』권27(T27, 140b24-26)과 『성유식론술기』권2(T43, 307a18-21)에서는 분별론자 주장으로 거론하고, KV(a) III.3에서는 안다까 주장으로 거론한다. 『사리불아비담론』권27(T28, 697b18)에서도 이와 마찬가지로 심성은 청정하지만 객진에 오염된다고 설명한다.

⑦ 무시이래로 심의 본질은 저절로 청정하다. 번뇌를 일으켜 잡염되기 때문에 잡염번뇌라 하고, 심의 무시이래 본성이 아니기 때문에 객(客)이라는 명칭을 건립한다.

🈡 유정에게 무시로부터 있는 심은 본성이 청정하다고 일컫는다면 심성은 본래 잡염이 없는 것인데, 어찌 본래부터 성자가 아닌가?

🈲 유정에게 무시로부터 [있는] 심성은 역시 그러하지만, 심이 있으면 바로 잡염되기 때문에 성자가 아니다.

🈡 심이 있어서 바로 잡염된다면 왜 지금은 심성이 본래 청정하다고 하고 잡염을 객이라 하는가? 객(客)과 주(主)가 정연하기 때문에 [묻는 것이다.]

🈲 나중에 도를 수습하는 때에 잡염은 바로 소멸되고 오직 본성만 청정하게 존재하기 때문에 잡염을 객이라 일컫는다.

44 🈭 수면은 심법도 아니고 심소법도 아니며, 소연도 없다.[362]

⑦ 수면은 곧 탐(貪) 등[363]이다. 수면에는 또한 10가지가 있다. 무심위에 있을 때나 선(善) 등을 발생시킬 때에 이생(異生) 등이라 말하는 것은 다만 수면이 항상 몸에 있기 때문이다. 만약 [수

---

362 이 주장을 와수미뜨라는 화지부 근본주장③으로 기술하고, 바브야는 일설부 주장⑱로 기술하고, 위니따데바는 화지부 주장⑦과 기타림사부·무외산주부·대사주부 주장⑥으로 기술하며, 또 KV(a), IX.4에서는 안다까와 일부 북도파 주장으로, XI.1에서는 대중부와 정량부 주장으로 거론한다. 반면 와수미뜨라가 기술한 설일체유부 근본주장㉔에 상반되고, 위니따데바가 기술한 근본설일체유부 주장④에 상반된다.

363 수면은 대중부 등 4부파의 근본주장에서 전(纏)의 종자인 반면, 설일체유부의 근본주장에서는 전(纏)의 다른 명칭이다. 그것에는 탐(貪)·진(瞋)·치(癡)·만(慢)·의(疑)·유신견(有身見)·변집견(邊執見)·사견(邪見)·견취견(見取見)·계금취견(戒禁取見) 등 10가지가 있다.

면이] 심소법이라면 무심위 등에서는 성인이어야 할 것이다.[364] 번뇌가 없기 때문이다. [또] 심법과 심소법이 아니기 때문에 소연이 없다. 소연이 있다면 반드시 그것의 심소일 것이다.[365]

45 논 수면은 전(纏)과 다르고, 전은 수면과 다르다. 수면은 심과 상응하지 않고 전은 심과 상응한다고 말해야 한다.[366]

기 전이란 현재 발생한 모든 번뇌 등이다.[367] 수면과 그것은 그

---

364 수면을 심소법처럼 현행하는 번뇌로 이해한다면 무심위에서는 번뇌심소가 없기 때문에 모든 이생이 성인으로 되는 오류가 발생하게 된다는 지적이다.

365 일심상속론자(一心相續論者)는 수면을 심성(心性)이 아닌 성도(聖道)에 상반된 것으로 이해하기 때문에 수면이 있든지 없든지 간에 심성은 항상 청정하다고 주장한다. 그 밖에 비유자는 수면은 소연에 대해 수증(隨增)하지 않고 또 상응하는 법에 대해서도 수증한다는 의미가 없다고 주장하고, 독자부는 뿌드갈라에 속박이나 해탈이 있기 때문에 그것에 수면이 있다거나 없다고 말할 뿐이고 심 등에 대해서는 그렇게 말하지 않는다고 주장한다. 그리고 설일체유부는 수면이 있을 때와 없을 때의 심성이 각각 다르고, 수면은 소연과 상응법에 대해 수증하며, 뿌드갈라가 아닌 심 등에만 있는 속박과 해탈을 각각 수면이 있다고 하고 없다고 한다고 주장한다(『대비바사론』권22, T27, 110a10-b5).

366 이 주장을 와수미뜨라는 화지부 근본주장4로 기술하고, 바브야는 일설부 주장19와 화지부 주장3으로 기술하고, 위니따데바는 설출세부 주장32로 기술하며, 또 KV(a), XIV.5에서는 안다까 주장으로 거론한다.

367 수면(anuśaya)과 전(paryavasthāna)은 부파들마다 해석을 달리하고 있다. 먼저 ①설일체유부는 유정에게 좇아 따라다니고 속박하고 증가하는 미세한 작용이라는 의미에서 수면이라 하고, 몸과 마음을 속박한다는 의미에서 전이라 하며 수면을 심과 상응하는 것에 포함시키지만(『구사론』권19, T29, 98c21-23), ②대중부나 화지부 등은 현재세에 발생한 번뇌는 전, 그것의 종자는 수면으로 구분해 사용하며 수면은 심과 상응하지 않다고 주장한다(『구사론기』권19, T41, 292b19-20). ③또 경량부는 깨어 활동하는 상태의 번뇌를 전, 잠재하는 상태의 번뇌를 수면이라 하고, 수면은 심과 상응하는 것도 아니고 상응하지 않는 것도 아닌 마음 자체의 차별 공능이라는 주장을 펼친다(『구사론』권19, T29, 99a2-4). ④반면 유가행파에 있어서, 번뇌가 바로 수면인 것은 아니다. 수면은 번뇌의 습기로서, 곧 종자를 일컫는다. 이 번뇌의 종자가 유정에 따라서 알라야식에 잠복하는 것이다(『성유식론』권9, T31, 48c3-5). 한편 『구사론기』권19(T41, 292c28-293a1)에서는 "대중부 등이 [주장하는] 번뇌는 힘이 강한 무시이래의 구습(久習)이고 종자를 훈성하며 별도로 본질이 있고 심과 상응하지 않는다"라고 설명하는 반면, 『성유식론술기』권4(T43, 356c25-26)에서는 "대중부[는 경량부와 달리 현행과 종자가] 상응하지 않는다고 하지만 훈습은 없다"라고 설명한다.

성질이 각각 다르다. 전은 심소법으로서, 심과 상응한다. 수면은 이미 현행하는 것이 아니기에 [심 등과] 상응한다는 의미가 없다. 곧 10수면은 상응하지 않는 것에 포함된다.[368]

46 논 과거세와 미래세는 실유의 본질이 아니다.[369]

기 현재세에는 본질과 작용이 있어서 실유라고 할 수 있다. 과거세와 미래세의 본질과 작용은 없기 때문에 모두 실유가 아니다. 있었던 것과 있을 것을 [각각] 과거세와 미래세라 하기 때문이다.[370]

47 논 일체의 법처는 알아야 할 것이 아니고 인지해야 할 것이 아니지만, [6신통의 일부를 증득한 자와 진리를 본 자가] 통달해야 할 것이다.[371]

기 법처는 의[근]으로 상대해 관찰해야 할 것이다. 이것은 일반적인 세속지로 알아야 할 것이 아니고 또한 유루의 산위의 식으로 인지해야 할 것도 아니다. 반드시 6신통 가운데 일부를 증득한

---

368 이 주장을 『대비바사론』권60(T27, 313a1-5)에서는 분별론자 주장으로 거론한다.

369 이것을 와수미뜨라는 화지부 근본주장1로 기술하고, 바브야는 일설부 주장20과 화지부 주장1로 기술한다. 반면 와수미뜨라가 기술한 설일체유부 근본주장2와 화지부 지말주장1에 상반되고, 바브야가 기술한 근본상좌부 주장5와 설일체유부 주장3에 상반되고, 위니따데바가 기술한 화지부 주장1과 분별설부 주장2에 상반된다.

370 이 주장은 붓다의 10제자 중 한 사람인 목갈라나(Moggallāna, 目犍連)의 『법온족론』권6(T26, 480c21)에서 "본래 없다가 있고, 있고나서 다시 없어진다"라고 한 것과 같다. 『품류족론』권1(T26, 531a27-28)에서도 "쉬라마나 목갈라나는 '과거세와 미래세는 없고 현재세와 무위는 있다'고 주장한다"라고 하여 그것을 뒷받침한다.

371 이 주장을 위니따데바는 설출세부 주장35로 기술한다. 반면 와수미뜨라가 기술한 설일체유부 근본주장3과 화지부 지말주장3에 상반되고, 위니따데바가 기술한 근본설일체유부 주장2에 상반된다.

자와 진리를 본 자가 통달해야 할 것이다. [법처 가운데] 3무위 등[372]은 반드시 결(結)을 끊는 도를 궁구하여 동등하게 알아야 할 것이고 인지해야 할 것이며, 심소법 등은 타심지로 동등하게 알아야 할 것이고 인지해야 할 것이기 때문이다.[373]

📋 법처의 무표색이 알아야 할 것도 인지해야 할 것도 아니라면, 누가 알고 누가 인지하는가?

📋 그것의 본질은 미세하여 반드시 진리를 증득해야 동등하게 비로소 알고 인지하기 때문에 [세속지나 유루식으로] 알아야 할 것도 인지해야 할 것도 아니다.

📋 의처는 이미 타심지로도 아는 것이기에 [세속지나 유루식으로] 알아야 할 것이 아니어야 하고 또한 인지해야 할 것이 아니어야 하는데, 왜 [의처에 대해서는] 말하지 않는가?

📋 심의 본질은 추대하기에 [세속지나 유루식으로]도 알아야 할 것이고 인지해야 할 것이지만, 심소는 성질이 미세하여 심과 같지 않으며 심을 배제하고 [별도의] 본질이 있다. 이것이 난해하기 때문에 [의처는] 알아야 할 것도 인지해야 할 것도 아니다.

📋 세속지로 3무위 등을 반연하고 산위의 식으로 다른 이의 심과 심소 등을 반연하는데, 이것의 대상은 무엇인가?

---

372 앞서 거론한 9무위법을 가리킨다.

373 곧 법처는 세속지나 유루식이 아닌 6신통의 일부를 증득한 자나 견도 이상의 성자만 알 수 있고 인지할 수 있다는 의미이다. 대중부 등 4부파는 심법이 알아야 할 것이고 인지해야 할 것이더라도 심소법은 그렇지 않다는 입장이기 때문이다. 반면 설일체유부는 심과 심소법의 체상이 비슷하기 때문에 심법처럼 심소법도 알아야 할 것이고 인지해야 할 것이라고 주장한다.

답 이것은 다만 비량심(比量心)으로 법처를 반연하는 것이다. 법처와 비슷해도 실제의 법처는 아니다.

문 실제가 아닌 것은 어느 처에 포함되는 것인가?

답 과거세와 미래세를 반연할 때 [그 법들의] 본질이 어느 처엔가 포함되는 것처럼, 지금 심소 등을 반연할 때 역시 법처에 포함되지만 실제의 법처는 아니다.[374] 알아야 할 것도 인지해야 할 것도 아니기 때문이다.

48 **논** 중유는 전혀 없다.[375]

7 설령 먼 시간과 장소이더라도 여기서 죽고 그곳에 태어난다. 이미 중간의 간격이 없으며, 앞서 소멸하고 뒤에 바로 태어난다. 그러므로 지금 중유가 별도로 있다고 말하지 않는다.

문 『칠유경』 등의 중유는 무엇인가?

답 『구사론』의 풀이와 같다.[376]

---

374 본질이 없는 과거세와 미래세의 법을 반연할 때처럼 실유가 아닌 심소 등도 계와 처에 포함되는 것은 아니지만 비슷한 계와 처에 포함된다고 의미이다.

375 이 주장을 와수미뜨라는 화지부 근본주장8로 기술하고, 바브야는 화지부 주장4로 기술하고, 위니따데바는 설출세부 주장33과 화지부 주장5로 기술하며, 또 『대비바사론』 권69(T27, 356c14-15)에서는 분별론자 주장으로 거론한다. 반면 와수미뜨라가 기술한 설일체유부 근본주장29와 화지부 지말주장2에 상반되고, 바브야가 기술한 근본상좌부 주장3에 상반된다.

376 『칠유경』은 지옥유·방생유·아귀유·천유·인유·업유·중유의 7가지를 설하고 있는 경으로서, 내용상 『장아함십보법경』 권상(T1, 236b14-16)에 해당한다. 그 가운데 중유에 대한 내용이 『구사론』 권8(T29, 42a28-b29)에서 거론된다. 곧 업유는 원인이고 5취는 결과이며 중유는 그것을 이어주는 방편이다. 이에 대해 대중부는 업유가 5취에 포함되지만 업유가 원인임을 드러내기 위해 별도로 말한 것이고, 중유는 바로 죽는 곳에서 생겨나기 때문에 '가게 된 것[所往]'의 의미를 갖는 취에 상응하지 않으며, 또 사유(死有)와 생유(生有)의 중간이기에 중유라 한 것이기 때문에 취와 다르다고 말한다.

49 📖 모든 예류자도 정려를 얻는다.[377]

7 무루도로 비로소 결(結)을 끊기 때문에 번뇌를 조복하고 [근본]정려도 얻는다. 이전에 결을 끊지 못했다면 [예류]과도 얻지 못했을 것이다.[378]

📖 이러한 것들이 근본종파의 같은 주장이다.

7 총괄적으로 위의 주장, [곧] 4부파의 근본종파의 같은 주장을 매듭지었다.

나) 지말종파의 다른 주장

📖 이 4부파의 지말종파의 다른 주장에 대해 말하겠다.

7 이것은 아래의 글을 내는 것으로서, 앞 4부파의 지말의 주장이다.

1 📖 여여한 성제(聖諦)의 상(相)들이 차이나고, 이러하고 이러한 것에 개별적인 현관이 있다.[379]

---

377 이 주장을 바브야는 일설부 주장21과 설일체유부 주장9와 화지부 주장9로 기술하고, 위니따데바는 설출세부 주장34로 기술하며, 또『대비바사론』권134(T27, 693b26-27)에서는 예류자와 일래자도 정려를 얻는다는 것을 분별론자 주장으로 거론한다.

378 무루도는 견도의 최초 사문과인 예류과에 있다. 대중부 등은 그 때 무루도에 의지해 번뇌를 조복함으로써 근본정려를 얻는다고 주장하는 반면 설일체유부는 예류과와 일래과가 근본정려를 얻지 못하고 불환과와 아라한과만 정려를 얻는다고 주장한다(『대비바사론』권134, T27, 693b26-c2; 권140, T27, 720b6-8).

379 이 주장을 와수미뜨라는 설일체유부 근본주장7로 기술하고, 바브야는 설일체유부 주장6으로 기술하며, 또 KV(a), I.4에서는 정량부 주장으로, II.9에서는 안다까·설일체유부·정량부·현주부 주장으로 거론한다. 반면 와수미뜨라가 기술한 대중부·일설부·설출세부·계윤부 근본주장21과 화지부 근본주장2에 상반되고, 바브야가 기술한 일설부

⑦ 앞의 2구는 4성제의 상(相) 각각에 차이가 있다는 것을 드러
내고, 뒤의 2구는 4성제의 지(智)가 각각 개별적으로 관한다는 것
을 드러낸다. 상(相)이란 상상(相狀)을 말하는 것으로서, 곧 4성제
의 상이다. '여여한'이란 이치가 같은 의미가 아님을 가리키는 것
으로서, 여시여시(如是如是)의 줄임말이다. 관해야 할 대상에 대
해서만 '여여한'이라는 말을 하고, 관하는 지에 대해서는 '이러하
고 이러한'을 배치한다. 앞의 근본종파의 주장은 진현관에서 한
찰나의 지가 4성제의 이치를 안다는 것이지만, 지금은 진현관이
4성제를 각각 개별적으로 관한다는 것을 드러낸다.

問 이것은 이미 개별적으로 관하는 것인데, 4심관(四心觀)[380]인
가, 16심관(十六心觀)[381]인가?

答 이것은 견도에서 수습해야 할 것이기 때문에 소연이 4성제
이다. 지금 지말종파에서는 현관지로써 차별상을 관하기 때
문에 16심관이라 할 수 있다. 만약 근본종파에서라면 4심관
이라 할 수 있다. 이미 [한 찰나의] 변지(邊智)로써 상들의 차
별을 안다고 말했기 때문이다.

주장⑩과 화지부 주장②에 상반되고, 위니따데바가 기술한 설출세부 주장⑨와 화지부
주장②에 상반된다.

380 4심이란 욕계의 4성제를 돈현관하는 법지인(法智忍)과 법지(法智) 및 상위 계의 4성제
를 돈현관하는 류지인(類智忍)과 류지(類智)이다.

381 16심이란 견도에서 3계의 4성제 각각을 현관하는 무루의 인(忍)과 지(智)이다. 곧 욕계
의 4성제에 대한 고법지인(苦法智忍)·고법지(苦法智)·집법지인(集法智忍)·집법지(集法
智)·멸법지인(滅法智忍)·멸법지(滅法智)·도법지인(道法智忍)·도법지(道法智)와   색계
및 무색계의 4성제에 대한 고류지인(苦類智忍)·고류지(苦類智)·집류지인(集類智忍)·집
류지(集類智)·멸류지인(滅類智忍)·멸류지(滅類智)·도류지인(道類智忍)·도류지(道類智)
이다. 그 가운데 8인은 3계의 견혹을 끊는 무간도(無間道)이고 8지는 견혹을 끊고나서
분명하게 관조하는 해탈도(解脫道)이다.

② **논** 어떤 법은 자신이 짓고 어떤 법은 다른 이가 지으며, 어떤 법은 둘 다가 짓고, 어떤 법은 여러 조건에 의지해 발생한다.

⑦ [이것은] 모든 법에도 작용이 있다는 것을 총괄적으로 드러낸 것이다. 법들 가운데 어떤 법은 자신의 작용이 짓는다. 어떤 법은 다른 이의 작용이 짓는다. 자신의 작용이 아닌 것을 다른 이의 작용이라 하지 다른 이의 몸을 말하는 것이 아니다. 어떤 법은 자신과 다른 이 둘 다의 작용이 짓는다. 어떤 법은 실제의 작용이 없이 여러 조건에 의지해 발생한다.[382] 여러 부파들은 모두 "비록 작용의 조건이 없더라도 공능의 조건이 있다."[383]고 말한다. 지금 지말종파에서는 자신이 짓는 법 등의 실제의 작용이 있다고 주장한다. 이것은 약간의 법이 오직 자신의 작용이 지은 것 등임을 드러내는 것이지, 이 법에 작용이 지은 것이 적다는 것을 드러내는 것이 아니다.

③ **논** 동시에 2가지 심이 구기하는 일이 있다.[384]

---

[382] KV(a), I.1에 논주가 뿌드갈라론자인 독자부와 정량부에게 '자신이 지은 고락이 있는가, 다른 이가 지은 고락이 있는가, 자신과 다른 이가 지은 고락이 있는가, 자신이 지은 것도 아니고 다른 이가 지은 것도 아닌 원인이 없이 발생한 고락이 있는가'라고 힐난하는 내용이 있다. 이에 대해 독자부와 정량부는 별도로 뿌드갈라를 건립하기 때문에 이러한 4가지를 모두 부정한다.

[383] 『대비바사론』권93(T27, 480a25-29)에서 법에 작용이 없더라도 공능이 있다고 주장하는 자의 주장을 언급한다. 설일체유부는 법에 진실한 작용이 없기 때문에 법이 성취하는 것이 아니고 또한 뿌드갈라가 실제로 있는 것이 아니기 때문에 뿌드갈라가 성취하는 것도 아니라고 주장한다. 곧 득(得)에 의지해 성취되고 비득(非得)에 의지해 성취되지 않을 뿐이다. 한편 아상가(Asaṅga)는 법들에 작용의 조건이 없더라도 공용의 조건이 있다고 설명한다. 곧 자신의 종자가 있기 때문에 다른 이가 지은 것이 아니고, 여러 조건에 의지하기 때문에 자신이 지은 것이 아니며, 작용이 없기 때문에 자신과 다른 이가 지은 것이 아니고, 공능이 있기 때문에 원인이 없는 것도 아니라는 것이다(『집론』권2, T31, 671a25-b1).

[384] 이 주장을 위니따데바는 설출세부 주장㉖으로 기술하며, 또 『대비바사론』권10(T27, 47b1-c13)에서도 대중부 주장으로 거론한다. 반면 와수미뜨라가 기술한 설일체유부 근

⑦ 근본종파에서는 식들이 각각 별도의 찰나에 발생한다고 주장했지만 지말종파에서는 동시에 2가지 심이 구기한다[385]고 주장한다. 근과 대상과 작의의 힘이 정연하게 발생하기 때문이다.

④ 🔲 [성]도와 번뇌는 함께 현전할 수 있다.[386]

⑦ 근본종파에서는 비록 별도로 수면이 있다고 인정하더라도[387] [성]도의 발생과 같은 찰나라 하지는 않는다고 주장했지만, 지금은 수면이 이미 [무심위나 선심위에서] 항유한다고 인정하기 때문에 성도가 발생해도 둘 다 현전할 수 있다고 설명한다. 마치 번뇌의 득(得, prāpti)과 [성]도가 함께하는 것과 같다. 그러므로 지금은 번뇌가 바로 수면이라고 말한다.[388]

⑤ 🔲 업과 이숙은 동시에 전전하는 일이 있다.[389]

⑦ 이미 과거세가 없어도 업과이시(業果異時)의 업은 아직 멸진

본주장[33]에 상반된다.

385 설일체유부는 한 뿌드갈라에게 한 찰나 동안 두 마음이 있지 않다고 비판하지만, 규기의 『성유식론술기』권4(T43, 358a23-25)이나 혜소의 『성유식론요의등』권4(T43, 735c17-18)에서는 6식이 함께 전전한다는 의미로 해석하여 대승의 제식구전설(諸識俱轉說)에 유사한 것으로 이해한다.

386 이 주장을 위니따데바는 설출세부 주장[27]로 기술한다.

387 이들 부파의 근본주장에서는 현행하는 번뇌와 별도로 그것의 종자를 수면이라 하고, 무루도가 현전하면 그 번뇌와 수면이 모두 소멸한다고 주장한다.

388 번뇌의 득과 성도가 함께한다는 것과 번뇌가 바로 수면이라는 것은 설일체유부 주장이기도 하다. 그들은 견도의 첫 찰나에 무루지가 발생하더라도 다음 찰나는 물론 수도에서 끊어야할 번뇌들이 여전히 있기 때문에 성도와 번뇌의 득은 구기한다고 말한다.

389 이 주장을 와수미뜨라는 음광부 근본주장[2]로 기술하고, 바브야는 음광부 주장[1]로 기술하고, 위니따데바는 설출세부 주장[28]로 기술하며, 또 『대비바사론』권19(T27, 96a25-b12)에서는 음광부 주장으로 거론하고, KV(a), I.8에서도 음광부 주장으로 거론한다.

하지 않았을 때 항상 현재에 있고, 결과는 이미 현재세에 성숙했기 때문에 업과 함께한다.[390] [업이] 결과를 받고 멸진했다면 반드시 같은 세(世)가 아니다. 그 밖의 종파가 결코 같은 세가 아니라고 한 것과 같지 않다.[391]

⑥ 논   씨가 바로 싹이 된다.[392]

⑦ [심과 달리] 색은 긴 시간을 지나 생멸이 있다고 인정하기 때문에 씨의 본질이 바로 전전하여 싹이 된다. 씨가 소멸할 때 비로소 싹의 돋음이 있는 것이 아니다. 그 밖의 종파에서는 씨가 소멸하고서 그 싹이 곧바로 발생한다는 것[393]이기 때문에 이들과 같지 않아서, 지금 그것을 서술했다.

---

390 이 단락과 다음 단락은 모두 세(世)에 있어서 이숙인과 이숙과가 어떻게 존재하는가에 대한 설명이다. 이들 부파는 과거세와 미래세를 인정하지 않지만 이숙과를 초감한 이숙인이더라도 아직 멸진하지 않았다면 잠시 현재전하고 또한 그것의 이숙과도 동시에 존재한다고 주장한다. 이것은 『대비바사론』권19(T27, 96a25-b12)에 거론된 음광부 주장과도 비슷하다. 그들은 싹이 발아하지 않을 때에는 그 씨가 있지만 그것이 발아한 뒤에 사라지는 것처럼 이숙인과 이숙과의 관계도 그렇다고 주장한다. 그밖에 비유자는 사(思)를 배제하고 이숙인이 없고 수(受)를 배제하고 이숙과가 없다고 주장하고, 대중부는 오직 심법과 심소법에만 이숙인과 이숙과가 있다고 주장하며, 어떤 이는 심·심소법과 색법에만 이숙인과 이숙과가 있다고 주장하고, 어떤 이는 모든 이숙인이 반드시 그 자체를 버려야 비로소 그 결과가 성숙한다고 주장하며, 외도는 선업과 악업에는 고(苦)와 락(樂)의 결과가 없다고 주장한다. 이에 대해 설일체유부는 결과가 성숙했더라도 여전히 이숙인의 본질이 있고, 이숙인과 이숙과가 모두 5온에 통하고 무위법을 제외한 4법에 통하며, 선업과 악업에는 고와 락의 결과가 있다고 주장한다.
391 설일체유부는 3세실유설에 의거해 업이 현재세에 취과(取果)한 후 과거세에서 여과(與果)하여 미래세에 있는 결과를 현재세로 초감한다고 설명한다. 하지만 이들 부파는 과거세를 인정하지 않기 때문에 설일체유부가 말하는 것과 차이가 있다.
392 이 주장을 위니따데바는 설출세부 주장㉙로 기술한다.
393 『구사론』권6(T29, 30c28-31a1)에서 동시인과설을 부정하는 경량부의 입장이 거론된다.

7 🔎 색근의 대종에는 전변의 의미가 있지만, 심법과 심소법에는 전변의 의미가 없다.³⁹⁴

キ 색법은 긴 시간을 지나 곧 발생과 멸진이 있기 때문에 우유의 본질이 전변해 요구르트가 된다고 인정한다. [하지만] 심법과 심소법은 찰나에 생멸하기 때문에 앞의 [법을] 전변시켜 뒤의 법이 되지 않는다. 이 부파는 근(根)이 바로 살덩이라고 헤아리기 때문에,³⁹⁵ 이에 대종에는 모두 전변이 있고 심 등은 그렇지 않다.

8 🔎 심은 몸에 편재한다.³⁹⁶

キ 곧 미세한 의식이 소의신(所依身)에 편재한다는 것이다. 손으로 접촉하는 것과 발로 차는 것은 다 지각해서 받아들이기 때문에 미세한 의식이 몸에 편재한다는 것을 안다. 한 찰나에 순서대로 지각하는 것은 아니지만 미세한 의식이 몸에 편재한다는 것을 확실히 안다.³⁹⁷

9 🔎 심은 의지처와 대상에 따라 쥐거나 펴는 것이 가능하다.

キ 여러 부파들이 [말하는] 식 등의 소의와 소연은 모두 앞서 이미 결정되어 있다.³⁹⁸ 큰 대상과 작은 대상, 큰 근과 작은 근이 그

---

394 이 주장은 와수미뜨라가 기술한 화지부 근본주장20에 상반된다.
395 앞서 살펴보았듯이 대중부 등은 5근이 살덩이일뿐 정색이 아니기 때문에 대상을 파악하지 못한다고 주장한다. 대중부·일설부·설출세부·계윤부 근본주장24 참조.
396 이 주장을 위니따데바는 설출세부 주장30으로 기술한다.
397 여기서의 미세한 의식[細意識]은 곧 『대승성업론』(T31, 785a14-15)에서 언급한 근본식으로서, 유가행파의 알라야식에 상응한다.

식에 무시로부터 모두 이미 정해져 소속되어 있다는 것이다. 작은 근에 의지하는 식이 큰 근에도 의지한다거나, 큰 근에 의지하는 식이 작은 근에도 의지한다는 것은 불가하다. 그것의 대상도 마찬가지이다. 그러므로 앞서 모두 결정되어 있다. 말하자면 청색 등의 별상과 총상을 반연하는 식 등도 모두 앞서 결정되어 있기 때문이다.

이 부파는 그렇지 않다. 앞서서 소의와 소연이 결정되고 식이 결정되어 이 [소의]근과 이 소연경에 소속되는 일은 없다. 만약 큰 근에 의지하고 또 큰 대상을 반연해 심이 [그러한] 근과 대상에 따르면 곧 '펴다[舒]'라 한다. 편다는 것은 전개의 의미로서, 곧 큰 것을 성취한다. 만약 작은 근에 의지하고 또 작은 대상을 반연해 심이 [그러한] 근과 대상에 따르면 바로 '쥐다[卷]'라 한다. 쥔다는 것은 축약의 의미로서, 곧 작은 것을 성취한다. 이 [논에서] '의지처'라 한 것은 곧 소의근이고, 또 '대상'이라 한 것은 곧 소연경이다. 식에 정해져 소속되는 일이 이미 없기 때문에 여러 부파들과 다르다.

🈷 이와 같은 것들이 지말종파가 주장한 것으로서, [그것은] 계속해서 분화되어 무량한 문(門)이 있다.

---

398 설일체유부는 공능의 차별에 의지해 소의와 소연이 결정되어 있다고 주장한다(『순정리론』권1, T29, 333c13-335a15). 5근이 모두 정색(淨色)이라는 같은 특성을 갖더라도 각각 공통되지 않는 대상에 대해 각각의 근이 결정되어 있고, 또 그 근들의 원인이 되는 4대 각각에 차별이 있기 때문에 안근 등의 정색에도 차별이 있다. 또한 5근의 대상이 되는 5경도 각각 결정되어 있다. 5경 가운데, 색경은 20가지, 성경은 8가지, 향경은 4가지, 미경은 6가지, 촉경은 11가지를 그 본질로 한다.

㉠ 이것은 많은 문이 더 있지만 자세하게 인용하지 않는다는 것을 총괄적으로 매듭지어 가리킨 것이다.

나. 다문부의 주장

🔲 다문부의 근본종파의 같은 주장에 대해 말하겠다.

㉠ 이어서 두 번째 단락에서 다문부를 서술하는데, 그것에 2부분이 있다. 첫째 부파를 표방하여 근본종파를 서술하며, 둘째 나머지가 같은 주장임을 간략히 가리킨다.

이것은 첫 번째로 부파를 표방하여 근본종파를 서술한 것이다. 그 부파의 명칭을 풀이하고 근본종파의 주장을 풀이한 것은 모두 앞의 풀이와 같다. 이하에서는 거듭 풀이하지 않겠다.

① 🔲 붓다의 5음(五音)은 출세간의 말씀이다. 첫째 무상, 둘째 고, 셋째 공, 넷째 무아, 다섯째 열반적정이다. 이 5가지는 출리도를 이끌어내기 때문이다.³⁹⁹

㉠ 음(音)이란 음성으로서, 곧 말씀의 본질이다.⁴⁰⁰ 이 음성의 말씀은 세간을 초월하고 또한 다른 이의 출리도의 발생을 이끌어내기

---

399 이 주장을 위니따데바는 다문부 주장①로 기술한다. 그런데 위니따데바가 말하는 5음은 와수미뜨라와 다르다. 위니따데바는 그 5가지 가운데 '고(苦, sdug bsngal ba)' 대신 '도(道, lam)'를 기술한다. 와수미뜨라의 기술이 보다 타당하고 위니따데바의 기술은 번역 대본으로 삼은 원본에 오류가 있을 가능성이 높다. 자세한 내용은 pp.58-60. 참조.
400 음성을 말씀의 본질로 삼는 것은 『대비바사론』권126(T27, 659a23-b11)의 설명이기도 하다. 또 거기서 명·구·문은 말씀의 작용으로 설명된다. 하지만 상가바드라는 말 자체로는 의미의 전달이 불가능하고 그것이 지시하는 대상의 의미는 오직 명·구·문에 의지해서만 드러난다고 해석한다(『순정리론』권14, T29, 413c-414c16).

때문에 출세간이라 한다. 곧 무상·고·공·무아·열반적정을 나타낸
다. 이 5가지 말씀의 소리는 반드시 출세간이다.[401] 만약 이 5가지를
배제한다면 비록 8도지와 7각지 등의 말씀이더라도 모두 출세간이
아니다. 그 8도지 등이 이러한 행상을 짓는다면 또한 출세간이다.
그 밖의 것은 모두 준해서 알면 된다. 말하자면 이 5가지 말씀은 들
으면 모두 이익 되고 법의 본질일 만하다고 일컬으며, 이미 불요의
가 아니고 또한 방편설이 아니며 확실히 출세간이다.『이부종륜론』
의 글에서는 다만 하나의 실의(實義)로써 이해하여 이 5가지가 출리
도를 이끌어내기 때문에 출세간의 말씀이라[고 했다.] 그 밖의 말씀
은 설령 출리도를 이끌더라도 확정되지 않기 때문에 또한 출세간이
아니다.[402]

② 논 여래의 그 밖의 음성은 세간의 말씀이다.[403]

기 [여래의 그 밖의 음성은] 이미 출리도를 이끌어내는 것을 확정
짓지 못하기 때문에 지금은 총체적으로 세간의 말씀이라고 말한다.

③ 논 아라한에게는 다른 이에게 유도되고 오히려 무지가 있으며 유예
도 있고 다른 이가 깨달음에 들어가게 하며 성도가 소리에 의지해 발생

---

401 다문부는 붓다의 언설 가운데 5음만 출세간법이고 나머지는 세간법이라고 구분하지만,
   대중부·일설부·설출세부·계윤부·안다까 등은 붓다의 언설이 모두 출세간법이라고
   주장한다.
402 『의림장』권1(T45, 251c4-6)에서는 다문부의 이 주장을 설명하면서 "5음과 구기하는 것
   도 출세간이고 출리도를 이끌어낸다고 시설한다. 5음과 상응하지 않는 것은 확정되지
   않기 때문에 출세간의 말씀이 아니다."라고 설명한다.
403 이 주장을 위니따데바는 다문부 주장②로 기술한다.

하는 일이 있다.[404]

[키] 5사는 이미 여러 부파 간 다툼의 으뜸이었다. 지금은 [5사가] 있다고 그대로 헤아린다. 그 의미는 앞과 같다.

[논] 그 밖의 주장은 대부분 설일체유부와 같다.

[키] 이하는 두 번째로 나머지가 같은 주장임을 간략히 가리킨다. 비록 대중부를 인용하더라도 나중에 발생한 다문부가 주장한 월등한 법륜은 설일체유부와 같다. [설일체유부의 주장은] 다음에 자세히 풀이할 것이기 때문에 [여기서] 그것을 서술하지 않겠다.

다. 설가부의 주장

[논] 설가부의 근본종파의 같은 주장에 대해 말하겠다.

[키] 이어서 세 번째 단락의 글은 나누어 2부분이 있는데, 앞서 풀이한 것과 같다.[405] 이것 역시 부파를 표방하여 근본종파를 서술한 것이다.

① [논] 괴로움은 온(蘊)이 아니다.[406]

---

404 이 주장을 와수미뜨라는 대중부·일설부·설출세부·계윤부 근본주장㉙와 제다산부·서산부·북산부 근본주장③과 설산부 근본주장⑤로 기술하고, 바브야는 일설부 주장⑬과 다문부 주장⑤로 기술하고, 위니따데바는 설출세부 주장⑮와 다문부 주장③으로 기술하며, 또 KV(a), II.1에서는 동산부와 서산부 주장으로, II.2-4와 6에서는 동산부 주장으로, XI.4에서는 안다까 주장으로 거론한다. 반면 바브야가 기술한 근본상좌부 주장①에 상반된다.
405 첫째 부파를 표방하고 근본종지를 서술하며, 둘째 생략하고 나머지가 같은 주장임을 가리킨다.
406 이 주장을 바브야는 설가부 주장①로 기술한다.

⑦　괴로움이란 핍박의 의미이다. 온의 본질은 핍박이 아니기 때문에 괴로움이 아니다. 아래⁴⁰⁷의 논의에서 행(行)들이 서로 의지하기에 괴로움을 가립한다고 말하기 때문이다. 색 등의 법들은 존재의 의미에서 괴로움이라 하지만 그것의 실상은 괴로움이 아니다. 마치 무간지옥에서 받는 과보의 본질이 실제로는 괴로움이 아닌 것과 같다. 초감된 온들이 괴로움의 상(相)과 결합해 있는 것을 고온(苦蘊)이라 하지만 그것의 본질은 괴로움이 아니다. [마찬가지로] 생멸 등의 법은 모두 행고(行苦)가 아니다. 그 온 등에서의 업은 모두 실유이다.⁴⁰⁸

② 📖 12처는 진실이 아니다.⁴⁰⁹

⑦　[소]의가 [극미의] 적취이고 [소]연도 [극미의] 적취이며, 적취된 법은 모두 가유이기 때문이다. 비록 적취가(積聚假)의 의미로 온을 풀이하더라도 온의 본질은 가유가 아니다.⁴¹⁰ 소의와 소연이 없기 때문이다. 현재세의 식은 의[처](意處)라 하지 않고, 과거세에 들어갈 때에 비로소 의처라 한다. [의처가 현재세의 식에] 의지한다는

407　바로 아래의 근본주장③을 가리킨다.

408　용광로에서 바로 나온 불쇳덩이가 쇳덩이에 불이 결합하여 이루어진 것처럼 5취온도 온에 괴로움의 상이 결합되어 있는 것이지 그 온 자체가 괴로움인 것은 아니다. 그러한 고온(苦蘊)은 번뇌로부터 발생하고 또 업(業)에 따라 전변하여 취(聚)에 유전한다.

409　이 주장을 바브야는 설가부 주장②로 기술한다. 또 KV(a) XXIII.5에서는 일부 북도파와 설인부 주장으로 거론한다.

410　온·처·계 3과에 대해, 설일체유부는 그 모두를 실유로서 인정하지만 『구사론』상의 경량부는 계만 실유로서 인정하고 와수반두는 처와 계를 실유가 아닌 것으로 인정한다(『구사론기』권1, T41, 29a25-27). 그에 반해 여기서는 온만 실유이고 처와 계는 그렇지 않다고 주장하고 있다.

의미가 성립해도 본질이 현재세가 아니고 실유도 아니다.

문 18계 등은 가유인가, 실유인가?

답 또한 소의와 소연에 적취가라는 의미가 있기 때문에 이것도 실유가 아니다.

③ **논** 행들이 서로 의지하고 서로 화합한 것을 임시로 괴로움이라 한다. 사람의 작용은 없다.[411]

기 이것은 괴로움을 풀이한 것이다. 현재세의 조건인 2가지 행법(行法)[412]이 서로 의지한 것을 괴로움이라 하지, 현재세에 사람의 작용에 의거해 비로소 괴로움이 있는 것이 아니다. 혹은 어떤 이는 해석하여 "욕계가 상위 계보다 열등하기에 욕계를 괴로움이라 하고, …… 유정처(有頂處)가 무루보다 열등하기에 유정처를 괴로움이라 한다."라고 말한다. 그러므로 서로 의지한다고 말하는 것이지, 사람에 의거해 바로 괴로움이 있는 일은 없다.

문 사람이 타격하는 것 등의 경우, 괴로움을 보는 것은 어떤 괴로움인가?

답 이것도 행들이 서로 의지한 것을 괴로움이라 한 것이다. 의미는 준해서 알아야 한다.

---

411 이 주장을 바브야는 설가부 주장 ③⑦로 기술하고, 위니따데바는 설가부 주장 ①로 기술한다.

412 괴로움은 외적으로 칼이나 몽둥이 등과 내적으로 괴로움을 받는 5온이 화합함으로써 발생한다.

④ 🟦 시기에 맞지 않는 죽음은 없으며, 앞선 업으로 얻어진다.[413]

㉆ 시기에 맞지 않는 죽음들은 모두 앞선 업으로 얻어진다. 횡사 (橫死)의 조건에 의거해 시기에 맞지 않는 죽음이 있는 일은 없다.[414] 과거세에 일찍이 이 횡사의 조건을 지었기 때문에 지금 비로소 횡사하는 것이다. 앞선 업이 없이 지금 결과가 갑작스럽게 결과가 있는 것이 아니다. 그것은 수업(壽業)을 바꾸어 복업(福業)으로 짓는 것이기 때문에 곧바로 수명을 단축시키는 것은 예전에 앞선 업이 있어서 지금 현재세의 조건에 말미암은 것이다.[415]

⑤ 🟦 업의 증장이 원인이 되어 이숙과의 전전이 있다.[416]

㉆ 오직 업이 수승해야 비로소 결과를 초감한다. 득(得, prāpti) 등의 그 밖의 법은 이숙과를 초감하지 못한다.[417] 요컨대 업의 공능이 결과를 얻을 때 그 [업]의 체상과 작용의 증장이 이숙인이 되어야

413 이 주장을 바브야는 설가부 주장⑥로 기술하고, 위니따데바는 설가부 주장②로 기술하며, 또 『대비바사론』권151(T27, 771a24-26)에서는 비유자 주장으로 거론하고, KV(a), XVII.2 에서는 왕산부와 의성부 주장으로 거론한다.
414 설일체유부는 일단 죽음을 상속신에 따라 전전하다가 죽는 것과 한 번 태어나 머물다 죽는 것으로 구분한다. 전자는 장애가 있다는 것을 나타내고 후자는 장애가 없다는 것을 나타내는 것이기 때문에 반드시 시기에 맞지 않는 죽음이 있다고 주장한다(『대비바사론』권151, T27, 771a27-b19; 『구사론』권5, T29, 26c8-12).
415 수업을 복업으로 전환시켜서 수명을 단축시키는 것은 과거세에 자신이 지었던 수명을 단축시키는 업이 현재세에 지은 보시와 변제정과 원력을 조건으로 삼는 것에 근거한다 (『대비바사론』권126, T27, 656c19ff).
416 이 주장을 바브야는 설가부 주장⑧로 기술하며, 또 KV(a), XII.2에서는 대중부 주장으로, XVII.3에서는 왕산부와 의성부 주장으로 거론한다.
417 설일체유부는 업이 결과를 초감하기 위해서는 그 업인(業因)뿐만 아니라 불상응행법 가운데 하나인 득(得)도 반드시 작용한다고 주장하며, 또 그 득을 업의 인과상속의 근거로 설정한다.

비로소 결과를 초감하기 때문이다. 그 밖의 것은 그렇지 않다.⁴¹⁸

⑥ 🔖 복[업]에 의지해 성도를 얻는다.⁴¹⁹

⑦ 🔖 [성]도는 [가행도를] 수습해 [성취할] 수 없다.⁴²⁰

⑦ 현재세에 도를 수습하는 것을 보는 것으로는 성스러움(: 無漏智)을 얻을 수 없기 때문에 성도는 수습해 성취할 수 없다는 것을 안다. 다만 지계와 보시 등의 복업으로 성스러움을 얻을 때에 그가 바로 성과(聖果: 사문과)를 성취하기 때문에, [유루]혜를 수습하는 힘으로 성스러움을 얻기는 불가능하다.

힐문 [그대처럼] 현재세에 도를 수습하는 것을 보는 것으로 성스러움을 얻지 못하고 복업에 의지해 [성도를] 얻는다고 말한다면, 현재세에 보시하는 것을 보는 것으로 성스러움을 성취하지 못할 것이다. [그러므로] 성도가 수습에 의지한다고 말해야 한다.

⑧ 🔖 [성]도는 파괴될 수 없다.⁴²¹

⑦ 한번 [성도를] 얻은 이후에는 [무루의] 성상(性相)이 상주하여

---

418 이것은 설일체유부에서 주장하는 득(得)과 생·주·이·멸의 4상(四相) 등에 의거해 이숙과를 초감하지 않는다는 의미이다.
419 이것은 성도가 지계나 보시 등의 복업에 의지해서만 얻을 수 있다는 주장이다. 이 주장을 위니따데바는 설가부 주장③과 근본설일체유부 주장⑧로 기술한다.
420 이 주장은 위니따데바가 기술한 설가부 주장④에 상반된다. 와수미뜨라와 위니따데바의 기술이 서로 다른 이유는 역자의 번역 오류에 기인한 것으로 추정된다. 자세한 내용은 pp.60-61. 참조.
421 이 주장을 위니따데바는 설가부 주장⑤로 기술한다.

찰나멸이 없기 때문에 파괴될 수 없다.[422]

논 그 밖의 주장은 대부분 대중부의 주장과 같다.

기 [그 밖의 주장이] 다른 부파와 같다는 것을 간략히 설명하여 가리킨 것이다.

라. 제다산부·서산부·북산부의 주장

논 제다산부·서산부·북산부, 이러한 3부파의 근본종파의 같은 주장에 대해 말하겠다.

기 네 번째 단락의 글에 2부분이 있는데, 역시 앞에 준하여 알면 된다.[423] 이것은 부파를 표방하여 근본종파를 서술한 것이다.

① **논** 보살들은 악취를 벗어나지 못한다.[424]

기 [보살이] 아직 인위(忍位)를 얻지 못했다면 여전히 이생이다. 이 보살들은 악취에 태어나는 것을 벗어나지 못했기 때문에 오히려 그곳에 태어난다.

② **논** 스뚜빠(stūpa)에 공양하는 업을 일으켜도 큰 과보를 얻지 못

---

422 성도를 얻는 것과 마찬가지로 그것을 파괴하는 것도 현재세의 조건에 의지하지 않는다. 이 부파는 성도가 한번 발생된 뒤에는 열반에 들 때까지 소멸되지 않는다고 주장한다. 반면 설일체유부는 성도가 찰나찰나에 생멸한다고 주장한다.
423 첫째 부파를 표방하여 근본종파를 서술하며, 둘째 나머지가 같은 주장임을 간략히 가리킨다.
424 이 주장을 위니따데바는 동산부와 서산부 주장①로 기술한다.

한다.[425]

⑦ 무정법(無情法)은 보시를 받고서 시주에게 이익 되거나 환희심을 발생시킬 수 없기 때문에 큰 과보가 없고 작은 복은 성취할 수 있다. 이것에 의거해 보시물을 법(: 경전)에 보시해도 큰 과보가 없다는 것이 이들의 종의임을 준해서 안다.

스뚜빠는 한자로 고승처(高勝處)라 하는데, 사리를 안치하는 대단히 월등한 곳이다.[426]

③ 🔖 아라한에게는 다른 이에게 유도되는 것 등의 5사가 있다.[427]

🔖 그리고 그 밖의 의문(義門)에서 주장된 것은 대부분 대중부의 주장과 같다.

⑦ 이 이하는 두 번째로 다른 [부파의] 주장과 같다는 것을 간략히 가리킨 것이다. 그 글은 그대로 알면 되기 때문에 번거롭게 서술하지 않겠다.

---

425 이 주장을 와수미뜨라는 화지부 지말주장⑦로 기술하고, 바브야는 화지부 주장⑳으로 기술하고, 위니따데바는 동산부와 서산부 주장②로 기술한다. 반면 와수미뜨라가 기술한 법장부 근본주장②에 상반되고, 위니따데바가 기술한 근본설일체유부 주장⑥에 상반된다.

426 사리가 있으면 스뚜빠라 하고, 사리가 없으면 제다(制多, caitya)라 한다.

427 이들 부파는 대중부의 주장을 좇아 아라한에게 5사가 있다는 것을 그대로 인정한다. 이 주장을 와수미뜨라는 대중부·일설부·설출세부·계윤부 근본주장㉙와 다문부 근본주장③과 설산부 근본주장⑤로 기술하고, 바브야는 일설부 주장⑬과 다문부 주장⑤로 기술하고, 위니따데바는 설출세부 주장⑮와 다문부 주장③으로 기술하며, 또 KV(a), II.1에서는 동산부와 서산부 주장으로, II.2-4와 6에서는 동산부 주장으로, XI.4에서는 안다까 주장으로 거론한다. 반면 바브야가 기술한 근본상좌부 주장①에 상반된다.

마. 설일체유부의 주장

가) 근본종파의 같은 주장

논 설일체유부의 근본종파의 같은 주장에 대해 말하겠다.

① **논** [설]일체유부의 '모든 것이 있다'는 것은 다 2가지에 포함된다. 첫째 명(名) 둘째 색(色)이다.[428]

⑦ 일체가 있다고 주장하는 것 등은 일체의 있음에 2가지가 있다는 것을 말한다. 첫째는 법(法)의 일체로서, 5법−심·심소·색·불상응행·무위−이다. 둘째는 시(時)의 일체로서, 과거세·미래세·현재세이다. [그 2가지 설명은] 각각 여러 부파들과 대립된다.[429] 명과 색은 일체법을 포함한다. 색(色)의 모양은 거칠고 분명하며 그 본질을 알기 쉬워서 그것을 색이라 일컬으며, 4온과 무위는 그 본질이 미세하고 숨어있으며 모양을 알기 어려워서 명칭으로 그것을 드러내기 때문에 명(名)이라 한다.[430]

② **논** 과거세와 미래세의 본질도 실유이다.[431]

---

428 이 주장을 바브야는 설일체유부 주장②로 기술하고, 위니따데바는 근본설일체유부 주장①로 기술하며, 또 KV(a), I.6에서는 설일체유부 주장으로 거론한다.

429 법(法)의 일체는 법이 가유이기도 하고 실유이기도 하다고 주장하는 설가부 등의 주장에 대립되고, 시(時)의 일체는 법에 과거세와 미래세가 없다고 주장하는 대중부 등의 주장에 대립된다.

430 변괴(變壞)하기 때문에 색(色)이라 하는데, 변괴라 한 것은 고수(苦受)의 원인이 되기 때문이고 유대촉(有對觸)이기 때문이며, 바뀔 수 있기[可轉易] 때문이다(『순정리론』권2, T29, 337b14-17). 그리고 4온을 명(名)이라 하는 것은 여러 가지의 소연을 나타내어 부르기 때문이고 미세해서 명에 의지하지 않고서는 드러낼 수 없기 때문이며, 3계·9지·5취·4생에서 널리 추구하는 것이기 때문이고 말하는 자의 정의(情意)에 따라 총괄해서 말하기 때문이다(『순정리론』권29, T29, 502c14-26).

431 이 주장을 와수미뜨라는 화지부 지말주장①로 기술하고, 바브야는 근본상좌부 주장⑤

③ 🔵 일체의 법처는 모두 알아야 할 것이고 또한 인지해야 할 것이며, 통달해야 할 것이다.⁴³²

⑦ '일체의 법처는 알아야 할 것이고 인지해야 할 것이며 통달해야 할 것이다'에 대해 말하겠다. 이 부파의 의도는 '심법과 심소법 등은 체상이 비슷하다. 심이 이미 알아야 할 것이고 인지해야 할 것이라고 인정하면서, 심소에 입각해서는 왜 법처로 해놓고 모두 세속지로 알아야 할 것이고 유루의 식으로 인지해야 할 것이며 6신통을 얻은 자와 진리를 통달한 자가 통달해야 할 것이라고 인정한다고 말하지 않는가?'라고 말하는 것이다.⁴³³

와 설일체유부 주장③으로 기술하며, 또 KV(a), I.6-7에서는 설일체유부의 주장으로 거론한다. 반면 와수미뜨라가 기술한 대중부·일설부·설출세부·계윤부 근본주장46과 화지부 근본주장1에 상반되고, 바브야가 기술한 일설부 주장20과 화지부 주장1에 상반되고, 위니따데바가 기술한 화지부 주장1과 분별설부 주장2에 상반된다.

432 이 주장을 와수미뜨라는 화지부 지말주장③으로 기술하고, 위니따데바는 근본설일체유부 주장2으로 기술한다. 반면 와수미뜨라가 기술한 대중부·일설부·설출세부·계윤부 근본주장47에 상반되고, 위니따데바가 기술한 설출세부 주장35에 상반된다.

433 설일체유부는 앞서 설명한 대중부 등 4부파들과 달리 법처를 알아야 할 것이고 인지해야 할 것으로 이해하고 또한 보다 구체적으로 구분해 설명한다. 곧 통달해야 할 것과 알아야 할 것은 선혜(善慧)로 통달하고 지변지(智遍知)로 아는 실유인 일체법이고, 끊어야 할 것은 대치도로 끊는 유루법이며, 수습해야 할 것은 득수(得修)나 습수(習修) 또는 둘 모두가 함께 하는 선의 유위법이고, 증득해야 할 것은 기꺼이 구하려는 일체의 선법 및 사마빳띠에 의지해 발생한 무부무기의 천안통과 천이통이라고 설명한다. 이것에 의거해 그 부류를 정리하면 다음과 같다(『대비바사론』권195, T27, 976b29-977b6).

구분	통달해야 할 것	알아야 할 것	끊어야 할 것	수습해야 할 것	증득해야 할 것
허공, 비택멸	○	○	x	x	x
택멸	○	○	x	x	○
무루유위법	○	○	x	○	○
선의 유루행	○	○	○	○	○
천안통, 천이통	○	○	○	x	○
2신통 제외한 무기의 행 및 불선법	○	○	○	x	x

④ 논 생상·노상·주상·무상상은 심불상응행온에 포함된다.

⑦ 생·노·주·무상이 행법온에 포함된다는 것은 경량부 등이 심불상응이 없다고 하는 것에 대립된다. [그들은] 행온이 아니라고 하기 때문이다.[434]

⑤ 논 유위의 기체(vastu)에 3가지가 있고,[435] 무위의 기체에도 3가지가 있으며,[436] 3가지 유위상에는 개별적으로 본질이 있다.[437]

---

434 먼저 비유자는 모든 유위상이 불상응행온에 포함되긴 하지만, 그 온은 실체가 없기 때문에 유위상도 실유가 아니라고 주장한다. 또 분별론자는 유위상의 본질이 무위이어서 성품이 강하고 왕성하기 때문에 법을 생기게 하고 머물게 하고 달라지게 하고 소멸하게 한다고 주장한다. 또 법밀부는 4상 가운데 생상·주상·노상은 유위이지만 무상상은 무위라고 주장한다. 또 상사상속사문(相似相續沙門)은 색의 4상은 색이고 심의 4상은 심이라고 주장한다. 또 경부논사는 색온 등의 5온이 태(胎)에서 나올 때가 생(生)이고 상속할 때가 주(住)이며 쇠약해질 때가 이(異)이고 목숨을 마칠 때가 멸(滅)이라고 주장한다. 이에 반해 설일체유부는 유위상이 실유이고 모두 유위이며 불상응행온에 포함되고 한 찰나에 모두 작용한다고 주장한다(『대비바사론』권38, T27, 198a14-b5).

435 이 주장을 위니따데바는 근본설일체유부 주장①로 기술하며, 또 KV(a), I.6-7에서는 설일체유부의 주장으로 거론한다.

436 이 주장을 위니따데바는 근본설일체유부 주장③으로 기술하며, 또 KV(a), II.11에서는 화지부와 안다까의 주장으로, VI.6에서는 북도파와 화지부의 주장으로 거론한다. 반면 와수미뜨라가 기술한 대중부·일설부·설출세부·계윤부 근본주장㊷와 화지부 근본주장⑲에 상반되고, 위니따데바가 기술한 설출세부 주장㉔와 화지부 주장⑧과 기타림사부·무외산주부·대사주부 주장④에 상반된다.

437 여기서 말하는 3가지 상이란 생상(生相)·주이상(住異相)·멸상(滅相)이다. 이 가운데 주이상을 주상(住相)과 이상(異相)으로 나누어 4가지 상으로 건립한다. 그 이유에 대해 『대비바사론』권39(T27, 201a26-b23)에서는 주상이 유위와 무위에 모두 통하고, 행(行)을 증익시키며, 행을 화합하게 하거나 무너지게 하지 않고, 행을 미래세에서 현재세에 들게 하거나 현재세에서 과거세로 들게 하지 않으며, 유위임을 나타내어 구별 짓지 못하기 때문에 붓다가 주상을 별도로 말하지 않고 이상과 합쳐서 건립했다고 설명한다. 또 상가바드라도 주상이 유위와 무위에 모두 통하고, 경에서 3상이 있다고 하면서 '오직'이라 하지 않았으며, 유위법의 주상은 반드시 이상과 함께 한다는 것을 나타내기 위해 주(住)와 이(異)를 합하여 말했다고 설명한다(『순정리론』권13, T29, 405c10-29). 비유자는 유위상들이 한 찰나에 발생하지 않는다고 주장하며, 또한 법이 처음 생기는 것을 생(生)이라 하고 나중에 소멸하는 것을 멸(滅)이라 하며 중간에 성숙하는 것을 노(老)라고 설명한다. 하지만 설일체유부는 이러한 유위상들이 모두 실유이고 한 찰나에 발생한다고 주장한다. 이 주장을 바브야는 설일체유부 주장⑤로 기술한다.

ㄱ '유위의 기체에 3가지가 있고' 등에 대해 말하겠다. 유위란 3
세를 말하고, 무위란 택멸·비택멸·허공을 말한다.

6 논 3제는 유위이고 1제는 무위이다.⁴³⁸

7 논 4성제는 점차 현관한다.⁴³⁹

8 논 공(空)과 무원(無願)의 2가지 사마디에 의지해 다 정성리생
에 들 수 있다.⁴⁴⁰

ㄱ 공과 무원에 [의지해] 정성리생에 드는 것에 대해 말하겠다.
이 2가지는 고제(苦諦)의 4행상에 있기 때문에 정성리생에 들 수
있다. 공은 공(空)과 무아(無我)를 포함하고 무원은 고(苦)와 무상
(無常)을 포함하기 때문에, 견행자(見行者)는 공에 의지하고 애행
자(愛行者)는 무원에 의지한다. 견행에는 2가지가 있다. 첫째는 아
견의 증상이고 둘째는 아소견의 증상이다. 아견의 증상은 무아공
(無我空)사마디에 의지하고, 아소견의 증상은 공공(空空)사마디에

---

438 고제와 집제는 유루유위이고, 멸제는 무루무위이며, 도제는 무루유위이다. 이 주장을
KV(a), VI.3에서는 동산부 주장으로 거론한다.
439 이 부파는 견도에서 4성제에 대해 16행상에 차별이 있기 때문에 반드시 하나하나 현관한
다고 주장한다. 4성제의 점현관을 주장하는 설일체유부 관점은 『대비바사론』권103(T27,
533a26-b2)에서도 설명되고 있다. 이 주장을 와수미뜨라는 대중부·일설부·설출세부·
계윤부 지말주장1로 기술하고, 바브야는 설일체유부 주장6으로 기술하며, 또 KV(a),
I.4에서는 정량부 주장으로, II.9에서는 안다까·설일체유부·정량부·현주부 주장으로
거론한다. 반면 와수미뜨라가 기술한 대중부·일설부·설출세부·계윤부 근본주장21과
화지부 근본주장2에 상반되고, 바브야가 기술한 일설부 주장10과 화지부 주장2에 상
반되고, 위니따데바가 기술한 설출세부 주장9와 화지부 주장2에 상반된다.
440 이 주장을 바브야는 설일체유부 주장7로 기술한다.

의지한다. 애행도 2가지이다. 첫째는 해태의 증상으로서, 고[무원
(苦無願)사마디]에 의지한다. 생사에는 괴로움이 많기에 해태와
방일의 즐거움에 집착하지 말아야 하기 때문이다. 둘째는 아만의
증상으로서, 무상무원(無常無願)사마디에 의지한다. 모두가 무아
이기에 아만을 일으키지 말아야 하기 때문이다.⁴⁴¹

⑨ 🔲 욕계의 행(行)을 사유하여 정성리생에 든다.⁴⁴²

⑩ 🔲 이미 정성리생에 들었다면 15심 가량을 행향(行向)이라 하
고, 제16심을 주과(住果)라 한다.⁴⁴³

---

441 이 설명은 『대비바사론』 권109(T27, 563c22-564a2)에서 자세히 다루고 있다. 곧 "🔲 어떤
뿌드갈라가 공에 의지해 정성리생에 들고, 어떤 뿌드갈라가 무원에 의지해 정성리생에
드는가? 🔲 만약 견행자라면 공에 의지해 정성리생에 들고, 애행자라면 무원에 의지해
정성리생에 든다. 오직 보살만 제외한다. 비록 애행자이더라도 공에 의지해 정성리생
에 든다. 또 견행자에는 2가지가 있다. 아견에 집착한 자는 비아(非我)의 행상에 의지해
정성리생에 들고, 아소견에 집착한 자는 공(空)의 행상에 의지해 정성리생에 든다. 애
행자들에도 2가지가 있다. 아만이 증상한 자는 비상(非常)의 행상에 의지해 정성리생에
들고, 해태가 증상한 자는 고(苦)의 행상에 의지해 정성리생에 든다."라고 한 것이다.
이와 같이 공과 무원에 의지해 정성리생에 든다고 설명하는 것과 달리 바브야는 설일
체유부 주장을 기술하면서 그 2가지 외에 무상(無相)사마디에 의지해서도 정성리생에
든다고 한다. 무상(無相)은 발생한 법은 반드시 소멸하는 것이라고 관찰함으로써 생멸
을 배제하는 것이다. 그가 무상을 덧붙인 것은 고제뿐만 아니라 멸제까지도 반연해 정
성리생에 든다는 것을 말하기 위해서이다. 공과 무원이 고제의 무상(無常)·고(苦)·공
(空)·무아(無我)의 4행상을 반연한 반면 무상은 멸제의 멸(滅)·정(靜)·묘(妙)·리(離)의
4행상 반연하기 때문이다. 한편 『대비바사론』 권185(T27, 927c8-10)에서는 오직 무상사마
디에 의지해 정성리생에 든다고 하는 법호부 주장이 거론된다.

442 이 부파는 욕계의 행이 고고(苦苦)·괴고(壞苦)·행고(行苦)를 완전히 갖추고 있기 때문
에 그것을 사유해 정성리생에 든다고 주장한다. 하지만 다르마뜨라따(Dharmatrāta)는 3
계의 행을 사유하는 것에 의지한다고 주장하고, 비유자는 오직 행고에만 의지한다고
주장하며, 어떤 이는 열반을 사유하여 정성리생에 든다고 주장한다(『대비바사론』 권
185, T27, 928a3-13). 이 주장은 바브야가 기술한 다문부 주장③과 화지부 주장㉒에 상반
된다.

443 이 부파가 주장한 차제증에서는 견도의 15찰나가 예류향이고 제16찰나는 예류과이며,
그다음에 수도에서 3계의 혹(惑)을 제거하는 것에 의거해 나머지 사문과가 다음과 같

⑪ **논** 세제일법은 한 [찰나]의 심이고, 3품이 [있다]. 세제일법에서는 결코 물러날 수 없다.[444]

⑦ 세제일법의 3품이란 3승인이 3품을 성취한다는 것을 말한다.[445] 성문승 가운데 퇴법(退法)과 사법(思法) 두 [사람은] 하품이

이 구분된다.

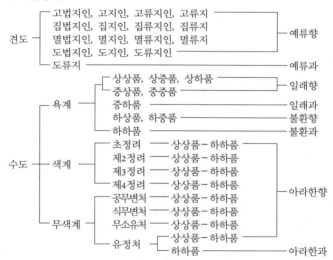

그리고 초월증의 경우, 이생위에서 세간도로써 욕계의 1품-5품의 수혹을 끊고서 정성리생에 들었다면 견도 15심 동안을 예류향이라 하고, 마찬가지로 욕계의 6품-8품의 수혹을 끊고서 정성리생에 들었다면 일래향이라 하며, 마찬가지로 욕계의 9품 수혹을 이미 끊었거나 초정려의 1품의 수혹을 끊고 무소유처의 수혹을 끊고서 정성리생에 들었다면 견도 15심 동안을 불환향이라 한다. 이 성자들을 근기에 따라 수신행과 수법행이라 한다. 그리고 이와 같이 행향에 머무는 성자들은 제16심인 도류지(道類智)의 찰나에 근거해 견도를 버리고 수도를 얻음으로써 각각 예류과·일래과·불환과에 머문다. 이 성자들도 근기에 따라 신해와 견지라 한다(『대비바사론』권54, T27, 278b2-c5). 이 주장을 바브야는 설일체유부 주장⑧로 기술한다. 반면 와수미뜨라가 기술한 독자부 근본주장⑨에 상반되고, 위니따데바가 기술한 꾸루꿀라까·아반따까·독자부 주장④⑤에 상반된다.

444 이 주장은 와수미뜨라가 기술한 대중부·일설부·설출세부·계윤부 근본주장㉟에 상반되고, 위니따데바가 기술한 설출세부 주장⑱에 상반된다.

445 『대비바사론』권5(T27, 25b18-22)에서는 그 3품의 해석을 2가지로 제시한다. 첫째는 불종성(佛種姓)이 상품, 독각종성(獨覺種姓)이 중품, 성문종성(聲聞種姓)이 하품이다. 둘째는 여기서 규기가 설명하는 것처럼 성문승의 6종성에 의거해 3품으로 구분한 것이다. 그

고 호법(護法)과 주법(住法)과 감달법(堪達法) 세 사람은 중품이며, 부동법(不動法)은 상품이다. 그런데 하품인 사람은 오직 현재의 분위만 성취하고 하품은 중품을 성취하지 못한다. 중품과 상품도 마찬가지이다.

⑫ 🔲 예류자에게는 물러난다는 의미가 없고,446 아라한에게는 물러난다는 의미가 있다.447

⑬ 🔲 모든 아라한이 다 무생지를 증득하는 것은 아니다.448

리고 『대비바사론』권5(T27, 20b19-c14)에서는 세제일법이 한 찰나인지 여러 찰나인지에 대해 논의한다. 분별론자는 상속을 시상속(時相續)과 생상속(生相續)과 상사상속(相似相續) 3가지로 설정하고 그 가운데 상사상속이 세제일법에 있다고 주장한다. 또 앞서 살펴본 대중부 등 4부파는 세제일법이 많은 찰나에 상속하고 물러남 있다고 주장한다. 이에 반해 설일체유부는 세제일법이 출세간의 마음 곧 고법지인에 상응하는 마음만 일으키기 때문에 한 찰나라고 주장한다.

446 이 부파가 예류과에서 물러나는 일은 없고 나머지 3과에서 물러나는 일은 있다고 주장하는 것은 『대비바사론』권61(T27, 316c14-317b6)에서도 확인된다. 예류자에 물러남이 없다는 주장을 바브야는 설일체유부 주장④로 기술하고, 위니따데바는 설출세부 주장⑲로 기술하며, 또 KV(a), I.2에서는 정량부·독자부·설일체유부·대중부의 일부 주장으로 거론한다. 반면 와수미뜨라가 기술한 대중부·일설부·설출세부·계윤부 근본주장㊱과 화지부 근본주장⑰에 상반된다.

447 이 부파는 아라한의 6종성 가운데 퇴법종성의 아라한이 조그만 질병 등의 인연을 만나면 획득한 과위로부터 물러난다고 주장한다. 이 주장을 바브야는 설일체유부 주장⑩으로 기술하며, 또 KV(a), I.2에서는 정량부·독자부·설일체유부·대중부 일부 주장으로 거론한다. 반면 와수미뜨라가 기술한 대중부·일설부·설출세부·계윤부 근본주장㊱과 화지부 근본주장⑰에 상반되고, 위니따데바가 기술한 설출세부 주장⑲에 상반된다.

448 유정지(有頂地)의 제9품의 번뇌가 끊어지고 곧바로 진지(盡智)가 생겨나는 과위가 아라한과이다. 이 아라한과에는 다시 두 부류가 있다. 하나는 진지가 생겨나는 것에 간단없이 무생지(無生智)가 생겨나는 부동법(不動法)아라한이다. 둘은 진지에 간단없이 무생지가 생겨나지 않고 무학의 정견만 생겨나는 아라한으로서, 곧 퇴법(退法)·사법(思法)·호법(護法)·안주법(安住法)·감달법(堪達法)의 아라한이다. 그 5가지 종성의 아라한은 아직 무생지를 증득하지 못했다.

⑭ 🔳 이생은 욕계의 탐과 진에를 끊을 수 있다.⁴⁴⁹

⑮ 🔳 5신통을 얻는 외도가 있다.⁴⁵⁰

⑯ 🔳 천(天)에서 범행에 머무는 자도 있다.⁴⁵¹

⑦ [6욕]천(六欲天)에도 범행이 있다. 사음(邪淫)을 행하고 여자를 가까이 하는 것을 비범행(非梵行)이라 한다. 천에 머물면서 이런 일을 제거하는 성품이 있다. 예컨대 경에서 "지계(持戒)에 정진하던 한 비구가 밤이 되어 발을 씻는데, 발을 씻는 대야 중앙에는 발을 걸쳐놓는 받침대가 있었다. 어떤 뱀이 [그곳에] 똬리를 틀고 있었는데, 비구가 보지 못하고 발을 중앙에 올려놓았다가 마침내 애석하게 죽고 도리천의 환희원에 태어났다. 무릇 천(天)에 태어나는 이들은 모두 천남(天男) 혹은 천녀(天女)의 무릎에서

---

449 이 주장은 『대비바사론』권51(T27, 264b18-c19)에서도 설명되고 있다. 먼저 이생은 모든 번뇌를 끊을 수 없다고 주장하는 비유자, 그리고 이생은 수면(隨眠)을 끊는다는 의미가 없고 다만 전(纏)을 조복할 뿐이라고 주장하는 대덕의 주장을 언급한 뒤 그러한 주장들이 이치를 손상시키는 것은 아니라는 입장을 취한다. 하지만 설일체유부는 이생들이 세속도에 의지해서도 욕계에서 무소유처까지의 결(結)을 끊을 수 있다고 주장한다. 이 주장을 바브야는 설일체유부 주장⑪과 화지부 주장⑩으로 기술하며, 또 KV(a), I.5에서는 정량부 주장으로 거론한다. 반면 와수미뜨라가 기술한 화지부 근본주장⑤에 상반된다.
450 이것은 불제자뿐만 아니라 다른 가르침을 따르는 외도도 누진통을 제외한 신경통·천안통·천이통·타심통·숙명통을 증득한다는 주장이다. 이 주장을 와수미뜨라는 독자부 근본주장⑤로 기술하고, 바브야는 설산부 주장②와 설일체유부 주장⑫로 기술한다. 반면 와수미뜨라가 기술한 설산부 근본주장③과 화지부 근본주장⑥과 법장부 근본주장④에 상반되고, 위니따데바가 기술한 설산부 주장①과 화지부 주장③과 법호부 주장③에 상반된다.
451 이 주장을 바브야는 설일체유부 주장⑬과 화지부 주장⑤와 법장부 주장②로 기술한다. 반면 와수미뜨라가 기술한 설산부 근본주장④와 화지부 근본주장⑦에 상반되고, 위니따데바가 기술한 설산부 주장②와 화지부 주장④와 기타림사부·무외산주부·대사주부 주장①에 상반된다.

[화생하는데], 이 [비구는] 환희원에 태어나고서 이미 보통의 천인과 달랐다. 여러 천녀가 앞서서 다 안으려고 하자 그 새로 태어난 천인이 툭 던지는 말로 '모두 나를 가까이하지 마시오.'라고 했다. 그 천녀는 이상하게 여겨서 제석천에게 아뢰었다. 제석천이 이에 거울로 그를 비추어 새로 태어난 천인에게 이전 몸의 모습을 보여주었는데, 머리에는 천관(天冠)이 있었고 몸에는 영락(瓔珞)을 갖추고 있었다. 이것은 옛날의 출가했을 때의 위의가 아니었기에, [그는] 깊이 스스로 후회하고 다시 욕망(kāma)을 더욱 혐오했다. 천녀가 이것을 제석천에게 자세히 아뢰자, 제석천이 그것을 듣고 직접 예경했다. 옛날 인간[계]에서 출가하여 계를 수지한 일을 알고 마침내 편안한 곳인 천선(天仙)의 동산으로 보내었다." 라고 설했다. 그러므로 천에 범행이 있다는 것을 안다.

⒄ 🔲 7등지452에서 각지453는 증득할 수 있지만 나머지 등지에서는 아니다.

⑺ 7등지에 각지가 있다는 것은 4선정과 3무색[정]을 말한다. 미지정과 중간정려를 생략하고 말하지 않은 것이다.454 다만 여러

---

452 등지(等至, samāpatti)는 그 구분기준에 따라 3가지, 7가지, 23가지, 65가지가 있다. 그 가운데 3등지는 4정려와 4무색정의 성질에 따른 미상응등지(味相應等至)·정등지(淨等至)·무루등지(無漏等至)이다. 7등지란 4정려의 4무루등지와 4무색정의 3무루등지이다. 23등지는 4정려의 4미상응등지와 4정등지와 4무루등지, 그리고 4무색정의 4미상응등지와 4정등지와 3무루등지이다. 65등지는 그 23등지에 다시 4무량·4무애해·8해탈·8승처·10변처·6신통, 그리고 무쟁과 원지의 소의를 추가한 것이다.

453 여기서는 협의의 7각지가 아니라 수행도를 아우르는 37보리분법을 가리킨다.

454 『대비바사론』권96(T27, 497b24-c3)에서 37보리분법이 의지하는 지(地)에 대해 설명하고 있다. 미지정에는 희각지를 제외한 36가지가 있고 초정려에는 37가지가 모두 있으며, 중간·제3·제4정려에는 희각지와 정사유를 제외한 35가지가 있고, 제2정려에는 정사유

부파가 [이 7정은 물론] 비상비비상처정과 욕계에[도] 각지가 있다고 [주장하는 것과] 다르기 때문이다.

18 논 일체의 정려455는 모두 염주에 포함된다.456

19 논 [근본]정려에 의지하지 않고 정성리생에 들 수 있고 아라한과도 증득한다.457

20 논 만약 색계와 무색계의 몸에 의지해 비록 아라한과를 증득하더라도 정성리생에 들 수는 없다. 욕계의 몸에 의지해서는 정성리생에 들 수 있을 뿐만 아니라 아라한과도 증득할 수 있다.458

21 논 북꾸루주(uttarakurudīpa)에는 염오를 배제한 자가 없다. 성자는 그곳과 무상천에 태어나지 않는다.

[기] 북꾸루주에 염오를 배제한 자가 없는 것은 순수한 즐거움에

를 제외한 36가지가 있으며, 하위의 3가지 무색정에는 희각지와 정사유와 정어와 정업과 정명을 제외한 32가지가 있다. 또 욕계와 비상비비상처정에는 7각지와 8도지를 제외한 22가지가 있다. 따라서 각지는 색계4정려와 3무색정에 있다는 것을 알 수 있다.

455 일체의 정려는 색계의 4가지 근본정려를 가리킨다.

456 무색계의 정에는 신념주(身念住)가 없지만 색계의 4정려는 4념주를 구족한다.

457 여기서 정려는 색계의 4근본정을 가리킨다. 따라서 색계의 4근본정이 아닌 미지정과 중간정에 의지하여 견도에 든다는 것이고, 아라한과는 근본정과 미지정과 중간정과 3무색정에 의지해 증득한다.

458 아라한과는 3계에서 증득할 수 있지만 견도에 드는 것은 욕계에 가능하다. 무색계의 몸은 다른 사람의 말을 들을 수 없고 또 욕계의 4성제를 반연할 수 없기 때문이다. 색계의 몸은 고수(苦受)가 없기 때문에 혐오심을 발생시킬 수 없다. 이 주장을 바브야는 설일체유부 주장15로 기술한다.

는 혐오할만한 괴로움이 없기 때문이다.[459] [하지만] 그 6욕천에는 오히려 괴로움이 있기 때문에 염오를 배제한다.

22 논 4사문과는 반드시 점차 증득하는 것이 아니다. 만약 정성리생에 들기 이전에 세속도에 의지했다면 일래과 및 불환과를 [바로] 증득하는 일이 있다.[460]

23 논 4념주가 일체법을 포함한다고 말할 수 있다.[461]

기 염주에는 3가지가 있다. 첫째는 자성으로서 혜이며, 둘째는 소연으로서 일체법이며, 셋째는 권속으로서 5온이다.[462]

---

459 북꾸루주에는 샨다(ṣandha)나 빤다까(paṇḍaka)의 무생식기자, 양성생식기자, 단선근자, 사정취와 정정취의 유정, 그리고 염오를 배제한 자가 없다. 그곳에서는 고(苦)를 관하는 것이 강하지 않아서 수승한 공덕도 없고 성도도 발생시키지 못하기 때문에 염오를 배제할 수 없다. 또 무상천은 무상정을 수습한 유정이 초감한 이숙과로서, 수명이 500대겁 또는 1,000대겁이기에 염오를 배제하는 도를 수습하는 자가 없다. 이러한 북꾸루주와 무상천, 그리고 지옥과 아귀와 축생에 성자는 가지 못하고 오직 이생만 태어난다(『대비바사론』권150, T27, 767c2-6).

460 무루의 출세간도에 의지해 4향4과를 순서대로 증득하는 것을 차제증(次第證)이라 하고, 이생위에서 이미 유루의 세속도에 의지해 수소단의 번뇌를 일부 또는 전부 끊어버려 견도에서 예류과를 초월해 바로 일래과나 불환과를 증득하는 것을 초월증(超越證)이라 한다. 아라한과를 바로 증득하지 못하는 이유는 유루의 세속도에 의지해서도 비상비비상처의 번뇌는 끊을 수 없기 때문이다. 앞의 역문 각주443) 참조. 이 주장을 KV(a), I.5에서는 정량부 주장으로, V.4에서는 북도파 주장으로 거론한다.

461 이 주장을 KV(a), I.9에서는 안다까 주장으로 거론한다.

462 『대비바사론』권187(T27, 936c14-26)에서 붓다가 3가지 염주를 설했다고 설명한다. 곧 첫째는 자성념주(自性念住)로서, 혜(慧)를 본질로 하여 유정을 청정하게 하고 근심과 괴로움을 초월하게 하는 것이 4념주이기 때문이다. 둘째는 상잡념주(相雜念住)로서, 혜와 상응하고 구유하는 법을 본질로 하는 선법(善法)의 무더기가 바로 4념주이기 때문이다. 셋째는 소연념주(所緣念住)로서, 일체법이 바로 4념주이기 때문이다. 그것들은 여기서 규기는 설명하는 자성과 권속과 소연에 상응한다. 이 4념주가 일체법을 총체적으로 포함한다는 내용은 『순정리론』권38(T29, 557b20-22)에서 붓다의 색신이 무루가 아니라는 것을 논증하는 부분에서도 제시된다.

24 **논** 일체 수면은 모두 심소로서, 심과 상응하고 소연경을 갖는다.463

25 **논** 일체 수면은 모두 전(纏)에 포함되지만, 일체의 전이 모두 수면에 포함되는 것은 아니다.

⑦ 성류(性類)는 전에 있지 수면에 [있는 것이] 아니다.464 수면에는 7가지만 있고, 전은 모든 혹(惑)에 통한다. 3세의 번뇌는 모두 전으로서, 10전이나 8전 등과 같은 것이 아니다.465

26 **논** 연기지성은 반드시 유위이고,466

---

463 설일체유부는 수면이 있을 때와 없을 때의 심성이 각각 다르고, 수면은 소연과 상응법에 대해 수증하며, 뿌드갈라가 아닌 심 등에만 있는 속박과 해탈을 각각 수면이 있다고 하고 없다고 한다고 주장한다. 이 주장을 위니따데바는 근본설일체유부 주장4로 기술한다. 반면 와수미뜨라가 기술한 대중부·일설부·설출세부·계윤부 근본주장44와 화지부 근본주장3에 상반되고, 바브야가 기술한 일설부 주장18에 상반되고, 위니따데바가 기술한 화지부 주장⑦과 기타림사부·무외산주부·대사주부 주장6에 상반된다.

464 대중부 등 4부파는 수면과 전을 각각 번뇌의 종자와 현행으로서 주장하지만, 설일체유부의 근본주장에서는 그것들이 모두 현행하는 번뇌이며 다만 그 범주에 차이가 있다고 인정한다. 곧 수면은 욕탐(欲貪)·유탐(有貪)·진(瞋)·만(慢)·무명(無明)·견(見)·의(疑)의 7가지 본혹이고 불선성에 통하며, 전은 그 본혹은 물론 수혹도 포함하고 불선성과 무기성에 통한다.

465 10전은 무참(無慚)·무괴(無愧)·질(嫉)·간(慳)·회(悔)·면(眠)·도거(掉擧)·혼침(惛沈)·분(忿)·부(覆)이고, 8전은 10전 가운데 분과 부를 제외한 나머지이다. 결국 설일체유부는 수면이 7가지인 것에 반해 전은 그러한 8가지나 10가지 번뇌뿐만 아니라 모든 번뇌를 포함한다고 주장한다.

466 『대비바사론』권23(T27, 116c4-10)에 따르면, 분별론자는 경에서 '여래가 세간에 출현하든지 출현하지 않든지 법은 법성에 머문다'고 했기 때문에 연기(緣起)가 무위라고 주장하지만, 이에 반해 설일체유부는 무위법이 3세에 떨어지지 않지만 연기는 3세에 떨어지는 유위법이라고 주장한다. 이 주장은 와수미뜨라가 기술한 대중부·일설부·설출세부·계윤부 근본주장42 ⓒ와 화지부 근본주장19에 상반되고, 위니따데바가 기술한 설출세부 주장24와 화지부 주장8에 상반된다.

27 <u>논</u>　아라한에 수전하는 연기지도 있다.

기 <u>문</u> '아라한에 수전하는 연기지도 있다'는 것에서, 몇 지분이 수전한다는 것인가?

<u>답</u>　무명(無明)·애(愛)·취(取)[467], 그리고 생(生)과 노사(老死)는 미래세에 절대 없다.[468] 만약 중유에서 아라한과를 증득하는 것[469]이 생 지분의 방편이라면 생이 있다고 인정할 수 있다. 식(識) 지분에서 [아라한]과를 증득하지 못하는 것은 [태어날 때 식이] 한 찰나이기 때문이다. 그것의 수(受) 지분에서도 [아라한]과를 증득하지만 결코 수전하지는 않는다. 명색(名色)·6처(六處)·촉(觸) 3가지 지분에 대해서, ㉮ 어떤 이는 "[그 지분들에서도 아라한]과를 증득한다. 앞선 생에서 이미 수습했기에 지금 명색에 이르러 식이 성도를 일으킬 수 있기 때문이다. 만약 이런 설명을 제시한다면 명색·6처·촉에서 열반에 드는 것을 생반(生般)이라 하고, 수(受)에서는 유행반(有行般)과 무행

---

467 연기의 12지를 3가지로 구분하면, 무명·애·취는 번뇌(煩惱)이고, 행·유는 업(業)이며, 나머지 지분은 사(事)이다(『대비바사론』권24, T27, 122b11-13). 그 가운데 무명·애·취는 본질이 염오법이기 때문에 아라한에 수전하지 않고, 또 후유를 받지 않기 때문에 생과 노사도 수전하지 않는다.

468 상가바드라의 비판처럼, 만약 아라한에게 생과 노사가 있다고 한다면 그것은 아라한이라고 할 수 없는 것이며, 또한 그럼에도 아라한이라고 한다면 그것은 모두에게 인정되는 아라한이 아니기 때문에 자신이 자신에게만 귀의해야 할 것이다(『순정리론』권27, T29, 495a10-13).

469 5종불환(五種不還) 가운데 중반(中般)을 의미한다. 중반은 욕계에서 죽고서 색계에 태어날 불환과의 성자가 중유에서 아라한과를 증득하여 반열반에 드는 것이다. 그리고 나머지 가운데 생반(生般)은 색계에 태어난 뒤 오래지 않아 무색계의 혹을 끊고서 반열반에 드는 것이며, 유행반(有行般)은 색계에 태어난 뒤 오랜 시간동안 수습하여 반열반에 드는 것이고, 무행반(無行般)은 색계에 태어난 뒤 어떠한 가행이 없이 오랜 시간을 지나 저절로 반열반에 드는 것이며, 상류반(上流般)은 색계의 초선에 태어난 뒤 점차적으로 색구경천 또는 유정천에 태어나 반열반에 드는 것이다.

반(無行般)으로 구분한다."라고 말한다. ㉯ 어떤 이는 "명색·6
처·촉 3가지 지분은 여전히 근본이 아직 밝지 않다. 곧 성도를
일으킬 수 없을 뿐만 아니라 [아라한]과를 증득할 리도 없다.
오직 수 지분[470]에 있을 때에 3가지 반열반[471]을 구분한다."라
고 말한다. 만약 앞의 해석에 따른다면 4가지 지분이 아라한에
수전하고, 뒤의 해석에서는 하나의 지분이 [수전한다.][472] 그
[아라한의] 업이 이미 [아라한]과를 증득했다면 [과거세의] 행
(行)의 일부에 포함되고, 아직 [아라한]과를 증득하지 못했다
면 유(有)의 일부에 포함된다.[473] 다시 무학(無學)에 수전하는
다른 유(有)의 지분은 없다.

28 논 복업을 증장시키는 아라한이 있다.[474]

---

470 원문에는 '受愛支'로 되어 있지만 앞에서 애 지분이 수전하지 않는다고 했기 때문에
'애'는 잘못 들어간 글자인 듯하다.
471 생반·유행반·무행반이다.
472 이 두 풀이를 도식화하면 다음과 같다.

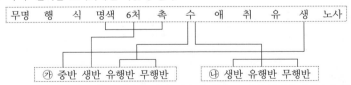

473 아라한에게 행과 유가 수전하지 않은 이유에 대한 규기의 설명은 『대비바사론』권25
(T27, 26c19-21)의 것과 같다. 그 논에서 "아라한이 지은 업이 이미 여과(與果)했다면 행
지분의 일부에 포함된다는 것을 알아야 하고, 아직 여과하지 않았다면 유 지분의 일부
에 포함된다는 것을 알아야 한다. 그것의 부류이기 때문이다. 그러나 12지에 포함되는
것은 아니다."고 설명한다.
474 이 주장을 바브야는 화지부 주장 6 으로 기술하고, 위니따데바는 화지부 주장 6 으로 기
술하며, 또 KV(a), XVII.1에서는 안다까 주장으로 거론한다. 반면 와수미뜨라가 기술한
화지부 근본주장 9 에 상반된다.

⑦ 아라한이 복업을 증장시키는 일이 있다는 것은 다시 새로운 복을 지어 복분선(福分善)⁴⁷⁵을 성취하기 때문이다.

㉙ 논 욕계와 색계에만 반드시 중유가 있다.⁴⁷⁶

㉚ 논 안식 등 5식신에 염오는 있고 이염은 없으며, 다만 자상을 파악하고 분별이 없을 뿐이다.⁴⁷⁷

⑦ 5식이 다만 자상을 파악하고 분별이 없을 뿐이라는 것은 처(處)[의 자상(自相)]에 의거해 논의한 것이다.⁴⁷⁸ 『오사비바사론』에

---

475 순삼분선(順三分善) 가운데 하나인 복분선(福分善, puṇyabhāgīy)은 5계와 10선을 수지해 세간의 마음에 드는 과보나 인·천 등 선취에 태어나는 유루의 선근을 초감하는 선이다. 하지만 여기서는 아라한의 수명을 연장시키는 유루의 보시나 선정이나 서원의 힘을 의미한다. 『대비바사론』권53(T27, 277a9-10)에서 성자는 인업(引業)을 짓지 않고 만업(滿業)만 짓는다고 했고, 『구사론소』권15(T41, 657c25-26)에서도 성인은 인업을 짓지 않고 선·불선·부동의 만업을 짓는다고 한 것처럼, 아라한은 다음 생을 받지 않기 때문에 현재의 생에서 초감할 수 있는 유다수행의 복업을 증장시킬 수 있다.

476 번뇌를 배제한 무색계의 업은 중유를 이끌어낼 수 없다. 욕계와 색계에는 미세하거나 추대한 만업(滿業)이 있기 때문에 중유가 있지만 무색계는 그렇지 않기 때문에 중유가 없다(『순정리론』권24, T29, 478a24-c10). 이 주장을 와수미뜨라는 지말주장②로 기술하고, 바브야는 근본상좌부 주장③으로 기술하며, 또 KV(a), Ⅷ.2에서는 동산부와 정량부 주장으로 거론한다. 반면 와수미뜨라가 기술한 대중부·일설부·설출세부·계윤부 근본주장48과 화지부 근본주장⑧에 상반되고, 바브야가 기술한 화지부 주장④에 상반되고, 위니따데바가 기술한 설출세부 주장33과 화지부 주장⑤에 상반된다.

477 이 주장을 KV(a), Ⅷ.4에서는 동산부 주장으로 거론한다. 반면 와수미뜨라가 기술한 대중부·일설부·설출세부·계윤부 근본주장22와 화지부 근본주장⑩과 독자부 근본주장⑥에 상반되고, 바브야가 기술한 일설부 주장⑪과 화지부 주장⑦과 설일체유부 주장⑰과 독자부 주장⑦에 상반되고, 위니따데바가 기술한 설출세부 주장⑩과 꾸루꿀라까·아반따까·독자부 주장③에 상반된다. 그 가운데 설일체유부 주장에 대한 와수미뜨라와 바브야의 기술이 상이하다. 와수미뜨라의 기술은 『대비바사론』과 『순정리론』 등에 의거해 타당성이 확보되지만, 바브야의 기술은 다른 문헌들에서 그 전거가 확인되지 않는다. 따라서 와수미뜨라의 기술을 설일체유부의 정설이라고 판단할 수 있고, 바브야의 기술은 전승의 차이 또는 원본의 필사 오류에 의거한 것으로 추정된다. 자세한 내용은 pp.69-71. 참조.

478 자상에는 사(事)의 자상과 처(處)의 자상이 있다. 5식신이 사의 자상에 의지하면 자상과 공상을 반연하지만 처의 자상에 의지한다면 오직 자상만 반연한다(『대비바사론』권13, T27, 65a12-16)

서는 이런 일을 인정하지 않는데,[479] 역시 결정적인 근거가 없다. 분별이 없을 뿐이란 [3가지 분별 가운데] 계탁분별과 수념분별이 없다는 것이다.[480]

31 논 심법과 심소법의 본질은 각각 실유이다.[481]

32 논 심과 심소에는 반드시 소연이 있다.[482]

33 논 자성은 자성과 상응하지 않고, 심은 심과 상응하지 않는다.[483]

34 논 세간의 정견이 있고, 세간의 신근이 있다.[484]

---

479 『오사비바사론』권하(T28, 992a16-a25)에서는 사(事)의 자상이나 처(處)의 자상의 구분이 없이 5식신은 먼저 자상만 요별하고 그다음에 의식이 자상과 공상을 요별한다고 설명한다.

480 의식의 분별작용에 자성분별과 계탁분별과 수념분별이 있다. 그 가운데 자성분별은 현재세의 대상을 저절로 인지하는 작용이고, 계탁분별은 현전하지 않는 대상에 대해 추탁하는 작용이며, 수념분별은 과거의 대상을 기억해내어 그 기억대상에 좇아 분별하는 것이다. 설일체유부는 제6식은 그 3가지 분별작용이 모두 있지만 전5식에는 오직 자성분별의 작용만 있다고 주장하다.

481 이 부파는 1심법과 46심소법 각각에 본질이 있고 실유라고 주장한다.

482 '식필유경(識必有境)'은 설일체유부 교학의 대표적 테제이다. 곧 존재하는 모든 심법과 심소법은 자상과 공상을 대상으로 삼으며, 존재하지 않는 법을 대상으로 삼아 발생하는 일은 전혀 없다(『순정리론』권50, T29, 622b25-27).

483 자성과 자성이 상응하지 않는 이유에는 3가지가 있다. 첫째 2가지 본질이 구기하는 일이 없기 때문이고, 둘째 앞찰나와 뒤찰나가 화합하지 않기 때문이며, 셋째 일체법이 자신의 본질을 관하지 않고 반드시 다른 이의 본질을 조건으로 삼아 발생하기 때문이다. 따라서 심은 그 자체인 심과 상응하지 않고 구기하지도 않는다(『대비바사론』권97, T27, 499c20-22). 이 주장은 와수미뜨라가 기술한 대중부·일설부·설출세부·계윤부 지말주장3에 상반되고, 위니따데바가 기술한 설출세부 주장26에 상반된다.

484 비유자는 5식으로 인기된 의지(意地)의 선혜(善慧)가 5식신처럼 분별할 수 없고, 표업을 일으키는 의지의 선혜는 외부에서 전전하며, 죽을 때의 선혜는 힘이 미열하기 때문에 세간의 정견은 없다고 주장한 반면 설일체유부는 의식과 함께 하는 모든 선혜가 모두

③⑤ 🔲 무기법은 있다.⁴⁸⁵

③⑥ 🔲 모든 아라한에게는 비학비무학법도 있다.⁴⁸⁶

③⑦ 🔲 모든 아라한이 다 정려를 얻지만, 다 정려를 일으켜 현전시키는 것은 아니다.

⑦ 모든 무학이 정려를 얻는다란 욕계의 욕(欲)을 배제한다면 [가행이 없이] 저절로 다 성숙한다는 것이다. 그러므로 중간정려와 근본정려가 같은 시기에 증득된다.⁴⁸⁷

③⑧ 🔲 여전히 고업(故業)을 받는 아라한이 있다.⁴⁸⁸

견의 성질에 포함된다고 반박한다(『대비바사론』권97, T27, 502a5-16). 이 주장을 바브야는 설일체유부 주장⑯으로 기술한다. 반면 와수미뜨라가 기술한 대중부·일설부·설출세부·계윤부 근본주장③⑦에 상반되고, 바브야가 기술한 일설부 주장⑯에 상반되고, 위니따데바가 기술한 설출세부 주장㉑에 상반된다. 한편 와수미뜨라가 기술한 화지부 근본주장⑬에서는 세간의 정견은 있어도 근은 없다고 주장한다.

485 어떤 법의 성류가 선성 또는 불선성이라고 기별할 수 없는 것을 무기성이라고 한다. 이 주장은 와수미뜨라가 기술한 대중부·일설부·설출세부·계윤부 근본주장③⑧에 상반된다.

486 비학비무학법은 곧 유류의 5온과 무위법을 가리키는데, 여기서는 전자의 의미를 취하여 아라한에게도 유류가 있다고 주장하는 것이다. 예컨대 『순정리론』권1(T29, 331b19-c13)에서 아라한의 몸이 무루라고 주장하는 비유자를 비판하고 아라한의 몸은 반드시 유루라고 하는 것처럼, 이 부파에서는 아라한에게 유루법이 있다고 주장한다. 따라서 이 주장은 와수미뜨라가 기술한 법장부 근본주장⑤에 상반되고, 위니따데바가 기술한 법호부 주장④에 상반된다.

487 아라한이 정려를 얻는 것은 수생득(受生得)이나 가행득(加行得)이 아닌 이염득(離染得)이기 때문에, 욕계 제9품의 혹(惑)을 끊을 때 무간도에서 정려를 얻는 시기와 해탈도에서 정려를 얻는 시기가 같다. 그런데 미지정에 의지해 욕계 9품의 혹을 끊고 해탈도일 때 비로소 근본정려를 얻기 때문에 아라한이 정려를 얻더라도 정려가 현전하는 아라한과 그것이 현전하지 않는 아라한이 있다.

488 아라한은 예배 공경하고 복을 닦더라고 그 업이 적집되지 않지만, 숙세의 업은 받는다. 이 주장을 KV(a), VIII.11에서는 동산부와 정량부 주장으로 거론한다. 『대비바사론』권125(T27,

③⑨ 🗨 선심(善心)[489]에 머문 채 죽는 이생들이 있다.[490]

④⓪ 🗨 등인위에서는 결코 목숨이 끝나지 않는다.[491]

④① 🗨 불승(佛乘)과 2승(二乘)은 해탈에 차이가 없지만,[492] 3승의 성도는 각각에 차이가 있다.[493]

🗉 해탈은 3승에 차이가 없다. 오직 염오무지를 끊어서 증득할 뿐이고, 불염오무지에서는 해탈을 증득할 리 없다.[494]

654c27-655a25)에도 어떤 아라한이 전생의 재앙 때문에 억울하게 옥살이를 한 이야기가 나온다.

489 ⑧본과 ⑨본은 '선심'으로 되어 있고, ⑩본과 ⓣ본은 '불선심'으로 되어 있다. 여기서는 전자에 따른다.

490 이 부파는 이생이 욕계에서 죽을 때 선·불선·무기심에 머문다고 설명한다. 특히 욕계의 선심에서 죽을 때는 신근(身根)·명근(命根)·의근(意根)·사근(捨根), 그리고 신근(信根) 등의 5근이 최후에 소멸한다고 주장한다.

491 4유 가운데 사유(死有)와 생유(生有)는 오직 유루이고 본유(本有)와 중유(中有)는 유루와 무루에 다 통한다(『대비바사론』권192, T27, 959b5-7). 곧 사유와 생유는 산위(散位)에서만 발생하기 때문에 등인위에서 죽는 일은 없다.

492 이 주장을 와수미뜨라는 화지부 근본주장㉒와 법장부 근본주장③으로 기술하고, 바브야는 화지부 주장⑫로 기술하고, 위니따데바는 화지부 주장⑩으로 기술한다.

493 이 주장을 와수미뜨라는 법장부 근본주장③으로 기술하고, 위니따데바는 법호부 주장②으로 기술하며, 또 KV(a), XVIII.5에서는 일부 안다까와 북도파 주장으로 거론한다. 반면 와수미뜨라가 기술한 화지부 근본주장㉒에 상반되고, 위니따데바가 기술한 화지부 주장⑩에 상반된다.

494 염오무지에 대해서는 택멸을 증득하여 단덕(斷德)이 완전해지며, 불염오무지에 대해서는 영원히 발생하지 않는 비택멸을 증득하여 지덕(智德)이 완전해진다(『구사론기』권1, T41, 461a29-b6). 여기서 말하는 해탈은 택멸로서, 붓다와 2승의 해탈이 모두 같은 택멸의 체성을 증득한 것이기 때문에 차이가 없다(『대비바사론』권31, T27, 162b28-c2). 하지만 3승은 근기가 다르기 때문에 성도는 다를 수밖에 없다. 예컨대 『대비바사론』권143(T27, 735b16-21)에서는 토끼와 말과 코끼리가 강을 건너는 것을 각각 성문과 독각과 여래에 비유해 설명하기도 한다.

42 논 붓다의 자(慈)와 비(悲) 등은 유정을 반연하지 않는다. 유정이 있다고 집착한다면 해탈할 수 없다.

기 붓다의 자와 비는 유정을 반연하지 않으며, 유정은 실제로 없다.[495] 오직 법만 반연하기 때문이다.

43 논 보살은 여전히 이생으로서 모든 결(結)이 아직 끊어지지 않았다고 말해야 한다. 아직 정성리생에 들지 않았다면 이생지(異生地)에서 초월했다고 말하지 않는다.[496]

44 논 유정은 현재세의 유집수(有執受)의 상속에 의지해 가립할 뿐이다.[497]

---

495 이것은 4무량심(四無量心)이 5온가합으로서의 가아(假我)를 반연하는 것이지, 독자부의 근본주장이나 경량부의 근본주장 등에서 말하는 실아(實我)를 반연하지 않는다는 주장이다. 『식신족론』권3(T26, 543c8-10)에서도 "자(慈)는 온들의 상속인 집수(執受)를 반연한다"라고 설명하며 뿌드갈론자를 비판한다.

496 이 부파는 유정 가운데 어리석지 않고 총명한 지혜가 있는 자를 보살이라 한다. 또 발심(發心)이 기준이 아니라 보리(菩提)에 대해 결정되고 취(聚)가 결정되어야 비로소 진실한 보살이라 하는데, 그것은 3무수겁 동안의 수행을 지나 묘상업(妙相業)을 수습할 때에 이르러야 가능하다. 설령 진실한 보살이더라도 묘상업을 수습하기 이전에는 오직 천인(天人)만 알기 때문에 보살이라는 명칭을 얻지 못한다. 그리고 아눗따라삼약상보디를 아직 증득하지 못한 때에는 뛰어난 의지로써 보리에 수순하고 보리를 향해 나아가며 보리에 친근하고 보리를 좋아하며 보리를 존중하고 보리를 간절히 우러르며 증득하기를 갈구하고 증득하려고 게으르지도 않고 쉬지도 않으며 보리에 대해 마음이 잠시도 버리는 일이 없기 때문에 보살이라 한다. 나아가 아눗따라삼약상보디를 증득한 뒤에는 보리를 구하는 데에 의지와 가행이 그치고 깨달음을 성취했다는 것만 월등한 것으로 삼기 때문에 보살이라 하지 않고 붓다라 한다(『대비바사론』권176, T27, 886c9-887b12). 이 주장을 와수미뜨라는 설산부 근본주장1로 기술한다. 반면 바브야가 기술한 설산부 주장1에 상반된다.

497 제의(諦義)나 승의(勝義)의 관점에서 유정은 있는 것이 아니라 온·처·계에 의지해 가립한다(『집이문족론』권17, T26, 437c27-438a2).

45 논 일체행은 모두 찰나에 소멸한다고 말한다.[498]

46 논 어떤 법도 앞선 세(世)로부터 전변하여 뒤의 세(世)에 이르는 일은 결코 없다. 다만 세속의 뿌드갈라가 있어서 이전(移轉)이 있다고 말한다. 살아있을 때에 행(行)에 포함된 것은 [죽으면] 곧 남은 것이 없이 소멸하고, [뒤의 세로] 전변하는 온들은 없다.[499]

7 어떤 법도 앞선 세로부터 뒤의 세에 이르는 일이 결코 없다는 등은 아(我)가 없기 때문이다. 만약 가아(假我)를 말한다면 이전이 있을 수 있다. 살아있을 때의 행에 따라 포함된 것은 남은 것이 없이 소멸한다. [5온의] 법은 바로 소멸하기 때문에 이전하여 뒤의 세에 이르지 않는다. 하나의 실법(實法)도 전변하여 뒤의 세에 이르는 일이 없다. 앞의 실아(實我)에 전변이 없다는 것과 지금 법에 실제로 전변이 없다는 것은 모두 실유로서의 아와 법을 논파한다.

47 논 출세간의 정려는 있다.[500]

---

498 이 주장을 와수미뜨라는 화지부 근본주장23과 음광부 근본주장4로 기술하고, 바브야는 화지부 주장15 17과 설전부 주장5로 기술하며, 또 KV(a), XXII.8에서는 동산부와 서산부 주장으로 거론한다. 반면 와수미뜨라가 기술한 독자부 근본주장3과 화지부 지말주장6에 상반되고, 바브야가 기술한 독자부 주장3에 상반된다.

499 이 주장은 법의 연속성에 대해 독자부가 뿌드갈라(pudgala)를, 경량부가 일미온(一味蘊)을, 상좌부가 유분식(有分識)을, 대중부가 근본식(根本識)을, 정량부가 부실법(不失法)을 주장한 것에 대한 설일체유부의 비판이다. 이 주장을 와수미뜨라는 화지부 근본주장24로 기술한다. 바브야가 기술한 화지부 주장14에서도 이전하지 않는다고 주장하지만 조금 다르다. 반면 이 주장은 와수미뜨라가 기술한 독자부 근본주장4와 경량부 근본주장1에 상반되고, 바브야가 기술한 설전부 주장1과 독자부 주장2에 상반되고, 위니따데바가 기술한 설전부 주장1과 꾸루꿀라까·아반따까·독자부 주장2에 상반된다.

500 화지부가 색계의 정려를 유루로 이해한 것에 반해 설일체유부는 그것이 유루와 무루에 통한다고 주장한다. 이 주장은 와수미뜨라가 기술한 화지부 근본주장14에 상반된다.

48 논 심(尋)에는 무루도 있다.⁵⁰¹

49 논 선[업]이 [3]유(三有)의 원인이다.⁵⁰²

50 논 등인위에서 말을 하는 자는 없다.⁵⁰³

51 논 8지성도가 올바른 법륜이지만, 여래의 말씀이 모두 법륜을 굴리는 것은 아니다.⁵⁰⁴

52 논 붓다의 일음이 일체법을 설하는 것은 아니다.⁵⁰⁵

기 붓다의 일음이 일체법을 설하는 것이 아니다란, 비록 제법무

---

501 화지부가 무루의 심(尋)이 없다고 주장한 것에 반해 설일체유부는 그 심이 유루와 무루에 통한다고 주장한다. 8정도 가운데 정사유(正思惟)는 심(尋)을 본질로 하고 또 초선의 무루정에서는 심과 상응하기 때문이다. 이 주장은 와수미뜨라가 기술한 화지부 근본주장15에 상반된다.

502 화지부는 3계 윤회의 원인이 불선업 하나뿐이라고 주장하지만, 설일체유부는 선업도 윤회의 원인이 된다고 주장한다. 예컨대 인·천에 태어나는 것을 초감하는 업은 복업(福業)과 부동업(不動業)이라고 주장한다. 이 주장은 와수미뜨라가 기술한 화지부 근본주장16에 상반된다.

503 이 부파는 등인위에서 오직 정(定)의 대상만 반연하기 때문에 그 분위에서 말을 일으키는 것도 소리를 듣는 것도 불가능하며, 출정한 뒤에 비로소 그것들이 가능하다고 주장한다. 이 주장은 와수미뜨라가 기술한 대중부·일설부·설출세부·계윤부 근본주장26에 상반되고, 바브야가 기술한 일설부 주장14와 설산부 주장4에 상반되고, 위니따데바가 기술한 설출세부 주장13에 상반된다.

504 이 부파는 8정도가 법륜의 본질이라고 주장하기 때문에, 붓다가 장사꾼들에게 설법한 것 등은 법륜을 굴린 것이 아니라고 설명한다. 이 주장은 와수미뜨라가 기술한 대중부·일설부·설출세부·계윤부 근본주장3에 상반되고, 바브야가 기술한 일설부 주장3에 상반되고, 위니따데바가 기술한 설출세부 주장7에 상반된다.

505 이 주장은 와수미뜨라가 기술한 대중부·일설부·설출세부·계윤부 근본주장4에 상반되고, 위니따데바가 기술한 설출세부 주장2에 상반된다.

아(諸法無我)를 설하더라도 말하는 같은 찰나의 말이 무아가 되는
것은 아니기 때문이다.[506] 무아관(無我觀)이 그렇듯이. 이 종파에
서 [말하는] 자체는, 자체를 반연하지 않는 것을 자체라 하기 때
문이다.

[53] 【논】 세존에게 이익에 맞지 않는 말씀도 있다.[507]

[기] 붓다에게 이익에 맞지 않는 말씀이 있다는 것의 건립에 2가
지가 있다. 첫째는 이익[義利]으로서, 하늘의 비인가 아닌가를 말
하여 바로 묻는 것에 어떤 이익이 있겠는가? 둘째는 이치[義]로
서, 도리 곧 실제의 법체이다. 말하자면 [전자는] 방편설을 진실법
이라 일컫지 않는 것이고, [후자는] 아버지와 어머니를 죽이는 것
등이다.[508]

[54] 【논】 붓다가 설한 경이 모두 요의인 것은 아니다. 붓다는 스스로
불요의경이 있다고 설했다.[509]

---

506 제법무아라고 말하는 찰나에 그 말과 말하는 사람이 무아라는 것도 동시에 말해지는
것이 아니라 두 번째 찰나에 이르러야 그 말과 사람이 무아라는 말을 얻기 때문에 한
찰나에 일체법을 말하는 것을 불가능하다. 여기서 규기가 거론한 무아관 및 자체가 자
체를 반연하지도 상응하지도 않는다는 것도 그와 같이 두 번째 찰나에서 앞 찰나에서
제외된 것을 관하고 반연한다는 것을 말한다.

507 이 주장은 와수미뜨라가 기술한 대중부·일설부·설출세부·계윤부 근본주장[5]에 상반
되고, 바브야가 기술한 일설부 주장[4]에 상반된다.

508 설일체유부는 붓다의 말씀에 대해 직접 법의 이치를 드러내는 요의경과 점차 방편으로
써 인도하는 불요의경으로 구분한다. 여기서 아버지와 어머니를 대중부 등 4부파에서
는 에결(恚結)과 애결(愛結)로서 이해한다.

509 『순정리론』권27(T29, 495b19-496b14)에서 요의경과 불요의경에 대한 설일체유부의 입장
을 설명하고 있다. 먼저 상좌(上座)는 붓다가 스스로 표방하고 스스로 해석한 것이 요
의경이고 그렇지 않은 경이 불요의경이라고 정의한다. 또 와수반두는 붓다가 무명(無

논 이것들이 모두 근본종파의 같은 주장이다.

나) 지말종파의 다른 주장

논 지말종파의 다른 주장은 그 종류에 끝이 없다.

바. 설산부의 주장

논 설산부의 근본종파의 같은 주장에 대해 말하겠다.

① **논** 모든 보살은 여전히 이생이다.[510]

⑦ 설산부는 보살이 이생이라고 말한다. 곧 사르바스띠바딘이 3
[아승기]겁과 100겁[511]동안은 다 이생[이라고 한 것]과 같다.

明)을 무지(無知)라고 설한 것처럼 더 이상의 설명이 필요 없고 거기서 설하고 있는 뜻
만 가진 것이 요의경이라고 규정한다. 이에 반해 상가바드라는 경에는 표방과 해석이
없더라도 요의경인 것이 있고 그것들이 있더라도 불요의경인 경우가 있기 때문에, 정
리(正理)에 부합하면 요의경이고 정리에 어긋나면 불요의경이라고 주장한다. 따라서
불요의는 진리의 법성에 어긋나기 때문에 정리에 의지해 그 말씀의 의도를 탐구해야
하는 것이다. 이 주장을 바브야는 설일체유부 주장⑭로 기술한다. 반면 와수미뜨라가
기술한 대중부·일설부·설출세부·계윤부 근본주장㊶에 상반되고, 위니따데바가 기술
한 설출세부 주장㉓에 상반된다. 그런데 바브야가 기술한 것에는 '일체의 경은 불요의
이다'로 되어 있어서, 여기서의 기술과 완전히 일치하지는 않는다. 바브야의 기술이 원
래는 '요의인 것은 아니다'는 부분부정의 의미였지만 전체부정인 '불요의이다'로 오역
된 것으로 추정된다. 자세한 내용은 pp.62-63. 참조.
510 이 주장을 와수미뜨라는 설일체유부 근본주장㊸으로 기술한다. 반면 바브야가 기술한
설산부 주장①에 상반된다. 설산부 주장에 대해 와수미뜨라와 바브야의 기술이 상이한
이유는 바브야가 '보살은 이생이 아니라고 말해야 한다'고 기술하기 때문이다. 하지만
그 각각의 기술에 대한 전거가 확인되지 않기 때문에 어느 기술이 설산부가 진정으로
견지한 주장인지 판단하기 어렵다. 자세한 내용은 pp.71-73. 참조.
511 3아승기겁은 수행을 완전하게 하여 불과(佛果)에 이르기까지의 시간이고, 100겁은 그 후
다시 붓다의 32상과 80종호의 묘상업(妙相業)을 수습하는 시간이다. 설일체유부가 말하
는 보살은 유정 가운데 총명한 지혜가 있는 무리가 3아승기겁 동안의 여러 가지 수습을
마친 뒤 묘상업을 지어 증장시키는 자이다(『대비바사론』권176, T27, 886c20-887a9).

② 📖 보살은 태에 들어가면서 탐애를 일으키지 않는다.

㈎ 탐애를 일으키지 않는다는 것은 곧 설일체유부와 다르다.[512] [보살은 유정의] 이익을 위해 태어남을 알고 태어남을 받기 때문에 탐애가 없다.

③ 📖 5신통을 얻는 외도는 없다.[513]

㈎ 5신통을 얻는 외도는 없다. 사교(邪敎)[514]이기 때문에 신통을 얻을 리가 없다. 만약 [불교] 안의 이생이라면 내교(內敎)에 의지하기 때문에 신통을 얻는 수가 있다.

④ 📖 천(天)에서 범행에 머무는 자도 없다.[515]

㈎ 천에서 범행에 머무는 일도 없다. 천녀의 낙구(樂具)는 모두 다 월등하기 때문에 그곳에 태어나면 범행에 머무는 일이 없다.

---

512 설일체유부는 보살이 모태에 들어갈 때 아버지와 어머니에 대해 전도한 생각은 없더라도 범부처럼 염오를 일으킨다고 주장한다(『대비바사론』권171, T27, 864a2-12).

513 이 주장을 와수미뜨라는 화지부 근본주장⑥과 법장부 근본주장④로 기술하고, 위니따데바는 설산부 주장①과 화지부 주장③과 법호부 주장③으로 기술한다. 반면 와수미뜨라가 기술한 설일체유부 근본주장⑮와 독자부 근본주장⑤에 상반되고, 바브야가 기술한 설산부 주장②와 설일체유부 주장⑫에 상반된다. 그 가운데 설산부 주장에 대한 와수미뜨라와 위니따데바의 기술은 같지만 바브야의 NBhvy(t)에서는 그와 달리 외도에게도 5신통이 있다고 기술한다. 하지만 그 각각의 기술을 뒷받침해주는 전거가 확인되지 않기 때문에 이 사안에 대한 설산부 주장을 판단하는 것은 불가능하다. 자세한 내용은 pp.73-75. 참조.

514 외도가 5신통은 얻는 것은 주술이나 약의 힘이나 귀신에 의거하기 때문이다.

515 이 주장을 와수미뜨라는 화지부 근본주장⑦로 기술하고, 위니따데바는 설산부 주장②와 화지부 주장④와 기타림사부·무외산주부·대사주부 주장①로 기술하며, 또 KV(a), I.3에서는 정량부 주장으로 거론한다. 반면 와수미뜨라가 기술한 설일체유부 근본주장⑯에 상반되고, 바브야가 기술한 설일체유부 주장⑬과 화지부 주장⑤와 법장부 주장②에 상반된다.

5 📖 아라한에게는 다른 이에게 유도되고 오히려 무지가 있으며, 유예도 있고 다른 이가 깨달음에 들어가게 하며, 성도가 소리에 의지해 발생하는 일이 있다.[516]

7 아라한에게는 다른 이에게 유도되는 것 등의 5사가 있다. 근본상좌부는 이 5사 때문에 대중부와 논쟁함으로써 분열되었는데, 지금은 다시 [5사의] 건립을 인정한다. 왜 본래 종지에 어긋났는가? 처음에 대중부와 다툴 때에는 오히려 이것을 건립하지 않았다가 300년을 채울 때에 이르러 설일체유부와 논쟁했다. 설일체유부는 본래 종지를 얻었기 때문에 [그들에게는] 5사가 없다. 옛날 상좌부의 제자(: 설산부)는 본래 받들었던 것을 잃어버리고, 이에 5사를 건립했다는 것이 알려진 것이다. 해가 오래되고 날이 지나면서 성인은 숨어버리고 범부가 생겨났으며, 새로운 것은 옛 것과 달라졌는데, 다시 무엇이 이상하리오.

📖 그 밖의 주장은 대부분 설일체유부와 같다.

사. 독자부의 주장

가) 근본종파의 같은 주장

📖 독자부의 근본종파의 같은 주장에 대해 말하겠다.

---

516 이 주장을 와수미뜨라는 대중부·일설부·설출세부·계윤부 근본주장29와 다문부 근본주장3과 제다산부·서산부·북산부 근본주장3으로 기술하고, 바브야는 일설부 주장13과 다문부 주장5로 기술하고, 위니따데바는 설출세부 주장15와 다문부 주장3으로 기술하며, 또 KV(a), II.1에서는 동산부와 서산부 주장으로, II.2-4와 6에서는 동산부 주장으로, XI.4에서는 안다까 주장으로 거론한다. 반면 바브야가 기술한 근본상좌부 주장1에 상반된다.

① 📄 뿌드갈라는 즉온(卽蘊)도 이온(離蘊)도 아니다.[517]

㉮ 독자부가 뿌드갈라는 즉온도 이온도 아니라고 말한 것은, 실제로 아가 있고 유위나 무위가 아니라는 것이다. 그러므로 온(蘊)에 입각한 것도 아니고 배제한 것도 아니다. 붓다가 무아(無我)라고 설한 것은 다만 즉온[의 아]와 이온[의 아]가 없고 외도 등이 계탁한 아와 같은 것이 모두 다 없다는 것이지, 불가설의 즉온도 이온도 아닌 아가 없다는 것이 아니다. 이미 불가설[518]이기에 형태나 양의 크고 작음 등도 말할 수 없다. 성불(成佛)에 이를 때까지 이 아는 항상 존재한다.[519]

② 📄 온·처·계에 의지해 임시로 [아(我)라는] 명칭을 시설한다.[520]

㉮ 온·처·계에 의지해 임시로 명칭을 시설한다란 아가 즉온도 이온도 아니고, 처와 계에 있어서도 마찬가지라는 것이다. 그러므

---

517 이 주장을 바브야는 독자부 주장④로 기술하고, 위니따데바는 꾸루꿀라까·아반따까·독자부 주장①로 기술하며, 또 KV(a), I.1에서는 독자부와 정량부 주장으로 거론한다.

518 뿌드갈라는 그들이 건립한 5법장(五法藏) 가운데 불가설장(不可說藏)이다. 5법장의 나머지는 과거장(過去藏)·현재장(現在藏)·미래장(未來藏)·무위장(無爲藏)이다.

519 『대비바사론』의 여러 곳에서도 뿌드갈라를 건립한 독자부 주장을 거론한다. 곧 권9(T27, 42c19-21)에서는 뿌드갈라가 법들을 요별하는 것이지 지(智)가 요별하는 것이 아니라고 주장하고, 권11(T27, 55a18-21)에서는 뿌드갈라의 본질이 실유이기 때문에 과거의 일을 기억할 수 있다고 주장하며, 권22(T27, 110b1-4)에서는 뿌드갈라에 속박이나 해탈이 있기 때문에 수면이 뿌드갈라에 대해서만 수증(隨增)의 의미가 있지 심법 등에서는 그렇지 않다고 주장한다. 또 KV(a)의 I.1에서도 뿌드갈라가 제의(諦義)와 승의(勝義)에 의거해 얻어진다는 것을 독자부와 정량부 주장으로 거론한다. 붓다고사에 따르면, 제의는 물거품이나 그림자처럼 실체가 없는 행상에 의지해 구해지지 않는 실재(實在)의 의미이고, 승의는 전설에 의지해 파악되지 않는 최상(最上)의 의미이다. 곧 그들에게 있어서 뿌드갈라는 실재적 자성의 의미에 의거해 얻어진다.

520 이 주장을 바브야는 독자부 주장①로 기술하며, 또 KV(a), I.1에서는 독자부와 정량부 주장으로 거론한다.

로 세간에서 "색이 아(我)이고, …… 법도 아(我)이다."라고 말한다.
다만 온 등에 의지해 임시로 이 아라는 명칭을 시설하는 것이지,
아는 실제로 온 등이 아니다.

③ 🔛 모든 행(行)에는 잠주(暫住)도 있고 찰나멸도 있다.[521]

⑦ 모든 행에는 잠주도 있고 찰나멸도 있다란 정량부의 계탁으
로서, 이 [부파]로부터 나온 것이다. 심법·심소법·불꽃·방울소리
는 찰나찰나에 소멸하지만, 색법 가운데 큰 땅의 경우는 겁(劫)을
경과하고 명근 등은 다 일정기간에 따라 생장하며 오히려 생멸
등이 있다.

④ 🔛 모든 법이 만약 뿌드갈라를 배제한다면 앞의 세(世)로부터
전변하여 뒤의 세에 이르는 일은 없을 것이다. 뿌드갈라에 의지해 이
전이 있다고 말할 수 있다.[522]

⑦ '모든 법이 만약 뿌드갈라를 배제한다면' 등에 대해 말하겠
다. 여기서의 의도는 '법에는 이전이 없고 명근이 소멸할 때 법도

---

521 이 주장을 와수미뜨라는 화지부 지말주장⑥으로 기술하고, 바브야는 독자부 주장③으
로 기술한다. 반면 와수미뜨라가 기술한 설일체유부 근본주장㊺와 화지부 근본주장㉓
과 음광부 근본주장④에 상반되고, 바브야가 기술한 화지부 주장⑮⑰와 설전부 주장
⑤에 상반된다.
522 이 주장을 바브야는 독자부 주장②로 기술하고, 위니따데바는 꾸루꿀라까·아반따까·
독자부 주장②로 기술하며, 또 KV(a), I.1에서는 독자부와 정량부 주장으로 거론한다.
와수미뜨라가 기술한 경량부 근본주장①과 바브야가 기술한 설전부 주장①과 위니따
데바가 기술한 설전부 주장①에서도 다음 세로 이전한다고 주장하지만 조금 다르다.
반면 와수미뜨라가 기술한 설일체유부 근본주장㊻과 화지부 근본주장㉔에 상반되고,
바브야가 기술한 화지부 주장⑭에 상반된다.

따라서 소멸한다고 말할 수 있지만, 아가 소멸하지 않기 때문에 앞의 세로부터 뒤의 세에 이른다. 법이 아를 배제하지 않는다면 역시 이전이 있다고 말할 수 있다'고 말하는 것이다.

⑤ 논 5신통을 얻는 외도도 있다.[523]

㉠ 신통을 얻은 외도도 있다. 수습해 얻는 일이 있다는 것을 현재세에 보기 때문이다.

⑥ 논 5식에는 염오도 없고 이염도 아니다.[524]

㉠ 5식에는 염오도 없고 이염도 없으며, 무기가 있을 뿐이다. 선과 불선은 전혀 없다. 분별이 없기 때문이다.[525] 분별이 있다면 선과 불선이 있을 것이기 때문이다.

⑦ 논 만약 욕계의 수도소단의 결(結)을 끊는 것이라면 이욕(離欲)[526]이라 하지 견소단(見所斷)이 아니다.

---

523 이 주장을 와수미뜨라는 설일체유부 근본주장⑮로 기술하고, 바브야는 설산부 주장②와 설일체유부 주장⑫로 기술한다. 반면 와수미뜨라가 기술한 설산부 근본주장③과 화지부 근본주장⑥과 법장부 근본주장④에 상반되고, 위니따데바가 기술한 설산부 주장①과 화지부 주장③과 법호부 주장③에 상반된다.

524 이 주장을 바브야는 설일체유부 주장⑰과 독자부 주장⑦로 기술하고, 위니따데바는 꾸루꿀라까·아반따까·독자부 주장③으로 기술한다. 반면 와수미뜨라가 기술한 대중부·일설부·설출세부·계윤부 근본주장㉒와 화지부 근본주장⑩과 설일체유부 근본주장㉚에 상반되고, 바브야가 기술한 일설부 주장⑪과 화지부 주장⑦에 상반되고, 위니따데바가 기술한 설출세부 주장⑩에 상반된다.

525 5식에는 현전하는 대상에 대해 저절로 발생하는 작용인 자성분별만 있고 계탁분별과 수념분별이 없기 때문에, 5식은 무분별이라고 말한다.

526 이욕(離欲)은 세속도에 의지해 욕계의 수혹을 끊는 것에 의거하기 때문에, 그것을 끊지 못했다면 미리욕자(未離欲者)라 하고 끊었다면 이리욕자(已離欲者)라 한다. 견소단은

⑦ '만약 욕계의 수도소단의 혹을 끊는 것' 등에 대해 말하겠다. 수혹은 오직 미사(迷事)⁵²⁷이기에 이치를 장애하지 않는 것이 있으며, 유루의 6행관(六行觀)⁵²⁸은 이미 이치를 증득한 것이 아니기 때문에 수[혹]을 조복하는 것일 뿐 견소단이 아니다. 견소단법은 미리(迷理)가 발생하기 때문에 반드시 이치를 볼 때 비로소 [번뇌를] 영원히 끊는다. 범부와 성인의 6행관은 모두 그러하다. 색계 등을 출리하는 것도 마찬가지이다. 여기서는 우선 욕계를 거론했다.⁵²⁹

⑧ 🔊 인(忍)·명(名)·상(相)·세제일법(世第一法)을 정성리생에 나아가는 것이라 한다.

⑦ 인·명·상·세제일법에 대해 말하겠다. 최초로 4성제를 관할 때 다만 총체적으로 인가하는 것을 인이라 하고, 또한 4성제를 관하는 것을 명이라 하며, 그다음으로 4성제의 소전체(所詮體: 의미)를 관하는 것을 상이라 하고, 세제일법은 그대로 알면 된다.⁵³⁰ 이

견도의 15심에서 순서대로 4성제의 이치를 관하는 것으로서, 끊어야 할 것에 따라 견고소단(見苦所斷)·견집소단(見集所斷)·견멸소단(見滅所斷)·견도소단(見道所斷)이 있다.
527 미사(迷事)는 수도의 혹을 가리키는 것으로서, 5경 등의 사태에 대해 미혹한 번뇌이다. 그리고 미리(迷理)는 견도의 혹을 가리키는 것으로서, 4성제 등의 진리에 대해 미혹한 번뇌이다.
528 6행관은 유루지로써 순서대로 수혹을 끊을 때 하위 지(地)에 싫어함을 내고 상위 지에 좋아함을 내는 관법이다. 곧 3계를 9가지 지로 구분하여 상대적으로 하위 지가 추대하고[厭粗觀] 괴롭고[厭苦觀] 장애한다[厭障觀]고 관하여 그것에 싫어하고, 상위 지가 적정하고[欣勝觀] 오묘하고[欣妙觀] 출리한다[欣出觀]고 관하여 좋아하는 것이다. 따라서 6행관을 흔염관(欣厭觀)이라고도 한다.
529 설일체유부는 유루의 6행관에 의지해 5부를 모두 끊는다고 주장하지만, 독자부는 오직 그 수혹을 조복할 뿐이고 그것을 이욕이라 한다고 주장한다.
530 세제일법이라 한 것은 세간의 법 가운데 으뜸이고 월등하며 우두머리이고 우러러보며 위이고 미묘하기 때문이다(『대비바사론』권3, T27, 11b3-12a12).

들의 근본종파가 암송한 것에서는 이 4가지만 선근(善根)이라고 말했다.[531]

⑨ 🔲 만약 이미 정성리생에 들었다면 12심 가량을 행향(行向)이라 하고, 제13심을 주과(住果)라 한다.[532]

⑰ '만약 이미 정성리생에 들었다면 12심' 등에 대해 말하겠다. 여기서는 [4]성제 각각에 3가지 심이 있다.[533] 첫째는 고법지(苦法智)로서, 욕계의 고제를 관한다. 둘째는 고법인(苦法忍)으로서, 나중에 욕계 고제의 혹의 끊음과 아직 끊지 못함을 관한다. 마치 상위 계의 혹이 있기 때문에 끊음 등을 거듭 관하는 것과 같다. 셋째는 고류지(苦類智)로서, 색계와 무색계의 고제를 합하여 관한다. 고제가 3계에서 멸진했기 때문에 다시 거듭 관하지 않는다. 그러므로 합하여 12심[534]이다. 제13심에 대해, 어떤 이는 도류지의 두

---

531 이 4가지 법은 설일체유부에서 말하는 난(煖)·정(頂)·인(忍)·세제일법(世第一法) 4선근 위에 배대된다. 독자부가 4선근에 의지해 정성리생에 나아간다고 한 것은 설일체유부 주장과 다르지 않지만 세제일법의 본질에 대해 해석이 다르다. 설일체유부는 신근(信根) 등 5근 그리고 5근이 아닌 것에 상응하고 구유하는 심법과 심소법을 그 본질로 삼지만, 독자부는 신 등 5근이 그 본질이라고 주장한다. 한편 분별론자는 그 5근이 무루이기 때문에 이생이 성취하지 못한다고 주장한다.

532 이 주장을 위니따데바는 꾸루꿀라까·아반따까·독자부 주장④⑤로 기술한다. 반면 와수미뜨라가 기술한 설일체유부 근본주장⑩에 상반되고, 바브야가 기술한 설일체유부 주장⑧에 상반된다.

533 이에 반해 설일체유부에서는 4성제 각각에 대해 4가지 심을 말한다. 곧 고법지인(苦法智忍)·고법지(苦法智)·고류지인(苦類智忍)·고류지(苦類智)와 집법지인(集法智忍)·집법지(集法智)·집류지인(集類智忍)·집류지(集類智)와 멸법지인(滅法智忍)·멸법지(滅法智)·멸류지인(滅類智忍)·멸류지(滅類智)와 도법지인(道法智忍)·도법지(道法智)·도류지인(道類智忍)·도류지(道類智)이다.

534 곧 고법지(苦法智)·고법인(苦法忍)·고류지(苦類智)·집법지(集法智)·집법인(集法忍)·집류지(集類智)·멸법지(滅法智)·멸법인(滅法忍)·멸류지(滅類智)·도법지(道法智)·도법인(道法忍)·도류지(道類智)이다.

번째 찰나의 상속심이라 하고, 어떤 이는 4성제를 총체적으로 관하는 심이라 한다.

차제증(次第證)과 초월증(超越證)으로 결과를 얻는 것도 모두 그렇다. 순서대로 제2과와 제3과를 증득한다는 것은 일반적인 [풀이와] 같다.[535]

論 이와 같이 다양하게 분화된 주장이 있다.

나) 독자부의 분열 : 법상부·현주부·정량부·밀림산부

論 하나의 송을 풀이하는 것에 의거해 집착한 주장이 같지 않아서 이 [독자]부로부터 4부파가 유출되었다. 말하자면 법상부·현주부·정량부·밀림산부이다. [그들이] 풀이한 송을 읊는다.

이미 해탈하고 다시 떨어지며,
떨어지는 것은 탐에 의지하고 다시 돌아가네.
좋아하는 것을 얻어 즐거워하고,
낙행에 따라 즐거움에 이르네.

記 법상부 등 4부파는 집착한 주장이 달라서 하나의 송을 4가지로 풀이했다. 옛날[536]의 4가지 풀이이다.[537]

첫째, 아라한의 [종성]에 있는 퇴법과 주법과 진법이다. 처음의

---

535 초월증의 경우, 욕계의 6-8품 수혹이 끊어지면 제13심에서 일래과를 증득하고, 욕계의 9품 수혹이 끊어지면 제13심에서 불환과를 증득한다.
536 빠라마르타가 지은 『부집이론소』로 추정된다.
537 그 송를 풀이하면서 법상부와 현주부는 3부분으로 구분하고 정량부와 밀림산부는 6부분으로 구분하는데, 구체적으로 정리하면 다음과 같다.

2구는 퇴법을 풀이한 것이고, 그다음의 1구는 주법을 풀이한 것이며, 마지막 1구는 진법을 풀이한 것이다.<법상부의 풀이>

둘째, 3승의 무학이다. 처음의 2구는 아라한을 풀이한 것이고, 그다음의 1구는 독각을 풀이한 것이며, 마지막 1구는 붓다를 풀이한 것이다.<현주부의 풀이>

셋째, 4[사문]과에 있는 여섯 종류의 사람이다. 첫째는 해탈인(解脫人) 곧 예류자로서 해탈을 처음 증득했기 때문이며, 둘째는 가가인(家家人) 곧 제2과의 향(向: 일래향)이며, 셋째는 일래과인(一來果人)이며, 넷째는 일간인(一間人: 不還向)이며, 다섯째는 불환인(不還人)이며, 여섯째는 아라한(阿羅漢)이다. '이미 해탈하고'는 첫 번째이고, '다시 떨어지며'는 두 번째이며, '떨어지는 것은 탐에 의지하고'는 네 번째 사람이고, '다시 돌아가네'는 세 번째 사람이며, 제3구는 다섯 번째 사람이고, 제4구는 여섯 번째 사람이다.<정량부의 풀이>

넷째, 6종성의 무학 [곧] 퇴법·사법·호법·주법·감달법·부동법이다. '이미 해탈하고'는 두 번째 사람(: 사법)이고, '다시 떨어지며'는 첫 번째 사람(: 퇴법)이며, '떨어지는 것은 탐에 의지하고'는

법상부 (아라한)	현주부 (3승)		정량부 (사문과)	밀림산부 (아라한)
		已解脫(제1구 앞) — 예류자		사법
퇴법 — 아라한		更墮(제1구 뒤) — 일래향		퇴법
		墮由貪(제2구 앞) — 불환향		호법
		復還(제2구 뒤) — 일래과		주법
주법 — 독각		獲安喜所樂(제3구) — 불환과		감달법
진법 — 붓다		隨樂行至樂(제4구) — 아라한		부동법

세 번째 사람(: 호법)이고, '다시 돌아가네'는 네 번째 사람(: 주법)
이며, 제3구는 다섯 번째 사람(: 감달법)이고, 제4구는 여섯 번째
사람(: 부동법)이다.<밀림산부의 풀이>

아. 화지부의 주장

가) 근본종파의 같은 주장

📖 화지부의 근본종파의 같은 주장에 대해 말하겠다.

① 📖 과거세와 미래세는 없고 현재세와 무위는 있다.[538]

② 📖 4성제를 동시에 현관한다. 고제를 볼 때 모든 제(諦)도 본다.
요컨대 이미 본 자는 이와 같이 본다.[539]

---

538 이것을 와수미뜨라는 대중부·일설부·설출세부·계윤부 근본주장46으로 기술하고, 바
브야는 일설부 주장20과 화지부 주장①로 기술한다. 반면 와수미뜨라가 기술한 설일체
유부 근본주장②와 화지부 지말주장①에 상반되고, 바브야가 기술한 설일체유부 주장
③과 근본상좌부 주장⑤에 상반되고, 위니따데바가 기술한 화지부 주장①과 분별설부
주장②에 상반된다. 그 가운데 화지부에 대한 와수미뜨라와 바브야의 기술에 조금 차
이가 있다. 와수미뜨라의 기술과『대비바사론』에 근거할 때 바브야가 기술한 '현재세
의 유위성은 있다'는 '현재세의 무위성은 있다(da ltar byung ba'i 'dus ma byas nyid ni yod
do ‖)'로 수정되어야 한다. 곧 번역상 부정어 'ma'가 누락된 번역 오류일 가능성이 높다.
또 이에 대한 위니따데바의 기술이 다른 이유는 NBhsg(t)의 역문에 오류가 있기 때문이
다. 곧 '미래세는 없다. 과거세는 없다. 미래세는 없다. 현재세는 없다'고 한 기술은 '미
래세는 없다. 과거세는 없다. 현재세의 무위성은 있다(ma 'ongs pa med do ‖ 'das pa med
do ‖ da ltar byung ba'i 'dus ma byas nyid yod do ‖)'로 수정되어야 한다. 자세한 내용은
pp.63-65. 참조. 한편『대비바사론』권13(T27, 65b26-27)에서는 이 주장을 '다른 주장[他
宗]'으로 거론하는데, 그들은 과거세와 미래세에 실체성이 없고 현재세에는 있지만 무
위라고 주장한다. 그리고『식신족론』권1(T26, 536a28-29)의 목갈라나(Moggallāna)와『대
반열반경소』권25(T38, 184b16-17)의 다르마굽따(Dharmagupta)도 그와 같이 주장하는데,
그들은 모두 법장부에 관련된 사람이고 그 법장부는 화지부로부터 분열된 부파이다.

539 이 주장을 와수미뜨라는 대중부·일설부·설출세부·계윤부 근본주장21로 기술하고, 바브
야는 일설부 주장10과 화지부 주장②로 기술하고, 위니따데바는 설출세부 주장⑨와 화지부

⑦ 화지부의 '4성제를 동시에 현관한다'는 것은 견도에서이다. 공상에 대한 공무아관(空無我觀)을 짓고 공무아에 들어가 4성제를 두루 관한다. '고제를 볼 때 ~ 이와 같이 본다'는 것은 수도에서이다. 만약 4성제의 상을 개별적으로 관한다면 수도에서 고제를 볼 때 나머지 3제를 관한다. 예컨대 하나의 의식이 5온을 총체적으로 반연할 때 10가지 색을 동시에 차별지어 아는 것과 같다.[540] 이것은 견도가 아니다. 요컨대 [견도에서] 이미 성제의 이치를 총괄적으로 관하여 본 자는 바야흐로 이와 같기 때문에 수도에서는 이와 같이 [차별상을] 본다.

③ 📖 수면은 심도 아니고 심소도 아니며, 소연도 없다.[541]

⑦ '수면은 심도 아니고' 등은 일반적인 풀이와 같다.[542]

④ 📖 수면(隨眠)과 전(纏)은 다르다. 수면의 자성은 심에 상응하지 않고 전의 자성은 심에 상응한다.[543]

주장②로 기술한다. 반면 와수미뜨라가 기술한 대중부·일설부·설출세부·계윤부 지말주장①과 설일체유부 근본주장⑦에 상반되고, 바브야가 기술한 설일체유부 주장⑥에 상반된다.

540 수도에서의 돈현관이 마치 5구의식이 5온·18계의 법을 돈연(頓緣)할 때 5근과 5경의 별상을 잘 요지하는 것과 같다는 의미이다.

541 이 주장을 와수미뜨라는 대중부·일설부·설출세부·계윤부 근본주장㊹로 기술하고, 바브야는 일설부 주장⑱로 기술하고, 위니따데바는 화지부 주장⑦과 기타림사부·무외산주부·대사주부 주장⑥으로 기술하며, 또 KV(a), IX.4에서는 안다까와 일부 북도파 주장으로, XI.1에서는 대중부와 정량부 주장으로 거론한다. 반면 와수미뜨라가 기술한 설일체유부 근본주장㉔에 상반되고, 위니따데바가 기술한 근본설일체유부 주장④에 상반된다.

542 수면은 탐·진·치 등의 종자이기 때문에 심·심소법이 아니고, 따라서 소연도 없다. 앞의 대중부·일설부·설출세부·계윤부 근본주장㊺ 참조.

543 이 부파는 현행하는 번뇌를 전이라 하고 종자상태의 번뇌를 수면이라 한다. 따라서 전은 심과 상응하지만 수면은 현행하는 것이 아니기 때문에 심과 상응하는 일이 없다.

5 논 이생은 욕계의 탐과 진에를 끊지 못한다.[544]

기 '이생은 욕계의 탐과' 등이 의도하는 것은 '6행관은 번뇌를 끊지 못하고 다만 조복할 뿐이다.[545] 예컨대 경량부[546]와 비슷하다. 일체번뇌는 상위 두 계에서도 마찬가지이다. 여기서는 우선 욕계의 탐 등을 거론했다. 반드시 무루도여야 비로소 끊기 때문이다'고 말하는 것이다.

6 논 5신통을 얻는 외도는 없다.[547]

기 5신통을 외도가 얻지 못하는 것은 사교(邪教) 때문이다.

문 [외도가] 날아오르는 것 등은 무엇인가?

답 바로 주술과 약과 귀신 등이 과거세의 일을 아는 것 등은 모두 신통이 아니다. 막힘이 없을 수 없기 때문이다.[548]

이 주장을 와수미뜨라는 대중부·일설부·설출세부·계윤부 근본주장㊺로 기술하고, 바브야는 일설부 주장⑲와 화지부 주장③으로 기술하고, 위니따데바는 설출세부 주장㉜로 기술하며, 또 KV(a), XIV.5에서는 안다까 주장으로 거론한다.

544 이 주장을 『대비바사론』권51(T27, 264b19-20)에서는 비유자와 대덕의 주장으로 거론한다. 반면 와수미뜨라가 기술한 설일체유부 근본주장⑭에 상반되고, 바브야가 기술한 설일체유부 주장⑪과 화지부 주장⑩에 상반된다. 그 가운데 화지부에 대해 와수미뜨라와 바브야의 기술이 상이한 이유는 원본의 필사 오류나 역자의 번역 오류라기보다는 전승의 차이인 것으로 추정된다. 자세한 내용은 pp.56-58. 참조.

545 이생에게는 성혜(聖慧)가 없어서 번뇌를 끊지 못하고 잠시 조복할 뿐이다. 염오를 제거할 때는 세간도로써 초정려를 반연하여 욕계의 염오를 제거하고 나아가 비상비비상처를 반연해 무소유처의 염오를 제거한다. 이에 대해 설일체유부는 이생이 세간도에 의지해서도 욕계의 번뇌들을 끊을 수 있다고 반박한다(『대비바사론』권51, T27, 264b18-c15).

546 이 경량부는 『이부종륜론』 상의 경량부가 아니라 후대 『대비바사론』에서 언급되는 비유자의 일부나 『구사론』에서 언급되는 경량부이다.

547 이 주장을 와수미뜨라는 설산부 근본주장③과 법장부 근본주장④로 기술하고, 위니따데바는 설산부 주장①과 화지부 주장③과 법호부 주장③으로 기술한다. 반면 와수미뜨라가 기술한 설일체유부 근본주장⑮와 독자부 근본주장⑤에 상반되고, 바브야가 기술한 설산부 주장②와 설일체유부 주장⑫에 상반된다.

548 원측(圓測)은 5신통을 설명하면서 "소연에 대해 막힘이 없기 때문에 '통(通)'이라 한다."

⑦ 論 천에서 범행에 머무는 자도 없다.⁵⁴⁹

⑦ 천에서 범행에 머무는 일도 없는 것은 즐거움이 많기 때문이다.

⑧ 論 중유는 결코 없다.⁵⁵⁰

⑦ 실제로 중유는 없다. 간다르바(Gandharva) 등은 즐거움을 만드는 신(神)이다.⁵⁵¹ 『칠유경』을 인용한 것은 『구사론』의 설명과 같다.⁵⁵²

⑨ 論 아라한이 복업을 증장시키는 일은 없다.⁵⁵³

⑦ 아라한이 복업을 증장시키는 일이 없는 것은 번뇌로 유루업

───────

라고 설명한다(『인왕경소』권상, T33, 369b6).

549 이 주장을 와수미뜨라는 설산부 근본주장④로 기술하고, 위니따데바는 설산부 주장②와 화지부 주장④와 기타림사부·무외산주부·대사주부 주장①로 기술하며, 또 KV(a), I.3에서는 정량부 주장으로 거론한다. 반면 와수미뜨라가 기술한 설일체유부 근본주장⑯에 상반되고, 바브야가 기술한 설일체유부 주장⑬과 화지부 주장⑤와 법장부 주장②에 상반된다. 그 가운데 화지부 주장에 대한 와수미뜨라와 위니따데바의 기술은 같지만 바브야의 NBhvy(t)에서는 '천에 머물 때에도 범행은 있다'고 기술한다. 그런데 그 기술들을 뒷받침할만한 전거가 확인되지 않기 때문에 화지부가 견지한 주장을 판단하는 것은 불가능하다. 자세한 내용은 pp.75-76. 참조.

550 이 주장을 와수미뜨라는 대중부·일설부·설출세부·계윤부 근본주장㊽로 기술하고, 바브야는 화지부 주장④로 기술하고, 위니따데바는 설출세부 주장㉝과 화지부 주장⑤로 기술한다. 반면 와수미뜨라가 기술한 설일체유부 근본주장㉙와 화지부 지말주장②에 상반되고, 바브야가 기술한 근본상좌부 주장③에 상반된다.

551 간다르바는 설일체유부에서 중음신(中陰身)의 다른 명칭이지만, 화지부에서는 불법을 수호하는 8부중(八部衆) 가운데 하나이다. 고대인도의 신화에 따르면 간다르바는 제석천을 모시는 연회에서 노래와 주악을 도맡았다고 하며, 『대지도론』권10(T25, 135c15-17)에는 간다르바왕이 붓다에게 와서 거문고를 뜯으며 붓다를 찬탄했다는 내용도 있다.

552 『구사론』권8(T29, 42a28-b29). 앞의 역문 각주376) 참조.

553 이 주장은 와수미뜨라가 기술한 설일체유부 근본주장㉘에 상반되고, 바브야가 기술한 화지부 주장⑥에 상반되고, 위니따데바가 기술한 화지부 주장⑥에도 상반된다. 그 가운데 화지부에 대해 와수미뜨라의 기술이 바브야 및 위니따데바의 기술과 상이한 이유는 전승의 차이일 가능성이 높다. 자세한 내용은 pp.55-56. 참조.

을 증장시킬 수 없기 때문이며, 복분선(福分善)을 굴리는 것 등은 고업(故業)이기 때문이다.[554]

⑩ 論 5식에는 염오도 있고 이염도 있다.[555]

記 5식에 이염이 있다란 붓다를 보는 것 등이 간단없는 조건[無間緣]에 가까워서 성도를 이끌어낸다는 것이다. 간단없는 조건에 먼 것도 [성도를] 얻지 못한다고 주장하는 사르바스띠바딘과 같은 것이 아니다.[556] 또 "5식은 수도위에도 있어서 붓다를 보는 경우 바로 성도를 얻고 결(結)도 끊어서 염오를 제거하며 분별이 없는 것이 아니다."라고 말한다.

⑪ 論 6식은 모두 심 · 사와 상응한다.[557]

記 6식에 심이 있다는 것은 어느 부파를 생각해 헤아리는 것인가.

---

554 아라한은 이미 번뇌가 끊어졌기 때문에 유루업을 증상시킬 수 없고, 유수행(留壽行)과 사수행(捨壽行)의 경우는 과거세의 고업에 의거한다는 주장이다.

555 이 주장을 와수미뜨라는 대중부 · 일설부 · 설출세부 · 계윤부 근본주장㉒로 기술하고, 바브야는 일설부 주장⑪과 화지부 주장⑦로 기술하고, 위니따데바는 설출세부 주장⑩으로 기술하며, 또 KV(a), X.4-5에서는 대중부 주장으로 거론한다. 반면 와수미뜨라가 기술한 설일체유부 근본주장㉚과 독자부 근본주장⑥에 상반되고, 바브야가 기술한 설일체유부 주장⑰과 독자부 주장⑦에 상반되고, 위니따데바가 기술한 꾸루꿀라까 · 아반따까 · 독자부 주장③에 상반된다.

556 설일체유부는 5식에 이염이 없고, 3분별 가운데 자성분별만 있기 때문에 분별이 없다고 주장한다.

557 이 주장을 KV(a), IX.8에서는 북도파 주장으로 거론한다. 설일체유부가 심과 사가 6식과 상응하고 그 두 법의 구기를 인정하는 것에 반해, 화지부는 상응만 인정하고 구기는 인정하지 않는다.

⑫ **논** 또한 제수뿌드갈라 있다.⁵⁵⁸

⑦ 제수뿌드갈라가 있다란 곧 불환자이다. 유정지(有頂地)에 태어나서 하위의 무루성도를 일으켜서 무학과를 취할 수는 없어도 목숨을 끝내고자 할 때에 이르러서는 그 결(結)이 스스로 멸진하여 아라한을 증득하고 바로 반열반하는 자를 제수(齊首)라 한다. 말하자면 생사의 수두(首頭)가 곧 유정지이다. [이] 궁극의 처소에는 다시 태어나는 처소가 없기 때문에 비록 성도를 일으키지 않더라도 역시 무학을 성취한다.⁵⁵⁹

⑬ **논** 세간의 정견은 있지만⁵⁶⁰ 세간의 신근은 없다.⁵⁶¹

⑦ 세간의 정견이 있다는 것은 삿되게 추구하지 않기 때문이다. 세간의 신근이 없다는 것은 세간의 신(信) 등이 견고하지 않고 바뀌기 쉽기 [때문이다]. 증상이 아닌 것은 근(根)이라 하지 않는다.⁵⁶²

---

558 이 주장을 바브야는 화지부 주장⑧로 기술한다.

559 설일체유부는 불환자가 유정지에서 저절로 반열반한다는 것을 인정하지 않지만 화지부는 그것을 인정한다. 이생이 욕계의 탐과 진에를 끊느냐 끊지 못하느냐에 대해서도 대조적 입장을 견지하는데, 곧 그 두 부파 간에 수행론에 차이가 있었던 것으로 추정된다.

560 ⑧본과 ⓣ본에는 '세간의 정견이 있다'로 번역되어 있고, ⑧본과 ⑨본에는 '세속의 정견이 없다'로 번역되어 있다. 여기서는 ⑧본과 ⓣ본에 따른다.

561 이 주장을 KV(a), XIX.8에서는 설인부와 화지부 주장으로 거론한다. 반면 와수미뜨라가 기술한 설일체유부 근본주장㉞와 바브야가 기술한 설일체유부 주장⑯에서는 세간의 정견과 신근이 모두 있다고 주장하고, 또 와수미뜨라가 기술한 대중부·일설부·설출세부·계윤부 근본주장㉟과 바브야가 기술한 일설부 주장⑯과 위니따데바가 기술한 설출세부 주장㉑에서는 세간의 정견과 신근이 모두 없다고 주장한다.

562 증상이기 때문에 '근(根)'이라 한다. 앞의 역문 각주336) 참조.

⑭ 🔢 출세간의 정려는 없다.[563]

⑦ 출세간의 정려가 없다는 것에 대해 말하겠다. 정려는 추대한 것이다. 외도와 이생이 대부분 모두 얻기 때문에 오직 유루이다. 이것은 색계의 6지[564]에 통한다. 무색계는 어떠한가? [색계의] 정려처럼 또한 유루이다. 별도로 있는 무루의 9지[565]는 정려라 하지 않는다. 무루이기 때문이다. 여기서는 우선 색계에 근거해 확정한 것이다. 그러므로 성자가 6지의 무루[정]을 개별적으로 일으켜 견도 등에 들어가는 것은 정려(靜慮)라 하지 않고 다만 정(定)이라 한다.

⑮ 🔢 무루의 심(尋)도 없다.[566]

⑦ 무루의 심(尋)은 없다. 심은 추대하기 때문에 오직 유루이고, 사(伺)는 미세하기에 무루에 통한다. 8도지의 정사유(正思惟)는 오직 유루이다.[567] 도를 돕는 지를 도지(道支)라 하는 것이지 실제로는 도(道)가 아니다.

⑯ 🔢 선[업]은 [3]유(三有)의 원인이 아니다.[568]

⑦ 선[업]이 유의 원인이 아닌 것은 [선업이] 생사의 [인업(引業)

---

563 이 주장은 와수미뜨라가 기술한 설일체유부 근본주장⑰에 상반된다.
564 미지정, 중간정, 4근본정을 가리킨다.
565 미지정, 중간정, 4근본정 및 3무색정을 가리킨다.
566 이 주장은 와수미뜨라가 기술한 설일체유부 근본주장⑱에 상반된다.
567 설일체유부는 8정도가 모두 무루라고 주장한다.
568 이 주장은 와수미뜨라가 기술한 설일체유부 근본주장⑲에 상반된다.

의] 정인(正因)이 되어 초감하는 것이 아니기 때문이다. 만약 불선
업을 도와서 인취와 천취를 초감한다면 이 이치도 있을 것이지만,
지금은 정인이 되어 3유를 초감한다는 것이 아니다.⁵⁶⁹ 만약 그렇
다면 색계와 무색계의 업의 성류는 무엇인가? 미세한 불선업일
것이다. 초감한다면 선[업]의 도움에 의지하기 때문에 이와 같은
것을 얻는다. 곧 불선업이 색계와 무색계에 통하는 것이다.

⑰ 🈀 예류자에게는 물러남이 있고,⁵⁷⁰ 모든 아라한에게는 물러남
이 결코 없다.⁵⁷¹

⑦ 예류자에 물러남이 있는 것은 최초로 [성]도를 얻어도 수혹
(修惑)이 있기 때문이며, 아라한에 물러남이 없는 것은 [성]도가
성취되었기 때문이다. 퇴법 등이라 한 것은 다만 선정의 현법락
주(現法樂住)에서 물러난다는 것이다.⁵⁷² 중간의 2가지 [사문]과⁵⁷³
는 실제로 물러난다. 최초로 결과를 증득한 것과 같기 때문이다.

⑱ 🈀 도지는 다 염주에 포함된다.

---

569 선업이 만업(滿業)을 초감할 수는 있더라도 인업(引業)을 초감할 수 없다는 의미이다.
570 이 주장을 와수미뜨라는 대중부·일설부·설출세부·계윤부 근본주장㊱으로 기술한다.
　　반면 와수미뜨라가 기술한 설일체유부 근본주장⑫에 상반되고, 바브야가 기술한 설일
　　체유부 주장④에 상반되고, 위니따데바가 기술한 설출세부 주장⑲에 상반된다.
571 이 주장을 와수미뜨라는 대중부·일설부·설출세부·계윤부 근본주장㊱으로 기술하고,
　　위니따데바는 설출세부 주장⑲로 기술한다. 반면 와수미뜨라가 기술한 설일체유부 근
　　본주장⑫에 상반되고, 바브야가 기술한 설일체유부 주장⑩에 상반된다.
572 퇴법종성의 아라한에 물러남이 있다는 것은 그 과위에서 물러나는 것이 아니라 현법락
　　주에서 물러난다는 의미이기 때문이다.
573 일래과와 불환과에도 물러남이 있다.

⑦ 도지는 다 염주에 포함된다. 염주란, 혜에 상응하는 심소를 취하여 아울러서 염주라 하기 때문에 [8]도지를 포함한다.[574]

⑲ 🈁 무위법에는 9가지가 있다. 첫째 택멸, 둘째 비택멸, 셋째 허공, 넷째 부동, 다섯째 선법진여, 여섯째 불선법진여, 일곱째 무기법진여, 여덟째 도지진여, 아홉째 연기진여이다.[575]

⑦ 택멸·비택멸·허공 3가지의 본질은 각각 하나이다. [명칭을 풀이하는 것 등]의 배경을 얻는 것은 다른 부파와 같다.[576] 부동은 다만 정(定)의 장애를 끊어서 얻는다. 정의 장애를 동(動)이라 하는데, 이것이 산위(散位)의 움직임이기 때문이다. 지금은 끊어서 이것을 얻기 때문에 부동이라 한다. 선법진여·불선법진여·무기법진여 3가지의 본질은 각각 하나이다. 다만 같은 이치로 말한 것이고, 성류는 모두 선성이다. 도지와 연기는 의미가 대중부와 같다.[577] 그러므로 각각 같은 이치이지만 지금은 월등한 것에 근거

---

574 신(身)·수(受)·심(心)·법(法)의 4념주의 본질은 각각 3가지 염주를 갖는다. 첫째는 4념주가 각각 혜를 본질로 하기 때문에 자성념주이고, 둘째는 그 혜와 함께 그밖의 구기하는 법을 본질로 하기 때문에 상잡념주이고, 셋째는 그 혜의 소연이 되는 법을 본질로 하기 때문에 소연념주이다. 따라서 8정도는 3가지 염주 가운데 상잡념주에 포함된다. 한편 염주라는 명칭의 건립에 대해, 설일체유부는 혜가 염의 힘에 의지해 유지되고 소연경에 머물게 되기 때문이라고 하는 반면 와수반두는 혜가 염을 대상에 머물게 하여 분명하게 기억하기 때문이라고 설명한다(『구사론』권25, T29, 132b29-c3).

575 이 주장을 워니따데바는 화지부 주장⑧로 기술하며, 또 KV(a), II.11에서는 화지부와 안다까 주장으로, VI.2에서는 동산부와 화지부 주장으로, VI.6에서는 북도파와 화지부 주장으로 거론한다. 반면 와수미뜨라가 기술한 대중부·일설부·설출세부·계윤부 근본주장㊷와 설일체유부 근본주장⑤㉖에 상반되고, 워니따데바가 기술한 설출세부 주장㉔와 근본설일체유부 주장③과 기타림사부·무외산주부·대사주부 주장④에 상반된다.

576 앞의 역문 각주357) 참조.

577 앞의 대중부·일설부·설출세부·계윤부 근본주장㊷ⓒ 참조. 설일체유부는 연기지성을 유위성으로서 인정한다.

해 다만 도지와 연기를 말한다.

⟦20⟧ 🔲 모태에 들어가는 것을 최초로 하고 목숨이 끝나는 것을 최후로 하여, 색근의 대종에는 모두 전변이 있고 심법과 심소법에도 전변이 있다.[578]

⟦7⟧ '모태에 들어가는 것을 최초로 하고 …… 심법과 심소법에도 전변이 있다'에 대해 말하겠다. ㉮ 여기서의 의도는 '한 평생의 최초부터 최후까지에서 색 등에는 전변이 있다. 우유가 변하여 요구르트 등의 성질로 되는 것처럼 찰나에 생멸하는 것이 아니기 때문에 전변이 있다. 심법과 심소법도 마찬가지이다. 그러므로 일체행이 모두 찰나에 소멸하는 것이 아니다'고 말하는 것이다. ㉯ 또는 이렇게 풀이한다. 색 등은 비록 성질이 찰나찰나에 소멸하는 것이더라도 과거세와 미래세는 없다. 사르바스띠바딘의 '앞의 법이 소멸한 이후에 미래세에 법이 발생하여 현재세에 이른다'는 것과 같지 않다. 지금은 앞의 법이 현재세에 소멸하고서 별도의 어떤 법이 미래세로부터 오는 일은 없다고 말한다. 다만 앞의 법이 원인의 힘이 되기 때문에 뒤의 법을 이끌어 발생시킨다. 뒤의 법이 곧 앞의 법을 원인으로 삼아 전개된 것이다. [따라서] 비록 찰나에 소멸하더라도 전변의 의미는 성립한다.[579]

---

578 이 주장은 와수미뜨라가 기술한 대중부·일설부·설출세부·계윤부 지말주장⟦7⟧에 상반된다.

579 화지부는 바로 아래(⟦23⟧)에서처럼 '일체행은 찰나에 소멸한다'고 주장하기 때문에 규기의 두 번째 풀이가 보다 합당하다고 생각된다. 만약 첫 번째 풀이처럼 전변이 찰나생멸을 부정한 것이라면 5온도 찰나에 생멸하지 않는다고 말해야 할 것이다.

21 **논** 상가 안에 붓다가 있기 때문에 상가에 보시한 자는 곧바로 큰 과보를 얻고, 별도로 붓다에게 보시하는 것은 그렇지 않다.[580]

21 **기** 상가 안에 붓다가 있다는 것은 붓다가 상가의 구성원에 포함되기 때문이다.[581]

22 **논** 붓다와 2승은 다 같은 도,[582] 같은 해탈이다.[583]

22 **기** 붓다와 2승은 모두 같은 도, 같은 해탈이라는 것에 대해 말하겠다. 이 부파의 의도는 '붓다와 2승이 일체종지(一切種智)의 작용도 같다는 것은 아니지만 도는 같다'고 말하는 것이다. 곧 성문이 나아가 붓다가 되었을 때 옛날 도의 본질은 바뀌지 않고[584] 성류는 같다. [작용에 의거한다면] 하품을 굴려 중품을 성취하고 중품을 굴려 상품을 성취하기 때문에 같은 기체이지만, 대상을 요별하는 작용은 이렇게 같지 않다고 말한다. 그러므로 주과(住果)를 얻어 행향(行向)을 버리고, 월등함을 얻어 열등함을 버리는 등의 일은 아니다.[585]

---

580 이 주장을 바브야는 화지부 주장[11]로 기술하고, 위니따데바는 화지부 주장[9]로 기술하며, 또 KV(a), XVII.10에서는 방광부 주장으로 거론한다. 반면 와수미뜨라가 기술한 법장부 근본주장[1]에 상반되고, 바브야가 기술한 법장부 주장[1]에도 상반되고, 위니따데바가 기술한 법호부 주장[1]에도 상반된다.

581 설일체유부도 붓다가 상가에 포함된다고 주장하지만, 큰 과보를 얻는 것에 대해서는 화지부와 달리 붓다에게 보시해야 그 과보가 크다고 주장한다(『순정리론』권38, T29, 558b25-559a17).

582 이 주장을 위니따데바는 화지부 주장[10]으로 기술한다. 반면 와수미뜨라가 기술한 설일체유부 근본주장[41]과 법장부 근본주장[3]에 상반되고, 위니따데바가 기술한 법호부 주장[2]에 상반된다.

583 이 주장을 와수미뜨라는 설일체유부 근본주장[41]와 법장부 근본주장[3]으로 기술하고, 바브야는 화지부 주장[12]로 기술하고, 위니따데바는 화지부 주장[10]으로 기술한다.

584 3승의 도는 모두 무루이기 때문이다.

585 설일체유부는 나중의 월등한 무루를 얻어 앞의 열등한 무루를 버린다고 설명한다.

해탈은 오직 택멸뿐이다. [3승 모두] 염오무지를 끊고서 증득한다.

☒ 🔳 일체행은 모두 찰나에 소멸한다고 말한다.[586]

⑦ 일체가 찰나에 소멸한다는 것의 2가지 풀이[587]는 앞과 같다.

☒ 🔳 어떤 법도 앞의 세로부터 전변하여 뒤의 세에 이르는 일은 결코 없다.[588]

⑦ 어떤 법도 앞으로부터 뒤에 이르는 일이 결코 없다란, 찰나에 소멸하기 때문에 하나의 실법도 앞으로부터 뒤에 이르는 일이 없다는 것이다.

🔳 이것들이 그들 근본종파의 같은 주장이다.

나) 지말종파의 다른 주장
🔳 지말종파의 다른 주장에 대해 말하겠다.

---

586 이 주장을 와수미뜨라는 설일체유부 근본주장㊺와 음광부 근본주장④로 기술하고, 바브야는 화지부 주장⑮⑰과 설전부 주장⑤로 기술하며, 또 KV(a), XXII.8에서는 동산부와 서산부 주장으로 거론한다. 반면 와수미뜨라가 기술한 독자부 근본주장③과 화지부 지말주장⑥에 상반되고, 바브야가 기술한 독자부 주장③에 상반된다.

587 바로 앞의 화지부 주장⑳에 대한 2가지 풀이를 가리킨다.

588 이 주장을 와수미뜨라는 설일체유부 근본주장㊻으로 기술한다. 바브야가 기술한 화지부 주장⑭에서도 이전하지 않는다고 기술하지만 조금 다르다. 반면 와수미뜨라가 기술한 독자부 근본주장④와 경량부 근본주장①에 상반되고, 바브야가 기술한 설전부 주장①과 독자부 주장②에 상반되고, 위니따데바가 기술한 설전부 주장①과 꾸루꿀라까·아반따까·독자부 주장②에 상반된다.

1 🔖 과거세와 미래세가 실유라고 말한다.[589]

2 🔖 중유도 있다.[590]

3 🔖 일체의 법처는 모두 알아야 할 것이고 인지해야 할 것이기도 하다.[591]

4 🔖 업은 실제로 사(思)이고, 신업과 어업은 없다.[592]

---

589 화지부의 근본주장에서는 과거세와 미래세가 실유가 아니지만, 지말주장에서는 오히려 3세가 모두 실유라고 주장한다. 이 주장을 와수미뜨라는 설일체유부 근본주장 2로 기술하고, 바브야는 설일체유부 주장 3과 근본상좌부 주장 5로 기술하며, 또 KV(a), I.6-7에서는 설일체유부의 주장으로 거론한다. 반면 와수미뜨라가 기술한 대중부·일설부·설출세부·계윤부 근본주장 46과 화지부 근본주장 1에 상반되고, 바브야가 기술한 일설부 주장 20과 화지부 주장 1에 상반되고, 위니따데바가 기술한 화지부 주장 1과 분별설부 주장 2에 상반된다.

590 중유의 문제도 3세의 실유 문제처럼 근본주장과 지말주장 간에 극명한 대조를 보인다. 이 주장을 와수미뜨라는 설일체유부 근본주장 29로 기술하고, 바브야는 근본상좌부 주장 3으로 기술하며, 또 KV(a), VIII.2에서는 동산부와 정량부 주장으로 거론한다. 반면 와수미뜨라가 기술한 대중부·일설부·설출세부·계윤부 근본주장 48과 화지부 근본주장 8에 상반되고, 바브야가 기술한 화지부 주장 4에 상반되고, 위니따데바가 기술한 설출세부 주장 33과 화지부 주장 5에 상반된다.

591 이 부파는 후대에 와서 일체의 법처는 세속지로 알아야 할 것이고 유루의 식으로 인지해야 할 것이라고 주장한다. 이 주장을 와수미뜨라는 설일체유부 근본주장 3으로 기술하고, 위니따데바는 근본설일체유부 주장 2로 기술한다. 반면 와수미뜨라가 기술한 대중부·일설부·설출세부·계윤부 근본주장 47에 상반되고, 위니따데바가 기술한 설출세부 주장 35에 상반된다.

592 분별설부는 탐욕·진에·사견이 업의 본질이라고 주장하며, 설일체유부는 본질로서의 사(思)를 제외하고 별도로 신업과 어업의 본질이 있고, 또 탐욕 등 3가지는 업의 자량일 뿐 업의 본질이 아니라고 주장한다. 하지만 이 부파는 3업의 본질이 사(思)이고 별도의 신업과 어업이 없다고 주장한다. 이것을 『대비바사론』권113(T27, 587a7-21)에서는 비유자 주장으로 거론하기도 한다. 그들은 신업·어업·의업이 모두 하나의 사(思)라고 주장한다. 이 주장을 바브야는 화지부 주장 18로 기술한다.

5 🔘 심(尋)과 사(伺)는 상응한다.

⑦ 심과 사가 상응한다란 사르바스띠바딘의 해석과 같다.[593]

6 🔘 큰 땅은 겁 동안 머문다.[594]

⑦ 큰 땅이 겁 동안 머물고 찰나에 소멸하는 것이 아니라는 것은 정량부 등의 해석과 같다.[595]

7 🔘 스뚜빠에 공양하는 업을 일으키는 것에는 얻을 과보가 적다.[596]

⑦ 스뚜빠에 공양하는 것에 과보가 적다는 것은 [설일체유부나 법장부 등의 주장과] 같지 않다. 사리가 있든지 사리가 없든지 모두 그러하다. 포용과 환희와 이익이 없기 때문이다. 나아가 불상과 법(: 경전) 등에 대해서도 모두 그러하다.

8 🔘 수면의 자성은 항상 현재세에 놓여 있다.[597]

---

593 화지부의 근본주장에서는 심과 사의 구기를 인정하지 않았지만, 지말주장에서는 설일체유부의 주장처럼 그 두 법의 구기를 인정한다.

594 이 주장을 와수미뜨라는 독자부 근본주장③으로 기술하고, 바브야는 독자부 주장③으로 기술한다. 반면 와수미뜨라가 기술한 설일체유부 근본주장㊺와 화지부 근본주장㉓과 음광부 근본주장④에 상반되고, 바브야가 기술한 화지부 주장⑮⑰과 설전부 주장⑤에 상반된다.

595 정량부 등에 따르면 심법 등과 방울소리 등은 찰나에 소멸하지만 큰 땅과 명근 등은 각각 겁과 일생 동안 머문다.

596 이 주장을 와수미뜨라는 제다산부·서산부·북산부 근본주장②로 기술하고, 바브야는 화지부 주장⑳으로 기술하고, 위니따데바는 동산부와 서산부 주장②로 기술한다. 반면 와수미뜨라가 기술한 법장부 근본주장②에 상반되고, 위니따데바가 기술한 근본설일체유부 주장⑥에 상반된다.

597 이 주장을 바브야는 화지부 주장㉑로 기술한다.

⑦ 수면이 항상 현재세란 항상 현재세에 놓여 있는 것이 원인이 되어 모든 법을 발생시키기 때문이다. 비록 과거세와 미래세에 있더라도 현재세에서 끊어지지 않는다.⁵⁹⁸

⑨ 🔖 모든 온·처·계도 항상 현재세에 있다.

⑦ 모든 온·처·계도 항상 현재세에 있다란 곧 종자를 말한다. 이 3과는 항상 현재세에 있으면서 법들을 발생시킬 뿐이다.

🔖 이 부파의 지말종파는 한 송을 풀이하는 것에 의거해 집착한 주장에 차이가 있다. 송에서 읊은 것과 같다.

> 5법은 반드시 계박하는 것이고,
> 모든 괴로움은 이것으로부터 발생하네.
> 말하자면 무명·탐·애·
> 5견 그리고 모든 업이네.

⑦ '5법은 반드시 계박하는 것이고'란 유정을 계박하여 생사를 벗어나지 못하게 한다는 것이다. '모든 괴로움은 이것으로부터 발생하네'란 5법으로부터 발생한다는 것이다. '말하자면 무명' 등이란 5법의 명칭을 나열한 것이다. 첫째의 무명은 3계의 무명이다. 둘째는 욕계의 탐이고, 셋째는 색계와 무색계의 애이다. 넷째의 5견은 유신견 등⁵⁹⁹이다. 다섯째의 모든 업은 3업이다. 따라서 이

---

598 대중부 등 4부파의 근본주장과 화지부 근본주장에서 수면은 심과 상응하지 않지만, 지금 화지부의 지말주장에서는 한발 더 나아가 그 수면이 심에 예속되지 않고 항상 현재세에 있다고 주장한다.

5가지만 말한다.

㉮ 600또 모든 업에는 몇 가지가 있는가? 앞의 [근본종파의 주장]에서는 선이 유(有)의 원인이 아니라고 설명했다.601 복업과 부동업이 없기 때문이다. [또] 견도의 작용이 월등하다면 5견이 이치[理]를 장애하는 것을 으뜸으로 삼을 것이고, 수도의 작용이 월등하다면 탐과 애가 사태[事]를 반연하는 것을 으뜸으로 삼을 것이다.602 5견은 안의 이치를 반연하는데, [3]계(三界)에서의 행상이 같기에 다만 총체적으로 5견이라 한다.603 [또] 탐과 애는 사태를 반연하는데, 행상이 각각 다르다.604 욕계에서는 외문(外門)을 반연하고 상위 2가지 계에서는 내문(內門)을 반연하기 때문에 탐과 애를 구분한다. 그러므로 이 2가지는 견도와 수도에서의 작용이 다르다. 그런데 2가지 도에 통하고 작용이 월등한 것을 근본으로 삼는 것이 이른바 무명이다. 그러므로 그 밖의 혹을 생략하여 여기서 서술하지 않았다.

㉯ 또 무명은 곧 무명의 지분이고, 탐과 애는 곧 애(愛)의 지분

---

599 5견이란 근본번뇌 가운데 5가지 악견이다. 먼저 유신견(有身見)은 아(我)와 아소(我所)가 있다는 견해이고, 변집견(邊執見)은 극단의 한 변을 집착하는 것이고, 사견(邪見)은 인과의 도리를 부정하는 견해이고, 견취견(見取見)은 잘못된 것을 진실한 것이라고 집착하는 것이고, 계금취견(戒禁取見)은 정확하지 않는 계율 등을 열반에 이를 수 있는 계행이라고 보는 것이다.

600 송에서 5법을 거론한 이유에 대해 2가지로 풀이한다. ㉮는 5법을 역순으로 월등한 작용에 의거한 풀이이고, ㉯는 5법의 순서대로 12지에 의거한 풀이이다.

601 앞서 근본종지의 주장에서 선업(善業)이 3유의 원인이 아니라고 했는데, 그와 같이 지말종지에서도 3유의 원인으로 불선업(不善業)만 취한다.

602 견도의 번뇌는 미리(迷理)이고 수도의 번뇌는 미사(迷事)이다.

603 5견은 내적인 이치를 반연하고 또 5견의 행상이 각각 달라도 3계에 관련지으면 모두 차이가 없기 때문에 3계를 구분하지 않는다.

604 탐과 애는 3계에서의 행상이 각각 다르기 때문에 구분하여 설명한다.

이며, 5견은 곧 취(取)의 지분이다. 작용을 증상하기 때문이다. 업은 곧 행(行)의 지분과 유(有)의 지분이다. 그러므로 이 5법은 항상 계박하여 식 등의 7지를 발생시킬 수 있다. 또 상위 두 계는 다만 불선업에 [의지해] 발생한다.[605] 미세하고 엷은 불선업에 의지하고 선법이 도와서 상위 [계에] 태어나는 것을 초감하게 한다. 또한 상위 두 계에는 선업의 초감이 있는 것이 아니기 때문이다. 모든 업이란 신·어·의를 말한다.

자. 법장부의 주장

🔲 그 법장부 근본종파의 같은 주장에 대해 말하겠다.

① 🔲 붓다는 상가에 포함되어 있더라도[606] 붓다에게 따로 보시하면 과보가 크고, 상가는 그렇지 않다.[607]

⑦ 법밀부의 '붓다가 상가에 포함되어 있더라도' 등에 대해 말하겠다. 붓다에게 따로 보시하는 것은 그 마음에 간별하는 것이 없고

---

605 설일체유부의 경우, 3유의 원인으로서 선(善)을 인정하기 때문에 복업과 부동업을 인정한다. 그 가운데 상위 2계의 결과를 초감하는 선업이 부동업이다. 하지만 이 화지부의 지말종지에서는 그것을 인정하지 않고 불선의 3업에 의지하고 선법이 도와서 3계에 태어난다고 주장한다.

606 붓다의 상가 포함에 대해, 『이부종륜론』·『부집이론』·SBhu(t)에서는 포함된다고 하고, 이역본인 『십팔부론』을 비롯해 NBhvy(t)·NBhsg(t)에서는 포함되지 않는다고 한다. 다른 문헌들에서 그 내용을 확인할 수 없기 때문에 어느 것이 적합한 것인지는 확인하기 어렵다.

607 이 주장을 바브야는 법장부 주장①로 기술하고, 위니따데바는 법호부 주장①로 기술하며, 또 KV(a), XVII.6-9에서는 방광부 주장으로 거론한다. 반면, 와수미뜨라가 기술한 화지부 근본주장②에 상반되고, 바브야가 기술한 화지부 주장⑪에도 상반되고, 위니따데바가 기술한 화지부 주장⑨에도 상반된다.

세존의 지극한 최상과 지극한 월등함에만 보시하기 위해 일심으로
평등하게 공경해서 차별이 없기 때문에 얻는 복이 많다. 붓다가 상
가에 있는 경우 [상가까지] 겸하여 보시한다면 마음이 태만할 것이
고 또 크게 태만할 것이다. 또 구별 짓는다면 붓다에게는 위가 없고
상가에는 위가 있기 때문에, 상가에 널리 보시하는 것은 과보가 적
고 개별적인 복이다.

② 🈀 스뚜빠에 공양하는 업을 일으키면 광대한 과보를 얻는다.[608]

㉠ 스뚜빠에 공양하면 큰 과보를 얻는다는 것에 대해 말하겠다.
붓다의 사리를 그 가운데 안치함으로써, 이곳을 볼 때 붓다를 보는
것과 같다. 그 마음이 이미 소중하기 때문에 큰 과보를 얻는다. 붓다
도 사리를 공양하는 것이 붓다를 [보는 것과] 같아서 차이가 없다고
인정했기 때문에 과보가 매우 크다. 법(: 경전) 등도 마찬가지이다.
받음이 없다고 해서 곧 큰 과보가 없는 것이 아니다. 붓다 자신이
보시를 받는다고 인정했기 때문이다.[609]

③ 🈀 붓다와 2승은 해탈이 비록 같더라도[610] 성도는 다르다.[611]

---

608 이 주장을 위니따데바는 근본설일체유부 주장⑥으로 기술한다. 반면 와수미뜨라가 기
     술한 제다산부·서산부·북산부 근본주장②와 화지부 지말주장⑦에 상반되고, 바브야
     가 기술한 화지부 주장⑳에 상반되고, 위니따데바가 기술한 동산부와 서산부 주장②에
     상반된다.
609 『대비바사론』권113(T27, 585a9-15)에서 세존의 열반 뒤 1,000년을 지나서라도 붓다의 사
     리에 대해 겨자씨만큼의 공경과 공양을 붓다가 받는다는 주장이 있다.
610 이 주장을 와수미뜨라는 설일체유부 근본주장㊶과 화지부 근본주장㉒로 기술하고, 바
     브야는 화지부 주장⑫로 기술하고, 위니따데바는 화지부 주장⑩으로 기술한다.
611 이 주장을 와수미뜨라는 설일체유부 근본주장㊶로 기술하고, 위니따데바는 법호부 주

⑦ '붓다와 2승은 해탈이 같더라도' 등은 글 그대로 알면 된다.

④ 🔧 5신통을 얻는 외도는 없다.⁶¹²

⑦ 5신통을 얻는 외도가 없는 것은 교법이 삿되기 때문이다. '신통'이란 운용해도 막힘이 없는 것이다.⁶¹³ 그러므로 모든 이생은 불제자가 아니다. 그저 그러한 좌선도 신통을 얻지 못한다. 막힘이 없을 수 없기 때문이다. 주겁(住劫)만큼 날아오르는 등의 일이 있는 것은 모두 주술과 약 혹은 귀신 등의 힘이 더해진 것이지 실제의 신통이 아니다.

⑤ 🔧 아라한의 몸은 다 무루이다.⁶¹⁴

⑦ 아라한의 몸은 다 무루라는 것에 대해 말하겠다. 이것에는 2가지 의미가 있다. 첫째는 누(漏)의 의지처가 아니라는 것으로서, 무학의 온이 누를 발생시키지 않기 때문이다. 둘째는 누의 대상이 아니라는 것으로서, 비록 다른 이의 누를 발생시키더라도 증장하지 않기 때문이다. 예컨대 멸제와 도제는 번뇌가 발생하더라도 증장하지 않

장②로 기술하며, 또 KV(a), XVIII.5에서는 일부 안다까와 북도파 주장으로 거론한다. 반면 와수미뜨라가 기술한 화지부 근본주장㉒에 상반되고 위니따데바가 기술한 화지부 주장⑩에도 상반된다.

612 이 주장을 와수미뜨라는 설산부 근본주장③과 화지부 근본주장⑥으로 기술하고, 위니따데바는 설산부 주장①과 화지부 주장③과 법호부 주장③으로 기술한다. 반면 와수미뜨라가 기술한 설일체유부 근본주장⑮와 독자부 근본주장⑤에 상반되고, 바브야가 기술한 설산부 주장②와 설일체유부 주장⑫에 상반된다.

613 원측(圓測)은 5신통을 설명하면서 "소연에 대해 막힘이 없기 때문에 '통(通)'이라 한다."라고 설명한다(『인왕경소』권상, T33, 369b6).

614 이 주장을 위니따데바는 법호부 주장④로 기술하며, 또 KV(a), IV.3에서는 북도파 주장으로 거론한다. 반면 와수미뜨라가 기술한 설일체유부 근본주장㊱에 상반된다.

기 때문이다. 그런데 무학의 온에는 별도로 한 부류가 있어서 유학
등과 다르고, 무학을 증득할 때에 비로소 발생해 현전한다. 그러므
로 가령 무학에서 물러나 유학위에 머물며 번뇌를 발생시킬 때, 이
유학의 온은 조건에 의지해 발생할 수 있다. 번뇌 등에 대해 말하자
면, 이것은 무학의 몸의 5온에서가 아니다. 무학의 온이 소멸하고
유학의 온이 발생했기 때문이다. 그러므로 이들 종파에서는 무학에
게 물러난다는 의미가 있다는 것을 반드시 인정하지는 않지만, 이런
풀이를 제시해도 이치에 상반되는 것은 없다.615

논 그 밖의 주장은 대부분 대중부의 주장과 같다.

차. 음광부의 주장

논 음광부 근본종파의 같은 주장에 대해 말하겠다.

① **논** 법이 이미 끊어졌고 이미 변지되었다면 없고, 아직 끊어지지 않
았고 아직 변지되지 않았다면 있다.616

⑦ 음광부의 '법이 이미 끊어졌고 변지되었다면 없고' 등에 대해

---

615 상가바드라는 번뇌의 허물을 제거한 몸에 있는 색 등을 무루법이라고 주장하는 비유논사
(譬喩論師)의 주장을 반박하면서, 여러 경증에 의거해 아라한의 몸은 무루가 아니라고 주
장한다. 아라한의 몸은 반드시 괴로움이기 때문이다(『순정리론』권1, T29, 331a27-332a29).
616 이 주장은 바브야가 음광부 주장②로 기술하고 위니따데바는 음광부 주장①로 기술하
지만, 완전히 일치하지는 않는다. 그 가운데 바브야가 '이미 끊은 것에 아직 변지하지 못
한 것이 있다'고 한 것은 '이미 끊은 것에 이미 변지한 것이 있다(spangs la yongs su shes
pa yod do ‖)'로 수정되어야 하고, 위니따데바가 '이미 변지한 것에 아직 끊지 못한 것이
없다'고 한 것은 '이미 변지한 것에 아직 끊지 못한 것은 있다(yongs su shes la ma spangs
pa yod do ‖)'로 수정되어야 한다. 자세한 내용은 pp.65-67. 참조.

말하겠다. 법이란 번뇌이다. 아직 끊지 못한 때에는 과거세에 본질이 있어서 번뇌가 있다고 말한다. 만약 간단없이 이미 끊어졌고 해탈도로 변지했다면 과거세의 번뇌의 본질은 곧바로 있지 않다. 사르바스띠바딘 등에서 그 본질이 홀로 있다고 하는 것[617]과 같지 않다.

② 論 [이숙업은] 업의 결과가 이미 성숙했다면 없고, 업의 결과가 아직 성숙하지 않았다면 있다.[618]

⑦ '업의 결과가 이미 성숙했다면 없고' 등에 대해 말하겠다. 이미 결과를 분별한 것만 업이라 한다. 결과가 아직 성숙하지 않았다면 과거세에 본질이 있고, 결과가 이미 성숙했다면 업은 과거세에서 그 본질이 바로 없어진다. 그러나 오직 결과인 법은 발생하고서 찰나찰나에 소멸할 뿐, 이미 끊었다는 것과 변지했다는 것 등에 의지하지 않는다. 그러므로 풀이하면서 '여기서는 오직 과거세와 현재세에서뿐이지 미래세를 말하지 않는다. [미래세의 법은] 본질이 없기 때문이다'고 말한다. 이제 글의 의도에 준하건대, 미래세를 원인으로 삼는 법은 없다. 미래세는 없기 때문이다. 그러므로 원인은 뒤이고 결과는 앞이기 때문에 미래세를 원인으로 삼는 것은 없다. 또는 [앞글에서] 법이 이미 끊어졌다는 것과 변지되었다는 말은 [과거세와 미래세를] 간별하지 않기 때문에 미래세에 통한다고 인정해도 이치

---

617 설일체유부는 3세실유 법체항유에 의거해 번뇌의 본질이 과거세로 낙사해 여전히 있다고 주장한다.

618 이 주장을 와수미뜨라는 대중부·일설부·설출세부·계윤부 지말주장⑤로 기술하고, 바브야는 음광부 주장①로 기술하고, 위니따데바는 설출세부 주장㉘로 기술하며, 또 『대비바사론』권19(T27, 96a25-b12)에서는 음광부 주장으로 거론하고, KV(a), I.8에서도 음광부 주장으로 거론한다.

상 명백하지 않다.[619]

③ 🔊 행들이 과거세를 원인으로 삼는 일은 있지만, 행들이 미래세를 원인으로 삼는 일은 없다.[620]

㉠ '행들이 과거세를 원인으로 삼는 일이 있지만' 등에 대해 말하겠다. 이것은 사르바스띠바딘[621]의 '현재세는 미래세를 능작인으로 삼고, 미래세는 미래세를 이숙인으로 삼는다'는 것을 간별하는 것이다. 나중에 상응하는 분위에 능작인이 있기 때문이다.

④ 🔊 일체행은 다 찰나에 소멸한다.[622]

㉠ 일체행이 다 찰나에 소멸한다는 것은 독자부 등[623]과 다르다.

⑤ 🔊 모든 유학법에는 이숙과가 있다.[624]

㉠ 모든 유학법에 이숙과가 있다는 것에 대해 말하겠다. 이것에는 2가지 풀이가 있다. 첫째는 무루가 유루의 결과를 초감하지 않는

---

619 과거세의 번뇌가 그렇듯이, 미래세의 번뇌도 이미 끊어졌다면 그 본질이 없고 아직 끊어지지 않았다면 본질이 있다는 의미이다.

620 이 주장을 위니따데바는 음광부 주장②로 기술한다.

621 설일체유부에 따르면, 능작인은 3세 및 이세(離世)에 통하고, 상응인·구유인·이숙인은 3세에 통하며, 동류인과 변행인은 과거세와 현재세에만 통한다(『대비바사론』권21, T27, 108a25-28).

622 이 주장을 와수미뜨라는 설일체유부 근본주장㊺와 화지부 근본주장㉓으로 기술하고, 바브야는 화지부 주장⑮⑰과 설전부 주장⑤로 기술하며, 또 KV(a), XXII.8에서는 동산부와 서산부 주장으로 거론한다. 반면 와수미뜨라가 기술한 독자부 근본주장③과 화지부 지말주장⑥에 상반되고, 바브야가 기술한 독자부 주장③에 상반된다.

623 독자부와 정량부, 그리고 화지부의 지말주장에서는 잠주(暫住)와 겁주(劫住)를 주장한다.

624 이 주장을 위니따데바는 음광부 주장③으로 기술한다.

다는 것이다. 다만 앞이 뒤의 등류과 등을 이끌어서 변이해 성숙한 것을 이숙과가 있다고 말한다. 이 이숙과는 본질이 실제로 무루이다. 사르바스띠바딘 등은 [그것에 대해] 이숙이라 하는 것을 인정하지 않기 때문이다.[625] 둘째는 [3]유(三有)의 결과를 초감한다는 것이다. 처음의 2가지 [사문]과처럼 아직 욕계를 배제하지 않아서 소유한 무루가 욕계의 결과를 초감하고, 불환과는 상위 계를 초감한다.[626] 이것에 비교해 알아야 한다. 번뇌가 아직 멸진하지 않았다면 무루는 아직 완전하지 않기 때문이다.

🔳 그 밖의 주장은 대부분 법장부의 주장과 같다.

카. 경량부의 주장

🔳 경량부 근본종파의 같은 주장에 대해 말하겠다.

① 🔳 '모든 온은 앞의 세로부터 전변하여 뒤의 세에 이르는 일이 있다'[627]고 말하기에 설전부(說轉部)라는 명칭을 건립한다.

---

625 음광부는 유학위에서 앞 찰나의 무루에 의지해 발생된 뒤 찰나의 무루를 이숙과라고 하지만, 설일체유부에 따르면 그것은 동류인-등류과의 관계일 뿐이고 또 원인과 결과가 서로 다르게 성숙한 것이 아니기 때문에 이숙과가 아니다.

626 예류과와 일래과에게는 욕계의 번뇌가 있기 때문에 욕계의 이숙과를 초감하고, 불환과에게는 색계와 무색계의 번뇌가 있기 때문에 상위 계의 이숙과를 초감한다.

627 이 주장을 바브야는 설전부 주장①로 기술하고, 위니따데바는 설전부 주장①로 기술하며, 또 KV(a), I.1에서는 독자부와 정량부 주장으로 거론한다. 와수미뜨라가 기술한 독자부 근본주장④와 바브야가 기술한 독자부 주장②와 위니따데바가 기술한 꾸루꿀라까·아반따까·독자부 주장②에서도 다음 세로 이전한다고 주장하지만 조금 다르다. 반면 이 주장은 와수미뜨라가 기술한 설일체유부 근본주장㊻과 화지부 근본주장㉔에 상반되고, 바브야가 기술한 화지부 주장⑭에 상반된다.

⑦ 경량부는 모든 온이 앞의 세로부터 전변하여 뒤에 이른다고 주장한다. 실제의 법과 아뜨만이 앞의 세로부터 전변하여 뒤의 세에 이르는 일이 있다는 것이다.

힐문 이것은 상주하기 때문에 전전한다는 것인가? 본질이 무상하지만 대부분 상속하여 머물기에 전전한다는 것인가? 내법인가, 외법인가?

② 논 성도를 배제하고 온이 영원히 소멸하는 일은 없다.628

⑦ 성도를 배제하고 온이 영원히 소멸하는 일이 없다란, 유루의 6행관은 번뇌를 끊을 수 없고 조복할 뿐이라고 말하기 때문이다.629

③ 논 근변온(根邊蘊, mūlāntikaskandha)이 있고 일미온(一味蘊, ekarasaskandha)이 있다.630

⑦ 근변온이 있고 일미온이 있다는 것에 대해 말하겠다. 일미(一味)란 무시이래로 전전하고 화합하여 하나의 맛으로 전전하는 것이다. 곧 미세한 의식이 일찍이 간단하지 않는 것이다. 이것은 4가지 온을 구비한다. 근변온이 있다는 것에 대해 말하겠다. '근(根)'이란

---

628 이 주장을 바브야는 설전부 주장②로 기술하고, 위니따데바는 설전부 주장③으로 기술한다.
629 이 주장을 『대비바사론』권51(T27, 264b18-c16)에서는 대덕(大德)의 주장으로 거론한다. 곧 그가 이생은 수면(隨眠)을 끊는다는 의미가 없고 다만 전(纏)을 조복할 뿐이라고 말한 것이다. 이에 반해 설일체유부는 세속도에 의지해 이생이 결(結)을 끊을 수 있다고 주장한다.
630 이 주장을 바브야는 설전부 주장③으로 기술하고, 위니따데바는 설전부 주장②로 기술한다.

앞을 향하는 미세한 의식이 생사에 머무는 근본이기 때문에 근이라 한 것이다. 이 근에 의거해 5온의 발생이 있다. 곧 모든 부파가 말하는 5온과 같다. 그러므로 일미온은 근본이기 때문에 변(邊)이라 하지 않지만, 그 밖의 중간에 끊어지는 5온의 법은 지말의 발생이기 때문에 근변온이라 한다.631

④ 🈮 이생위에도 성법이 있다.

⑦ 이생위에도 성법이 있다란, 곧 무루의 종자를 저절로 성취한다는 것이다.632

⑤ 🈮 승의의 뿌드갈라가 있다고 주장한다.633

---

631 곧 일미온은 무시이래로 상속하여 단절되지 않는 미세한 의식으로서, 유정이 생사상속하는 데에 의지처가 되며 수온·상온·행온·식온을 본질로 한다. 근변온은 이 일미온을 근본으로 삼아 인기된 것으로서, 단절이 있는 일반적 의미의 5온을 가리킨다.

632 이생(異生)은 성자에 비교해 다른 부류의 견해와 번뇌를 일으키고 다른 부류의 업을 지으며 다른 부류의 결과와 태어남을 받기 때문에 붙여진 명칭이다. 그들의 심·심소법은 무루심을 갖는 성자와 달리 그 자체가 무루는 아니지만 그것이 무루의 종자가 된다는 것이 이 부파의 주장이다. 이에 반해 설일체유부는 이생이 성법을 얻지 못한다고 주장한다. 일체의 성법을 구족하지 못한 성자나 이생은 똑같이 성법을 얻지 못했지만 성자에게는 성법의 득이 섞여 있기 때문에 성자와 이생에 차이가 있다고 설명한다(『대비바사론』권45, T27, 232b29-c11). 그리고 상가바드라는 이생의 심·심소법에 무루에 의거해 인기된 공능이 없기 때문에 무루의 종자가 되지 못하며, 그 공능이 없더라도 무루의 종자가 된다면 그것은 일체법이 일체법의 종자가 되어 염오와 청정의 결정적인 상(相)을 설정할 수 없게 한다고 비판한다. 또 그 무루의 종자가 유루라고 한다면 성류가 다르기 때문에 그것은 불가능하며, 이생의 상속에는 무루가 있지 않기 때문에 무루가 무루의 종자가 되는 일도 없다고 비판한다(『순정리론』권69, T29, 712c22-713b17).

633 이 주장을 위니따데바는 분별설부 주장①로 기술한다. 반면 바브야가 기술한 설전부 주장④에 상반된다. 이 기술이 바브야의 기술과 상이한 이유는 그가 "뿌드갈라는 승의로 얻어지지 않는다"라고 기술하기 때문이다. 와수미뜨라의 기술은 자체 문헌에 타당성이 확보된 반면 바브야의 기술은 자체 문헌의 기술과 모순된 것으로 볼 때, 바브야의 기술이 역자의 번역오류인 것으로 추정된다. 자세한 내용은 pp.68-69. 참조.

⑦ 승의의 뿌드갈라가 있다고 주장한다란 다만 [그 뿌드갈라가] 미세하기에 시설하기 어렵다는 것으로서, 곧 실유의 아(我)이다. 정량부 등의 '즉온도 이온도 아닌 온 이외에 명백하게 별도의 본질이 있다는 것'과 같지 않기 때문이다.

🔳 그 밖의 주장은 대부분 설일체유부와 같다.

3. 발 문

🔳 삼장법사는 이 『이부종륜론』의 번역을 마치고 다시 다른 글로 번역한 의도를 밝혔으니, 이에 송으로 읊는다.

여러 산스끄리뜨본을 준비해 자세히 보고
다시 『이부종륜론』을 번역했네.
글이 합당하고 의미에 오류가 없으니
지혜로운 이는 부지런히 배워야 하네.

『이부종륜론술기』를 마치다.

II

Sde pa tha dad par byed pa dang rnam par bshad pa

'부파의 분열과 부류에 대한 해설'

바브야가 짓고

디빵까라쉬리갸나와 출팀걜와가 티벳역하다

세부 목차

II

Sde pa tha dad par byed pa dang rnam par bshad pa

P177a1; N163b3; D147a3; C147a3
rgya gar skad du | nikāyabhedavibhaṅgavyākhyāna [1] |

bod skad du | sde pa tha dad par byed pa dang [2] rnam par bshad pa | [3]

dkon mchog gsum la phyag 'tshal lo ‖

---

1   nikāyabhedavibhaṅgavyākhyāna》 *conj.*, kāyabhetrovibhaṅgavyakhyāna PN, kāyabhedovibhaṃgavyākhyāna
    DC.
2   *om.*》 DC, | PN.
3 |》 PDC, *om.* N.

1. 부파 분열의 제1전승

1) 부파의 분열 시기 및 이유

sde pa bco brgyad po dag ni gang yin | de dag gi bye brag ni ji ltar byung zhe na | bdag gi bla ma gcig nas gcig tu brgyud pa las 'di ltar rjes su thos te | sangs rgyas bcom ldan 'das yongs su mya ngan las 'das nas | lo brgya drug cu lon pa na grong khyer me tog gis rgyas pa zhes bya bar rgyal po dha-rma a-sho[4]-ka zhes bya ba rgyal srid byed pa'i tshe | rtsod pa'i chos 'ga' zhig byung ba'i dbang gis[5] dge 'dun gyi dbyen chen por gyur to || des re zhig dang por sde pa gnyis su chad nas gnas te | dge 'dun phal chen po dang |[6] gnas brtan po'o ||

2) 부파의 분류

(1) 대중부

de la dge 'dun phal chen po'i sde pa yang rim gyis bye bar gyur pa na[7] rnam pa brgyad du gnas te | dge 'dun phal chen sde pa dang | tha snyad gcig pa dang |[8] 'jig rten las 'das par smra ba dang | mang du thos pa dang |[9] btags par smra ba dang | mchod rten pa dang | shar gyi ri bo dang | nub

---

4   sho》 DC, shwa PN.
5   gis》 DC, gi PN.
6 |》 PN, *om.* DC.
7   *om.*》 DC, | PN
8 |》 DC, *om.* PN.
9 |》 DC, *om.* PN.

kyi ri bo pa'o ‖

(2) 상좌부

gnas brtan pa yang rim gyis bye bar gyur pa na rnam pa bcur gyur te |
N164a1
'di lta ste gnas brtan pa nyid la gangs ri ba zhes kyang brjod pa dang |

thams cad yod par smra ba pa nyid la rnam par phye ste smra ba dang |

rgyur smra ba dang | kha cig mu-run-ta[10]-ka pa zhes kyang zer ba dang |

gnas ma'i bu dang | chos mchog pa dang | bzang po'i lam pa'o ‖ kun gyis
P177b1

bkur ba la kha cig ni a-ba-nta[11]-ka pa zhes kyang zer | kha cig ni

ku-ru-ku-la pa zhes kyang zer ba dang | mang ston pa dang | chos sbas pa
D147b1   C147b1

dang | chos bzang 'bebs zhes bya ba la kha cig ni 'od srungs pa zhes[12] zer

ba dang | bla ma pa[13] la kha cig ni 'pho bar smra ba zhes zer ba ste |

sde pa bco brgyad kyi dbye ba ni de dag go ‖

3) 부파의 명칭 유래

de[14] la dge 'dun yang yin la phal chen pa yang yin pas dge 'dun phal

chen te | de nye bar ston par byed pa ni dge 'dun phal chen pa'o ‖

kha cig ni sangs rgyas bcom ldan 'das rnams kyi[15] chos thams cad thugs

---

10   run-ta》 DC, ru-nta PN.
11   ba-nta》 PC, pa-nta ND.
12   zhes》 DC, zhes bya ba PN.
13   pa》 PN, *om.* DC.
14   de》 PDC, da N.
15   kyi》 PN, kyis DC.

gcig gi[16] rnam par mkhyen cing skad cig gcig dang ldan pa'i shes rab kyis chos thams cad yongs su mkhyen to zhes tha snyad 'dogs te | des na tha snyad gcig pa zhes bya'o ||

'jig rten thams cad kyi 'jig rten pa las[17] sangs rgyas bcom ldan 'das rnams 'das par gyur pas de bzhin gshegs pa la 'jig rten pa'i chos mi mnga"o[18] zhes smra ba ni 'jig rten las 'das par smra ba pa'o ||

mang du thos pa'i slob dpon gyi[19] rjes su ston par byed pas na mang du thos par smra ba'o ||

'dus byas rnams phan tshun btags pa[20] nyid kyis sdug bsngal ba yin no zhes smra ba'i phyir btags par smra ba'o ||

mchod rten can gyi ri la gnas bcas pa nyid ni mchod rten pa'o ||

shar gyi ri dang nub kyi ri la gnas pa nyid ni | shar gyi ri bo pa[21] dang | nub kyi ri bo pa'o[22] ||

gnas brtan 'phags pa'i rigs yin par ston pa ni[23] gnas brtan pa'o || de nyid la gangs ri ba zhes kyang zer te | gangs kyi ri la brten nas gnas pa'i phyir ro ||

gang cung zhig 'das pa dang | ma 'ongs pa dang | da ltar byung ba thams cad yod do zhes smra ba'i phyir | thams cad yod par smra

16   gi》 PN, gcig DC.
17   om.》 DC, | PN.
18   mnga"o》 D, mnga' bo PN, mnga'o C.
19   gyi》 PN, gyis DC.
20   btags pa》 PN, brtags pa DC.
21   ri bo pa》 DC, ri bo ba P, ri bo N.
22   pa'o》 DC, ba'o PN.
23   ni》 DC, na PN.

ba'o ‖[24] de dag nyid las 'ga' zhig ni yod de[25] 'das pa'i las 'bras bu ma

phyung ba gang yin pa'o ‖ la la ni med de | gang 'bras bu myong zin pa

dang | ma 'ongs pa dag go zhes rnam par phye nas smra bar byed pa'i phyir |

de nyid la rnam par phye ste smra ba zhes bya'o ‖ de dag nyid las gang

cung zhig byung ba dang | 'byung ba dang | 'byung bar 'gyur ba de thams cad

ni rgyu dang bcas pa'o |[26] zhes smra bas rgyur[27] smra ba'o ‖ de rnams nyid

la kha cig mu-run-ta'i[28] ri la gnas pa'i phyir mu-run-ta-[29] pa-ka zhes bya'o ‖

gnas pa'i[30] [D148a1 C148a1] rigs nyid kyi bud med ni gnas ma yin la | de las skyes pa'i

bu ni gnas ma'i bu ste | de'i rigs yin par ston pa ni[31] gnas ma'i bu'o ‖

slob dpon chos mchog gi rjes su ston[32] par byed pa ni chos mchog pa'o ‖

bzang po'i lam pa'i slob ma ni bzang po'i lam pa'o ‖

kun gyis bkur ba'i slob dpon gyi lugs ston par byed pa ni kun gyis bkur

ba pa'o[33] ‖ de nyid las a-van-ta'i[34] grong khyer du yang dag par bsdus pa[35]

bya ba'i phyir a-van-[36] ta-ka pa'o ‖ kha cig ni ku-ru-ku-la'i ri la gnas pa'i

phyir ku-ru-ku-la pa'o ‖

---

24 ‖》 PDC, | N.
25 de》 DC, do ‖ PN.
26 |》 PN, om. DC.
27 rgyur》 DC, rlung PN.
28 run-ta'i》 DC, ru-nta'i PN.
29 run-ta》 DC, ru-nta PN.
30 pa'i》 DC, pa ni PN.
31 ni》 PDC, na N.
32 ston》 PND, stan C.
33 bkur ba pa'o》 DC, blur ba'o PN.
34 van-ta'i》 DC, vanta'i PN.
35 bsdus pa》 PN, bsdu ba DC.
36 van》 PND, von C.

sa su'i skad[37] kyi dbyings las rjes su ston du bsgyur te | skye bo'i tshogs chen po

la yang srid pa'i[38] mi 'byung bar rjes su ston par byed pa ni mang ston pa'o ||

slob dpon chos sbas kyis yin par smra ba ni chos sbas pa'o ||

rab tu bsngags pa'i dmigs pa'i chos kyi char 'bebs par byed pas na char

bzangs 'bebs pa'o || de nyid slob dpon 'od srungs[39] kyi[40] yin par smra bas

ni 'od srungs[41] pa'o ||

de bzhin du bla ma pa'i yin par smra ba ni bla ma pa'o || de nyid las

kha cig na re[42] 'jig rten 'di nas 'jig rten pha rol du[43] gang zag 'pho bar 'gyur

ro zhes smra ba ni 'pho bar smra ba pa'o ||

de rnams las sngar bstan pa'i dge 'dun phal chen pa la sogs pa brgyad

dang | phyis bstan pa'i phyir gnas brtan pa dang | thams cad yod par smra

ba dang | mang ston pa dang | chos mchog pa dang | 'od srungs pa rnams

ni bdag med par smra ba yin te | mu stegs pa'i 'dod pas brtags pa'i bdag

dang bdag gi dag ni stong[44] pa yin pa dang | chos thams cad ni bdag med

pa yang yin par smra ba yin no ||

lhag ma gnas ma'i bu la sogs pa sde pa lnga ni gang zag tu smra ba yin

no ||[45] gang zag ni phung po dag las de nyid dang gzhan du brjod du med

---

37   skad》 PND, sad C.

38   pa'i》 PN, par DC.

39   srungs》 DC, bsruns PN.

40   kyi》 DC, gi PN.

41   srungs》 DC, bsruns PN.

42   om.》 PN, | DC.

43   du》 DC, tu PN.

44   stong》 DC, ston PN.

45   no ||》 PN, te || D, te | C.

pa rnam par shes pa drug gis shes par bya ba 'khor bar[46] 'gyur ba[47] yongs su gsal[48] bar gyur pa yin no zhes zer ro ‖

de dag ni sde pa bco brgyad kyi dbye ba yin no ‖‖‖‖[49]

2. 부파 분열의 제2전승

1) 부파의 분열 시기

gzhan nyid kyis smra ba ni gzhi ni snga ma bzhin du brjod par bya'o ‖[50] rtsa ba'i dbye ba ni gsum ste │ 'di ltar gnas brtan[51] pa dang │ dge 'dun phal D148b1; C148b1 chen pa dang │ rnam par phye ste smra ba'o ‖

2) 부파의 분류

(1) 상좌부

de la gnas brtan[52] pa yang rnam pa gnyis te │ thams cad yod par smra ba dang │ gnas ma'i bu'i sde pa zhes bya'o ‖ yang thams cad yod par smra ba yang rnam pa gnyis te │ thams cad yod par smra ba dang │ mdo sde P179a1

---

46 bar》 DC, ba PN.

47 'gyur ba》 DC, *om.* PN.

48 gsal》 DC, bsal PN.

49 ‖‖‖‖》 PDC, ‖ N.

50 ‖》 PDC, │ N.

51 brtan》 NDC, bstan P.

52 brtan》 NDC, bstan P.

smra ba zhes bya ba'o ‖ gnas ma'i bu [53] yang rnam pa bzhi ste ⎪ mang pos bkur ba dang ⎪ [54] chos mchog pa dang ⎪ bzang po'i lam pa dang ⎪ grong khyer drug pa zhes bya ba ste ⎪ [55] de ltar na gnas brtan pa ni rnam pa drug tu gnas so ‖

(2) 대중부

yang dge 'dun phal chen sde ni rnam pa brgyad de ⎪ dge 'dun phal chen pa dang ⎪ shar gyi ri bo dang ⎪ nub kyi ri bo dang ⎪ rgyal po ri bo [56] dang ⎪ gangs ri ba dang ⎪ [57] mchod rten pa dang ⎪ bden [58] drug pa dang ⎪ ba lang gnas pa zhes bya ba ste ⎪ de ltar na de dag ni dge 'dun phal chen pa'i dbye ba yin no ‖

(3) 분별설부

rnam par phye ste smra ba yang rnam pa bzhi [59] ste ⎪ sa ston pa dang ⎪ 'od srungs pa dang ⎪ chos sbas pa dang ⎪ gos dmar ba [N165b1] [60] zhes bya'o ‖ de ltar 'di dag ni 'phags pa'i sde rnams rnam par phye ba nas rnam pa bco brgyad du gyur pa'o ‖[61]

---

53 bu‖ DC, bu'i PN.
54 ⎪‖ DC, *om.* PN.
55 ⎪‖ P, *om.* NDC.
56 bo‖ DC, pa PN.
57 ⎪‖ DC, *om.* PN.
58 bden‖ PN, brten DC.
59 bzhi‖ NDC, *om.* P.
60 ba‖ PDC, *om.* N.
61 ‖‖ PN, ‖‖‖ DC.

3. 부파의 분열의 제3전승 및 각 부파의 주장

1) 근본분열 시기 및 이유

yang gzhan dag ni 'di skad smra ste │ bcom ldan 'das yongs su mya ngan las 'das pa nas bzung nas │ lo brgya sum cu rtsa bdun lon pa na rgyal po dga' bo dang pa-dma[62] chen po zhes bya bas grong khyer pa-ta-li-pu-tra'i nang du sdud par byed pa la sogs pa'i 'phags pa phal ni yang len[63] pa med par bsil ba'i dngos po thob par gyur ba[64] na 'phags pa 'od srungs[65] chen po dang │ 'phags pa spu chen po dang │ gtong ba chen po dang │ bla ma dang │ re-ba-ta la sogs pa so sor[66] yang dag par rig pa thob pa'i dgra bcom pa'i dge 'dun de ltar bzhugs pa na bdud sdig to can bzang po thams cad kyi mi mthun pa'i phyogs su gyur pa │ P179b1 dge slong gi cha byad 'dzin pas rdzu 'phrul sna tshogs bstan nas │ gzhi lngas dge 'dun gyi dbyen chen po bskyed de │ gnas brtan klu zhes bya ba dang │ yid brtan[67] pa zhes bya ba mang du thos pa dag gis[68] gzhi lnga bsngags par byed │ rjes su ston par[69] byed cing de gzhan la lan gdab[70] pa dang │ mi shes pa dang │ yid gnyis[71] dang │ yongs

---

62   pa-dma》 NDC, pad-ma P.
63   len》 NDC, lin P.
64   ba》 PDC, pa N.
65   srungs》 PDC, bsrungs N.
66   so sor》 PN, so so DC.
67   brtan》 DC, bstan PN.
68   gis》 PN, gi DC.
69   par》 DC, *om.* PN
70   gdab》 PNC, gdag D.
71   gnyis》 DC, gnyis pa PN.

su brtags [72] pa dang | bdag nyid gso bar byed pa ni lam yin te | 'di ni sangs [C149a1]

rgyas kyi bstan pa yin no ||[73] zhes zer ro ||[74] de nas sde pa gnyis su chad [D149a1]

nas gnas te | gnas brtan pa dang | dge 'dun phal chen sde zhes bya'o || de ltar

lo drug cu rtsa gsum gyi bar du dge 'dun bye nas 'khrug long gis gnas so ||

2) 부파의 분류

(1) 대중부의 분열과 주장

de nas lo brgya phrag gnyis 'das ba'i rjes la gnas brtan gnas ma'i bus bstan

pa yang dag par bsdus so || des [75] yang dag par bsdus pa na dge 'dun phal

chen pa yang rnam pa gnyis su byung bar gyur te | tha snyad [76] gcig pa dang

| ba lang gnas pa zhes bya'o ||

① 일설부의 주장

de la tha snyad gcig pa rnams kyi dam tshig gi rtsa ba ni

sangs rgyas bcom ldan 'das rnams ni 'jig rten las 'das pa ste | [N166a1]

de bzhin gshegs pa la 'jig rten gyi chos ni mi mnga'o ||[77]

de bzhin gshegs pa thams cad kyi [78] chos kyi 'khor lo bskor ba'i rjes

---

72 brtags》 DC, btags PN.

73 ||》 PN, *om.* DC.

74 ||》 PDC, | N.

75 des》 DC, de PN.

76 snyad》 PND, snyed C.

77 ||》 PN, | DC.

78 kyi》 PN, kyis DC.

su gsungs pa⁷⁹ ni mi 'jug go ‖

de bzhin gshegs pa thams cad kyi gsung ni snying po la mngon par mos pa'o ‖

de bzhin gshegs pa thams cad⁸⁰ la gnas der gzugs nye bar len pa ni mi mnga'o ‖

byang chub sems dpa'i dus na nur nur po dang | mer mer po dang | ltar ltar pos 'jug pa ma yin te ^{P180a1}|

glang po cher gyur nas yum gyi dku nas zhugs nas rang nyid nges par 'byung ba yin gyi |

byang chub sems dpa' rnams la 'dod pa'i 'du shes ni mi 'byung ngo⁸¹ ‖

ngan 'gro rnams su bdag nyid kyi 'dod pas skye ba blangs te sems can yongs su smin par byed do ‖⁸²

ye shes gcig gis bden pa bzhi⁸³ rnams yongs su shes so ‖

rnam par shes pa drug po dag ni 'dod chags dang bcas pa dang 'dod chags dang bral ba yin no ‖

mig gis⁸⁴ gzugs rnams mthong ngo ‖

dgra bcom pa rnams kyang gzhan dag gis bstan pa bsgrub⁸⁵ par byed do ‖ mi shes pa dang | yid gnyis dang | yongs su brtags pa dang | sdug bsngal spong ba'i lam yang yod do ‖

---

79 pa》 PN, *om.* DC.
80 thams cad》 PN, *om.* DC.
81 'byung ngo》 NDC, 'byung'o P.
82 ‖》 PC, | ND.
83 bzhi》 PND, gzhi C.
84 gis》 PN, gis ni DC.
85 bsgrub》 P, sgrub NDC.

mnyam par bzhag[86] pa'i tshe ngag 'jug pa yang yod do ||

mi gtsang ba spangs pa yang yod do || yang dag par sdom pa mngon du byas pa nyid kyis kun du[87] sbyor ba thams cad rab tu spangs par brjod par bya'o ||

de bzhin gshegs pa rnams la 'jig rten pa'i yang dag par lta ba ni mi mnga'o ||

sems ni rang bzhin gyis 'od gsal ba yin pas

bag la nyal ba rnams sems dang mtshungs par ldan zhe'am | mi ldan zhes brjod par mi bya'o ||

bag la nyal ba yang gzhan la | kun nas ldang ba yang[88] gzhan yin no ||

'das pa dang ma 'ongs pa ni med do ||

rgyun du[89] zhugs pa ni bsam gtan thob pa yin no[90] zhes bya ba ste de lta bu rnams ni tha snyad gcig pa rnams kyi dam tshig yin no ||

② 계윤부의 분열

yang ba lang gnas pa rnams kyi dbye ba ni mang du thos pa dang btags par[91] smra ba zhes bya'o ||

---

86   bzhag》 PN, gzhag   DC.
87   du》 DC, tu PN.
88   yang》 DC, *om*. PN.
89   du》 NDC, tu P
90   *om.*》 DC, || PN.
91   btags par》 DC, brtags pas PN.

가. 다문부의 주장

de la mang du thos pa rnams kyi rtsa ba'i dam tshig ni

[P180b1]

nges par 'byung ba'i lam la ni rnam par dpyod[92] pa med do ‖

sdug bsngal gyi bden pa dang | kun rdzob kyi bden pa dang | 'phags pa'i bden pa ni bden pa'o ‖

'du byed kyi sdug bsngal[93] mthong bas yang dag par skyon med pa la 'jug gi | sdug bsngal gyi sdug bsngal dang 'gyur ba'i sdug bsngal mthong bas ni ma yin no ‖

dge 'dun ni 'jig rten las 'das pa'o ‖

dgra bcom pa rnams la yang gzhan gyis nye bar bstan pa bsgrub pa yod do[94] ‖ yang dag par bsgrags pa'i lam yang yod do ‖[95] mnyam par bzhag[96] pa la yang dag par 'jug pa[97] yod do zhes bya ba rnams ni mang du thos pa rnams kyi dam tshig go ‖

나. 설가부의 주장

yang btags[98] par smra ba rnams kyi

phung po med pa'i sdug bsngal yang yod do ‖

yongs su ma rdzogs pa'i skye mched kyang yod do ‖

'du byed rnams ni phan tshun btags[99] pa yin no ‖

---

92 dpyod》 DC, spyod PN.
93 bsngal》 PN, bsngal rnams DC.
94 bsgrub pa yod do》 DC, bsgrub pa'o PN.
95 ‖》 PNC, | D.
96 bzhag》 PN, gzhag DC.
97 pa》 DC, pa la PN.
98 btags》 DC, brtags PN.
99 btags》 conj., brtags PNDC.

yang sdug bsngal ni don dam par ro ||

sems las byung ba ni lam ma yin no ||

dus ma yin par 'chi ba ni med do ||

skyes bu byed pa yang med do ||

sdug bsngal thams cad ni las las byung ba yin no ||[100] zhes bya ba de lta bu ni btags[101] par smra ba rnams kyi rtsa ba'i dam tshig yin no ||

다. 제다산부의 성립

yang ba lang gnas pa rnams kyi[102] bye brag las gnas brtan mchod rten pa zhes bya ba ste | de ni lha chen po zhes bya ba'i kun du[103] rgyu zhig rab tu byung nas mchod rten can gyi ri la gnas pa yin te | yang de ni dge 'dun phal chen pa'i gzhi 'don par gyur pa na mchod rten pa zhes bya ba'i sde par rnam par bzhag ste | [104]

de dag ni dge 'dun phal chen pa rnams kyi sde pa drug tu bzhag pa yin no ||

(2) 상좌부의 분열과 주장

yang gnas brtan pa [105] yang rnam pa gnyis [106] te | sngar gyi gnas brtan pa

100 ||》 PN, *om.* DC.
101 btags》 *conj.*, brtags PNDC.
102 kyi》 DC, kyis PN.
103 du》 DC, tu PN.
104 ste | 》 DC, te PN.
105 pa》 PND, *om.* C.
106 gnyis》 DC, nyid N, nyes P.

dang | gngas ri pa zhes bya ba'o ||

① 근본상좌부의 주장

sngar gyi gnas brtan pa'i rtsa ba'i dam tshig ni

dgra bcom pa rnams la gzhan gyis[107] ston cing bsgrub pa ni med do ||

de bzhin du gzhi lnga po yang med do ||

gang zag ni yod do ||

srid pa bar ma ni yod do ||

dgra bcom pa yongs su mya ngan las 'das pa ni yod do ||

'das pa dang ma 'ongs pa yang yod do ||

mya ngan las 'das pa'i don ni yod do[108] zhes bya ba ni gnas brtan pa'i[109] rtsa ba'i dam tshig go ||

② 설산부의 주장

de la gangs ri ba'i rtsa ba'i dam tshig ni

byang chub sems dpa' ni so so'i skye bo ma yin[110] zhes bya'o ||

phyi rol pa la yang mngon par shes pa lnga[111] ni yod do ||

phung po las gang zag ni gzhan yin par brjod par bya ste | mya ngan las 'das par 'gyur ba na gang du phung po 'gags pa[112] na gang zag ni

---

107 gyis》 DC, gyi PN.
108 *om.*》 DC, || PN.
109 pa'i》 PDC, par N.
110 yin》 DC, yin pa PN.
111 lnga》 NDC, la P.
112 pa》 DC, par PN.

gnas pa'i phyir ro ‖

mnyam par gzhag¹¹³ pa la ngag 'jug pa ni yod do ‖

lam gyis¹¹⁴ sdug bsngal spong ngo zhes bya ba de dag ni gangs ri ba'i dam tshig go ‖

③ 근본상좌부의 재분열

yang dang po'i gnas brtan pa yang rnam pa gnyis su gyur te | thams cad yod par smra ba dang | gnas ma'i¹¹⁵ bu'i zhes bya'o ‖

가. 설일체유부의 주장

de la thams cad yod par smra ba'i rtsa ba'i dam tshig ni

gnyis kyis thams cad bsdus te | 'dus byas dang 'dus ma byas so ‖ de skad smras pas cir 'gyur |¹¹⁶ gang zag ni med ces bya ba ste | ji skad du | bdag med pa yi lus 'di 'byung ba na | byed pa med cing rig¹¹⁷ pa po yang med | ji ltar 'khor ba'i chu klung 'jug 'gyur ba^[P181b] ‖ nyan pa'i mchog khyod de ni bstan gyis nyon ‖ zhes gsungs pa lta bu'o ‖ de dag ni thams cad yod par smra ba'i rtsa ba'i dam tshig go ‖

yang de dag gi¹¹⁸ rtsa ba'i dam tshig ni

ming dang gzugs kyis thams cad bsdus so ‖

---

113 gzhag》 DC, bzhag PN.
114 gyis》 PN, gyi DC.
115 ma'i》 DC, ma PN.
116 |》 PDC, ‖ N.
117 rig》 DC, rigs PN.
118 gi》 DC, gis PN.

'das pa dang[119] ma 'ongs pa ni yod do ||

rgyun du[120] zhugs pa ni mi nyams pa'i chos can yin par brjod par bya'o ||

'dus byas [N167b1] rnams kyi mtshan nyid ni gsum yin no ||

'phags pa'i bden pa bzhi ni rim gyis rtogs par 'gyur ro ||[121]

stong pa nyid dang | smon pa med pa dang | mtshan ma med pa dag gis skyon med pa la 'jug par 'gyur ro ||

skad cig ma bco lngas ni rgyun du[122] zhugs pa'i 'bras bu la zhugs pa yin no ||[123]

rgyun du[124] zhugs pa ni bsam gtan thob pa yin no ||

dgra bcom pa yang [D150b1; C150b1] nyams[125] pa srid do ||

so so'i skye bo la yang 'dod pa'i 'dod chags sam gnod sems spong ba yod do ||

phyi rol pa la yang mngon par shes pa lnga yod do ||[126]

lha rnams la yang tshangs par spyod pa la gnas pa yod do ||

mdo sde thams cad ni drang ba'i don yin no ||

skyon med pa la 'jug par 'gyur ba ni 'dod pa'i khams nas so ||

'dod pa'i 'jig rten pa'i yang dag par[127] lta ba ni yod do ||

---

119 om.》 PN, | DC.
120 du》 DC, tu PN.
121 ||》 PNC, | D.
122 du》 DC, tu PN.
123 ||》 PDC, | N.
124 du》 DC, tu PN.
125 nyams》 DC, nyam PN.
126 ||》 DC, | PN.
127 par》 PN, pa'i DC.

rnam par shes pa'i tshogs lnga ni 'dod chags dang bcas pa yang ma yin no ||[128] 'dod chags dang bral ba yang ma yin no zhes bya ba 'di dag ni thams cad yod par smra ba'i dam tshig go ||

가) 분별설부의 분열

yang thams cad yod par smra ba'i bye brag ni rnam par phye[129] ste smra ba yin no ||

yang rnam par phye ste smra ba'i bye brag ni mang ston pa dang | chos sbas pa dang | gos dmar ba[130] dang | 'od srungs pa zhes bya'o[131] ||

(가) 화지부의 주장

de la mang ston pa rnams kyi[132] rtsa ba'i dam tshig ni

'das pa dang ma 'ongs pa ni med do || da ltar byung ba'i 'dus[133] byas nyid ni yod do ||

sdug bsngal mthong bas bden pa bzhi char mthong bar 'gyur ro ||

bag la nyal yang gzhan yin la mngon du rgyu yang gzhan yin no ||

srid pa bar ma ni med do ||

lha'i gnas na yang tshangs par spyod pa ni yod do ||

dgra bcom pa yang bsod nams bsog[134] go ||

---

128 yin no ||)) PN, yin | DC.
129 phye)) NDC, phyi P.
130 ba)) PDC, pa N.
131 bya'o)) DC, bya ba PN.
132 kyi)) DC, kyis PN.
133 'dus)) NDC, dus P.
134 bsog)) DC, sog PN.

rnam par shes pa'i tshogs lnga la yang 'dod chags dang bcas pa dang 'dod chags dang bral ba yod do ||

gang zag ni mgo la sogs pa lus dang mnyam po yin no ||

rgyun du^{135} ^{N168a1} zhugs pa ni bsam gtan thob pa'o ||

so so'i skye bos kyang 'dod chags sam gnod sems spong ngo ||

sngas rgyas ni dge 'dun gyi khongs su gtogs^{136} pa'o || dge 'dun ni 'bras bu chen po 'byung bar byed kyi sangs rgyas ni de lta ma yin no ||

sangs rgyas dang nyan thos kyi rnam par grol ba ni gcig go ||

gang zag ni mi mthong ngo ||

sems dang sems las byung ba 'ba' zhig ni skye ba'i chos cung zad tsam yang 'jig rten 'di nas 'jig rten pha rol du^{137} 'pho ba ni med pa nyid do ||

'dus byas thams cad ni skad cig ma'o ||

'du byed rgyas par gyur pa las ni skye ba yin no ||

'du byed rnams gnas pa ni med do ||

sems ji lta ba de ltar las yin gyi lus dang dga gi las ni med do ||

nyams par mi 'gyur ba'i chos med do ||

mchod rten mchod pa la ni 'bras bu med do ||

da ltar byung ba rtag tu^{138} ^{P182b1} ni bag la nyal ba yin no ^{C151a1} ^{D151a1} ||

'dus byas mthong bas^{139} skyon med pa la 'jug par 'gyur ro ||^{140} zhes

---

135 du》 NDC, tu P.
136 gtogs》 PN, gtog DC.
137 du》 D, tu PNC.
138 tu》 PN, tu ba DC.
139 bas》 PN, ba'i DC.
140 ||》 PN, *om.* DC.

bya ba 'di dag ni mang ston pa rnams kyi rtsa ba'i dam tshig yin no ||

(나) 법장부의 주장

yang chos sbas pa rnams kyi rtsa ba'i dam tshig ni

sangs rgyas ni dge 'dun gyi khongs su gtogs pa ma yin no || sangs rgyas las 'bras bu chen po 'byung ba de ltar[141] dge 'dun las ni ma yin no ||

lha'i gnas na yang tshangs par spyod pa ni yod do ||

'jig rten pa'i chos ni yod do zhes bya ba de dag ni chos sbas pa rnams kyi rtsa ba'i dam tshig yin no ||

(다) 음광부의 주장

de la 'od srungs pa rnams kyi rtsa ba'i[142] dam tshig ni

rnam par smin pa rnam par smin pa'i chos rnams kyang[143] 'byung bar 'gyur ba'i chos ni yod do ||

spangs la yongs su ma shes pa yod do[144] zhes bya ba dang | chos sbas pa'i thams cad kyang 'dod |[145] de dag ni 'od srungs pa'i[146] dam tshig yin no ||

---

141 ltar》 PN, dag DC.
142 rtsa ba'i》 PN, *om.* DC.
143 kyang》 DC, yang PN.
144 do》 DC, de PN.
145 |》 DC, *om.* PN.
146 'od srungs pa'i》 NDC, 'od srungs srungs pa'i P.

(라) 홍의부의 주장

gos dmar ba rnams kyi dam tshig ni

gang zag ni med do zhes bya'o[147] ‖

나) 설전부의 주장

yang thams cad yod par smra ba rnams kyi bye brag slob dpon bla ^{N168b1}

ma'i gzhung ston par byed pa'i 'pho bar smra ba rnams kyi rtsa ba'i

dam tshig ni

phung po lnga ni 'jig rten 'di nas 'jig rten pha rol du[148] 'pho ba'o ‖

lam ma rtogs par phung po 'gag pa med do ‖

rtsa ba'i ltung ba dang bcas pa'i phung po ni yod do ‖

gang zag ni don dam par mi dmigs so ‖

kun kyang mi rtag go zhes bya ba de dag ni 'pho ba'i dam tshig

yin te ∣ rnam pa bdun po de lta bu dag tu thams cad yod par smra

bar dam tshig dag gnas so ‖

나. 독자부의 주장

yang gnas ma'i bu'i dam tshig ni

nye bar blangs pa[149] nye bar len pa dang ldan pa ni btags pa'o ‖ ^{P183a1}

chos gang yang 'jig rten 'di nas 'jig rten pha rol tu 'pho ba med do ‖

gang zag ni phung po lnga nye bar blangs nas 'pho bar 'gyur ro ‖

---

147 bya'o》 DC, bya ba'o PN.
148 du》 DC, tu PN.
149 blangs pa》 PN, blang ba DC.

'dus byas ni skad cig ma dang skad cig ma ma yin pa yang yod do ||

gang zag ni nye bar blangs pa'i phung po nyid dang | gcig pa'am gcig

pa ma yin par brjod par mi bya'o ||

mya ngan las 'das pa ni chos thams cad dang gcig pa nyid dam[150] tha

dad pa nyid du mi brjod do ||

mya ngan las 'das pa ni yod pa nyid dam med pa nyid du mi brjod

do ||

rnam par shes pa'i tshogs lnga[151] ni 'dod chags dang bcas pa yang ma

yin |[152] 'dod chags dang bral ba yang ma yin no ||[153] zhes bya ba ni

gnas ma'i bu ba rnams kyi dam tshig nyid do ||

가) 독자부의 분열

yang gnas ma'i bu yang rnam pa gnyis te | [C151b1] ri chen po dang | [D151b1] mang

pos bkur ba pa'o ||

(가) 정량부의 주장

de la mang pos[154] bkur ba pa[155] rnams kyi rtsa ba'i dam tshig ni

'byung bar 'gyur ba dang | 'byung ba dang 'gag par 'gyur ba dang | 'gag[156]

pa dang skye bar 'gyur ba dang | skye ba dang | 'chi bar 'gyur ba dang | 'chi

---

150 dam》 PN, dang DC.
151 lnga》 PN, lnga'i DC.
152 |》 PN, om. DC.
153 ||》 PN, om. DC.
154 pos》 DC, po PN.
155 bkur ba pa》 PND, bkur rab C.
156 'gag》 PDC, 'gags N.

ba dang | ¹⁵⁷ byed par 'gyur ba dang | byed pa dang | chad par 'gyur ba dang | chad pa dang | 'gro bar 'gyur ba dang | 'gro ba dang | rnam par shes par¹⁵⁸ 'gyur ba dang | rnam par shes pa ni yod do zhes bya ba de lta bu ni¹⁵⁹ mang pos bkur ba pa rnams kyi rtsa ba'i dam tshig go ||

(나) 대산부의 분열

yang ri chen po pa yang rnam pa gnyis te | chos mchog pa dang | lam^{N169a1} bzangs ba zhes bya ba'o ||

㉮ 법상부의 주장

chos mchog pa rnams kyi rtsa ba'i dam tshig ni
skye ba¹⁶⁰ la ma rig¹⁶¹ ^{P183b1}pa dang | skye ba dang | 'gag pa la ma rig¹⁶² pa dang | 'gag pa'o ||

㉯ 현도부의 주장

lam bzangs ba'i yang de bzhin no ||

㉰ 육성부의 정체

grong khyer drug pa la kha cig na re ri¹⁶³ chen po pa'i bye brag

---

157 | 》 DC, *om.* PN.
158 par》 DC, pa'i PN.
159 ni》 DC, *om.* PN.
160 ba》 PN, *om.* DC.
161 rig》 N, rigs P, rag DC.
162 rig》 N, rigs P, rag DC.
163 ri》 NDC, rin P.

yin zer | gzhan dag gis smras pa ni | mang pos bkur ba pa'i bye brag yin par 'dod de |

de ltar de rnams ni gnas ma'i bu'i sde pa rnam pa bzhir gnas pa yin no ||

3) 총결

gang de dag ni slob dpon dag gi rjes su 'brangs[164] ba'i rim gyis rnam pa bco brgyad du gyur pa yin te | de dag ni rtsa ba'i rtog[165] pa dag yin no ||

4. 보유편

gzhan nang[166] gses kyi dbye ba ni[167] mang du yod pas brjod par bya'o || ci lta zhe na |

thams cad yod par smra ba rnams kyi 'dod gzhung gi bye brag kyang dbye ba[168] rnam pa bzhi ste |[169] dngos po dang | mtshan nyid dang | gnas skabs dang | gzhan gzhan du 'gyur ba nyid kyi bye brag gis so ||

de la dang po dngos po gzhan nyid du 'gyur ba nyid[170] ni btsun pa chos

---

164 'brangs》 DC, 'brengs PN.

165 rtog》 DC, rtogs PN.

166 nang》 NDC, na P

167 *om.*》 DC, | PN.

168 ba》 PDC, pa N.

169 |》 PN, *om.* DC.

170 nyid》 PND, *om.* C.

skyob kyi ste | de ni chos rnams dus kyis 'jug par gyur pa na | dngos po gzhan du gyur pa nyid yin gyi | rdzas gzhan du gyur pa nyid ni ma yin te | gser gyi snod bcom nas gzhan du byas pa na dbyibs gzhan du gyur pa nyid yin gyi rdzas gzhan du gyur pa ni ma yin no ‖ ji ltar 'o ma la zhor gyur pa na | ro dang nus pa dang smin pa gzhan du gyur pa las | [171] kha dog ni ma yin pa de bzhin du chos rnams kyang 'das pa'i dus nas da ltar gyi dus su byung ba na | 'das pa'i dus kyi dngos po | [172] nyams pa yin gyi rdzas ni ma yin no ‖ de bzhin du da ltar gyi dus nas ma 'ongs par 'gyur[173] ba na yang | da ltar gyi dngos po nyams pa[174] yin gyi rdzas kyi dngos po ni ma yin no zhes zer ro ‖

D152a1; C152a1
mtshan nyid gzhan du gyur pa ni btsun pa dbyangs grogs[175] kyi ste | de na re chos rnams dus kyis 'jug par gyur pa na[176] | 'das pa'i mtshan nyid[N169b1] dang[177] ldan pa ni ma 'ongs pa dang | [178] da ltar gyi mtshan nyid dang mi ldan pa yang ma yin la | ma 'ongs pa yang ma 'ongs pa'i mtshan nyid dang ldan pa ni 'das pa dang da ltar gyi dag dang mi[179] ldan pa ni ma yin no ‖ dper na skyes bu[180] bud med gcig la chags par gyur pa na | lhag ma rnams la chags pa dang bral ba ni ma yin no zhes zer ro ‖

---

171 | 》 PN, *om.* DC.
172 | 》 PN, *om.* DC.
173 'gyur》 DC, 'byung PN.
174 pa》 DC, par PN.
175 grogs》 PN, sgrogs DC.
176 na》 PNC, ni D.
177 dang》 DC, *om.* PN.
178 | 》 PN, *om.* DC.
179 mi》 DC, ma PN.
180 bu》 DC, bu dag PN.

ˎ

gnas skabs su gzhan du gyur pa[181] ni btsun pa dbyig bshes[182] kyi ste | de ni chos rnams dus kyis 'jug par gyur pa na gzhan dang gzhan du rjod[183] par byed pa ni gnas skabs su[184] gzhan du gyur pa yin gyi | rdzas gzhan du gyur pa[185] ni ma yin te | dper na sdong bu gcig pu[186] bgrang ba'i[187] tshe ni gcig ces brjod par gyur pa la | grangs brgyar gtogs pa'i tshe ni brgya zhes bya |[188] grangs stong du bgrang ba'i[189] tshe ni stong zhes bya ba dang 'dra'o zhes zer ro ||

gzhan gzhan du gyur pa ni btsun pa sangs rgyas lha'i ste | de ni chos rnams su dus kyis 'jug par gyur pa[190] na sngon dang phyi ma la[191] ltos[192] nas gzhan dang gzhan du brjod par bya ste | dper na bud med gcig la ma zhes kyang brjod | bu mo zhes kyang[193] brjod ba yin no ||

bzhi po[194] de dag ji lta ba bzhin du thams cad yod zhes[195] smra ba'i phyir thams cad yod par smra ba'o ||

de bzhin du kha cig rkyen bdun te | rgyu dang | dmigs pa dang | de ma thag pa dang | bdag po dang | las dang | zas dang | rten zhes bya'o ||

---

181 pa》 PDC, ba N.
182 bshes》 NDC, gshes P.
183 rjod》 NDC, brjod P.
184 su》 PN, *om.* DC.
185 yin gyi | rdzas gzhan du gyur pa》 DC, *om.* PN.
186 pu》 DC, bu PN.
187 bgrang ba'i》 DC, bgrangs pa'i PN.
188 |》 PN, || DC.
189 ba'i》 PDC, pa'i N.
190 pa》 DC, *om.* PN.
191 la》 DC, *om.* PN.
192 ltos》 DC, bltos PN.
193 kyang》 NDC, *om.* P.
194 po》 NDC, bo P.
195 zhes》 PN, ces DC.

de bzhin du la la ni rtogs[196] pa'i sems bzhi ste | bden pa so so pa'o[197] ||

gzhan rnams ni chos shes pa dang | rjes su shes pa brgyad yin te | so sor

rtog[198] pa'i ye shes ni ma yin no[199] zhes zer ro[200] || gzhan rnams ni bcu

gnyis su 'dod do || de las kyang gzhan pa rnams ni bcu drug tu 'dod do[201] ||

de bzhin du sems med pa'i gnyid la ni sems ma yin no || mtshungs par

ldan pa lhag[202] ma rnams la ni yod do ||

'du shes dang tshor ba 'gog pa la 'du shes dang tshor ba 'gog pa ni yod[203]

do || lhag ma rnams la ni mtshungs par ldan pa yod do || ji ltar yid kyis

skyo bar gyur pa ni spyod pa med pa'i bsam gtan la snyoms par 'jug la |

dga' bas skyo bar gyur pa ni dga' ba med pa'i bsam gtan la snyoms par 'jug

bzhin du 'du shes pa dang | tshor bas[204] skyo bar gyur pa ni 'du shes dang

tshor ba 'gog pa la snyoms par 'jug la |

de bzhin du kha cig na re sems kyis[205] yul gyi khyad par thob[206] pa ni

mya ngan las 'das pa thob pa yin no zhes zer ro || la la na re phung po

med par gyur pa[207] mya ngan las 'das pa yin gyi dngos po'i don ni ma yin

---

196 rtogs》 PDC, rtags N.
197 so pa'o》 DC, so'o PN.
198 rtog》 DC, rtogs PN.
199 om.》 DC, || PN.
200 zer ro》 NDC, zar re P.
201 do》 NDC, de P.
202 lhag》 DC, lhags PN.
203 yod》 DC, ma yod PN.
204 bas》 PNC, bab D.
205 kyis》 PND, gyis C.
206 thob》 PND, 'thob C.
207 pa》 PNC, par D.

no[208] zhes zer | kha cig na re rang bzhin gyi[209] lung du[210] bstan du med pa ni mya ngan las 'das[211] pa yin no zhes brjod do ||

de bzhin du la la na re tshad med pa rnams ni byang chub kyi yan lag yin no yang zer ro ||

kha cig na re 'bras bu che ba ni gsum ste[212] | gzhan gyi sems kyis[213] 'bras bu dang |[214] 'bras bu che ba dang | tshad med pa'i 'bras bu zhes bya ba'o ||

de bzhin du nyon mongs pa'i dbang gis 'gro bar 'gro ba na grogs su gyur pa ni las yin no || de bzhin du de spangs par gyur pa ni 'gro ba de dag tu 'gro bar mi 'gyur ro || yang la la na re sngar byas pa'i las rnams kyi dbang gis dang por 'gro bar 'dod do || kha cig ni ji ltar goms pa'i las rnams kyis yin par 'dod do || la la na re rnam pa lngas goms pas te | snga ma bzhi dang rkyen gyi khyad par goms pas so || kha cig na re 'das pa'i nye bar len pa las me 'bar ro zhes zer[215] ro || kha cig na re da ltar gyi las so zhes zer ro || kha cig na re sgrib pa lnga po rnams las gang yang rung ba la mi mthun pas[216] sems pa las so zhes zer |

kha cig ni gzugs kyi khams ni khams bzhi par kha dog bzhi par[217] 'dod do || gzhan ni kha dog gcig par 'dod do ||

---

208 no)) PNC, *om.* D.

209 gyi)) PN, gyis DC.

210 du)) DC, *om.* PN.

211 'das)) PDC, *om.* N.

212 ste)) DC, te PN.

213 kyis)) PN, kyi DC.

214 |)) DC, *om.* PN.

215 zer)) PND, *om.* C.

216 pas)) PN, par DC.

217 par)) PN, bar)) DC.

de bzhin du gzhan dag ni gang zag ni yod do ‖ de yang phung po las
gzhan yin no zhes zer | phung po tsam yang ma yin te | phung po nye bar
blangs²¹⁸ pa dang ldan par brtags²¹⁹ pa'o ‖ nye bar len pa med pa ni mya
ngan las 'das pa yin pas so ‖

'di ltar 'phags pa'i bden²²⁰ pa bzhi las rim gyis brtags nas mngon par rtogs
par 'gyur te | bar ma dor mi mthun pa'i sems 'byung²²¹ ba med do ‖

^{D153a1}   ^{C153a1}

sdug bsngal la dmigs pa'i byang chub kyi yan lag gis skyon med par 'jug go²²² ‖
'dod par gtogs²²³ pa'i 'du byed mi rtag par yid la byed pa la brten²²⁴ pa'i
sems bcu gsum gyis rgyun du²²⁵ zhugs pa'i 'bras bu thob par 'gyur te |
chos de la gnas pa la nyams pa med do ‖ de bzhin du zhugs pa yang ngo²²⁶‖

^{P185b1}

dgra bcom pa la²²⁷ yang nyams pa'i chos yod do ‖
srid pa bar ma do yang yod do ‖
'das pa dang ma 'ongs pa yang yod do ‖
gcig tu dge ba'i chos kyi²²⁸ don mya ngan las 'das pa ni yod do ‖
phung po 'gag²²⁹ pa ni dus las²³⁰ rnam par grol ba yin no ‖

---

218 blangs》 DC, blang PN.
219 brtags》 PN, brtag DC.
220 bden》 PDC, beon N.
221 'byung》 DC, byung PN.
222 'jug go》 PND, 'jug'o C.
223 gtogs》 PDC, gtog N.
224 brten》 PND, rten C.
225 du》 D, tu PNC.
226 yang ngo》 PND, yod do C.
227 la》 DC, om. PN.
228 kyi》 DC, kyis PN.
229 'gag》 PNC, dgag D.
230 las》 PND, la C.

lha la yang tshangs par spyod pa[231] la gnas pa yod do ||

'dod pa'i khams nas skyon med pa la 'jug par 'gyur ro ||

so so'i skye pos kyang 'dod pa'i 'dod chags dang gnod sems spong ngo ||

rnam par shes pa'i tshogs lnga ni 'dod chags dang bcas pa'am bral ba yang

ma yin te |[232] rnam par rtog pa med pa'i phyir ro ||

drug pa ni 'dod chags dang bcas pa dang 'dod chags dang bral ba yang

yin no ||

dgra bcom pa ni zag pa dang bcas pa'i gzugs dang sems kyis[233] zag pa

dang bcas pa dang | zag pa med pa la[234] dmigs pa yin no ||

sems kyis yul gzhan du phyin pa ni ma yin gyi | 'di na gnas bzhin du

thag ring po na gnas pa la dmigs par byed do ||

gzugs med pa'i khams na gzugs med do ||

dgra bcom pa la yang nyams pa'i chos yod do ||

dus ma yin par 'chi ba[235] yod do ||

skyes bu'i byed pa yod do ||

N171a1
'jig rten pa'i yang dag pa'i lta ba yod do ||

phyi rol pa la yang mngon par shes pa lnga yod do ||

dgra bcom pa la gzhan gyis bstan cing bsgrub pa med do || mi shes pa

med do || yid gnyis med do || gzhan gyi la yongs[236] su brtags[237] pa med

---

231 pa》 PND, par C.
232 |》 PN, *om.* DC.
233 kyis》 PND, kyi C.
234 la》 PN, las DC.
235 ba》 NDC, bar P.
236 yongs》 PDC, yong N.
237 brtags》 PN, brtag DC.

do || ngag 'jug pa'i smra ba med de | [238] dbang po dang stobs dang byang

P186a1

chub kyi yan lag bskyed pa'i phyir ro ||

bcom ldan 'das kyi nyan thos rnams byang gi sgra mi snyan dang | bdud

ris dang | 'du shes med pa'i sems can du skye ba ni med do ||

rgyun du [239] zhugs pas bsam gtan rnams thob pa ma yin no ||

C153b1

mdo sde thams cad ni nges pa'i don yin no ||

D153b1

mtshungs par mi ldan pa'i bag la nyal dang sems las byung ba'i bag la

nyal yang yod do ||

'dus byas ni skad cig ma dang | skad cig ma ma yin pa yang yod do ||

'gag [240] par 'gyur ba'i nye bar len pa las me 'bar bar 'gyur ro ||

sems can gcig cig 'chi zhing skye bo mi shes pa'i gzhi las 'chi ba'i mthar

thug pa'i [241] bar du'o || 'chi ba'i rkyen byed pa'i sems gcig pa [242] de nyid yang

dag par zhi bar bya'o ||

tshad med pa rnams ni byang chub kyi yan lag ma yin no ||

snyoms par 'jug pa drug cu rtsa bdun grub par byas nas snyoms par 'jug

pa bcu dgu dang | dbang po dang | stobs dang | byang chub kyi yan lag

rnams byang chub sems dpas [243] yang dag par sbyod bar [244] byed do ||

kun du [245] sbyor ba rnams ma gtogs pa nyid ni bar chad med pa'i lam

---

238 de | 》 PND, do || C.

239 du》 NC, tu PD.

240 'gag》 DC, 'gags PN.

241 pa'i》 PN, gi DC.

242 pa》 PN, po DC.

243 dpas》 DC, dpa' PN.

244 sbyod bar》 PND, skyod par C.

245 du》 NDC, tu P.

gyis[246] spang bar bya ba rnams so ||

'gro ba dang bcas pa'i lam ni nges par gnyis nyid yin no ||

dge sbyong gi[247] 'bras bu ni rim gyis thob pa ma yin no || 'jig rten pa'i

lam gyis kyang lan cig phyir 'ong ba'i 'bras bu dang | phyir mi 'ong ba'i 'bras

bu mngon du byed do ||

'khor ba gzhan du 'gyur ba yang yod do[248] ||

chos cung zhig kyang 'jig rten 'di nas 'jig rten pha rol du 'gro ba med

do || phung po nye bar blangs nas sems can ni 'pho bar 'gyur ro ||

gzugs kyi khams ni kha dog bzhi pa yin no ||

de bzhin du srid pa bar ma ni kha dog bcu'am nya phyis kyi mdog

'dra[249] ba yin no ||

de bzhin du srid pa bar ma[250] ni zhag lnga'am bdun du gnas pa'am yun

ring por yang ngo[251] ||

de bzhin du las ni nam yang med par mi 'gyur ro || nyams par mi 'gyur

ro || 'phrogs[252] par mi 'gyur ro || las kyi rnam par smin pa nyams su myong

bar 'gyur ba[253] ni med do ||

srid pa ji srid kyi bar du rigs kyi ngo bo dang lhan cig tu gnas so ||

sngar nye bar bsags pa dang phyis nye bar bsags pa'i las kyi rkyen nye

---

246 gyis》 DC, gyi PN.
247 gi》 DC, gis PN.
248 yod do》 NDC, yodo P.
249 'dra》 PND, 'dre C.
250 ma》 PND, mi C.
251 yang ngo》 PND, yod do C.
252 'phrogs》 DC, 'phogs PN.
253 'gyur ba》 DC, gyur pa PN.

bar rnyed par gyur nas 'gro ba rnams su 'gro bar byed do ||

nges pa'i las ni[254] bzlog par mi nus so ||

byang chub sems dpa' ni skyes bu'i gzugs kyis lhums su zhugs pa yin |
yum gyi dku nas glang po cher gyur nas zhugs pa ni ma yin te | de ni de'i
rmi lam gyi rnam rtog yin no ||

nur nur po dang | mer mer po dang | ltar ltar po'i ngo bor yang 'gyur
ro || skye gnas na yang sgrib pa med pa'i rnam par grol ba'i nus pa can
du 'gyur ro ||

sangs rgyas bcom ldan 'das rnams kyi ye shes ni longs spyod pa la 'jug
par 'gyur ro ||

so so'i skye bo nyid kyang sems gcig gis 'gog go || sems gcig gis sgrib
pa thams cad spong | sems gcig gis thams cad mkhyen pa'i sgrib pa med pa'i
rnam par thar pa yang rab tu thob bo[255] || sems gcig[256] gis zhugs pa'i chos
rnams 'gag par byed cing 'bras bu la gnas pa rnams skyed par byed do ||

rkyen bzhi nyid kyis rkyen thams cad bsdus so ||

sdug bsngal gyis spang[257] par bya ba'i kun nas ldang[258] ba la gnas pa ni
mtshams med pa dag byed pa yin gyi gzhan gyis ni ma yin no ||

mthong bas spang bar bya ba'i bag la nyal bzhis bsdus pas thams cad
bsdus pa ste des dge ba'i rtsa ba thams cad gcod par byed kyi[259] bsgom

254 ni》 PN, nas DC.
255 bo》 PD, po NC.
256 gcig》 PND, cig C.
257 spang》 DC, spangs PN.
258 ldang》 NDC, ltang P.
259 kyi》 DC, kyis PN.

pas spang[260] bar bya bas ni ma yin no ‖

bsgom pa'i rang bzhin thams cad la 'jig rten[261] ji srid gnas kyi bar du gzhan gyis gnod[262] par byed pa'i 'bad[263] pas gnod par mi 'gyur gyi |[264] bdag nyid kyi tshe zad pas dus byed par 'gyur ro ‖

dgra bcom pa thams cad ni 'bral bas 'chi bar 'gyur gyi | 'pho bas ni 'chi ba med de | ji skad du lus dang bral bas dus byed par 'gyur te | dgra bcom pa ni lus tha ma[265] dang bral bas 'bral ba'i phyir ro zhes bya bar gsungs pa lta bu ste | lus ni 'dir dbang po'i lus la bya bar bzhed do ‖

'byung bar 'gyur ba dang | 'byung ba dang | 'gag[266] par 'gyur[267] ba dang | 'gag[268] pa dang | skye bar 'gyur ba dang | skye ba dang | 'chi bar 'gyur ba dang | 'chi ba dang | byed par 'gyur ba dang | byed pa dang | chad par 'gyur ba dang | chad pa dang | 'gro bar 'gyur ba dang | 'gro ba dang | rnam par shes par 'gyur ba dang | rnam par shes pa'o ‖

phung po gsum gyis sems thams cad bsdus kyi chos thams cad ni ma yin no ‖

tshor ba thams cad ni las las byung ba yin no ‖ sngar byas pa'i bsgom[269] pas spang bar bya ba'i las thams cad kyi rnam par smin par 'gyur ro zhes

D154b1   C154b1

---

260 spang》 PDC, spangs N.
261 'jig rten》 DC, *om.* PN.
262 gnod》 PND, gnad C.
263 'bad》 PND, 'bod C.
264 |》 DC, *om.* PN.
265 tha ma》 DC, *om.* PN.
266 'gag》 PDC, 'gog N.
267 'gyur》 DC, gyur PN.
268 'gag》 PDC, 'gog N.
269 bsgom》 PN, sgom DC.

bya ba'i bar rnams so ||||

5. 저자와 역자 소개

sde pa tha dad par byed pa dang rnam par bshad pa | ^{P187b1} [270] slob dpon bha-vyas mdzad pa rdzogs so[271] ||||

ra sa 'phrul snang gi gtsug lag khang du dge slong legs pa'i shes rab kyis gsol ba btab nas rgya[272] gar shar phyogs baṃ-[273] ga-la'i mkhas pa chen po dī-paṃ-ka-ra-[274] śrī-jñā-na zhes bya ba'i paṇḍi-ta'i zhal snga nas dang | bod kyi lo-tsā-[275] ba dge slong tshul-khrims-rgyal-bas bsgyur cing zhus te gtan la phab pa'o ||||

---

270 | 》 PN, *om.* DC.
271 so》 PDC, sho N.
272 rgya》 PDC, brgya N.
273 baṃ》 DC, bam PN.
274 ra》 DC, *om.* PN.
275 tsā》 DC, tsa P, tso N.

인도말로 '니까야베다위방가위야캬나'이고,

티벳말로 '데빠 타대빠르제빠 당 남빠르쌔빠'이다.

3보에 귀의합니다.

1. 부파 분열의 제1전승

1) 부파의 분열 시기 및 이유

18부파가 무엇이고 그것들의 분열이 어떻게 발생되었는가에 대해, 나의 스승이 계속해서 전해온 것으로부터 이와 같이 들었다.

불세존이 반열반하고서 160[년]을 지나 빠딸리뿌뜨라성에서 정법아쇼까(Dharmāśoka)왕이 나라를 통치하던 때, 어떤 논쟁의 법[1]이 발생함으로써 상가가 대분열되었다.[2] 따라서 [상가가] 최초에 두 부파로 갈라져서 머물렀는데, 대중부와 상좌부이다.

2) 부파의 분류

(1) 대중부

그 가운데 대중부는 연속 분열되어 8부류로 머물렀다.

---

1   곧 북방불교에서는 전하는 마하데바의 5사, 또는 남방불교에서는 전하는 웨살리성의 왓지족 비구들에 의거해 제기된 10사이다.
2   근본분열의 시기와 재위 왕에 대한 기록은 문헌마다 차이가 있다. 자세한 내용은 제2편 I장의 역문 각주55) 참조.

① 대중부(大衆部, mahāsaṃghika),

② 일설부(一說部, ekavyavahārika),[3]

③ 설출세부(說出世部, lokottaravādin),[4]

④ 다문부(多聞部, bahuśrutīya),[5]

⑤ 설가부(說假部, prajñaptivādin),[6]

⑥ 제다산부(制多山部, caitika),[7]

⑦ 동산부(東山部, pūrvaśaila),[8]

⑧ 서산부(西山部, aparaśaila)[9]이다.[10]

(2) 상좌부

상좌부도 연속 분열되어 10부류로 되었다. 곧

① 상좌부(上座部, sthavira) − 설산부(雪山部, haimavata)[11]라고도 함,

② 설일체유부(說一切有部, sarvāstivādin) − 분별설부(分別部, vibhajyavādin)[12]

---

3   3종 해설서 가운데 NBhvy(t)의 제2전승과 NBhsg(t)에서는 일설부를 언급하지 않는다.
4   3종 해설서 가운데 NBhvy(t)의 제2·3전승에서는 설출세부를 언급하지 않는다.
5   3종 해설서 가운데 NBhvy(t)의 제2전승에서는 다문부를 언급하지 않는다.
6   3종 해설서 가운데 NBhvy(t)의 제2전승에서는 설가부를 언급하지 않는다.
7   3종 해설서 가운데 NBhsg(t)에서는 제다산부를 언급하지 않는다.
8   3종 해설서 가운데 SBhu의 4종 번역본과 NBhvy(t)의 제3전승에서는 동산부를 언급하지
     않는다.
9   3종 해설서 가운데 『부집이론』과 NBhvy(t)의 제3전승에서는 서산부를 언급하지 않는다.
10   『이부종륜론』에서는 계윤부를 포함해 9부파로 설명하며, 또 동산부 대신 북산부의 명
     칭이 있다.
11   3종 해설서 가운데 SBhu의 4종 번역본과 NBhvy(t)의 제1전승에서는 설산부를 근본상좌부
     의 다른 명칭으로 설명하지만, NBhvy(t)의 제3전승에서는 근본상좌부의 다른 명칭이 아니
     라 상좌부에서 근본상좌부와 함께 분열된 부파로 설명한다. 이에 반해 NBhvy(t)의 제2전승
     과 NBhsg(t)에서는 설산부가 상좌부계통이 아니라 대중부에서 분열되었다고 설명한다.
12   'rnam par phye ste smra ba(: vibhajyavādin)'는 직역하면 분별설부(分別說部)가 적당하다.
     빠라마르타가 한역한 『부집이론』에서 'prajñaptivādin'을 분별설부(分別說部)라 했는데,

또는 설인부(說因部, hetuvādin)[13] 또 어떤 이는 무룬따까(muruṇṭaka)[14] 라고도 함,

③ 독자부(犢子部, vātsīputrīya),

④ 법상부(法上部, dharmottarīya),[15]

⑤ 현도부(賢道部, bhadrayānika)[16]이다.

⑥ 정량부(正量部, saṃmatīya) − 어떤 이는 아반따까(avantaka, 不可棄部)[17]라고도 하고 어떤 이는 꾸루꿀라까(kurukulaka, 鷄胤部)[18]라고도 함,

⑦ 화지부(化地部, mahīśāsaka),

⑧ 법장부(法藏部, dharmaguptaka),

⑨ 강선법부(降善法部, dharmasuvarṣaka)[19]라 하는 것 − 어떤 이는 음광부(飮光部, kāśyapīya)라고도 함,

---

그것은 현장 역어 기준으로 설가부(說假部)를 가리키는 명칭이기 때문에 바브야와 위니따데바가 말하는 분별설부와 다른 부파이다. 또 『대비바사론』에 '분별설부' · '분별론자' 등의 명칭이 있는데, 그들의 주장을 살펴볼 때 그 명칭들이 분별설부를 가리키는 것은 아닌 것으로 생각된다. 3종 해설서 가운데 SBhu의 4종 번역본에서는 분별설부를 언급하지 않는다.

13 설인부라는 명칭은 SBhu의 4종 번역본과 NBhvy(t)의 제1전승에서만 설일체유부의 다른 명칭으로 언급될 뿐 다른 문헌에서는 보이지 않는다. 그런데 붓다고사는 KV를 주석하면서 설일체유부와 설인부를 별개 부파로 구분지어 5곳을 설일체유부의 주장으로, 15곳을 설인부의 주장으로 설명한다.

14 3종 해설서 가운데 이곳을 제외한 다른 곳에서는 무룬따까를 언급하지 않는다.

15 3종 해설서 가운데 NBhsg(t)에서는 법상부를 언급하지 않는다.

16 3종 해설서 가운데 NBhsg(t)에서는 현도부를 언급하지 않는다.

17 3종 해설서 가운데 SBhu의 4종 번역본과 NBhvy(t)의 제2 · 3전승에서는 아반따까를 언급하지 않는다.

18 3종 해설서 가운데 SBhu의 4종 번역본과 NBhvy(t)의 제2 · 3전승에서는 꾸루꿀라까를 언급하지 않는다.

19 3종 해설서 가운데 이곳을 제외한 다른 곳에서는 강선법부를 언급하지 않는다.

⑩ 무상부(無上部, uttarīyaka)[20] — 어떤 이는 설전부(說轉部, saṃkrāntivādin)[21]
라고도 한 것이다.[22]

18부파의 분열이 바로 그것들이다.

3) 부파의 명칭 유래

그 가운데 상가이기도 하고 대군중이기도 하기 때문에 대상가(大僧
伽)인데, 그들을 가까이서 가르치는 자가 바로 대중부이다.[23]

어떤 이는 "불세존은 일체법을 일심(一心)으로 잘 알고 한 찰나를
갖는 지(智)에 의지해 일체법을 두루 안다."라고 설명한다. 그러므로
일설부라 한다.

"일체 세간의 세속적인 것으로부터 불세존은 초월했기 때문에 여래
는 세간법을 갖지 않는다."라고 말하는 자가 바로 설출세부이다.

많이 들은 아짜르야[24]의 [교의를] 가르치기 때문에 다문부이다.

"유위(有爲)들은 서로 가립된 것이기 때문에 고(苦)이다."라고 말하
기 때문에 설가부이다.

제다(caitya)가 있는 산에 머물고 있는 자가 바로 제다산부이다.

---

20 3종 해설서 가운데 이곳을 제외한 다른 곳에서는 무상부를 언급하지 않는다. 다만 NBhvy(t)
의 제3전승에서 설전부를 설명하면서 이 부파의 개조인 웃따라(Uttara, 無上)를 언급한다.

21 3종 해설서 가운데 NBhvy(t)의 제2전승에서는 설전부를 언급하지 않는다.

22 『이부종륜론』에서는 밀림산부를 포함해 총 11부파로 설명한다.

23 이하에서는 각 부파 명칭의 유래를 설명한다. 그것에 대한 다른 문헌의 설명들은 제1편
'Ⅳ. 아비달마부파의 연원'의 해당 부파에서 밝히고 있기 때문에 여기서는 별도로 언급
하지 않는다.

24 여기서 '많이 들은[多聞, bahuśruta]'은 사람의 이름이 아니라 그 사람이 구족한 공덕을
가리키며, 그 아짜르야의 이름을 빠라마르타와 길장은 야갸발꺄(Yājñavalkya)라 하는 아
라한으로 설명한다(『겸유집』권5, T70, 460c8-22).

[제다산의] 동쪽 산과 서쪽 산에 머무는 자[25]가 바로 동산부와 서산부이다.

"상좌는 성종(聖種)이다."라고 말하는 자가 바로 상좌부이다. 그들을 설산부라고도 한다. 설산(雪山)에 의지해 머물기 때문이다.

어떤 것이라도 과거세와 미래세와 현재세의 일체가 있다고 말하기 때문에 설일체유부이다. 그들 가운데 '어떤 것은 있는데, 과거세의 업이 결과를 부여하지 않은 것이다. 어떤 것은 없는데, 결과가 향유를 갖는 것과 미래세이다'는 분별에 의거해 말하기 때문에 그를 분별설부라 한다. 그들 가운데 '어떤 것이라도 발생한 것과 발생하는 것과 발생할 것의 일체가 원인을 수반한다'고 말하기 때문에 설인부이다. 그들 가운데 어떤 이는 무룬다(muruṇḍa)산에 머물기 때문에 무룬따까라 한다.

왓사(Vatsa)라는 종족의 여인이 왓시(Vātsī)이고, 그녀로부터 태어난 자식이 왓시뿌뜨라(Vātsīputra, 犢子)이다. 그의 종족이라고 말하는 자가 바로 독자부이다.

아짜르야 법상(法上, Dharmottara)의 [교의를] 가르치는 자가 바로 법상부이다.

현도(賢道, Bhadrayāna)의 제자가 바로 현도부이다.

정량(正量, Saṃmata)이라는 아짜르야의 교의를 가르치는 자가 바로 정량부이다. 그들 가운데 아반따(avanta)성에 모여 있는 자이기 때문에 아반따까이다. 어떤 이는 꾸루꿀라(kurukula)산에 머물기 때문에 꾸루

---

25 『이부종륜론』에서도 제다산을 기준으로 동산부와 서산부를 설명한다. 하지만 『대당서역기』권10(T51, 930c17-18)에서 "[다나까따까국의 도]성 동쪽 산에 근거해 동산(東山, pūrvaśāila)상가라마가 있고, 도성의 서쪽 산에 근거해 서산(西山, avaraśāila)상가라마가 있다"라고 한 것에 따르면, 그 방위의 중심은 제다산이 아니라 도성이 된다.

꿀라까이다.

'지(地)'²⁶가 무엇인지를 어원부터 가르쳐서 성취하고, 대중에게 후유(後有)의 불발생을 가르치는 자가 바로 화지부이다.

아짜르야 법장(法藏, Dharmagupta)에 의지한다고 말하는 자가 바로 법장부이다.

찬탄 받는 대상인 법우(法雨)를 내려주기 때문에 강선우부(降善雨部)²⁷이다. 그 아짜르야가 음광(飮光, Kāśyapa)이라고 말하기 때문에 음광부이다.

또한 [아짜르야가] 무상(無上, Uttara)이라고 말하는 자가 바로 무상부이다.²⁸ 그들 가운데 어떤 이는 "이 세(世)에서 다음 세(世)로 뿌드갈라가 이동한다."라고 말하는데, 그가 바로 설전부이다.

그 가운데 앞서 설명된 대중부 등 8[부파]와 나중에 설명하는 상좌

---

26 이 글의 정확한 의미는 불분명하다. 이 부파의 개조에 대해 규기는 화지(化地)라 하고, 빠라마르타는 정지(正地)라 했는데, 그 '지(地)'에는 국토(國土)의 의미와 불법(佛法)의 의미가 있다. 규기는 "이 부파의 교주는 본래 국왕이었다. 왕이 통치하던 나라의 경계가 '지(地)'이고, 그 땅 위의 백성을 교화했기 때문에 '화지(化地)'라 했다. [그 왕은] 나라를 버리고 출가하여 불법을 널리 펼쳤는데, 본래[의 배경]을 명칭으로 삼아 [그의 문도를] 화지부라 했다(『이부종륜론술기』, X53, 577a13-15)."라고 설명한다. 또 빠라마르타는 "정지(正地)라 하는 브라만이 있었는데, 그는 4웨다와 외도의 주장들을 풀이하여 국사가 되었으며 나중에는 세간을 혐오하고 출가하여 아라한과를 증득했다. 불교의 경전을 읽고 결락된 곳이 있으면 모두 웨다(Veda)와 위야까라나(Vyākaraṇa)로써 그것을 확고히 하여 붓다가 말씀한 의미대로 모두 구족했다. 그 제자들 가운데 그가 말한 것을 믿는 자들이 별도로 한 부파가 되었고, 이 아라한에 의지해 명칭을 건립했기 때문에 정지부라 했다. [그가] 재가자였을 때 국사로서 국토의 경계를 바로 잡았기 때문에 정지라 한 것이다. 또 불법(佛法)을 지(地)에 비유하는데, 불법에 들어와서는 불법을 바로 잡았기 때문이다. [그와 같이] 도(道)와 속(俗)에 모두 '정지'의 의미가 있기 때문에 정지부라 했다(『검유집』권6, T70, 465a13-21)."라고 설명한다.

27 앞서 부파의 명칭을 나열한 곳에서 '강선법부(chos bzang 'bebs)'라 한 것과 같이 사용한다.

28 설전부의 다른 명칭인 무상부는 교주의 이름에 의거한 것이라는 바브야의 이 설명은 『십팔부론』(T49, 18b3-4)에서도 확인 가능하다. 그 논에서 설전부를 설명하면서 불멸후 400년에 설일체유부로부터 다시 다른 부파가 발생했는데, 웃다라(Uttara, 鬱多羅)대사에 기인한다고 설명하기 때문이다.

부·설일체유부·화지부·법상부·음광부는 아(我)가 없다고 말한다. [그들은] 외도의 주장으로 관찰된 아(我)와 아소(我所)가 공한 것이고 또 일체법이 무아(無我)라고 말한다.

그 밖의 독자부 등 5부파[29]는 뿌드갈라를 말한다. 뿌드갈라란, 즉온(卽蘊)이나 이온(離蘊)이라는 설명이 없고, 6식으로 인지되어야 할 것이며, 윤회하는 것이고, [열반하는 때에] 온전히 제거되는 것이라고 말한다.

그것들이 바로 18부파의 분열이다.

2. 부파 분열의 제2전승

1) 부파의 분열 시기

다른 [전승]에 의거해 말하자면, 근본[분열 시기]는 앞에서처럼 설명되어야 한다. 근본분열[의 부파]는 셋인데, 곧 상좌부와 대중부와 분별설부이다.[30]

2) 부파의 분류

(1) 상좌부

그 가운데 상좌부는 다시 2부류이다. 설일체유부와 독자부라 한다.

---

29 독자부·법상부·현도부·정량부·설전부이다.
30 근본분열의 부파를 3부파로 설명한 문헌으로는 이곳 외에 Tār의 제2전승이 있다.

또 설일체유부는 다시 2부류이다. 설일체유부와 경설부(經說部, sautrāntika)라 하는 것이다.

독자부는 다시 4부류이다. 정량부와 법상부[31]와 현도부[32]와 육성부(六城部, saṇṇagarika: 밀림산부)[33]라 하는 것이다.

이와 같이 상좌부는 6부류로 머물렀다.

(2) 대중부

또 대중부는 8부류이다.

대중부와 동산부[34]와 서산부[35]와 왕산부(王山部, rājagirika)[36]와 설산부와 제다산부[37]와 육제부(六諦部)[38]와 계윤부(雞胤部, gokulika)[39]라 하는 것이다.

이와 같이 그것들이 대중부의 분열이다.

---

31 3종 해설서 가운데 NBhsg(t)에서는 법상부를 언급하지 않는다.

32 3종 해설서 가운데 NBhsg(t)에서는 현도부를 언급하지 않는다.

33 3종 해설서 가운데 NBhvy(t)의 제1전승과 NBhsg(t)에서는 육성부를 언급하지 않는다.

34 3종 해설서 가운데 SBhu의 4종 번역본과 NBhvy(t)의 제3전승에서는 동산부를 언급하지 않는다.

35 3종 해설서 가운데 『부집이론』과 NBhvy(t)의 제3전승에서는 서산부를 언급하지 않는다.

36 3종 해설서 가운데 이곳을 제외한 다른 곳에서는 왕산부를 언급하지 않는다.

37 3종 해설서 가운데 NBhsg(t)에서는 제다산부를 언급하지 않는다.

38 여기서는 'bden drug pa(六諦部)' 하고 NBhvy(t)의 모든 내용을 그대로 담고 있는 바브야의 또다른 저서 *Tarkajvālā*(D. Dza.149b4)에는 'don grub pa(siddhārtha, 義成部)'로 되어 있는 것을 볼 때, 같은 부파의 명칭으로 추정된다. 또한 NBhvy(t)의 제2전승과 같은 분열 양상을 전하는 Tār의 제2전승에서도 의성부로 전한다. 3종 해설서 가운데 SBhu의 4종 번역본과 NBhvy(t)의 제1·3전승과 NBhsg(t)에서는 의성부를 언급하지 않는다.

39 3종 해설서 가운데 NBhvy(t)의 제1전승과 NBhsg(t)에서는 계윤부를 언급하지 않는다.

(3) 분별설부

분별설부⁴⁰는 다시 4부류이다. 화지부와 음광부와 법장부와 홍의부
(紅依部, tāmraśāṭīya)⁴¹라 한다.

그러한 것들이 바로 성스러운 부파들이 분열되어 18부류로 된 것이다.

3. 부파의 분열의 제3전승 및 각 부파의 주장

1) 근본분열 시기 및 이유

또 다른 [전승]들은 이렇게 말한다. 세존이 반열반한 것을 기점으로
137[년]이 지난 때에, 난다(Nanda)왕과 마하빠드마(Mahāpadma)왕이 빠
딸리뿌뜨라성 안에 소집한 성중(聖衆)은 불가득청량(不可得淸凉)의 실
체를 얻은 자들로서, [그들 가운데] 성자 마하깟사빠(Mahākassapa)와
성자 마하로마(Mahāloma)와 마하땨가(Mahātyāga)와 웃따라(Uttara)⁴²와
레바따(Revata)⁴³ 등은 각각 무애해(無礙解)를 얻은 아라한 승려였다.

---

40 3종 해설서 가운데 SBhu의 4종 번역본에서는 분별설부를 언급하지 않는다.

41 3종 해설서 가운데 SBhu의 4종 번역본과 NBhvy(t)의 제1전승에서는 홍의부를 언급하지
않는다.

42 *Cullavagga*(: 건도의 소품)에 따르면, 웃따라는 레바따의 제자이다. 왓시족 비구들이 레
바따를 자신들의 무리에 들어오게 하기 위해 레바따의 처소에 가서 의발 등을 선물하
지만 레바따가 그것을 사절하자 그들은 레바따의 제자인 웃따라에게 쉬라마나의 자구
(資具)를 선사한다. 처음에는 웃따라도 그것을 사양하지만 그들이 세존의 예를 말하면
서 옷 한 벌을 주고 그에게 레바따가 비법(非法)을 설하는 빠찌나(Pācīna) 비구들을 지
지하는 것처럼 해줄 것을 요청한다. 이에 웃따라는 레바따에게 "모든 불세존은 동방의
국토에서 태어나셨습니다. 빠찌나의 비구는 법에 맞게 설하는 자이고 빠테야(Pātheyya)
비구는 비법을 설하는 자입니다."라고 말했다. 레바따는 그가 비법에 떨어졌다고 하여
배척해 추방시켰다(塚本啓祥, 1980: 213-214).

43 *Cullavagga*(: 건도의 소품)에 따르면, 레바따는 처음에 소레야(soreyya)에 머물렀지만 장로

그와 같이 머물 때, 악업장을 가진 바드라(Bhadra)[44]가 일체와 상응하지 않는 방향으로 되고 비구의 모양새를 취해서 다양한 신변을 보여주며, 5사(五事)에 의거해 상가의 큰 불화를 발생시켰다. 장로 나가(Nāga, 龍)와 스티띠마띠(Sthitamati, 堅意) 같은 다문들이 5사를 칭송하고 훈계하면서,[45] 그들은 "①다른 이에게 수기하는 것, ②무지한 것, ③유예하는 것, ④[다른 이에게] 분별되는 것, ⑤자신을 장양시키는 것이 [성]도이네. 이것은 붓다의 말씀이네."라고 말했다.

그 후에 두 부파로 단절되어 머물렀는데, 상좌부와 대중부라 한다. 그와 같이 63년 동안 상가는 분열되어 논쟁하며 머물렀다.[46]

들이 지지를 구하러 오는 것을 알고 다툼을 피하는 것은 좋지 않지만 그들이 여럿이 찾아오는 것은 편안치 않기 때문에 먼저 출발하는 것이 좋겠다고 생각하여 소레야에서 여러 지역을 걸쳐 사하자띠(sahajāti)로 주거지를 옮겼다. 그러나 그의 뒤를 좇아 온 장로들과 사하자띠에서 만난다. 그곳에서 삼부따(Sambhūta)는 야사(Yasa)를 추천하여 10사가 합법인가 아닌가에 대해 레바따에게 묻게 했다. 레바따는 10사 각각의 항에 대해 합법이 아니라고 설명했고, 그래서 다툼을 조복하는 것에 협력하는 요지를 전한다(塚本啓祥, 1980: 213).

44 마하데바가 죽은 이후 그의 가르침을 계승한 비구로서, 악마 빠뻬야(pāpīya)의 화신이라고 말한다(寺本婉雅 譯, 1977: 85).

45 이 두 비구가 5사를 주장했다는 내용은 Tār에서 '화씨성에서 난다왕의 아들 마하빠드마가 모든 상가에 공양할 때, 장로 나가를 따르던 비구 스티띠마띠가 5사를 널리 전하고 다툼을 크게 확장시켜서 4부파가 순서대로 18부파로 분열되는 원인을 개시했다'(寺本婉雅 譯, 1977: 93)는 내용과 유사하다.

46 이상의 내용을 티벳의 사료인 *Bde bar gshegs pa'i bstan pa'i gsal byed chos kyi 'byung gnas gzung rab rin po che'i mdsod bzhugs so*(『善逝教明法生寶藏史』)에서도 제3결집에 관련지어 유사하게 설명한다. 곧 "세존 입멸후 137년을 지나 난다왕과 마하빠드마왕이 나왔다. 까삘라성의 계곡에 상좌 마하깟사빠와 웃따라가 머물던 시기에 천마(天魔)인 바드라 비구의 모습을 하며 여러 가지 기적을 나타내고 상가들을 분열시키며 교법을 어지럽혔다. 그즈음 상좌 나가세나(Nāgasena)와 마노라따(Manorata)의 시기에 그 부파는 각각 분열했고, 그 뒤 63년을 지나 상좌부의 독자부가 교법을 결집했다."라고 한다(寺本婉雅 譯, 1977: 399).

2) 부파의 분류

(1) 대중부의 분열과 주장

그 후 [불멸] 200년이 지난 뒤에 상좌부의 독자부가 교법을 결집했다.[47] 그들이 결집한 때에 대중부도 2부류로 발생되었는데, 일설부[48]와 계윤부[49]라 한다.

① 일설부의 주장

그 가운데 일설부 교리의 근본은,

① 불세존은 출세간이다.[50]

② 여래에게는 세간법이 없다.[51]

③ 일체 여래의 법륜을 굴린 말씀은 [세간법에] 들어가지 않는다.[52]

④ 일체 여래의 말씀은 핵심을 명확하게 드러낸다.[53]

---

47 NBhvy(t)의 제3전승에서는 상좌부의 지말분열 시기를 별도로 설명하지는 않지만, 여기서 불멸후 200년에 독자부가 교법을 결집했다는 내용에 의거해보면 지말분열이 그 당시 또는 이전이었음을 알 수 있다. 그 설명에서는 상좌부가 최초로 근본상좌부와 독자부로 분열되었다고 전하기 때문이다. 그렇다면 그 시기는 와수미뜨라가 전하는 불멸후 300년보다 100여 년이 앞선다.

48 3종 해설서 가운데 NBhvy(t)의 제2전승과 NBhsg(t)에서는 일설부를 언급하지 않는다.

49 3종 해설서 가운데 NBhvy(t)의 제1전승과 NBhsg(t)에서는 계윤부를 언급하지 않는다.

50 이것은 붓다의 색신(色身)이 온전히 무루라는 주장이다. 이 주장을 와수미뜨라는 대중부·일설부·설출세부·계윤부 근본주장①로 기술하고, 위니따데바는 설출세부 주장①로 기술하며, 또 『대비바사론』권173(T27, 871c2-17)에서는 분별론자와 대중부 주장으로 거론하고, KV(a), XVIII.1에서는 방광부 주장으로 거론한다.

51 이것은 붓다의 법신(法身)이 모두 무루라는 주장이다. 이 주장을 와수미뜨라는 대중부·일설부·설출세부·계윤부 근본주장②로 기술하고, KV(a), II.10에서는 안다까 주장으로 거론한다.

52 여래의 말씀이 법륜을 굴린다는 주장을 와수미뜨라는 대중부·일설부·설출세부·계윤부 근본주장③으로 기술하고, 위니따데바는 설출세부 주장⑦로 기술하며, 또 KV(a), II.10에서는 안다까 주장으로 거론한다. 반면 와수미뜨라가 기술한 설일체유부 근본주장⑤에 상반된다.

53 이것은 여래의 말씀이 핵심을 분명하게 나타내어 유정을 이익 되게 한다는 주장이다.

⑤ 일체 여래에게는 그 거주지에서 색(色)을 집착하는 일이 없다.[54]

⑥ 보살일 때에 깔랄라와 아르부다와 뻬쉬[와 가나]에 의지해 유전하지 않는다.[55]

⑦ [보살은 입태할 때] 코끼리로 되어 어머니의 옆구리로 들어가 스스로 태어나지만,[56]

⑧ 보살들에게 욕상(欲想)은 일어나지 않는다.[57]

⑨ 악취(惡趣)들에 대해서는 자신의 의도에 따라 태어남을 받고 유정을 성숙시킨다.[58]

⑩ 한 [찰나]의 지(智)로 4성제를 두루 안다.[59]

이 주장을 와수미뜨라는 대중부·일설부·설출세부·계윤부 근본주장⑤로 기술한다. 반면 와수미뜨라가 기술한 설일체유부 근본주장53에 상반된다.

54 이것은 교화를 위해 현현한 붓다의 색신에는 한계가 없고 붓다가 그 색신에 대해 집착하는 일도 없다는 주장이다. 이 색신을 규기는 보신(報身)으로 해석하지만 와수미뜨라와 위니따데바의 기술 및 빠라마르타의 해석에는 모두 색신(色身)으로 되어 있다. 이 주장을 와수미뜨라는 대중부·일설부·설출세부·계윤부 근본주장⑥으로 기술하고, 위니따데바는 설출세부 주장③으로 기술한다.

55 이 부파에서는 보살이 입태할 때 아버지와 어머니에 대해 전도한 생각이 없고 염오도 없으며, 입태하는 순간 태내4위를 뛰어넘어 제5위인 쁘라샤카(praśākhā)에 이른다고 주장한다. 이 주장을 와수미뜨라는 대중부·일설부·설출세부·계윤부 근본주장16으로 기술하고, 위니따데바는 설출세부 주장⑧로 기술한다.

56 보살에게는 코끼리와 같은 유순한 성품과 큰 위력이 있기 때문에 코끼리의 형상으로 모태에 들어간다고 하는 것이지, 축생(畜生)으로서의 코끼리를 말하는 것은 아니다. 이 주장을 와수미뜨라는 대중부·일설부·설출세부·계윤부 근본주장1718로 기술한다.

57 여기서의 욕상은 에상(恚想)·해상(害想)까지도 포함하는데, 성자위(聖者位)의 보살은 이것들을 발생시키지 않는다. 이 주장을 와수미뜨라는 대중부·일설부·설출세부·계윤부 근본주장19로 기술하고, 위니따데바는 설출세부 주장⑧로 기술한다.

58 이 부파는 인위를 증득한 보살이 유정의 이익을 위해 자신이 원한다면 바로 악취에 태어날 수 있다고 주장한다. 이 주장을 와수미뜨라는 대중부·일설부·설출세부·계윤부 근본주장20으로 기술하며, 또 KV(a), XXIII.3에서는 안다까 주장으로 거론한다.

59 이것은 한 찰나의 현관변지(現觀邊智)로 4성제의 차별상을 파악한다는 주장이다. 이 주장을 와수미뜨라는 대중부·일설부·설출세부·계윤부 근본주장21과 화지부 근본주장2로 기술하고, 바브야는 화지부 주장2로 기술하고, 위니따데바는 설출세부 주장⑨와 화지부 주장2로 기술한다. 반면 와수미뜨라가 기술한 대중부·일설부·설출세부·계윤부 지말주장1과 설일체유부 근본주장7에 상반되고, 바브야가 기술한 설일체유부 주장⑥에 상반된다.

⑪ 6식은 염오(染汚)이고 이염(離染)이다.⁶⁰

⑫ 눈으로 색들을 본다.⁶¹

⑬ 아라한도 다른 이에 의지해 교시를 성취한다. 무지한 것과 유
예하는 것과 [다른 이에게] 분별되는 것과 고(苦)를 끊는 [성]
도도 있다.⁶²

⑭ 사마히따(samāhita, 等引)일 때 말을 하는 일도 있다.⁶³

⑮ 부정(不淨)을 끊는 일도 있다. 율의(律儀)가 현전하기 때문에
일체의 결(結)을 끊는다고 말해야 한다.⁶⁴

---

60 이것은 안식 등의 본질이 유루와 무루에 통한다는 것을 말한다. 여기서는 '6식'으로 기
술하지만 와수미뜨라는 '5식'으로, 위니따데바는 '안식 등'으로 기술한다. 이 주장을 와
수미뜨라는 대중부·일설부·설출세부·계윤부 근본주장㉒와 화지부 근본주장⑩으로
기술하고, 바브야는 화지부 주장⑦로 기술하고, 위니따데바는 설출세부 주장⑩으로 기
술하며, 또 KV(a), X.4-5에서는 대중부 주장으로 거론한다. 반면 와수미뜨라가 기술한
설일체유부 근본주장㉚과 독자부 근본주장⑥에 상반되고, 바브야가 기술한 설일체유
부 주장⑰과 독자부 주장⑦에 상반되고, 위니따데바가 기술한 꾸루꿀라까·아반따까·
독자부 주장③에 상반된다.

61 이것은 안·이·비·설·신 5근 자체에 각각의 대상을 파악하는 작용이 있다는 주장이다. 이 주
장을 KV(a), XVIII.9에서는 대중부 주장으로 거론한다. 반면 와수미뜨라가 기술한 대중부·일
설부·설출세부·계윤부 근본주장㉕에 상반되고, 위니따데바가 기술한 설출세부 주장⑫에
상반된다. 이 주장에 대한 바브야의 기술이 와수미뜨라와 위니따데바의 기술과 상이한 이
유는 와수미뜨라와 위니따데바가 북인도지역의 전승에 기반을 둔 반면 바브야는 중·남인
도 지역의 전승에 기반을 두었기 때문인 것으로 추정된다. 자세한 내용은 pp.50-53. 참조.

62 이 부파에서는 마하데바가 주장한 5사를 그대로 계승한다. 이 주장을 와수미뜨라는 대중
부·일설부·설출세부·계윤부 근본주장㉙와 다문부 근본주장③과 제다산부·서산부·북
산부 근본주장③과 설산부 근본주장⑤로 기술하고, 바브야는 다문부 주장⑤로 기술하
고, 위니따데바는 설출세부 주장⑮와 다문부 주장③으로 기술하며, 또 KV(a), II.1에서
는 동산부와 서산부 주장으로, II.2-4와 6에서는 동산부 주장으로, XI.4에서는 안다까 주
장으로 거론한다. 반면 바브야가 기술한 근본상좌부 주장①에 상반된다.

63 이 부파에서는 등인위(等引位)에서 신업을 발생시키지 않아도 어업을 발생시킨다고 주
장하고 또한 그 정위(定位)에서 정위의 대상은 물론 산위(散位)의 대상도 반연한다고
주장한다. 이 주장을 와수미뜨라는 대중부·일설부·설출세부·계윤부 근본주장㉖으로
기술하고, 바브야는 설산부 주장④로 기술하고, 위니따데바는 설출세부 주장⑬으로 기
술하며, 또 KV(a), II.5와 XVIII.8에서는 동산부 주장으로 거론한다. 반면 와수미뜨라가
기술한 설일체유부 근본주장㊿에 상반된다.

64 이 주장을 와수미뜨라는 대중부·일설부·설출세부·계윤부 근본주장㊳로 기술한다.

⑯ 여래들에게는 세간의 정견(正見)이 없다.[65]

⑰ 심(心)은 본성 상 청정하기 때문에,[66]

⑱ 수면(隨眠)이 심과 상응한다거나 상응하지 않는다고 말해서는
안 된다.[67]

⑲ 수면(隨眠)은 전(纏)과 다르다.[68]

⑳ 과거세와 미래세는 없다.[69]

㉑ 예류자는 정려를 얻는다.[70]

---

65 정견의 본질인 혜(慧)가 유루일 때에는 월등한 작용이 없기 때문에 근(根)이라 할 수 없지만, 무루일 때에는 번뇌를 끊고 적멸을 증득하는 월등한 작용이 있기 때문에 근이라 한다. 이 주장을 와수미뜨라는 대중부·일설부·설출세부·계윤부 근본주장㊲로 기술하고, 위니따데바는 설출세부 주장㉑로 기술하며, 또 『대비바사론』권97(T27, 502a5-16)에서는 비유자 주장으로 거론한다. 반면 와수미뜨라가 기술한 설일체유부 근본주장㉞에 상반되고, 바브야가 기술한 설일체유부 주장⑯에 상반된다. 한편 와수미뜨라가 기술한 화지부 근본주장⑬에서는 세간의 정견은 있어도 근은 없다고 주장한다.

66 이 부파는 무시이래로 심은 청정하지만 객진인 수번뇌에 잡염되어 있다고 주장한다. 이 주장을 와수미뜨라는 대중부·일설부·설출세부·계윤부 근본주장㊸으로 기술하고, 위니따데바는 설출세부 주장㉛로 기술하며, 또 『대비바사론』권27(T27, 140b24-26)과 『성유식론술기』권2(T43, 307a18-21)에서는 분별론자 주장으로 거론하고, KV(a) III.3에서는 안다까 주장으로 거론한다.

67 이 부파는 수면을 현행하는 것이 아니라 종자로서 이해하기 때문에 수면은 심법도 심소법도 아니라고 주장한다. 이 주장을 와수미뜨라는 대중부·일설부·설출세부·계윤부 근본주장㊹와 화지부 근본주장③으로 기술하고, 위니따데바는 화지부 주장⑦과 기타림사부·무외산주부·대사주부 주장⑥으로 기술하며, 또 KV(a), IX.4에서는 안다까와 일부 북도파 주장으로, XI.1에서는 대중부와 정량부 주장으로 거론한다. 반면 와수미뜨라가 기술한 설일체유부 근본주장㉔에 상반되고, 위니따데바가 기술한 근본설일체유부 주장④에 상반된다.

68 수면은 심과 상응하지 않지만 전은 심과 상응하고 수면은 종자인 반면 전은 현행이기 때문에 수면과 전은 다르다는 주장이다. 이 주장을 와수미뜨라는 대중부·일설부·설출세부·계윤부 근본주장㊺와 화지부 근본주장④로 기술하고, 바브야는 화지부 주장③으로 기술하고, 위니따데바는 설출세부 주장㉜로 기술하며, 또 KV(a), XIV.5에서는 안다까 주장으로 거론한다.

69 이 부파에서는 과거세와 미래세에 본질과 작용이 없고 모두 가유라고 주장한다. 이 주장을 와수미뜨라는 대중부·일설부·설출세부·계윤부 근본주장㊻과 화지부 근본주장①로 기술하고, 바브야는 화지부 주장①로 기술한다. 반면 와수미뜨라가 기술한 설일체유부 근본주장②와 화지부 지말주장①에 상반되고, 바브야가 기술한 설일체유부 주장③과 근본상좌부 주장⑤에 상반되고, 위니따데바가 기술한 화지부 주장①과 분별설부 주장②에 상반된다.

70 이것은 견도위의 예류자가 무루도로 결(結)을 끊기 때문에 정려도 얻는다는 주장이다.

- 라고 하는데, 그러한 것들이 일설부의 교리이다.

② 계윤부의 분열

또 계윤부의 분열은 다문부[71]와 설가부[72]라 한다.

가. 다문부의 주장

그 가운데 다문부의 근본교리는,

1 출리도에는 사(伺)가 없다.

2 고제(苦諦)와 속제(俗諦)와 성제(聖諦)는 진리[諦]이다.[73]

3 행고(行苦)를 보는 것에 의지해 정성리생(定性離生)에 들지만,
고고(苦苦)와 괴고(壞苦)를 보는 것에 의지하는 것은 아니다.[74]

4 상가는 출세간이다.

이 주장을 와수미뜨라는 대중부·일설부·설출세부·계윤부 근본주장49로 기술하고, 바
브야는 설일체유부 주장9와 화지부 주장9로 기술하고, 위니따데바는 설출세부 주장
34로 기술하며, 또 『대비바사론』권134(T27, 693b26-27)에서는 예류자와 일래자도 정려
를 얻는다는 것을 분별론자 주장으로 거론한다.

71 3종 해설서 가운데 NBhvy(t)의 제2전승에서는 다문부를 언급하지 않는다. 특히 NBhsg(t)
에서는 다문부가 대중부계통이 아닌 설일체유부에서 분열되었다고 설명한다.

72 3종 해설서 가운데 NBhvy(t)의 제2전승에서는 설가부를 언급하지 않는다.

73 이것은 4성제 각각에 다시 3제가 있다는 주장이다. 『사제론』권1(T32, 380a15-21)에서는
가명부(假名部: 설가부) 주장으로 거론한다. 곧 진리[諦]에는 3가지가 있다. 첫째는 고품
(苦品), 둘째는 품제(品諦), 셋째는 성제(聖諦)이다. 고품은 5취음의 고이고 고의 품제는
고뇌함이 특징이며 고의 성제는 이러한 고의 일미(一味)를 말한다. 또 집품(集品)은 탐
애의 집이고 집의 품제는 발생시킴이 특징이며 집의 성제는 이러한 집의 일미를 말한
다. 멸품(滅品)은 사문과이고 멸의 품제는 적멸이 특징이며 멸의 성제는 일미를 특징으
로 한다. 도품(道品)은 8정도이고 도의 품제는 곧바로 배제함이 특징이며 도의 성제는
일미를 특징으로 한다.

74 이 주장을 바브야는 화지부 주장22로 기술하며, 또 『대비바사론』권185(T27, 928a12-13)
에서는 비유자 주장으로 거론한다. 반면 와수미뜨라가 기술한 설일체유부 근본주장9
에 상반된다. 설일체유부는 욕계의 행(行)이 고고(苦苦)·괴고(壞苦)·행고(行苦)를 완전
히 갖추고 있기 때문에 그것들을 사유해 정성리생에 든다고 주장한다.

⑤ 아라한에게도 다른 이에 의지해 교시를 성취하는 일이 있다.
[말로써] 공포되는 [성]도도 있다. 사마히따에 들어가는 일이
있다.[75]

―라고 하는 것들이 다문부의 교리이다.

나. 설가부의 주장

또 설가부의,

① 온(蘊)이 아닌 괴로움[苦]도 있다.[76]

② 완전하지 않은 처(處)도 있다.[77]

③ [괴로움은] 행(行)들이 서로 가립된 것이다.[78]

④ 또 고(苦)는 승의(勝義)이다.[79]

⑤ 심소는 [성]도가 아니다.

⑥ 시기에 맞지 않는 죽음은 없다.[80]

---

75 이것은 아라한에게 5사가 모두 있다는 것을 함의하는 것이다. 이 주장을 와수미뜨라는
대중부·일설부·설출세부·계윤부 근본주장㉙와 다문부 근본주장③과 제다산부·서산
부·북산부 근본주장③과 설산부 근본주장⑤로 기술하고, 바브야는 일설부 주장⑬로
기술하고, 위니따데바는 설출세부 주장⑮와 다문부 주장③으로 기술하며, 또 KV(a),
II.1에서는 동산부와 서산부 주장으로, II.4와 6에서는 동산부 주장으로, XI.4에서는 안다
까 주장으로 거론한다. 반면 바브야가 기술한 근본상좌부 주장①에 상반된다.

76 이것은 온의 본질이 괴로움인 것이 아니라 온이 괴로움의 상(相)과 결합되어 있다는
주장이다. 이 주장을 와수미뜨라는 설가부 근본주장①로 기술한다.

77 이것은 12처의 안의 소의와 바깥의 소연이 모두 극미의 적취이기 때문에 실법이 아니
라는 주장이다. 이 부파는 오직 5온(五蘊)만 실유이고 18계(十八界)도 가유라고 주장한
다. 이 주장을 와수미뜨라는 설가부 근본주장②로 기술한다. 또 KV(a), XXIII.5에서는 일
부 북도파와 설인부 주장으로 거론한다.

78 이 부파는 행(行)들이 서로 의지한 것을 괴로움이라고 주장한다. 이 주장을 와수미뜨라
는 설가부 근본주장③으로 기술한다.

79 이 주장을 KV(a), XXIII.5에서는 일부 북도파와 설인부 주장으로 거론한다.

80 시기에 맞지 않는 죽음은 과거세의 업에 의거해 얻어진 것이지, 현재세의 횡사하는 조
건에 의거해 죽는 일이 없다는 주장이다. 이 주장을 와수미뜨라는 설가부 근본주장④
로 기술하고, 위니따데바는 설가부 주장②로 기술하며, 또 『대비바사론』권151(T27,

⑦ [괴로움이 발생하는 데에] 사람이 짓는 것도 없다.[81]

⑧ 일체 괴로움은 업으로부터 발생한다.[82]

- 라고 하는 그러한 것이 설가부의 근본교리이다.

다. 제다산부의 성립

또 계윤부의 분화로부터 상좌 제다산부[83]라 한다. 그 [부파]에 대해 말하자면, 마하데바[84]라 하는 한 유행자가 출가한 뒤 제다(caitya)가 있는 산에 머물렀는데, 다시 그가 대중부의 [5]사를 주장했을 때 제다산부라 하는 부파로 안립되었다.

그것들이 대중부의 6부파로 안립된 것이다.

(2) 상좌부의 분열과 주장

또 상좌부도 2부류인데, 이전상좌부와 설산부[85]라 하는 것이다.

771a24-26)에서는 비유자 주장으로 거론하고, KV(a), XVII.2에서는 왕산부와 의성부 주장으로 거론한다.

81 이것은 행(行)들이 서로 의지한 것을 괴로움이라고 가립한 것이지, 현재세에 사람의 작용에 의지해 괴로움이 있는 것이 아니라는 주장이다. 이 주장을 와수미뜨라는 설가부 근본주장③으로 기술하고, 위니따데바는 설가부 주장①로 기술한다.

82 이것은 과거세의 업이 증장하여 이숙인이 되어야 결과를 초감한다는 주장이다. 이 주장을 와수미뜨라는 설가부 근본주장⑤로 기술하며, 또 KV(a), XII.2에서는 대중부 주장으로, XVII.3에서는 왕산부와 의성부 주장으로 거론한다.

83 3종 해설서 가운데 NBhsg(t)에서는 제다산부를 언급하지 않는다.

84 이 마하데바는 근본분열의 원인인 5사의 주창자가 아니라, 불멸후 200년에 사교(邪敎)를 버리고 정법(正法)에 귀의한 한 출가외도를 가리킨다.

85 3종 해설서 가운데 SBhu의 4종 번역본과 NBhvy(t)의 제1전승에서는 설산부를 근본상좌부의 다른 명칭으로 설명하지만, 이 전승에서는 근본상좌부의 다른 명칭이 아니라 상좌부에서 근본상좌부와 함께 분열된 부파로 설명한다. 한편 NBhvy(t)의 제2전승과 NBhsg(t)에서는 설산부가 상좌부계통이 아니라 대중부에서 분열되었다고 설명한다.

① 근본상좌부의 주장

이전상좌부의 근본교리는,

1 아라한에게는 다른 이에 의지해 교시되어 성취하는 일이 없다.

그와 같이 5사도 없다.[86]

2 뿌드갈라는 있다.[87]

3 중유는 있다.[88]

4 아라한은 반열반이 있다.[89]

5 과거세와 미래세도 있다.[90]

6 열반의 의미는 있다.[91]

---

86 아라한의 5사에 의거해 상좌부와 대중부로 분열된 만큼, 상좌부는 그것을 절대 인정하지 않는다. 이 주장은 와수미뜨라가 기술한 대중부·일설부·설출세부·계윤부 근본주장29와 다문부 근본주장3과 제다산부·서산부·북산부 근본주장3과 설산부 근본주장5에 상반되고, 바브야가 기술한 일설부 주장13과 다문부 주장5와 설산부 주장5에 상반되고, 위니따데바가 기술한 설출세부 주장15와 다문부 주장3에 상반된다.

87 이 주장은 바브야가 기술한 홍의부 주장1에 상반된다. 이 단문으로 그 의미가 독자부나 정량부가 주장하는 실유로서의 뿌드갈라인지 아니면 설일체유부가 주장하는 가유로서의 뿌드갈라인지 구분하기 어렵다.

88 욕계와 색계에는 미세하거나 추대한 만업(滿業)이 있기 때문에 중유가 있지만 무색계는 그렇지 않기 때문에 중유가 없다(『순정리론』권24, T29, 478a24-c10). 이 주장을 와수미뜨라는 설일체유부 근본주장29와 화지부 지말주장2로 기술하며, 또 KV(a), VIII.2에서는 동산부와 정량부 주장으로 거론한다. 반면 와수미뜨라가 기술한 대중부·일설부·설출세부·계윤부 근본주장48과 화지부 근본주장8에 상반되고, 바브야가 기술한 화지부 주장4에 상반되고, 위니따데바가 기술한 설출세부 주장33과 화지부 주장5에 상반된다.

89 6종성아라한 가운데 퇴법종성 등의 5가지 아라한은 반드시 월등한 인연을 구족하는 때를 만나야 반열반에 들기 때문에 시해탈(時解脫)이라 하고, 부동법종성의 아라한은 그러한 인연에 의지하지 않고 자신이 원하는 때에 반열반에 들기 때문에 불시해탈(不時解脫)이라 한다. 이 주장을 KV(a), XXII.1-2에서는 안다까 주장으로, XXII.3에서는 일부 북도파 주장으로 거론한다.

90 이 부파는 3세가 모두 실유라고 주장한다. 이 주장을 와수미뜨라는 설일체유부 근본주장2와 화지부 지말주장1로 기술하고, 바브야는 설일체유부 주장3으로 기술하며, 또 KV(a), I.6-7에서는 설일체유부 주장으로 거론한다. 반면 와수미뜨라가 기술한 대중부·일설부·설출세부·계윤부 근본주장46과 화지부 근본주장1에 상반되고, 바브야가 기술한 일설부 주장20과 화지부 주장1에 상반되고, 위니따데바가 기술한 화지부 주장1과 분별설부 주장2에 상반된다.

91 승의선(勝義善)의 의미가 열반에 있다는 주장이다.

－라고 하는 것이 상좌부의 근본교리이다.

② 설산부의 주장

그 가운데 설산부의 근본교리는,

1️⃣ 보살은 이생(異生)이 아니라고 말해야 한다.[92]

2️⃣ 외도에게도 5신통이 있다.[93]

3️⃣ 온(蘊)과 뿌드갈라는 다르다고 설명해야 한다. 열반하면 어딘
   가로 온은 소멸되지만 뿌드갈라는 머물기 때문이다.

4️⃣ 사마히따에서 말을 하는 일이 있다.[94]

5️⃣ [성]도에 의지해 괴로움을 끊는다.

－라고 하는 그것들이 설산부의 교리이다.

---

92 이 주장은 와수미뜨라가 기술한 설산부 근본주장1️⃣과 설일체유부 근본주장4️⃣3️⃣에 상반
된다. 그 가운데 설산부 주장에 대한 바브야와 와수미뜨라의 기술이 상이한 이유는 와
수미뜨라가 '모든 보살은 여전히 이생이다'고 기술하기 때문이다. 하지만 그 각각의 기
술에 대한 전거가 확인되지 않기 때문에 어느 것이 설산부가 지한 주장인지 판단하기
어렵다. 자세한 내용은 pp.71-73. 참조.

93 이것은 불제자뿐만 아니라 다른 가르침을 따르는 외도도 누진통을 제외한 신경통·천
안통·천이통·타심통·숙명통을 증득한다는 주장이다. 이 주장을 와수미뜨라는 설일체
유부 근본주장1️⃣5️⃣와 독자부 근본주장5️⃣로 기술하고, 바브야는 설일체유부 주장1️⃣2️⃣로 기
술한다. 반면 와수미뜨라가 기술한 설산부 근본주장3️⃣과 화지부 근본주장6️⃣과 법장부
근본주장4️⃣에 상반되고, 위니따데바가 기술한 설산부 주장1️⃣과 화지부 주장3️⃣과 법호
부 주장3️⃣에 상반된다. 그 가운데 설산부 주장에 대한 와수미뜨라와 위니따데바의 기
술은 바브야의 기술과 상이하다. 그렇더라도 양측의 기술을 뒷받침해주는 전거가 확인
되지 않기 때문에 이 사안에 대한 설산부 주장을 판단하는 것은 불가능하다. 자세한
내용은 pp.73-75. 참조.

94 이 부파는 등인위(等引位)에서 신업을 발생시키지 못하더라도 어업은 발생시키며, 그
상태에서 정위(定位)의 대상뿐만 아니라 산위(散位)의 대상도 반연한다고 주장한다. 이
주장을 와수미뜨라는 대중부·일설부·설출세부·계윤부 근본주장2️⃣6️⃣으로 기술하고, 바
브야는 일설부 주장1️⃣4️⃣로 기술하고, 위니따데바는 설출세부 주장1️⃣3️⃣으로 기술하며, 또
KV(a), II.5와 XVIII.8에서는 동산부 주장으로 거론한다. 반면 와수미뜨라가 기술한 설일
체유부 근본주장5️⃣0️⃣에 상반된다.

③ 근본상좌부의 재분열

또 근본상좌부는 다시 2부류로 되었는데, 설일체유부와 독자부라 한다.

가. 설일체유부의 주장

그 가운데 설일체유부의 근본교리는,

①둘에 의지해 일체를 포함하는데, 유위와 무위이다.[95] 그것을 말함으로써 무엇을 얻는가? 뿌드갈라가 없다고 하는 것이다. 그러므로 무아(無我)의 이 몸이 생겨날 때 짓는 자가 없고 지각하는 자도 없다. 마치 순환하는 물이 강에 들어가는 것과 같다. 듣는 것이 월등한 그대여! 그것은 가르침에 의지해 들어서 이해한다고 말한 것과 같다. 그것들이 바로 설일체유부의 근본교리이다.

또 그들의 근본교리는,

②명(名)과 색(色)에 의거해 일체를 포함한다.[96]

③과거세와 미래세는 있다.[97]

---

95 이 주장을 와수미뜨라는 설일체유부 근본주장①로 기술하고, 위니따데바는 근본설일체유부 주장①로 기술한다.

96 명과 색은 법(法)의 일체로서, 색은 색온을 가리키고 명은 수온·상온·행온·식온을 가리킨다. 이 주장을 와수미뜨라는 설일체유부 근본주장①로 기술하고, 위니따데바는 근본설일체유부 주장①로 기술한다.

97 이 부파는 현재세는 물론 과거세와 미래세의 본질도 실유라고 주장한다. 이 주장을 와수미뜨라는 설일체유부 근본주장②와 화지부 지말주장①로 기술하고, 바브야는 근본상좌부 주장⑤로 기술하며, 또 KV(a), I.6-7에서는 설일체유부 주장으로 거론한다. 반면 와수미뜨라가 기술한 대중부·일설부·설출세부·계윤부 근본주장㊻과 화지부 근본주장①에 상반되고, 바브야가 기술한 일설부 주장⑳과 화지부 주장①에 상반되고, 위니따데바가 기술한 화지부 주장①과 분별설부 주장②에 상반된다.

④ 예류자는 물러나지 않음[不退法]을 갖는다고 설명해야 한다.[98]

⑤ 유위들의 상(相)은 셋이다.[99]

⑥ 4성제는 순서대로 현관한다.[100]

⑦ 공성(空性)과 무원(無願)과 무상(無相)에 의지해 [정성]리생에 든다.[101]

⑧ 15찰나에 의지해 [제16찰나에] 예류과에 든다.[102]

⑨ 예류자는 정려를 얻는다.[103]

---

98 이 부파는 예류과에서는 물러나는 일이 없고 나머지 3과에서 물러나는 일이 있다고 주장한다. 이 주장을 와수미뜨라는 설일체유부 근본주장⑫로 기술하고, 위니따데바는 설출세부 주장⑲로 기술하며, 또 KV(a), I.2에서는 정량부 · 독자부 · 설일체유부 · 대중부의 일부 주장으로 거론한다. 반면 와수미뜨라가 기술한 대중부 · 일설부 · 설출세부 · 계윤부 근본주장㊱과 화지부 근본주장⑰에 상반된다.

99 여기서 말하는 3가지 상이란 생상(生相) · 주이상(住異相) · 멸상(滅相)이다. 자세한 설명은 제2편 I장의 역문 각주437) 참조. 이 주장을 와수미뜨라는 설일체유부 근본주장⑤로 기술한다.

100 이 부파는 견도에서 4성제에 대해 16행상에 차별이 있기 때문에 반드시 하나하나 현관한다고 주장한다. 이 주장을 와수미뜨라는 대중부 · 일설부 · 설출세부 · 계윤부 지말주장①과 설일체유부 근본주장⑦로 기술하며, 또 KV(a), I.4에서는 정량부 주장으로, II.9에서는 안다 · 설일체유부 · 정량부 · 현주부 주장으로 거론한다. 반면 와수미뜨라가 기술한 대중부 · 일설부 · 설출세부 · 계윤부 근본주장②과 화지부 근본주장②에 상반되고, 바브야가 기술한 일설부 주장⑩과 화지부 주장②에 상반되고, 위니따데바가 기술한 설출세부 주장⑨와 화지부 주장②에 상반된다.

101 『이부종륜론』에서는 공과 무원 2가지 사마디에 의지해 정성리생에 든다고 설명한다. 곧 견행자는 공(空)사마디에 의지해 아견과 아소견을 제거하고 애행자는 무원(無願)사마디에 의지해 해태와 아만을 제거함으로써 정성리생에 든다는 것이다. 그런데 무상(無相)사마디는 발생한 법이 반드시 소멸하는 것이라고 관찰함으로써 생멸을 배제하는 것이다. 바브야가 이것을 덧붙인 것은 고제뿐만 아니라 멸제까지도 반연해 정성리생에 든다는 것을 말하기 위해서이다. 공과 무원이 고제의 무상(無常) · 고(苦) · 공(空) · 무아(無我)의 4행상을 반연한 반면 무상은 멸제의 멸(滅) · 정(靜) · 묘(妙) · 리(離)의 4행상을 반연하기 때문이다. 이 주장을 와수미뜨라는 설일체유부 근본주장⑧로 기술한다.

102 설일체유부는 견도의 15찰나가 예류향이고 그다음의 제16찰나에 예류과를 증득한다고 주장한다. 자세한 설명은 제2편 I장의 역문 각주443) 참조. 이 주장을 와수미뜨라는 설일체유부 근본주장⑩으로 기술한다. 반면 와수미뜨라가 기술한 독자부 근본주장⑨에 상반되고, 위니따데바가 기술한 꾸루꿀라까 · 아반따까 · 독자부 주장④⑤에 상반된다.

103 이것은 예류자가 견도를 증득할 때 무루도에 의지해 번뇌를 조복하고 정려도 얻는다는 주장이다. 이 주장을 와수미뜨라는 대중부 · 일설부 · 설출세부 · 계윤부 근본주장㊾로 기술하고, 바브야는 일설부 주장㉑과 화지부 주장⑨로 기술하고, 위니따데바는 설출세부

10 아라한도 물러남이 있다.[104]

11 이생에게도 욕계의 탐이나 진에를 끊는 일이 있다.[105]

12 외도에게도 5신통이 있다.[106]

13 천(天)에서도 범행에 머무는 일이 있다.[107]

14 일체의 경(經)은 불요의(不了義)이다.[108]

주장34로 기술하며, 또 『대비바사론』권134(T27, 693b26-27)에서는 예류자와 일래자도 정려를 얻는다는 것을 분별론자 주장으로 거론한다. 그런데 『대비바사론』권134(T27, 693b26-c2)이나 권140(T27, 720b6-8) 등에 따르면 설일체유부 주장은 예류과와 일래과가 근본정려를 얻지 못하고 불환과와 아라한과만 정려를 얻는다는 것이어서, 바브야의 기술과 상반된다.

104 설일체유부는 아라한의 6종성 가운데 퇴법종성의 아라한이 조그만 질병 등의 인연을 만나면 획득한 과위로부터 물러난다고 주장한다. 이 주장을 와수미뜨라는 설일체유부 근본주장12로 기술하며, 또 KV(a), I.2에서는 정량부·독자부·설일체유부·대중부의 일부 주장으로 거론한다. 반면 와수미뜨라가 기술한 대중부·일설부·설출세부·계윤부 근본주장36과 화지부 근본주장17에 상반되고, 위니따데바가 기술한 설출세부 주장19에 상반된다.

105 이것은 이생이 세속도에 의지해 욕계에서 무색계까지의 결(結)을 끊을 수 있다는 주장이다. 이 주장을 와수미뜨라는 설일체유부 근본주장14로 기술하고, 바브야는 화지부 주장10으로 기술하며, 또 KV(a), I.5에서는 정량부 주장으로 거론한다. 반면 와수미뜨라가 기술한 화지부 근본주장5에 상반된다.

106 이것은 불제자뿐만 아니라 다른 가르침을 따르는 외도도 누진통을 제외한 신경통·천안통·천이통·타심통·숙명통을 증득한다는 주장이다. 이 주장을 와수미뜨라는 설일체유부 근본주장15와 독자부 근본주장5로 기술하고, 바브야는 설산부 주장2로 기술한다. 반면 와수미뜨라가 기술한 설산부 근본주장3과 화지부 근본주장6과 법장부 근본주장4에 상반되고, 위니따데바가 기술한 설산부 주장1과 화지부 주장3과 법호부 주장3에 상반된다.

107 이것은 천(天)에 즐거움이 많이 있더라도 남녀의 구분이 있기 때문에 음욕을 제거하는 범행도 있다는 주장이다. 이 주장을 와수미뜨라는 설일체유부 근본주장16으로 기술하고, 바브야는 화지부 주장5와 법장부 주장2로 기술한다. 반면 와수미뜨라가 기술한 설산부 근본주장4와 화지부 근본주장7에 상반되고, 위니따데바가 기술한 설산부 주장2와 화지부 주장4와 기타림사부·무외산주부·대사주부 주장1에 상반된다.

108 이 주장은 와수미뜨라가 기술한 대중부·일설부·설출세부·계윤부 근본주장41에 상반되고, 위니따데바가 기술한 설출세부 주장23에 상반된다. 그런데 와수미뜨라가 기술한 설일체유부 근본주장54에서는 붓다가 설한 것에 요의와 불요의가 있다는 것으로 되어 있는데, 그것은 『이부종륜론』이나 『순정리론』 등에서 전거가 확인된다. 반면 바브야가 붓다의 모든 말씀을 불요의라고 기술한 것은 정확성이 떨어진다. 따라서 바브야의 기술은 원래 '요의인 것은 아니다'는 부분부정의 의미였지만 전체부정인 '불요의이다'로 오역된 것으로 추정된다. 그렇다면 티벳역문도 'mdo sde thams cad ni don gyis gsungs pa ma yin no ||'로 수정되어야 할 것이다. 자세한 내용은 pp.62-63. 참조.

⑮ [정성]리생에 드는 것은 욕계로부터이다.[109]

⑯ 욕[계] 세간의 정견은 있다.[110]

⑰ 5식신은 염오(染汚)도 아니고 이염(離染)도 아니다.[111]

－라고 말하는 이것들이 설일체유부의 교리이다.

가) 분별설부의 분열

또 설일체유부의 분화는 분별설부[112]이다.

또 분별설부의 분화는 화지부와 법장부와 홍의부[113]와 음광부
라 한다.

---

109 아라한을 증득하는 것은 3계 모두에서 가능하지만 정성리생 곧 견도에 드는 것은 욕계의 몸에만 의지해야 한다. 무색계에서는 다른 사람의 말을 들을 수 없고 욕계의 4성제를 반영할 수 없으며, 색계에서는 고수(苦受)가 없어서 혐오를 발생시킬 수 없기 때문이다. 이 주장을 와수마뜨라도 설일체유부 근본주장⑳으로 기술한다.

110 비유자는 5식으로 인기된 의지(意地)의 선혜(善慧)가 5식신처럼 분별할 수 없고, 표업을 일으키는 의지의 선혜는 외부에서 전전하며, 죽을 때의 선혜는 힘이 미열하기 때문에 세간의 정견은 없다고 주장한 반면 설일체유부는 의식과 함께 하는 모든 선혜가 모두 견의 성질에 포함된다고 반박한다(『대비바사론』권97, T27, 502a5-16). 이 주장을 와수미뜨라는 설일체유부 근본주장㉞로 기술한다. 반면 와수미뜨라가 기술한 대중부·일설부·설출세부·계윤부 근본주장㊲에 상반되고 바브야가 기술한 일설부 주장⑯에 상반되고, 위니따데바가 기술한 설출세부 주장㉑에 상반된다. 한편 와수미뜨라가 기술한 화지부 근본주장⑬에서는 세간의 정견은 있어도 근은 없다고 주장한다.

111 이 주장을 와수미뜨라는 독자부 주장⑥으로 기술하고, 바브야는 독자부 주장⑦로 기술하고, 위니따데바는 꾸루꿀라까·아반따까·독자부 주장③으로 기술한다. 반면 와수미뜨라가 기술한 대중부·일설부·설출세부·계윤부 근본주장㉒와 설일체유부 근본주장㉚과 화지부 근본주장⑩에 상반되고, 바브야가 기술한 일설부 주장⑪과 화지부 주장⑦에 상반되고, 위니따데바가 기술한 설출세부 주장⑩에 상반된다. 그 가운데 설일체유부 주장에 대한 와수미뜨라와 바브야의 기술이 상이하다. '5식신에 염오는 있고 이염은 없다'고 한 와수미뜨라의 기술은 『대비바사론』과 『순정리론』 등에 의거해 타당성이 확보되지만, 바브야의 기술은 다른 문헌들에서 그 전거가 확인되지 않는다. 따라서 와수미뜨라의 기술을 설일체유부의 정설이라고 판단할 수 있고, 바브야의 기술은 번역의 오류보다는 전승의 차이 또는 원본의 필사 오류에 의거한 것으로 추정된다. 자세한 내용은 pp.69-71. 참조.

112 3종 해설서 가운데 SBhu의 4종 번역본에서는 분별설부를 언급하지 않는다.

113 3종 해설서 가운데 SBhu의 4종 번역본과 NBhvy(t)의 제1전승에서는 홍의부를 언급하지 않는다. 경량부와 설전부와 무상부와 홍의부는 문헌에 따라 같은 부파로 설명하기도 하고 다른 부파로 설명하기도 한다(앞의 제I편 각주155 참조).

(가) 화지부의 주장

그 가운데 화지부의 근본교리는,

① 과거세와 미래세는 없다. 현재세의 유위성은 있다.[114]

② 고[제](苦諦)를 보는 것에 의지해 4성제를 동시에 관한다.[115]

③ 수면(隨眠)과 현전인(現前因)은 다르다.[116]

④ 중유는 없다.[117]

⑤ 천에 머물더라도 범행은 있다.[118]

---

114 이 주장을 와수미뜨라는 대중부·일설부·설출세부·계윤부 근본주장46과 화지부 근본주장①로 기술하고, 바브야는 일설부 주장20으로 기술한다. 반면 와수미뜨라가 기술한 설일체유부 근본주장②와 화지부 지말주장①에 상반되고, 바브야가 기술한 설일체유부 주장③과 근본상좌부 주장⑤에 상반되고, 위니따데바가 기술한 화지부 주장①과 분별설부 주장②에 상반된다. 그 가운데 바브야의 이 기술은 와수미뜨라와 상통하지만 조금 차이가 있다. 바브야가 현재세를 유위성으로 기술한 것은 와수미뜨라의 기술과 『대비바사론』에 근거할 때 '현재세의 무위성은 있다(da ltar byung ba'i 'dus ma byas nyid ni yod do ‖)'로 수정되어야 한다. 자세한 내용은 pp.63-65. 참조.

115 이것은 견도에서 4성제를 총괄적으로 관하고 수도에서도 그 차별상을 동시에 관한다는 주장이다. 이 주장을 와수미뜨라는 대중부·일설부·설출세부·계윤부 근본주장21과 화지부 근본주장②로 기술하고, 바브야는 일설부 주장10으로 기술하고, 위니따데바는 설출세부 주장⑨와 화지부 주장②로 기술한다. 반면 와수미뜨라가 기술한 대중부·일설부·설출세부·계윤부 지말주장①과 설일체유부 근본주장⑦에 상반되고, 바브야가 기술한 설일체유부 주장⑥에 상반된다.

116 여기서 현전인은 현행하는 번뇌인 전(纏)을 의미한다. 수면은 심과 상응하지 않지만 전은 심과 상응하기 때문에 그 둘은 다르다. 이 주장을 와수미뜨라는 대중부·일설부·설출세부·계윤부 근본주장45와 화지부 근본주장④로 기술하고, 바브야는 일설부 주장19로 기술하고 위니따데바는 설출세부 주장32로 기술하며, 또 KV(a), XIV.5에서는 안다까 주장으로 거론한다.

117 이것은 죽고 태어나는 사이에 별도의 간격이 없고 죽은 뒤에 바로 태어난다는 주장이다. 이 주장을 와수미뜨라는 대중부·일설부·설출세부·계윤부 근본주장48과 화지부 근본주장⑧로 기술하고, 위니따데바는 설출세부 주장33과 화지부 주장⑤로 기술한다. 반면 와수미뜨라가 기술한 설일체유부 근본주장29와 화지부 지말주장②에 상반되고, 바브야가 기술한 근본상좌부 주장③에 상반된다.

118 이것은 천(天)에 즐거움이 많이 있더라도 남녀의 구분이 있기 때문에 음욕을 끊는 범행도 있다는 주장이다. 이 주장을 와수미뜨라는 설일체유부 근본주장16으로 기술하고, 바브야는 설일체유부 주장13과 법장부 주장②로 기술한다. 반면 와수미뜨라가 기술한 설산부 근본주장④와 화지부 근본주장⑦에 상반되고, 위니따데바가 기술한 설산부 주장②와 화지부 주장④와 기타림사부·무외산주부·대사주부 주장①에 상반된다. 그 가운데 화지부 주장에 대해 와수미뜨라와 위니따데바는 바브야와 달리 천에 범행이 없다고 기술한다. 그런데 그 기술들을 뒷받침할만한 전거가 확인되지 않기 때문에 화지부

⑥ 아라한도 복업을 적집한다.[119]

⑦ 5식신에도 염오와 이염이 있다.[120]

⑧ 제수(齊首)뿌드갈라는 있다.[121]

⑨ 예류자는 정려를 얻는다.[122]

⑩ 이생도 욕계의 탐이나 진에를 끊는다.[123]

⑪ 붓다는 상가 안에 속한다. 상가[에 보시함으로써] 큰 과보를 발생시키지만 붓다는 그렇지 않다.[124]

가 견지한 주장을 판단하는 것은 불가능하다. 자세한 내용은 pp.75-76. 참조.

119 아라한은 다음 생을 받지 않기 때문에 현재의 생에서 초감할 수 있는 유다수행의 복업을 증장시킬 수 있다. 이 주장을 와수미뜨라는 설일체유부 근본주장㉘로 기술하고, 위니따데바는 화지부 주장⑥으로 기술하며, 또 KV(a), XVII.1에서는 안다까 주장으로 거론한다. 반면 와수미뜨라가 기술한 화지부 근본주장⑨에 상반된다. 그 가운데 화지부 주장에 대한 바브야와 위니따데바의 기술이 와수미뜨라의 기술과 상이한 이유는 전승의 차이일 가능성이 높다. 자세한 내용은 pp.55-56. 참조.

120 이 주장을 와수미뜨라는 대중부·일설부·설출세부·계윤부 근본주장㉒와 화지부 근본주장⑩으로 기술하고, 바브야는 일설부 주장⑪로 기술하고, 위니따데바는 설출세부 주장⑩으로 기술하며, 또 KV(a), X.4-5에서는 대중부 주장으로 거론한다. 반면 와수미뜨라가 기술한 설일체유부 근본주장㉚과 독자부 근본주장⑥에 상반되고, 바브야가 기술한 설일체유부 주장⑰과 독자부 주장⑦에 상반되고, 위니따데바가 기술한 꾸루꿀라까·아반따까·독자부 주장③에 상반된다.

121 이 기술을 직역하면 '뿌드갈라는 머리 등의 몸과 같다'가 되는데, 'mgo la sogs pa lus dang mnyam po'는 samaśīrṣin(齊首)에 해당하는 티벳역으로 보인다. 이것은 곧 유정지(有頂地)에 태어나 그곳에 죽을 때 번뇌가 스스로 멸진하여 아라한을 증득하는 불환자(不還者)가 있다는 주장이다. 이 주장을 와수미뜨라는 화지부의 근본주장⑫로 기술한다.

122 이것은 견도위의 예류자가 무루도에 의지해 비로소 결(結)을 끊기 때문에 번뇌를 조복하고 정려도 얻는다는 주장이다. 이 주장을 와수미뜨라는 대중부·일설부·설출세부·계윤부 근본주장㊾로 기술하고, 바브야는 일설부 주장㉑과 설일체유부 주장⑨로 기술하고, 위니따데바는 설출세부 주장㉞로 기술하며, 또『대비바사론』권134(T27, 693b26-27)에서는 예류자와 일래자도 정려를 얻는다는 것을 분별론자 주장으로 거론한다.

123 이것은 이생들이 세속도에 의지해 욕계에서 무소유처까지의 결(結)을 끊을 수 있다는 주장이다. 이 주장을 와수미뜨라는 설일체유부 근본주장⑭로 기술하고, 바브야는 설일체유부 주장⑪로 기술하며, 또 KV(a), I.5에서는 정량부 주장으로 거론한다. 반면 와수미뜨라가 기술한 화지부 근본주장⑤에 상반된다. 그 가운데 화지부 주장에 대한 바브야와 와수미뜨라의 기술이 상이한 이유는 원본의 필사 오류나 역자의 번역 오류라기보다는 전승의 차이인 것으로 추정된다. 자세한 내용은 pp.56-58. 참조.

124 이 부파는 붓다가 상가의 포함된다고 이해하기 때문에 붓다에게 보시하는 것에는 별도

⑫ 붓다와 성문의 해탈은 같다.[125]

⑬ 뿌드갈라는 보이지 않는다.

⑭ 심과 심소만 [큰 땅과 달리] 발생하는 어떤 법도 이 세에서 다음 세로 이전하는 일은 없다.[126]

⑮ 일체행은 찰나이다.[127]

⑯ 행(行)이 장양된 것으로부터 발생한다.

⑰ 행(行)들은 머무는 일이 없다.[128]

⑱ 사(思)는 여실히 업이지만, 신업과 어업은 없다.[129]

의 과보가 없다고 주장한다. 이 주장을 와수미뜨라는 화지부 근본주장㉑로 기술하고, 위니따데바는 화지부 주장⑨로 기술하며, 또 KV(a), XVII.10에서는 방광부 주장으로 거론한다. 반면 와수미뜨라가 기술한 법장부 근본주장①에 상반되고, 바브야가 기술한 법장부 주장①에도 상반되고, 위니따데바가 기술한 법호부 주장①에도 상반된다.

125 붓다와 성문이 증득한 해탈은 염오무지를 끊고서 증득한 것으로서, 곧 택멸(擇滅)이다. 이 주장을 와수미뜨라는 설일체유부 근본주장㊶과 화지부 근본주장㉒와 법장부 근본주장③으로 기술하고, 위니따데바는 화지부 주장⑩으로 기술한다.

126 『이부종륜론』에 따르면, 화지부의 근본주장에서는 모든 법이 다음 세로 이전하는 일이 없다고 주장하지만 지말주장에서는 정량부의 주장처럼 큰 땅은 겁(劫) 동안 머문다고 주장한다. 따라서 이 글은 바브야가 지말종파의 주장을 반영해서 기술한 것으로 볼 수 있다. 모든 법이 다음 세로 이전하지 않는다는 주장을 와수미뜨라는 설일체유부 근본주장㊻과 화지부 근본주장㉔로 기술한다. 반면 와수미뜨라가 기술한 독자부 근본주장④와 경량부 근본주장①에 상반되고, 바브야가 기술한 설전부 주장①과 독자부 주장②에 상반되고, 위니따데바가 기술한 설전부 주장①과 꾸루꿀라까·아반따까·독자부 주장②에 상반된다.

127 이 주장을 와수미뜨라는 설일체유부 근본주장㊺와 화지부 근본주장㉓과 음광부 근본주장④로 기술하고, 바브야는 화지부 주장⑰과 설전부 주장⑤로 기술하며, 또 KV(a), XXII.8에서는 동산부와 서산부 주장으로 거론한다. 반면 와수미뜨라가 기술한 독자부 근본주장③과 화지부 지말주장⑥에 상반되고, 바브야가 기술한 독자부 주장③에 상반된다.

128 모든 법이 전변한다는 의미는 성립하더라고 모든 행(行)이 무상하기 때문에 찰나생멸할 뿐이고 다음 세(世)로 이전하는 일도 없다. 이 주장을 와수미뜨라는 설일체유부 근본주장㊺와 화지부 근본주장㉓과 음광부 근본주장④로 기술하고, 바브야는 화지부 주장⑮와 설전부 주장⑤로 기술하며, 또 KV(a), XXII.8에서는 동산부와 서산부 주장으로 거론한다. 반면 와수미뜨라가 기술한 독자부 근본주장③과 화지부 지말주장⑥에 상반되고, 바브야가 기술한 독자부 주장③에 상반된다.

129 이것은 3업의 본질이 사(思)이고 신업과 어업이 별도로 없다는 것으로서, 곧 『대비바사론』 권113(T27, 587a7-21)에서 거론한 비유자 주장이기도 하다. 그들은 신업·어업·의업이 모두 하나의 사(思)라고 주장한다. 이 주장을 와수미뜨라는 화지부 지말주장④로 기술한다.

19 손감되지 않는 법은 없다.

20 탑에 공양하는 것에는 과보가 없다.[130]

21 현재세는 항상 수면(隨眠)이다.[131]

22 행(行)을 보는 것에 의지해 [정성]리생에 든다.[132]

－라고 말하는 이것들이 화지부의 근본교리이다.

(나) 법장부의 주장

또 법장부의 근본교리는,

1 붓다는 상가에 속하지 않는다.[133] 붓다[에게 공양하는 것]
　　로부터 큰 과보가 발생하지만, 그와 같이 상가로부터는 아
　　니다.[134]

---

130 무정물(無情物)인 스뚜빠가 보시자에게 이익과 환희를 주는 일은 없기 때문이다. 이 주
　　장을 와수미뜨라는 제다산부·서산부·북산부 근본주장2와 화지부 지말주장7로 기술
　　하고, 위니따데바는 동산부와 서산부 주장2로 기술한다. 반면 와수미뜨라가 기술한
　　법장부 근본주장2에 상반되고, 위니따데바가 기술한 근본설일체유부 주장6에 상반
　　된다.

131 이것은 번뇌의 종자인 수면이 심에 예속되지 않고 항상 현재세에 있으면서 모든 법을
　　발생시키는 원인이 된다는 주장이다. 이 주장을 와수미뜨라는 화지부 지말주장8로 기
　　술한다.

132 이 주장을 바브야는 다문부 주장3으로 기술하며, 또 『대비바사론』 권185(T27, 928a12-13)
　　에서는 비유자 주장으로 거론한다. 반면 와수마뜨라가 기술한 설일체유부 근본주장9
　　에 상반된다. 설일체유부는 욕계의 행(行)이 고고(苦苦)·괴고(壞苦)·행고(行苦)를 완전
　　히 갖추고 있기 때문에 그것들을 사유해 정성리생에 든다고 주장한다.

133 붓다의 상가 포함에 대해, 『이부종륜론』·『부집이론』·SBhu(t)에서는 포함된다고 하고,
　　이역본인 『십팔부론』을 비롯해 NBhvy(t)·NBhsg(t)에서는 포함되지 않는다고 한다. 다
　　른 문헌들에서 그 내용을 확인할 수 없기 때문에 어느 것이 적합한 것인지는 확인하기
　　어렵다.

134 이 부파는, 붓다는 위가 없고 상가는 위가 있기 때문에 붓다에게 보시하면 큰 과보가
　　있다고 주장한다. 이 주장을 와수미뜨라는 법장부 근본주장1로 기술하고, 위니따데바
　　는 법호부 주장1로 기술하며, 또 KV(a), XVII.6-9에서는 방광부 주장으로 거론한다. 반
　　면 와수미뜨라가 기술한 화지부 근본주장21에 상반되고, 바브야가 기술한 화지부 주장
　　11에 상반되고, 위니따데바가 기술한 화지부 주장9에 상반된다.

② 천(天)에 머물더라도 범행은 있다.[135]

③ 세간법은 있다.

— 라고 말하는 그것들이 법장부의 근본교리이다.

(다) 음광부의 주장

그 가운데 음광부의 근본교리는,

① 이숙은 이숙법일지라도 발생하는 법이 있다.[136]

② 이미 끊은 것에 아직 변지하지 못한 것이 있다.[137]

— 라고 말하는 것과 법장부의 모든 것도 주장한다. 그것들이 음광부의 근본교리이다.

(라) 홍의부의 주장

홍의부의 교리는,

---

135 이것은 천(天)에 즐거움이 많이 있더라도 남녀의 구분이 있기 때문에 음욕을 제거하는 범행도 있다는 주장이다. 이 주장을 와수미뜨라는 설일체유부 근본주장⑯으로 기술하고, 바브야는 설일체유부 주장⑬과 화지부 주장⑤로 기술한다. 반면 와수미뜨라가 기술한 설산부 근본주장④와 화지부 근본주장④에 상반되고, 위니따데바가 기술한 설산부 주장②와 화지부 주장④와 기타림사부·무외산주부·대사주부 주장①에 상반된다.

136 이 주장은 이숙과를 아직 발생시키지 않은 이숙업은 여전히 있고 그것을 발생시킨 이숙업도 결과의 발생 이후에 바로 없어지는 것이 아니기 때문에 그 양자가 동시에 전전한다는 주장이다. 이 주장을 와수미뜨라는 대중부·일설부·설출세부·계윤부 지말주장⑤와 음광부 근본주장②로 기술하고, 위니따데바는 설출세부 주장㉘로 기술하며, 또 『대비바사론』권19(T27, 96a25-b12)에서는 음광부 주장으로 거론하고, KV(a), I.8에서도 음광부 주장으로 거론한다.

137 이것은 이미 끊어졌고 이미 변지된 번뇌는 없는 것이고, 아직 끊어지지 않았고 아직 변지되지 않은 번뇌는 여전히 있다는 것을 말한다. 이 주장을 와수미뜨라는 음광부 근본주장①로 기술하고, 위니따데바는 음광부 주장①로 기술하지만, 완전히 일치하지는 않다. 이미 끊은 것은 이미 변지한 것이고 아직 끊지 못한 것에는 이미 변지한 것도 있기 때문에 바브야의 이 기술은 '이미 끊은 것에 이미 변지한 것이 있다(spangs la yongs su shes pa yod do ||)' 또는 '아직 끊지 못한 것에 아직 변지하지 않은 것이 있다(ma spangs la ma shes pa yod do ||)'로 수정되어야 한다. 자세한 내용은 pp.65-67. 참조.

1 뿌드갈라는 없다.[138]

– 라고 하는 것이다.

나) 설전부의 주장

또 설일체유부의 분열인 아짜르야 웃따라(Uttara, 無上, 衆上)의
해설을 가르치는 설전부[139]의 근본교리는,

1 5온은 이 세에서 다음 세로 이전한다.[140]

2 성도를 알지 못하고서 온(蘊)은 소멸하지 않는다.[141]

3 근변온이 있다.[142]

4 뿌드갈라는 승의로서 얻어지지 않는다.[143]

---

138 이 주장은 바브야가 기술한 근본상좌부 주장2에 상반된다. 이 주장의 의미 역시 독자
부나 정량부가 주장하는 실유로서의 뿌드갈라인지 아니면 설일체유부가 주장하는 가
유로서의 뿌드갈라인지 구분하기 어렵다.

139 3종 해설서 가운데 NBhvy(t)의 제2전승에서는 설전부를 언급하지 않는다.

140 이것은 실유의 뿌드갈라가 있어서 앞의 세에서 전변하여 뒤의 세에 이른다는 주장이
다. 이 주장을 와수미뜨라는 경량부 근본주장1로 기술하고, 위니따데바는 설전부 주
장1로 기술하며, 또 KV(a), I.1에서는 독자부와 정량부 주장으로 거론한다. 와수미뜨라
가 기술한 독자부 근본주장4와 바브야가 기술한 독자부 주장2와 위니따데바가 기술
한 꾸루꿀라까·아반따까·독자부 주장2에서도 다음 세로 이전한다고 주장하지만 조
금 다르다. 반면 와수미뜨라가 기술한 설일체유부 근본주장46과 화지부 근본주장24에
상반되고, 바브야가 기술한 화지부 주장14에 상반된다.

141 이것은 유루의 6행관으로는 번뇌를 조복시킬 뿐이고, 무루의 성도에 의지해 비로소 번
뇌를 영원히 끊을 수 있다는 주장이다. 이 주장을 와수미뜨라는 경량부 근본주장2로
기술하고, 위니따데바는 설전부 주장3으로 기술한다.

142 여기서는 근변온(mūlāntikaskandha)만 언급하지만 이 부파는 이와 더불어 일미온
(ekarasaskandha)도 건립한다. 일미온은 무시이래로 상속하여 단절되지 않는 미세한 의
식으로서, 유정이 생사상속하는 데에 의지처가 되며 수온·상온·행온·식온을 본질로
한다. 근변온은 이 일미온을 근본으로 삼아 인기된 것으로서, 단절이 있는 일반적 의미
의 5온을 가리킨다. 이 주장을 와수미뜨라는 경량부 근본주장3으로 기술하고, 위니따
데바는 설전부 주장2로 기술한다.

143 여기서의 '승의'는 실유이고 미세하기 때문에 그 상을 시설하기 어렵다는 주장이다. 이
주장은 와수미뜨라가 기술한 경량부 근본주장5에 상반되고, 위니따데바가 기술한 분
별설부 주장1에 상반된다. 이 기술이 와수미뜨라의 기술과 상이한 이유는 와수미뜨라
가 "승의의 뿌드갈라가 있다"라고 기술하기 때문이다. 와수미뜨라의 기술은 자체 문헌

5 모든 것은 또 무상하다.[144]

－라고 말하는 그것들이 설전부의 교리이다. 그와 같은 7부
파[145]에 설일체유부의 교리들이 남아있다.

나. 독자부의 주장

또 독자부의 교리는,

1 유집수(有執受)는 섭수가 가립된 것이다.[146]

2 어떤 법이라도 이 세에서 다음 세로 이전하는 일은 없다. 뿌드
갈라가 5온을 섭수하고서 이전한다.[147]

3 유위에는 찰나인 것과 찰나 아닌 것이 있다.[148]

에 타당성이 확보된 반면 바브야의 기술은 자체 문헌의 기술과 모순된 것으로 볼 때,
바브야의 기술이 역자의 번역오류인 것으로 추정된다. 따라서 이 기술은 '뿌드갈라는
승의로 얻어진다(gang zag ni don dam par dmigs so ‖)'로 수정되어야 한다. 자세한 내용
은 pp.68-69. 참조.

144 이 주장을 와수미뜨라는 설일체유부 근본주장45와 화지부 근본주장23과 음광부의 근
본주장4로 기술하고, 바브야는 화지부 주장15로 기술하며, 또 KV(a), XXII.8에서는 동
산부와 서산부 주장으로 거론한다.

145 근본상좌부에서 분열된 설일체유부 계통의 7부파, 곧 설일체유부·분별설부·화지부·
법장부·음광부·홍의부·설전부이다.

146 이것은『구사론』권29(T29, 152c16-18)에서 거론된 독자부 주장으로도 확인된다. 곧 "우
리가 건립한 뿌드갈라는 그대가 추궁하는 실유나 가유와 같은 것이 아니다. 다만 현재
세에 포함되는 내적인 유집수의 온들에 의지해 뿌드갈라를 건립할 수 있다"라고 한 것
이다. 이 주장을 와수미뜨라는 독자부 근본주장2로 기술하며, 또 KV(a), I.1에서는 독
자부와 정량부 주장으로 거론한다.

147 이것은 모든 유위법이 찰나에 소멸하지만 뿌드갈라에 의지해 앞의 세에서 뒤의 세로
이전한다는 주장이다. 이 주장을 와수미뜨라는 독자부 근본주장4로 기술하고, 위니따
데바는 꾸루꿀라까·아반따까·독자부 주장2로 기술하며, 또 KV(a), I.1에서는 독자부
와 정량부 주장으로 거론한다. 와수미뜨라가 기술한 경량부 근본주장1과 바브야가 기
술한 설전부 주장1과 위니따데바가 기술한 설전부 주장1에서도 다음 세로 이전한다
고 주장하지만 조금 다르다. 반면 와수미뜨라가 기술한 설일체유부 근본주장46과 화지
부 근본주장24에 상반되고, 바브야가 기술한 화지부 주장14에 상반된다.

148 이 부파는 심법이나 방울소리 등은 찰나찰나에 소멸하지만 큰 땅이나 명근 등은 일정
기간동안 머문다고 주장한다. 이 주장을 와수미뜨라는 독자부 근본주장3과 화지부 지

④ 뿌드갈라는 취온(取蘊)과 같다거나 같지 않다고 말하지 않아야 한다.[149]

⑤ 열반은 모든 법과 같다거나 다르다고 말하지 않는다.[150]

⑥ 열반은 있다거나 없다고 말하지 않는다.[151]

⑦ 5식신은 염오도 아니고 이염도 아니다.[152]

─라고 말하는 것이 독자부의 교리이다.

가) 독자부의 분열

또 독자부[의 분열]도 2부류인데, 대산부(大山部)[153]와 정량부이다.

말주장⑥으로 기술한다. 반면 와수미뜨라가 기술한 설일체유부 근본주장㊺와 화지부 근본주장㉓과 음광부 근본주장④에 상반되고, 바브야가 기술한 화지부 주장⑮⑰에 상반된다.

149 이 부파는 유위나 무위가 아닌 불가설(不可說)의 뿌드갈라가 실제로 있다고 주장한다. 또 그 뿌드갈라에 대해, 보광(普光)은 "뿌드갈라가 생사에 있으면 온과 같지도 않고 다르지도 않으며, 무여열반에 들면 열반과 같지도 않고 다르지도 않다"라고 설명한다(『구사론기』권29, T41, 440b18-19). 이 주장을 와수미뜨라는 독자부 근본주장①로 기술하고, 위니따데바는 꾸루꿀라까·아반따까·독자부 주장①로 기술하며, 또 KV(a), I.1에서는 독자부와 정량부 주장으로 거론한다.

150 이 부파는 무여열반에 든 후에 뿌드갈라는 열반과 같지도 않고 다르지도 않다고 주장하긴 하지만, 이 기술의 '모든 법'을 세간의 일체법으로 이해한다면 이것은 열반과 세간 일체법의 불일불이(不一不二)적 관계를 나타낸다. 대승문헌 가운데 『대승입능가경』권3(T16, 602b14-16)에서는 불일불이하기 때문에 열반이라 한다고 하고, 『성유식론』권10(T31, 55b7-12)에서도 열반의 4가지 의미 가운데 본래자성청정으로서의 열반을 설명하면서 모든 법과 같지도 않고 다르지도 않다고 설명한다.

151 이것은 열반의 비유비무(非有非無)의 성질을 나타낸다. 대승문헌에서는 비유비무의 중도를 열반으로 해석하기도 한다.

152 이 부파는 5식에 오직 무기성만 있다고 주장한다. 이 주장을 와수미뜨라는 독자부 근본주장⑥으로 기술하고, 바브야는 설일체유부 주장⑰로 기술하고, 위니따데바는 꾸루꿀라까·아반따까·독자부 주장③으로 기술한다. 반면 와수미뜨라가 기술한 대중부·일설부·설출세부·계윤부 근본주장㉒와 화지부 근본주장⑩과 설일체유부 근본주장㉚에 상반되고, 바브야가 기술한 일설부 주장⑪과 화지부 주장⑦에 상반되고, 위니따데바가 기술한 설출세부 주장⑩에 상반된다.

153 3종 해설서 가운데 이곳을 제외한 다른 곳에서는 대산부를 언급하지 않는다.

(가) 정량부의 주장

그 가운데 정량부들의 근본교리는,

① 발생하는 것과 발생, 소멸하는 것과 소멸, 생성하는 것과 생
　성, 죽는 것과 죽음, 만들어지는 것과 만듦, 끊어지는 것과
　끊음, 나아가는 것과 나아감, 알아지는 것과 앎이 있다.
－라고 말하는 그러한 것이 정량부의 근본교리이다.

(나) 대산부의 분열

또 대산부[의 분열]도 2부류인데, 법상부[154]와 현도부[155]이다.

㉮ 법상부의 주장

법상부의 근본교리는,

① 발생에 대한 무지와 발생, 소멸에 대한 무지와 소멸이다.

㉯ 현도부의 주장

현도부[의 근본교리]도 마찬가지이다.

㉰ 육성부의 정체

육성부에 대해 어떤 이는 대산부의 분열이라 말하고, 다른 이
들은 정량부의 분열이라고 주장한다.

그와 같이 그것들은 독자부가 4부류로 머무른 것이다.

154　3종 해설서 가운데 NBhsg(t)에서는 법상부를 언급하지 않는다.
155　3종 해설서 가운데 NBhsg(t)에서는 현도부를 언급하지 않는다.

3) 총결

그것들이 바로 아짜르야들에 따르는 순서대로 18부류로 된 것이고, 그것들이 근본[교리]에 대한 고찰이다.

4. 보유편

그밖의 부차적인 차이점이 많이 있기 때문에 설명해야 한다. 무엇을 말하는가?[156]

① [3세의 해석에 대한] 설일체유부 주장의 분별도 차이가 4가지로서, 존재(bhāva) 또는 양상(lakṣaṇa) 또는 분위(avasthā) 또는 [관계의] 상위(anyathā)가 다르게 된다는 구별에 의거한다.[157]

①존재의 달라짐

그 가운데 첫 번째로 존재(bhāva)가 다르게 된다란 대덕 다르마뜨라따(Dharmatrāta, 法救)의 [해석]이다. 그는 "법들이 세(世)에서 작용할 때에 존재는 다르게 되지만 실체(dravya)는 다르게 되지 않는다. 금그릇을 부수어 다르게 만들 때에 모양은 다르게 되지만 실체는 다르게 되지 않는다. 마치 우유에서 요구르트로 될 때에 맛과 효능

---

156 이전까지는 해당 주장이 부파별로 구분해 기술되어 있었지만, 지금부터는 특정 부파에 귀속되지 않는 총 67종 주장들이 기술되어 있다. 그것들에는 앞서 기술된 것도 있고 여기서 처음 기술된 것도 있고 앞선 주장과 상반된 것들도 있다. 이것들을 '보유편'으로 분류해 정리한다. 그리고 3종 해설서에 기술된 주장과 관련된 것은 해당 출처를 밝힌다.

157 3세를 설명하는 4가지 해석은 『대비바사론』권77(T27, 396a13-b23); AKbh V.(296-297); 『순정리론』권52(T29, 631a12-b5) 등에서 설명하고 있으며, 특히 여기서의 글은 AKbh와 거의 유사하다.

과 발효는 다르게 되지만 색깔은 [다르게 되지] 않는 것과 같다. 그
와 같이 법들도 미래세로부터 현재세에 발생할 때에 미래세의 존재
는 소실되지만 실체는 [소실되지] 않는다.[158] 그와 같이 현재세로부
터 과거세로 될 때에도 현재세의 존재는 소실되지만 실체의 존재는
[소실되지] 않는다.[159]"라고 말한다.

⑩양상의 달라짐

양상(lakṣaṇa)이 다르게 된다란 대덕 고샤(Ghoṣa, 妙音)의 [해석]이
다. 그는 "법들이 세에서 작용할 때에 과거세의 양상을 갖는 [과거
세의 법]은 미래세와 현재세의 양상을 갖지 않는 것도 아니고, 미래
세도 미래세의 양상을 갖는 [법]은 과거세와 현재세의 것들을 갖지
않는 것이 아니다. 예컨대 사람이 한 여인을 탐착할 때에 다른 [여
인]들에 대해 탐착을 배제하지 않는 것이다."라고 말한다.

⑪분위의 달라짐

분위(avasthā)에서 다르게 된다란 대덕 와수미뜨라(Vasumitra, 世
友)의 [해석]이다. 그는 "법들이 세에서 작용할 때에 [3세가] 각각이
라고 설명하는 것은 분위에서 다르다는 것이지 실체가 다르다는 것
이 아니다. 예컨대 산가지를 일단위에서 셈할 때는 1이라 설명하지
만 백단위에 속하는 때는 100이라 하고, 천단위에서 셈할 때는 1,000

---

158 티벳역 그대로 번역하면 "과거세로부터 현재세에 발생할 때에 과거세의 존재는 소실
되지만 실체는 [소실되지] 않는다."이지만, 여기서의 '과거세'는 '미래세'의 오역으로 추
정된다. AKbh에서 "anāgatādadhvanaḥ pratyutpannam adhvānam āgacchann anāgatabhāvaṃ
jahāti, na dravyabhāvam |"이라고 한 것에 의거해 번역문을 수정한다.
159 이 글도 티벳역 그대로 번역하면 "그와 같이 현재세로부터 미래세로 될 때에도 현재세
의 존재는 소실되지만 실체의 존재는 [소실되지] 않는다."이지만, AKbh에서 "evaṃ
pratyutpannād atītamadhvānaṃ gacchan pratyutpannabhāvaṃ jahāti, na dravyabhāvam iti |"라
고 한 것에 의거해 '미래세'를 '과거세'로 수정한다.

이라 하는 것과 같다."라고 말한다.

⑰관계 상위의 달라짐

[관계의] 상위(anyathā)가 다르게 된다란 대덕 붓다데바(Buddhadeva, 覺天)의 [해석]이다. 그는 "법들이 세에서 작용할 때에 앞과 뒤[의 관계]에 따라 각각이라고 설명해야 한다. 예컨대 한 여인에 대해 어머니라고도 말하고 딸이라고도 말한다."[고 말한다].

그 네 사람은 여실하게 일체가 있다고 말하기 때문에 설일체유부이다.

② 또한 어떤 이는 7연(七緣), [곧] 인[연](因緣)과 소연[연](所緣緣)과 등무간[연](等無間緣)과 증상[연](增上緣)과 업[연](業緣)과 식[연](食緣)과 소의[연](所依緣)을 말한다.[160]

③ 또한 어떤 이는 통달하는 심(心)은 넷으로서, 각각의 제(諦)[라고 말한다].[161]

다른 이들은 법지(法智)와 유지(類智)는 여덟으로서[162], 간택지(簡擇智)는 아니라고 말한다.

다른 이들은 열둘이라고 주장한다.[163]

---

160 이 7연은 모두 남방불교에서 주장하는 24연에 포함되고, 특히 앞의 4가지는 북방불교에서 주장하는 4연이지만, 오직 7연만을 주장하는 부파는 확인되지 않는다. 24연이란 곧 ①인연(因緣) ②소연연(所緣緣) ③증상연(增上緣) ④무간연(無間緣) ⑤등무간연(等無間緣) ⑥구생연(俱生緣) ⑦상호연(相互緣) ⑧소의연(所依緣) ⑨의지연(依止緣) ⑩전생연(前生緣) ⑪후생연(後生緣) ⑫수습연(修習緣) ⑬업연(業緣) ⑭이숙연(異熟緣) ⑮식연(食緣) ⑯근연(根緣) ⑰도연(道緣) ⑱정려연(靜慮緣) ⑲상응연(相應緣) ⑳불상응연(不相應緣) ㉑유연(有緣) ㉒비유연(非有緣) ㉓거연(去緣) ㉔불거연(不去緣)이다.

161 곧 고지(苦智)·집지(集智)·멸지(滅智)·도지(道智)를 가리킨다.

162 4성제 하나하나에 법지(法智)와 유지(類智)가 있어서 8가지 지가 된다. 곧 고법지(苦法智)·고류지(苦類智)·집법지(集法智)·집류지(集類智)·멸법지(滅法智)·멸류지(滅類智)·도법지(道法智)·도류지(道類智)이다.

163 시상전(示相轉)·권상전(勸相轉)·증상전(證相轉)의 3가지에 의지해 4성제의 12행상을

또 다른 이들은 열여섯이라고 주장한다.[164]

④ 또한 무심(無心)의 수면(睡眠)에는 심이 없다. [심에] 상응하는 것은 그 밖의 것에 있다.[165]

⑤ 상수멸[정](想受滅定)에는 상과 수의 소멸이 있다. 그 밖의 것에는 상응한다.[166] 마치 의(意)에 싫증난 자가 무행정(無行定)에 평등하게 들어가고 희(喜)에 싫증난 자가 무희정(無喜定)[167]에 평등하게 들어가는 것처럼, 상과 수에 싫증난 자는 상수멸[정]에 평등하게 들어간다.

⑥ 또한 어떤 이는 "심(心)에 의지해 대상의 차별을 얻는 것이 열반을 얻는 것이다."라고 말한다.

어떤 이는 "온(蘊)이 없게 된 것이 열반이지만[168] 존재(bhāva)의 의미

여실하게 아는 것이다. 시상전이란 '이것은 고제이다', '이것은 집제이다', '이것은 멸제이다', '이것은 도제이다'고 긍정하는 것이다. 또 권상전이란 '이 고제를 알아야 한다', '이 집제를 끊어야 한다', '이 멸제를 증득해야 한다', '이 도제를 수습해야 한다'고 말하는 것이다. 또 증상전이란 '고제를 이미 알았다', '집제를 이미 끊었다', '멸제를 이미 증득했다', '도제를 이미 수습했다'고 말하는 것이다.

164 4성제의 16행상을 관찰해 깨친 후 견도에 들고서 무루지로써 4성제를 현관하며 얻게 되는 16가지 지이다. 곧 고법지인(苦法智忍)과 고법지(苦法智), 고류지인(苦類智忍)과 고류지(苦類智), 집법지인(集法智忍)과 집법지(集法智), 집류지인(集類智忍)과 집류지(集類智), 멸법지인(滅法智忍)과 멸법지(滅法智), 멸류지인(滅類智忍)과 멸류지(滅類智), 도법지인(道法智忍)과 도법지(道法智), 도류지인(道類智忍)과 도류지(道類智)이다.

165 『대비바사론』권200(T27, 1000b6-c28)]에서 8가지 무상론(無想論)을 논의하면서 "풍간병과 깊은 잠과 기절이 온전한 무상(無想)과 비슷한 것을 보고 …"라는 내용이 언급된다. 그때까지는 아직 5무심위가 별도로 건립되지 않았지만 극수면의 상태도 무심위로 이해하고 있다는 것을 알 수 있다.

166 『대비바사론』권152(T27, 775a21-b27)에서 멸진정(滅盡定)에서 소멸하는 심심소법에 대해 논의하고 있다. 그곳에서 비유자는 오직 수와 상만 소멸한다고 주장하지만, 설일체유부는 수와 상의 소멸만 말해도 그 밖의 심심소도 소멸한다는 것을 나타낸다고 반박한다. 그 밖의 상응하는 법들은 수와 상을 배제하고 발생되지 않기 때문이다. 따라서 이 단락에서 주장하는 내용은 오히려 비유자 주장과 같다는 것을 알 수 있다.

167 무희정(無喜定)이란 희에 상응하지 않고 희와 함께 발생하지 않고 희와 함께 머물지 않고 희와 함께 소멸하지 않는 정(定)이다(『사리불아비담론』권30, T28, 715c18-19).

168 『아비담비바사론』권15(T28, 114a1-2)에서 열반의 의미를 논의하는 가운데 어떤 이의 주장으로서 거론되는 해석이다. 곧 "어떤 이는 온들을 영원히 끊어서 다시 발생시키지 않는 것이 열반의 의미이다."라고 한 것이다.

는 아니다."라고 말하고,

어떤 이는 "자성무기(自性無記)가 열반이다."라고 설명한다.

⑦ 또한 어떤 이는 "[4]무량이 각지(覺支)이다."라고도 말한다.[169]

⑧ 어떤 이는 "큰 과보는 셋이다. 다른 마음을 통한 과보와 큰 과보와 무량한 과보이다."라고 말한다.

⑨ 또한 번뇌의 힘에 의거해 [악]취로 나아간다면 도움을 준 것은 업이다. 그래서 그것을 제거한 자는 그 [악]취로 나아가지 않는다.

또 어떤 이는 "앞서 지은 업들의 힘에 의거해 최초로 취(趣)가 [있다]."라고 주장한다.

어떤 이는 "어떤 것이든 자주 익힌 업들 때문이다."라고 주장한다.

어떤 이는 "5가지에 의거해 자주 익히기 때문이다. 앞의 넷과 조건 [緣]의 차별을 자주 익히기 때문이다."[고 말한다.]

어떤 이는 "과거세의 집수가 업화(業火)를 사른다."라고 말한다.

어떤 이는 "현재세의 업이다."라고 말한다.

어떤 이는 "5개(五蓋) 가운데 어떤 것에도 수순하지 않기 때문에 사(思)가 업이다."라고 말한다.

⑩ 어떤 이는 "색계는 4[가지] 계에서의 4현색이다."라고 주장한다.

다른 이는 "하나의 현색이다."라고 주장한다.

⑪ 또한 다른 이들은 '뿌드갈라가 있다. 그것은 또 온(蘊)과 다르다'고 말하며, 온 뿐인 것도 아니고 온이 유집수라고 관찰한다. 집수가 없

---

169 『대비바사론』권83(T27, 431a3-5)에서, '붓다는 제3정려와 하위 3무색정에서 대치하는 각지를 자무량(慈無量) 등이라 한다'는 것을 어떤 이의 주장으로 설명한다. 이 주장은 아래의 보유편⑫에 상반된다.

는 것이 열반이기 때문이다.[170]

⑫ 이와 같이 4성제에서 순서대로 관찰하여 현관한다. 중간에서 수순하지 않는 심(心)이 발생하는 일은 없다.[171]

⑬ 고(苦)를 반연하는 각지(覺支)에 의지해 [정성]리생에 든다.[172]

⑭ '욕[계]에 속하는 행(行)은 무상하다'고 작의하는 것에 의지하는 13심에 의거해 예류과를 증득한다.[173]

⑮ 그 법(: 예류과)에 머무는 자에게 물러남은 없다. 그와 같이 향(向; 趣入)도 [마찬가지]이다.[174]

⑯ 아라한에게도 물러남이 있다.[175]

⑰ 중유도 있다.[176]

---

170 뿌드갈라가 즉온도 이온도 아니라는 주장을 와수미뜨라는 독자부 근본주장① 로 기술하고, 바브야는 독자부 주장④ 로 기술하고, 위니따데바는 꾸루꿀라까 등 3부파의 주장 ① 로 기술한다.

171 이 주장을 와수미뜨라는 대중부 등 4부파의 지말주장① 과 설일체유부의 근본주장⑦ 로 기술하고, 바브야는 설일체유부 주장⑥ 으로 기술한다. 반면 이 주장은 와수미뜨라가 기술한 대중부 등 4부파의 근본주장㉑ 과 화지부의 근본주장② 에 상반되고, 바브야가 기술한 일설부 주장⑩ 과 화지부 주장② 에 상반되고, 위니따데바가 기술한 설출세부 주장⑨ 와 화지부 주장② 에 상반된다.

172 고고(苦苦)와 괴고(壞苦)가 아닌 오직 행고(行苦)를 보는 것에 의해 정성리생에 든다는 것을 바브야가 다문부 주장③ 으로 기술하지만, 설일체유부는 욕계의 행(行)이 고고(苦苦)·괴고(壞苦)·행고(行苦)를 완전히 갖추고 있기 때문에 그것을 사유해 정성리생에 든다고 주장한다(『대비바사론』 권185, T27, 928a12-13).

173 이 주장을 와수미뜨라는 독자부 근본주장⑨ 로 기술하고, 위니따데바는 꾸루꿀라까 등 3부파의 주장④ 로 기술한다.

174 이 주장을 와수미뜨라는 설일체유부 근본주장⑫ 로 기술하고, 바브야는 설일체유부 주장④ 로 기술하고, 위니따데바는 설출세부 주장⑲ 로 기술한다. 반면 이 주장은 와수미뜨라가 기술한 대중부 등 4부파의 근본주장㊱ 과 화지부의 근본주장⑰ 에 상반된다.

175 이 주장을 와수미뜨라는 설일체유부 근본주장⑫ 로 기술하고, 바브야는 설일체유부 주장⑩ 으로 기술한다. 반면 이 주장은 와수미뜨라가 기술한 대중부 등 4부파의 근본주장㊱ 과 화지부의 근본주장⑰ 에 상반되고, 위니따데바가 기술한 설출세부 주장⑲ 에 상반된다.

176 이 주장을 와수미뜨라는 설일체유부 근본주장㉙ 와 화지부 지말주장② 로 기술하고, 바브야는 근본상좌부 주장③ 으로 기술한다. 반면 이 주장은 와수미뜨라가 기술한 대중부

⑱ 과거세와 미래세도 있다.[177]

⑲ 완전한 선법(善法)의 의미인 열반이 있다.[178]

⑳ 온(蘊)이 소멸하는 것이 바로 세(世)로부터의 선해탈(善解脫)이다.

㉑ 천(天)에서도 범행에 머무는 자가 있다.[179]

㉒ 욕계에서 [정성]리생에 든다.[180]

㉓ 이생도 욕계의 탐과 진에를 끊는다.[181]

㉔ 5식신은 염오도 이염도 아니다. 분별이 없기 때문이다.[182]

㉕ 6[식]은 염오이고 이염이다.[183]

㉖ 아라한은 유루의 색과 심에 의지해 유루와 무루를 반연한다.

등 4부파의 근본주장㊽과 화지부의 근본주장⑧에 상반되고, 바브야가 기술한 화지부 주장④에 상반되고, 위니따데바가 기술한 설출세부 주장㉝과 화지부 주장⑤에 상반된다.

177 3세가 실유라는 주장을 와수미뜨라는 설일체유부 근본주장②와 화지부 지말주장①로 기술하고, 바브야는 근본상좌부 주장⑤와 설일체유부 주장③으로 기술한다. 반면 이 주장은 와수미뜨라가 기술한 대중부 등 4부파의 근본주장㊻과 화지부의 근본주장①에 상반되고, 바브야가 기술한 일설부 주장⑳과 화지부 주장①에 상반된다.

178 4종 선(善) 가운데 승의선(勝義善)을 열반이라 한다. 이 주장을 바브야는 근본상좌부 주장⑥으로 기술한다.

179 이것은 천(天)에 즐거움이 많이 있더라도 남녀의 구분이 있기 때문에 음욕을 제거하는 범행도 있다는 주장이다. 이 주장을 와수미뜨라는 설일체유부 근본주장⑯으로 기술하고, 바브야는 설일체유부 주장⑬과 화지부 주장⑤와 법장부 주장②로 기술한다. 반면 이 주장은 와수미뜨라가 기술한 설산부 근본주장④와 화지부 근본주장⑦에 상반되고, 위니따데바가 기술한 설산부 주장②와 화지부 주장④와 기타림사부 등 3부파의 주장①에 상반된다.

180 이 주장을 와수미뜨라는 설일체유부 근본주장⑨⑳으로 기술하고, 바브야는 설일체유부 주장⑮로 기술한다.

181 이 주장을 와수미뜨라는 설일체유부 근본주장⑭로 기술하고, 바브야는 설일체유부 주장⑪과 화지부 주장⑩으로 기술한다. 반면 이 주장은 와수미뜨라가 기술한 화지부 근본주장⑤에 상반된다.

182 이 주장을 와수미뜨라는 독자부 근본주장⑥으로 기술하고, 바브야는 설일체유부 주장⑰과 독자부 주장⑦로 기술하고, 위니따데바는 꾸루꿀라까 등 3부파의 주장③으로 기술한다. 반면 이 주장은 와수미뜨라가 기술한 대중부 등 4부파의 근본주장㉒와 화지부의 근본주장⑩에 상반되고, 바브야가 기술한 일설부 주장⑪과 화지부 주장⑦에 상반되고, 위니따데바가 기술한 설출세부 주장⑩에 상반된다.

183 이 주장을 바브야는 일설부 주장⑪로 기술한다.

27 심이 다른 대상에 나아가는 것은 아니지만, 여기에 머물 듯이 먼 곳에 머무는 것을 반연한다.

28 무색계에는 색이 없다.[184]

29 아라한에게도 물러남이 있다.[185]

30 시기에 맞지 않게 죽는 일이 있다.[186]

31 [괴로움이 발생하는 데에] 사람의 작용은 있다.[187]

32 세간의 정견(正見)은 있다.[188]

33 외도에게도 5신통이 있다.[189]

34 아라한에게는 다른 이에 의지해 교시되어 성취하는 일이 없다. 무지는 없다. 유예는 없다. 다른 이에게 분별되는 일은 없다. 말을 하

---

184 무색계에 색이 없다는 것은 설일체유부 주장이다(『대비바사론』권68, T27, 352b20-21). 반면 이 주장은 와수미뜨라가 기술한 대중부 등 4부파의 근본주장23에 상반되고, 위니따데바가 기술한 설출세부 주장11에 상반된다.

185 이 주장을 와수미뜨라는 설일체유부 근본주장12로 기술하고, 바브야는 설일체유부 주장10으로 기술한다. 반면 이 주장은 와수미뜨라가 기술한 대중부 등 4부파의 근본주장36과 화지부의 근본주장17에 상반되고, 위니따데바가 기술한 설출세부 주장19에 상반된다.

186 설일체유부는 죽음을 상속신에 따라 전전하다가 죽는 것과 한 번 태어나 머물다 죽는 것으로 구분하고, 전자는 장애가 있다는 것을 나타내고 후자는 장애가 없다는 것을 나타내는 것이기 때문에 반드시 시기에 맞지 않는 죽음이 있다고 주장한다(『대비바사론』권151, T27, 771a27-b19; 『구사론』권5, T29, 26c8-12). 이 주장은 와수미뜨라가 기술한 설가부 근본주장4에 상반되고, 바브야가 기술한 설가부 주장6에 상반되고, 위니따데바가 기술한 설가부 주장2에 상반된다.

187 이 주장은 와수미뜨라가 기술한 설가부 근본주장3에 상반되고, 바브야가 기술한 설가부 주장37에 상반되고, 위니따데바가 기술한 설가부 주장1에 상반된다.

188 이 주장을 와수미뜨라는 설일체유부 근본주장34와 화지부 근본주장13으로 기술하고, 바브야는 설일체유부 주장16으로 기술한다. 반면 이 주장은 와수미뜨라가 기술한 대중부 등 4부파의 근본주장37에 상반되고, 바브야가 기술한 일설부 주장16에 상반된다.

189 이것은 불제자뿐만 아니라 다른 가르침을 따르는 외도도 누진통을 제외한 신경통·천안통·천이통·타심통·숙명통을 증득한다는 주장이다. 이 주장을 와수미뜨라는 설일체유부 근본주장15와 독자부 근본주장5로 기술하고, 바브야는 설산부 주장2와 설일체유부 주장12로 기술한다. 반면 이 주장은 와수미뜨라가 기술한 설산부 근본주장3과 화지부 근본주장6과 법장부 근본주장4에 상반되고, 위니따데바가 기술한 설산부 주장1과 화지부 주장3과 법호부 주장3에 상반된다.

여 [성도에] 들어간다는 설명은 없다. 근(根)과 력(力)과 각지(覺支)를 발생시키기 때문이다.[190]

35 붓다의 성제자들이 북꾸루주와 악마종족과 무상[천]의 유정으로 태어나는 일은 없다.[191]

36 예류자는 정려를 얻지 못한다.[192]

37 일체의 경은 요의이다.[193]

38 불상응[행]으로서의 수면(隨眠)도 심소로서의 수면도 있다.[194]

39 유위에는 찰나인 것과 찰나 아닌 것이 있다.[195]

40 소멸되는 집수가 업화(業火)를 사른다.[196]

41 유정이란 한번 죽고 태어나는 것을 알지 못하는 근원으로부터 구경지(究竟地)에 도달할 때까지이다. 죽음의 조건을 만드는 그 일심

---

190 이 주장을 바브야는 근본상좌부 주장1로 기술한다. 반면 이 주장은 와수미뜨라가 기술한 대중부 등 4부파의 근본주장29와 다문부 근본주장3과 제다산부 등 3부파의 근본주장3과 설산부 근본주장5에 상반되고, 바브야가 기술한 일설부 주장13과 다문부 주장5에 상반되고, 위니따데바가 기술한 설출세부 주장15와 다문부 주장3에 상반된다.

191 이 주장을 와수미뜨라는 설일체유부 근본주장21로 기술한다.

192 이 주장은 와수미뜨라가 기술한 대중부 등 4부파의 근본주장49에 상반되고, 바브야가 기술한 일설부 주장21과 설일체유부 주장9와 화지부 주장9에 상반되고, 위니따데바가 기술한 설출세부 주장34에 상반된다.

193 이 주장을 와수미뜨라는 대중부 등 4부파의 근본주장41로 기술하고, 위니따데바는 설출세부 주장23으로 기술한다. 반면 이 주장은 와수미뜨라가 기술한 설일체유부 근본주장54에 상반되고, 바브야가 기술한 설일체유부 주장14에 상반된다.

194 수면과 심이 상응하지 않는다는 주장을 와수미뜨라가 대중부 등 4부파의 근본주장44와 화지부의 근본주장3으로 기술하고, 바브야는 일설부 주장18로 기술하고, 위니따데바는 화지부 주장7과 기타림사부 등 3부파의 주장6으로 기술한다. 반면 수면이 심과 상응한다는 주장을 와수미뜨라는 설일체유부 근본주장24로 기술하고, 위니따데바는 근본설일체유부 주장4로 기술한다.

195 이 주장을 와수미뜨라는 독자부 근본주장3과 화지부 지말주장6으로 기술하고, 바브야는 독자부 주장3으로 기술한다.

196 수면(隨眠)의 다른 명칭으로 취(取)를 건립한 것은 그것이 업을 불태우기 때문이다. 곧 번뇌를 반연하여 5취유정의 업화가 항상 치성하게 된다는 것이다(『대비바사론』권48, T27, 247c8-13).

(一心)은 적정해야 한다.

(42) [4]무량은 각지(覺支)가 아니다.[197]

(43) 67등지(等至)[198]를 성취하여 19등지와 근(根)과 력(力)과 각지(覺支)를 보살이 수습한다.

(44) 결(結)들을 제거한다란 무간도(無間道)에 의지해 끊어지는 것들이다.[199]

(45) [유정이] 취(趣)을 수반하는 도(道)는 확실히 2[가지]이다.

(46) 사문과는 순서대로 얻는 것이 아니다. 세간도에 의지해서도 일래과와 불환과가 현전한다.[200]

(47) 윤회는 다르게 전변하는 일도 있다.

(48) 어떤 법도 이 세에서 다음 세로 나아가는 것은 없다. 온을 섭수하고서 유정은 이전한다.[201]

(49) 색계는 4[가지] 현색이다.

(50) 또한 중유는 10[가지] 현색이거나 진주조개색과 비슷하다.

(51) 또한 중유는 5일이나 7[일] 머물거나 오랜 시간 [머물기]도 한다.[202]

---

197 이 주장은 위의 보유편(7)에 상반된다.

198 와수반두의 『섭대승론석』권11(T31, 234b14-17)에 따르면, 대승장에서 건립한 등지는 500가지가 있고 상좌불교의 『청정도론』에서 건립한 등지에는 67종이 있다.

199 무간도란 끊어야할 번뇌를 끊고 번뇌가 이어지지 않게 하며 이계득(離繫得)을 이끌어 택멸을 증득하게 하는 수행도이다. 견도 15심 가운데 8인(八忍)이 모두 무간도에 속하기 때문에, 곧 정성리생에 들고서 결이 제거된다는 주장이다. 이 주장을 와수미뜨라는 대중부 등 4부파의 근본주장(39)로 기술하고, 바브야는 일설부 주장(15)로 기술한다.

200 이 주장을 와수미뜨라는 설일체유부 근본주장(22)로 기술한다.

201 이 주장을 와수미뜨라는 설일체유부 근본주장(46) 과 화지부 근본주장(24)로 기술하고, 바브야는 화지부 주장(14)로 기술한다. 반면 이 주장은 와수미뜨라가 기술한 독자부 근본주장(4)와 경량부 근본주장(1)에 상반되고, 바브야가 기술한 설전부 주장(1)과 독자부 주장(2)에 상반되고, 위니따데바가 기술한 설전부 주장(1)과 꾸루꿀라까 등 3부파의 주장(2)에 상반된다.

202 중유에 머무는 기간에 대해, 『대비바사론』권70(T27, 360c25-b17)에서는 속히 생(生)을 구하기 때문에 적은 시간만 머문다는 것이 정설이지만, 생을 받을 인연과 화합하는 기간

52 또한 업은 결코 없어지지 않는다. 손감되지 않는다. 침해당하지 않는다. 업의 이숙이 경험되는 일은 없다.

53 유(有, bhava)는 살아있는 동안 종성(種性)의 자성과 함께 머문다.

54 먼저 적집한 것과 나중에 적집한 업연(業緣)을 얻고서 취(趣)들에 나아간다.

55 정업(定業)은 차단할 수 없다.203

56 보살은 사람의 형상으로 모태로 들어간다. 어머니의 옆구리로 코끼리가 되어 들어가는 것이 아니다. 그것은 그러한 꿈에서의 분별이다.204

57 [보살은] 아르부다와 깔랄라와 뻬쉬[와 가나]의 존재로도 된다. 태어날 때에 장애가 없는 해탈의 능력을 갖는다.205

에 따라 오래 머물기도 한다고 주장한다. 곧 설마달다(設摩達多)존자는 최대 49일 이내에 반드시 생(生)을 받는다고 주장하고, 와수미뜨라(世友)는 중음신이 나약하고 하열하여 오래 머물지 못하기 때문에 최대 7일 동안 머물며 그 기간 내에 생을 받지 못하면 그 중유에서 생사를 거듭한다고 주장하며, 대덕(大德)은 생을 받을 인연에 화합해야 생을 받기 때문에 정해진 기간이 없다고 주장한다.

203 정업(定業)과 부정업(不定業)에 대해『대비바사론』권114(T27, 593b9-c22)에서 자세히 설명하고 있다. 먼저 비유자는 순현법수업(順現法受業)·순차생수업(順次生受業)·순후차수업(順後次受業)을 받는 것이 결정되어 있지 않으며, 그것들은 물론 무간업까지도 모두 바꿀 수 있다고 주장한다. 이에 반해 설일체유부논사는 3가지 주장을 보이고 있다. ①첫 번째 논사는 그 3가지 업은 받는 것이 결정되어 있고, 순부정수업(順不定受業)만 금계를 수지하고 범행을 부지런히 수습함으로써 바꿀 수 있다고 주장한다. ②두 번째 논사는 순부정수업을 다시 이숙이 결정된 것과 이숙이 결정되지 않은 것으로 구분하여, 앞의 3가지업과 이숙이 결정된 순부정수업은 바꿀 수 없지만 이숙이 결정되지 않은 순부정수업은 바꿀 수 있다고 주장한다. ③세 번째 논사는 4가지 업 모두를 이숙이 결정된 것과 이숙이 결정되지 않은 것에 의거해 8가지로 구분하여, 이숙이 결정된 4가지는 바꿀 수 없지만 이숙이 결정되지 않은 4가지는 바꿀 수 있다고 주장한다.

204 설일체유부는 보살이 모태에 들어갈 때 코끼리의 형상을 짓는 것이 아니라 보살의 어머니의 꿈에 이런 모습이 나타난 것에 따른 설명이라고 주장한다(『대비바사론』권70, T27, 361b28-c11). 이 주장은 와수미뜨라가 기술한 대중부 등 4부파의 근본주장17에 상반되고, 바브야가 기술한 일설부 주장7에 상반된다.

205 이 주장과 달리 태내4위가 자신의 존재라고 집수하지 않는다는 주장을 와수미뜨라는 대중부 등 4부파의 근본주장16으로 기술하고, 바브야는 일설부 주장6으로 기술하고, 위니따데바는 설출세부 주장8로 기술한다.

58 불세존의 지(智)는 수용[신](受用身)에서 전전한다.

59 ①이생성(異生性)도 일심(一心)에 의지해 소멸된다.

　⑪일심(一心)에 의지해 모든 장애를 제거하고, 일심에 의지해 일체
　　지자의 장애가 없는 해탈도 증득한다.

　⑪일심(一心)에 의지해 향(向; 趣入)의 법들을 소멸시키고 주과(住果)
　　들을 발생시킨다.

60 4연이 모든 연(緣)을 포함한다.

61 고[제]에 의거해 끊어질 전(纏)에 머무는 자는 무간[도]를 행하지만
　　다른 것에 의지하지는 않는다.[206]

62 견소단의 4수면[207]에 의지해 포함되고 일체를 포섭한다. 그것에 의
　　지해 일체의 선근이 끊어지지만, 수소단[의 번뇌]에 의지하는 것은
　　아니다.

63 수습의 모든 자성(自性)에 세간(: 유루)이 머무는 한 다른 것에 의지
　　해 손감되고 노력에 의지해 손감되지 않지만, 자신의 수명이 다하
　　는 것에 의지해 세(世)를 만든다.

64 일체의 아라한은 원리(遠離)에 의지해 죽지만 이전(移轉)에 의지해
　　서는 죽음이 없다. 말했듯이 몸을 버림에 의지해 세(世)를 만든다.
　　아라한은 최후신을 버림에 의지해 [근본무명을] 원리하기 때문이
　　라고 설한 것과 같다. 몸은 여기서 근(根)으로서의 몸을 만드는 것

---

206 견도의 16찰나 가운데 4법지인과 4류지인은 어떠한 간격과 장애[隔礙]가 없다는 사실
　　에 근거하기 때문에 무간도(無間道)에 의지해 번뇌를 끊는다. 또 4법지와 4류지는 해탈
　　도(解脫道)에 의지하는데, 해탈하여 이계(離繫)의 득과 동시에 일어나기 때문이다(『구
　　사론』권23, T29, 122a14-16).

207 탐(貪)·진(瞋)·만(慢)·무명(無明).

이라고 말한다.

⑥⑤ 발생하는 것과 발생, 소멸하는 것과 소멸, 생성하는 것과 생성, 죽는 것과 죽음, 만들어지는 것과 만듦, 끊어지는 것과 끊음, 나아가는 것과 나아감, 알아지는 것과 앎이 있다.[208]

⑥⑥ 3온이 모든 심(心)을 포함하지만 모든 법은 아니다.[209]

⑥⑦ 일체의 수(受)는 업으로부터 발생한다. 앞서 지은 수소단의 모든 업의 이숙으로 된다.[210]

─라고 하는 것까지이다.

5. 저자와 역자 소개

'데빠 타대빠르 제빠 당 남빠르새빠'는 아짜르야 바브야(Bhavya)가 짓고 완성했다.

라사 튀낭의 사원에서 쉬라마나 렉뻬쎄랍(legs pa'i shes rab, 11세기 초)이 요청하고서, 동인도 방갈라의 대학자인 디빵까라쉬리갸나(Dīpaṃkaraśrījñāna, 982-1054)라 하는 지자(智者)의 참여와 티벳의 번역가인 쉬라마나 츌팀걜와(Tshul khrims rgyal ba, 1011-1064)가 번역하고 교정 받고서 완결했다.

---

208 이 주장을 바브야는 정량부의 주장①로 기술한다.

209 이 단락과 일치하지는 않지만 비슷한 내용이 『대비바사론』권19(T27, 96b18-20)에 있다. 곧 "심법은 식온 곧 안식 등 6식이고, 심소법은 3온 곧 수·상·사 등이다."라고 한 것이다.

210 이 주장은 『대비바사론』권114(T27, 741b11-13)에서 비유자 주장으로 거론한다. 곧 "비유자는 사(思)를 배제하고 이숙인은 없고 수(受)를 배제하고 이숙과는 없다."라고 한 것이다. 이에 대해 설일체유부는 이숙인과 이숙과가 모두 5온에 통한다고 주장한다.

III

Gzhung tha dad pa rim par bklag
pa'i 'khor lo las sde pa tha dad pa
bstan pa bsdus pa zhes bya ba

'SBhu에서 부파의 분열과 주장을 간추린 것이라 하는 것'

위니따데바가 짓다

세부 목차

III

Gzhung tha dad pa rim par bklag pa'i 'khor lo las sde pa tha dad pa bstan pa bsdus pa zhes bya ba

P. U.187b3; N. U.172a7; D. Su.154b3; C. Su.154b3.

rgya gar skad du │ samayabhedoparacanacakre   nikāyabhedopadeśa nasaṃgrahanāma[1] │

N172b1

bod skad du │ gzhung tha dad pa rim par bklag[2] pa'i 'khor lo las sde pa tha dad pa bstan pa bsdus pa zhes bya ba │

dkon mchog gsum la phyag 'tshal lo ‖

---

1   samayabhedoparacanacakre nikāyabhedopadeśanasaṃgrahanāma》 *conj*,. samayabhedeparacanacakrasya nakāyabhedepadareśana nnāma saṅgraha P, samayabhedoparacanacakrasya nakāyabhedepadariśana nāma saṅgraha N, samayabhedoparavacanacakrasenakāyabhedoparideśanaṃ nāma saṃgraha D, samayabhedoparavacanacakrasenakāyabhedoparideśanāṃ nāma saṃgraha C.

2   bklag》 DC, klag PN.

1. 18부파의 분류

shar dang nub dang gangs rir gnas ||[3]

'jig rten 'das par smra ba'i sde ||

btags par smra ba'i sde pa dang ||[4]

lnga tshan[5] dge 'dun phal chen pa ||[6]

gzhi[7] kun pa dang 'od srungs sde ||

sa ston[8] sde dang chos srung[9] sde ||[10]

mang thos gos dmar slob ma dang ||

rnam par phye ste smra ba'i sde ||

thams cad yod par smra ba yin ||

rgyal byed tshal gnas[11] 'jigs med gnas ||

gtsug lag khang chen gnas brtan pa ||

sa sgrogs ris dang srung ba pa[12] ||

gnas ma bu yi[13] sde rnams ni ||

kun gyis bkur ba[14] rnam pa gsum ||

---

3 ||》 NDC, | P.

4 ||》 DC, | PN.

5   tshan》 PND, mcha na C.

6 ||》 NDC, | P.

7   gzhi》 NDC, bzhi P.

8   ston》 NDC, sten P.

9   srung》 DC, srungs PN.

10 ||》 NDC, | P.

11 gnas》 PND, nas C.

12 pa》 PND, pa la C.

13 bu yi》 DC, bu'i PN.

14 ba》 DC, pa PN.

yul don slob dpon bye brag gis ‖

tha dad rnam pa bco brgyad gsungs ‖

2. 각 부파의 주장

1) 대중부 계통

sde pa bco brgyad las 'phags pa dge 'dun phal chen pa'i sde pa rnam pa lnga'i nang nas 'jig rten las 'das par smra ba'i sde pa'i lta ba la gzhan dang P188a1 mi mthun pa'i rnam grangs mnga'[15] bas na sngar de bshad la | lhag ma gzhan rnams phyis bshad na bde ba'i phyir de dang por bshad do ‖

(1) 설출세부의 주장

de la 'jig rten las 'das par smra ba'i sde pa rnams ni 'di skad ces zer te |

thub pa ni 'jig rten las 'das pa |

rdzas yod pa |

sku dang sku[16] tshe[17] mtha' yas pa |

mnyam par gzhag[18] pa |

skad cig skad cig la thams cad mkhyen pa |[19]

---

15   mnga'》 PND, mngal C.
16   sku》 PN, *om.* DC.
17   tshe》 PN, tshe dang DC.
18   gzhag》 NDC, bzhag P.
19 |》 DC, *om.* PN.

zad pa[20] dang mi skye ba'i blo rtag tu mnga' ba yin no ||

D155a1   C155a1

chos kyi 'khor lo bskor ba ni tshig gi yin no ||

byang chub sems dpa' la ni 'dod chags la sogs pa skye ba dang | mer mer
po la sogs pa las skye ba med do ||

bden pa ni cig car mthong ngo ||

mig la sogs pa'i sems kyis kyang 'dod chags dang bral bar 'gyur ro ||

gzugs dang gzugs med pa na yang mig la sogs pa'i rnam par shes pa yod do ||

dbang po rnams kyis ni yul mi 'dzin no ||

mnyam par bzhag[21] pa yang tshig smra'o ||

sems la yang gzugs yod do ||

N173a1

rang rig ma yin no || dgra bcom pa rnams la yang som nyi dang mi shes
pa[22] yod de bstan dgos so || 'bras bu la gzhan gyis[23] brda sprad dgos so || sdug
bsngal smos shing sdug bsngal tshig tu brjod pas lam skye bar 'gyur ro ||

'jig pa yang yod do ||

brgyad pa la yang yun ring du gnas so ||

chos kyi mchog[24] las kyang nyams par 'gyur ro ||

rgyun du[25] zhugs pa dang dgra bcom pa las ni nyams pa med do ||

P188b1

dang po shos ni mtshams med pa[26] ma gtogs pa gzhan byed do ||

'jig rten pa la ni yang dag pa'i lta ba'i dbang[27] po med do ||

---

20   zad pa》 DC, zag pa PN.

21   bzhag》 P, gzhag NDC.

22   shes pa》 NDC, zhes pa P.

23   gyis》 DC, gyi PN.

24   mchog》 PN, chog DC.

25   du》 NDC, tu P.

26   *om.*》 DC, | PN

ma gsungs pa la ni bcas bcos byar med do ||

drang ba'i don ni med do ||

gzugs med pa'i[28] gzugs med pa bzhi dang | 'dus[29] ma byas gsum dang |

lam dang rten cing 'brel par 'byung ba'i lugs su gtogs pa dgu'o ||

sangs rgyas mang po cig car 'byung ba yod do ||

sems gnyis cig car 'byung ba dang |

nyon mongs pa dang lam cig car 'byung ba dang |

las dang las kyi[30] 'bras bu cig car 'byung ba dang |

sa bon dang myu gu cig car 'byung ba yod do ||

lus la ni sems kyis khyab bo[31] ||[32]

sems ni 'od gsal ba'o ||

phra rgyas ni mi ldan pa'o || kun nas dkris pa ni mtshungs par ldan pa'o ||

zhig par gyur pa dang ma skyes pa dang | bar ma do'i srid pa ni med

do ||

rgyun du[33] zhugs pa ni bsam gtan thob pa'o ||

drug pa ni shes par bya ba yang ma yin | rnam par shes par bya ba[34] yang

ma yin no[35] zhes 'jig rten las 'das par smra ba'i sde pa rnams zer ro ||

---

27   dbang)) PND, dbong C.
28   pa'i)) PN, pa ni DC
29   'dus)) PND, bdus C.
30   kyi)) DC, gyis PN.
31   bo)) P, po NDC.
32 ||)) NDC, | P
33   du)) NDC, tu P.
34   rnam par shes par bya ba)) DC, rnam par shes pa PN.
35   no)) PND, na C.

de las gzhan pa rnams kyis³⁶ khyad par 'di yin te |

thub pa ni btags pa'i sgo nas bla ma yin no zhes zer ro ‖ ^{C155b1}

(2) 설가부의 주장

^{D155b1}
btags par smra ba'i sde pa rnams ni

skyes bu byed pa'i rtsal³⁷ dang |

dus ma yin par 'chi ba med do ‖

lam ni bsod nams kyis 'thob bo ‖

lam ni bsgom par bya ba yin no ‖

lam ni 'jig³⁸ ^{N173b1} par mi 'gyur ro zhes zer ro ‖

(3) 동산부와 서산부의 주장

shar gyi ri bo'i sde pa³⁹ dang | nub kyi ri bo la gnas pa'i sde pa rnams ni

byang chub sems dpa' ni ngan 'gro las rnam par grol ba⁴⁰ ma yin no ‖ ^{P189a1}

mchod rten la mchod pa ni 'bras bu mchog tu gyur pa ma yin no zhes

zer ro ‖

(4) 설산부의 주장

gangs ri pa'i sde pa rnams ni

---

36   kyis》 PN, kyi DC.
37   rtsal》 PND, rtsa ba C.
38   'jig》 NDC, 'jigs P.
39   pa》 PN, *om.* DC.
40   grol ba》 DC, *om.* PN.

phyi rol pa la ni mngon par shes pa lnga med do ||

lha rnams la ni lam bsgom pa med do zhes zer ro ||

2) 설일체유부 계통

(1) 근본설일체유부의 주장

'phags pa thams cad yod par smra ba'i sde pa rnam pa bdun[41] las gzhi thams cad yod[42] par smra ba'i sde pa rnams ni

dus gsum dang |[43] ming dang | 41) gzugs kyis ni 'dus byas thams cad bsdus so ||

drug pa dang mi ldan pa rnams dang | 'dus ma byas rnams ni shes par bya ba yang yin[44] | rnam par shes par bya ba yang yin no[45] ||

'dus ma byas ni rnam pa gsum mo ||

nyon mongs pa ni mtshungs par ldan pa'o ||

thub pa ni rnam pa gnyis so || de'i[46] gsung rab dang dbang po rnams ni gzugs can rnams nyi tshe la yod do ||

mchod rten la mchod pa ni 'bras bu che'o ||

byang chub sems dpa' ngan 'gro spangs[47] pa ni rnam[48] pa gnyis su 'dod

---

41   bdun》 NDC, dbun pa P.

42   yod》 NDC, yog P.

43 |》 DC, *om.* PN.

44   yin》 PN, ma yin DC.

45   yin no》 PN, ma yin no DC.

46   de'i》 DC, de la PN.

47   spangs》 PND, spongs C.

48   rnam》 PND, rnams C.

pa yod do zhes zer ro ‖

bsod nams lam gyi tshogs su 'gyur ro zhes zer ba la sogs pa ni mi 'dod do ‖

(2) 음광부의 주장

de las gzhan pa rnams kyi khyad par ni 'od srungs sde'i slob ma rnams ni yongs su shes la ma spangs pa dang |

ma 'ongs pa'i rgyud las 'byung ba med do ‖

slob ma'i chos rnams ni rnam par smin pa yod pa'o zhes bya ba'i gzhung la brten to ‖

(3) 화지부의 주장

sa ston sde'i slob ma rnams kyis[49] gzhung lugs ni[50]

ma 'ongs pa med do ‖[51] 'das pa med do ‖ ma 'ongs pa med do ‖ da ltar[P189b1] byung ba med do ‖

bden pa cig[52] car mthong ngo ‖

phyi rol pa la nyon mongs pa zad[53] pa med do ‖

lha yul pa la ni lam med do ‖

bar ma do'i srid pa med do ‖

---

49   kyis》 PN, kyi DC.
50   om.》 PDC, | N.
51   ma 'ongs pa med do ‖》 PDC, om. N.
52   cig》 PND, gcig C.
53   zad》 PDC, zag N.

dgra bcom pa la yang [54] bsod nams skye ba yod do ‖

phra rgyas ni sems las tha dad do [N174a1] ‖

'dus ma byas kyi dngos po ni dgu ste | mi g-yo ba dang ldan pa gsum
dang | dge ba dang mi dge ba dang lung du ma bstan pa [D156a1] gnyis dang | rten [C156a1]
cing 'brel bar [55] 'byung ba dang | lam rnams te rtag tu gnas pa yin no ‖

ston pa ni dge 'dun gyi nang du gtogs te | de'i phyir dge 'dun la phul
ba lhag par don che'o ‖

rgyal ba nyan thos dang bcas pa rnams ni lam dang rnam par grol ba
gcig [56] go zhes de skad ces zer ro ‖

(4) 법호부의 주장

chos srung sde pa rnams ni sangs rgyas ni

dge 'dun gyi nang du ma gtogs so ‖ sangs rgyas la phul ba 'bras bu che'o ‖

sangs rgyas dang [57] nyan thos rnams kyi lam ni tha dad do ‖

phyi rol pa la ni mngon par shes pa med do ‖

dgra bcom pa'i lus ni zag pa med pa'o zhes zer ro ‖

(5) 다문부의 주장

mang du thos pa'i sde pa rnams ni

mi rtag pa dang | bdag med pa dang | stong pa'i shes pa dang | lam

---

54 yang》 PND, yong C.
55 bar》 PC, par ND.
56 gcig》 DC, cig PN.
57 *om.*》 PN, | DC.

dang | mya ngan las 'das pa 'di rnams ni thub pa'i 'jig rten las 'das pa'i chos yin no ||

lhag ma rnams ni 'jig rten pa'o[58] zhes zer ro ||

dgra bcom pa la som nyi yod do ||[59] zhes bya ba la sogs par 'dod do ||

(6) 설전부의 주장

'pho bar smra ba de dag ni gos dmar gyi sde pa nyid do ||[60] de'i phyir sems can 'pho'o ||

phung po bzhi ni rang bzhin gcig tu nges so ||

lam gyi mthus ni phung po rnams 'gag go zhes zer ro || [P190a1]

(7) 분별설부의 주장

rnam par phye[61] ste smra ba'i sde pa rnams ni

gang zag ni don dam par yod do ||

'bras bu ma smin pa'i don ma gtogs pa 'das pa med do || 'bras bu las gzhan pa'i ma 'ongs pa med do || rigs mi mthun pa'i da ltar byung ba yang med do ||

chos ni de ma thag pa'i rgyur mi 'gyur ro ||

gzugs kyi 'dra ba'i rgyu yang med do zhes de ltar ba lta'o ||

---

58   *om.*》 DC, || PN.
59 ||》 PN, *om.* DC.
60   do ||》 PN, de | DC.
61   phye》 NDC, phyi P.

3) 상좌부 계통 : 기타림사부·무외산주부·대사주부의 주장

'phags pa gnas brtan pa'i sde pa rgyal byed tshal gnas pa'i sde dang | 'jigs
N174b1
med rir gnas pa'i sde dang | gtsug lag khang chen gnas pa'i sde 'di gsum
ni lta ba mthun te |

lha rnams la ni lam bsgom pa med do[62] zhes zer ro ||

'phags pa thams cad yod par smra ba'i sde pa rnam pa bdun las gzhi
thams cad yod par smra ba las byung ngo ||

thub pa ni legs par sbyar ba mi gsung ngo ||

byang chub sems dpa' ni bskal pa grangs med pa bcu phan chad nas sum
cu tshun chad kyis 'grub[63] bo ||
D156b1   C156b1
thar pa ma gtogs pa 'dus ma byas pa[64] med do ||

log par shes pa dang mi shes pa med do ||

phra rgyas ni sems las tha dad do ||

'gog pa'i snyoms par 'jug pa la ni sems yod do zhes zer ro ||

4) 정량부 계통 : 꾸루꿀라까·아반따까·독자부의 주장

'phags pa kun gyis bkur ba'i sde pa[65] sa sgrogs rigs kyi sde dang | srung
ba pa'i sde dang |[66] gnas ma'i bu'i sde 'di gsum yang[67] lta ba mthun te |

---

62 *om.*》 DC, || PN.
63 'grub》 NDC, 'gur P.
64 pa》 NDC, *om.* P.
65 *om.*》 DC, | PN.
66 |》 PDC, || N.
67 yang》 PND, yang yang C.

gang zag ni phung po rnams kyang ma yin la[68] | phung po rnams las thar ba tha dad pa yang ma yin no ||

phung po rnams ni dus gzhan du yang brtan par 'dug go ||

P190b1

rnam par shes pa lnga'i sgo nas ni 'dod chags skye bar yang mi 'gyur la | 'dod chags dang bral bar yang mi 'gyur ro[69] ||

mthong ba'i lam ni sems kyi skad cig bcu gnyis so ||

de phan chad ni 'bras bu dang ldan par gnas so ||

shes par bya ba ni brjod du yod pa dang | brjod du med pa'o zhes zer te |

yul dang slob dpon gyi bye brag gis 'dir bye brag drug tu brjod do ||

3. 저자 소개

gzhung tha dad pa[70] rim par bklag[71] pa'i 'khor lo btsun pa dbyig bshes kyis[72] mdzad pa las[73] sde pa tha dad pa bsdus pa zhes bya ba |[74] 'dul ba 'dzin pa slob dpon dul ba'i lhas mdzad pa rdzogs so[75] ||

---

68   la》 DC, la | phung po ma yin la PN.

69   ro》 PDC, *om.* N.

70   pa》 DC, pa'i PN.

71   bklag》 DC, klag PN.

72   kyis》 DC, kyi PN.

73   *om.*》 PN, | DC.

74 |》 PN, *om.* DC

75   so》 PDC, sha N.

4. 회향송

ye dharmā hetu prabhavā

    hetuṃ deṣan[76] tathāgato hy avadat |

teṣāṃ ca yo nirodho

    evaṃ vādī mahāśramaṇaḥ ||[77]

---

76   deṣan》 P, teṣān N.

77   ye dharmā ⋯ mahāśramaṇaḥ ||》 PN, *om.* DC

인도말로 '사마야베도빠라짜나짜끄레 니까야베도빠데샤낭상그라하
나마'이고,

티벳말로 '슝타대빠 림빠르 락빼코르로래 데빠 타대빠 땐빠 뒤빠
쉐자와'이다.

3보에 귀의합니다.

1. 18부파의 분류

동[산주부]¹와 서[산주부]²와 설산주부,³⁴

설출세부,⁵

설가부,⁶

[이] 다섯 부류는 대중부이네.

---

1 3종 해설서 가운데 SBhu의 4종 번역본과 NBhvy(t)의 제3전승에서는 동산부를 언급하지
   않는다.
2 3종 해설서 가운데 『부집이론』과 NBhvy(t)의 제3전승에서는 서산부를 언급하지 않는다.
3 3종 해설서 가운데 SBhu의 4종 번역본과 NBhvy(t)의 제1전승에서는 설산부를 근본상좌
   부의 다른 명칭으로 설명하지만, NBhvy(t)의 제3전승에서는 근본상좌부의 다른 명칭이
   아니라 상좌부에서 근본상좌부와 함께 분열된 부파로 설명한다. 이에 반해 NBhvy(t)의
   제2전승과 NBhsg(t)에서는 설산부가 상좌부계통이 아니라 대중부에서 분열되었다고 설
   명한다.
4 3종 해설서 가운데 SBhu의 4종 번역본과 NBhvy(t)의 제1전승에서는 설산부를 근본상좌
   부의 다른 명칭으로 설명하지만, NBhvy(t)의 제3전승에서는 근본상좌부의 다른 명칭이
   아니라 상좌부에서 근본상좌부와 함께 분열된 부파로 설명한다. 이에 반해 NBhvy(t)의
   제2전승과 NBhsg(t)에서는 설산부가 상좌부계통이 아니라 대중부에서 분열되었다고 설
   명한다.
5 3종 해설서 가운데 NBhvy(t)의 제2·3전승에서는 설출세부를 언급하지 않는다.
6 3종 해설서 가운데 NBhvy(t)의 제2전승에서는 설가부를 언급하지 않는다.

근본설일체유부, 음광부,

화지부, 법호부,

다문부,[7] 홍의제자부(紅衣弟子部),[8]

분별설부[9]는

설일체유부이네.

기타림사부, 무외산주부,

대사주부[10]는 상좌부이네.

꾸루꿀라까(kurukullaka),[11] 아반따까(avantaka),[12]

독자부는

정량부의 셋이네.[13]

[머무는] 장소와 주장과 아짜르야가 달라서

분열이 18부류라고 말했네.

---

7 3종 해설서 가운데 NBhvy(t)의 제2전승에서는 다문부를 언급하지 않는다. 특히 NBhsg(t) 에서는 다문부가 대중부계통이 아닌 설일체유부에서 분열되었다고 설명한다.

8 3종 해설서 가운데 SBhu의 4종 번역본과 NBhvy(t)의 제1전승에서는 홍의부를 언급하지 않는다. 경량부와 설전부와 무상부와 홍의부는 문헌에 따라 같은 부파로 설명하기도 하고 다른 부파로 설명하기도 한다(앞의 제I편 각주155 참조).

9 3종 해설서 가운데 SBhu의 4종 번역본에서는 분별설부를 언급하지 않는다.

10 기타림사부와 무외산주부와 대사주부는 모두 스리랑카에서 성립된 부파로서, 3종 해설서 가운데 이 문헌을 제외한 다른 곳에서는 이 부파들을 언급하지 않는다.

11 3종 해설서 가운데 SBhu의 4종 번역본과 NBhvy(t)의 제2·3전승에서는 꾸루꿀라까를 언급하지 않는다.

12 3종 해설서 가운데 SBhu의 4종 번역본과 NBhvy(t)의 제2·3전승에서는 아반따까를 언급하지 않는다.

13 부파 분열에 대한 이 전승은 근본설일체유부에서 전승된 내용이다. 이와 같이 18부파를 대중부·설일체유부·상좌부·정량부의 4부파로 포섭하는 것은 이 문헌 외에 『남해기귀내법전』·Śrv(t)·Bhv(t)에서도 확인되지만, 구체적 내용은 다르다. 또 이 전승에서는 『이부종륜론』에서 나열된 일설부·계윤부·제다산부·북산부·설인부·법상부·현주부·밀림산부·경량부가 언급되지 않는다.

2. 각 부파의 주장

1) 대중부 계통

[지말의] 18부파에서, 5부류의 성(聖)대중부 가운데 설출세부의 견해
에는 다른 [4부파]와 일치되지 않는 법문이 있기 때문에 먼저 그것을
설명하고, 나머지들은 나중에 설명하는 것이 낫기 때문에 그것을 첫
번째로 설명한다.

(1) 설출세부의 주장

그 가운데 설출세부는 다음과 같이 말한다.

① 무니(muni, 牟尼)는 출세간이고,[14]

② [일체의] 사태(dravya)를 [설함이] 있으며,[15]

③ 몸과 수명은 한계가 없고,[16]

④ [항상] 사마히따(samāhita, 等引)[에 있으며],[17]

---

14 이것은 붓다의 색신이 온전히 무루라는 주장이다. 이 주장을 와수미뜨라는 대중부·일
설부·설출세부·계윤부 근본주장①로 기술하고, 바브야는 일설부 주장①로 기술하며,
또 『대비바사론』권173(T27, 871c2-17)에서는 분별론자와 대중부 주장으로 거론하고,
KV(a), XVIII.1에서는 방광부 주장으로 거론한다.

15 이것은 붓다가 하나의 음성으로 일체의 사태와 일체의 법을 설한다는 주장이다. 이 주
장을 와수미뜨라는 대중부·일설부·설출세부·계윤부 근본주장④로 기술한다. 반면 와
수미뜨라가 기술한 설일체유부 근본주장㉒에 상반된다.

16 여기서의 '몸'을 규기는 보신(報身)으로 해석하고, 또 보신이기 때문에 그 수명도 유정
계가 다할 때까지 한계가 없다고 풀이한다. 이에 반해 와수미뜨라와 바브야의 기술 및
빠라마르타의 해석에서는 모두 색신(色身)으로 되어 있다. 이 주장을 와수미뜨라는 대
중부·일설부·설출세부·계윤부 근본주장⑥⑧로 기술하고, 바브야는 색신에 한계가 없
다는 것만 일설부 주장⑤로 기술한다.

17 이 부파는 붓다가 항상 정(定)에 있기 때문에 명·구·문 등을 설하지 않는다고 주장한
다. 이 주장을 와수미뜨라는 대중부·일설부·설출세부·계윤부 근본주장⑫로 기술하
며, 또 『대비바사론』권79(T27, 410b26-27)에서는 분별론자 주장으로 거론한다.

5 찰나찰나에 일체를 알고,[18]

6 진지(盡智)와 무생지(無生智)를 항상 갖는다.[19]

7 법륜을 굴리는 것은 [여래의 모든] 말씀이다.[20]

8 보살에게는 탐욕 등이 발생하는 일[21]과 깔랄라 등을 통해 태어나
는 일이 없다.[22]

9 [4]성제는 동시에 관해진다.[23]

10 안식(眼識) 등은 이염(離染)으로도 된다.[24]

---

18 이것은 붓다의 한 찰나의 심이 일체법의 자상과 공상을 요별한다는 주장이다. 이 주장
을 와수미뜨라는 대중부·일설부·설출세부·계윤부 근본주장13 14로 기술하며, 또 『대
비바사론』권9(T27, 42c11-14)에서는 대중부 주장으로 거론하고, KV(a), XVI.4에서는 동
산부와 서산부 주장으로 거론한다.

19 이것은 붓다가 성취한 진지와 무생지는 그가 반열반에 들 때까지 항상 수전한다는 주
장이다. 이 주장을 와수미뜨라는 대중부·일설부·설출세부·계윤부 근본주장15로 기술
한다.

20 이것은 붓다의 사소한 말씀이라 하더라도 그것이 모두 유정들에게 이익 되고 법륜을
굴린다는 주장이다. 이 주장을 와수미뜨라는 대중부·일설부·설출세부·계윤부 근본주
장3으로 기술하고, 바브야는 일설부 주장3으로 기술하며, 또 KV(a), II.10에서는 안다
까 주장으로 거론한다. 반면 와수미뜨라가 기술한 설일체유부 근본주장51에 상반된다.

21 여기서 '탐욕 등'은 욕상(欲想)·에상(恚想)·해상(害想)을 가리키는데, 성자위(聖者位)의
보살은 이것들을 발생시키지 않는다. 이 주장을 와수미뜨라는 대중부·일설부·설출세
부·계윤부 근본주장19로 기술하고, 바브야는 일설부 주장8로 기술한다.

22 여기서 '깔랄라 등'은 태내5위 가운데 앞의 4위인 깔랄라(kalala)·아르부다(arbuda)·뻬
쉬(peśī)·가나(ghana)를 가리킨다. 이들 부파에서는 보살이 태에 들어갈 때 아버지와 어
머니에 대해 전도한 생각이 없고 염오도 없으며, 태에 들어가는 순간 4위를 뛰어넘어
제5위인 쁘라샤카(praśākhā)에 이른다고 주장한다. 이 주장을 와수미뜨라는 대중부·일
설부·설출세부·계윤부 근본주장16으로 기술하고, 바브야는 일설부 주장6으로 기술
한다.

23 이것은 한 찰나의 현관변지(現觀邊智)로 4성제의 차별상을 파악한다는 주장이다. 이 주
장을 와수미뜨라는 대중부·일설부·설출세부·계윤부 근본주장21과 화지부 근본주장
2로 기술하고, 바브야는 일설부 주장10과 화지부 주장2로 기술하고, 위니따데바는
화지부 주장2로 기술한다. 반면 와수미뜨라가 기술한 대중부·일설부·설출세부·계윤
부 지말주장1과 설일체유부 근본주장7에 상반되고, 바브야가 기술한 설일체유부 주
장6에 상반된다.

24 이것은 안식 등의 본질이 유루와 무루에 통한다는 것을 말한다. 여기서는 '안식 등'으
로 기술하지만 와수미뜨라는 '5식'으로, 바브야는 '6식'으로 기술한다. 이 주장을 와수
미뜨라는 대중부·일설부·설출세부·계윤부 근본주장22와 화지부 근본주장10로 기술

⑪ 색[계]와 무색[계]에도 안식(眼識) 등이 있다.²⁵

⑫ 근(根)들은 대상을 파악하지 못한다.²⁶

⑬ 사마히따(samāhita, 等引)에서도 말을 한다.²⁷

⑭ 심(心)에도 색(色)이 있다.²⁸

⑮ [아라한은] 스스로 증지하지 않는다. 아라한에게는 또 유예와 무
지가 있어서 [다른 이의] 설명이 필요하다. [증득한] 결과를 다른
이가 알려주는 것이 필요하다. ‘괴롭다’고 진술하는데, 괴롭다는
말을 함으로써 [성]도가 발생한다.²⁹

하고, 바브야는 일설부 주장⑪과 화지부 주장⑦로 기술하며, 또 KV(a), X.4-5에서는 대
중부 주장으로 거론한다. 반면 와수미뜨라가 기술한 설일체유부 근본주장㉚과 독자부
근본주장⑥에 상반되고, 바브야가 기술한 설일체유부 주장⑰과 독자부 주장⑦에 상반
되고, 위니따데바가 기술한 꾸루꿀라까·아반따까·독자부 주장③에 상반된다.

25 이 부파에서는 욕계는 물론 색계와 무색계에도 미세한 근과 대종이 있고 그것을 인식
하는 식도 있기 때문에 3계에서 18계를 구족한다고 주장한다. 이 주장을 와수미뜨라는
대중부·일설부·설출세부·계윤부 근본주장㉓으로 기술하며, 또 KV(a), VIII.5와 8에서
는 안다까 주장으로, VIII.7에서는 안다까와 정량부 주장으로 거론한다.

26 이 부파에서는 안·이·비·설·신 5근의 본질을 단순히 살덩이로만 이해하기 때문에 그
5근에는 각각의 대상을 파악하는 작용이 없다고 주장한다. 이 주장을 와수미뜨라는 대
중부·일설부·설출세부·계윤부 근본주장㉕로 기술한다. 반면 바브야가 기술한 일설부
주장⑫에 상반된다. 그 가운데 와수미뜨라와 위니따데바의 기술이 바브야의 기술과 상
반된 이유는, 와수미뜨라와 위니따데바는 북인도지역의 전승에 기반을 두었고 바브야
는 중·남인도 지역의 전승에 기반을 두었기 때문인 것으로 추정된다. 자세한 내용은
pp.50-53. 참조.

27 이 부파에서는 등인위(等引位)에서 신업을 발생시키지 않아도 어업을 발생시킨다고 주
장하고, 또 그 정위(定位)에서 정위의 대상은 물론 산위(散位)의 대상도 반연한다고 주
장한다. 이 주장을 와수미뜨라는 대중부·일설부·설출세부·계윤부 근본주장㉖으로 기
술하고, 바브야는 일설부 주장⑭와 설산부 주장④로 기술하며, 또 KV(a), II.5와 XVIII.8
에서는 동산부 주장으로 거론한다. 반면 와수미뜨라가 기술한 설일체유부 근본주장㊿
에 상반된다.

28 여기서 ‘심’은 사마히따에서의 심이고, ‘색’은 그 정위에서 반연하는 대상이다. 곧 정위
에 머문 상태에서도 말을 하고 정위는 물론 산위의 대상도 반연한다는 주장이다. 이
주장을 와수미뜨라는 대중부·일설부·설출세부·계윤부 근본주장㉖으로 기술한다.

29 이 부파에서는 마하데바가 주장한 5사를 그대로 계승한다. 이 주장을 와수미뜨라는 대중
부·일설부·설출세부·계윤부 근본주장㉙와 다문부 근본주장③과 제다산부·서산부·북
산부 근본주장③과 설산부 근본주장⑤로 기술하고, 바브야는 일설부 주장⑬과 다문부
주장⑤로 기술하고, 위니따데바는 다문부 주장③으로 기술하며, 또 KV(a), II.1에서는

16 파괴도 있다.

17 여덟 번째(: 예류향)에서도 오래 머문다.[30]

18 세제일법으로부터도 물러난다.[31]

19 예류자와[32] 아라한에게는 물러남이 없다.[33]

20 맨 처음(: 예류자)은 무간[업](無間業)을 제외하고 다른 것을 짓는다.[34]

21 세간에는 정견의 힘이 없다.[35]

동산부와 서산부 주장으로 II.2-4와 6에서는 동산부 주장으로, XI.4에서는 안다까 주장으로 거론한다. 반면 바브야가 기술한 근본상좌부 주장①에 상반된다.

30 여기서 '여덟번째'란 견도위의 둔근자인 수신행(隨信行)과 이근자인 수법행(隨法行)을 가리킨다. 이 부파에서는 견도의 예류향에서 출관(出觀)하는 일도 있기 때문에 그 계위에서 많은 시간 머문다고 주장한다. 이 주장을 와수미뜨라는 대중부·일설부·설출세부·계윤부 근본주장㉞로 기술한다.

31 이 부파에서는 3현위와 4선근위 모두에서 물러남이 있으며, 세제일법이 한 찰나가 아니라 많은 찰나에 상속하고 그것에서 물러날 수 있다고 주장한다. 이 주장을 와수미뜨라는 대중부·일설부·설출세부·계윤부 근본주장㉟로 기술한다. 반면 와수미뜨라가 기술한 설일체유부 근본주장⑪에 상반된다.

32 예류자에게 물러남이 없다는 것은 한 번 성자위에 들면 다시 범부위로 떨어지지 않는다는 주장이다. 이 주장을 와수미뜨라는 설일체유부 근본주장⑫로 기술하고, 바브야는 설일체유부 주장④로 기술한다. 반면 와수미뜨라가 기술한 대중부·일설부·설출세부·계윤부 근본주장㊱과 화지부 근본주장⑰에 상반된다. 그 가운데 설출세부의 주장에 대한 와수미뜨라와 위니따데바의 기술이 상이한 이유는 각각 전승한 내용의 차이에 기인한 것으로 추정된다. 자세한 내용은 pp.53-55. 참조.

33 아라한은 모든 혹(惑)을 멸진했고 증득한 성도가 굳건하기 때문에 그 위에서 물러나는 일이 없다. 이 주장을 와수미뜨라는 대중부·일설부·설출세부·계윤부 근본주장㊱과 화지부 근본주장⑰로 기술하며, 또 KV(a), I.2에서는 정량부와 독자부와 설일체유부와 대중부 일부의 주장으로 거론한다. 반면 와수미뜨라가 기술한 설일체유부 근본주장⑫에 상반되고, 바브야가 기술한 설일체유부 주장⑩에 상반된다.

34 여기서 '맨 처음'은 예류자에서 아라한 가운데 첫 번째인 예류자를 가리킨다. 예류위에 있더라도 출관해서 불선을 행하기도 하고, 그 분위에 여전히 10불선업도가 있다. 그렇더라도 아버지를 죽이고 어머니를 죽이고 아라한을 해치고 붓다의 몸에서 피를 내고 상가를 파괴하는 5역죄를 짓는 일은 없다. 이 주장을 와수미뜨라는 대중부·일설부·설출세부·계윤부 근본주장㊵으로 기술하며, 또 KV(a), XII.7에서는 동산부 주장으로 거론한다.

35 이것은 세간의 혜(慧)나 신(信) 등에는 월등한 작용이 없고 모두 무루가 아니라는 주장이다. 이 주장을 와수미뜨라는 대중부·일설부·설출세부·계윤부 근본주장㊲로 기술하고, 바브야는 일설부 주장⑯으로 기술한다. 반면 와수미뜨라가 기술한 설일체유부 근

㉒ [붓다가] 설하지 않는 것[無記]에는 변경할 것이 없다.

㉓ 불요의(不了義)는 없다.[36]

㉔ 무색[계]의 4무색과 3무위와 [8정]도와 연기의 이치에 속하는 것
이 9[무위]이다.[37]

㉕ 많은 붓다가 동시에 출현하는 일이 있다.[38]

㉖ 2[가지] 심(心)이 동시에 발생하는 [일이 있고],[39]

㉗ 번뇌와 [성]도가 동시에 발생하는 [일이 있으며],[40]

본주장㉞에 상반되고, 바브야가 기술한 설일체유부 주장⑯에 상반된다. 한편 와수미뜨
라가 기술한 화지부 근본주장⑬에서는 세간의 정견은 있어도 근은 없다고 주장한다.

36 이 부파는 붓다의 모든 말씀이 정법에 계합하기 때문에 불요의가 없다고 주장한다. 이
주장을 와수미뜨라는 대중부·일설부·설출세부·계윤부 근본주장㊶로 기술한다. 반면
와수미뜨라가 기술한 설일체유부 근본주장㊺에 상반되고, 바브야가 기술한 설일체유
부 주장⑭에 상반된다.

37 이 부파가 주장하는 9무위는 공무변처·식무변처·무소유처·비상비비상처·택멸·비택
멸·허공·성도지성·연기지성이다. 이 주장을 와수미뜨라는 대중부·일설부·설출세부·
계윤부 근본주장㊷로 기술하며, 또 9무위 가운데 일부가 KV(a), II.11에서 화지부와 안
다까 주장으로, VI.2에서 동산부와 화지부 주장으로, VI.4에서 동산부 주장으로, VI.6에
서 북도파와 화지부 주장으로 거론된다. 반면 와수미뜨라가 기술한 설일체유부 근본주
장⑤㉖과 화지부 근본주장⑲에 상반되고, 위니따데바가 기술한 근본설일체유부 주장
③과 화지부 주장⑧과 기타림사부·무외산주부·대사주부 주장④에 상반된다.

38 이 주장은 곧 다계다불설(多界多佛說)로서, 와수반두도 그것을 수용해 하나의 대천세계
에 한 분의 붓다가 존재하고 일체의 대천세계에는 다수의 붓다가 존재한다고 주장한다
(『구사론』권12, T29, 65a17-26). 또한 그 주장은 나가르주나(Nāgārjuna)의 『십주비바사론』
권11(T26, 82b13-17)에서도 언급된다. 이에 반해 상가바드라(Saṃghabhadra)는 붓다의 지
혜나 자비심이 일체의 세계에 두루 존재하여 한계가 없고 결여되는 일도 없기 때문에
한 분의 여래가 무변의 세계를 두루 교화할 수 있다고 주장한다[十方界一佛說](『순정리
론』권32, T29, 524c3-525c4). 이 다계다불설을 KV(a) XXI.6에서는 대중부 주장으로 거론
한다.

39 와수미뜨라의 기술에 의거해볼 때 대중부·일설부·설출세부·계윤부의 초기에는 한 찰
나에 하나의 식만 발생한다는 것이 견지되다가 후기에 식의 동시 발생이 주장되었음을
알 수 있으며, 이것은 대승에서 더욱 확대되어 6식이 함께 발생한다는 의미로 발전된
다. 이 주장을 와수미뜨라는 대중부·일설부·설출세부·계윤부 지말주장③으로 기술하
며, 또 『대비바사론』권10(T27, 47b1-c13)에서 대중부 주장으로 거론한다. 반면 와수미뜨
라가 기술한 설일체유부 근본주장㉝에 상반된다.

40 이것은 성도가 현전할 때 번뇌의 종자상태인 수면도 있다는 주장이다. 이 주장을 와수
미뜨라는 대중부·일설부·설출세부·계윤부 지말주장④로 기술한다.

28 업과 업의 결과가 동시에 발생하는 [일이 있고],⁴¹

29 씨와 싹이 동시에 발생하는 일이 있다.⁴²

30 몸에 심이 편재한다.⁴³

31 심은 청정하다.⁴⁴

32 수면(隨眠)은 [심을] 수반하지 않는다. 전(纏)은 [심과] 상응한다.⁴⁵

33 소멸된 것과 발생되지 않은 것과 중유(中有)는 없다.⁴⁶

34 예류자는 정려(靜慮)를 얻는다.⁴⁷

---

41 이것은 결과가 성숙되었더라도 그것의 업이 잠시 현전할 때 업과 결과가 함께 한다는 주장이다. 이 주장을 와수미뜨라는 대중부·일설부·설출세부·계윤부 지말주장⑤와 음광부 근본주장②로 기술하고, 바브야는 음광부 주장①로 기술하며, 또『대비바사론』권19(T27, 96a25-b12)에서는 음광부 주장으로 거론하고, KV(a), I.8에서도 음광부 주장으로 거론한다.

42 이것은 씨가 소멸하고서 싹이 돋는 것이 아니라 그 씨가 전전하여 비로소 싹이 발생한다는 주장이다. 이 주장을 와수미뜨라는 대중부·일설부·설출세부·계윤부 지말주장⑥으로 기술하며, 또『대비바사론』권19(T27, 96a25-b12)에서는 음광부 주장으로 거론한다.

43 이것은 미세한 의식이 소의신에 머문다는 주장이다. 이 주장을 와수미뜨라는 대중부·일설부·설출세부·계윤부 지말주장⑧로 기술한다.

44 이 부파는 무시이래로 심은 청정하지만 객진인 수번뇌에 잡염되어 있다고 주장한다. 이 주장을 와수미뜨라는 대중부·일설부·설출세부·계윤부 근본주장㊸으로 기술하고, 바브야는 일설부 주장⑰로 기술한다. 또『대비바사론』권27(T27, 140b24-26)과『성유식론술기』권2(T43, 307a18-21)에서는 분별론자 주장으로 거론하고, KV(a) III.3에서는 안다까 주장으로 거론한다.

45 이 부파에서 있어서, 전은 현행하는 심소법이지만 수면은 종자이기 때문에 심과 상응하지 않는다. 이 주장을 와수미뜨라는 대중부·일설부·설출세부·계윤부 근본주장㊺와 화지부 근본주장④로 기술하고, 바브야는 일설부 주장⑲와 화지부 주장③으로 기술하며, 또 KV(a), XIV.5에서는 안다까 주장으로 거론한다.

46 이 가운데 중유가 없다는 것은 죽음과 태어남 사이에 별도의 간격이 없어서 죽은 뒤에 바로 태어난다는 주장이다. 이 주장을 와수미뜨라는 대중부·일설부·설출세부·계윤부 근본주장㊽과 화지부 근본주장⑧로 기술하고, 바브야는 화지부 주장④로 기술하며, 위니따데바는 화지부 주장⑤로 기술한다. 반면 와수미뜨라가 기술한 설일체유부 근본주장㉙와 화지부 지말주장②에 상반되고, 바브야가 기술한 근본상좌부 주장③에 상반된다.

47 이것은 견도위의 예류자가 무루도로 결(結)을 끊기 때문에 정려도 얻는다는 주장이다. 이 주장을 와수미뜨라는 대중부·일설부·설출세부·계윤부 근본주장㊾로 기술하고, 바브야는 일설부 주장㉑과 설일체유부 주장⑨와 화지부 주장⑨로 기술하며, 또『대비바사론』권134(T27, 693b26-27)에서는 예류자와 일래자도 정려를 얻는다는 것을 분별론자 주장으로 거론한다.

35 제6(: 법처)은 알아야 할 것도 아니고 인지해야 할 것도 아니다.[48]

ㅡ라고 설출세부는 말한다.

이들과 다른 이들[49]의 차이점은 이것이다.

36 무니(muni)는 [번뇌를] 제거한 방면에서 최상(最上)이라고 말한다.

(2) 설가부의 주장

설가부는,

1 [괴로움이 발생하는 데에] 사람이 작용하는 힘[은 없고],[50]

2 시기에 맞지 않는 죽음은 없다.[51]

3 [성]도는 복업에 의지해 얻는다.[52]

4 [성]도는 수습해 [성취해야] 할 것이다.[53]

---

48 이것은 법처가 세속지로 알아야할 것이 아니고 산위의 식으로 인지해야 할 것도 아니라는 주장이다. 법처는 6신통 가운데 일부를 증득한 자와 진리를 본 자가 통달해야 할 것이기 때문이다. 이 주장을 와수미뜨라는 대중부·일설부·설출세부·계윤부 근본주장 47로 기술한다. 반면 와수미뜨라가 기술한 설일체유부 근본주장3과 화지부 지말주장 3에 상반되고, 위니따데바가 기술한 근본설일체유부 주장2에 상반된다.

49 대중부 계통 가운데 나머지 4부파, 곧 동산부·서산부·설산부·설가부이다.

50 이것은 행(行)들이 서로 의지한 것을 괴로움이라고 가립한 것이지, 현재세에 사람의 작용에 의지해 괴로움이 있는 것이 아니라는 주장이다. 이 주장을 와수미뜨라는 설가부 근본주장3으로 기술하고, 바브야는 설가부 주장7으로 기술한다.

51 시기에 맞지 않는 죽음은 과거세의 업에 의거해 얻어진 것이지, 현재세의 횡사하는 조건에 의거해 죽는 일은 없다는 주장이다. 이 주장을 와수미뜨라는 설가부 근본주장4로 기술하고, 바브야는 설가부 주장6으로 기술하며, 또 『대비바사론』 권151(T27, 771a24-26)에서는 비유자 주장으로 거론하고, KV(a), XVII.2에서는 왕산부와 의성부 주장으로 거론한다.

52 이것은 지계나 보시 등의 복업에 의지해서만 성도를 얻을 수 있다는 주장이다. 이 주장을 와수미뜨라는 설가부 근본주장6으로 기술하고, 위니따데바는 근본설일체유부 주장8로 기술한다.

53 이 주장은 와수미뜨라가 기술한 설가부 근본주장7에 상반된다. 이 주장에 대한 위니따데바와 와수미뜨라의 기술이 상이한 이유는 역자의 번역 오류일 가능성이 높다. 위니따데바가 기술한 다른 내용과 『이부종륜론』에 의거해볼 때 이 글은 "성도는 수습해 성취해야 할 것이 아니다(lam ni bsgom par bya ba ma yin no)"로 수정되어야 한다. 자세한 내용은 pp.60-61. 참조.

5 [성]도는 파괴되지 않는다.[54]

－라고 말한다.

(3) 동산부와 서산부의 주장

동산부와 서산부는,

1 보살은 악취에서 벗어나지 못한다.[55]

2 탑에 공양하는 것은 최상의 과보로 되지 않는다.[56]

－라고 말한다.

(4) 설산부의 주장

설산부는,

1 외도에게는 5신통이 없다.[57]

---

54 이것은 성도를 얻는 것과 마찬가지로 그것을 파괴하는 것도 현재세의 조건에 의지하지 않는다는 주장이다. 이 주장을 와수미뜨라는 설가부 근본주장 8로 기술한다.

55 이것은 4선근위 가운데 인위(忍位)에 이르지 못했다면 보살이더라도 여전히 이생이고, 악취에 태어날 수 있다는 주장이다. 이 주장을 와수미뜨라는 제다산부·서산부·북산부 근본주장 1로 기술한다.

56 무정물(無情物)인 스뚜빠가 보시자에게 이익과 환희를 주는 일이 없기 때문이다. 이 주장을 와수미뜨라는 제다산부·서산부·북산부 근본주장 2와 화지부 지말주장 7로 기술하고, 바브야는 화지부 주장 20으로 기술한다. 반면 와수미뜨라가 기술한 법장부 근본주장 2에 상반되고, 위니따데바가 기술한 근본설일체유부 주장 6에 상반된다.

57 이것은 불제자에게만 5신통 또는 6신통이 있고 외도는 삿된 가르침에 의지하기 때문에 진실한 5신통을 증득하지 못한다는 주장이다. 이 주장을 와수미뜨라는 설산부 근본주장 3과 화지부 근본주장 6과 법장부 근본주장 4로 기술하고, 위니따데바는 화지부 주장 3과 법호부 주장 3으로 기술한다. 반면 와수미뜨라가 기술한 설일체유부 근본주장 15와 독자부 근본주장 5에 상반되고, 바브야가 기술한 설산부 주장 2와 설일체유부 주장 12에 상반된다. 그 가운데 설산부 주장에 대한 위니따데바와 와수미뜨라의 기술은 같지만 바브야의 NBhvy(t)에서는 그와 달리 외도에게도 5신통이 있다고 기술한다. 하지만 그 각각의 기술을 뒷받침해주는 전거가 확인되지 않기 때문에 이 사안에 대한 설산부 주장을 판단하는 것은 불가능하다. 자세한 내용은 pp.73-75. 참조.

② 천(天)에서 도를 수습하는 자는 없다.[58]

-라고 말한다.

2) 설일체유부 계통

(1) 근본설일체유부의 주장

7부류의 성(聖)설일체유부 가운데 근본설일체유부는,

① 3세와 명(名)·색(色)에 의거해 일체의 유위[법]을 포함한다.[59]

② 제6(: 법처)과 불상응[법]과 무위[법]은 알아야 할 것이고 인지해야 할 것이다.[60]

③ 무위는 3가지이다.[61]

---

58 이것은 천(天)에서는 모든 것이 월등하기 때문에 범행(梵行)에 머무는 일이 없다는 주장이다. 이 주장을 와수미뜨라는 설산부 근본주장④와 화지부 근본주장⑦로 기술하고, 위니따데바는 화지부 주장④와 기타림사부·무외산주부·대사주부 주장①로 기술하며, 또 KV(a), I.3에서는 정량부 주장으로 거론한다. 반면 와수미뜨라가 기술한 설일체유부 근본주장⑯에 상반되고, 바브야가 기술한 설일체유부 주장⑬과 화지부 주장⑤와 법장부 주장②에 상반된다.

59 과거세·미래세·현재세는 시(時)의 일체이고 명·색은 법(法)의 일체이다. 그 가운데 명은 색온을 제외한 수온·상온·행온·식온을 가리킨다. 이 주장을 와수미뜨라는 설일체유부 근본주장①⑤로 기술하고, 바브야는 설일체유부 주장②로 기술하며, 또 KV(a), I.6-7에서는 설일체유부 주장으로 거론한다.

60 이것은 법처를 세속지로 알아야 할 것이고 유루의 식으로 인지해야 할 것이라는 주장이다. 이 주장을 와수미뜨라는 설일체유부 근본주장③과 화지부 지말주장③으로 기술한다. 반면 와수미뜨라가 기술한 대중부·일설부·설출세부·계윤부 근본주장㊆에 상반되고, 위니따데바가 기술한 설출세부 주장㉟에 상반된다.

61 이 부파는 무위법에 택멸무위·비택멸무위·허공무위 3가지가 있다고 주장한다. 이 주장을 와수미뜨라는 설일체유부 근본주장⑤로 기술하며, 또 KV(a), II.11에서는 화지부와 안다까의 주장으로, VI.6에서는 북도파와 화지부의 주장으로 거론한다. 반면 와수미뜨라가 기술한 대중부·일설부·설출세부·계윤부 근본주장㊷와 화지부 근본주장⑲에 상반되고, 위니따데바가 기술한 설출세부 주장㉔와 화지부 주장⑧과 기타림사부·무외산주부·대사주부 주장④에 상반된다.

④ [수면]번뇌는 [심과] 상응한다.[62]

⑤ 무니(muni)는 2가지 모습이다. 그의 설법과 근(根)들에 대해 말하자면 유색(有色)이 잠깐동안에 있다.

⑥ 탑(塔)에 공양하는 것은 과보가 크다.[63]

⑦ 보살이 악취를 배제한 것에는 두 측면에서 원함이 있다고 말한다.

⑧ 복업은 [성]도의 자량이다.[64]

－라고 하는 것 등을 사람들이 주장한다.

(2) 음광부의 주장

그들과 다른 이들의 차이점은 [다음과 같다.] 음광부 제자들은,

① 이미 변지한 것에 아직 끊지 못한 것은 [없고],[65]

---

62 이 부파는 수면번뇌가 심소법이고 소연경을 갖는다고 주장한다. 이 주장을 와수미뜨라는 설일체유부 근본주장㉔로 기술한다. 반면 와수미뜨라가 기술한 대중부·일설부·설출세부·계윤부 근본주장㊸와 화지부 근본주장③에 상반되고, 바브야가 기술한 일설부 주장⑱에 상반되고, 위니따데바가 기술한 화지부 주장⑦과 기타림사부·무외산주부·대사주부 주장⑥에 상반된다.

63 이것은 붓다의 사리를 안치한 탑(塔)에 공양하는 것이 붓다에게 공양하는 것과 같고, 결국 그것에 큰 과보가 따른다는 주장이다. 이 주장을 와수미뜨라는 법장부 근본주장②로 기술한다. 반면 와수미뜨라가 기술한 제다산부·서산부·북산부 근본주장②와 화지부 지말주장⑦에 상반되고, 바브야가 기술한 화지부 주장⑳에 상반되고, 위니따데바가 기술한 동산부와 서산부 주장②에 상반된다.

64 이것은 지계나 보시 등의 복업에 의지해서 성도를 얻는다는 주장이다. 이 주장을 와수미뜨라는 설가부 근본주장⑥으로 기술하고, 위니따데바는 설가부 주장③으로 기술한다.

65 이것은 이미 끊어졌고 이미 변지된 번뇌는 없고, 아직 끊어지지 않았고 아직 변지되지 않은 번뇌는 여전히 있다는 것을 말한다. 이 주장을 와수미뜨라는 음광부 근본주장①로 기술하고 바브야는 음광부 주장②로 기술하지만, 완전히 일치하지는 않는다. 이미 변지한 것에는 아직 끊지 못한 것도 있고 아직 변지하지 못한 것은 아직 끊지 못한 것이기 때문에 위니따데바의 이 기술은 '이미 변지한 것에 아직 끊지 못한 것이 있다(yongs su shes la ma spangs pa yod do ||)' 또는 '아직 변지하지 못한 것에 아직 끊지 못한 것은 없다(ma yongs su shes la ma spangs pa med do ||)'로 수정되어야 한다. 자세한 내용은

② 미래의 상속으로부터 발생하는 것은 없다.[66]

③ 유학법에는 이숙[과]가 있다.[67]

— 라고 하는 주장에 의지한다.

(3) 화지부의 주장

화지부 제자들의 종의(宗義)는,

① 미래세는 없다. 과거세는 없다. 미래세는 없다. 현재세는 없다.[68]

② [4]제는 동시에 관해진다.[69]

③ 외도에게는 번뇌를 멸진하는 일이 없다.[70]

---

pp.65-67. 참조.

66 이것은 법의 발생이 과거세를 원인으로 삼지 미래세를 원인으로 삼지 않는다는 주장이다. 이 주장을 와수미뜨라는 음광부 근본주장③으로 기술한다.

67 이것은 유학위의 무루가 앞 찰나의 무루에 의지한 이숙과라는 것, 또는 유학도 3유의 결과를 초감한다는 주장이다. 이 주장을 와수미뜨라는 음광부 근본주장⑤로 기술한다.

68 이 주장은 와수미뜨라가 기술한 대중부·일설부·설출세부·계윤부 근본주장46과 설일체유부 근본주장②와 화지부 근본주장① 및 지말주장①에 상반되고, 바브야가 기술한 일설부 주장20과 근본상좌부 주장⑤와 설일체유부 주장③과 화지부 주장①에 상반된다. 그 가운데 위니따데바의 이 기술이 와수미뜨라 및 바브야의 기술과 상이한 이유는 NBhsg(t)의 역문에 오류가 있기 때문이다. 그 역문은 '미래세는 없다. 과거세는 없다. 현재세의 무위성은 있다(ma 'ongs pa med do ‖ 'das pa med do ‖ da ltar byung ba'i 'dus ma byas nyid yod do ‖)'로 수정되어야 한다. 자세한 내용은 pp.63-65. 참조.

69 이것은 견도에서 4성제를 총괄적으로 관하고 수도에서도 그 차별상을 동시에 관한다는 주장이다. 이 주장을 와수미뜨라는 대중부·일설부·설출세부·계윤부 근본주장21과 화지부 근본주장②로 기술하고, 바브야는 일설부 주장10과 화지부 주장②로 기술하고, 위니따데바는 설출세부 주장⑨로 기술한다. 반면 와수미뜨라가 기술한 대중부·일설부·설출세부·계윤부 지말주장①과 설일체유부 근본주장⑦에 상반되고, 바브야가 기술한 설일체유부 주장⑥에 상반된다.

70 외도가 번뇌를 멸진하지 못한다는 것은 그들에게 5신통이 없다는 것을 함의한다. 이 주장을 와수미뜨라는 설산부 근본주장③과 화지부 근본주장⑥과 법장부 근본주장④로 기술하고, 위니따데바는 설산부 주장①과 법호부 주장③으로 기술한다. 반면 와수미뜨라가 기술한 설일체유부 근본주장15와 독자부 근본주장⑤에 상반되고, 바브야가 기술한 설산부 주장②와 설일체유부 주장12에 상반된다.

④ 천계에는 도[를 수습하는 자]가 없다.[71]

⑤ 중유는 없다.[72]

⑥ 아라한에게도 복업을 발생시키는 일이 있다.[73]

⑦ 수면(隨眠)은 심(心)과 다르다.[74]

⑧ 무위의 사(vastu)는 9[가지]이다. 부동(不動)을 수반한 셋[75]과 선과

불선과 2무기와 연기와 [8정]도로서, [이것들은] 상주한다.[76]

---

71 이것은 천(天)에 즐거움이 많기 때문에 범행에 머물지 않는다는 주장이다. 이 주장을 와수미뜨라는 설산부 근본주장④와 화지부 근본주장⑦로 기술하고, 위니따데바는 설산부 주장②와 기타림사부·무외산주부·대사주부 주장①로 기술하며, 또 KV(a), I.3에서는 정량부 주장으로 거론한다. 반면 와수미뜨라가 기술한 설일체유부 근본주장⑯에 상반되고, 바브야가 기술한 설일체유부 주장⑬과 화지부 주장⑤와 법장부 주장②에 상반된다. 그 가운데 화지부 주장에 대한 위니따데바와 와수미뜨라의 기술은 같지만 바브야의 NBhvy(t)에서는 '천에 머물 때에도 범행은 있다'고 기술한다. 그런데 그 기술들을 뒷받침할만한 전거가 확인되지 않기 때문에 화지부가 견지한 주장을 판단하는 것은 불가능하다. 자세한 내용은 pp.75-76. 참조.

72 이것은 죽고 태어나는 사이에 별도의 간격이 없고 죽은 뒤에 바로 태어난다는 주장이다. 이 주장을 와수미뜨라는 대중부·일설부·설출세부·계윤부 근본주장㊽과 화지부 근본주장⑧로 기술하고, 바브야는 화지부 주장④로 기술하고, 위니따데바는 설출세부 주장㉝으로 기술한다. 반면 와수미뜨라가 기술한 설일체유부 근본주장㉙와 화지부 지말주장②에 상반되고, 바브야가 기술한 근본상좌부 주장③에 상반된다.

73 아라한은 다음 생을 받지 않기 때문에 현재의 생에서 초감할 수 있는 유다수행의 복업을 증장시킬 수 있다. 이 주장을 와수미뜨라는 설일체유부 근본주장㉘로 기술하고, 바브야는 화지부 주장⑥으로 기술하며, 또 KV(a), XVII.1에서는 안다까 주장으로 거론한다. 반면 와수미뜨라가 기술한 화지부 근본주장⑨에 상반된다. 그 가운데 이들 부파의 주장에 대한 위니따데바와 바브야의 기술이 와수미뜨라의 기술과 상이한 이유는 전승의 차이일 가능성이 높다. 자세한 내용은 pp.55-56. 참조.

74 이 부파는 수면을 번뇌의 종자로서 이해한다. 이 주장을 와수미뜨라는 대중부·일설부·설출세부·계윤부 근본주장㊹와 화지부 근본주장③으로 기술하고, 바브야는 일설부 주장⑱로 기술하고, 위니따데바는 기타림사부·무외산주부·대사주부 주장⑥으로 기술하며, 또 KV(a), IX.4에서는 안다까와 일부 북도파 주장으로, XI.1에서는 대중부와 정량부 주장으로 거론한다. 반면 와수미뜨라가 기술한 설일체유부 근본주장㉔에 상반되고, 위니따데바가 기술한 근본설일체유부 주장④에 상반된다.

75 택멸·비택멸·허공을 가리킨다.

76 이 주장을 와수미뜨라는 화지부 근본주장⑲로 기술하며, 또 9무위 가운데 일부가 KV(a), II.11에서 화지부와 안다까 주장으로, VI.2에서 동산부와 화지부 주장으로, VI.6에서 북도파와 화지부 주장으로 거론된다. 반면 와수미뜨라가 기술한 대중부·일설부·설출세부·계윤부 근본주장㊷와 설일체유부 근본주장⑤㉖에 상반되고, 위니따데바가 기술한 설출세부 주장㉔와 근본설일체유부 주장③과 기타림사부·무외산주부·대사주부 주장④에 상반된다.

⑨ 천인사(天人師)는 상가 안에 속한다. 그러므로 상가에 보시하는 것은 매우 큰 이익이다.[77]

⑩ 승자(勝者)와 성문은 [성]도[78]와 해탈[79]이 같다.

－라는 그런 말을 한다.

(4) 법호부의 주장

법호부는,

① 붓다는 상가 안에 속하지 않는다.[80] 붓다에게 보시하는 것은 큰 과보이다.[81]

② 붓다와 성문의 [성]도는 다르다.[82]

---

77 이 부파는 상가에 보시하는 것에는 큰 과보가 있지만 붓다에게는 그렇지 않다고 주장한다. 이 주장을 와수미뜨라는 화지부 근본주장㉑로 기술하고, 바브야는 화지부 주장⑪로 기술하며, 또 KV(a), XVII.10에서는 방광부 주장으로 거론한다. 반면 와수미뜨라가 기술한 법장부 근본주장①에 상반되고, 바브야가 기술한 법장부 주장①에 상반되고, 위니따데바가 기술한 법호부 주장①에 상반된다.

78 붓다와 성문의 성도가 같다는 것은 그것의 본질이 모두 무루이기 때문이다. 이 주장을 와수미뜨라는 화지부 근본주장㉒로 기술한다. 반면 와수미뜨라가 기술한 설일체유부 근본주장㊶과 법장부 근본주장③에 상반되고, 위니따데바가 기술한 법호부 주장②에 상반된다.

79 붓다와 성문이 증득한 해탈은 염오무지를 끊고 증득한 것으로서, 곧 택멸(擇滅)이다. 이 주장을 와수미뜨라는 설일체유부 근본주장㊶과 화지부 근본주장㉒와 법장부 근본주장③으로 기술하고, 바브야는 화지부 주장⑫로 기술한다.

80 붓다의 상가 포함에 대해,『이부종륜론』・『부집이론』・SBhu(t)에서는 포함된다고 하고, 이 역본인『십팔부론』을 비롯해 NBhvy(t)・NBhsg(t)에서는 포함되지 않는다고 한다. 다른 문헌들에서 그 내용을 확인할 수 없기 때문에 어느 것이 적합한 것인지는 확인하기 어렵다.

81 이 부파는 붓다는 위가 없고 상가는 위가 있기 때문에 붓다에게 보시하면 큰 과보가 있다고 주장한다. 이 주장을 와수미뜨라는 법장부 근본주장①로 기술하고, 바브야는 법장부 주장①로 기술하며, 또 KV(a), XVII.6-9에서는 방광부 주장으로 거론한다. 반면, 와수미뜨라가 기술한 화지부 근본주장㉑에 상반되고, 바브야가 기술한 화지부 주장⑪에 상반되고, 위니따데바가 기술한 화지부 주장⑨에 상반된다.

82 이 부파는 붓다와 성문의 해탈은 같아도 성도는 다르다고 주장한다. 이 주장을 와수미뜨라는 설일체유부 근본주장㊶과 법장부 근본주장③으로 기술하며, 또 KV(a), XVIII.5에서는 일부 안다까와 북도파 주장으로 거론한다. 반면 와수미뜨라가 기술한 화지부 근본주장㉒에 상반되고 위니따데바가 기술한 화지부 주장⑩에 상반된다.

③ 외도에게는 신통이 없다.[83]

④ 아라한의 몸은 무루이다.[84]

─라고 말한다.

(5) 다문부의 주장

다문부는,

① 무상과 무아와 공지(空智)와 도와 열반, 이것들은 무니(muni)의 출세간법이다.[85]

② 나머지들은 세간[법]이라고 말한다.[86]

③ 아라한에게는 유예가 있다.[87]

---

83 이것은 외도의 교법이 삿되기 때문에 실제의 5신통을 얻지 못한다는 주장이다. 이 주장을 와수미뜨라는 설산부 근본주장③과 화지부 근본주장⑥과 법장부 근본주장④로 기술하고, 위니따데바는 설산부 주장①과 화지부 주장③으로 기술한다. 반면 와수미뜨라가 기술한 설일체유부 근본주장⑮와 독자부 근본주장⑤에 상반되고, 바브야가 기술한 설산부 주장②와 설일체유부 주장⑫에 상반된다.

84 이것은 아라한의 몸이 번뇌의 의지처가 아니고 또 다른 이에게 번뇌를 발생시키지도 않는다는 주장이다. 이 주장을 와수미뜨라는 법장부 근본주장⑤로 기술하며, 또 KV(a), IV.3에서는 북도파 주장으로 거론한다. 반면 와수미뜨라가 기술한 설일체유부 근본주장㊱에 상반된다.

85 붓다의 5음은 유정이 출리도를 이끌어내게 하기 때문에 출세간법이라 한다. 이 주장을 와수미뜨라는 다문부 근본주장①로 기술한다. 그런데 와수미뜨라가 말하는 5음은 무상(無常)·고(苦)·공(空)·무아(無我)·열반적정(涅槃寂靜)으로서, 위니따데바가 기술한 5가지 가운데 '도(道, lam)' 대신 '고(苦, sdug bsngal ba)'를 기술한다. 그 가운데 와수미뜨라의 기술이 보다 타당하다고 생각되며, 위니따데바의 기술은 역자의 번역 오류보다는 번역 대본으로 삼은 원본에 오류가 있을 가능성이 높다. 자세한 내용은 pp.58-60. 참조.

86 붓다의 5음 이외는 세간의 말씀이기 때문에 출리도를 이끌어내지 못한다. 이 주장을 와수미뜨라는 다문부 근본주장②로 기술한다.

87 여기서는 유예 하나만 언급하지만, 이것은 아라한에 5사가 있다는 것을 함의한다. 이 주장을 와수미뜨라는 대중부 등 4부파의 근본주장㉙와 다문부 근본주장③과 제다산부 등 3부파의 근본주장③과 설산부 근본주장⑤로 기술하고, 바브야는 일설부 주장⑬으로 기술하고, 위니따데바는 설출세부 주장⑮로 기술하며, 또 KV(a), II.3에서는 동산부 주장으로 거론한다. 반면 바브야가 기술한 근본상좌부 주장①에 상반된다.

-라고 하는 것 등을 주장한다.

(6) 설전부의 주장

설전부는 바로 홍의부이다.[88] 그러므로

[1] 유정은 [다음 세로] 이전한다.[89]

[2] 4온은 자성이 하나로 정해져 있다.[90]

[3] [성]도의 힘으로 온들이 소멸한다.[91]

-라고 말한다.

(7) 분별설부의 주장

분별설부는,

---

88 경량부와 설전부와 무상부와 홍의부는 문헌에 따라 같은 부파로 설명하기도 하고 다른 부파로 설명하기도 한다(앞의 제I편 각주155 참조).

89 이것은 실유의 뿌드갈라가 있어서 앞의 세에서 전변하여 뒤의 세에 이른다는 주장이다. 이 주장을 와수미뜨라는 경량부 근본주장[1]로 기술하고, 바브야는 설전부 주장[1]로 기술하며, 또 KV(a), I.1에서는 독자부와 정량부 주장으로 거론한다. 와수미뜨라가 기술한 독자부 근본주장[4]와 바브야가 기술한 독자부 주장[2]와 위니따데바가 기술한 꾸루꿀라까·아반따까·독자부 주장[2]에서도 다음 세로 이전한다고 주장하지만 조금 다르다. 반면 와수미뜨라가 기술한 설일체유부 근본주장[46]과 화지부 근본주장[24]에 상반되고, 바브야가 기술한 화지부 주장[14]에 상반된다.

90 이 부파는 근변온(mūlāntikaskandha)과 일미온(ekarasaskandha)을 건립한다. 일미온은 무시이래로 상속하여 단절되지 않는 미세한 의식으로서, 유정이 생사상속하는 데에 의지처가 되며 수온·상온·행온·식온을 본질로 한다. 근변온은 이 일미온을 근본으로 삼아 인기된 것으로서, 단절이 있는 일반적 의미의 5온을 가리킨다. 여기서의 '4온'이 곧 일미온이고, 또 '자성이 하나'는 무시로부터 단절이 없다는 의미로서 한역에서는 '일미(一味)'로 표현한다. 이 주장을 와수미뜨라는 경량부 근본주장[3]으로 기술하고, 바브야는 설전부 주장[3]으로 기술한다.

91 이것은 유루의 6행관으로는 번뇌를 조복시킬 뿐이고, 무루의 성도에 의지해 비로소 번뇌를 영원히 끊을 수 있다는 주장이다. 이 주장을 와수미뜨라는 경량부 근본주장[2]로 기술하고, 바브야는 설전부 주장[2]로 기술한다.

① 뿌드갈라는 승의(勝義)로서 있다.[92]

② 이숙되지 않은 결과의 의미를 제외하고 과거세는 없다. 결과와 다른 미래세는 없다. 종성이 상응하지 않는 현재세도 없다.[93]

③ 법은 등무간연(等無間緣)이 되지 않는다.[94]

④ 색의 동류인도 없다.[95]

─라고 이와 같이 본다.

3) 상좌부 계통 : 기타림사부·무외산주부·대사주부의 주장

성(聖)상좌부인 기타림사부·무외산주부·대사주부, 이 셋은 견해가 일치한다.

① 천(天)에서 도를 수습하는 자는 없다고 말한다.[96]

[이들은] 7부류의 성(聖)설일체유부 가운데 근본설일체유부로부터

---

92 이것은 뿌드갈라가 세속의 아(我)는 아니지만 실유이고 미세하기 때문에 그 상을 시설하기 어렵다는 주장이다. 이 주장을 와수미뜨라는 경량부 근본주장⑤로 기술한다. 반면 바브야가 기술한 설전부 주장④에 상반된다.

93 이것은 3세가 무조건 실유이거나 가유가 아니라 분별에 의거해 어떤 경우는 실유이고 어떤 경우는 가유라는 주장이다. 이 주장은 와수미뜨라가 기술한 대중부·일설부·설출세부·계윤부 근본주장④⑥과 설일체유부 근본주장②와 화지부 근본주장① 및 지말주장①에 상반되고, 바브야가 기술한 일설부 주장⑳과 근본상좌부 주장⑤와 설일체유부 주장③과 화지부 주장①에 상반된다.

94 『대비바사론』권10(T27, 49b10-11)에서 등무간연의 본질이 실유가 아니라고 주장한 '이'를 언급하고 있지만 그 정체는 언급되지 않는다. 물론 설일체유부 주장은 등무간연이 실유라는 것이다.

95 『대비바사론』권131(T27, 682c12)에 따르면, 서방논사들과 비유자들은 색법에 동류인이 없다고 주장하는 반면, 까쉬미라의 논사들은 색법에도 동류인이 있으며 오직 첫 번째 무루의 색만 제외된다고 주장한다.

96 이것은 천(天)에는 즐거움이 많기 때문에 별도로 범행에 머무는 일이 없다는 주장이다. 이 주장을 와수미뜨라는 설산부 근본주장④와 화지부 근본주장⑦로 기술하고, 위니따데바는 설산부 주장②와 화지부 주장④로 기술하며, 또 KV(a), I.3에서는 정량부 주장으로 거론한다. 반면 와수미뜨라가 기술한 설일체유부 근본주장⑯에 상반되고, 바브야가 기술한 설일체유부 주장⑬과 화지부 주장⑤와 법장부 주장②에 상반된다.

발생했다.

　② 무니(muni)는 산스끄리뜨를 설하지 않는다.

　③ 보살은 10무량겁을 넘어 30[겁]에 도달함으로써 성취한다.

　④ 해탈을 제외한 무위는 없다.[97]

　⑤ 사지(邪知)와 무지(無知)는 없다.[98]

　⑥ 수면(隨眠)은 심(心)과 다르다.[99]

　⑦ 멸진정에 심(心)이 있다.[100]

　─라고 말한다.

4) 정량부 계통 : 꾸루꿀라까·아반따까·독자부의 주장

성(聖)정량부인 꾸루꿀라까와 아반따까와 독자부, 이 셋도 견해가
일치한다.

97　이 주장은 와수미뜨라가 기술한 대중부·일설부·설출세부·계윤부 근본주장㊷와 설일
체유부 근본주장⑤와 화지부 근본주장⑲에 상반되고, 위니따데바가 기술한 설출세부
주장㉔와 근본설일체유부 주장③과 화지부 주장⑧에 상반된다.

98　『성실론』권4(T32, 271c23-24)에서 "또 심이 대상에 이른다면 무지(無知)와 의지(疑知)와
사지(邪知)가 있어야 하겠지만, 실제로는 그것들이 없다. 그러므로 이르지 않는다는 것
을 안다."라고 했다. 이것에 준해볼 때, 여기서 사지와 무지가 없다고 한 것은 곧 심이
대상에 이르지 않는다는 것을 설명하는 것으로 이해된다.

99　이들 부파에서는 수면을 전(纏)의 종자로 이해하기 때문에 수면은 심법도 아니고 심소법
도 아니며 항상 몸에 수반된다. 이 주장을 와수미뜨라는 대중부·일설부·설출세부·계윤
부 근본주장㊸와 화지부 근본주장③으로 기술하고, 바브야는 일설부 주장⑱로 기술하
며, 위니따데바는 화지부 주장⑦로 기술하며, 또 KV(a), Ⅸ.4에서는 안다까와 일부 북도
파 주장으로, ⅩⅠ.1에서는 대중부와 정량부 주장으로 거론한다. 반면 와수미뜨라가 기술
한 설일체유부 근본주장㉔에 상반되고, 위니따데바가 기술한 근본설일체유부 주장④
에 상반된다.

100　『대비바사론』권152(T27, 774a14-24)에서는 멸진정에 미세심이 있다는 것을 비유자와 분
별론사 주장으로 거론한다. 이에 대해 설일체유부의 와수미뜨라는 그것을 부정하고 무
소유처의 염오를 배제하여 지식상(止息想)의 작의에 의지해 심·심소법이 소멸한 것을
멸진정이라 한다고 반박한다.

1 뿌드갈라는 즉온(卽蘊)도 아니고 이온(離蘊)도 아니다.[101]

2 온들은 [뿌드갈라에 의지해] 다음 세(世)에도 견고하게 있다.[102]

3 5식을 통해서 염오가 발생되지도 않고 염오가 제거되지도 않는다.[103]

4 견도는 심이 12찰나이다.[104]

5 그 이상[: 제13찰나]에서는 결과를 수반하며 머문다.[105]

6 즈네야(jñeya)는 설명할 수 있는 것과 설명할 수 없는 것이다.[106]

---

101 이들 부파는 유위나 무위가 아닌 불가설(不可說)의 아(我)가 실제로 있다고 주장한다. 이 주장을 와수미뜨라는 독자부 근본주장1로 기술하고, 바브야는 독자부 주장4로 기술하며, 또 KV(a), I.1에서는 독자부와 정량부 주장으로 거론한다.

102 이것은 뿌드갈라가 5온을 섭수하여 다음 세(世)로 이전한다는 주장이다. 이 주장을 와수미뜨라는 독자부 근본주장4로 기술하고, 바브야는 독자부 주장2로 기술하며, 또 KV(a), I.1에서는 독자부와 정량부 주장으로 거론한다. 와수미뜨라가 기술한 경량부 근본주장1과 바브야가 기술한 설전부 주장1과 위니따데바가 기술한 설전부 주장1에서도 다음 세로 이전한다고 주장하지만 조금 다르다. 반면 와수미뜨라가 기술한 설일체유부 근본주장46과 화지부 근본주장24에 상반되고, 바브야가 기술한 화지부 주장14에 상반된다.

103 이들 부파는 5식에 오직 무기성만 있다고 주장한다. 이 주장을 와수미뜨라는 독자부 근본주장6으로 기술하고, 바브야는 설일체유부 주장17과 독자부 주장7로 기술한다. 반면 와수미뜨라가 기술한 대중부·일설부·설출세부·계윤부 근본주장22와 화지부 근본주장10과 설일체유부 근본주장30에 상반되고, 바브야가 기술한 일설부 주장11과 화지부 주장7에 상반되고, 위니따데바가 기술한 설출세부 주장10에 상반된다.

104 이들 부파는 견도의 12찰나, 곧 고법지(苦法智)·고법인(苦法忍)·고류지(苦類智)·집법지(集法智)·집법인(集法忍)·집류지(集類智)·멸법지(滅法智)·멸법인(滅法忍)·멸류지(滅類智)·도법지(道法智)·도법인(道法忍)·도류지(道類智)가 예류향이라고 주장한다. 이 주장을 와수미뜨라는 독자부 근본주장9로 기술한다. 반면 와수미뜨라가 기술한 설일체유부 근본주장10에 상반되고, 바브야가 기술한 설일체유부 주장8에 상반된다.

105 이들 부파는 견도의 12찰나가 예류향이고 제13찰나가 예류과라고 주장한다. 이 주장을 와수미뜨라는 독자부 근본주장9로 기술한다. 반면 와수미뜨라가 기술한 설일체유부 근본주장10에 상반되고, 바브야가 기술한 설일체유부 주장8에 상반된다.

106 'jñeya'는 '알아야 할 것'·'대상'·'지혜의 어머니'·'지혜의 대상' 등으로 이해할 수 있는 것으로서, 5명처의 법들이 모두 지혜를 발생시키는 대상이기 때문에 그 일체를 '즈네야'라 한다. 현장이 이것을 한역하지 않고 산스끄리뜨 그대로 음역한 것도 그러한 맥락에서이다. 그런데 독자부는 그 즈네야를 5법장으로 건립한다. 곧 과거장(過去藏, atīta-kośa)·현재장(現在藏, pratyutpan na-kośa)·미래장(未來藏, anāgata-kośa)·무위장(無爲藏, asaṃskṛta-kośa)·불가설장(不可說藏, anabhilāpya-kośa)이다. 그 가운데 앞의 4가지는 설명할 수 있는 것으로서, 3세장은 유위법의 집합이고 무위장은 무위법의 집합이다. 설명할 수 없는 것인

－라고 말한다.

[머무는] 장소와 아짜르야가 달라서 여기서 6[가지] 차이를 설명
했다.

3. 저자 소개

대덕 와수미뜨라가 지은 SBhu에서 부파의 분열과 [주장을] 간추린
것이라 하는 것은 지율(持律) 아짜르야인 위니따데바(Vinītadeva)가 지
었다.

4. 회향송

어떠한 법들도 원인이 발생시키네.

여래는 그것들의 원인을 말씀하네,

그것들의 소멸까지도.

이와 같이 설한 이가 마하쉬라마나이네.[107]

불가설장은 유위도 무위도 아닌 것의 집합으로서, 곧 독자부가 건립한 뿌드갈라를 가리
킨다. 독자부의 이 주장은 『중론』권2(T30, 15c24-16a3), 『성실론』권3(T32, 260b18-c26), 『구
사론』권29·30(T29, 152c9-157b7), 『성유식론』권1(T31, 1c16-19) 등에서 논파된다.

107 이 회향송은 북경판과 나르탕판에만 실려 있다.

참고문헌

a. 원전류

a) 교감 판본

『異部宗輪論』(世友 造, 玄奘 譯, T49)(간행 순서)

　　『趙城金藏』본(1149-1178년간판, 영인판, Vol.81, 北京: 北京圖書館出版社, 2008)

　　『高麗大藏經』본(1244년판, 영인판, Vol.29, 서울: 東國大學校, 1975)

　　『磧砂大藏經』본(1231-1322년간판, 영인판, Vol.27, 台北: 新文豊出版公司, 1987)

　　『洪武南藏』본(1373-1403년간판, 영인판, Vol.150, 成都: 四川省佛敎協會, 1999)

　　『永樂北藏』본(1410-1440년간판, 영인판, Vol.123, 北京: 錢裝書局, 2000)

　　『嘉興大藏經』본(1638년판, Vol.162,

　　　http://dzkimgs.l.u-tokyo.ac.jp/utlib_kakouzou.php 2016년 12월 20일)

　　『乾隆大藏經』본(1735-1736년간판, 영인판, Vol.102, 台北: 傳正有限公司, 1997)

　　『大正新修大藏經』본(1927년판, Vol.49, 東京: 大正新修大藏經刊行會)

『異部宗輪論』·『異部宗輪論述記』(窺基 記, X53) 회편(간행 순서)

　　梅村彌右衛門본(1696년판, 京都: 梅村彌右衛門·井上忠兵衛, 역자 소장)

　　『新纂大日本續藏經』본(1902-1912년간판, 영인판, Vol.53, 東京: 國書刊行會, 1975)

　　江西刻經處본(1912년판, 江西: 江西刻經處, 동국대학교 소장)

　　『佛藏輯要』본(1923년판, 영인판, Vol.16, 成都: 巴蜀書社, 1993)

Gzhung lugs kyi bye brag bkod pa'i 'khor loo (Vasumitra, tr. Dharmakara·Bzang skyong)

　　Peiking edition(1684-1700년간판, 영인판, Vol.127, 東京: 東京學術社, 1957)

　　Narthang edition(www.tbrc.org, 2015년 12월 1일)

　　Derge edition(1742년판, 영인판, Vol.45, 台北: 南天書局, 1991)

　　Cone edition(www.tbrc.org, 2015년 12월 1일)

Sde pa tha dad par byed pa dang rnam par bshad pa (Bhavya, tr. Dīpaṃkaraśrījñāna·

Tshul khrims rgyal ba)

    Peiking edition(1684-1700년간판, 영인판, Vol.127, 東京: 東京學術社, 1957)

    Narthang edition(www.tbrc.org, 2015년 12월 1일)

    Derge edition(1742년판, 영인판, Vol.45, 台北: 南天書局, 1991)

    Cone edition(www.tbrc.org, 2015년 12월 1일)

Gzhung tha dad pa rim par bklag pa'i 'khor lo las sde pa tha dad pa bstan pa bsdus pa zhes bya ba (Vinītadeva)

    Peiking edition(1684-1700년간판, 영인판, Vol.127, 東京: 東京學術社, 1957)

    Narthang edition(www.tbrc.org, 2015년 12월 1일)

    Derge edition(1742년판, 영인판, Vol.45, 台北: 南天書局, 1991)

    Cone edition(www.tbrc.org, 2015년 12월 1일)

b) 참고 원전

Abhidharmakośabhāṣya (ed., P. Pradhan(1975), *The Abhidharmakosabhasyam of Vasubandhu*, Panta: Kashi Prasad Jayaswal Research Institute)

Dīpavaṃsa (ed., tr. Hermann Oldenberg(1879), *The Dīpavaṃsa: An Ancient Buddhist Historical Record*, London: Williams and Norgate)

Kathāvatthu Vol I/II(ed., Arnold C. Taylor(1894/1897), London: Pali Text Society)

Kathāvatthuppakaraṇa-aṭṭhakathā (ed., J. Minayeff(1889), London: Journal of the Pali Test Society)

Mahāvaṃsa (ed., H. Frowde(1908), *The Mahavamsa*, London: the Pali Test Society)

Saṃyutta Nikāya Vol II(ed., M. Leon Feer(1989), Oxford: Pali Text Society, Reprinted)

Visuddhimagga (ed., Henry Clarke Warren, rev. ed., Dharmananda Kosambi(1989), *Visuddhimagga of Buddhaghosācariya*, Delhi: Motilal Banarsidass)

Dge slong gi dang po'i lo dri ba (tr. Dīpaṃkaraśrījñāna · Tshul khrims rgyal ba, P. U.317a1-323a8)

Dge tshul gyi dang po'i lo dri ba (tr. Narasadeva · Rgyal ba'i shes rab, P.

U.78a3-80a5)

『長阿含十報法經』(安世高 譯, T1)

『雜阿含經』(求那跋陀羅 譯, T2)

『別譯雜阿含經』(失譯, T2)

『增壹阿含經』(瞿曇僧伽提婆 譯, T2)

『佛說師子月佛本生經』(失譯, T3)

『佛所行讚』(馬鳴 造, 曇無讖 譯, T4)

『最勝問菩薩十住除垢斷結經』(竺佛念 譯, T10)

『菩薩從兜率天降神母胎說廣普經』(竺佛念 譯, T12)

『文殊師利問經』(僧伽婆羅 譯, T14)

『佛說五王經』(失譯, T14)

『達摩多羅禪經』(佛陀跋陀羅 譯, T15)

『摩訶僧祇律』(佛陀跋陀羅 · 法顯 譯, T22)

『舍利弗問經』(失譯, T24)

『大智度論』(龍樹 造, 鳩摩羅什 譯, T25)

『十住毘婆沙論』(龍樹 造, 鳩摩羅什 譯, T26)

『佛地經論』(親光 等 造, 玄奘 譯, T26)

『阿毘達磨集異門足論』(舍利子 說, 玄奘 譯, T26)

『阿毘達磨法蘊足論』(大目乾連 造, 玄奘 譯, T26)

『阿毘達磨識身足論』(提婆設摩 造, 玄奘 譯, T26)

『阿毘達磨品類足論』(世友 造, 玄奘 譯, T26)

『阿毘達磨發智論』(迦多衍尼子 造, 玄奘 譯, T26)

『阿毘達磨大毘婆沙論』(五百大阿羅漢 等 造, 玄奘 譯, T27)

『阿毘曇毘婆沙論』(迦旃延子 造, 浮陀跋摩 · 道泰 等 譯, T28)

『舍利弗阿毘曇論』(曇摩耶舍 · 曇摩崛多 等 譯, T28)

『尊婆須蜜菩薩所集論』(婆須蜜 造, 僧伽跋澄 等 譯, T28)

『五事毘婆沙論』(法救 造, 玄奘 譯, T28)

『阿毘達磨俱舍論』(世親, 玄奘 譯, T29)

『阿毘達磨順正理論』(衆賢, 玄奘 譯, T29)

『中論』(龍樹菩薩 造, 青目 釋, 鳩摩羅什 譯, T30)

『瑜伽師地論』(彌勒 說, 玄奘 譯, T30)

『成唯識論』(護法 等 造, 玄奘 譯, T31)

『攝大乘論釋』(世親 釋, 眞諦 譯, T31)

『顯揚聖教論』(無著 造, 玄奘 譯, T31)

『大乘阿毘達磨集論』(無著 造, 玄奘 譯, T31)

『大乘成業論』(世親 造, 玄奘 譯, T31)

『成實論』(訶梨跋摩 造, 鳩摩羅什 譯, T32)

『三彌底部論』(失譯, T32)

『妙法蓮華經玄贊』(窺基 撰, T34)

『大般涅槃經』(惠嚴 等 編, T36)

『大般涅槃經疏』(灌頂 撰, T38)

『俱舍論記』(普光 述, T41)

『十二門論宗致義記』(法藏 述, T42)

『成唯識論述記』(窺基 撰, T43)

『成唯識論了義燈』(惠沼 述, T43)

『三論玄義』(吉藏 撰, T45)

『大乘法苑義林章』(窺基 撰, T45)

『十八部論』(眞諦(?) 譯, T49)

『部執異論』(天友 造, 眞諦 譯, T49)

『歷代三寶記』(費長房, T49)

『佛祖統紀』(志磐 撰, T49)

『阿育王經』(僧伽婆羅 譯, T50)

『大唐大慈恩寺三藏法師傳』(慧立 本, 彦悰 箋, T50)

『宋高僧傳』(贊寧 等 撰, T50)

『大唐西域記』(玄奘 譯, 辯機 撰, T51)

『南海寄歸內法傳』(義淨 撰, T54)

『一切經音義』(慧琳 撰, T54)

『出三藏記集』(僧祐 撰, T55)

『開元釋教錄』(智昇 撰, T55)

『三論玄義檢幽集』(澄禪 撰, T70)

『三論玄義鈔』(貞海 撰, T70)

『四分律鈔批』(大覺 撰, X42)

『唯識論料簡』(窺基 撰, X48)

『異部宗輪論述記發軔』(小山憲榮 編撰(1891), 京都: 山城屋藤井佐兵衛)

b. 사전·목록류

정승석 편(1991), 『佛典解說事典』, 서울: 民族社.

大谷大學 監修, 西藏大藏經硏究會 編(1961), 『(北京版)西藏大藏經 總目錄 附
索引』, 東京: 鈴木學術財團.

三枝充悳 編(1987), 『インド佛敎人名辭典』, 東京: 法藏館.

東北帝國大學 法文學部 編(1934), 『西藏大藏經總目錄索引』, 仙台: 東北帝國大學
法文學部.

佛書解說大辭典編纂會 編(1968), 『佛書解說大辭典』 第一卷, 東京: 大東出版社.

望月信亨 編(1960a), 『望月佛敎大辭典』 第一卷, 東京: 世界聖典刊行協會, 三版.

望月信亨 編(1960b), 『望月佛敎大辭典』 第三卷, 東京: 世界聖典刊行協會, 三版.

望月信亨 編(1960c), 『望月佛敎大辭典』 第四卷, 東京: 世界聖典刊行協會, 三版.

芳村修基 編(1980), 『チベット語字典』, 京都: 法藏館

佛光大藏經編修委員會 編(1988), 『佛光大辭典』1-7, 台灣: 佛光出版社.

張怡蓀 主編(1985), 『藏漢大辭典』, 北京: 民族出版社.

H. A. Jaschke(1881), *A Tibetan-English Dictionary*, London: Rutledge & Kegan

J. S. Negi(1993), *Tibetan-Sanskrit Dictionary*, Varanasi: Dictionary Unit Central

Institute of Higher Tibetan Studies.

Lokesh Chandra(3rd, 1990), *Tibetan-Sanskrit Dictionary*, Kyoto: Rinsen Book Co..

Monier-Williams(1899), *A Sanskrit-English Dictionary*, Oxford: The Clarendon Press.

Sarat Chandra Das(1902), *A Tibetan-English Dictionary*, Calcutta: The Bengal Secretariuat Book Depôt.

c. 단행본류

권오민(2012), 『상좌 슈리라타와 경량부』, 서울: 씨아이알.

동국역경원 편(1998), 『尊婆須密菩薩所集論 外』, 서울: 東國譯經院.

小野玄妙(1926), 『佛滅年代考』, 京都: 藤井佐兵衛.

金倉圓照(1983), 『印度中世精神史』中, 東京: 岩波書店.

加藤純章(1989), 『經量部の硏究』, 東京: 春秋社.

木村泰賢 譯(1928), 『國譯異部宗輪論』(『國譯大藏經』論部 第13卷), 東京: 國民文庫刊行會, 第一書房.

佐々木閑(2007), 이자랑 역, 『인도불교의 변천』, 서울: 동국대학교출판부

佐藤密雄·佐藤良智 譯(1974), 『南傳大藏經』第57·58卷, 東京: 大藏出版株式會社

靜谷正雄(1978), 『小乘佛敎史の硏究』, 京都: 百華苑

高井觀海 著(1978), 『(改版增補)小乘佛敎槪論』, 東京: 山喜房佛書林

塚本啓祥(1980), 『(改訂增補)初期佛敎敎團史の硏究』, 東京: 山喜房佛書林, 第2刷

＿＿＿＿(1996), 『インド佛敎碑銘の硏究』I, 京都: 平樂寺書店.

塚本啓祥·松長有慶·磯田熙文 編著(1990), 『梵語佛典の硏究』III: 論書篇, 京都: 平樂寺書店.

寺本婉雅 譯(1977), 『ターラナーダ印度佛敎史』, 東京: 國書刊行會.

寺本婉雅·平松友嗣 共編譯註(1974), 『藏漢和三譯對校 異部宗輪論·異部宗精釋·異部說集』, 東京: 國書刊行會.

深浦正文 譯(1959), 『異部宗輪論述記』(『國譯一切經』論疏部 第20卷), 東京: 大

東出版社.

平川彰(1991a), 이호근 역, 『印度佛教의 歷史』上, 서울: 민족사.

_____(1991b), 이호근 역, 『印度佛教의 歷史』下, 서울: 민족사.

藤田宏達·菅沼晃·櫻部建(1992), 권오민 역, 『초기·부파불교의 역사』, 서울: 민족사.

舟橋水哉(1921), 『異部宗輪論講義』, 京都: 編纂課.

水野弘元(1997), 『水野弘元著作選集 第三卷 パーリ論書研究』, 東京: 春秋使.

山田龍城(1981), 『梵語佛典の諸文獻』, 京都: 平樂寺書店.

談錫永 主編(2007), 高永宵 導讀, 『異部宗輪論 導讀』, 北京: 中國書店出版社.

印順(1989), 『初期大乘佛教之起源與開展』, 台北: 正聞出版社.

André Bareau(1955), *Les sectes bouddhiques du Petit Véhicule*, Saïgon: l'École française d'Extrême-Orient.

Anton Schiefner(1860), *Der Buddhismus, seine Dogmen, Geschichte und Literatur*, Petersburg: Kaiserliche Akademie der Wissenschaften.

_____(tr., 1869), *Tāranātha's Geschichte des Buddhismus in Indien*, St. Petersburg: Commissionäre der Kaiserlichen Akademie der Wissenschaften.

Erich Frauwallner(1956), *The Earliest Vinaya and the Beginnings of Buddhist Literature*, Rome: Is. M.E.O.

Ernst Waldschmidt(1965), *Sanskrithandschriften aus den Turfanfunden*, Wiesbaden: F. Steiner.

Etienne Lamotte(1958), *Histoire du Buddhisme Indien*, Louvain: Publications Universitaires.

Eugène Burnouf(1876), *Introduction a histoire du Buddhisme Indien*, Paris: Imprimerie Royale.

Imanishi Junkichi(ed. and tr., 1975), *Fragmente des Abhidharmaprakaraṇabhāṣyam in Text und Übersetzung*, NAWG, Göttingen: Vandenhoeck & Ruprecht.

Jiryo Masuda(tr., 1925), *Origin and doctrines of early indian buddhist schools*, Leipzig:

Verlag der Asia Major.

Lama Chimpa & Alaka Chattopadhyaya(tr., 1990), *Tāranātha's History of Buddhism in India*, Delhi: Motilal Banarsidass.

M. G. A. La Comme(1863), *Le Bouddisme, ses Dogmes, son Histoire et sa Littératuer*, Paris: Auguste Durand.

Max Walleser(tr., 1927), *Die Sekten des alten Buddhismus*, Heidelberg: Carl Winter's Universitatsbuchhandlung.

Palmyr Cordier(1909), *Catalogue du fonds tibétain*, Paris: Imprimerie Nationale.

Satis Chandra Vidyabhusana(1921), *History of Indian Logic*, Delhi: Motilal Banarsidass.

Tsukamoto Keisho(tr., 2004), *The Treatise on the Elucidation of the Knowable: The Cycle of the Formation of the Schismatic Doctrines*, Berkeley: Numata Center for Buddhist Translation and Research.

Valentina Stache Rosen(1968), *Das Saṅgītisūtra und sein Kommentar Saṅgītiparyāya*, Berlin: Akad.-Verlag.

Wilhelm Geiger(tr., 1912), *The Mahāvaṃsa or the Great Chronicle of Ceylon*, London: The Pali Text Society.

William W. Rockhill(tr., 1907), *Life of the Buddha: And the Early History of His Order*, London: Kegan Paul · Trench · Trübner & Co. LTM.

Василий Павлович Васильев(tr., 1857), *Буддизм, его догматы, история и литература*, Санктцетрбургъ: Императорской Академіи Наукъ.

d. 논문류

김영석(2015), 「아비달마학파의 주장에 대한 상이한 기술 고찰」, 『불교연구』43, pp.11-46.

최경아(1997), 「부파불교에서 分別說部의 多義性」, 『인도철학』7, pp.249-266.

松田和信(1982), 「梵文斷片 Loka-prajñaptiについて-高貴寺·玉泉寺·西天王寺·知恩寺見葉·インド所傳寫本の分類と同定」, 『印度學佛教學研究』14, pp.1-21.

水野弘元(1967), 「佛教の分派とその系統」, 『講座 佛教』3, pp.79-118.

佐々木閑(1998), 「部派分派圖の表記方法」, 『印度學佛教學研究』47-1, pp.126-134.

佐藤密雄 譯著(1991), 『(新訂增補)論事附覺音註』, 東京: 山喜房佛書林.

赤沼智善(1925), 「分別論者に就いて」, 『宗教研究』2-5, pp.705-726.

山口益(1943), 「中觀派に於ける中觀說の綱要書」, 『大谷大学研究年報』2, pp.69-152.

江島惠教(1980), 「Madhyamakaratnapradīpaについて」, 『印度學佛教學研究』28-2, pp.37-43.

_____(1990), 「Bhāvaviveka / Bhavya / Bhāviveka」, 『印度學佛教學研究』38-2, pp.846-838.

大竹照眞(1930), 「清辯と分別明」, 『密教研究』39, pp.114-126.

春日井眞也(1952), 「異部宗輪論に於ける四衆の試解」, 『宗教研究』131, pp.40-41.

_____(1953), 「異部宗輪論に於ける一二の問題について」, 『佛教學研究』8/9, pp.39-51.

工藤成樹(1974), 「藏譯異部宗輪論について」, 『四天王寺女子大學紀要』7. pp.19-36.

木村泰賢(1925), 「分別論者と部派の所屬に就て」, 『宗教研究』2-6, pp.839-870.

Leslie S. Kawamura(1975), 'Vinītadeva's Contribution to the Buddhist Mentalistic Trend', Saskatoon: University of Saskatchewan Ph.D.

Paul Demieville(1932), 'L'origine des sectes bouddhiques d'après Paramartha', *Mélanges chinois et bouddhiques* 1, pp.15-64.

Takaskki Jikido(1965), 'Remarks on the Sanskrit Fragments of the Abhidharmadharmaskandhapādaśāstra', *Journal of Indian and Buddhist Studies* XIII-1, pp.411-403.

Tao-Wei Liang(1972), 'A Study on the I-PU-TSUNG-LUN-LUN', 『中華學術院佛學研究所』2, pp.25-65.

찾아보기

역자 소개

김영석(金永錫)

전남 장흥 출생
원광대학교 동양종교학과 졸업
동국대학교 대학원 불교학과 졸업(철학박사)
현재 동국대학교 불교문화연구원 연구교수
『구사론기 계품』(공역), 「불교 업론에 나타난 의지와 그 표출행위의 상관성 연구」, 「사업(思業)과 의업(意業)의 관계 해석에 대한 비판적 검토」, 「유가행파의 사업(思業) 고찰」, 「아비달마 학파의 주장에 대한 상이한 기술 고찰」 등이 있다.
saetaemi@naver.com

아비달마부파의 성립과 주장

초 판 인 쇄 2018년 2월 21일
초 판 발 행 2018년 2월 28일

역   자 김영석
펴 낸 이 김성배
펴 낸 곳 도서출판 씨아이알

책 임 편 집 박영지, 김동희
디 자 인 백정수, 윤미경
제 작 책 임 이헌상

등 록 번 호 제2-3285호
등 록 일 2001년 3월 19일
주   소 (04626) 서울특별시 중구 필동로8길 43(예장동 1-151)
전 화 번 호 02-2275-8603(대표)
팩 스 번 호 02-2265-9394
홈 페 이 지 www.circom.co.kr

I S B N 979-11-5610-374-5 93220
정   가 38,000원